JOEL BERGER
GESETZ – RITUS – BRAUCH

HERAUSGEGEBEN VOM HAUS DER GESCHICHTE BADEN-WÜRTTEMBERG

JOEL BERGER

GESETZ – RITUS – BRAUCH

EINBLICKE IN JÜDISCHE LEBENSWELTEN

Herausgegeben vom Haus der
Geschichte Baden-Württemberg
Bearbeitet von Gunter Berg
und Heidi-Barbara Kloos

Haus der Geschichte Baden-Württemberg
Urbansplatz 2 · 70182 Stuttgart
Tel.: 0711 / 212-39 50 · Fax: 0711 / 212-39 59
E-Mail: hdg@hdgbw.de · www.hdgbw.de

Besucherdienst Tel.: 0711 / 212-39 89
E-Mail: besucherdienst@hdgbw.de

Bibliografische Information der Deutschen Nationalbibliothek
Die Deutsche Nationalbibliothek verzeichnet diese Publikation
in der Deutschen Nationalbibliografie;
detaillierte bibliografische Daten sind im Internet
über http://dnb.d-nb.de abrufbar.

Joel Berger
Gesetz – Ritus – Brauch
Einblicke in jüdische Lebenswelten
Herausgegeben vom Haus der Geschichte Baden-Württemberg
Bearbeitet von Gunter Berg und Heidi-Barbara Kloos

Lektorat: Dr. Irene Pill
www.irenepill.com

Gestaltung und Layout: Anja Harms, Oberursel
www.anja-harms.de

ISBN 978-3-8253-6969-9

2. Auflage

Dieses Werk einschließlich aller seiner Teile ist urheberrechtlich geschützt.
Jede Verwertung außerhalb der engen Grenzen des Urheberrechtsgesetzes
ist ohne Zustimmung des Verlages unzulässig und strafbar. Das gilt
insbesondere für Vervielfältigungen, Übersetzungen, Mikroverfilmungen
und die Einspeicherung und Verarbeitung in elektronischen Systemen.
© 2019 Universitätsverlag Winter GmbH, Heidelberg
Imprimé en Allemagne · Printed in Germany
Druck: Memminger MedienCentrum, 87700 Memmingen
Gedruckt auf umweltfreundlichem, chlorfrei gebleichtem
und alterungsbeständigem Papier

Den Verlag erreichen Sie im Internet unter:
www.winter-verlag.de

INHALT

Thomas Schnabel 11
Vorwort

Das Judentum sagt ... 15
Fragen zum Glauben

Das Abc als Honigkuchen 27
Das süße Lernen

Vom Lernen und Lehren 31
Traditionelle und moderne Gelehrsamkeit

„Vor einem Greise sollst du aufstehen" 54
Über das Alter

Ghetto und andere Grenzen 60
Einschränkungen von außen und Rückzug nach innen

Dies ist ein jüdisches Haus 72
Die Mesusa und ihr Sinn

Von Hand zu Hand 77
Der Jude und sein Körper

Drüber und Drunter 82
Bekleidung und Kleidersitten

89   **Umhüllt von Gottes Gebot**
     Tallit und Zizit

94   **Der gedeckte Tisch**
     Essen und Trinken im Judentum

113 **Das liebe Vieh**
     Metzger, Schächter und Gottes Gebot

124 **Alles aus Leder**
     Vom Flickschuster zur Schuhfabrik

130 **„Schatnes geprüft"**
     Jüdisches zur Textilproduktion und Geschichte
     der Industrialisierung Württembergs

142 **Reiche Juden – arme Juden**
     Geld, Zins und Wohltätigkeit

153 **Jüdische Gemeinden haben keinen Pfarrer**
     Die Aufgaben des Rabbiners

161 **Gesungene Gebete**
     Der Kantor als Vorbeter und Berufsmusiker

169 **Im Dienste der Gemeinschaft**
     Berufe und Ehrenämter rund um die Synagoge

186 **„… und feiert nur Fest auf Fest zum Segen und Wohlergehen …"**
     Gemeinsamkeiten im jüdischen und christlichen Kalender

Tag der Reue, Tag der Sühne Die Bedeutung von Jom Kippur	196
Ein Becher Wein für den Elija Pessach und der Sederabend	204
Was ist ein Minhag? Traditionslinien und regionale Sitten	222
Verscheiden und Auferstehen Bräuche um Sterben und Tod	229
Was ist Leben – was ist Tod? Bioethik und Judentum	243
Wer sich selbst tötet, raubt Gottes Eigentum Freitod aus religiöser Sicht	248
„… und will euch erlösen durch ausgereckten Arm …" Das jüdische Verständnis von Erlösung	253
„… um der zehn Gerechten willen …" Vom „Handeln" mit Gott	257
Gottes Lob oder Teufels Werk? Modernisierung und synagogale Musik im Südwesten	264
Harmonie und Dissonanz im Tabaktempel Die Musik in der Budapester Hauptsynagoge	271

277 **Ein Denkmal für den Maharam**
Leben und Wirken des Rabbi Meir von Rothenburg ob der Tauber

286 **Ein Tier – das nur im Buche steht**
Das Einhorn und seine Bedeutung

292 **Der Rabbi mit der Zitrone**
Marc Chagalls Malerei und die jüdische Überlieferung

304 **„Irgendwo im fernen Siebenbürgen"**
Die Legende vom Golem und die versunkene Welt
des Ostens im Werk von Elie Wiesel

322 **Legende oder „Lügende"**
Zum Verhältnis von Historie und narrativer Kultur

335 **Ehret die Quellen**
Was ist Übernahme, was ist Plagiat?

338 **Mit Schuld beladen**
Das Bild vom Sündenbock

342 **Der ewige Jude**
Weg und Wirkung einer Legende

358 **Bleiben, gehen oder wiederkommen?**
Neubeginn der jüdischen Gemeinde in Stuttgart

369 **Was uns eint – was uns trennt**
Der christlich-jüdische Dialog

Heidi-Barbara Kloos und Gunter Berg **377**
Nachwort

Anhang

Biographie von Landesrabbiner a. D. Dr. Joel Berger **384**

Anmerkungen **386**

Literatur **416**

Orts- und Personenregister **433**

THOMAS SCHNABEL
VORWORT

Frömmigkeit fußt im Judentum nicht auf Theologie, sondern auf gelebtem Glauben und Ritus. Die Unterscheidungen, die das Gesetz, der Bund Gottes mit seinem Volk, erfordern, prägen je nach Auslegung Tradition und Lebensform. Jüdisches Leben in Deutschland wurde in der Schoah vernichtet; die Gemeinden der Nachkriegszeit sind Neuanfänge, gespeist aus vielen Vorbildern. Sie können erst künftig eigenständige Traditionen entwickeln.

In den vergangenen Jahrzehnten sind Erinnerungen von Überlebenden aufgezeichnet worden, die vernichtete Primärquellen ersetzen sollen. An vielen Orten haben zunächst meist Privatleute und Privatinitiativen Überreste – Friedhöfe, Synagogen, Erinnerungsstücke – gerettet, in Publikationen bekannt und ihren Wert der Öffentlichkeit verständlich gemacht. Privatforscher und Fachhistoriker haben dazu sehr beachtliche Übersichtswerke geschaffen. Gemeinsam – in freilich sehr unterschiedlichen Graden – ist allen diesen Aufsätzen, Broschüren und Büchern, dass sie vor allem aus deutschsprachigen, meist staatlichen Quellen schöpfen und deren Perspektive nicht vermeiden können. Mit der Ermordung der Menschen sind im Holocaust auch die meisten genuin jüdischen Quellen vernichtet worden.

Württemberg hat das Glück, dass sein ehemaliger Landesrabbiner Dr. h. c. Joel Berger schon von seinem Lehrer Prof. Alexander Scheiber am Budapester Rabbinerseminar mit volkskundlichen und historischen Fragestellungen vertraut gemacht wurde. In seiner über 20-jährigen Amtszeit in Stuttgart und auch in den Jahren danach hat er am Ludwig-Uhland-Institut für Empirische Kulturwissenschaft der Universität Tübingen und am Haus der Geschichte Baden-Württemberg bei zahlreichen

Veranstaltungen und in regelmäßigen Sendungen vieler ARD-Rundfunkanstalten Geist, Geschichte und Gehalt jüdischer Kultur und Frömmigkeit bekannt gemacht.

Die Beiträge des Bandes können den angedeuteten Mangel genuin jüdischer Quellen nicht ersetzen, sie bieten aber wieder einen jüdischen Blick auf zahlreiche Fragen von Gesetz, Ritus und Brauch. Er reicht von der Schilderung jüdischer Berufe bis zur Feier jüdischer Feste, vom Lernen und vom Wandel jüdischer Gelehrsamkeit oder der Verwendung von Orgelmusik in der Synagoge bis zu jüdischen Erzählformen in der Haggada, bei Elie Wiesel oder in der Kunst Marc Chagalls. Der Schwerpunkt liegt auf der Zeit seit der Aufklärung, doch reichen die Wurzeln der Erzählung naturgemäß weit in die Vergangenheit. Quellen und Themen (z. B. Textilindustrie) schöpfen häufig aus Württemberg und ganz Süddeutschland, haben aber auch Osteuropa und den Raum der k. u. k. Monarchie im Blick.

Nur einige wenige Beiträge wurden unverändert aus früheren Publikationen übernommen. Die Aufsätze sind zu etwa einem Drittel völlig neu erarbeitet worden, die restlichen liegen jetzt in ganz wesentlich veränderter und erweiterter Fassung vor. Für die künftige Arbeit an Aspekten der deutschen Geschichte und ihre Erforschung ist der jüdische Blick unverzichtbar, den Joel Berger mit diesen Beiträgen leistet.

Die Zusammenarbeit zwischen Joel Berger und dem Haus der Geschichte begann mit einem Projekt der Baden-Württemberg Stiftung zur jüdischen Volkskultur in Südwestdeutschland. Damit wurden die Forschungen von Joel Berger großzügig gefördert. Es entstanden dabei grundlegende Vorarbeiten für den vorliegenden Band. Für diese wichtige Förderung danke ich der Baden-Württemberg Stiftung. Gunter Berg und Heidi-Barbara Kloos haben mit großem Engagement die Texte von Joel Berger bearbeitet. Da Heidi-Barbara Kloos bereits die Lebenserinnerungen von Joel Berger unter dem Titel „Der Mann mit dem Hut" aufgezeichnet hatte, kannte sie den Autor wie wenige. Irene Pill hat mit Leidenschaft und Akribie die vielfältigen Texte lektoriert und immer wieder mit Familie Berger abgestimmt. Mit sicherem Gespür hat Anja Harms daraus wieder ein schönes Buch gemacht, das schon äußerlich Lust zum

Lesen macht. Um das Register, das für einen Sammelband so außerordentlich wichtig ist, hat sich Thomas Kärcher mit der ihm eigenen Zuverlässigkeit und Perfektion gekümmert; er wurde tatkräftig unterstützt von Mandy Groeneveld.

Nun hoffe ich, dass dieser Band dazu beiträgt, das Wissen über unsere jüdischen Nachbarn erheblich zu erweitern und sie damit wieder zu einem selbstverständlichen, integralen Bestandteil unserer vielfältigen Gesellschaft in Südwestdeutschland zu machen.

Prof. Dr. Thomas Schnabel
Leiter des Hauses der Geschichte
Baden-Württemberg (1989-2018)

DAS JUDENTUM SAGT ...
FRAGEN ZUM GLAUBEN

„Jüdische Religion", diese Bezeichnung für das Judentum ist eigentlich schon eine christliche Interpretation, wenn unter Religion – wie üblich – eine auf Glauben gegründete Weltauffassung verstanden wird. Judentum ist eher eine Lebensauffassung, eine Lebensform, die sich im Erfüllen der jüdischen Gebote von anderen Religionen unterscheidet. Auf diese Unterscheidung hat man immer großen Wert gelegt und auch pejorativ verurteilend gesagt, man solle nicht „Chukkat Hagoj" üben, die Sitten, Gebräuche und Lebensformen anderer Völker und Religionen nachahmen und das eigene Tun nach den anderen richten. Selbst Sitten des Alltags hat man bis zur Groteske anders gehandhabt. So haben chassidische und orthodoxe Juden mancherorts ihre Mäntel und Sakkos in die entgegengesetzte Richtung geknöpft wie ihre christlichen Nachbarn. Diese Unterscheidung dient nicht allein der Distanzierung vom Kult fremder Götter, also dem „Götzendienst", sondern generell für die entscheidenden Dinge im Leben, beispielsweise den präzisen Unterschied von Tod und Leben, Tag und Nacht oder Heiligem und Profanem.

Überall will man die genaue Distinktion, um das Eigene, die eigene Lebensform zu demonstrieren, ja, demonstrativ vorzuzeigen. Dahinter steht, anders als oft geglaubt, nicht die Vorstellung vom Auserwähltsein, sondern die Bestrebung einer Minorität, ihre Eigenart in einer andersartigen Umwelt zu behaupten. So hat man bis zum 19. Jahrhundert beim Bau von Synagogen jede Ähnlichkeit mit Kirchen vermieden und dabei aber übersehen, dass diese ja den Tempelbau von Jerusalem nachgeahmt haben. Man hat zudem darauf geachtet, dass sich synagogale Liturgie und Gebetsformen von kirchlichen unterscheiden. An Orten, an denen über Generationen hinweg ein gutes nachbarschaftliches Verhältnis zwischen Juden und Christen bestand, hat man doch darauf geschaut, dass jede Seite ihre Eigenart behielt. Obschon in manchen Chören im 19. Jahrhundert gemeinsam gesungen wurde, war es selbstverständlich, dass in religiösen Angelegenheiten jede Seite für sich lebte. Jacob Picard hat beschrieben, dass ein frommer Jude auch bei Christen hohe Achtung genossen habe, und ein Jude, der sich nicht an die Gebote seiner Religion gehalten hat, auch von Christen verachtet worden wäre.[1] Schon die Andersartigkeit von Schabbat, also Samstag als Tag der absoluten Ruhe, und Sonntag, der sich vom Ruhetag zum kirchlichen (und weltlichen) Feier-Tag wandelte, blieb in der Öffentlichkeit allgemein sichtbar.

Trotz dieser Betonung der Unterscheidung gab es in der Lebenspraxis Übertragungen. So kannte man für das Begehen von Purim keine jüdischen Muster. Wie feiert man lustig? In diesem Fall haben sich aschkenasische Juden Formen entsprechender katholischer Lustbarkeiten wie zum Beispiel Fasnacht abgeschaut. Purimspiele, Gesänge, karikaturenhafte Anspielungen, die Freiheit zu freizügigen Äußerungen, die lediglich zu Purim erlaubt sind, haben keine klassischen jüdischen Wurzeln.

Anders als im Christentum nimmt man im Judentum aus der biblischen Geschichte direkte Anleihen, wenn sich Lebenswirklichkeiten verändern. Bei der Geburt eines Kindes beispielsweise werden bewusst solche Vorlagen gewählt und verinnerlicht. Da kommen der König David und der Prophet Elija, weil man damit erhofft, dass sich das Kind als Nachfahre Davids zum Messias entwickeln könnte. Und beim Tod folgt man ebenfalls den Heiligen Texten: „Staub bist du und zu Staub wirst du werden" (1. Buch Mose 3,19). Die biblischen Pfeiler, die biblischen Wege für die Lebensführung sind vorgegeben. Die Tora, die fünf Bücher Mose, ist also nicht nur religiöses Lehrbuch, sondern auch eine Enzyklopädie jüdischen Lebens und jüdischer Lebensform.

Oft wird gesagt, das Judentum sei eine „Gesetzesreligion" (wenn wir den Begriff „Religion" denn verwenden wollen) und nicht des Glaubens. Das stimmt so nicht ganz, doch der Glaube steht nicht an vorderster Stelle wie im Christentum. Denn mein Glaube ist für andere ein unkontrollierbarer Faktor. Was ein Mensch glaubt, wie er glaubt, das kann einzig und allein jeder selbst wissen oder ahnen. Und nicht immer tut dieser Mensch seinen Glauben kund, und nicht immer offen und ehrlich. Der Glaube ist eine zutiefst autonome Angelegenheit des Einzelnen. An einer Stelle steht im Talmud: „Alles hängt vom Himmel ab außer dem Glauben" (b. Berachot 33/b). Daraus folgt die zugespitzte Frage: Ist es möglich, ein frommer Jude zu sein und trotzdem zu sagen, man glaube nicht? Ja, diese Form ist theoretisch möglich. Zum Thema „Der ungläubige Jude" wurde viel geschrieben.[2] Dennoch, der talmudischen und rabbinischen Gelehrsamkeit stand nie die Möglichkeit vor Augen, dass Juden massenhaft vom Glauben abfallen könnten. Dabei war die Option stets offen: Du erfüllst die Tora, die ethischen und kultischen Grundgebote, obwohl Du nicht an Gott glauben kannst. Wir geben aber die Hoffnung nicht auf, dass aus der Skepsis wieder Glaube wird. Für mich ist unverständlich, wie, christlich gesehen, vom Glauben häufig als einem „geraden Weg", einem festen und unveränderlichen Besitz gesprochen werden kann. Der Glaube hat im Judentum einen anderen Bezug und Stellenwert. Die Frömmigkeit eines Juden ist für andere erkennbar. Der Fromme hält und lebt die ethischen Gebote. Man geht selbstverständlich davon aus, dass der Glaube sozusagen das Deposit der Handlungen ist, doch er ist nicht sichtbar, nicht wahrnehmbar. Wie und was ein anderer glaubt, wissen wir, wie gesagt, letztlich nicht, und selbst wenn jemand über seinen Glauben spricht, wissen wir nicht, ob seine Worte genau das Gemeinte treffen.

Ohne die Grundlagen der Religion zu kennen, kann man weder im Christentum noch im Judentum Aussagen zur Überlieferung machen, die doch in weiten Teilen religiös geprägt ist. Nicht selten sind unsere volkstümlichen Elemente durch katholische oder evangelische Vorstellungen bestimmt. Den „Teufel" versteht man landläufig als das absolut Böse und folgt damit Martin Luther. Für uns Juden liegen Gut und Böse in der Hand Gottes. Weit verbreitet ist im Judentum die Auffassung, der „Satan" sei das Äquivalent für den „Ankläger", der uns bei Gott anschwärzen möchte, weil wir ja doch nicht so anständig sind, wie wir vor Gott vorgeben. Daraus wird weiter: Wir müssen Gott davon überzeugen, dass Er ja nicht auf den Ankläger hört. Auch wenn der Teufel nachhaltig in die Liturgie und in den Alltag eingegangen ist: Biblisch gibt es über ihn nicht mehr als zwei Stellen. Die eine steht im Buch Hiob, aber da ist der Satan nur eine Hypothese in der Form von „was wäre wenn": wenn der Satan mit Gott eine Wette abschließen würde. In der Glaubenswirklichkeit ist das natürlich ein Widerspruch in sich. Und die andere Erwähnung lesen wir in einem prophetischen Zitat, in dem der Satan wiederum als Ankläger vorkommt (Sacharia 3,1). Sonst finden wir ihn in der biblischen Literatur nicht, in der talmudisch-aggadistischen Literatur kommt er dagegen sehr häufig vor.

Ein wichtiger Teil der Rosch Haschana-Liturgie enthält ebenfalls eine Querverbindung. Wenn man gemäß der Tora an bestimmten Tagen das Schofarhorn bläst, so erinnert uns das an die Opferbereitschaft Abrahams, die so weit gegangen wäre, selbst seinen eigenen Sohn Isaak zu opfern, und es erinnert an den Widder, der an die Stelle des Sohnes trat. Das Horn blasen wir – so die spätere rabbinische Auslegung –, um unser Gewissen wachzurütteln. Vor dem Blasen des Horns werden in der traditionellen Liturgie sechs Verse gesprochen, und das Achrostikon dieser Verse heißt übersetzt: „Lass den Satan verstummen uns gegenüber." In Zwischenversen, die heute beim Schofarblasen weggelassen werden, bittet man, Gott möge die „Dämonen", die sich gegen uns wenden könnten, vernichten. Dahinter verbirgt sich nichts anderes als die Wirkung von populären Ansichten über das Böse. Man kennt die Dämonen und Satansvorstellungen anderer Religionen und nimmt sie, obwohl man sie nicht teilt, in die eigene Liturgie auf. In gewisser Weise ist in diesen sechs Versen, die man bis heute psalmodierend im Wechsel von Vorbeter und Gemeinde spricht, ein Beleg dafür enthalten. Moderne Menschen stoßen sich daran, aber unterschwellig, auf einer anderen Ebene, sind die Vorstellungen vom personifizierten Bösen doch vorhanden.

Einen anderen Berührungspunkt zwischen Christentum und Judentum sehen viele im Begriff der „Erlösung".[3] Für Juden steht dahinter allerdings eine ganz eigene Vorstellungswelt. Die Tora enthält einen vagen Hinweis; nur am Ende des 5. Buches sagt Moses (29,28): Die verborgenen Dinge stehen bei Gott und nur die offenbarten Dinge sind bei uns, um uns damit zu befassen. Erst bei den Propheten erscheint die Vorstellung, dass am Ende der Zeit der Herr die Welt erlösen wird, und dabei sind nicht allein Juden oder Auserwählte angesprochen, sondern es ist die ganze Welt. Ob diese Erlösung mit einem persönlichen Messias oder einer messianischen Zeit kommt, ist nicht eindeutig festgelegt. Darin steckt auch der fundamentale Gegensatz zum Christentum. Die Kirche hat Jesus explizit zum Erlöser erklärt. Das ist für Juden nicht annehmbar, denn Jesus selbst, so sehen wir es, wollte das nicht auf sich nehmen. Er sagte dazu nur: „Du sagst es." Man kann es in der christlichen Theologie von Adolf von Harnack bis heute verfolgen; wenn Jesus von der Folie seiner jüdischen Frömmigkeit abgelöst wird, rückt man stets das Alte Testament in den Hintergrund und minimiert seine Bedeutung. Dazu fällt mir immer eine ironische Bemerkung des Rabbiners Dr. Walter Rothschild ein: „Was heißt ‚Altes Testament'? Als wir es bekommen haben, war es ganz neu." Es gibt bei zahlreichen Christen eine Tendenz, alles Jüdische im Umfeld von Jesus schon für christlich-heilig zu erklären. Alle Mitglieder seiner Familie, obwohl zweifelsfrei Juden, sind fraglos „christliche Heilige". Dabei ist der ironisierende Spruch doch wahr: „Es gab eine Zeit, da die Jungfrau Maria noch nicht katholisch war."

Aber zurück zur Erlösung. Erlösung ist die Hoffnung auf eine totale Veränderung, eine Unterscheidung der zukünftigen und der heutigen Welt. Ich erzähle dazu gerne eine bekannte talmudische Geschichte. Ein Rabbi hört vom Ölberg her eine Posaune und geht zum Fenster, schaut hinaus und stellt fest: Es kann ja nicht die Posaune des Herolds des Messias sein, denn es ist alles noch beim Alten, nichts hat sich verändert. Die Erlösung ist außerdem eine Veränderung der ganzen Welt, aller Lebensformen, und sie ist ohne die Auferstehung nicht zu denken, ein Kernpunkt jüdischen Glaubens. Im Talmud heißt es, wer die Möglichkeit der Auferstehung leugnet, ist ein Gottesleugner, denn er leugnet die allmächtige Fähigkeit Gottes. Da man aber, wie wir gesagt haben, über den Glauben eines anderen Menschen nichts Verbindliches weiß, ist es im Judentum auch unmöglich, ein allgemeingültiges Glaubensbekenntnis zu formulieren. Doch die 13 Glaubensartikel des Philosophen, Gesetzeslehrers und Arztes Moses ben Maimon, genannt Maimonides (1135-1204), wie sie in der poetischen Dichtung „Jigdal" (um 1300) überliefert sind, werden von sehr vielen Juden als wesentliche Bestandteile ihres Glaubens angesehen, und deshalb sollen sie hier kurz vorgestellt werden.[4]

Im ersten Artikel wird der Glaube bezeugt, dass der Schöpfer, gesegnet sei Sein Name, alle Werke vollbracht hat, vollbringt und vollbringen wird. Das bedeutet, dass die Schöpfung nicht abgeschlossen ist; Schöpfung ist eine fortwährende Tätigkeit Gottes. Im zweiten Artikel wird bekannt, dass Gott einzig ist, und Seine Einzigkeit steht in keiner Beziehung zu einer anderen Art von Einzigkeit und ist einmalig. Er ist allein unser Gott und wird es immer sein. Im dritten Artikel wird gesagt, dass Sein Name nicht mit einem Körper, nicht mit Körperlichkeit verbunden ist, und die Eigenschaften von Körperlichkeit können auf Ihn nicht angewandt werden. Jede anthropomorphe Andeutung wie „Hand Gottes" oder „Stimme Gottes" war dem strengen Rationalisten Maimonides zuwider. Im vierten Artikel heißt es, Gott ist der Erste und Letzte, also Anfang und Ende. Dann weiter: Der Schöpfer ist einzig und allein, und einzig und allein zu Ihm betet man, und sonst zu niemand. Das ist natürlich eine Abgrenzung gegenüber Trinität und Vermittlern zu Gott, wie sie das Christentum kennt. Dazu wird erklärt, dass sämtliche Worte der Propheten Wahrheit sind und Moses der Vater der Propheten ist und aller, die nach ihm Gottes Wahrheit verkündet haben. Im achten und neunten Artikel wird bekräftigt, dass die Tora nicht ausgetauscht oder verändert werden kann und dass keine andere Lehre vom Schöpfer kommen wird. Das bezeichnet die Göttlichkeit und Unabänderlichkeit der Tora. Im zehnten Artikel wird bekannt, dass der Schöpfer alle unsere Werke und Gedanken kennt, der (so Psalm 33,15) insgesamt unsere Herzen bildet und prägt und jegliche unserer Werke durchschaut. Daraus folgt der Satz elf, dass Gott Lohn und Strafe aussprechen könnte. Der Glaube an das Kommen des Messias wird im zwölften Artikel bezeugt: Auch wenn Er zögert, harre ich täglich auf sein Kommen. Und zum Schluss wird im dreizehnten Artikel der Glaube an die Auferstehung der Toten ausgesprochen, dass aber Er allein über Zeitpunkt und Art der Auferstehung bestimmen wird.

Diese Glaubenssätze sind nicht in dem Sinne glaubensnotwendig, dass Juden ohne Bekenntnis zu allen Artikeln vom Judentum ausgeschlossen sind, weil man dies nicht kann. Die Artikel beginnen mit der Formel: „Ich glaube aus vollkommener Überzeugung." Dabei umfasst der Begriff „Emunah" meine (also des Maimonides) vollkommene Überzeugung, meine souveräne und subjektive Einstellung. Die Glaubenssätze sind ein Angebot, sie sagen jedoch nicht: „Du musst genau so glauben." Das würde der jüdischen Einstellung widerstreben, denn Glaube kann ja sehr verschiedener Art sein, und man kann nicht sicher sein, dass zwei Menschen unter einer Glaubensaussage dasselbe verstehen. Man ging zudem immer davon aus, dass weniger Gebildete und Gelehrte auf unterschiedliche Art und Weise glauben. So ist volkstümlich weit verbreitet, dass der Mal'ach Hamawet (Todesengel) den Menschen zum Tod bringt, aber die meisten Intellektuellen haben nie angenommen, dass der Tod durch den Todesengel eintritt. Doch grundsätzlich haben sich viele Juden gefragt und wurden gefragt, wie man nach der Erfahrung der Schoah noch glauben könne. Ein frommer Rabbiner, der Auschwitz durchlebt hat, gab die Antwort mit Jesaja (55,8 ff.): „Meine Gedanken sind nicht eure Gedanken, und eure Wege sind nicht meine Wege." Das heißt, die göttliche Handlungsweise ist nicht mit der unsrigen vergleichbar. Ich denke, der Rabbiner hat recht. Man kann die Schoah einfach nicht mit menschlichen Begriffen ermessen und deuten.

Eine weitere Frage, die regelmäßig an mich herangetragen wird: Warum gehört das Studium der Tora so elementar zur jüdischen Frömmigkeit? Ist es das A und O? Am Anfang des jüdischen Gebetbuches steht ein talmudisches Zitat: „Folgende Dinge haben kein gesetzliches Maß", sind also nicht mess- und abgrenzbar. Und es folgt eine Aufzählung von ethischen Handlungen wie zum Beispiel Fürsorge für Kranke, Ausstattung einer Braut, die Begleitung von Toten, die Andacht beim Gebet, Frieden stiften zwischen Menschen. „Jedoch das Studium der Tora wiegt alles auf" (Mischna Pea 1,1 und Talmud Schabbat 127/a). Die in der Aufzählung angeführten Taten sind selbstverständlich von großer Bedeutung, aber das Torastudium hat eine Allgegenwart. Alle anderen Grundsätze können tageszeitlich begrenzt sein. Die Gebote der Tora sind nur tagsüber zu erfüllen. Das Torastudium indes ist Tag und

Nacht erlaubt und geboten. Es kann nicht begrenzt werden, denn nur so erarbeitet man sich den richtigen Weg. Dies illustriert auch eine berühmte Anekdote. Ein Rabbiner wird gefragt, ob man beim Torastudium rauchen dürfe. Erregt schimpft er seinen Schüler aus. Das sei doch selbstverständlich bei dieser heiligen Tätigkeit unmöglich. Fragt ein anderer Schüler: „Darf man beim Rauchen die Tora studieren?" „Selbstverständlich, mein Junge, denn das Studium der Tora geht immer allem anderen vor." Und auf dem Nachhauseweg belehrt der zweite Schüler seinen Mitschüler: „Siehst Du, fragen muss man können."

Nicht selten werde ich zum Aspekt der „Auserwähltheit" um Aufschluss gebeten. Das jüdische Volk als auserwähltes Volk wird im antisemitischen Kontext stets als „Privileg" missdeutet. Wenn man in der Tora die entsprechenden Texte liest, ist es freilich nicht immer auf Anhieb verständlich, was mit der „Auserwähltheit" gemeint ist. Die Juden sind nicht auserwählt, um etwa andere zu beherrschen; sie haben zudem keinerlei Vorrechte oder Privilegien ererbt. Wenn wir diesen Grundsatz akzeptieren, dann deutet das darauf hin, dass wir die besondere Last der Verpflichtungen und Verantwortungen tragen müssen. Das heißt nun nicht, einem Juden sind Dinge erlaubt, die einem Christen verboten sind. Umgekehrt gibt es eine Menge Dinge, die dem Christen erlaubt, dem Juden aber verboten sind. Verwiesen sei hier zum Beispiel auf die Einhaltung der jüdischen Speisegesetzgebung. Der Mensch soll durch die Einschränkungen erkennen, dass das ganze Tierreich nicht sein „Fleischreservoir" ist und nur als seine „Speisekammer" dient. Und wir tragen diese Verpflichtungen und Verantwortungen, wie sie keinem anderen Volk aufgegeben sind.

Im Talmud (Sanhedrin 13) sind die noachidischen Gebote (sieben grundsätzliche Gesetze) zusammengefasst, die in der Tora benannt oder angedeutet sind. Sie sollen für alle Menschen – Juden wie Nichtjuden – gelten. Wer diese ethisch-religiösen Grundregeln befolgt, kann ebenso als Nichtjude ein Gerechter sein, der Anteil an der kommenden Welt haben kann. Doch erst Abraham hat von sich aus die Einzigkeit Gottes erkannt und konnte von nun an diese Lehre verkünden und weitergeben. Nur sein Sohn Isaak war bereit, diese Lehre zu übernehmen und sie zu verbreiten. Abraham selbst hat die sieben noachidischen Gebote nicht wörtlich erfüllt. Für ihn zählte die ständige Gottesnähe, die ständige „Kommunikation" mit Gott. Den Gott Abrahams – oder wie Juden es nachher ergänzt haben: unser Gott Abrahams, Isaaks und Jakobs – haben die Israeliten als einzigen Gott anerkannt, und weil sie diesen als einzigen Gott angesehen haben, hat Gott sie zu besonderer Treue auserwählt. Die konkrete Formulierung in der Tora von dieser Auserwähltheit steht im 2. Buch Mose (19,6): „Ihr werdet mir als priesterliches Volk, als heilige Nation" angesehen werden.

Aus dieser Erwählung resultieren nun die Pflichten für das jüdische Volk. Sie folgen aus den Geboten der Offenbarung und umfassen also alle Gebote und Verbote, die den Alltag bestimmen und die Lebensführung kanalisieren. Natürlich war und ist nicht jeder Jude ein Zeuge des göttlichen Ideals, und neben wenigen Vorbildern haben die meisten Juden dieses Auserwähltsein nicht Tag und Nacht, in vollem Umfang als Herzensangelegenheit und im Gehorsam allen Geboten gegenüber gelebt. Wie und unter welchen Umständen auch immer eine Person als Jude erkennbar war, hat die Umwelt ihn mit diesen Idealen identifiziert. Juden wurden durch das Verhalten der Umwelt in ihrem Judesein gewissermaßen befestigt, gefestigt und hatten dadurch eine „Sonderstellung" in der Welt entwickelt.

Die Ereignisse der Vergangenheit waren für uns, die Minorität inmitten einer Majorität, nie neutral, nie vollkommen gerecht. Zu jeder Zeit gab es Bestrebungen, Juden in ihrer Lebensform zu beschränken und zu unterdrücken. Die Abhängigkeit einer Minorität in der Diaspora erklärt das nicht allein. Es war und ist die Erfahrung, dass logische Argumente und offensichtliche Tatsachen und Beweise nicht überzeugen, sondern stets bloß neue Missverständnisse und Anfeindungen hervorrufen. Die Aussage, die Juden betrachteten sich als „auserwähltes Volk", empfanden alle anderen Völker als verletzend, für sie herabwürdigend.

Es passt vielleicht nicht genau hierher. Aber es ist bezeichnend, dass aufgeklärte, zivilisierte Staaten Europas versucht haben, Juden zurückzudrängen, indem sie ihre Bildungschancen beschränkten oder raubten. Es ist ein langes und interessantes Kapitel innerhalb der Kulturgeschichte, wenn man die Kämpfe einer Mehrheit gegen eine Minderheit durch die Zerstörung ihrer Bildung, ihrer Kultur verfolgt. Zuerst hat man versucht, den Juden ihre Schriften wegzunehmen. Jüdische Handschriften wurden im hohen Mittelalter in Paris und anderswo massenhaft verbrannt. Bis heute wird das Trauerlied des Rabbi Meir von Rothenburg ob der Tauber am Gedenktag für die Zerstörung des Jerusalemer Tempels, an Tischa be'Aw, in den Synagogen vorgetragen. Der Maharam hat die Klage auf die Pariser Talmudverbrennung verfasst, die er selbst 1242 miterleben musste.[5] Wie groß die Bedrohung für die jüdische Glaubenswelt war, dafür gibt es ein überzeugendes Beispiel eines klassischen „Bildungsraubes". Von den zahlreichen talmudischen Handschriften, die im Umlauf gewesen sein müssen, ist nur eine einzige komplette Fassung (heute in der Bayerischen Staatsbibliothek in München) erhalten geblieben. Doch dieser Versuch, durch Bildungsbeschränkung die Entwicklung der Juden einzudämmen, setzte sich noch in der Neuzeit fort. Die formalen, noch mehr aber die informellen Restriktionen im Universitätsleben und in den staatlichen akademischen Berufen lösten sich im 19. und beginnenden 20. Jahrhundert auch in Deutschland erst allmählich, allerdings nie vollständig, auf. Nach der Zeit des Liberalismus führte Ungarn 1920 die erste rassistisch begründete Beschränkung mit einem „Numerus Clausus" für jüdische Studenten ein. Nebenbei gesagt, Deutschland und die westliche Welt profitierten von diesem diskriminierenden Gesetz ungemein, denn viele ungarische Bildungsflüchtlinge kamen nach Deutschland wie die Philosophen Georg Lukács und Karl Mannheim, die Physiker Leó Szilárd und Edward Teller, der Mathematiker und Mitbegründer der Informatik John von Neumann.

Diese „Bildungsflüchtlinge" sind ein Exempel für eine allgemeine Beobachtung. Wo immer vertriebene oder in ihrer Entwicklung unterdrückte Juden in ein Exilland kamen, hielten sie sich nicht für etwas Besonderes. Sie waren im Gegenteil dazu gezwungen und fühlten sich verpflichtet, aus ihren mageren Möglichkeiten etwas zu machen, „sich zu verwirklichen". Dieser innere Drang ist vielleicht auch eine Form der Auserwähltheit. Ein Beispiel aus unserer Gegend: Carl Laemmle, der zeitlebens mit seiner Heimatstadt Laupheim verbunden blieb, gründete 1912 die Universal Studios in Los Angeles und produzierte über 400 Spielfilme und er gilt als einer der Begründer der modernen Filmindustrie. Unter den Filmpionieren waren noch zahlreiche weitere Juden aus anderen Ländern. Aus Stuttgart stammte Paul Levi (in Amerika Leni), der Schöpfer unter anderem des Episodenfilms „Das Wachsfigurenkabinett". Warum ausgerechnet Juden? Ein wichtiger Grund dafür war sicher, dass viele sprachlich im neuen Heimatland nicht voll zu Hause waren, aber sie haben die flexible Kunstform des neuen Mediums Film erkannt, das als Stummfilm anfangs ja nicht auf Sprache angewiesen war. Die Umsetzung von Erzählungen in bewegte Bilder mit den neuen technischen Möglichkeiten – darin haben sie dann Vorbildliches geleistet. Man muss nur an die Geschichte der Firmen Fox und Metro Goldwyn Mayer (die unter anderem aus den genannten Universal Studios hervorgegangen sind) sowie an Personen wie Alexander Korda und dessen Brüder Zoltan und Vincent Korda erinnern.

Doch zurück zur Auserwähltheit. Die wohl treffendste Beobachtung besteht darin, dass es im Judentum kein Gebot zu Moral, Glaube und Lebensführung gibt, das dem Juden etwas erlauben würde, was dem Christen oder sonstigen Nichtjuden verboten wäre. Umgekehrt sind wie schon angedeutet dem Juden eine Vielzahl von zusätzlichen Geboten und Verboten auferlegt.

Von einer Privilegierung kann also, wie gesagt, keine Rede sein. Dennoch wirkte und wirkt der (absichtlich) falsch verstandene Begriff der „Auserwähltheit" als antisemitisches Stereotyp. In den berüchtigten Ärzteprozessen ließ Stalin jüdische Mediziner nur deswegen anklagen und zum Tod verurteilen, weil er in ihnen Zionisten vermutete. Allein der plötzliche Tod des Diktators 1953 brach diese Prozesse ab, und deshalb wissen wir um die Gründe. Es ging ihm nämlich nicht direkt um Juden und jüdische Lebensform. Wie allen Tyrannen widerstrebte ihre Existenz seinem Anspruch auf totale Beherrschung. Selbst unwesentliche Abweichungen verträgt Tyrannei nicht. In der Stalin-Ära gab es zum Beispiel einen ständigen Kampf der Juden Russlands um Matze. Für das Imperium war das eigentlich ein völlig unwichtiges Problem; ihr Import verletzte aber die Allmacht des Regimes. Die Herstellung im eigenen

Land war zeitweise erlaubt und dann wieder verboten. Oder die Frage, muss das religiöse Fest am Sederabend (Vorabend von Pessach) unterbunden werden? Rational ist das nicht zu erklären. Die vergleichsweise kleine Schar der Juden war weder im Stalinismus noch in anderen Diktaturen stärker als die Gewalt der Diktatoren. Trotzdem haben die Mächtigen versucht, sich in kleinen Bereichen durchzusetzen. Im Anspruch auf die totale Vereinnahmung des Menschen war und ist diese Eigenständigkeit ein Pfahl im Fleisch, den keine tyrannische Macht ertragen kann. Wenn heute in der Publizistik häufig Israel einseitig für die Zustände in den Palästinensergebieten verantwortlich gemacht wird, so kann man auch darin die Folge einer negativen Vorstellung von Auserwähltsein erkennen.

DAS ABC ALS HONIGKUCHEN
DAS SÜSSE LERNEN

„Auch eine süße Last bleibt eine Last."¹ Zu dieser Erkenntnis kam der sechsjährige Erich Kästner, als er im Herbst 1905 nach der ersten Unterrichtsstunde in der 4. Bürgerschule in Dresden seine Schultüte durch die Tieckstraße nach Hause schleppte. Generationen von Schülern werden dieses Fazit, das Erich Kästner gezogen hat, als er längst ein berühmter Schriftsteller war, gerne bestätigen, vor allem, wenn sie nicht nur an die Schultüte, sondern an die Schule überhaupt denken. „Meine Zuckertüte hättet ihr sehen müssen! Sie war bunt wie hundert Ansichtskarten, schwer wie ein Kohleneimer und reichte mir bis zur Nasenspitze!"

Der Brauch der Schultüte oder Zuckertüte ist landauf, landab überall verbreitet. Zumindest in Süddeutschland ist er vergleichsweise jung. Die ersten Zuckertüten sind in Thüringen und Sachsen zu Beginn des 19. Jahrhunderts belegt. Im Süden hat sich die Sitte erst im 20. Jahrhundert eingebürgert. Auch hier insbesondere in den Städten, zögerlich auf dem Land, in evangelischen Gebieten eher als in katholischen.² Bruno Stern hat es in der württembergischen Kleinstadt Niederstetten so erlebt: „Mit sechs Jahren, wie es so üblich war, kam ich in die jüdische Volksschule. Meist erhielt der Schulneuling am ersten Schultag vom Lehrer eine Tüte mit Süßigkeiten, welche die Eltern am Tag zuvor in die Schule gebracht hatten. 1918 als ich in die Schule kam, gab es keine Tüte. Es war im letzten Kriegsjahr, und an allem herrschte Mangel."³

Wie es zu den süßen Leckereien am Schulbeginn kommt, ist nicht endgültig geklärt. Manche vermuten, dass ein jüdisches Ritual die Quelle des Brauches sein könnte. Dies scheint eher unwahrscheinlich, aber wie dem auch sei, jüdischen Kindern den Einstieg in den Schulalltag zu versüßen hat eine lange Tradition. Der jüdisch-amerikanische Autor Ivan G.

Marcus, Professor für jüdische Geschichte, beschreibt in seiner eindrucksvollen Darstellung über Kindheitsrituale im Europa des Mittelalters und der frühen Neuzeit[4], wie Kinder in diesen harten und kalten Zeiten mit der Schrift in Verbindung kamen, wie ein fünf- oder sechsjähriger Junge in der jüdischen „Schule", im Hause des Lehrers, im Cheder (Zimmer) in die Tora eingeführt wurde: „Der Lehrer liest die Buchstaben ... Er beträufelt die Buchstaben auf der kleinen Schiefertafel des Schülers mit Honig, damit das Kind die Süße der Buchstaben schmecken kann. Danach werden Kuchen in Form von Buchstaben hineingebracht ... aus Mehl, Honig, Öl und Milch gebacken ..." In Erinnerung an den Psalm 119 ahmt das Kind das Lesen der Buchstaben nach und isst dann den Kuchen. „Dein Wort ist in meinem Mund süßer als Honig" (Psalm 119,103). Die bittern Mühen des Lernens waren am Anfang also verbunden mit den Wonnen des süßen Geschmacks auf der Zunge.

Den langen Weg des „Bitteren im Süßen" verdanke ich einem Werk meines Professors Alexander Scheiber.[5] Er macht auf die antiken Zusammenhänge dieser Sitte mit der Aggada, der klassischen, nachbiblischen, narrativen jüdischen Literatur aufmerksam. Am Beginn der Analyse von Scheiber steht ein Gleichnis aus „De rerum natura", dem Lehrgedicht von Titus Lucretius Carus. Der spätrömische Dichter will belehren und vergleicht deshalb seine Kunst mit der Kunst von Ärzten, die ihre bittere Medizin in einem Becher verabreichen, dessen Rand sie mit Honig bestrichen haben: „Dann aber weil ich von dunklen Dingen schmiede so lichte / Verse, mit musischer Anmut leicht ein jedes benetzend. / Nämlich auch das scheint mir zu sein nicht bar allen Sinnes; / sondern so wie, wenn der Arzt den Knaben abscheulichen Wermut / einzuflößen versucht, er vorher den Becher am Rande / überstreicht mit des Honigs süßem, goldenem Seime / ..."[6] Von Lukrez übernahm dieses Bild der Rhetoriker Marcus Fabius Quintilianus. Im 1. Kapitel seiner Schrift „Von der Ausbildung des Redners" meint Quintilian, dass es mit dem Lernen so sei wie mit einer bitteren Medizin. Man nimmt sie leichter ein, wenn sie einem freundlich verabreicht wird. Noch im 16. Jahrhundert bezieht sich der italienische Dichter Torquato Tasso im 1. Kapitel seines Hauptwerkes, dem Heldengedicht „La Gerusalemme liberata", auf dieses Beispiel.

Ebenso hat Professor Saul Lieberman s. A., der gelehrte Talmudist am Jewish Theological Seminary in New York, nachgewiesen, dass das Motiv von Lukrez in die Aggada führt. In mehreren jüdischen, exegetischen Schriftsammlungen lesen wir, dass, was aus Fleisch und Blut ist, also der Mensch, das Bittere mit Süßem heilt. Doch der Herr heilt mit Bitterem das Bittere. Dies will uns lehren, dass Gott eher und häufiger als der Arzt gezwungen sein könnte, die Verfehlungen der Menschen den Schwächeren gegenüber mit Plagen zu bestrafen.

Das Gleichnis vom Bitterem gepaart mit dem Süßen hat im späteren Judentum des Chassidismus weite Verbreitung gefunden. Dem Gründer dieser Glaubensrichtung in Osteuropa, dem Baal-Schem-Tow (1700-1760), wird folgender Spruch zugeschrieben: „Es gibt Ärzte, die sehr bittere Arzneien verabreichen, aber ein besserer Arzt gibt eine süße Pille, denn diese nimmt man gerne ein."

Selbstverständlich ist die Sitte, das Lernen zu versüßen, auch im mittelalterlichen Deutschland unter den Juden anzutreffen. Im 12. Jahrhundert lebte in Worms der Rabbi Eleasar ben Jehuda, der nach seinem Werk „Rokeach"[7] (Arzneimischer, Salbenbereiter) genannt wurde. In diesem Werk (§ 269) lesen wir: „Am Morgen des Schawuot, also am Wochenfest (der Offenbarung), führt der Vater das Kind in die Synagoge. ... Man bringt eine Tafel mit dem Alphabet (hebräisch: Alef – Bet). Die Buchstaben sind mit Honig bestrichen, die das Kind kosten darf." (Damit man nicht sagen sollte, dass das Lernen kein ‚Honigschlecken' sei.) „Dann bringt man einen Lebkuchen (jiddisch: Lekach), auf dem als Verzierung der vierte Vers des fünfzigsten Kapitels des Buches Jesaja geschrieben steht: ‚Gott der Herr gebe mir eine gelehrige Zunge, damit ich die Müden stärken kann durch ein aufmunterndes Wort. Jeden Morgen weckt er mein Ohr, damit ich auf ihn höre wie ein Schüler.'" Nicht nur der gelehrte Chronist bewahrte diese Sitte aus Deutschland. Im „Machsor Lipsius", einem ausnehmend prächtigen, mittelalterlichen Pergamentkodex, der in hebräischer Sprache geschrieben und mit reicher Buchmalerei ausgestattet ist, befindet sich diese Szene als Illustration. Dieser Machsor aus dem frühen 14. Jahrhundert, eine Sammlung von Gebeten für die sieben besonderen Festtage des jüdischen Jahres, gehört zu den Schätzen der Universitätsbibliothek Leipzig.

Von den zitierten Werken führt ein langer Weg in die heutige Zeit, in der vornehmlich die Lebensmittelindustrie sich dieser Sitte angenommen hat, über sie „wacht" und sie „pflegt". Ob das nun die Buchstaben des Russischen Brotes sind oder die Nudeln von A bis Z, die in der Suppe schwimmen, und sie, wenn schon nicht versüßen, so ihr doch einen „lehrreichen" Geschmack verleihen. Selbstverständlich strahlen auch die Abc-Schützen von heute vor Freude, wenn sie ihre Schultüte, jenes Füllhorn des Glücks, im Arm halten.

Kürzere Fassung des Beitrags in: Mit Rabbiner Joel Berger durch das jüdische Jahr. Ostfildern 2013, S. 52-55.

VOM LERNEN UND LEHREN
TRADITIONELLE UND MODERNE GELEHRSAMKEIT

In unserer Gesellschaft verlieh und verleiht insbesondere Reichtum Anerkennung und Prestige. In den jüdischen Gemeinden war das in der Regel anders. Dafür gibt es in unserer Gegend ein berühmtes Beispiel. Der Hoffaktor des Hauses Hohenzollern-Hechingen Isak Raphael von Regensburg gehörte zu einer Schicht europäischer Hoffaktoren, die miteinander vielfältig verwandt waren. Seine älteste Tochter Karoline (Chaile oder Kaile), die schon in ihrer Jugend guten Sinn und Begabung für die Geschäfte des Vaters erkennen ließ, verheiratete er 1857 indessen mit einem jungen Mann, Kieve (Akiba) Auerbach, der sich zeitlebens einzig mit dem Studium der Tora und des Talmud beschäftigte. Die junge Frau führte die Unternehmungen so erfolgreich, dass ihr modifizierter Vorname zum Familiennamen „Kaulla" wurde. Als Hoffaktorin der Fürsten zu Fürstenberg und als Nachfolgerin von Joseph Süß Oppenheimer in Württemberg, vor allem aber als Heereslieferantin der kaiserlichen Armee in den Napoleonischen Kriegen, wurde Madame Kaulla unermesslich reich. Ihr Geld steckte unter anderem in der 1809 gegründeten Königlich Württembergischen Hofbank, die erst über mehrere Fusionen in den Zwanzigerjahren des 20. Jahrhunderts in der Deutschen Bank aufging.

Wie stark Kieve Auerbach durch seine Gelehrsamkeit geprägt war, zeigt die Inschrift einer silbernen Dose, die er seiner Frau geschenkt hat. Mit Bezug auf Chaile zitiert er die Stelle der Tora (4. Buch Mose 5,18 und 23,24), in der ein Priester die Treue einer Frau mit „Bitterwasser" prüft. So kann nur ein Mann die Treue seiner Frau preisen, der ausschließlich „in den vier Ellen der Tora", das heißt in den Kategorien seiner Gelehrsamkeit, denken kann. Diese Beziehung zwischen Ehepartnern war für Württemberg sicher ungewöhnlich, für ostjüdische Gebiete gar nicht so selten. Im Chassidismus kam es wiederholt vor, dass die Frau mit Kindererziehung und Geldverdienen beschäftigt war, während der Mann zu Füßen seines Rabbis saß und sich in biblische Texte und im Studium talmudischer Probleme vertiefte. Mit der Assimilierung der deutschen Juden strebten Männer in freie Berufe und wenn sie erfolgreich waren, so konnten sich ihre Frauen unabhängiger dem Haus und der Kultur widmen. Sie wurden wie die Berlinerinnen Rahel von Varnhagen oder Henriette Herz aktiv in Salons oder später auch in anderen bürgerlichen Einrichtungen, während ihre Männer der Arbeitswelt verhaftet blieben. Diese suchten Kontakte zur übrigen städtischen Geschäftswelt und vernachlässigten zunehmend jüdische Bildung.

Judentum ist aber eng mit Studium und Lehre verbunden. Isaac Bashevis Singer hat es etwa so formuliert: Wir sind eine lehrende und lernende Gesellschaft. Ohne Studium und Lehre verlieren wir Substanz. Sich und seine Kinder zu bilden und sich an entsprechenden Aktivitäten der Gemeinde zu beteiligen ist eine zeitlich unbegrenzte Verpflichtung für einen Juden. Die Gebote der Tora sind (mit Ausnahme der ehelichen Pflichten) alle auf den Tag begrenzt, das Studium der Tora allein ist unbeschränkt, bei Tag und Nacht, erlaubt. Das Denken neuer Wege muss gründlich und ständig erfolgen, weil neue Probleme immer von jüdischer Warte aus beurteilt werden müssen. Bei bislang unbekannten Entwicklungen muss unterschieden werden, was erlaubt und was es nicht ist. Das erfordert die genaue Kenntnis des Fremden und gleichermaßen des Jüdischen. In der modernen Medizin beispielsweise stellt sich bei Organtransplantationen die Frage nach erlaubt (zur Lebensrettung) und nicht erlaubt (zur Verbesserung von Lebensqualität) und sie verlangt in neuer Weise nach der Unterscheidung von Leben und Tod.

Nicht jeder Absolvent einer Jeschiwa (Talmudschule) wurde amtierender Rabbiner, doch jeder jüdisch Gebildete trug dazu bei, den geistigen Standard seiner Gemeinde zu heben. Und ihr Ansehen wurde am Grad ihrer Frömmigkeit und der klassischen jüdischen Bildung gemessen. Die Bedeutung von Frankfurt am Main beruhte noch in modernen Zeiten darauf, dass dort eine gesetzestreue „Austrittsgemeinde" existierte, die auch Jeschiwa und Studium groß geschrieben und gefördert hat. In Hamburg galt dies ebenso, allerdings zeitlich und örtlich auf den Stadtteil Altona begrenzt. In Berlin herrschte die Modernisierung vor, bei der das Jüdische in den Hintergrund gedrängt wurde.

Jüdische Gelehrte konnten immer auch Leute aus bescheidenen Verhältnissen sein, die intensiv Tora, Talmud, Kommentare und Responsen (Beantwortungen von religiösen, sachlichen, juristischen Fragen) in der Gemeinschaft studiert hatten. Beispielsweise bildete sich im württembergischen Freudental in der ersten Hälfte des 19. Jahrhunderts um den Rabbiner Joseph Schnaittach ein Kreis von Männern, der sich eingehend mit der Kabbala beschäftigte.[1] Rabbiner Schnaittach war 1834, wie andere Rabbiner auch, aus dem Gemeindedienst entlassen worden, weil er keine staatliche Prüfung vorzuweisen hatte. Der württembergische Staat und dessen neu geschaffene Religionsbehörde machten dies zur Bedingung für eine Anstellung in den jüdischen Gemeinden. Trotzdem verehrten die Mitglieder dieser Gruppe ihren Rabbiner als Wundertäter, weil er einer der zwei Männer war, die der Begründer der westjüdischen Kabbala-Bewegung, Nathan ha-Kohen Adler (1741-1800), in die Geheimnisse eingeweiht hatte. Für Jebenhausen, heute ein Stadtteil von Göppingen, gibt es gleichfalls einen Hinweis auf kabbalistische Strömungen. 100 Jahre später galt nämlich in einer Familienchronik ein 1795 verstorbener Urgroßonkel als „wohl etwas wunderlich", weil er „stets am Vorabend des Sabbat in weißen Gewändern betend in den Feldern einherzugehen pflegte". Dies ist ein vom Chronisten nicht mehr verstandener Brauch der Kabbalisten, der sich auf die ständige Erwartung der Ankunft des Messias gründete.[2]

Scharten in einer Gemeinde gelehrte Männer andere Gemeindemitglieder um sich, so verlief das Studium beständig in den genau geregelten Bahnen. Nach Neujahrsbeginn und den Feiertagen begann die Gruppe täglich ein Traktat des Talmud zu studieren, dazu alle Kommentare heranzuziehen und die Texte gemeinsam zu besprechen. Von vornherein war festgelegt, wann man zu einem Ende mit diesem Traktat kommen wollte, denn solch ein Studienabschluss wurde mit einem Festakt (Sijjum) begangen. Den Dank für die glückliche Vollendung drückte man mit einem öffentlichen Festessen aus und wählte als Termin gerne einen Tag vor Pessach oder einen der ersten Tage des Monats Aw. Für beide Termine galten Restriktionen (Fasten für alle Erstgeborenen am Vorabend von Pessach, Einschränkung auf Milchprodukte in den ersten neun Tagen von Aw), die für sämtliche Teilnehmer des Sijjum, also nicht nur die Mitglieder des Studienkreises, aufgehoben waren. In Polen soll es Terminabsprachen der verschiedenen Kreise gegeben haben, die es ermöglichten, an allen Tagen der Beschränkung jeglicher Fröhlichkeit im Monat Aw sich an einem Sijjum zu vergnügen.

Diese Form des Lernens, des Studiums war in vielen Gemeinden des Ostens ganz zentral. Oft, sogar täglich, trafen sich solche Kreise vor oder nach den Gottesdiensten zu dieser Art des kollektiven und dialogischen Lernens, weil es offensichtlich ihre geistig-religiösen Bedürfnisse befriedigte. Auch in süddeutschen Landgemeinden existierten im 19. Jahrhundert solche Kreise. In Hechingen diente eine Talmud-Tora-Bruderschaft (Schass-Chewra[3]) gleichzeitig der Vorbereitung geeigneter Jungen für die von Madame Kaulla und ihrem Bruder Jakob gestiftete Jeschiwa.[4] In Jebenhausen bestand neben einer Talmud-Tora-Bruderschaft noch eine Chewrat Nearim (Gemeinschaft junger Männer), die täglich mit einem eigenen, in der rabbinischen Lehre Bewanderten studierten.[5] Generationen später hat diese Form des Lernens, wenngleich nicht so eng auf den Talmud beschränkt, im Jüdischen Lehrhaus eine Renaissance erlebt. Heute existiert sie oft sogar in Chatrooms und verbindet die Lernenden über Zeit und Raum hinweg (Daf-Jomi).

Was aber ist eigentlich in Deutschland eine Jeschiwa? Im jüdischen Bildungsgang folgt sie auf den Cheder (erste Grundschule), in der etwas Hebräisch und viel Bibelwissen auswendig gelernt wird. Es handelt sich dabei um eine höhere Religionsschule, die von Jungen im Alter zwischen meist elf und 18 Jahren besucht wurde. Frei und locker war sie insofern, als es keine formulierte Eingangsvoraussetzung gab, Schüler oft abbrachen oder nach Unterbrechungen auch im höheren Alter wiederkamen. Trat man dann jedoch fest in eine Jeschiwa ein, so galten verbindliche Bestimmungen. Für die Ordnung sorgte der sogenannte Rosch-Jeschiwa (Haupt der Jeschiwa) oder der amtierende Rabbiner der

Stadt. In einer größeren Stadt konnte ebenso ein Dajan (religiöser Richter), unter der Oberaufsicht des Rabbiners, die Leitung übernehmen.

Die Form eines Jeschiwa-Studiums unterschied sich beträchtlich nach Ort, Zeit und dem jeweiligen Leitenden. In der Regel kamen die Schüler vor dem Morgengebet und Frühstück zur Jeschiwa, wo der Leiter ein oder zwei Seiten eines Talmudtraktats vortrug, sie kommentierte und mit den fortgeschrittenen Studenten diskutierte. Neuankömmlinge haben oft wenig davon verstanden und zwar sowohl der Thematik als auch der Sprache wegen. Im osteuropäischen Bereich wurden nämlich auch religiöse Fragen „vertaitscht", das heißt auf Jiddisch-Deutsch übertragen. Jetzt sollten neue Schüler die Vorträge plötzlich in zwei Sprachen verstehen, wovon sie das Aramäische in der Regel nicht und das Hebräische ja lediglich ansatzweise beherrschten. Dazu war Jiddisch nicht allen geläufig, zumal eine große Anzahl von Fachausdrücken so nur in der Jeschiwa und von ihren Absolventen gebraucht wurde.[6]

Am Nachmittag versammelten sich die Schüler in kleinen Kreisen, und die erfahrenen Schüler (Chaser Bocher) mussten den Anfängern das Pensum so lange wiederholen, bis sie es fast auswendig kannten, korrekt auf Jiddisch wiedergaben und hoffentlich auch verstanden hatten. Das dauerte bis zum Abendgebet. Pädagogisch gesehen ist diese Form nicht gerade optimal, aber das Auswendiglernen hat enorm viel bewirkt. So gab es zahlreiche Absolventen, die imstande waren, ganze Talmudtraktate samt Kommentaren aus dem Kopf aufzusagen. Selbst noch in den Konzentrationslagern organisierten einige Häftlinge gelehrte Studienkreise, die nur von ihrem auswendig gelernten Wissen gespeist werden konnten. Ein berührendes Beispiel dafür ist das 3. Kapitel aus den Erinnerungen David Weiss Halivnis.[7] Ein aufgefundenes Blatt aus dem mittelalterlichen Gesetzeskodex Schulchan Aruch zu den Pessachgesetzen wurde für die Häftlinge zum Sammelpunkt, „zum sichtbaren Symbol einer Verbindung zwischen dem Lager und dem, was Juden in geschichtlichen Zeiten seit jeher getan hatten". Mosche Finkelstein barg dieses „Bletl" unter Lebensgefahr an seinem Körper. Im KZ Ebensee brach er 1945 kurz nach Pessach zusammen, und mit seinem Körper verbrannte das Bletl im Krematorium.

Neben dem reinen Wissen wurde in modernen Jeschiwot besonderer Wert darauf gelegt, dass die Schüler die Abfolge der Interpretationen, modern ausgedrückt die „Wissenschaftsgeschichte einer Textstelle", darlegen konnten. Auch auf Jiddisch sollte man nicht nur den hebräischen Text aus der Mischna (erste Niederschrift der mündlichen Tora) zitieren können, sondern seine Ableitung im Talmud und weiter in den Kommentaren und Beurteilungen durch große Gelehrte flüssig und verständlich erklären können. Man darf diese Ausführungen nicht mit „christlicher Bibelexegese" verwechseln. Im Talmud kann das Bibelzitat beinahe eine „Randerscheinung" sein. Wenn zum Beispiel steht: „Sie haben vorbereitet, was sie mitgebracht haben" (2. Buch Mose 16,5), so bezieht der Talmud dies auf die Vorkehrungen zum Schabbat und leitet weiter ab, was wie und wo am Werktag zur Vorbereitung der Speisen für den Schabbat gehört. Im Vordergrund bei dieser Art der Gelehrsamkeit stand die ungeheure Masse an Wissen, das die besten Absolventen einer Jeschiwa präsent hatten und mit dem sie beeindrucken konnten. Dieses Ausmaß, Ergebnis eines jahrelangen intensiven Trainings, ist für manchen von uns heute nur schwer vorstellbar.

In Südwestdeutschland wird Hechingen als Standort einer Jeschiwa genannt, die 1803 von der Familie Kaulla gestiftet und finanziert wurde. Bekannt ist, dass der Schriftsteller Berthold Auerbach dort studiert hat. Von Osteuropa aus betrachtet kann man diese deutsch-jüdische Lehranstalt kaum „Jeschiwa" nennen, freilich hat man sie als eine solche angesehen. Berthold Auerbach muss ein hervorragender Schüler gewesen sein, denn seine jüdischen Kenntnisse waren ausgezeichnet, und dabei hat er noch nebenbei eine umfassende weltliche Bildung erworben.

In der klassischen Jeschiwa im Osten waren allerdings semitische Philologie und weltliche Bildung verpönt, aber das intensive Gedächtnistraining befähigte viele Absolventen, sich den gymnasialen Stoff bis zur Hochschulreife nachträglich in zwei bis drei Jahren anzueignen. Gelehrte, die der Aufklärung zuneigten, setzten im Anschluss ihre weltlichen Studien fort, vor allem Medizin und Jura, Philosophie, Philologie, Aramäisch und Hebraistik – Gebieten also, die der jüdischen Bildung nahestanden. Männer mit diesem Hintergrund waren in städtischen Gemeinden als Rabbiner willkommen. Mit ihren vergleichbaren Bildungsbiographien fungierten sie oft als Bindeglieder zur staatlichen Funktionselite. Man konnte sich zu Recht davon eine Beförderung der bürgerlichen Gleichstellung erhoffen und mit der gesellschaftlichen Anerkennung gleichzeitig verbesserte rechtliche und wirtschaftliche Möglichkeiten. Diese Abkehr vom traditionellen jüdischen Bildungsmonopol verstanden viele, vor allem städtische Juden als Fortschritt und achteten den damit verbundenen Verlust damals noch gering.

Durch die Aufhebung der Ortsgebundenheit und die berufliche Bindung an zentrale Orte, die der Eisenbahnbau erzwang, war ein breiteres städtisches Judentum entstanden. Von dort aus gesehen galten die schwächer werdenden Landgemeinden als rückständig in der Lebensform. Vollzog sich dieser Prozess in Preußen und anderswo im Bereich des privaten Rechts, so nimmt die württembergische Entwicklung einen Sonderweg, der nicht ohne einen Blick auf die nichtjüdische Vorgeschichte verständlich ist.

Das nahezu ausschließlich protestantische Herzogtum vergrößerte sich infolge der Napoleonischen Kriege auf beinahe das Doppelte, und Neuwürttemberg bestand überwiegend aus fast rein katholischen Gebieten. Die etwa 8000 Juden unter den rund 1 400 000 Einwohnern kümmerte die neue staatliche Gewalt zunächst gar nicht, gab es doch dringendere Probleme. Der absolutistische Herzog und Kurfürst Friedrich versuchte zunächst, seine 1803 erworbenen Gebiete staatsrechtlich getrennt zu halten. Er wollte dadurch die Mitwirkungsrechte der altwürttembergischen Landstände umgehen. Dies misslang, und erst ab 1806 war Württemberg – jetzt Königreich – ein einheitliches Staatsgebilde. Vordringlich war die Inbesitznahme der neuen Gebiete. Da sie ja zu großen Teilen aus rein katholischen Orten und häufig aus ehemaligem Kloster- und Kirchenbesitz bestanden, mussten zahlreiche speziell katholische Probleme gelöst werden. Das war schon deshalb schwierig, weil das zuständige Bistum Konstanz in Auflösung begriffen war und Rationalismus und Traditionalismus auch in diesen Gebieten Klerus und Gläubige spalteten. Es kam zu heftigen Auseinandersetzungen, bei denen herrische, meist protestantische Beamte des Innenministeriums mit rationalistischen Vertretern des katholischen Kirchenrats zusammenwirkten. Alle Ernennungen in der katholischen Kirche bedurften jetzt zudem der staatlichen Genehmigung. Umkämpft war vor allem das religiöse Brauchtum wie Wallfahrten und Prozessionen, das der „dörfliche Eigensinn" hartnäckig verteidigte. Gegen den machtvollen staatlichen und religiösen Rationalismus hätte es sich wohl nicht halten können, aber in den Dreißigerjahren verband sich die neue konservative Strömung, der Ultramontanismus einer jüngeren Kleriker-Generation, mit ihm, und so konnte sich das katholische Milieu erhalten.[8]

Eine Katholische Landesuniversität bestand von 1812 bis 1817 in Ellwangen. Dieser abgelegene Standort wurde aufgegeben und stattdessen an der Landesuniversität Tübingen eine Katholisch-Theologische Fakultät gegründet. Der Sitz des neuen, für ganz Württemberg zuständigen Bistums wurde 1821 in das nahe Rottenburg verlegt. Von nun an stammten katholische, protestantische und staatliche höhere Funktionsträger aus demselben akademischen Milieu Tübingens, und diese kannten sich vielfach aus ihrer Studentenzeit persönlich. Ein Faktor, der zur Befriedung der konfessionellen Gegensätze Württembergs, auch in Zeiten des späteren Kulturkampfes, beitragen sollte.

Juden lebten damals lange auf rechtsfreiem, mithin unsicherem Grund. In Altwürttemberg gab es praktisch keine Juden und daher keine Regelungen. In den neuen Gebieten hatten die Vertragspartner der Schutzbriefe und Vereinbarungen ihre Souveränität verloren. Ein Gesetz von 1806 regelte nur die Gleichstellung der christlichen Bekenntnisse, und die Verfassung von 1819 band das volle Bürgerrecht an das Christentum. Wie also sollte der Staat mit den jüdischen Gemeinden umgehen? Jede Bürokratie orientiert sich bei neuen Problemen an ähnliche, „bewährte" Vorgänge. Kein Wunder, dass sich die Regelungen von 1828 für die Juden an die für Katholiken anlehnten. In beiden Fällen standen dem staatlichen Ordnungsanspruch Traditionalisten und Modernisierer entgegen. Es gab aber im jüdischen Bereich keine dem Ultramontanismus vergleichbare Bewegung, die den Traditionalisten zu Hilfe gekommen wäre. Im Gegenteil: Eng verbunden mit den staatlichen Organen setzte der Stuttgarter Rabbiner Joseph Maier[9] seinen Kurs einer anbiedernden Modernisierung durch, der, loyal zum Verwaltungsstaat, bereit war, alte, bewährte Strukturen zu opfern.

Joseph Maier ist ein prominenter Vertreter jener ersten Generation von Rabbinern, die jüdische Bildung kritisch mit einem zeitgemäßen weltlichen Universitätsstudium verbanden. 1797 in der Gegend von Mergentheim geboren, studierte er ab 1811 an der Jeschiwa in Fürth und Mainz, arbeitete nach dem Abschluss als Hauslehrer und erlernte nebenbei Latein und Griechisch, legte 1824 das Abitur in Stuttgart ab und studierte drei Jahre in Heidelberg Philosophie, Philologie und evangelische Theologie. 1827 bestand er das theologische Examen in Stuttgart mit Auszeichnung und promovierte in Tübingen mit einer Arbeit über jüdische Dogmengeschichte. Als Hausrabbiner der Familie Kaulla wurde er, sicher mit deren Unterstützung, 1831 vom Staat zum provisorischen „theologischen Mitglied" der Israelitischen Oberkirchenbehörde und 1834 zum Bezirksrabbiner in Stuttgart ernannt. Von nun an sollte er bis zu seinem Tod 1873 der bestimmende Motor einer jüdischen Politik sein, die bewusst in die Assimilierung führte. Im Umfeld seiner Promotion tauchen bereits die Formulierungen auf, die sein lebenslanges, unbeirrt verfolgtes Programm bezeichnen sollten: im Staatsdienst zu dienen als nicht-talmudischer religiöser Volkserzieher[10], ein Gegner der rabbinischen Literatur und der Halacha (gesetzesmäßige rabbinische Entscheidung). Schon sein Titel „Kirchenrat" und die Ehre, als erster Rabbiner in Deutschland 1867 geadelt worden zu sein, zeigen, in welch einseitige Richtung seine Politik ging und wie dankbar die staatliche Obrigkeit dafür war.

Noch während Joseph Maier an seiner Promotion arbeitete, kam 1828 das „Gesetz in Betreff der öffentlichen Verhältnisse der Israelitischen Glaubensgenossen" zustande, das bis 1864, in Teilen gar bis 1912, galt und zu Recht „Erziehungsgesetz" genannt wurde. Im paternalistischen Geist, und damit nur bedingt der Gleichstellung verpflichtet, sollten die als rückständig angesehenen Juden zu modernen Staatsbürgern gezwungen, mithin aus dem traditionellen Handel in „produktive" Berufszweige wie Handwerk und Landwirtschaft verpflanzt werden. Dadurch waren die Unabhängigkeit, Souveränität und Eigenheit der jüdischen Gemeinden nach Jahrhunderten der Selbständigkeit durch Rabbiner und Staat vernichtet. In deutlicher Anlehnung an die Regelungen, die für die neuen katholischen Bürger gefunden wurden, sollte eine kleinere jüdische „Konfession" der staatlichen Verwaltung unterworfen werden.

Das Gesetz wurde auch von Juden sehr unterschiedlich bewertet. Positiv für alle war die Tatsache, dass hiermit das Ende des rechtsfreien Schutzjudentums garantiert war. Selbst ein Modernisierungsschritt, der tief in jüdische Traditionen eingriff, nämlich die Festlegung von Vor- und erblichen Familiennamen, wurde nahezu reibungslos umgesetzt. Namenswechsel waren vorher häufig, so zum Beispiel wenn aus dem verballhornten Vornamen „Chaile" die Madame „Kaulla" und daraus der Familienname geworden war. Wenn Moses Baruch Auerbach nach dem Tod seines Großvaters aus Verehrung dessen Vornamen „Berthold" annahm, folgte er einem jüdischen Brauch, dem der moderne Verwaltungsstaat mit Unverständnis begegnete. Bereits in den Jahren vor dem Gesetz hatten vor allem Kaufleute Familiennamen angenommen und diese behutsam den Formen ihrer Umgebung angepasst. Nach 1828 teilten vielfach Geschäftsleute in Zeitungsinseraten und Zirkularen ihren Geschäftspartnern den neuen Namen mit und wählten zur besseren Integration deutsche Namen.[11] Bei den Vornamen haben sich – hauptsächlich wohl aus familiengeschichtlichen Gründen – die rein jüdischen länger erhalten. Eine weitergehende Assimilation der Namen stieß kaum eine Generation später dann auf Widerstand der Behörden: Juden sollten trotz der geforderten Anpassung kenntlich bleiben und keine „christlichen" Namen erhalten. Andere Elemente dieses sogenannten Erziehungsgesetzes blieben weitgehend Papier, nicht nur durch jüdischen Widerstand. Die angestrebte Eingliederung in Handwerk und Landwirtschaft scheiterte schon daran, dass christliche Meister jüdische Lehrlinge nicht annehmen wollten und außerdem die Landwirtschaft ohne Aussicht auf Landerwerb und Selbständigkeit keine positive Perspektive bot. Tief getroffen wurden aber die Gemeinden durch die Beschlüsse, mit denen ihnen ihre Selbständigkeit genommen wurde.

Beispiellos war die Umwälzung, die Joseph Maier bei der Ausbildung der Religionslehrer und im örtlichen Rabbinat durchsetzte. Hatten die Gemeinden bislang selbst, nach eigenen Bedürfnissen, ihren Rabbiner gewählt, angestellt und finanziert, so wurde ihnen diese Selbstbestimmung genommen. Das Land wurde in 32 Bezirksrabbinate eingeteilt, und diese Rabbiner wurden als Beamte vom Staat eingesetzt und auch mit behördlichen Aufgaben wie dem Führen von Standesamtsregistern betraut. Dieser Schritt war aus Sicht der Verwaltung naheliegend, bedurften doch auch katholische Priester zur Amtseinführung der staatlichen Bestätigung. Für das jüdische Selbstverständnis war dies ein skandalöser Bruch. Wie Joseph Maier waren Rabbiner jetzt sozusagen königlich-württembergische Staatsrabbiner und unterstanden einer Israelitischen Oberkirchenbehörde. Religiöse Fragen wurden von nun an in Stuttgart entschieden und nicht mehr vom örtlichen Rabbiner. Die Bezirksrabbiner unterstanden dieser Oberkirchenbehörde und waren im Licht der Tradition praktisch zu „Koscherwächtern" degradiert. Wie die christlichen Behörden wurde ebenso die jüdische Oberkirchenbehörde von einem Regierungskommissar geleitet, der in der Praxis immer ein Katholik war. Ihm direkt zugeordnet war auch das Referat für Verwaltungsfragen, während ihr theologisches Mitglied, also Joseph Maier, nur für sogenannte Religionsangelegenheiten zuständig sein durfte. In Finanz- und Vermögensdingen hatten jetzt allein staatliche Instanzen das Sagen. Diese Oberkirchenbehörde unterstand wie die beiden entsprechenden christlichen Behörden einer dem Innenministerium zugeordneten Staats- und Kirchenbehörde. Auch wenn Joseph Maier im Laufe der Zeit als Person der starke Mann für sämtliche jüdischen Fragen wurde, so zeigt die behördenmäßige Eingliederung doch den geringen Stellenwert aller jüdischen Angelegenheiten und ihre Abhängigkeit von und in einer staatlichen Verwaltung.

Verschärft wurde dieser Bruch durch die schikanösen Bestimmungen für neue Rabbiner und die Brutalität, mit der Rabbiner der klassisch-traditionellen Bildung vertrieben wurden.[12] Im Juli 1813 wurden in Stuttgart und Mergentheim zwei Prüfungen ohne Regeln und in einer für die Kandidaten damals noch äußerst wohlwollenden Form abgehalten.[13] Wie in der gesamten staatlichen und kirchlichen Beamtenschaft sollten dann nach der Ordnung von 1834 zwei Staatsexamina bestanden werden, die im Lande abzulegen waren. Das zweite Examen fand zu Beginn in der Form statt, dass die bisher schon amtierenden Rabbiner auf die Übernahme in den Staatsdienst geprüft wurden. Von den sieben geladenen Rabbinern stellten sich lediglich fünf der Prüfung, die von zwei bestanden wurde. Von den fünf Prüfern bei den folgenden ersten Staatsexamina war nur der Vertreter der Israelitischen Oberkirchenbehörde Jude, die anderen vier waren Professoren der Theologischen und Philosophischen Fakultät.[14] Demütigend war für die Landgemeinden und ihre Rabbiner die Tatsache, dass alle 51 amtierenden Rabbiner die vorgeschriebene Prüfung ohne Übergangsfristen absolvieren mussten. Kein Wunder, und auch wohl beabsichtigt, dass insgesamt nur sechs von ihnen bestanden und die restlichen 45 so aus dem Amt gedrängt wurden. Dazu gehörte ebenfalls der Freudentaler Rabbiner Joseph Schnaittach(er), der unter seinem Geburtsnamen „Mayer" oder „Maier" bekannt und als „RIBAM" (für Rabbi Joseph ben Meir) in konservativen Kreisen so berühmt war, dass seine Gutachten und Responsen noch 1890 gedruckt wurden.[15]

Neuerdings wird behauptet, die Geschichte dieser Entlassungen, die Geschichte der „württembergischen Rabbinerhekatombe", verdiene „heute schon einen würdigen Platz im schwäbischen Sagenkreis".[16] Aron Tänzer, auf den die Schilderungen zurückgehen, habe Rebbe (Privatlehrer) mit Rabbinern verwechselt und die Zahl von rund 45 verdrängten Rabbinern könne nicht stimmen, weil es nur wenige Prüfungen für amtierende Rabbiner gegeben habe. Dem möchte ich widersprechen. Aron Tänzer, der aus der Nähe von Pressburg stammte, mit dem Oberrabbiner des Budapester Tabaktempels Simon Heversi verwandt war und über Hohenems nach Göppingen gekommen war, stand den Ereignissen näher als wir heute; der Unterschied zwischen Rabbiner und der Ehrenbezeichnung „Rebbe" war ihm sicher bekannt. Die von ihm genannte Ausgangszahl von 54 Rabbinern, die 1828 erhoben wurde, gibt sicher an, wen die Gemeinden als ihre Rabbiner angesehen haben. Und dies allein war entscheidend in einer Zeit, als die Berufung von Rabbinern mehr von Gelehrsamkeit und Erfahrung als von Diplomen oder gar Prüfungen abhing. Vermutlich wird bei diesem Urteil zudem die Fähigkeit einer Verwaltung unterschätzt, eine unliebsame Entscheidung zu bemänteln. Natürlich hat die Stuttgarter Zentrale nicht über 40 Rabbiner entlassen. Sie hat „nur" den Gemeinden die Finanzhoheit entzogen. Damit konnten sie ihre Rabbiner nicht mehr bezahlen. Die zunächst neu installierten 13 Bezirksrabbinate wurden von Stuttgart aus finanziert und mühsam genug – sechs Stellen bekamen nur Verwalter – bis 1836 mit genehmen Kandidaten besetzt.[17] Einig bin ich mit dem Urteil Carsten Wilkes, dass die Leidtragenden meist die „Schwachen, nämlich die vielen nun mit Berufsverbot belegten Elementar- und Privatlehrer" waren,[18] denn von den 67 Vorsängern der Zählung von 1828, die in den Landgemeinden immer zugleich als Lehrer wirkten, gelang keinem eine neue Anstellung.[19]

Auf dem Land regte sich erbitterter Widerstand gegen die neuen Vorschriften. Wurden auch die Maiersche Gottesdienstordnung eingeführt und seine sonstigen Reformen umgesetzt, so blieb doch eine erhebliche Minderheit, teils heimlich, bei der traditionellen Lebensform und dem bisherigen Bildungsgang.[20] Die Gemeinden hielten oft, wie in Freudental, zu ihren alten Rabbinern, die gleichwohl in niedrigen und schlecht bezahlten Positionen ein ärmliches Leben führten. Es kam zu einem regelrechten Kulturkampf, den Joseph Maier beherrschte.[21] Er hatte in den Gemeinden seine Informanten, das Geld und der Einfluss der Familie Kaulla standen hinter ihm, und er fand gleichzeitig Unterstützung bei Leuten wie dem Berliner Reformrabbiner Abraham Geiger. Maier setzte seine Richtung sehr hart durch, dennoch fanden sich Gruppen und Grüppchen, die aus den Gemeinden austraten und ihre traditionellen Formen soweit irgend möglich beibehielten.[22] Der Kampf zwischen Modernisierer und Traditionalisten durchzog das ganze 19. Jahrhundert. Die größte Gemeinde im Lande, Stuttgart, folgte ihrem Rabbiner, verschaffte die Entwicklung ihren Mitgliedern doch unmittelbar Vorteile im Geschäftsleben und im gesellschaftlichen Verkehr mit Nichtjuden. Sie feierte ihre bürgerliche Reputation mit dem Bau einer modernen Synagoge, der auch eine Orgel nicht fehlen durfte.[23] In gesetzestreuen Synagogen darf eine Orgel am Schabbat und an Feiertagen nicht gespielt werden – wie auch sonstige Musikinstrumente nicht. Gewiss gab es diese Kämpfe überall. Am bekanntesten in Süddeutschland wurde der

Orgelstreit von Karlsruhe, der 1868 zur Gründung einer separaten Gemeinde führte. In Württemberg verhinderte das Maiersche Regiment einen wie auch immer gearteten Kompromiss zwischen der traditionellen und der modernen Bildung. Es gilt, was Abraham P. Kustermann so unnachahmlich formuliert hat: Der Staat Württemberg präsentierte sich „in seiner Lieblingspose – derselben, mit der er im ersten Moment auch den Katholiken gegenübergetreten war, nicht ohne zuvor ihre hergebrachten Bildungsinstitutionen kalt kassiert zu haben, bis man dann schließlich doch eingestand, dass da keine Halbwilden zu zivilisieren seien".[24] Ohne tätige Mitwirkung einer überaus aggressiven Gruppe jüdischer „Modernisierer" hätte der Bruch mit der traditionellen jüdischen Bildung nicht so total geschehen müssen.

In der herkömmlichen Geschichtsschreibung wird die Integration der jüdischen Gemeinden im Allgemeinen und ebenfalls in dieser württembergischen Sonderform als Erfolgsgeschichte beschrieben. Auch viele liberale Juden haben dies so gesehen. Anders bewertet man diese Entwicklung, wenn man erkennt, in welchem Ausmaß dabei die jüdische Lebensform zerstört wurde. Joseph Maier hat bewusst die althergebrachte Autonomie der einzelnen Gemeinden vernichtet und mit ihren selbstgewählten Rabbinern ihr Wissen und ihre Erfahrungen für null und nichtig erklärt. Jüdische Lebensweise und jüdische Religion gehören aber untrennbar zusammen. Die durch seine Politik ausgelöste Zerstörung der jüdischen Tradition bereitete der Assimilierung den Weg.

Etwas anders muss das Urteil wohl lauten, wenn man den Elementarunterricht in den Blick nimmt.[25] Ursprünglich hing er im jüdischen Bereich ganz von den Eltern und ihren personellen wie finanziellen Möglichkeiten ab. In Randegg im Hegau gab es zum Beispiel noch 1809 bei insgesamt 40 Familien vier jüdische Privatlehrer. Dauer, Inhalt und Umfang des Unterrichts, der in den Wohnungen der Eltern erteilt wurde, gestaltete sich entsprechend der jeweiligen privaten Vereinbarung. Seine Qualität wird sehr unterschiedlich gewesen sein. Die wohl besser qualifizierten Lehrer wurden von ein oder zwei wohlhabenderen Familien angestellt, während sich die armen Familien mit einem erschwinglicheren Lehrer begnügen oder aus Geldmangel auf eine Schulbildung der

Kinder verzichten mussten.[26] In der Regel wird in den kleinen Gemeinden der Chasan (Vorbeter) Elementarunterricht erteilt haben. Der genannte Privatunterricht in Randegg beschränkte sich im Wesentlichen auf die Fertigkeit, mit Gebetbüchern umgehen zu können. Als eine höhere Stufe der Bildung bewertete man die Übersetzung der Tora ins Deutsche. Nur vereinzelt wurden vorzügliche Schüler zur Vorbereitung auf eine Jeschiwa mit dem Talmud vertraut gemacht.

Eine Erhebung des württembergischen Innenministeriums von 1818 vermittelt einen ersten Gesamtüberblick über das jüdische Schulwesen, der allerdings völlig einseitig die Perspektive der Oberämter widerspiegelt. Die Berichte stammten jeweils von den örtlichen Pfarrern (!) und beurteilen von oben herab die äußeren Verhältnisse und die bürgerlichen Kenntnisse, verraten aber kaum jüdische Kenntnisse und Einfühlungsvermögen für die Bedeutung jüdischer Lebensführung als wesentlichem Teil ihrer Religion. Sie belegen für diese Zeit drei Formen des Elementarunterrichts.[27] Zum einen der Unterricht von Privatlehrern. Er wurde vielfach von unqualifizierten Männern erteilt, die miserabel bezahlt wurden. Trotzdem trugen die Familien die Kosten in einem Ausmaß, über das sich die referierenden Pfarrer oft wunderten. Erstaunt war der Gesamtbericht über die Tatsache, dass in beinahe allen jüdischen Gemeinden Schulen bestanden. Es handelte sich hierbei um Privatschulen, die teils von der jüdischen Gemeinde, teils von einer Elterngruppe getragen wurden. Auch in ihnen herrschte in der Regel große Armut, die zur Folge hatte, dass preiswerte Lehrer eingestellt werden mussten und vermögende Eltern weiter lieber qualifiziertere Privatlehrer für ihre Kinder engagierten. Ausnahmen wie Jebenhausen, dessen Schule deutsche Lehrbücher benutzte, belegen das Streben nach Verbesserung des Unterrichts. Das Bedürfnis, zugleich für profane Bildung zu sorgen, wurde nur selten wie in Talheim und Ernsbach durch Zusatzunterricht bei christlichen Lehrern befriedigt.

Um diese Zeit war das Elementarschulwesen generell fest in kirchlicher Hand, in Altwürttemberg unterrichteten folglich fast ausschließlich protestantische Dorfschullehrer. Das Nebeneinander von jüdischen Privatlehrern und evangelischer Volksschule wurde nach 1825, endgültig aber 1836 beendet, denn der Schulbesuch wurde obligatorisch und jüdische Kinder mussten am Unterricht in den christlichen Schulen teilnehmen. Einzig in größeren und wohlhabenderen jüdischen Gemeinden gab es die Alternative, eine „freiwillige Konfessionsschule" zu errichten, die zulässig war, wenn sie 30 bis 60 Familien umfasste und von diesen vollständig finanziert wurde. Auch in ihr mussten selbstverständlich die deutsch-bürgerlichen Fertigkeiten breiten Raum einnehmen, denn der Pfarrer der Mehrheitskonfession des Ortes führte über sie die Schulaufsicht. In diesem Modell war der Keim zum Untergang gelegt. Der finanzielle Aufwand war auf die Dauer einfach zu groß und orthodoxe Juden zogen in kleine Landstädtchen mit alten Gemeinden, die ohne Probleme das Quorum von 60 Familien überschritten, in denen ab 1830 dann eine staatliche Konfessionsschule existierte. Mit deren kommunaler Finanzierung war jedoch einem immer stärkeren staatlichen Einfluss Tür und Tor geöffnet. Die qualitative Verbesserung und Professionalisierung wurde damit bezahlt, dass die Jüdischkeit der Schule zurückgedrängt wurde und auch diese staatlichen Konfessionsschulen im Charakter sich den allgemeinen Schulen annäherten.

Ganz ähnlich verlief die Entwicklung im gesamten Südwestdeutschland, wie das Beispiel vom Bodenseeraum zeigt. In Wangen musste eine jüdische Privatschule, die um 1813 bestanden hatte, aus Mangel an Geld und geeigneten Lehrern aufgegeben werden.[28] In Randegg und Gailingen dagegen blühten jüdische Privatschulen. Die Gailinger Schule beschäftigte nach 1820 drei feste Lehrer, von denen zwei in allen drei Klassen elementaren Religions- und Talmudunterricht erteilten, der dritte Lehrer unterrichtete in den beiden oberen Klassen weltliche Fächer. Aus dieser Aufteilung wird man schließen können, dass die jüdische Bildung immer noch im Vordergrund stand. Im Jahre 1827 erhielten die drei genannten jüdischen Privatschulen dann den Status von öffentlichen Bildungsstätten. Dennoch konnte die bestehende Schulpflicht vom 6. bis zum 14. Lebensjahr von armen Familien häufig nicht eingehalten werden.

Bis in die Sechzigerjahre des 19. Jahrhunderts nahm der nichtreligiöse Teil im Unterricht in den staatlichen, aber auch in den privaten Konfessionsschulen permanent zu. Lehrer wurden staatlich geprüft, arbeiteten engagiert und nach modernen Methoden. Die Janusköpfigkeit der Maierschen Erziehungspolitik zeigt sich auch hier. Kleine Gemeinden konnten ihre Privatschulen nicht mehr halten und ihre Kinder mussten die christlichen Schulen besuchen. Nur wenige waren in der Lage, eine private jüdische Konfessionsschule zu finanzieren. Die Aufsicht über sie führte der Pfarrer; der zuständige Rabbiner konnte nicht mehr tun, als sie in größeren Abständen zu besuchen.

In Talheim muss diese private Konfessionsschule qualitativ sehr erfolgreich gewesen sein. Selbst der Ortsvorsteher ließ wie andere Christen des Ortes seine Kinder beim jüdischen Lehrer privat unterrichten. Woran lag es, dass die jüdische Konfessionsschule dort ihr staatlich-christliches Konkurrenzunternehmen qualitativ übertraf? Außer von der Persönlichkeit des Lehrers hing das von drei Faktoren ab. Die Schule war klein; der Lehrer in Talheim hatte lediglich zwölf Knaben und sieben Mädchen zu betreuen. Der Unterricht wurde regelmäßig besucht. Darin äußerte sich nicht nur das hohe Ansehen, das Studium und Wissen bei Juden genießen, sondern es unterstreicht auch die Tatsache, dass Landwirtschaft mit ihrem wetterabhängigen Arbeitsanfall christliche Kinder in vielen Fällen vom Schulbesuch fernhielt, während jüdische Berufstätigkeiten besser planbar waren. Um Schulversäumnissen entgegenzuwirken, braucht es Autorität. Christliche Lehrer lebten in der Abhängigkeit oft kleinlicher Pfarrer und genossen dementsprechend geringes Ansehen im Dorf. Ein Rabbiner kam indes selten in den Ort. Der jüdische Lehrer war in den württembergischen Landgemeinden häufig zugleich der Vorbeter in der Synagoge und amtierte wie in Talheim meist auch als Schächter; kurz, er hatte die beste jüdische Bildung und genoss deshalb große Reputation.

Und wie stand es um das jüdische Wissen der Schüler? Wenn Mitte des 19. Jahrhunderts festgehalten wird, dass die oberen vier Klassen dieser ländlichen Volksschule die wichtigsten Abschnitte des Pentateuchs vom Hebräischen ins Deutsche und den größten Teil der hebräischen Gebete und Psalmen des Gebetbuches ziemlich geläufig übersetzen können, so genügte das ihren Eltern. Wir haben kaum Vergleichsmaterial. Aber sicher verschlechterte sich der jüdische Kenntnisstand nicht wesentlich und die zusätzliche weltliche Bildung verbesserte die beruflichen Chancen.

Die Maiersche Reformpolitik hatte mit dieser Konfessionsschule, die jüdische und nichtjüdische Bildung gleichermaßen berücksichtigen wollte, kurzfristig „Erfolg". Zumindest ist auf diesem Gebiet nichts von einer „Widerstandsbewegung" der Eltern überliefert. Hätte das Judentum der Assimilierung besser widerstanden, wenn diese privaten Konfessionsschulen auch in Stuttgart und anderen städtischen Gemeinden eingeführt und überall unterstützt worden wären? Der Versuch wurde nicht gemacht.

In der zweiten Hälfte des 19. Jahrhunderts litt mit dem Schrumpfen der Landgemeinden diese Schulform unter sinkenden Schülerzahlen und, damit verbunden, häufigem Wechsel der Lehrer. Mit dem Ersten Weltkrieg musste sie aufgegeben werden. Doch schon im ganzen 19. Jahrhundert hatten die meisten jüdischen Schüler keinen Zugang mehr zu den wenigen privaten jüdischen Konfessionsschulen und mussten nolens volens die örtliche christliche Schule besuchen. In zehn Landstädten gab es staatliche jüdische Konfessionsschulen, die in allen drei südwestdeutschen Ländern zunehmend staatlichen Regulierungen unterlagen, bis sie um die Mitte des Jahrhunderts überall vollständig vom Staat übernommen wurden. In den „Großstädten" wie Stuttgart wurde von Seiten der Gemeinden von vornherein der Besuch der allgemeinen Schulen bevorzugt, denn die Absolvierung des bürgerlichen Bildungsgangs mit dem Abitur erleichterte den Weg zur Hochschule. Dies galt gleichermaßen bei führenden Familien in den Landstädten als erstrebenswert, und sie schickten ihre begabten Söhne zum Lernen in die Stadt. Zurück aufs Land sind sie dann selten wieder gekommen. Die Bevölkerung auch auf dem Land nahm diese kurz skizzierte Entwicklung hin, weil in der Regel auf diese Weise eine weitere Professionalisierung des Unterrichtswesens verbunden war. Religiöse Bildung war folglich nicht mehr der zentrale Zweck von Schule, sondern nur noch ein Schulfach neben anderen. An dieser Entwicklung konnte auch ein, bei der Jugend vermutlich unbeliebter, Schabbatunterricht nichts ändern, der für Mädchen bis zum 16., für Jungen bis zum 18. Lebensjahr obligatorisch war.[29]

Viele assimilierte Juden und nahezu die gesamte herrschende Geschichtsschreibung werten diese Ergebnisse der Maierschen Politik als sehr gelungen, und selbst der von mir hochverehrte Utz Jeggle urteilt zusammenfassend, Kirchenrat Maier habe es verstanden, „die beiden Protagonisten, religiöse Gesetzestreue und staatliche Ordnung, zu versöhnen".[30] Im Licht der weiteren Entwicklung hat erst die neuere Geschichtsschreibung die Verluste deutlich benannt. Das Judentum ist fortan nicht mehr Volk im Exil, sondern staatlich beaufsichtigte Kirche. Die rechtliche Selbständigkeit der Gemeinden verschwindet. Zentrale Synagogenordnungen verboten die autonome Versammlung der für einen Gottesdienst erforderlichen zehn Beter zum Minjan und spontanen Gesang. Jüdisches Leben hatte auch in Zeiten minimaler jüdischer Kenntnisse existiert, weil peinlich eingehaltene Gesetze die Lebensform ungeschmälert erhalten haben. Mit dem Wechsel vom gemeinsamen Gebetsgottesdienst zum Gottesdienst, den ein dazu Bevollmächtigter zelebrierte, ging die Verantwortung zur Tradierung des Judentums in der Praxis häufig von jedem Einzelnen auf eine „Amtsperson" über – und erlahmte.[31] Das gelebte Judentum wurde im Interesse der bürgerlichen Anerkennung zurückgedrängt. Von staatlichen Stellen und wichtigen Teilen des Judentums wurde dieser radikale Wechsel in nur ein bis zwei Generationen durchgesetzt und führte zu einer viel zu starken Entfremdung von der jüdischen Lebensform und zum Verlust jüdischen Wissens. Ohne diese Entfremdung hätte die bürgerliche Gleichstellung nicht zu dieser umfassenden Assimilierung führen müssen – eine Schwächung, die von der jüdischen Gemeinschaft bitter zu büßen war.

Zurück zu den Gelehrten. Rabbinerausbildung und Universität zusammenzubringen war im 19. Jahrhundert und ist noch heute schwierig. Für traditionelle jüdische Gelehrte war das, was in den Universitäten an theologischen Grundlagen getrieben wurde, „Teufelswerk"; weltliche Bildung war lange Zeit als judenfeindlich verpönt. Auf der anderen Seite wollten die Universitäten keine jüdischen Studenten ausbilden. Der entscheidende Schritt zur weltlichen Bildung kam von außen, gepaart mit assimilatorischen Tendenzen und unterstützt von Persönlichkeiten wie Joseph Maier, der ja die traditionelle Judengemeinde transformieren und eine jüdische Religionsgemeinschaft nach Maßstab der christlichen Kirchen bilden wollte.

Auch außerhalb Württembergs machte die Frage nach jüdischer Bildung Traditionalisten und Modernisierern zu schaffen.[32] Große Gemeinden haben sich Gedanken über die Rabbinerausbildung gemacht. An die Universitäten gekoppelt wurden Philosophie, Geschichte und Klassische Philologie Bestandteil der Ausbildung.[33] Die Stätten der jüdischen Lehre waren – zeitweise ausgenommen das Rabbinerseminar in Pressburg – bestenfalls staatlich geduldet; misstrauisch informierten sich die Verwaltungen genau über die Lehrinhalte, um eventuelle staatsfeindliche Tendenzen zu erkennen. Im traditionellen Ausbildungsgang besuchte der angehende Rabbiner mehrere Jeschiwot, und wenn er nach einigen Jahren eine Prüfung ablegte, hat ihm der Leiter der betreffenden Jeschiwa die Ordination (Semicha) erteilt, mit der klassischen Weisung „Jore, Jore, Jadin, Jadin" (Lehre, Lehre – und fälle halachische Entscheidungen). Diese traditionellen Jeschiwot waren in der Regel über Generationen hinweg von überragenden Persönlichkeiten geprägt. Es waren im Kern personale Verbände, auch wenn Gemeinden wie Frankfurt am Main und Fürth für Kontinuität in der Führung sorgten.

Die modernen Wissenschaften erforderten wie an den Universitäten so auch im jüdischen Bildungsbereich andere Strukturen. Die Gesamtheit war nicht mehr in einer Person, sondern nur noch im Zusammenwirken verschiedener Spezialisten zu finden. Führende Gelehrte wurden nicht mehr von einzelnen Gemeinden, sondern in dafür gegründeten Hochschulen berufen. Diese vertraten unterschiedliche Richtungen. In Berlin gab es darum sogar zwei verschiedene Institute: Die Hochschule für die Wissenschaft des Judentums stand für die Reformrichtung Abraham Geigers, und die gesetzestreue deutsche Richtung fand sich in der Jeschiwa Esriel Hildesheimers zusammen, an der ebenfalls Rabbiner ausgebildet wurden. Das Breslauer Jüdisch-Theologische Seminar von 1854 beruhte auf der Fraenckel'schen Stiftung und war trotz der vorhandenen weltlichen Bildung im Vergleich zu Berlin eine eher konservative Einrichtung. Für die traditionelle Jeschiwa waren die klassischen Talmudtexte verbindlich, die nicht nach textkritischen Gesichtspunkten hinterfragt wurden. Die namhaften Gelehrten dieser neuen Hochschulen hatten noch ihre Wurzeln in der alten, unwahrscheinlich reichen universellen Bildung, behandelten aber ihre Stoffe zunehmend auch nach der historisch-kritischen Methode. Bei einem talmudischen Text zum Beispiel erläutert der moderne Gelehrte Zeit und Umstände der Entstehung und berücksichtigt, inwiefern sie die Intention des Textes bestimmen. In einer traditionellen Jeschiwa interessiert dies kaum; es kommt hauptsächlich auf die Menge und gründliche Aneignung des Stoffes an. Orthodoxe Juden betrachteten diesen Methodenwechsel, vor allem im Bereich der zunehmenden historischen Bibelkritik, mit Ablehnung, übernahmen aber die Ergebnisse bahnbrechender Arbeiten weithin stillschweigend.

Im modernen Judentum wurde diese Öffnung zur modernen Wissenschaft am Beginn des 19. Jahrhunderts von Leopold Zunz angeregt. Der Verständigung der jüdischen Gelehrten untereinander und der Repräsentation jüdischer Forschung und Lehre nach außen dienten Fachzeitschriften. Die Monatsschrift für Geschichte und Wissenschaft des Judentums, die von 1851 bis 1939 von Breslauer Dozenten herausgegeben wurde, und die Zeitschrift der Deutschen Morgenländischen Gesellschaft (seit 1847) wirkten stilprägend.[34]

Juden konnten nur in Ausnahmefällen in traditionellen Fächern wie Medizin oder Jura Lehrstühle an staatlichen Universitäten erhalten.[35] Deshalb erwuchs den jüdischen Hochschulen in Breslau, Berlin, Wien und Budapest zentrale Bedeutung, und sie gewannen so herausragende Gelehrte wie Moses Bloch, Wilhelm Blacher, Ludwig Blau, Ismael Elbogen, Heinrich Graetz und David Kaufmann. Stellvertretend für viele steht auch Michael Guttmann. Nach seiner Ausbildung in Budapest war er lange Jahre als Professor des Talmud für die rabbinische Literatur und Dezisionen (Entscheidungen) in Breslau berühmt, bis er nach seiner Vertreibung im Jahre 1938 an das Rabbinerseminar in Budapest zurückkehren musste. Seinen Plan, allein ein Wörterbuch aller talmudischen Begriffe zu verfassen, konnte er aufgrund der Verhältnisse nicht mehr verwirklichen. In diesen Umkreis gehört gleichfalls Immanuel Löw, der glühend magyarisch gesinnte Rabbiner von Szegedin, dessen Arbeiten zur Geschichte der Flora und Fauna der Juden bis heute unübertroffen sind und dessen Mineralienbuch bei seinem tragischen Tod – er wurde 90-jährig von Zionisten aus dem Deportationszug befreit und starb im Ghetto-Krankenhaus – großenteils verloren ging.

Diese jüdischen Hochschulen bildeten nun viele Studenten auf sehr hohem wissenschaftlichen Niveau aus; man wollte schließlich den staatlichen Universitäten, die damals häufig Standards für die ganze Welt setzten, keinesfalls nachstehen. Die zahlreichen und auch wohlhabenden jüdischen Gemeinden Deutschlands und Österreich-Ungarns boten genügend Anstellungsmöglichkeiten. Die Rabbiner hatten meist die Möglichkeit, wissenschaftlich weiterzuarbeiten, denn von ihnen wurden keine systematische Seelsorge und nur geringfügig Gemeindearbeit erwartet. Oftmals standen ihnen überdies noch junge „Assistenten-Rabbiner" für die tägliche Arbeit zur Seite. Und so konnten sie in etlichen regionalen Vereinen wirken und reiche Vortrags- und Publikationsmöglichkeiten wahrnehmen. Es entfaltete sich, gespeist aus all diesen Faktoren, eine rege jüdische wissenschaftliche Tätigkeit.

Diese moderne Gelehrsamkeit stand aber auch in ständiger Konkurrenz zu der weiter bestehenden traditionellen Orthodoxie. Moses Sofer in Pressburg war ihr angesehenster Vertreter. Seine Lehre: Für die Tora gibt es grundsätzlich keine Neuerung, also auch keine Erneuerung, es bleibt alles beim Alten. Als ihn Napoleon 1809 durch Vertrauensleute aufforderte, er möge die Emanzipation und Gleichberechtigung sämtlicher Menschen, auch die der Juden unterstützen, ließ Sofer ihm ausrichten: ‚Das brauche ich nicht; ich will hier nicht gleichberechtigt, ich will hier kein Bürger sein, denn ich bin Bürger des jüdischen Landes. Meine Vorfahren sind dort verbannt worden, und ich lebe hier im Exil.' Die Schüler seiner Jeschiwa, die sehr berühmt und sogar zeitweise staatlich anerkannt war, verbreiteten diese Lehre durchaus wirkungsvoll in wohl der Hälfte aller Gemeinden der k. u. k. Monarchie. Sie sind orthodox geblieben, haben die moderne kritisch-wissenschaftliche Richtung nicht wahrgenommen und in den emanzipatorischen Tendenzen allein die Assimilation gesehen.

Hat ihnen die Zeit recht gegeben? Weithin gilt heute Orthodoxie als rückwärtsgewandt, steril, unmodern, lebensfern. Nehmen wir aber zur

Kenntnis, in welchen Disziplinen orthodoxe Wissenschaftler führend tätig sind – Lebensmitteltechnik, Transplantationsmedizin, pränatale Medizin, IT-Technologie und viele andere –, so spricht das im Gegenteil von der Fortentwicklung der Orthodoxie, ihrer Lebendigkeit und Aufgeschlossenheit für die Zukunft. Es stimmt ja beides in diesem innerjüdischen Problem. Es kann nicht alles beim Alten bleiben, aber die Emanzipation führt leicht zu Assimilation und Verlust der jüdischen Lebensform. Auch in der Orthodoxie ist nicht alles beim Alten geblieben. Der berühmte Talmudist David Weiss Halivni hat dies am eigenen Leib durchlitten und reflektiert. Aufgewachsen und gebildet in der traditionellen orthodoxen Jeschiwa von Sziget hat er in der Schoah Fürchterliches erlebt. Ein Weiterleben in der Tradition war ihm danach nicht mehr möglich ohne Kritik an ihr, denn ohne Kritik stimmt man dem himmelschreienden Unrecht nachträglich zu. Diese existenzielle Erfahrung führte ihn auch in seiner Wissenschaft zur kritischen Methode. Und doch, sagt er sich, braucht der Mensch die Geborgenheit in der Tradition. Wie beides vereinbaren? Für sich hat er die Balance in der kritischen Forschung an jüdischen Texten gefunden, „in einer Kombination aus Kritik am und Glaube an den göttlichen Ursprung des Textes. Meine Untersuchungen stellen häufig die Richtigkeit des uns vorliegenden Textes in Frage und zielen dennoch zugleich darauf ab, durch die Wiederherstellung früherer Lesarten die Würde dieses Textes noch zu erhöhen. … Die Hegemonie über einen Text zu gewinnen und dennoch gleichzeitig auf dessen Göttlichkeit zu bestehen ist ein weites Feld, auf dem sich dieser Widerspruch ausdrückt: Die Tradition ist gescheitert und doch besteht ein Bedürfnis für die Kontinuität von Recht und Unrecht. … Andere Menschen – sensible Überlebende – werden in ihrem schöpferischen Bemühen Entsprechendes in ihrem eigenen Gebiet finden müssen …"[36]

Diese Aufgabe bleibt.

„VOR EINEM GREISE SOLLST DU AUFSTEHEN"
ÜBER DAS ALTER

Es gibt kaum ein Diskursfeld, in dem die Diskrepanz zwischen der säkularen Gesellschaft und dem jüdischen Denken größer ist als in der Behandlung und Bewertung des Alters und der alten Menschen. In Deutschland werden die Senioren heute vornehmlich entweder als finanzkräftige Verbraucher oder als kostentreibende künftige Demenzkranke gesehen. Eventuell noch als Kunden der Pflegeversicherungen und bestenfalls als lästige Bewohner von Altenheimen. Der Mainstream ist jugendlich, er steht für eine Jugendkultur mit eigener Sprache und Facebook-Kommunikation.

Auch jüdische Gelehrte formulieren in diesem Zusammenhang selbst in religiösen Texten salopp. So las ich in einem Blog zur Erläuterung des Toraverses „wenn ihr in das Land kommt und dort allerlei Bäume pflanzt, davon man isst ..." (3. Buch Mose 19,23) eine Anmerkung, die der Autor selbst als „makabren Humor" bezeichnete: Miami Beach, so seine Ausführungen, wird als „Gottes Wartezimmer" bezeichnet, da es dort so viele Seniorenheime gibt. Er fügt hinzu, zahlreiche Ärzte kritisierten dieses westliche Konzept eines Ruhestands, weil Studien belegen, dass Menschen, die während ihres Lebensabends noch aktiv sind und einer Arbeit nachgehen, älter werden als diejenigen, die bloß in Ruhe und Entspannung ihre „goldenen Jahre" genießen.

Diese ärztliche Meinung wird gestützt durch eine Erzählung der rabbinischen Literatur. Der römische Kaiser Hadrian, der nicht gerade wegen seiner judenfreundlichen Einstellung gerühmt wurde, besuchte einmal die Stadt Tiberias im Heiligen Land. Er traf dort auf einen alten Mann, der mit großer Mühe Feigenbäume pflanzte. Der Kaiser sprach ihn an: „Sabba (Großvater), warum arbeitest du immer noch so hart? In deinen jungen Jahren hast du bestimmt genug geschuftet, um deinen Lebensunterhalt zu verdienen. Jetzt aber wäre die Zeit gekommen zu ruhen. Du wirst die Früchte dieser Bäume ohnehin nicht mehr genießen können." Der Greis antwortete: „Meine Aufgabe ist, es zu versuchen, die Arbeit so zu vollenden, wie es mein Alter noch erlaubt. Und was mir beschieden sein wird, möge der allmächtige Herr entscheiden." „Sag mir Sabba, wie alt bist du?" „Ich bin hundert Jahre alt." Der Kaiser horchte auf. „Hundert Jahre, und du erwartest, dass du deine Früchte noch ernten kannst?" „Wenn die Früchte meiner Arbeit schön und gut sein werden, so werde ich diese genießen. Und wenn nicht, werden es meine Kinder und Enkelkinder tun, so wie ich von der Arbeit meiner Vorfahren gelebt habe." „Sabba", sagte darauf der Kaiser, „wenn du diese Feigen ernten solltest, lasse es mich wissen." Zu gegebener Zeit reiften die Feigen und brachten eine reiche und süße Ernte. Der alte Mann füllte einen Korb mit den Früchten und reiste zu dem Palast des Kaisers. Er wurde wie durch ein Wunder zum Kaiser vorgelassen. „Wer bist du?", fragte Hadrian. „Der Kaiser erinnert sich vielleicht noch an den alten Mann, der vor vielen Jahren Feigenbäume in Tiberias pflanzte? Nun hat mir Gott gewährt, von diesen Feigen noch zu essen, und ich habe, wie vereinbart, einen Korb mit diesen Früchten für den Kaiser gebracht." Hadrian wandte sich daraufhin an seine Höflinge: „Nehmt die Feigen von dem Alten und gebt ihm einen Korb voller Goldmünzen dafür." Die Diener des Kaisers wunderten sich sehr: „Wozu ein solch verschwenderisches Geschenk für einen alten Juden?" Hadrian antwortete ihnen: „Sein Schöpfer ehrte ihn mit einem langen und regen Leben. So ist es nur allzu richtig, dass auch ich ihn ehre" (Midrasch Wajikra rabba 25,5).

Die wohl wichtigste Aussage, wie man mit einem betagten Menschen umgehen soll, steht im 3. Buch Mose: „Vor einem grauen Haupt sollst du aufstehen und die Alten ehren; denn du sollst dich fürchten vor deinem Gott, denn Ich bin der Herr" (3. Buch Mose 19,32). Die nachbiblische, rabbinische Literatur, der Talmud, befasst sich ausgiebig mit Erläuterung und Auslegung dieses Toraverses: „Unsere Meister lehrten: ‚Vor einem Greise sollst du aufstehen.'" Man könnte vermuten, mit diesem Gebot solle man auch einem Sittenlosen die Ehre geben. Um dies zu vermeiden, heißt es (allgemein) der „Alte", weil darunter ein Gelehrter zu verstehen ist. Als Beleg verweist der Talmud an einer anderen Stelle auf eine Anweisung an Moses (4. Buch Mose 11,16): Um die Lage zu beraten, „versammle Mir siebzig Männer von Israel"; damit sei belegt, dass die Ehre einem jeglichen Alten zu erweisen ist. Der Talmud setzt fort: „Unter ‚Alten' ist einer zu verstehen, der Weisheit erworben hat. (Nach der Exegese des Talmud ist die Weisheit, „Chochma", mit der Tora gleichzusetzen.) Denn wir haben in den Proverbia Salomonis (Mischle) gelernt: ‚Der Herr hat mich (die Weisheit) schon am Anfang seiner Wege besessen: Ehe Er etwas schuf, war ich (die Weisheit) da'" (Prov. 8,22) (b. Kidduschin 32/b). Diese talmudische Sentenz kann auch als Anspielung auf die platonische Philosophie gesehen werden, die bekanntlich davon ausgeht, dass der Gedanke einer Tat oder Handlung stets vorangehen muss. Das würde hier bedeuten, dass die Tora, das Wort Gottes, bereits vor der Erschaffung der Welt existiert hätte.

Der Gelehrte und bis heute sehr populäre Bibel- und Talmudkommentator Raschi (Rabbi Schlomo ben Jitzchak, 1040-1105) bewies bei der Erläuterung dieses Toraverses vom 3. Buch Mose seinen Sinn für das Praktische und Pragmatische. Er stellt sich nämlich die Frage, wie man die Ehre der Alten im Alltag bewerkstelligt: Man setze sich selbst nicht auf ihren angestammten Platz. Man rede nicht an ihrer Stelle und unterbreche sie selbstverständlich auch nicht. Man bemühe sich, sie anzuhören, ohne sie mit sinnlosen Widersprüchen zu stören. Und zum Schluss erwähnt Raschi, man solle bei einer Begegnung nicht so tun, als ob man sie nicht bemerkt hätte. Ein anderer bedeutender Gelehrter, Ramban Moses ben Nachman (1194-circa 1270), geht von der talmudischen Diskussion aus und bekräftigt die Aussage des Rabbi Issi ben Jehuda, dass keiner der Alten von der Ehrerbietung ausgenommen werden dürfe. Alle Greise seien gemeint. Ebenso häufig zitiert und kommentiert wird der Vers aus den Proverbia Salomonis (Mischle): „Graue Haare sind eine Krone der Ehre, die auf dem Weg der Gerechtigkeit gefunden wird" (Prov. 16,31).

Die Ehrerbietung den Betagten gegenüber ist in der Gedankenwelt unserer Weisen und Gelehrten aber keine Einbahnstraße. Den alten Menschen stehen nicht nur Achtung, Schutz und Ehrerbietung zu. Die Gesellschaft kann von ihnen ebenfalls Verantwortung und Pflichtbewusstsein in ihrem Tun erwarten. Im jüdischen Rechtsverständnis wird dies am ehesten bei den talmudischen Regelungen der Pflichten und Rechte der Eltern, besonders bei den Pflichten der Väter, deutlich.

Eine Aufgabe, die nie vernachlässigt werden darf, ist die konsequente religiöse Erziehung der Kinder. Sie fußt auf dem Abschnitt des 5. Buches Mose, der mehrfach zum Tagesgebet geworden ist und in dem geboten wird, die Worte des Herrn zu Herzen zu nehmen: „und sollst sie deinen Kindern einschärfen und davon reden, wenn du in deinem Hause sitzest oder auf dem Wege gehst, wenn du dich niederlegst oder aufstehst …" (5. Buch Mose 6,7). Die traditionelle Literatur nimmt selbstverständlich auch alleinerziehende Mütter und Frauen in die Pflicht, die ihren Mann wegen dessen geschäftlicher Reisen ersetzen müssen. Die talmudische Rechtsprechung erwähnt gleichfalls Grenzfälle, wie zum Beispiel die Wahrnehmung väterlicher Aufgaben auch von getauften Männern. Ein Davonlaufen vor der Verantwortung wird bei keinem Vater geduldet, weil die Vaterschaft nach dem Talmud nicht vom Willen des Vaters abhängig ist. In diesem Zusammenhang ist zum Vergleich das klassische römische Recht von Interesse. Dort legte die Mutter das Kind nach der Geburt zu Füßen des Vaters, und er entschied dadurch, dass er das Kind aufhob oder nicht, über die Anerkennung seiner Vaterschaft. Insofern ist nicht unwichtig, dass das jüdische Recht den Begriff „uneheliches Kind" nicht kennt und dass beide Elternteile für die Erziehung eines Kindes uneingeschränkt verantwortlich sind.

Wie kompliziert Ehrbeziehungen zwischen Vater und Sohn sein können, ist in dem Kapitel „Ein Denkmal für den Maharam" ausführlich beschrieben. Es ging um die Ehre, die Rabbi Meir von Rothenburg seinem Vater zu erweisen hatte. Dagegen stand die Achtung, die der Vater dem gelehrten Sohn und Rabbiner seiner Gemeinde schuldete. Ein Schüler Rabbi Meirs und selbst ein bekannter rabbinischer Autor war Ascher ben Jechiel (genannt Rosch, 1250-1327). Er berichtet, Rabbi Meir habe vom Tage seines Amtsantritts als Rabbiner seinen Vater nicht mehr besucht und sich ebenso Gegenbesuche verbeten. Auf diese Weise wollte er vermeiden, dass sein Vater ihm die schuldige Reverenz erweise.

Intensive Emotionen löst an hohen Feiertagen bei vielen Betern ein Psalmvers aus, der als Teil der Bußgebete gesprochen wird: „Verwirf mich nicht in meinem Alter, verlass mich nicht, wenn ich schwach werde" (Psalm 71,9). Der Kommentator Raschi erläutert: Wenn ich auch als Sünder alt geworden wäre, lasse Deine Gnade von mir nicht weichen. Beziehungen zwischen Jung und Alt waren stets konfliktbeladen. Anders wäre der Vers aus dem Buch des letzten der Israelitischen Propheten, Maleachi, nicht zu verstehen: „Es soll das Herz der Väter bekehren zu den Kindern, und das Herz der Kinder zu ihren Vätern, dass Ich nicht komme und das Erdreich mit dem Bann schlage" (Maleachi 3,24). Gehofft und erwünscht wurde stets im Idealfall jener Greis, der Chacham (Weise), der seine Autorität immer wieder durch schöpferische Kreativität erwirbt und bestätigt. In der dichterischen Abschlussrede von Moses am Ende des 5. Buches finden wir die Aufforderung, die als Aufteilung der gegenseitigen Verantwortung verstanden werden kann: „Frage deinen Vater, der wird dir's verkündigen, deine Ältesten, die werden dir's sagen" (5. Buch Mose 32,7).

Welchen Wert hat noch das Leben eines alten Menschen? Ilja Ehrenburg, ein Schriftsteller, der ein abenteuerliches und langes Leben (1891-1967) hinter sich gebracht hat, beschreibt in seinem Jugendwerk „Das bewegte Leben des Lasik Roitschwantz" eine Anekdote des Rabbi Levi Jizchak aus Berditschew. Der Held seines Romans erzählt sie bei einer Zugfahrt einer Gruppe von Rotarmisten. Der Rabbi war bekannt dafür, dass er die Treue seiner bitterarmen Gemeinde vor dem Herrn der Welt stets als ihre Frömmigkeit anpries. Er galt bei seinen Anhängern schon zu Lebzeiten als so heilig, dass selbst der Herr der Welt ihn – wenn man das so sagen darf – in schwierigen Fragen zu Rate zog. Es geschah an einem Jom-Kippur-Tag, der mit strengem mindestens 25-stündigen Fasten begangen wird, dass der Rabbi in der Synagoge eingeschlafen war. Einige seiner Anhänger waren sich sicher, dass der Rabbi gen Himmel gefahren war, da der Herr einige Seiner Entscheidungen an diesem „Tag des göttlichen Urteils" mit ihm erörtern wollte. Nach den Beratungen fiel dem Allerhöchsten auf, wie niedergeschlagen der Berditschewer war. „Warum bist du so traurig?" – „Weil die Welt mit Elend, Armut, Gewalt und Hass so voll ist. Und Du, o Herr, bist immer noch nicht bereit die Menschen zu erlösen, damit die Epoche des Friedens und der Seligkeit bei uns einkehre." „Woher willst Du dies wissen", entgegnete der Herr. „Ich bin wohl bereit die Menschen zu erlösen. Lasse uns das jetzt bereden. Wie stellst du es dir vor?" Da blickte der Berditschewer Rabbi auf die Erde herab. „Herr der Welt, vielleicht mache ich jetzt einen großen Fehler. Der arme 84jährige Jankel Grünbaum, ein Mitglied meiner Gemeinde, ist soeben in Ohnmacht gefallen, weil er nicht länger fasten konnte. Und die da unten können die Liturgie des Tages nicht zu Ende führen, weil ich eingenickt bin. So wird aber Jankel Grünbaum sterben. Wer oder was berechtigt mich, für das Wohl der Menschheit das Leben Jankel Grünbaums zu opfern? Vergib mir, Herr der Welt, ich gehe zurück in meine Gemeinde." So geschah es, dass der Rabbi den Gottesdienst an Jom Kippur (Versöhnungstag) zum Abschluss bringen konnte und der Fasttag sein Ende nahm. Jankel Grünbaum lebte weiter – noch vier Monate lang. Daher ist die Welt immer noch unerlöst.

Die Rotarmisten, die viele Unschuldige als Konterrevolutionäre umgebracht hatten, verstanden die Legende. Die Rettung eines einzigen Unschuldigen kann in einer konkreten Situation wichtiger sein als die Hoffnung auf die Erlösung der ganzen Welt. Sie warfen Lasik Roitschwantz, den Überbringer dieser Botschaft, trotzdem aus dem Zug.

---

* Leicht veränderte Fassung des Erstabdrucks: Halacha und Aggada – Bilder des Alterns. In: „Ich glaube an das Alter, lieber Freund". Vom Älterwerden und Alter (nicht nur) im Judentum. Laupheimer Gespräche 2012. Hrsg. Haus der Geschichte Baden-Württemberg. Heidelberg 2013, S. 85-94.

GHETTO UND ANDERE GRENZEN
EINSCHRÄNKUNGEN VON AUSSEN
UND RÜCKZUG NACH INNEN

Wenn wir heute den Begriff „Ghetto" verwenden, denken wir unwillkürlich an die über 500 Lager, oft Stadtbezirke wie in Warschau, Riga, Lemberg, Lodz oder Theresienstadt, in die Juden im Nationalsozialismus unter unsäglichen Bedingungen eingesperrt wurden und die als Durchgangsstationen zur Vernichtung dienten. Allerdings ist das Ghetto sehr viel älter und hatte einen anderen Sinn. Es ist entstanden aus den Ausgrenzungsbestrebungen der Kirche nach den Laterankonzilien. Der Klerus sollte die Christen daran hindern, mit Juden Kontakt zu pflegen, von Juden womöglich geistlich beeinflusst zu werden, ihre Lehren und Bräuche kennen zu lernen und durch den Vergleich ihren eigenen Glauben, ihre kirchlichen Sitten und Hierarchien eventuell zu relativieren und in Frage zu stellen. Begründet oder unbegründet hatte die Geistlichkeit Angst davor, es würde viele Christen irritieren, wenn sie durch die Nähe zu Juden erlebten, dass wesentliche Teile der christlichen Religion, wie die Zehn Gebote und die Bibel, mit dem jüdischen Glauben verbunden sind. Vergleichen bedeutet ja auch immer, die eigene Position zu hinterfragen, und davor hatte die Kirche Angst.

Diese Befürchtungen sind der Grund dafür, dass die Juden nicht nur ausgegrenzt, durch Kleidung und Abzeichen gekennzeichnet, sondern auch auf separatem Raum konzentriert werden sollten. So kam der Gedanke auf, in Umkehr der Idee von der geschlossenen Burg, Judenbezirke durch Mauern abzutrennen und die Kommunikation mit der Außenwelt lediglich eingeschränkt zu ermöglichen. Bei Nacht blieben die Tore geschlossen, tagsüber wurden die Eingänge durch Wachen kontrolliert. Auch an Orten, an denen diese Ausgrenzungen nicht so rigoros und aufwändig (Mauern!) gehandhabt wurden, duldete man Juden nur in einzelnen Straßen (Judengasse) oder Gebieten. Das kam freilich zugleich dem Bedürfnis der Juden entgegen, in unmittelbarer Nähe zu Glaubensgenossen zu wohnen; und es erleichterte zudem die Einhaltung der jüdischen Lebensweise von koscherem Essen bis zur Einrichtung von Unterricht und Synagogen. Das enge Zusammenleben gewährte überdies bedingt Schutz vor Gewalt und Nachstellungen durch die feindliche Umgebung. Mit der Ausdehnung und Intensivierung dieser Ausgrenzung wuchs aber auch allmählich die Eingrenzung.

Über die Herkunft der Bezeichnung „Ghetto" diskutiert man bis heute. Meist leitet man den Begriff von „gheto nuovo", der alten Eisengießerei in Venedig, ab, deren sumpfiges Gelände den Juden 1516 zur Ansiedlung zugewiesen wurde. Wenn heute den Touristen in Cannaregio, im – jetzt schon entkernten – Ghetto von Venedig die vielstöckigen Häuser gezeigt werden, so sollte man daran erinnern, dass ursprünglich das jüdische Viertel eines unter mehreren war, in denen die Bewohner einer Gruppe (zum Beispiel die Deutschen) lebten. Während die örtlichen Beschränkungen für andere Gruppen aufgelöst wurden, bestand sie für Juden fort. Die Geburtenrate war hoch und auf dem engen Raum mussten immer mehr Bewohner untergebracht werden.

Salcia Landmann hat beschrieben, wie die deutsche Sprache in den geschlossenen Judenbezirken allmählich ein Eigenleben gewann.[1] Sie wurde durch hebräische, aramäische und später slawische Wörter bereichert, und auch die deutsche Grammatik erlebte vom Alt- und Mittelhochdeutschen her Abweichungen und Umformungen. Die jiddische Sprache ist also ursprünglich ein Produkt des Ghettos. Ein letzter Ausfluss dieser separierenden Sprachentwicklung ist in Süddeutschland unter den Namen „Lachoudisch", „Lachodisch" oder „Lakoudisch" bekannt.[2] Ihre Spuren sind unter anderem in Schopfloch, Rexingen und Buttenhausen nachgewiesen. Es handelt sich dabei weder um eine reine westjiddische Dialektform, noch um eine dem Rotwelschen vergleichbare Geheimsprache der Viehhändler, sondern um eine auf dem neuhochdeutschen Sprachstand basierende Dorfsprache. Im Dorf kannte man die zahlreichen dem Hebräischen entlehnten Wörter, und natürlich verstanden auch die Kunden der jüdischen Händler (sogar noch nach dem Zweiten Weltkrieg) wenn nicht die gesamte Sprache, so doch die wichtigsten Begriffe und ganz sicher die Zahlen, die für den Handel unerlässlich waren. Geheim war die Sprache nur insofern als sie von Dorfbewohnern situativ und gerne dann verwendet wurde, wenn man von Fremden nicht verstanden werden wollte.

Vom Ghetto sind zudem viele der internen Lebensformen bis hin zur Speisekarte, die Sitten und Gebräuche, von der Art zu feiern bis zu den Beerdigungen, geprägt worden. Allerdings besteht ein erheblicher Unterschied zwischen dem geschlossenen Ghetto und der offeneren Judengasse. Manès Sperber betont in seinem Buch „Die Wasserträger Gottes"[3], es habe in Galizien keine Ghettos gegeben, denn Juden waren im Schtetl majoritär.[4] Dort in der Westukraine oder in Ostpolen – wie man es nimmt – hatten sich deutsche Juden zum Beispiel nach Magdeburger Stadtrecht niederlassen können. Die polnischen Herrscher, Grafen und Bojaren wollten mit dieser Ansiedlung in rein bäuerlichen Gebieten ein städtisches Element mit Handel, Handwerk und Mittelstand fördern. Dafür gewährten sie, wie die deutschen Ritterorden, den Juden Autonomie nach innen und somit dem Handwerk auch Zunftfreiheit. Das deutsche Ghetto, etwa um 1100 in Speyer, verlangte von den geduldeten Juden Ergebenheit gegenüber der weltlichen oder kirchlichen Herrschaft. Juden im polnischen Schtetl dagegen verfügten über großes Selbstbewusstsein: Wir sind doch gebildeter und damit hochstehender als unsere bäuerliche Umgebung und auch diese landadligen Bojaren. Das Bewusstsein – wir gehören zum auserwählten Volk – hat das Schtetl geprägt, im Gegensatz zu Ansiedlungen der geschmähten Juden in Italien und Deutschland. „Jeder Jude ist ein König", besonders am Schabbat, das hatten alle Juden in Osteuropa verinnerlicht.

So wie die Lebensart bestimmte das Ghetto auch die Tracht. Die Kleidung der Männer war durch Judenhut und gelben Fleck von außen festgelegt. Die Verhüllung der Frauen mit einem Scheitel, also einer Perücke oder einem Kopftuch, sollte kein Ausdruck der Erniedrigung und Demütigung sein. Sie war wie die ganze Lebensform der häuslichen Zurückgezogenheit ein (oft vergeblicher) Schutz vor Zudringlichkeiten und Vergewaltigungen, denen Jüdinnen jederzeit wehrlos ausgesetzt waren.

Aber nur Frauen in aschkenasischen Gebieten trugen diese Kopfbedeckung und lebten im Haus, in den sephardischen Gebieten Nordafrikas war dies völlig anders.

Vom Grundsatz her verwaltet sich jede jüdische Gemeinde selbst. Das galt – wenn auch beschränkt – ebenso im Mittelalter. Es gab nicht wie in Polen einen „Rat der vier Länder", also eine übergeordnete Vertretung. Eine zentrale Rolle spielte überall der Parnas. „Parnas" oder „Parnos" ist ein vielschichtiger Begriff, der je nach Ort und Zeit Verschiedenes bedeuten konnte. Er steht für den Patron und das materielle Auskommen allgemein. Parnassim sind ins Amt gewählte Gemeindevertreter, die häufig überdies mit der Aufteilung und Einziehung der Steuern und Abgaben für die Obrigkeit beauftragt waren. Um die innere Verwaltung der Gemeinde kümmerten sich der Gabbai, das ist der Ehrenamtliche, der alle synagogalen Abläufe und Zeremonien ordnet, und eventuell noch andere Mitglieder, beispielsweise um das Armenwesen.[5] Im Osten konnten die Parnassim nicht nur mit der Organisation der Steuereinnahmen betraut werden, sondern sie wurden darüber hinaus auch als Person mit Regalien (zum Beispiel dem Schankrecht) für einen ganzen Ort belehnt, unabhängig von der jüdischen Gemeinde. Das erzeugte oft den Hass der ländlichen Bevölkerung, wenn Schnaps und sonstiger Alkohol ausschließlich beim jüdischen Wirt gekauft werden konnten.

Generell waren wirtschaftliche Probleme vielfach Anlass für Pogrome, auch wenn Juden keine Schuld daran trugen. Zu Beginn des 17. Jahrhunderts hatte der patrizische Rat von Frankfurt am Main Anleihen bei Juden gemacht und große Geldsummen veruntreut. Im Konflikt zwischen Handwerkern, Rat und Kaiser richtete sich der Zorn der Handwerker gegen das schwächste Glied. Der Mob plünderte das Ghetto und vertrieb im sogenannten Fettmilch-Pogrom 1614 alle Juden aus der freien Reichsstadt. Wie in den Rintfleisch-Pogromen des 14. Jahrhunderts, in denen rund 5000 Juden in Franken und im Elsass ermordet wurden, flüchteten die Überlebenden nach Osten. Insgesamt kann man über die Jahrhunderte von einer massenhaften jüdischen Migration in die osteuropäischen Länder sprechen. Die größere Sicherheit und Autonomie endeten dort mit dem Bogdan Chmelnyzkyj-Aufstand von 1648. Etwa

100 000 Juden wurden in den Massakern des Kosaken-Führers umgebracht. Dies löste eine Welle von Rückwanderungen aus. Mit dem Jiddisch waren noch Spuren der deutschen Sprache und Kultur in den östlichen Ländern vorhanden, und so lag es nahe, dass vor allem im 19. Jahrhundert neben Amerika der deutschsprachige Westen als bevorzugtes Ziel der Flüchtenden diente. Im Einzelnen ist diese Migration aus ökonomischen und religiös-politischen Gründen für die Zeit vor dem 19. Jahrhundert kaum nachzuweisen, aber Aufzeichnungen in Hohenlohe enthalten Spuren, die auf die osteuropäische und teilweise ungarische Herkunft ihrer Autoren schließen lassen.

Die streng regulierte örtliche Beschränkung, sei es im Ghetto oder in einer Judengasse, führte verbunden mit der hohen Geburtenrate zur Pauperisierung. Die große Mehrheit der Juden war bitterarm. Wir kennen namentlich höchstens ein oder zwei Familien, die durch ihre Kontakte zur Herrschaft reich werden konnten und daher in unterschiedlichen Archiven genannt werden. Auf *einen* Rothschild indes kamen tausende und abertausende Arme.

Jacob Katz hat in einem großartigen Werk[6] beschrieben, wie sich die Ghetto-Strukturen der jüdischen Gemeinden unter dem Einfluss von Chassidismus und der jüdischen Aufklärung Haskala bereits vor der bürgerlichen Emanzipation aufzulösen begannen. Juden fanden in Preußen sehr früh Zugang zu bürgerlichen Kreisen, konnten Kontakte zu Geldgeschäften und anderem knüpfen. Zwangsläufig lockerten sich dadurch ihre jüdische Lebensform und Frömmigkeit, und dies hatte noch vor der Französischen Revolution Rückwirkungen auf die jüdischen Gemeinden. Die Französische Revolution sprengte die feudalen Bindungen der mittelalterlichen Welt: Eine bürgerliche Gesellschaft entwickelte sich im Verlauf des 19. Jahrhunderts. In ihr erlebten die jüdische Gemeinschaft und ihre jüdischen Gemeinden einen Prozess der Assimilierung, der dann seinerseits wieder Ängste vor Veränderungen und Vereinnahmung auslöste.

Diese Entwicklung bedeutete für das Judentum weit mehr als eine Umwandlung sozialer Strukturen. Die jüdische Welt des Ghettos war örtlich und geistig eng umschränkt. Selbst im majoritären Schtetl pflegte man sein Judentum im Bewusstsein, dass es so seine Ordnung hat und Juden anderswo im Grunde nicht anders leben. Die Welt dazwischen interessierte nur insofern als sie zum Unterhalt nützlich oder schädlich, friedlich oder feindlich war. Diese Selbstbeschränkung bezog sich dagegen nicht auf die innerjüdische Welt. Sie war ja zeitlich unbegrenzt, galten doch Tora, Talmud und wichtige Kommentare unmittelbar, unabhängig von Zeit und Umständen ihrer Entstehung. Die Kommunikation mit anderen jüdischen Gemeinden funktionierte oft über weite Entfernungen. Geschäftsbeziehungen und Eheschließungen belegen dies. Entstand in einer Gemeinde ein religiöser Streit oder ein am Ort unlösbares Problem und hörte man von einem berühmten Gelehrten, so unternahm man große Anstrengungen, um ein Urteil einer solchen Autorität zu erhalten. Denn die Bastionen der jüdischen Welt sind das Wissen und die jüdische Gelehrsamkeit, und ihr Besitz verleiht das höchste Prestige. Wissen und Gelehrsamkeit sind eine Burg, und wer da hinausgeht, ist im Grunde für die Gemeinschaft verloren. Das erste Ziel ist, die jüdische Gemeinschaft zu behüten und ihr zum Wachsen und Gedeihen zu verhelfen. Diese besteht nicht nur im üblichen sozialen Sinn, sondern ihre Lebensform beruht auf Kommunikation, kurz einem Gemeindeleben, das auf der Tora und dem Talmud basiert. Es bedarf einer ständigen lebendigen Diskussion aller jüdischen Belange. Wer den vielfach kleinlichen Streit innerhalb einer Gemeinde oder zwischen den Gemeinden bloß als verwirrend erlebt, verkennt diese Grundlage.

Aus diesen innerjüdischen Debatten und Auseinandersetzungen ist eine eigene Literaturgattung erwachsen, die Responsen (Beantwortungen von religiösen, sachlichen, juristischen Fragen). Eine Gemeinde oder ein Rabbiner erbat in einem Sendschreiben von einem als Autorität geltenden Gelehrten eine Entscheidung in einer Rechtsfrage. Die Frage und Antwort (She'elot u'Teschuwot) wurden dann in langen Diskussionen ausgewertet, oft auch gedruckt. Heute sind diese Texte nicht nur Präzedenzentscheidungen, sondern gleichzeitig interessante Quellen zur Kulturgeschichte. Ein Beispiel: Ein Träger des Namens „Kohen" oder „Kohn" hat ein Wohnhaus gekauft und entdeckt, dass seine Türschwelle die Spolie aus einem jüdischen Grabstein ist. Aber Kohanim (Nachkommen von Tempelpriestern) dürfen nichts mit den Toten und dem Friedhof zu tun haben. Historisch ist die Entscheidung in diesem Fall, ob er sein Haus betreten darf oder nicht, uninteressant. Wichtig ist, dass wir aus dieser Anfrage aus der Slowakei ablesen können, dass auch an diesem Ort Schändungen stattgefunden haben und dort wie in Regensburg und vielen anderen Städten jüdische Grabsteine als Baumaterial verwendet wurden.

Die Hoffaktoren, die Hofjuden waren die ersten, die das Ghetto sprengten und außerhalb des Ghettos oder Judenbezirks Häuser kaufen und bewohnen durften. Bereits 1721 lassen sich für Stuttgart sechs Hofjuden belegen. Einer von ihnen war Joseph Süß Oppenheimer, der im Februar 1738 am Galgen endete.[7] Mit Beginn der Assimilation lösten sich mehr und mehr Juden von der engen räumlichen Verbindung der jüdischen Gemeinschaft. Zunächst war die Beziehung noch da; jeder wusste vom anderen und wer Jude war und wer nicht. Die Kapitalisierung der Gesellschaft erzeugte dann andere Ungleichheiten. Die Animositäten, die daraus hervorgingen, brachten Teile der nichtjüdischen Bevölkerung dazu, diese wachsende Emanzipation zurückdrehen zu wollen.

Die Ausgrenzung der Juden durch die jeweils Herrschenden ist die eine Seite. Auf der anderen Seite haben die religiösen Forderungen an eine gesetzestreue jüdische Lebensweise ein enges Zusammenleben nicht nur sinnvoll, sondern auch erforderlich gemacht. Man denke an Schabbatgrenzen, Feiertage, soziale Kommunikation, Mindestzahl bei Gottesdiensten, Versorgung der Alten und Kranken, Aufgaben bei Tod und Beerdigungen. All dies sind jüdisch bedingte gemeinschaftliche Verpflichtungen, die so vom Einzelnen nicht erfüllt werden können. In der modernen Welt der Individualisierung kann es geschehen, dass man vom Sterben eines Bekannten nicht oder nicht rechtzeitig hört. Im Ghetto wusste jeder fast alles von jedem. Eine Todesnachricht wurde durch den Brauch, auf dem Hof der betroffenen Familie Wasser auszuschütten, bekannt gemacht und verbreitet. Ohne weitere Nachricht kamen die Freunde und Bekannten, und die Chewra Kadischa (Beerdigungsbruderschaft) hat die Totenwäsche und die Beerdigung vorbereitet.

Ein weiteres Exempel der bewussten Beschränkung: Aufgrund des

Reiseverbots am Schabbat musste die Synagoge zu Fuß erreichbar sein. Unter den Bedingungen der Großstadt gestattete es Rabbiner Joseph Hirsch Carlebach für Hamburg, dass ein Jude von einem weit entfernten Stadtteil zur Synagoge nach Altona mit der S-Bahn fahren darf, wenn er die Fahrkarte vor dem Schabbat gekauft und so, zum Beispiel am Hut, offen getragen hat, dass sie der Kontrolleur ohne Zutun des Fahrgastes sehen kann. Die Begründung: Die Arbeit, die S-Bahn zu fahren, wird nicht für ihn allein getan. Der Jude ist sozusagen nur Mitfahrer in einer Bahn, die auch ohne ihn fahren würde, und er trägt nicht das Geringste zu dieser Fahrt bei.

Die Schabbatvorschriften begrenzen die Aktivitäten eines Juden inhaltlich und lokal auf den häuslichen Bereich. Man deponiert Gebetbuch und Tallit (Gebetsmantel) in der Synagoge, weil es untersagt ist, am Schabbat etwas zu tragen. Was allerdings, wenn man einem alleinstehenden Kranken eine Mahlzeit bringen soll? Man errichtet einen Eruw Chazerot (Vermengung) und meint damit eine fiktive Zusammenlegung, eine „Vermischung des Gebiets". Ein Zaun, der auch aus einem Seil oder Draht bestehen kann, aber eine ununterbrochene Abgrenzung darstellen muss, umschließt das jüdische Wohnviertel. Es bildet so symbolisch ein gemeinsames Gebiet und ermöglicht hierdurch das Tragen eines Gegenstands innerhalb dieses Bezirks. Solche „Schabbatgrenzen" waren natürlich der christlichen Umgebung bekannt.[8] In Fürth wurde ein Pfarrer, der die Schabbatschnüre durchtrennte, streng ermahnt, was seinen Markgrafen von Ansbach nicht daran hinderte, von den Juden alsbald eine eigene Abgabe für die Erlaubnis zum Ziehen von Schabbatschnüren abzupressen.[9]

Gemeinsam sind innerhalb eines Teils bzw. Viertels einer Ortschaft, so es diesen Eruw gibt, alle öffentlichen Straßen. Was aber ist eine Ortschaft? Cannstatt als Oberamtsstadt mit eigener jüdischer Gemeinde lag sicher außerhalb der Grenzen Stuttgarts. Wie steht es nun damit seit der bürgerlichen Vereinigung beider Städte im Jahre 1905, die de facto eine Eingemeindung Cannstatts war? Ist ein Spaziergang über den Neckar noch „koscher"? Um solche und andere Zweifelsfälle zu entscheiden, die vor allem durch das Schleifen alter Stadtmauern und das Wachsen der Ortschaften entstanden, wurden und werden heute noch mancherorts Schnüre oder Drähte an hohen Masten gespannt, die die Schabbatgrenze markieren.[10] In Aufhausen gab es „Schabbesschranken" und in Berlichingen „Schabbesdrähte". Aber auch ohne solche sichtbaren Markierungen hat der Ortsbrauch die Grenze des kleinen Spaziergangs am Schabbatnachmittag genau gekannt: In Hohebach ging man bis zu einem „kleinen Bänkle", in Rexingen bis nach Ihlingen oder talaufwärts bis zu einem kleinen See.[11] Es geht hier also nicht um Tore oder Schranken, die ein jüdisches Gebiet abschließen und das man nicht verlassen darf, sondern um eine innerjüdische Grenze, über die ein frommer Jude am Schabbat nichts hinaus- oder hineintragen darf. Denn Tragen ist eine der 36 Arbeiten, die am Schabbat nicht gestattet sind. Besteht die Notwendigkeit, dieses Gebiet zu verlassen, weil man zum Beispiel einer Nachbargemeinde zum erforderlichen zehnten Mann für den Gottesdienst verhelfen will, so errichtet man den Eruw Techumin (Mischen von Grenzen). Am Vortag trägt man zu Fuß eine Speise zum Ziel und macht diesen Ort damit zu seinem zeitweiligen Zuhause. Von dort kann man dann ungefähr einen Kilometer (2000 Ellen) weitergehen. Mit dieser Einrichtung behalf man sich vor der Schoah des Öfteren in den klein gewordenen Landgemeinden und behelfen sich orthodoxe Juden heute noch bei den weiten Wegen zur Synagoge in den Großstädten.

Für gesetzestreue Juden spielt außerdem die Zeremonie des Eruw Tawschilin (Verbindung von Speisen) eine Rolle. Am Feiertag ist ja die Zubereitung für denselben Tag (Ochel Nefesch) erlaubt, nicht aber für den auf das Fest folgenden Tag, wenn dieser ein Schabbat ist. Fällt nun ein solcher Feiertag unmittelbar vor einen Schabbat, so ist die Vorbereitung von Speisen für den darauf folgenden Schabbat nur dann gestattet, wenn man mit der Essenszubereitung bereits vor dem Festtag begonnen hat. Dieser Anfang geschieht durch das Ritual des Eruw Tawschilin. Er werden dabei zwei Speisen, zum Beispiel ein Stück Matze und ein Ei oder etwas Fisch bzw. gebratenes Fleisch genommen und dann ein Segen und eine Erklärung gesprochen. Dieser Eruw Tawschilin wird im Rahmen der letzten Schabbatmahlzeit verzehrt. Der Segensspruch lautet: „Gelobt seist Du, Ewiger, unser Gott, König der Welt, der uns durch Seine Gebote geheiligt und uns das Gebot des Eruw befohlen hat." Und dann die Erklärung: „Mit diesem Eruw sei uns das Backen, Kochen, Warmhalten, Lichteranzünden und all das zu tun erlaubt, was wir am Jom Tow für Schabbat vorbereiten müssen; dies gelte für uns und für alle Juden, die in dieser Stadt wohnen."

Im deutschen Südwesten waren Juden seit der frühen Neuzeit bis ins 19. Jahrhundert aus den Reichsstädten und dem württembergischen Gebiet vertrieben und lebten auf dem Land vor allem in den Territorien kleiner Herrschaften, geduldet wegen ihrer erheblichen Geldzahlungen an die jeweiligen Adligen. Das Leben mit den christlichen Nachbarn war im Allgemeinen friedlich. Man kann es weniger als Miteinander denn als toleriertes Nebeneinander beschreiben. Woher kam das? Wohl in erster Linie von der allgemeinen Armut und auch, weil alle in der Lebensform mit dem Land und auf dem Land verbunden waren. Der Christ in Hohenlohe und Oberschwaben lebte in denselben kärglichen Verhältnissen, verfügte über die gleichen Lebensmittel, trug die gleiche Arbeitskleidung und war gleichermaßen den Schwankungen von Wind und Wetter und damit dem Ertrag oder der Missernte ausgeliefert wie der Jude. Bei der täglichen Arbeit war es durchaus üblich, dass man sich in der Landwirtschaft gegenseitig aushalf. Die strikte Einhaltung der jüdischen Lebensform erzeugte auch bei Christen Achtung. Ein Jude, der öffentlich die Regeln seiner Religion verletzt hätte, wäre auch von den Christen im Dorf verachtet worden. Dennoch stand das tolerierte Nebeneinander immer im Spannungsfeld von Anziehung und Abstoßung. So wies die weltliche Herrschaft den Juden den Platz zum Häuserbau separiert vom christlichen Dorf zu, um Konflikte mit dem eigenen Klerus zu minimieren. Die erzwungenen Geldzahlungen der Juden an die Herrschaft erregten Neid in der Bevölkerung, die sie als Ausweis von verborgenem Reichtum betrachtete, keinen solch direkten Kontakt zum Herrscher kannte und darin eine Bevorzugung sah. Die zunehmende Assimilation des 19. Jahrhunderts verwischte im Äußerlichen die Unterschiede, ohne dass freilich diese unterschwellige Missgunst verschwunden wäre. Latente Spannungen verblieben selbst dort, wo das Nebeneinander optimal zu gelingen schien.

Dazu zwei unspektakuläre, aber gerade deshalb vielleicht charakteristische Beispiele. Rexingen (heute ein Stadtteil von Horb) gilt in Württemberg als Ort friedlichen Miteinanders. Arthur Löwengart, 1899 dort geboren, beschreibt in seinen Erinnerungen die gegenseitigen Beziehungen im Ort als gut. Juden und Christen gestalteten ihr eigenes, stark von der Religion strukturiertes Leben nach der traditionellen Art und Weise. „Die Rexinger Juden lebten in Grenzen, die sie sich selbst zogen, und niemand war daran interessiert, die Grenzmarkierung zu verändern. Die Juden lebten mit gewissen Vorurteilen ihrer christlichen Umwelt gegenüber – nennen wir es Ghettobewusstsein, – die sie aber nie zugegeben hätten und die doch in Sprache und Lebensstil ihren Ausdruck fand."[12] Gailingen, an der Grenze zur Schweiz gelegen, war der einzige Ort im kaiserlichen Deutschland, in dem ein Jude drei Mal zum Bürgermeister gewählt wurde und zwar mit Mehrheiten, die ohne christliche Unterstützer unmöglich gewesen wären. Als der Freiburger Weihbischof zur Firmung in das Dorf kam, erwies der jüdische Bürgermeister dem hohen Besuch am Ortseingang mit umgehängter Amtskette die Ehre. Darauf hatte er sich heftiger Kritik seiner jüdischen Mitbürger zu erwehren.

Das getrennte Nebeneinander zeigte sich auch in Dörfern mit großer jüdischer Bevölkerung im sozialen Leben: Wirtshäuser und Vereine waren meist säuberlich getrennt, bei Hochzeiten und Beerdigungen endete die übliche dörflich gebotene Teilnahme am Eingang des Gotteshauses bzw. den Ortsgrenzen. Gut untersucht ist in dieser Hinsicht Haigerloch. Das jüdische Gasthaus Rose mit seinem Festsaal diente Veranstaltungen, die den ganzen Ort betrafen. Die Feuerwehr als Notgemeinschaft und der „moderne" Verschönerungsverein waren die einzigen wirklich gemischten Vereine. In anderen Vereinen gab es nur vereinzelt jüdische Mitglieder.[13] Wenige antisemitische Scharfmacher genügten nach dem Ersten Weltkrieg, um den sozialen Frieden in den Dörfern zu zerstören, zumal wenn sie von örtlichen Autoritäten wie Pfarrer oder Lehrer unterstützt wurden. Das tolerierte Nebeneinander im Dorf war durch Hetze von außen leicht zu sprengen. In der Regel führte dies zu herzloser Gleichgültigkeit gegenüber den jüdischen Nachbarn und ihrem Schicksal.

Blicken wir auf die Geschichte der Ghettos zurück, so wird deutlich, dass die Begrenzung dem friedlichen Zusammenleben der versprengten Angehörigen des jüdischen Volkes diente und bei aller äußeren Beschränkung auch zum inneren Erhalt jüdischer Lebensform und jüdischer Religion wesentlich beitrug. Die mittelalterlichen Ghettos haben, wie gesagt, nichts zu tun mit den Zwangslagern gleichen Namens, in die Nationalsozialisten Menschen jüdischer Abstammung zusammenpferchten, zunächst unter erbärmlichsten Umständen Zwangsarbeit für die Kriegswirtschaft leisten ließen, ehe sie in Vernichtungslagern systematisch ermordet wurden. Der Begriff „Ghetto" ist seitdem rassistisch kontaminiert, und es ist gewollt oder ungewollt rassistisch und demütigend, wenn man heute die Konzentration in bestimmten Stadtteilen zum Beispiel von Türken als „Türkenghetto" bezeichnet.

DIES IST EIN JÜDISCHES HAUS
DIE MESUSA UND IHR SINN

„Wenn ich jetzt zurückschaue", so schreibt Jacob Picard in seinen Erinnerungen an seine Kinderzeit in Wangen am Bodensee, „wenn ich jetzt zurückschaue, so fällt mir auf, dass unsere Knabenspiele doch meist beschränkt waren auf die Kameraden aus der engeren Gemeinschaft; aber vielleicht rührte es nur daher, dass wir Juden in einer gewissen Geschlossenheit, obwohl nicht ausschließlich unter uns, zusammen entlang der Hauptstraße wohnten, und zwar in großen, schön ausgebauten Häusern mit einer Architektur ähnlich der Synagoge ..."[1] Schöne und stattliche Häuser – wer heute durch Wangen spaziert, wird bestätigen, dass einem unmittelbar neben dem Rathaus verschiedene Gebäude auffallen, die durch ein Walmdach hervorstechen und sehr städtisch wirken. Wo einst die Synagoge stand, parken nun Wohnanhänger und Campingwagen, allein ein „Tor zum Gedenken" erinnert an die alte Gemeinde. Bis 1938 lebten hier im Ortszentrum Generationen von jüdischen Familien[2], und man muss Bescheid wissen, um jetzt noch die Spuren ihres Alltags zu entdecken. Wer mit offenen Augen durch Orte geht, die ehemals auch jüdisch besiedelt waren, wird immer wieder rechts an den Türstöcken der alten Häuser ungefähr 10 cm lange, schräg von links oben nach rechts unten verlaufende Einkerbungen erkennen, in denen die Mesusa angebracht war. Oft wurden die Vertiefungen für die Mesusot von den späteren, nichtjüdischen Bewohnern überstrichen oder zugekleistert, doch es gibt auch schöne Beispiele wie in Rothenburg ob der Tauber oder in Bad Mergentheim.

„... und du sollst sie schreiben auf die Pfosten deines Hauses und an deine Tore." Dieses Gebot der Tora begründet den Brauch, am Eingang jüdischer Häuser und Wohnungen sowie aller Wohnräume (außer dem

Sanitärbereich und der Küche) eine Mesusa anzubringen. „Mesusa", dieses hebräische Wort bedeutet „Türpfosten", jedoch wird insgesamt die kleine Hülse, die am Türrahmen befestigt wird und deren Inhalt ein Pergamentblatt (Klaf) ist, „Mesusa" oder volkstümlich jiddisch „Mesüse" genannt.

Auf dem Klaf findet man zwei Abschnitte aus dem 5. Buch Mose: „Höre Israel, der Herr, unser Gott, der Herr ist einzig. Und du sollst den Ewigen, deinen Gott, mit deinem ganzen Herzen und mit deiner ganzen Seele lieben …" Und weiter: „… diese Worte, die ich dir heute gebiete, sollst du zu Herzen nehmen, rede davon, wenn du sitzest in deinem Haus und wenn du gehst auf den Weg … und du sollst sie über deinen Hauses Pfosten schreiben und an deine Tore" (5. Buch Mose 6,4-9). Dieses „Schma Jisrael" (Höre Israel) ist als Glaubensbekenntnis der Israeliten bekannt. An der zweiten Stelle lesen wir: „Werdet ihr nun meine Gebote hören, die Ich euch gebiete, dass ihr den Herrn, euren Gott, liebet und Ihm dienet von ganzem Herzen und von ganzer Seele, so will Ich eurem Land Regen geben zu seiner Zeit …, dass du einsammelst dein Getreide, deinen Most und dein Öl, und will deinem Vieh Gras geben auf deinem Felde, dass ihr esset und satt werdet …" (5. Buch Mose 11,13-21).

Das zusammengerollte Pergament wird in eine Hülse aus Metall, Holz, Keramik oder anderen Materialien gelegt und auf dem äußeren Türrahmen angebracht. Man kann die Mesusa auch in der Mulde eines steinernen Torbogens nach außen hin sichtbar befestigen. Falls ein Haus oder eine Wohnung mehrere Eingänge hat, so pflegt man alle mit einer Mesusa zu schmücken. Das Gebot, eine Mesusa anzubringen, darf jeder ausüben, der imstande ist, die vorgeschriebene Benediktion bei diesem Anlass zu sprechen, sei es ein Mann, eine Frau oder ein Kind. „Gesegnet seiest Du, Herr … der Du uns durch Deine Gebote geheiligt hast und uns befohlen hast, die Mesusa anzubringen." Über die Richtung freilich, in der die Mesusot befestigt werden sollen, wurden ausführliche und lange Gelehrtendispute geführt: senkrecht, waagrecht, schräg? Doch sämtliche Interpretationen meinen, dass erst Gott alles gerade rückt.

Aufgrund des Toraverses „… gesegnet seist du, wenn du hinein gehst, gesegnet, wenn du hinaus gehst …" (5. Buch Mose 28,6) berühren Juden beim Betreten oder Verlassen des Hauses die Mesusa mit den Fingerspitzen, küssen diese dann und sprechen die Worte: „Gott schütze mich bei meinem Fortgehen und bei meinem Ankommen, jetzt und in Ewigkeit." Die Mesusa ist seit dem Altertum festes Zeichen und Symbol der jüdischen Häuser und verkündet, dass hier Juden wohnen. Sie will an die Allgegenwart Gottes erinnern, wie an Seine Gebote und an die täglichen Pflichten in der Frömmigkeit. Auch für Juden, die nur über rudimentäre jüdische Bildung verfügen, sind die Vorschriften und Gebräuche aus Tora und Talmud die sicheren Haltestangen, die die Weitergabe jüdischer Tradition bewahren und die Alltagskultur prägen, so wie es ein Minhag (Brauch) des Rabbi Meir von Rothenburg beschreibt: „Der Mensch ist von Geboten umhüllt, die Tefillin auf dem Haupt und am Arm, die vier Schaufäden umgeben ihn nach den vier Richtungen des Windes und den Beschneidungsbund trägt er an seinem Fleische. Und wenn er sein Haus betritt, dann ist die Mesusa an dessen Tür. Da findest du, dass die acht Gebote ihn wie eine Mauer umgeben."[3]

Bei zahlreichen Zuwanderern aus den ehemaligen GUS-Ländern ist oft noch eine längere Überzeugungsarbeit nötig, bis sie bereit sind, an ihren Wohnungen hier in Deutschland die kleinen Kapseln anzubringen. Denn in Zeiten der diktatorischen Herrschaft haben es viele Juden nicht gewagt, eine Mesusa an der Außenseite der Tür zu befestigen. Wenn überhaupt, so brachten sie diese auf der Innenseite an, aus Angst vor den Spähern des religionsfeindlichen Regimes.

Im Sinne der religiösen Verpflichtungen (Mizwa) darf das Pergament nur von Ziegen, Lämmern oder anderen koscheren Tieren stammen, und die hebräischen Texte auf dem Klaf müssen handschriftlich angebracht werden. Sie sollen mit der Feder eines koscheren Geflügels, einer Gans, Ente oder Pute, und mit Tinte aus rein pflanzlichen Stoffen geschrieben werden. Die Rückseite des Pergaments wird ebenfalls beschriftet. Auf dem oberen Teil ist allein das Wort „Schaddaj" (Allmächtiger) sichtbar und dies verheißt besonderen Schutz wie im Preislied des Psalms 91: „Wer unter dem Schirm des Höchsten weilt und unter Seinem Schatten bleibt, der spricht: Meine Zuversicht und meine Burg, ich hoffe auf Dich." Im unteren Teil des Klafs ist der Text „kusu bemuchsas kusu" zu lesen, welcher entschlüsselt „der Ewige unser Gott ist der Herr" bedeutet. Dieser Satz ist in der Art eines hebräischen „Geheimschriftcodes" gesetzt. Anstelle des jeweiligen Buchstabens wird der im Alphabet nächstfolgende benutzt.

Man achtet stets darauf, dass der Sofer (Schreiber der Torarollen, der Tefillin oder der Mesusa) ein gesetzestreuer Jude mit frommem Lebenswandel ist. Da es heute vielerorts keine Schreiber mehr gibt, werden Kultgegenstände wie die Mesusa häufig aus dem Ausland importiert. Das Einführen solcher Kultgegenstände birgt gewisse Gefahren. Es kommt in der letzten Zeit öfters vor, dass in unzuverlässigen Souvenirläden den ahnungslosen Käufern auf gewöhnlichem Papier gedruckte Klafim „angedreht" werden. Diese sehen den handschriftlich angefertigten zum Verwechseln ähnlich, und nur die Kenner der „Materie" entdecken den Unterschied. Der Grund, warum eine solche Fälschung nicht als koschere Mesusa betrachtet werden kann, ist in der jüdischen, spirituellen Basis der Mizwot zu finden: Die gedruckte Vorlage erfüllt nicht das Toragebot „Ihr sollt ... schreiben". Hinter diesem „Schreiben" steht die Motivation, dass sowohl der Schreiber wie auch der Benutzer ein Toragebot bewusst erfüllen wollen. Ein gedruckter Text auf Papier aus einer Massenherstellung erfüllt nicht die Mizwa, die eine innere Haltung voraussetzt und ist daher unvereinbar mit den religiösen Vorschriften.

Der israelische Autor und Journalist Naftali Kraus erwähnt, dass im Jahre 1940, nach Ausbruch des Zweiten Weltkriegs, die orthodoxe Rabbinerkonferenz in Budapest vor der Verwendung von gedruckten Mesusaeinlagen gewarnt hatte. Die jüdische Bevölkerung wollte nicht wahrhaben, dass diese Fälschungen ihre Verbreitung nur deshalb finden konnten, weil zu dieser Zeit bereits drei Millionen Juden in Polen in Ghettos und Konzentrationslagern kurz vor der Massenvernichtung standen. Das Pergament für die Mesusot wurde bis dahin in Polen von geübten, frommen Schreibern beschrieben und nach Mittel- und Westeuropa preisgünstig geliefert. Es schien, dass es in Ungarn und anderswo an erfahrenen Schreibern fehlte, die diese Lücke hätten schließen können. Daher die Warnung, man möge auf Format und Text der Mesusot Acht geben. Ihre Unterzeichner in Ungarn ahnten nicht, dass das Leben von Millionen polnischer Juden alsbald vernichtet werden würde. Sie wähnten sich damals noch in trügerischer Sicherheit. Bald sollte aber die Tragödie auch in anderen Teilen Europas ihre blutige Fortsetzung finden.

Der gelernte Schreiber ist, wie gesagt, ein gottesfürchtiges und in seiner Tätigkeit geschultes, wichtiges Glied für die jüdische Gemeinde, den Kultus und die Volksfrömmigkeit. Er muss viele halachische Vorschriften einhalten, damit sich sein Werk zur Erfüllung der Gebote eignen möge. Hinzu kommt: Im Laufe der Jahrhunderte hat die Volkskunst wahre „Schmuckkästchen" für die Klafim geschaffen und es so möglich gemacht, den rabbinischen Grundsatz „Hidur Mizwa", die religiöse Pflichterfüllung und die Ästhetik, wunderbar miteinander in Einklang zu bringen.

VON HAND ZU HAND
DER JUDE UND SEIN KÖRPER

Als eine Handreichung, ein klassisches „Salve", möchte ich meinen Gruß an den 50-jährigen Professor Dr. Utz Jeggle verstehen. Ihm, dem jungenhaften Gelehrten, öffne ich meine Hände und ebenso mein Herz, wenn ich ein Kapitel jüdischer Volkskultur über die „Hand" im jüdischen Schrifttum und Brauchtum auf den Gabentisch lege.

Wie sah der traditionsbewusste Jude seinen Körper? Im Dienste des Herrn fühlt man sich als Jude – zu jeder Zeit und mit dem ganzen „Ich". Mit dem Geist und dem Körper. Den Beleg liefert das Psalmwort (35,10): „Alle meine Gebeine sollen Gott preisen." Der Körper wird als „Wohnung" für die göttliche Seele verstanden.[1] Daher ist die Verpflichtung vordergründig, den Körper rein zu halten. Es wird zwar zwischen hygienischer Sauberkeit und kultischer Reinheit unterschieden, doch bilden sie eine Einheit. Für den Gebetskult, der nach der Zerstörung des Tempels zu Jerusalem (70 n.d.Z.) anstelle der Opfer trat, war „die Frucht der Lippen" die Opfergabe der Betenden. An dieser waren neben den Lippen gleichfalls Augen, Hände, Füße, also der gesamte Körper, beteiligt. Beim Entstehen der Symbolik des Körpers wirkten Ritus und Kultus prägend.[2]

Die erhobenen Hände bildeten bereits in der biblischen Zeit ein Zeichen des Gebets, so beim Propheten Jesaja (1,15) vom 7. Jahrhundert v.d.Z. Die Hand (hebräisch: Jad) ist ein „Organ" der Tätigkeit, der Ausführung. Im erweiterten Sinne kann sie auch „Macht" bedeuten. Vor allem in der Allegorie der jüdischen Heilsgeschichte finden wir den kraftvollen, göttlichen Befreiungsakt aus der Sklaverei der Ahnen in Ägypten: „… mit starker Hand führte uns der Herr von dannen …" (2. Buch Mose 13,3 und 13,14-16). Dieses „Bild" der göttlichen Machtentfaltung scheint den modernen Künstler der Wiener Schule, Arik Brauer, bei seinen Haggada-Illustrationen zu faszinieren. Er malt den Auszug der Israeliten und die ausgestreckte, starke Hand Gottes, wie es geschrieben steht.[3]

Hinlänglich bekannt ist die temperamentvolle Art der Orientalen, beim Reden ihre Hände intensiv zu benutzen. Eine Anekdote über die ersten Telefonzellen des jüdischen Staates berichtet, dass dort folgende Hinweise zu lesen waren: „1.) mit der rechten Hand halte den Hörer; 2.) mit der Linken wähle – dann, wenn sich der Teilnehmer meldet, drücke auf den roten Knopf! – Der enttäuschte Jude fragte: Und mit welcher Hand soll ich denn reden?"

Die Hand „vermittelt" auch den Segen. Der Spender des Segens pflegt seine Hand auf den Kopf des zu Segnenden zu legen. So handelte bereits der Erzvater Isaak (1. Buch Mose 48,14). Er gebrauchte dazu seine rechte Hand. Bis heute ist es in jüdischen Häusern üblich, dass Väter und Mütter ihre Kinder zum Einbruch des Schabbattags oder an anderen Feiertagen durch Handauflegen und Sprechen des Priestersegens (4. Buch Mose 6,24-26) segnen. Außerdem wird noch der Satz gesprochen: „Gott möge dich wie Efrajim und Menasche werden lassen" bei Knaben und „wie Sara, Rebekka, Rachel und Lea" bei Mädchen. Der volkstümliche, jiddische Ausdruck des Segnens heißt „Benschen" und stammt vom lateinischen „bene dicere".[4]

Der Priestersegen (4. Buch Mose 6,24-26) bildet auch in der Synagoge einen Teil der Liturgie. Er wird von den vor dem Toraschrank stehenden Aroniden (Nachfahren des priesterlichen Stammes) gesprochen. Beim Erteilen des Segens breiten die Kohanim (die Priester) ihre Hände gegen das Volk aus. Sie heben sie auf Schulterhöhe, strecken sie aus und spreizen die Finger so, dass zwischen dem 3. und 4. Finger ein „V" gebildet wird. Die Begründung dieser Haltung der Hände bzw. Finger erläutert uns die Schriftexegese zum Vers 23 (4. Buch Mose 6): „... So [auf diese Weise] segnet die Kinder Israels ..." Dazu der Talmud: Der Ausdruck der Tora „so" bedeutet „stehend mit erhobenen Händen".[5] Das Spreizen der Finger in dieser V-Form ist aus einer anderen Bibelstelle abzuleiten, gemäß der sinnbildlichen Exegese.[6] Diese mittelalterliche

Bibelexegese ist der Grund dafür, dass auf den Grabsteinen der Kohanim die Hände mit gespreizten Fingern in vorschriftsmäßiger Fingerhaltung als Symbol der priesterlichen Abstammung zu finden sind.

Zur Würdigung der jüdischen Frau sei noch Folgendes ergänzt: Nicht nur die Hände des Mannes, die Hände unserer Frauen „segnen" gleichermaßen. Im häuslichen Bereich – der im Judentum nicht hinter der Bedeutung der Synagoge zurückstecken muss – gibt die Frau das entscheidende „Handzeichen", ein Segenszeichen für den Einzug des Schabbattags. Nach Anzünden der Kerzenlichter am Freitagabend breitet die Frau die Hände über die Lichter aus, dann verdeckt sie die Augen und spricht den Segensspruch der Lichter. Volkstümlich wird diese Handlung „Lichtbenschen" genannt.[7]

Die Hände werden nicht nur gegenüber den Mitmenschen – zu deren Lebzeiten – ausgestreckt. „Die Hände auf den Sarg stützen" heißt, sinnbildlich für den Toten um Erbarmen zu flehen.[8] Diese Handlung wird von einem Prophetenvers abgeleitet (Jesaja 26,19): „Mögen deine Toten wiederaufleben, meine Leichname auferstehen …" Unter den Ostjuden bedeutete die gleiche Handlung, dass der Tote, der bereits vor dem Thron des Herrn steht, unser Fürsprecher sein möge. Man sagt auf Jiddisch: „Bejt mechile für uns." Viktor Kurrein verweist auf die volkstümliche Mystik, die ein Zeichen darin sah, dass der zitierte Prophetenvers 15 Wörter umfasst, also wie die Hand 15 Knochenteile hat. Ebenso enthält der Priestersegen (4. Buch Mose) 15 Wörter. Daher pflegt man, wie beim Segnen aufs Haupt des zu Segnenden, auch bei dem Toten die Hände auf dessen Sarg zu legen.[9]

Dank vieler Besuche und Berichterstattungen aus Israel ist die Gedenkstätte Yad Vashem bei uns bekannt. Ihr Name bedeutet „Hand(-zeichen) und einen Namen" und stammt gleichfalls vom Propheten Jesaja (56,5). In dieser Textstelle meint der hebräische Ausdruck „Jad" nicht nur „Hand", sondern die erhobene Hand, ein Mahnmal und Denkmal, eine Verpflichtung zum Gedenken. Ein Denkmal verewigt die Namen, die sonst in Vergessenheit geraten könnten. Die erhobene Hand in dem roten, vieleckigen Verkehrszeichen ersetzt in Israel unser „STOP-Schild" mit der offiziellen Benennung: „Halt! Vorfahrt gewähren!"

Beide, sowohl das Denkmal mit dem ausdrucksstarken, zutreffenden Namen wie das Verkehrsschild, zeugen von der nahtlosen Adaption der Hochkultur (der Bibel) in die Volkskultur ...

Unter zwei Eidesformeln lässt die pluralistische Demokratie Deutschlands uns heute wählen, falls wir vereidigt werden: Eine religiöse und eine neutrale Form werden angeboten. Bei beiden hebt man die rechte Hand. Auch dies ist biblisch. So tat es der Erzvater Abraham: Er hob seine Rechte in die Höhe (1. Buch Mose 14,22), um zu schwören, dass er von der Kriegsbeute nichts einbehalten habe. Er besaß aber eine andere Formel des Eides, die womöglich auf eine ältere Tradition zurückzuführen ist (1. Buch Mose 24,2): „... Lege deine Hand unter meine Hüfte ...", sprach er zu seinem Knecht. Die Begründung dafür liefert der volkstümliche Exeget Raschi (11. Jahrhundert): Jeder Schwörende sollte etwas Heiliges wie zum Beispiel eine Schriftrolle oder Tefillin (Gebetsriemen) zur Hand nehmen. Abraham wählte diesen Körperteil, weil ihn die durchgeführte Circumcision (Beschneidung) an seine Pflichterfüllung seinem Herrn gegenüber erinnerte.

Vielfach wird heute als ein „Grundsatz des alttestamentarischen Racheprinzips" „Auge um Auge" zitiert. Die Bibelstelle bleibt nicht bei den Augen, sondern zählt unter den anderen Körperteilen zudem die Hand auf (2. Buch Mose 21,24), um auch damit zu belegen, dass Luther doch kein „excellenter Hebraist" war. Es war nicht „Auge um Auge" und dann „Hand um Hand", was die Schrift meint, sondern dass „Auge um Auge" und „Hand um Hand" niemals wörtlich für Rache oder Vergeltung stehen können, vielmehr nur für eine materielle Entschädigung.

Meinem unvergesslichen Professor Alexander Scheiber und seiner Arbeit verdanke ich den Hinweis, dass es üblich war, bei Handel oder Tauschvereinbarungen die Zizit (Schaufäden oder Quasten des Partners gemäß dem 4. Buch Mose 15,38 ff.) als Bestätigung in die Hand zu nehmen. Rabbi Elieser ben Nathan aus Mainz erwähnt dies im 12. Jahrhundert.[10] Stellvertretend für den Schwur finden wir in der Bibel auch den Handschlag (Ezechiel 17,18, Esra 10,19). Dieser sollte als Bestärkung des gegebenen Wortes verstanden werden (auch Sprüche Salomon 6,1 und 17,18). Die Gesetze des Medienzeitalters machen oft aus diesem ernstzunehmenden Akt eine Farce, wenn sie Politiker sinn- und grundlos vor laufenden Kameras zum Händedruck und Lächeln zwingen.

Diesen Beitrag widmete ich 1991 Professor Dr. Utz Jeggle zu seinem 50. Geburtstag. Ihm verdankt die Wissenschaft die klassische Studie über die Bedeutung des Landjudentums in Württemberg, die von ihm und seinen Schülern in zahlreichen Beiträgen ergänzt und vertieft wurde. Ich verdanke ihm darüber hinaus ganz persönlich meine herzliche Aufnahme in das Tübinger Ludwig-Uhland-Institut für Empirische Kulturwissenschaft (LUI). In meiner Autobiographie habe ich beschrieben, wie sehr der beständige Kontakt und Austausch mit dessen Gründer, Professor Dr. Hermann Bausinger, den Dozenten und Studenten, vor allem aber mit Utz Jeggle mir Glück geworden ist.[11] Der frühe Tod Utz Jeggles am 18. September 2009 hat leider eine versprochene Fortsetzung verhindert, die „Verschlungene Hände", „Händefalten beim Gebet", „Hand an die Mesusa legen", „Hand an die Brust schlagen", „Böser Geist auf den Händen" und „Hand küssen" behandeln sollte. Der Erstdruck dieses Textes ist in der Festschrift „Übriges: kopflose Beiträge zu einer volkskundlichen Anatomie"[12] erschienen; sein Neudruck soll auch als unvollendete Hand-Reichung das Andenken an Utz Jeggle ehren.

DRÜBER UND DRUNTER
BEKLEIDUNG UND KLEIDERSITTEN

Bevor wir auf den Beruf des Schneiders eingehen, sollten wir uns von dem gängigen Bild des Äußeren eines Juden verabschieden. In Deutschland und den aschkenasischen Gebieten trugen Juden im Mittelalter und in der frühen Neuzeit keine grundsätzlich andere Kleidung als ihre christlichen Nachbarn, es sei denn, obrigkeitliche Bestimmungen hatten die Anordnungen des Vierten Laterankonzils (1215) befolgt und den Juden Kleidervorschriften (gelber Fleck, spitze Judenhüte etc.) auferlegt. Kaftan, Strejml (Pelzmütze) und weiße Socken sind erst Merkmale des späteren Chassidismus. Ihre Träger waren ursprünglich deutsche Juden, die nach Polen und in andere Ostgebiete vertrieben worden waren und dort mehr oder weniger geschlossene Minderheiten gebildet hatten. Mit dem Wachsen des Chassidismus im 17. und 18. Jahrhundert verbreitete sich diese Bekleidung, die ursprünglich eine polnische Adelstracht war, und sie gilt weithin, wenn auch fälschlich, als typisch für die orthodoxen Juden. Selbst in Israel mit seinem heißen Klima kleiden sich Chassiden in dieser Weise und vergessen dabei, dass ihre Pelzhüte ursprünglich die Bojaren im kalten Osteuropa trugen. Die Bojaren waren reiche Großgrundbesitzer, die ihre Kaftane und Hüte mit Pelzen besetzen ließen, um sich so von der Landbevölkerung abzuheben. Bis sich dann die Chassiden von der bäuerlichen Bevölkerung unterschieden, indem sie diese vornehme Kleidung übernahmen, hatten die Adligen sie schon wieder abgelegt.

Deutsche Juden trugen je nach Region die Tracht ihrer Umgebung. Christoph Daxelmüller hat für Franken „Kleider und jüdische Kleiderethik" untersucht und resümiert zu Recht: „Nicht am Schnitt des Gewandes, sondern an der Einstellung zur Kleidung verwirklicht sich jüdische

Tracht."[1] Einzig ein Kleidungsstück war exklusiv jüdisch: das unter dem Hemd getragene Leibzidakel, das heute „Tallit Katan" genannt wird. Es dient vor allem dazu, ein Gebot aus dem 4. Buch Mose (15,38-39) zu erfüllen: „Rede mit den Kindern Israels und sprich zu ihnen, dass sie und ihre Nachkommen sich Quasten machen an den Zipfeln ihrer Kleidung und blaue Schnüre an die Quasten der Zipfel tun."[2] Sekundär soll der Tallit (Gebetsmantel) seinen Träger an das Judesein an jedem Ort und zu jeder Zeit erinnern.

In Berichten des 19. Jahrhunderts fehlt selten der Hinweis darauf, dass man sich am Schabbat und an den Feiertagen, so gut es eben ging, feierlich gekleidet hat. Und wenn man Photos und Beschreibungen aus alten Landgemeinden betrachtet, so sieht man, dass die Juden meist städtisch, die christlichen Einwohner noch bäuerlich ausgestattet waren. Gustav Schwab hat mit seiner Schilderung aus Jebenhausen von 1823 dieses Bild festgeschrieben: „Hier schreiten unter den ziemlich gedrückt einhergehenden Bauersleuten behagliche Gestalten umher, französisch gekleidete, wohlgenährte Frauen und Mädchen begegnen uns ... und die klaren Tafelfenster lassen im Innern der Haushaltungen städtischen Hausrat erblicken." Utz Jeggle zitiert diesen Text, betont aber zugleich, dass diese Charakterisierung den Ausnahmefall einer sozial besser gestellten Oberschicht trifft, denn „die Armut war der Normalfall".[3] Man sieht daran die größere Mobilität der jüdischen Händler, die sich an der städtischen Lebensform orientierten und ihre bäuerliche Umgebung als „rückständig" empfanden.

Gleichwohl steht hinter der Anstrengung, ausgewählte Feiertagskleidung zu tragen, die religiös begründete Einmaligkeit des Schabbattags. Man soll dem göttlich geheiligten Schabbat auch durch die nicht alltägliche Bekleidung die Ehre erweisen. Die chassidische Lehre hat der Vorbereitung auf den Schabbat immer besonderes Gewicht beigemessen. Wenn man während der Woche etwas Besonderes erlebt, bekommt oder erwirbt, legt man es sozusagen zurück, spart es auf und genießt es erst am Schabbat. Mit dem Anlegen der speziellen Kleider bekennt man sich zur Gemeinschaft derer, die diesen Tag ehren und heiligen wollen: durch das Äußere, die anderen Speisen und auch das Betragen. Man grüßt nicht mit dem alltäglichen Morgen- oder Abendgruß, sondern mit „Schabbat Schalom" oder jiddisch „git Schabbes" (einen guten Schabbat).

Mit diesem Gruß kommt die Hawdala zum Ausdruck. „Hawdala" ist der hebräische Begriff für „Trennung", „Unterscheidung" und bezeichnet die häusliche Zeremonie, die am Ende des Schabbats oder eines jüdischen Feiertags anhand eines gesprochenen Textes vollzogen wird. Darin wird der heilige Tag von dem folgenden Rest der Woche unterschieden. Da die jüdischen Tage mit Einbruch der Dunkelheit anfangen und enden, kann man mit der Hawdala-Zeremonie erst beginnen, wenn die Dunkelheit hereingebrochen ist. Dabei sprechen wir diesen Segensspruch: „Gesegnet sei Er, der zwischen Heiligem und Profanem unterscheidet."

Das erste Licht, eine geflochtene Kerze mit mehreren Dochten, wird vom Familienvater mit einer Benediktion angezündet, mit der er Gott für die „Fähigkeit zur Unterscheidung von Schabbat und Wochentag" dankt. Die unterschiedlichen Dochte stehen für die verschiedenen Arten und Anwendungen von Feuer, also auch für Licht und Wärme, die wir genießen. Die Zeit der Hawdala ist die erste Nacht der Woche und damit die Zeit, Gott für die Gabe des Feuers zu danken, ohne die unsere Nächte dunkel, düster und kalt wären.

Am Freitagabend wurde der Schabbat mit dem Segen über den Wein (Kiddusch) geweiht. Jetzt, wenn wir uns nach einer Nacht und einem Tag der göttlichen Ruhe vom Schabbat verabschieden, sprechen wir noch einmal die Heiligkeit des Tages aus. Dabei ist es üblich, den Hawdala-Becher mit so viel Wein zu füllen, bis er überläuft. Dieses Ritual symbolisiert die Fülle an Segen, die wir uns für die kommende Woche wünschen. Nach dem Einschenken des Weins in den Hawdala-Becher folgt der Segensspruch über das Licht: Die Hände werden so zur Flamme der Hawdala-Kerze gestreckt, dass das Licht in den Fingernägeln reflektiert, wobei gesprochen wird: „Gesegnet seist Du, Gott unser Gott, König der Welt, Schöpfer der Lichtflammen des Feuers."[4]

Nach diesem Segen laben wir uns an dem Duft von aromatischen Gewürzen. Schabbat war eine besondere Zeit, in der wir mit einer „zusätzlichen Seele" beschenkt wurden. Jetzt, da uns dieses zusätzliche Maß an Vitalität und Spiritualität verlässt, verjüngen wir uns selbst, indem wir Gewürze riechen; der Geruch ist der spirituellste der fünf Sinne.

Eine andere Erklärung dafür verweist auf den Talmud und das Wort „Mugmar" und bezieht sich auf die Gewürze, die nach vollendeter Mahlzeit über die Kohlen gelegt wurden, um im Essraum Duft zu verbreiten. „Mugmar" leitet sich aus dem aramäischen „Gumrin" her, was so viel wie „Kohlen" bedeutet. Diese Wohlgerüche durften aber am Schabbat wegen des Arbeitsverbots nicht durch Feuer erzeugt werden. Daher riechen wir heute zur Erinnerung an den Mugmar an Gewürzbehältern, die verschiedene Formen haben können wie zum Beispiel Davidstürme oder Fische und danken Gott, während wir den Duft genießen, für „die unterschiedlichen Gewürze, die Er erschaffen hat". Heinrich Heine hat dies in seinem Gedicht „Prinzessin Sabbat" geschildert: „am Wohlgeruch labt sich der Prinz". Sowohl am Eingang wie am Ende des Schabbats tritt damit auch die Mystik der weihevollen Augenblicke hinzu.

Ein dritter Grund für das Riechen an den Gewürzen ist der Wunsch, die kommende Woche möge so wohl duften wie diese und uns Frieden und Wohlergehen bringen.

Am Ende der Zeremonie wird die Hawdala-Kerze nicht einfach ausgepustet. Ein wenig von dem Wein oder Schnaps wird auf eine Untertasse geschüttet und die Kerze darin ausgelöscht. Manche tauchen ihre Finger in diesen Rest des Hawdala-Weins und berühren damit ihre Augenlider; sie beziehen sich auf den Psalm (19,9): „Die Gebote des Herrn … sind lauter und erleuchten die Augen." Sobald die Nacht hereinbricht und die Hawdala gesagt wurde, kehren wir mit unseren Aktivitäten zum Alltag zurück und wir wünschen einander „Schawua Tow", eine gute Woche.

Mit festlicher Kleidung ehrt man neben dem Schabbat natürlich auch die Festtage. Noch in den Zwanzigerjahren des 20. Jahrhunderts, so schildert Bruno Stern die Gepflogenheit in einem bürgerlichen Haushalt, waren die Wallfahrtsfeste und Rosch Haschana (Neujahr) „besonders wichtig für die Damenmode. Aber auch für die Herren waren dies oft die Tage, an denen sie ihre neuen Anzüge zum ersten Mal trugen. Selbst die Kinder bekamen neue Sachen zum Anziehen. Da aber doch alles nach Maß geschneidert war, so musste man die neuen Kleidungsstücke schon Wochen und Monate vorher in Auftrag geben."[5]

Eine spezielle Hochzeitskleidung gab es eigentlich nicht. Der biblisch begründete Brauch, dass die Frau verschleiert und das Kleid als Zeichen der tugendhaften Reinheit weiß sein sollte, stammt nicht aus der deutschen Orthodoxie, sondern aus dem osteuropäischen Judentum. Der Bräutigam bekleidete sich nach chassidischem Brauch mit dem weißen Totenhemd, das er von seiner zukünftigen Frau als erstes Geschenk zur Hochzeit bekommen hatte. In Deutschland trug der Bräutigam bei diesem Fest seinen Schabbatanzug und in vielen Fällen seinen Tallit.

In Schutzbriefen der frühen Neuzeit für besonders prominente Juden werden häufig zusätzliche Personen mit ihren Berufen aufgelistet, die ein großer Haushalt für die jüdische Lebensweise benötigte und die deshalb mit unter dem Schutz stehen sollten. Es ist naheliegend, dass dazu in erster Linie Metzger und Bäcker gehören, ohne die koschere Verpflegung nicht möglich ist. Desgleichen sollten Schuster jüdische Kenntnisse besitzen, um bei der Herstellung und vor allem bei der Flickarbeit kein „unreines Material" zu verwenden. Warum finden sich darunter auch Schneider? Im Kapitel „Schatnes geprüft" behandeln wir das Verbot der Vermischung von Wolle und Leinen. Nur dem jüdischen Schneider konnte man vertrauen, dass er diese Vorschriften streng beachtet, und zwar nicht allein bei der seltenen Neuanfertigung, sondern auch bei seiner Haupttätigkeit, den Flickarbeiten. Manès Sperber hat es in seinen Zablotower Erinnerungen festgehalten: „Viele Kinder träumen davon, einmal, ein einziges Mal ein wirklich neues Gewand, ein Paar neue Schuhe zu bekommen – aber es geschah nur höchst selten. Gewendet, dann gekürzt, dann wieder gewendet, mit passenden und oft unpassenden Flicken repariert – eine Harlekinade weit und breit, über die niemand lachte. Die Flickschneider und Flickschuster waren die meistbeschäftigten Handwerker, ohne sie hätten viele Kinder nackt und auch im Winter barfuß gehen müssen."[6]

Nicht nur der Stoff musste aus einem einzigen Material, nämlich Wolle oder Baumwolle, sein. Auch das Zubehör, also Innenfutter, Schulterpolster, Knöpfe, Verzierungen usw., hatte diesen Vorschriften zu entsprechen. Heute ist dieses Problem etwas entschärft, denn die synthetischen Materialien sind beinahe immer koscher, weil Polyester und andere Kunststoffe keine Naturstoffe sind, die dem Mischverbot unterliegen.

Nur das Totenhemd (Tachrichim oder auch Sargenes) wurde normalerweise nicht von einem Schneider angefertigt, sondern von Gemeindemitgliedern oder Angehörigen der Chewra Kadischa (Beerdigungsbruderschaft) genäht, die diese Arbeit als ehrenvolle Aufgabe betrachtet haben.

In der erwähnten Schilderung von Manès Sperber spielen Bettler eine wichtige Rolle. Inmitten größter Armut – „sich kaum je wirklich sattzuessen, war das Schicksal der meisten"[7] – musste die Gemeinde für die Allerärmsten sorgen. Und auch die durchreisenden Bettler stellten zahlreiche Gemeinden vor ernste Probleme. Isak Heß hat in einer von Utz Jeggle ausgewerteten Denkschrift von 1818 errechnet, dass die 1800 württembergischen Judenhaushalte 42 400 Übernachtungen mit Abendessen und Frühstück zu bewältigen hatten. Auch wenn die Lasten durch vermögensabhängige Naturalleistungen getragen wurden, so gelang das allein aus folgendem Beweggrund: „jeder, auch der Arme, half dem noch Ärmeren, aus dem einzigen Grund, weil er ein Jude war".[8] Zu Beginn des 20. Jahrhunderts milderte sich das Problem, doch für Bruno Stern war es noch selbstverständlich, dass oft jüdische Notleidende durch die Stadt kamen, „die alle jüdischen Familien aufsuchten. Natürlich gaben nicht alle Gemeindeangehörigen gleich viel und nicht entsprechend ihren Vermögensverhältnissen, aber die Mehrzahl gab, und sie gab anständig. Viele Familien luden die Armen auch zum Essen ein. Ich glaube, es gab keinen ‚Armen Mann' in Niederstetten, der nicht mindestens eine Mahlzeit in unserem Hause eingenommen hat. Sie aßen bei uns immer am Tisch mit der Familie."[9]

Diese Pflicht zur Mildtätigkeit führt uns in einem äußerlich kühnen Sprung zum sozialen Verhalten jüdischer Unternehmer in Textilbetrieben und Warenhäusern. Religiös gesehen werden aber nur Zeit und Umstände übersprungen; im Kern unterscheidet sich beides nicht. Bei den Schilderungen jüdischer Firmen wird wiederholt erwähnt, dass sie häufig sozial fortschrittlicher waren als ihre Konkurrenten. Die Unternehmen blieben selbstverständlich am christlichen Sonntag geschlossen, beschränkten die Kinderarbeit und die Arbeitszeit in vielen Fällen stärker als ihre Mitbewerber, die Bezahlung war oft besser, Kantinen und günstige Einkaufsmöglichkeiten erleichterten den Arbeitern das Leben und der Bau von Arbeitersiedlungen linderte die Wohnungsnot wie beispielsweise in Stuttgart. In Krisenzeiten konnte dieses Engagement für die, nicht nur jüdische, Gemeinschaft von großer Bedeutung sein. Die von Hermann Moos gegründete Süddeutsche Trikotweberei war zum Beispiel der größte Arbeitgeber in Buchau. Während der Inflation von 1923 überbrückte die Firma durch Ausgabe von eigenem Notgeld die schlimmste Zeit für die ganze Stadt; ihre Kreditwürdigkeit, auf der dieses Notgeld beruhte, war größer als die des Staates.[10]

Diese soziale Einstellung mit dem Schutz der Arbeitswelt ist biblisch begründet. Das beginnt damit, dass dem Tagelöhner sein Lohn noch am Abend der Leistung bezahlt werden muss (3. Buch Mose 19,13). Aus diesem Wort der Tora und aus den allgemeinen Regeln der Wohltätigkeit ist im Talmud die Pflicht zum sozialen Handeln des Arbeitgebers abgeleitet worden. Zudem sollten unzufriedene Mitarbeiter nicht den guten Ruf eines Geschäfts beschädigen. Man befürchtete darüber hinaus, es könnte dadurch gleichzeitig eine Missstimmung gegen die jüdische Gemeinde entstehen. Als gesellschaftliche und religiöse Minorität war die gesamte jüdische Gemeinde am sozialen Frieden interessiert und übte auf die Arbeitgeber moralischen Druck aus, solche Friktionen von vornherein zu vermeiden. Der Gemeinsinn im Judentum wird in einem Midrasch (exegetische Stelle) gefordert, der auf die umfassende soziale Tätigkeit Gottes in der Tora verweist. Die Genesis beginnt nämlich mit einer „sozialen Handlung", mit der Bekleidung der Nackten, Adam und Eva, denn „Gott der Herr machte dem Menschen und seinem Weibe Röcke von Fell und legte sie ihnen um" (1. Buch Mose 3,21). Und die Tora endet mit einer „sozialen Handlung" Gottes, der Beerdigung Mose: „Und Mose, der Knecht des Herrn, starb daselbst im Lande Moab nach dem Wort des Herrn. Und Er begrub ihn im Tale, im Lande Moab gegenüber Beth-Peor, und niemand kennt sein Grab, bis auf diesen Tag" (5. Buch Mose 34,5-6).

UMHÜLLT VON GOTTES GEBOT
TALLIT UND ZIZIT

Wollte man im 19. oder 20. Jahrhundert feststellen, wie groß eine jüdische Landgemeinde in Württemberg oder Baden ist, bedurfte es keiner umfangreichen Volkszählung. Es genügte ein Blick in die Ablagefächer (jiddisch: Ständer) der jeweiligen Synagogensitze. Man musste nur die dort liegenden Gebetsmäntel (Tallit, Talletim) zählen und aus ihrer Anzahl die Summe der jüdischen Familienmitglieder hochrechnen. Die alten Landsynagogen, Bet- und Lehrhäuser und ihre Beter gibt es nicht mehr und mit ihnen die Utensilien des Kultus, darunter auch die Talletim. Diese bildeten und bilden heute wieder in den neuen Gemeinden „die Reste der altisraelitischen Volkstracht", wie es Berthold Kohlbach, der klassische, jüdische Gelehrte der Volkskultur festhielt.[1]

Die Vorschriften für den Gebrauch des Tallit leiten wir aus den Geboten der Tora und der rabbinischen Literatur ab. „Rede mit den Kindern Israels und sprich zu ihnen, dass sie und ihre Nachkommen sich Quasten machen an den Zipfeln ihrer Kleidung und blaue Schnüre an die Quasten der Zipfel tun. Und dazu sollen die Quasten euch dienen: so oft ihr sie anseht, sollt ihr an alle Gebote des Herrn denken und sie tun ..." (4. Buch Mose 15,37-41 und 5. Buch Mose 22,12). Die vorgeschriebenen Quasten, Fransen oder im jiddischen Sprachgebrauch sogenannte Schaufäden (Zizit), sind Teil einer arithmetisch gestützten Gedächtniskultur. Mittels der Schaufäden sollen sich die Gläubigen an die 613 rabbinischen Gebote der Heiligen Schrift erinnern.

Der Tallit selbst, an dessen vier Ecken die Zizit angebracht werden, ist ein weißer Umhang aus reiner Schafwolle mit eingewebten schwarzen Längsstreifen, in den sich die männlichen Betenden beim täglichen Morgengebet einhüllen. Das Gebot, den Tallit zu tragen, gilt ausschließlich für den Tag, und deshalb wird er nur zum Morgengebet umgelegt. Eine Ausnahme von dieser Regel macht der Vorbeter während des Gottesdienstes in der Synagoge. Er trägt ihn auch während der Gemeindegottesdienste am Nachmittag und Abend, und das sowohl wochentags wie am Schabbat und an Feiertagen.

Der Arzt Fritz Frank hat in eindrücklicher Weise Erinnerungen an seine Kindheit im ausgehenden 19. Jahrhundert in Horb geschildert.[2] Sein Vater Hugo Frank war 1874 als erster Jude in die Kreisstadt gezogen und fungierte als Vorsteher einer auf etwa 30 Familien angewachsenen Gemeinde, in der zu Fritz Franks Jugendzeit um 1900 das Hebräisch der Gebete nur noch „zum Teil mit Bewusstsein ihres Inhalts gesprochen" wurde. Denn „dass man selber jedes Wort versteht, ist nicht so wichtig: Gott, der die Bibel in Seiner Sprache gegeben hat, Er versteht es. Nicht der Mensch, sondern das Wort, die Melodie, sprechen zu Gott, und der Tallit, der Gebetsmantel, mit Segensspruch umgelegt, erhebt die Körperlichkeit des Alltags zum priesterlichen Gefäß. Es ist nicht ‚das kleine Sternchen' vorne am Betpult, der die Woche über auf seiner Ladentheke sitzt, hemdsärmelig, mit untergeschlagenen Beinen schneidert, einen Kunden hereinruft, Kinder schreckt oder lockt. Nein, was jetzt da vorne ‚ort'[3] (betet), von Kopf bis Fuß eingehüllt in das weiße Tuch mit den breiten schwarzen Streifen und den Fransen an den Ecken, ist wirklich ein Glied jenes Volkes von Priestern, das nach Gottes Plan das jüdische Volk darstellt. Wenn er dann zur Tora aufruft und die Aufgerufenen die Tora ausheben, mit ihr um das Betpult schreiten, wenn die Umstehenden mit den Fingerspitzen die Tora berühren und die Fingerspitzen an die Lippen zum Kusse führen, dann ahmen auch die Kinder, die keines der Worte verstehen, diese Bewegung der Verehrung nach, da die heilige Tora an ihnen vorbeigetragen wird."

In manchen liberalen Gemeinden verwendet man längs gefaltete Talletim aus Seide, die wie ein Schal getragen werden. Auch sie haben eingewebte Längsstreifen, die statt schwarz hellblau eingefärbt sein können. In den liberalen und Reformgemeinden hat sich eingebürgert, dass ebenfalls Frauen den Tallit anlegen. Das rabbinische Religionsgesetz verbietet dies nicht und es sind Berichte von Ausnahmefällen, Berichte über fromme Frauen überliefert, die während des Gebets einen Tallit getragen hätten. Dennoch lehnen die traditionellen und gesetzestreuen Gemeinden das Tragen des Tallit bei Frauen kategorisch ab. Der Grund dafür ist, dass die weiblichen Mitglieder nach der talmudischen Regel von jenen religiösen Pflichterfüllungen befreit sein sollen, die an eine feste Tages- oder Uhrzeit gebunden sind. Dazu gehört selbstverständlich das Morgengebet zu einer bestimmten Uhrzeit.

Nach aschkenasischem, also deutschem Ritus wird der Tallit den Jungen ab dem Bar-Mizwa-Alter, dem 13. Lebensjahr, angelegt. Nach osteuropäischer, chassidischer Sitte ist es dagegen üblich, dass nur verheiratete Männer den Tallit tragen.

An einem einzigen Tag des Jahres werden der Tallit und die Gebetsriemen (Tefillin) zum Morgengebet nicht verwendet: am 9. Tag des jüdischen Monats Aw. Das ist der Jahresgedenktag der Zerstörung des Zweiten Heiligtums zu Jerusalem im Jahre 70 n. d. Z. Tallit und Tefillin bilden nach rabbinischer Interpretation eine „Pracht und eine Zierde", die zu tragen an diesem Trauertag nicht angebracht ist. Auch der Trauernde legt beim Tod eines nächsten Angehörigen bis zu dessen Beerdigung keinen Tallit beim Morgengebet an.

Der oben zitierte Vers aus den Büchern Mose verdeutlicht, dass der Tallit und vor allem der Zizit der Erinnerung an alle Weisungen der Tora dient, um dadurch das Wesen des jüdischen Volkes zu festigen. Das Gebot soll sicherstellen, dass die Gläubigen beim Gebet angemessene Kleidung tragen. An den vier Zipfeln des Tallit hängen daher jene Schaufäden mit der traditionellen Knüpfungsart, die uns sowohl der Kabbalist Jitzchak Luria (Jerusalem 1534-1572, ein maßgeblicher Meister der Kabbala) wie auch das jüdische Gesetzeswerk, der Schulchan-Aruch-Kodex, vorschreiben. Diese Schaufäden müssen immer im oberen Bereich korrekt geknüpft werden und dürfen nicht beschädigt sein. Die Anleitung für das Knüpfen wurde mündlich überliefert. Beispielsweise haben die 39 Windungen, die jede der vier Quasten haben muss, den Zahlenwert der hebräischen Worte „Der Ewige ist Einzig". Beim Anlegen des Tallit nimmt der Beter die Zizit in die Hand und berührt sie mit dem Mund. Dieser „kultische Kuss" ist ein Zeichen der

Verehrung und Frömmigkeit. In der Gematrie, der hermeneutischen Technik der Interpretation von Buchstaben und Worten mit Hilfe von Zahlen, hat das Wort „Z-i-z-i-t" den Zahlenwert 600 (90 + 10 + 90 + 10 + 400). An jedem der Zipfel sind acht Fäden befestigt, die aus fünf Doppelknoten bestehen. Zusammen ergibt das 613. 613 ist zugleich die Anzahl der Mizwot (in der Tora enthaltene Gebote), über die bereits zur Zeit der Mischna (mündliche Toraüberlieferung) rabbinische Einigkeit bestand. Die volkstümliche Auslegung deutet die Zizit so, dass sie auf die 613 Gebote der Tora aufmerksam machen sollen. Eine Gedächtnisstütze und ein alter Code der jüdischen Zahlenmystik fallen hier zusammen.

Entscheidend ist, dass die Quasten sachkundig angebracht werden. Erst dies verleiht dem Tallit seinen sakralen Charakter und Inhalt.[4] Den oberen Rand zierte früher oft eine Gold- oder Silberborte, häufig auch eine Seidenborte mit klassischen Motiven. Was früher in Handarbeit gefertigt wurde, unterliegt heute den Bedingungen der Massenproduktion der Talletim in Israel. Mehrere Generationen, insbesondere von Migranten aus den ehemaligen GUS-Staaten, konnten keinen Tallit besitzen, da die Diktatur die Ausübung des jüdischen Kultus mit allen Mitteln zu verhindern wusste. Diesem Mangel an Kultgegenständen, wie an Kenntnis über die jüdische Religion insgesamt, versucht Israel entgegenzuwirken.

„Gelobt seist Du Ewiger, unser Gott, Herr der Welt, der Du uns befohlen hast, uns mit Zizit einzuhüllen." Dieser Segensspruch wird heute auf fast allen Seidenborten in Hebräisch eingestickt. Man spricht diese Benediktion vor dem Anlegen des Tallit. Manche Gläubige hüllen ihr Haupt bei diesem Segen kurz in den Tallit ein. Sowohl in den Landgemeinden des deutschen Südwestens als auch unter den Ostjuden war es üblich, während dieses Vorgangs die Anfangsverse des Psalms 104 zu sprechen: „Den Herrn preise meine Seele und alles in mir Seinen Heiligen Namen …" Diese Verse waren jedem Beter geläufig, da der Psalm an den winterlichen Schabbatnachmittagen wie auch am Ende des Morgengebets der Neumondtage im Tagespsalm einen Teil der Liturgie bildete.

Das hebräische Wort „Tallit" bedeutet „Überwurf" oder „Kleid". Auch der jüdische Verstorbene trägt einen Tallit über seinem „letzten

Hemd", das „Kittel" oder „Sargenes" genannt wird. Wenn ein Mann gestorben ist, werden die Schaufäden vom Tallit, mit dem er beerdigt wird, abgetrennt, da für diesen Menschen, der jetzt im Angesicht des Ewigen lebt, die Gebote und ihre Erfüllung nicht mehr von Bedeutung sind. Volkstümlich begründet man diese Sitte hiermit, dass man den Toten nicht beschämen wolle, da er diese Fäden nicht mehr in die Hand nehmen kann, wie es die Lebenden während des Gebets öfters tun.

Wie schon erwähnt, symbolisieren die Schaufäden am Tallit die verpflichtenden 613 Toravorschriften. Um die Mizwot nicht nur beim Gebet zu erfüllen, tragen manche Juden den Tallit den ganzen Tag über dem Unterhemd, dann allerdings als Tallit Katan, bei dem auch über der Hose die Zizit sichtbar sind. „Du sollst sehen und sehen lassen", heißt es im 5. Buch Mose. So gab es früher den Brauch, die Schaufäden zur Bekräftigung einer geschäftlichen Vereinbarung gegenseitig in die Hand zu nehmen. Käufer und Verkäufer hatten auf diese Weise die Gültigkeit ihrer Handlung bezeugt und bestärkt.[5] Diese Sitte beim Kauf und Verkauf von Waren oder sogar von Tieren war auch bei den Viehhändlern Süddeutschlands üblich.

Die ruhige Selbstverständlichkeit, mit der Tallit und auch die Tefillin zur täglichen Gebetspraxis gehörten, spricht noch aus der Erinnerung von Fritz Frank: „Die Rexinger hatten eine Stunde Weges bis zur Horber Bahnstation. Weil der Frühzug am Montagmorgen um halb sechs Uhr, mit dem sie auf ihren Handel fuhren, ihnen zu Hause keine Zeit zum Tefillin legen ließ, schloss ihnen der Bahnvorsteher den Wartesaal zweiter Klasse auf, damit sie ungestört Minjan [die für einen Gottesdienst erforderlichen zehn Männer] abhalten konnten, bis sie beim zweiten Signal der Lokomotive gemächlich Tallit und Tefillin zusammenlegten und in ihr Säckchen verstauten."[6] Von meinem Vater weiß ich, dass es im Osten von Ungarn üblich war, in den Morgenzügen ein extra Abteil zu öffnen, um den Reisenden und Pendlern diese Möglichkeit zum Gebet zu geben.

DER GEDECKTE TISCH
ESSEN UND TRINKEN IM JUDENTUM

Speisen
Aller Ärger, der ganze Zores des Lebens und das Missbehagen an den Gegensätzen der Welt spiegeln sich in den jüdischen Witzen und sämtliche antijüdischen Vorurteile werden durch sie entlarvt und karikiert. Aus der Rubrik „Essen und Trinken" hier ein Exempel: „Ein Apikojres [Agnostiker] erklärt: ‚An Gott glaube ich nicht. Aber an die T'chiat Hamejtim (= die Auferstehung der Toten) glaube ich.' ‚Wo bleibt die Logik?' ‚Wenn ein Jude am Schabbes so viel Wein, Schnaps und Tee in sich hineingießt und dazu solche Unmengen an gefülltem Fisch, Tscholent, Gans mit Grieben und Graupen, Kugel, Kischke und Lekach in sich hineinstopft und dennoch vom Mittagsschläfchen lebendig aufsteht – dann ist auch an der Auferstehung der Toten nicht zu zweifeln.'"[1]

Jüdische Witze sind keine Witze um ihrer selbst willen und dieser Witz, den die Kulturwissenschaftlerin Salcia Landmann festgehalten hat, nimmt (nicht ohne die typische Selbstironie) das ehedem weit verbreitete Bild vom Juden als Schlemmer und Prasser aufs Korn. In einer Publikation von 1828 empörte sich beispielsweise der württembergische Staatswissenschaftler Rudolf Moser: „Ihr werdet Euch baß wundern, daß nur noch Wohlstand in den Häusern der Juden zu finden ist, daß diese sich an ihren Schabbathen und Feiertagen voll fressen in Speisen, die der christliche Landmann nur dem Namen nach kennt. ... Während sich der Württemberger mit gewiß sehr einfacher Kost nährt, und dieselbe im Schweiße seines Angesichts mühevoll erringt, schwelgt der Jude im Wohlleben."[2]

Die Wirklichkeit sah natürlich völlig anders aus. Viele der jüdischen Männer aus dem Landjudentum des Südwestens waren in jener Zeit von

Montag bis Freitag unterwegs, mit ein paar gekochten Eiern, einigen koscheren Hartwürsten und Brot als Proviant für die Woche. Sie verdienten den Lebensunterhalt als Hausierer und Händler, und auch die wohlhabenderen unter ihnen kehrten erst zum Schabbat nach Hause zurück. In den Erinnerungen an seine Kindheit im Hohenlohischen berichtet Bruno Stern von den einfachen Mahlzeiten seiner durchaus gut situierten Familie: „Unter der Woche aß man hauptsächlich Kartoffeln in allen möglichen Zubereitungen, Heringe, Eier, Käse und Mehlspeisen, auch Gemüse und Obst, das gerade geerntet wurde. Die Männer gingen oft morgens mit einem Stück Brot in der Tasche fort, mit dem sie den Tag über auskommen mußten."[3] Fleisch kam also noch zu Beginn des 20. Jahrhunderts in den jüdischen Haushalten genauso selten auf den Tisch wie in den christlichen. Zum Schabbat allerdings und zu den Feiertagen, da entfalteten die jüdischen Hausfrauen mit viel Erfindungsreichtum ihre Kochkünste, auch um ihre Familie nach den Entbehrungen der Woche zu verwöhnen. Und jeder Feiertag hat bis heute seine besonderen Speisenfolgen und die Rituale, die damit verbunden sind.

Bevor wir „verkosten", was in den verschiedenen Töpfen und Pfannen köchelt und brutzelt, müssen wir einige religiöse und historische Fakten und Fragen zur jüdischen Küche klären. Und noch eine Vorbemerkung: Wenn im Folgenden von „der jüdischen Küche" die Rede ist, dann ist immer die aschkenasische gemeint. Die Speisenfolgen der Sepharden, der Juden rund um das Mittelmeer, enthalten andere Zutaten und Aromen als die Gerichte der Juden Ost- und Mitteleuropas. Die jüdische Küche ist die Küche eines vertriebenen, weit zerstreuten Volkes. Seit der Zerstörung des Zweiten Tempels in Jerusalem durch die Römer leben die Juden in der Diaspora und sie wurden im Laufe der Jahrhunderte stets aufs Neue zur Flucht und Wanderung gezwungen. Seit der Zeit der Kreuzzüge, vor allem aber ab 1480, zogen Juden nach Osten und nach schlimmen Pogromen wieder gen Westen, auch nach Deutschland, zurück. Wie die Sprache und die Traditionen nahmen sie zugleich ihre Speiserezepte und selbstverständlich ihre religiösen Speisegesetze (Kaschrut) mit in die neue Heimat und verwandelten und variierten sie je nach Zutaten und Möglichkeiten der einzelnen Regionen. Viele Gerichte der jüdischen Küche haben beispielsweise ihren Ursprung in der traditionsreichen Welt des osteuropäischen Schtetls, gleichfalls hat Österreich-Ungarn seine Spuren hinterlassen. Und so schmecken jüdische Gerichte immer wieder anders, aber auch oft anders als die Speisen der Landesküche. Ein wesentlicher Faktor der jüdischen Küchengeheimnisse ist also die Flexibilität der Menschen, aber auch die Abgrenzung und Eingrenzung der jüdischen Bevölkerung in den neuen Ländern.

Kaschrutgesetze und der Wechsel von Genuss und Verzicht sind entscheidende Voraussetzungen jüdischer Mahlzeiten, die immer auch jüdische Identität signalisieren. Das Essen hatte für Juden zu allen Zeiten eine besondere Bedeutung und spirituelle Symbolik. Es soll nicht nur der Nahrungsaufnahme dienen, sondern auch Dank und Lobpreis Gottes für seine Schöpfung sein. Der gedeckte Tisch ist gleichsam ein Altar, und die Tora berichtet: „Noah aber baute dem Herrn einen Altar; dann nahm er von allen reinen Tieren und allen reinen Vögeln und brachte Brandopfer dar" (1. Buch Mose 8,20).

Im mittelalterlichen Europa waren Juden meist durch die weltlichen Obrigkeiten gezwungen, in abgesonderten Teilen der Städte zu leben. Diese jüdischen Viertel, die um die Synagoge herum angesiedelt waren, hatten eine eigene jüdische Infrastruktur mit Schule und Wäscherei sowie Bad, Gericht, Schlachthof und Backhaus. Die Trennung zwischen Juden und Nichtjuden blieb im Großen und Ganzen bis in die zweite Hälfte des 19. Jahrhunderts so bestehen. In der Frühzeit mit ihren beengten Wohnverhältnissen verfügten nur wenige Familien zu Hause über eine richtige Kochgelegenheit.[4] Gekocht wurde im Backhaus; die Lebensmittel wurden im Gemeinschaftsbackofen zubereitet, weil man dort die rituellen Speisegesetze einhalten konnte. Ein Teil des Backhauses war Fleischspeisen vorbehalten, ein anderer den Milchprodukten, um die Trennung zwischen Fleisch und Milch gemäß der Vorschriften zu beachten. Der Backofen und die Kochutensilien wurden von der jüdischen Gemeinde häufig kostenlos zur Verfügung gestellt. Die religiösen Speisegesetze[5], also zum Beispiel die Gebote und Verbote über den Verzehr bestimmter Tierarten oder die genannte Trennung zwischen Fleisch und Milch („Fleischdich" und „Milchdich"), die Frage, was ist koscher und was nicht, erforderten es, dass viele Juden die koscheren Nahrungsmittel selber herstellten.

Entlang des Rheins, wo Juden schon im 4. Jahrhundert, in spätrömischer Zeit, Weinberge besaßen, produzierten sie selbst Wein. Seit dem frühen Mittelalter waren sie im internationalen Lebensmittelhandel tätig, bald auch im Wein-, Öl- und Getreidehandel. Mit Flössen befuhren sie die europäischen Flüsse und kamen so in Kontakt mit exotischen Zutaten. Die jüdischen Kaufleute handelten mit Zucker, Gewürzen, Nüssen, Trockenfrüchten und allen Arten von Lebensmitteln aus dem Osten. Von ihren Reisen brachten sie einen besonderen Gout für Gewürze, Früchte und Nüsse mit, der sich in der heimischen Küche köstlich niederschlug. Berühmt geworden ist die Verwendung von Mandel-Marzipan und Walnüssen im Gebäck.

Die deutschen Juden waren „herzhafte Esser". Mit Vorliebe verspeisten sie kräftige Suppen mit Hafer und Gerste angedickt, Grütze, Knödel, schwere, dunkle Roggenbrote, gebeizte und gekochte Fleisch- und Wurstwaren, Süßwasserfische, Salzheringe, Kohl und Karotten. Sie hatten eine Vorliebe für starke Aromen wie sie bei Meerrettich, sauren Gurken und Sauerkraut zu finden sind und für süß-saure Kombinationen wie Kohl mit Äpfeln. Von ihren benachbarten südeuropäischen Glaubensgenossen übernahmen die deutschen Juden Nudelgerichte, die sie als „Grimseli" und „Vermieslisch" bezeichneten. „Lokschen" nannte man im Osten die breiten Nudeln. Auf den Schwarzmärkten der Nachkriegszeit hießen unter den Juden verbotene Devisen wie die länglichen Dollarnoten ebenso „Lokschen". Die Ravioli finden wir in den verschiedenen gefüllten Teigtaschen, beispielsweise den ostjüdischen Kreplach, wieder. Auch die schwäbischen Spätzle und Kartoffelsalat kamen auf den jüdischen Tisch – hierzulande und sogar noch in Shavei Zion in Israel. Die Juden aus Rexingen (heute ein Stadtteil von Horb), die 1938 dorthin emigrierten, hatten sie dahin mitgenommen.[6]

Noch eine Bemerkung zum Kartoffelsalat: In der schwäbischen bzw. süddeutschen Variante mit Essig, Öl, Zwiebeln und Brühe ist er durchaus koscher, trotzdem bot er offensichtlich wiederholt Konfliktstoff. Julius Marx, der erfolgreiche Geschäftsmann und Schriftsteller aus Freudental, berichtet in seiner Autobiographie: „Es gab Siedfleisch und Kartoffelsalat. War die Speisenfolge zum letztgenannten Gang vorgerückt, dann kam es zum obligatorischen Zank mit den Gästen, den polnischen Juden, die den Kartoffelsalat nicht anrühren wollten."[7] Den polnischen Wanderern, die über Schabbat eingeladen wurden, war dieses schwäbische Leibgericht wohl im wahrsten Sinne des Wortes nicht „koscher".

Als durch Verordnungen im 16. Jahrhundert Juden nur noch in Ghettos wohnen durften, hatten sie bereits eine einzigartige, interne soziale Kultur entwickelt. Das Ghetto war zwar ihr „Gefängnis", aber auch die Zitadelle, in der sie ihren Glauben und ihre Kultur verteidigen konnten. Rituale nahmen zunehmend Einfluss auf das tägliche Leben, und so entwickelte sich ein „Kodex" der Küche und der Tischsitten mit speziellen Gerichten für den Schabbat und die Feste. Vor allem in den Ländern des Ostens widmeten sich damals die Männer besonders dem Studium der jüdischen Gesetze.[8] Ihre emanzipierten Frauen und Töchter sorgten für den Lebensunterhalt und führten die Geschäfte. Die Männer befassten sich nicht allein „theoretisch" mit den Details der religiösen Speisevorschriften und Essensrituale, sondern kauften am Donnerstag und Freitag auf dem Markt Köstlichkeiten für den Schabbattag ein. Freitags halfen sie beim Reinigen der Küche und der Kochtöpfe sowie beim Decken des Schabbattisches. Im Talmud im Traktat Baba mezia wird dies genau beschrieben.

Das Alltagsessen in den jüdischen Familien konnte noch so dürftig sein, aber am Schabbat und an den Feiertagen wurde und wird heute noch nur vom Besten und Feinsten aufgetischt. „Der Sabbath ist ein Abglanz von Eden heißt die Lehre und so erlebt man allwöchentlich einen Tag paradiesischen Jenseits." So erinnert sich Berthold Auerbach, der in Nordstetten bei Horb aufgewachsen ist.[9] „In jedem Hause auch im ärmsten, wurde Wein geholt zum Kiduschmachen u. Fleisch und Fisch wurde in jedem Haus bereitet." Zu den Freuden des Schabbats und zur Verehrung Gottes gehörte gutes und reichliches Essen, geradeso wie die festliche Kleidung der Familie und der Gäste.

In der Gemeinschaft der Gemeinde sorgte man dafür, dass auch die Armen und die Bettler nicht auf die Wonnen des Schabbats verzichten mussten. Man lud sie ein oder versorgte sie mit Lebensmitteln. Gastfreundschaft und Freigebigkeit waren so hoch angesehen, dass französische Juden, denen diese Eigenschaft zugesprochen wurde, im Mittelalter in einem Sarg beerdigt wurden, der aus dem Holz ihres Tisches geschreinert war.[10]

Der synagogale Brauch, Kiddusch (Weihegebet) auch am Ende des Freitagabend-Gottesdienstes zu sprechen, rührt daher, dass die Wohnsitzlosen, die kein Quartier gefunden hatten und in der Synagoge übernachteten, ebenfalls diesen Segensspruch hören konnten.

Auf dem Schabbattisch am Freitagabend lagen meist zwei Challot (geflochtene, weiße Brote), die im deutschsprachigen Raum „Barches" oder „Berches" heißen. (Von Brot und Wein wird weiter unten ausführlich die Rede sein.) Nach dem Segen über den Wein wurden je nach Gegend gefüllter Fisch und/oder gehackte Gänseleber, Fleischbrühe mit Nudeln, Fleischpasteten, gekochtes Rindfleisch, Gänsebraten, gefüllter Gänsehals und der (sic) Kugel, ein süßer Auflauf aus Nudeln oder Brot, gegessen. „Der Tradition gemäß sollten es immer drei Gänge sein, weil das Manna, das die Israeliten in der Wüste gegessen hatten, aus drei Lagen bestanden haben soll."

Bruno Stern überliefert, was man am Freitagabend normalerweise in seiner Familie aß[11] – wohlgemerkt zu Beginn des 20. Jahrhunderts, in einem Dorf in Hohenlohe, beeinflusst von Zeit und Region: Das Menü bestand aus „Nudelsuppe, eingemachtem Fleisch, Sauce, Kartoffelsalat und einer Mehlspeise … Oft wurde auch Fisch als Zwischenspeise gereicht. Allerdings nie ‚gefüllte Fische', da diese unbekannt waren. Im Herbst gab es oft Gans, im Frühjahr Zicklein oder ab und zu einmal ein Huhn." In Nordstetten bei Horb war Fisch in Auerbachs Kindheit dagegen ein „Muss". „Fisch (meist Weißfisch) mußte man haben, weil Gott bei der Schöpfung des Menschen gesagt hatte: Seid fruchtbar u. mehret Euch wie die Fische des Meeres."[12]

Die jüdischen Hausfrauen trugen und tragen in Fragen des Essens und Trinkens eine hohe religiöse Verantwortung; sie garantieren letztlich, dass alles koscher ist, nicht nur die Speisen, sondern auch sämtliche Küchengeräte, Besteck und Geschirr. Dazuhin müssen sie gut organisieren können. Am Schabbat herrscht striktes Arbeitsverbot, das heißt es kann also keine warme Mahlzeit bereitet werden. Was dann essen, das auch noch lecker schmeckt? Die Lösung ist ein Eintopf (Scholet, Tscholent oder Schalet), der am Freitagnachmittag vor Eintritt der Dunkelheit in den Ofen geschoben wird, bis zum nächsten Mittag langsam schmoren kann und erst durch das langsame Kochen sein volles Aroma entfaltet. So schwärmt schon Heinrich Heine in dem Gedicht „Prinzessin Sabbat": „Schalet ist des wahren Gottes / Koscheres Ambrosia. / Wonnebrot des Paradieses ..."[13] Dieses Gericht – eines der „bekanntesten" Vertreter der jüdischen Küche – wird heute in verschiedenen Versionen zubereitet. Diverse Fleischsorten, Graupen und weiße Bohnen oder Kartoffeln werden mit reichlich Gänsefett gekocht. Jede Hausfrau schwört auf ihr Rezept, das oft als Familiengeheimnis gehütet und weitergegeben wird. Es ist wahrscheinlich, dass das Wort „Scholet" vom französischen Cassoulet stammt und der Name eine Kombination aus den französischen Wörtern „chaud" (heiß) und „lent" (langsam) ist. Diese Interpretation überzeugt, denn das Cassoulet, ein südfranzösischer Eintopf, der in einer Casole, einer Keramikform, zubereitet wird, wurde im Languedoc „erfunden". 1394 wurde die jüdische Bevölkerung dieser Region, die im Mittelalter mit der Hauptstadt Narbonne ein wichtiges Zentrum jüdischer Geistigkeit war, vertrieben und floh nach Deutschland.

Moderne Küchentechnik und Backöfen mit Zeitschaltuhren erleichtern heute natürlich die Zubereitung des Scholet für das Mittagessen am Schabbat. Ursprünglich wurde er im Gemeinschaftsbackofen oder beim Bäcker gegart. In vielen süddeutschen Lebenserinnerungen und Berichten ist für Schabbat von einer Mittagsmahlzeit die Rede, die „gesetztes Essen" genannt wird. Auch das eine Variante des Scholet, die im sogenannten Setzofen zubereitet wurde. Bruno Stern: „Da man aber das biblische Gebot verfolgte, am Sabbath in der Wohnung kein Feuer zu machen, war die Auswahl der Speisen zu dieser Mahlzeit durch die Umstände bedingt. Gas, das man am Freitag anzünden und über Samstag brennen lassen konnte, gab es nicht. Zahlreiche Familien besaßen einen Setzofen. Der Setzofen – eine alte Einrichtung – war eine Blechkiste mit einer oberen und unteren Abteilung. In der unteren Abteilung befand sich

Holzkohle, die am Freitag vor Sabbatheingang angezündet wurde. Das Essen ‚setzte' man in die obere Abteilung. Beliebt waren Reis, Erbsen und Bohnen. Diese wurden am Freitagabend vor Sabbatheingang mit viel Wasser ‚zugesetzt'. Zum Teil wurden dem Reis und den Erbsen Fleisch und Geflügel beigegeben oder in einem eigenen Topf in den Setzofen eingestellt." Auch Kugel und Schalet wurden ebenfalls oft „gesetzt".[14]

In der jüdischen Küche hat man sich offensichtlich um Kalorien und Cholesterin nicht gekümmert. Und manch einer mag denken, ach, wie ungesund. Trotzdem waren die Menschen seinerzeit weit schlanker als heute, denn nach den üppigen Tagen des Schabbats folgte für viele mit den ersten Sternen am Abendhimmel wieder eine karge Woche. Blieb nur als Trost die Vorfreude auf die Köstlichkeiten eines neuen Ruhetags. In seiner Geschichte „Die Brautschau" lässt uns Jacob Picard, der Erzähler jüdischen Lebens am Bodensee, an einem Schabbatmahl teilnehmen. Die Ehestiftung, um die es sich in dem Text dreht, geht übrigens letztendlich schief, obwohl die Brautmutter groß auftischt und es dem ins Auge gefassten Bräutigam und seinen Eltern vorzüglich mundet: „Man wünschte sich ‚Gut Schabbos', die Väter segneten ihre Kinder und man setzte sich zu Tisch. Erst gab es Nudelsuppe. Was sollte es anderes geben als Nudelsuppe am Freitagabend! Feine fadenartige Nüdelchen, mit grünen frischen Kräutern gewürzt. Gut duftete sie. Behaglich schlürfte der Isi. Nun, damals schlürfte man noch, schön laut, wenn man zeigen wollte, daß es gut schmeckte. Dann Fisch, selbstverständlich auch Fisch ... Aha, Karpfen, wie der Vater sachverständig meinte; mit brauner Soße und Rosinen. Darauf aber gab es Suppenfleisch, schön saftiges Ochsenfleisch, wie daheim, mit zerriebenem Meerrettich, roten Rüben (Kren) und jungen, kleinen Kartöffelchen. Das schmeckte."[15]

Man sagt, die osman-türkischen Besatzer Ungarns im 16. Jahrhundert hätten die Gänsezucht in Südosteuropa verbreitet, da der Islam ja ebenfalls Schweinefleisch verbietet. Wie dem auch sei, die Juden haben die Zucht dankbar übernommen und in großem Maßstab betrieben. Im Sommer mussten die Kinder die Tiere auf den Wiesen hüten; im Herbst wurden die Gänse dann gestopft. Dabei muss man betonen, dass dieses Stopfen bei Juden nichts mit Tierquälerei zu tun hatte, denn wäre die

Speiseröhre damit gewaltsam verletzt worden, wäre das Fleisch nicht mehr koscher gewesen – ein materiell herber Verlust. Deshalb wurden Maiskörner abgerieben und gewässert, sodass die Gänse sie besser schlucken konnten. Die Körner wurden dem Tier einzeln auf die Zunge gelegt und nun hieß es warten, bis sie hinuntergerutscht waren. Ein Geduldsspiel, das oft eine dreiviertel Stunde dauerte. Der Maisstrunk ergab dann Heizmaterial. Das Fleisch einer Gans reichte für eine Familie in der Regel eine komplette Woche, denn aus Gänseklein, den Füßen und dem Hals, konnte man immer noch eine Suppe kochen. In der Nachkriegszeit wurde die Leber verkauft und für zwei junge Gänse eingetauscht, die man dann wieder aufziehen konnte. Zur Not war das ebenso in der Stadt möglich; auch unser Balkon diente in der Nachkriegszeit dazu. Und wenn es sein musste, konnte man sich eine Gans gerade noch unter den Arm klemmen und sie mit der Straßenbahn zum Schächter transportieren. In größerem Umfang betrieben waren die Gänsezucht und der Export geschlachteter Tiere bis zum Zweiten Weltkrieg ein gutes Geschäft. So wie heute polnische Gänse wurden damals ungarische bis nach Straßburg und Paris verkauft und ihre Leber wurde mit Trüffel verfeinert oder zu Pastete verarbeitet.

Aufgrund der Speisegesetze war die Gänsezucht für Juden also besonders wichtig und so ist es nicht verwunderlich, dass sich für sie daraus ein bedeutsamer Erwerbszweig entwickelte.[16] Juden und Gänse – das war in Ungarn fast ein Synonym. So entstand ein Spezialfall der Kulturgeschichte, eine witzige Demonstration von Widersetzlichkeit. Der Budapester Fußballklub MTK (das ist ein Akronym für Ungarischer Körperkultur-Klub) mit den Farben blau-weiß galt als jüdischer Klub. Seine Anhänger erhielten darum den rassistischen Übernamen „Gänsefresser". Als es politisch nicht opportun und verboten war, die jüdische Tradition des Vereins zu erwähnen, wurde manchmal eine große Gans aus Pappe im Stadion aufgestellt oder eine Gans über das Spielfeld gescheucht. Für uns jüdische Zuschauer wahrlich ein Festschmaus!

Brot und Bäcker
Zwar sagt die Tora „der Mensch lebt nicht vom Brot allein" (5. Buch Mose 8,3), aber dennoch steht das Brot in der Speisegesetzgebung, in der jüdischen Lebensform an vorderster Stelle. Die Gebote und Verbote seiner Herstellung können am häuslichen Ofen oder in einem Gemeinschaftsbackofen unmittelbar kontrolliert werden. Wird diese Arbeit ganz oder teilweise außer Haus erledigt, so braucht man einen Bäcker, dem man vertrauen kann, der die Speisegesetze kennt und genau befolgt. Man beauftragt also einen jüdischen Bäcker. Wenn keiner greifbar ist, soll der Ofen wenigstens von einem Juden angezündet werden.

Jede traditionelle Mahlzeit beginnt damit, dass man den Segen über das Brot spricht. Brot steht herausgehoben pars pro toto für alle Speisen. So wird Brot als Gottesgeschenk und wichtigstes Nahrungsmittel betrachtet. Im Judentum wird am Freitagabend oder an Feiertagen über dem Doppelbrot (zwei Mohnzöpfe) der Segen gesprochen und das zweite Brot mit einem Messer berührt. Danach wird das erste Brot aufgeschnitten.

Dieses Festtagsbrot wurde in deutschsprachigen Ländern, wie schon gesagt, „Barches" oder „Berches" genannt. Über die Herkunft des Wortes ist viel spekuliert worden. Die Herleitungen aus dem Hebräischen stimmen meiner Meinung nach alle nicht. Der Begriff kommt wohl – wie Brezel – ursprünglich vom lateinischen brachium oder brachellus, mittellateinisch brachiolum (verschränkte Ärmchen). Das Wort verweist also auf die Zopfform, in die der Teig geflochten wird. Für diese Etymologie spricht, dass dieser Name nur in Westeuropa benutzt wird. In Osteuropa wird das Festtagsbrot „Challa" genannt.

Ursprünglich ist Challa jener Teil des Teiges, den man vor dem Backen in den Ofen wirft, um damit das Gebot der Tora, „dem Herrn den Erstling eures Teiges zu geben für alle Zeit" (4. Buch Mose 15,21), zu erfüllen. In dieser Erinnerung an das Tempelopfer befolgt die Hausfrau eines der drei Gebote, die eine Jüdin zu aktivem Handeln verpflichtet. Wenn man heute in einer jüdischen Bäckerei Barches kauft, so ist dort in irgendeiner Art erwähnt, dass bei der Herstellung Challa entnommen wurde. An anderen Orten ist dieser Brauch im Gefolge der Globalisierung verwässert. Man verlässt sich – wie auch beim Fleisch und anderen

Lebensmitteln – auf überregionale Lieferanten, wenn diese eine örtliche Challa-Bestätigung vorweisen können.

Über das Backen von Berches im fränkischen Württemberg gibt es eine Schilderung von Bruno Stern, der in der Zeit vor dem Ersten Weltkrieg seiner Mutter offenbar ganz genau zugeschaut hat. „Am Donnerstagabend wurde für die Berches Mehl gesiebt und in eine große Schüssel gebracht. Gekochte bereits kalte Kartoffeln wurden gerieben und dem Mehl beigemischt. Alsdann wurde ein kleines Stückchen Hefe mit Wasser und Mehl auf dem Grund in der Mitte der Schüssel verrührt. Der eigentliche Teig wurde erst später gemischt, geknetet und dann über Nacht stehen gelassen. Freitagfrüh wurde der ‚gegangene' Teig in einzelne Stücke zerlegt. Zuerst wurde davon Chalo [das heißt: Challa] genommen. Die Stückchen wurden zu langen Stangen gerollt, fünf lange Stränge, darauf drei und schließlich zwei kunstgerecht ineinander geflochten. Diese einzelnen Teiggeflechte wurden aufeinander gelegt. Einen einzelnen Strang legte man der Spitze entlang. Aus einem bildete man eine Schnecke, welche man auf die Mitte setzte. Das waren zusammen 12 Stränge; sie entsprachen den 12 Stämmen der Bibel. Die Berches wurden auf ein Brett, das Berchesbrett, gelegt und zum Bäcker getragen."[17]

In Sterns Heimatstadt Niederstetten gab es keinen jüdischen Bäcker. Obwohl sich die nichtjüdischen Bäcker an die Vorschrift hielten, zusammen mit Berches nichts anderes zu backen, überwachte eine besonders fromme Frau die Einhaltung dieses Gebots. Der genauen Schilderung von Bruno Stern ist nur wenig hinzuzufügen. Das gesamte Jahr über waren die Barches nicht gesüßt, aber meist mit Mohn bestreut, denn dieser steht für „seid fruchtbar und mehret euch" (1. Buch Mose 9,1). Heute führt der sephardische Einfluss dazu, dass die Zöpfe auch mit Sesam bestreut werden. Das Jahr über wurden die Barches in der geschilderten doppelten Form gebacken, zu den hohen Feiertagen wurden sie im Gegensatz dazu rund geflochten. Dies soll das Schicksalhafte symbolisieren; das Jahr soll rund, glücklich und gesund sein. Allein zu speziellen Festtagen, zu einer Hochzeit oder einer Geburt wurde das Brot gesüßt, beispielsweise mit Rosinen. Jiddisch nannte man das „S'eude Barches". S'euda (hebräisch) ist ein Festmahl zu besonderen Gelegenheiten.

Wir haben bereits darauf hingewiesen: Einen Backofen zu unterhalten war schon im frühen Mittelalter aufwändig, zudem machten die engen Wohnverhältnisse und die Holzbauweise jedes Feuer gefährlich. Daher nutzten auch Juden Gemeindebacköfen oder trugen in der Neuzeit, wie in Niederstetten, ihre Kuchen und andere Backwaren oder Eintöpfe zu kommerziellen Bäckereien, die im Anschluss an ihre eigene Arbeit für ein kleines Entgelt die Restwärme ihrer Öfen ausnutzen ließen. Wenn heute an vielen Orten das gemeinsame Backen in alten oder neuen Gemeindebackhäusern wieder gepflegt wird, so dient das mehr dem sozialen Zusammenleben als der materiellen Notwendigkeit. Für Juden war das Gemeindebackhaus früher besonders wichtig, schließlich konnte man dort auch Erfahrungen und Lebensmittel für die koschere Küche austauschen. Aus der Pflege und Überwachung des Ofens entstanden die Funktion und der Beruf des Bäckers, denn er konnte Mehl und andere Zutaten in größeren Mengen günstiger einkaufen. Das ging aber nicht ohne Vertrauen darauf, dass er seinen Waren keine verbotenen Substanzen beimischt. Schon deshalb unterstand er der örtlichen Kaschrut-Aufsicht. Der Kaschrut-Überwacher kontrolliert nicht nur die Zubereitung des Teiges, sondern zündet beim Bäcker auch noch selbst den Ofen an.

Weit strenger als bei Berches und anderen Backwaren sind die Vorschriften bei Matze-Brot (ungesäuertes Brot). Im Kapitel „Ein Becher Wein für den Elija" wird geschildert, welche Anstrengungen vor Pessach notwendig waren, um in einem Haushalt alles Gesäuerte für die acht Tage zu verbannen. Bei der Herstellung von Matze musste also alles vermieden werden, was irgendwie einen Gärungsprozess hätte auslösen können. Das beginnt mit dem Korn. Es muss von der Ernte an streng von anderem Korn getrennt und separat gelagert werden. In der Mühle darf es nur auf einem eigenen Mahlwerk gemahlen werden, und das Mehl darf bis zur Verarbeitung selbstverständlich nie mit Nässe in Verbindung kommen.

Stellte ein Bäcker Matze her, so musste dieser Zweig seines Betriebs räumlich und mit allem Zubehör völlig getrennt von der übrigen Bäckerei bleiben. Der eigentliche Backvorgang muss innerhalb von 18 Minuten ablaufen, wiederum aus dem Grund, dass in einem längeren Zeitraum eine Gärung beginnen könnte. Gelingt das nicht, kann das Brot nicht verwendet werden. Im Laufe der Jahrhunderte hatte sich eine Arbeitsteilung bewährt, mit der die Arbeit zügig und doch sorgfältig erledigt werden konnte. Der erste maß das Mehl ab, ein zweiter goss kaltes Wasser dazu. Meist waren es Frauen, die dann den Teig kneteten und dünn ausrollten. Im nächsten Arbeitsschritt wurde der Fladen mit Ritzen oder Löchern versehen, damit er beim Backen nicht aufgeht und wurde anschließend in den heißen Ofen gelegt. Selbstverständlich wurden alle Hände, Gerätschaften und Unterlagen, die mit dem Teig in Berührung kamen, sorgfältig gereinigt. Die rituellen Anforderungen an das Backen von Matze waren also hoch. Sie konnten in Privathaushalten praktisch nicht und auch nur von wenigen Bäckereien erfüllt werden.

Die fertigen Brote waren runde Scheiben. Verpflichtend ist Matze als Speise an den acht Tagen des Pessachfestes, aber sie schmecken das ganze Jahr über. Meine Eltern brockten, wie viele Juden damals, Matze in den Milchkaffee zum Abendessen.

Das Brot konnte das ganze Jahr über verkauft und lange Zeit gelagert werden. Deshalb wurden Matze wie hier im Lande meist in kleinen und mittleren Gemeinden gemeinsam hergestellt. Es bildeten sich nur einige wenige Bäckereien heraus, die einen ausgedehnten Sprengel belieferten. In Marmoutier im Elsass gab es eine solche Bäckerei, von der aus weite Teile Frankreichs versorgt wurden. Die aufwändige, aber bereits arbeitsteilig organisierte Produktionsweise verhältnismäßig großer Mengen von Matze an einem Produktionsort förderte die Mechanisierung ihrer Herstellung. Im Jahre 1838 baute Isaac Singer aus dem Elsass die erste Maschine zum Ausrollen des Teiges. In einer erbittert geführten halachischen Kontroverse wandten sich vor allem Rabbiner aus Galizien und dem Chassidismus gegen den Einsatz von Maschinen, weil damit die Motivation, die hinter dieser Arbeit stehen soll, nicht erbracht werde. Hinter der Ablehnung stand auch die Überlegung, dass eine große Anzahl armer Juden mit dieser Handarbeit im Winter ein bescheidenes Auskommen findet. Aber die Entwicklung ging über diese Einwände hinweg. Am Anfang des 20. Jahrhunderts gab es schon Maschinen zum Kneten, Ausrollen, Dehnen und Löchern des Teiges ebenso wie zum

Schneiden der Matze. Gasbetriebene Backöfen lieferten eine gleichbleibende Hitze, und am Ende konnte sich die Firma Manischewitz in den Vereinigten Staaten als Erste ein Fließbandsystem patentieren lassen, das die Herstellung von Matze vollständig automatisierte. Riesige Mengen von aus Gründen der Verpackung jetzt viereckigen Matze konnten billig hergestellt und verbreitet werden.[18] Die Massenproduktion hat Matze eine ungeheure Verbreitung erlaubt, die Vielfalt von Farben und Geschmack ging allerdings mit der Handarbeit verloren.

Ganz fromme Juden stellen weiterhin in traditioneller Weise rundes Matzebrot selbst her, das „Matza Schmurá" oder „Matza Mizwa" genannt wird. Sie bekunden hiermit, dass sie gezielt die Mizwa erfüllt haben, das Pessachbrot mit „Kawana" zu backen, also die Arbeit unter Psalmengesängen und Segenssprüchen mit der Absicht verrichten, eine heilige Pflicht zu erfüllen.

Wein
Altehrwürdig ist die Verbindung von Brot und Wein. Noah, der Ackermann, pflanzte als Erster einen Weinberg und die Tora verschweigt nicht, dass er betrunken war (1. Buch Mose 9,20-25). Im Großen und Ganzen muss man freilich sagen, dass Juden selten beschickert (beschwipst) waren, außer vielleicht an Purim. Biblisch sind der Weinstock und der Wein immer mit Frieden, Wohlergehen und Wohlstand verbunden, aber die Mäßigung beim Genuss entspricht nicht nur dem allgemeinen Sittengebot, sondern war häufig schlicht der vorherrschenden Armut geschuldet. Wein musste im Osten Europas oftmals von weit her transportiert werden und war teuer. Sowohl im Gottesdienst als auch im häuslichen Bereich war und ist sein Genuss in kleinen Mengen unumgänglich, denn der Segen über den Wein (Kiddusch) spielt, wie schon erwähnt, bei der Heiligung des Schabbats und der Feiertage sowie bei Trauungen, Beschneidungen und anderen bedeutsamen Abschnitten im Leben eine wichtige Rolle. Standen keine Trauben zur Verfügung, so diente zu den kultischen Handlungen ein Ersatz aus Rosinen, ein Rosinenwein, „Met" genannt. Der Segen „Bore Pri HaGafen" über die „Frucht des Weinstocks" kann nämlich auf jegliche nicht künstlich fer-

mentierte Getränke aus Trauben gesprochen werden, also auf spontan vergorene Weine, Rosinenweine und Traubensaft.

Wegen seiner Bedeutung im Kultus musste der Wein selbstverständlich koscher sein. Die Kaschrutgesetze wurden im Laufe der Zeit zunehmend detaillierter von Rabbinern kodifiziert, um die optimale Reinheit für dieses Getränk zu gewährleisten.

Wann aber ist ein Wein koscher, was unterscheidet naturreinen von koscherem Wein? Eigentlich nichts. Koscher ist ein Wein, bei dem zusätzlich alle Vorschriften der Halacha (gesetzesmäßige rabbinische Entscheidung) von der Rebe bis zum Glas beachtet und unter Aufsicht kontrolliert werden. Diese Praxis wurde im Laufe der Zeit unterschiedlich begründet. Ursprünglich so: Nichtjuden verwenden Wein für ihre Kulthandlungen, und da es streng verboten war, nichtjüdische Kultgegenstände zu benutzen, durften Juden mit diesem Jajin Nessach (unkoscherer Wein) nichts zu tun haben. Fällt unter dieses Verbot auch der Handel mit Stam Jajin (Wein, der von Nichtjuden lediglich hergestellt wird)? Ein solcher Handel war ohne Probieren doch nicht möglich? Als in späteren Zeiten fremde kultische Handlungen nicht mehr als gänzlich anstößig galten, griff das generelle Verbot nicht mehr, und selbst bedeutende Halachisten wie Rabbi Moses Iserles (1520-1572) aus Krakau traten für eine nachsichtige Haltung in dieser Frage ein. Mit einer völlig neuen Begründung stärkten aber namhafte Rabbiner das Verbot aufs Neue. Führend war dabei Rabbi Judah Löw von Prag, genannt Maharal (um 1520-1609). Er stützte sich auf eine Denkweise, die der Kabbala nahesteht und nach der alle menschlichen Handlungen Kettenreaktionen in den oberen Welten auslösen. Während der Wein, der von Juden angemessen hergestellt wird, Symbol für das metaphysische Wesen des Judentums ist, entfernt sich jeder, der Stam Jajin trinkt, aus der himmlischen Gemeinschaft Israels. Dieser Rückgriff auf die Metaphysik diente auch dazu, die soziale Trennung von Juden und Nichtjuden aufrechtzuerhalten.[19] Die Gelehrten, die dieses Verbot vertraten, befürchteten nämlich gemeinsame „Trinkgelage" von Juden und Nichtjuden und deren unkontrollierbare Auswirkungen.

Das Befolgen aller halachischen Gesetze und ihre Überwachung sind sehr aufwändig, jedoch notwendig, vor allem in einem Gewerbe, für das „Panschen" nie ein Fremdwort gewesen ist. Die Vorschriften für kosheren Wein sind deshalb ausgesprochen streng: Körperliche Sauberkeit ist neben der religiös gebotenen Hygiene und Reinheit Voraussetzung. Sämtliche Behälter, Anlagen, Pressen und Geräte müssen bei jedem Gebrauch jeweils dreimal mit kochend heißem Wasser oder moderner Dampfreinigung gesäubert werden. Die Fässer müssen neu oder nie für etwas anderes als für kosheren Wein genutzt worden sein. Trauben dürfen erst im vierten Jahr gelesen und in den letzten zwei Monaten vor der Ernte nicht mehr organisch gedüngt werden. Im Heiligen Land ist es darüber hinaus verboten, im siebten „Schabbatjahr" zu ernten. (Wer zweifelt, ob diese letzte Bestimmung überall in Israel korrekt eingehalten wird, bestellt seinen Wein von außerhalb, denn dort gilt diese Regel nicht.) Bei der Verarbeitung müssen, wie gesagt, alle Geräte unter Aufsicht vorschriftsmäßig gesäubert und mindestens ein Prozent des Ertrags muss an Arme gespendet werden. Selbstverständlich dürfen keine Enzyme oder Bakterien dem Traubenmost künstlich zugefügt werden. Während der Gärung muss das Fass immer wieder geöffnet werden und der Kaschrut-Aufseher hat den Vorgang zu protokollieren. Dazu kommen noch allgemeine Vorschriften der Halacha wie das Arbeitsverbot am Schabbat und das Verbot der Mischsaat von Pflanzen, das heißt im Weinberg dürfen zwischen den Rebstöcken keine anderen Pflanzen angebaut werden (5. Buch Mose 22,9).

In Frankreich finden wir Juden als Besitzer von Weinbergen zu den verschiedensten Zeiten. So war der Verfasser des berühmtesten Bibelkommentars des Mittelalters Raschi (Rabbi Schlomo ben Jitzchak) in Troyes Eigentümer eines Weinbergs. In deutschen Ländern gibt es solche Hinweise erst seit Ende des 17. und Anfang des 18. Jahrhunderts, und auch in diesen Fällen sind Juden meist wohl eher Pächter als Besitzer.

Schon länger aber waren Juden in bedeutendem Umfang am Handel mit Wein beteiligt. Als Quellen dazu kennen wir vor allem Berichte über Prozesse zwischen Juden und Nichtjuden, die allzu oft vom Konkurrenzneid der Nichtjuden geprägt sind. Noch im 17. und 18. Jahrhundert durften Juden ihren Wein allein an Ihresgleichen und nur in der eigenen

Umgebung verkaufen. Zur Auslastung der Transportkapazitäten nahmen Juden deshalb andere, fremde Weine auf ihre Handelsreisen mit. Auf wessen Rechnung, fragten die Neider, oder konnte der Jude die verkaufte Menge überhaupt selbst hergestellt haben? Handel war zwar erlaubt, Fernhandel nicht, doch wo sind die Grenzen? Was, wenn ein Weinbauer in die Nähe verkaufte und ein anderer, vielleicht ein Verwandter, den Fernhandel übernahm? Die Missgunst gebar zahlreiche falsche Anschuldigungen. Trotz dieser Beschränkung wissen wir, dass im Mittelalter vor allem durch jüdische Händler Wein aus dem Rheinland bis nach Galizien gebracht worden ist und dort als großer Verkaufsschlager galt. Juden waren im Mittelalter am Fernhandel in östliche Länder maßgeblich beteiligt, denn sie waren sprachkundig, kannten die Routen und alle Möglichkeiten und Voraussetzungen des Geschäfts. In der Regel transportierten sie Wein nach dem Osten und nahmen auf dem Rückweg Pelze mit.

Auch bei diesem Handelszweig waren erstaunliche Karrieren möglich. Von Jakob Hirsch aus Gaukönigshofen bei Ochsenfurt (1765-1840) wird berichtet, dass er als Weinhändler zu Vermögen gekommen und zum Bankier im Hochstift Würzburg aufgestiegen war. In den Wirren zwischen der Säkularisation von 1803 mit dem Anschluss des Hochstifts an das Kurfürstentum Bayern, der Selbständigkeit als Großherzogtum Würzburg seit 1805 und dem Rückfall des Territoriums an das neue Königreich Bayern 1814 konnte Jakob Hirsch umfangreiche Ländereien erwerben, darunter das gesamte Kloster Münsterschwarzach.[20] 1814 kaufte er das Landschloss Gereuth und schuf damit die Voraussetzung zu seiner Erhebung in den Adelsstand als erster Jude im Königreich Bayern. Die folgenden Familienzweige im fränkischen Gereuth und in Planegg bei München spielten eine weitreichende Rolle im bayerischen Wirtschafts- und Finanzwesen (unter anderem Hofbank und Pschorrbräu); ihre Mitglieder wurden schon 1869 in den Freiherrenstand erhoben.[21]

Erst neuerdings wird die Bedeutung jüdischer Weinhändler am Ende des 19. Jahrhunderts erforscht.[22] Kaum in das öffentliche Bewusstsein ist gedrungen, wie groß ihr Anteil an diesem Handelszweig gewesen ist. In Bingen am Rhein waren kurz vor dem Ersten Weltkrieg 60 der 112

Weinhändler sowie 14 der 20 Großhändler jüdisch. Die zweite Zahl ist deshalb von besonderer Bedeutung, weil diese Großhändler den Traubenmost von den lokalen Weinbauern oder auf Versteigerungen aufkauften und nur sie größere Keller und Fässer für den Ausbau des Weins besaßen. Ähnlich waren die Zahlenverhältnisse im pfälzischen Landau und im fränkischen Kitzingen[23], wo Juden zwar bloß rund fünf Prozent der Bevölkerung ausmachten, aber über die Hälfte der Weinhändler stellten. Und vom Weinbau lebten indirekt im kaufmännischen Bereich oder im Handwerk auch die meisten nichtjüdischen Einwohner. Die Firma Nathan Fromm allein beschäftigte etwa 150 Angestellte. Um 1900 wurde dieser Betrieb deutschlandweit nur von dem Wiesbadener Händler Ludwig Levitta übertroffen, der Produktion und Vertrieb im Rheingau modernisierte. Die Bedeutung dieser Vertriebsanstrengungen ist nicht zu unterschätzen. Dass sich zum Beispiel Rheinwein und fränkischer Bocksbeutel gegen Weine aus dem Bordeaux und anderen dominanten Weingegenden durchsetzen konnten, ist zum großen Teil ein Verdienst der Verkaufsstrategien jüdischer Weinhändler.

Bei diesen Größenordnungen spielten Herstellung und Handel von koscherem Wein nur noch eine untergeordnete Rolle, zumal auch gut situierte, gesetzestreue Juden diesen nicht von Fremden kauften. Lieber erwarben sie von bekannten Winzern Trauben und ließen bei befreundeten Familien daraus Wein für den eigenen Bedarf keltern.[24]

Die jüdischen Groß- und Kleinhändler litten unter einer anderen Debatte. Noch stärker als in Produktion und Vertrieb bei Lebensmitteln griffen technologische und kommerzielle Neuerungen gegen Ende des 19. Jahrhunderts in den Weinbau ein. Über Zusätze, Entsäuerung, Markenpolitik und Etikettierungen gab es öffentlich erheblichen Streit, der unter der Überschrift „Kunstwein" gegen „reinen Wein" erbittert geführt wurde.

Nicht ganz so offen wie in Österreich-Ungarn, wo die Firma Wolf in Eisenstadt besonders betroffen war und Aron Wolf, Mitinhaber von Sigmund und Aron Wolf in Neudörfl, in den Selbstmord getrieben wurde, waren auch in Deutschland die Angriffe auf Modernisierer immer mit antisemitischen Untertönen verbunden. Ähnlich wie im Viehhandel ist mit der Schoah auch im Weinhandel ein bedeutender jüdischer Berufszweig untergegangen. Ludwig Levitta ist nicht der Einzige, der in Auschwitz ermordet worden ist.

DAS LIEBE VIEH
METZGER, SCHÄCHTER UND GOTTES GEBOT

„Am Samstag Abend schlachtete mein Großvater ein Rind oder eine Kuh und ich musste ihm in der Regel zum Hautabziehen das Licht halten. Wenn das Geschlachtete von Reb Moses koscher befunden wurde, pfiff und schmunzelte der Großvater beim Hautabziehen, war es aber *trefe* (fand sich nachträglich eine Scharte im Messer oder war etwas in den Eingeweiden nicht ganz in Ordnung) dann fluchte der Großvater und schalt das Geschlachtete, denn nun durfte kein Jude davon essen, das Fleisch musste eilig verkauft werden (man ging sogar damit hausieren), und *trefenes* Rind war ein Unglück für die ganze Gemeinde. War er dann fertig, spielte er noch Karten bis tief in die Nacht hinein und wenn die Gäste fort waren, trank er nochmals Kaffee, zehn, zwölf Tassen, freilich nur Zichorie und geigte dazu."[1]

Der Schriftsteller Berthold Auerbach, der mit seinen Schwarzwälder Dorfgeschichten um die Mitte des 19. Jahrhunderts ein erfolgreicher Bestsellerautor war, erinnert sich in dem Fragment „Der Knabe vom Dorfe" an seine Kindertage in seinem Heimatort Nordstetten. „Ich schildere an mein kleines Leben angeschlossen das Erwerbs- und Kultusleben einer ganzen Gemeinde", so seine Absicht. Die Aufzeichnungen, die sich in Auerbachs Nachlass fanden und als Stiftung von Kilian Steiner ins Schiller-Nationalmuseum nach Marbach gelangten, hat Auerbach ein Jahr vor seinem Tod im Herbst 1881 verfasst.

Nordstetten, heute ein Stadtteil von Horb am Neckar, beherbergte zu Auerbachs Lebzeiten eine stattliche jüdische Gemeinde von etwa 300 Mitgliedern, gut ein Drittel der Bevölkerung. Der Ort war eine jener typischen ländlichen Gemeinden, die in den Jahrhunderten nach der mittelalterlichen und frühneuzeitlichen Vertreibung der jüdischen Minderheiten aus den süddeutschen Reichsstädten und dem Herzogtum Württemberg Juden aufgenommen und ihnen gegen Leibzölle Schutz geboten hatten. Württembergisch war Nordstetten erst 1804 geworden. Davor lebten die Einwohner unter der sehr viel judenfreundlicheren Regierung Vorderösterreichs.

Die Erinnerungen Auerbachs führen in den Vormärz, in eine Zeit, in der von den rund 10 000 Juden Württembergs 93 Prozent auf dem Dorf lebten.[2] Auerbachs Vater betrieb einen kleinen Handel, der die Familie zeitweise mehr schlecht als recht ernährt hat; der Großvater mütterlicherseits war Gastwirt und Metzger, der Großvater väterlicherseits ein gelehrter Rabbiner. In dieser für die Zeitumstände und Sozialstruktur typischen frommen jüdischen Familie und Gemeinde ist der Schriftsteller aufgewachsen und hat die religiösen Bräuche, Rituale und Regeln des Alltags verinnerlicht und festgehalten, so eben auch das rituelle Schächten der Tiere.

„Reb Moses war mein erster Lehrer", schreibt Auerbach weiter, und „Reb Moses war auch Vorsänger und Schächter und wenn er am Samstagabend sein Schlachtmesser (*Chalef*) aus der Scheide von Selband[3] zog und mit dem Nagel probierte, dass ja keine *Pegihme* (Scharte) darin war und dann der Kuh oder dem Rind den Hals durchschnitt, ging er immer rasch davon."

Berthold Auerbach nennt wie selbstverständlich seinen Lehrer „Reb Moses", obwohl dieser kein diplomierter Rabbiner war. „Reb", „Rebbe" war in Osteuropa die Bezeichnung für einen meist chassidischen Rabbiner. In Westeuropa war es ein Titel von Respekt und Zuneigung. Vor allem aber wurde der Begriff für einen Mann verwendet, der praktisch die meisten Aufgaben eines Rabbiners in der Gemeinde übernahm oder wie oft in den kleinen ländlichen Gemeinden Südwestdeutschlands für alles zuständig war, was irgendwie mit dem Kultus zu tun hatte. Je nach örtlicher Gegebenheit und Bildungsstand des Betreffenden war sein Sozialprestige eher beim Totengräber oder nahe beim gelehrten Kantor angesiedelt.

Reb Moses, mit bürgerlichem Namen Moses Gidion, gehörte in die zweite Kategorie. Er war Schaliach Zibbur und More Zedek (Vorbeter und Lehrer), umgangssprachlich war er ein „Schaz Maz", was „alles in einem" bedeutet. Es war gängige Praxis, dass der Schaz Maz zugleich als Schächter (Schochet) und Beschneider (Mohel) amtierte. Für Münsingen-Buttenhausen ist diese Regelung belegt; auch für Affaltrach bei Heilbronn wissen wir, dass der Lehrer und Vorsänger Israel Fürther schon 1784 seiner Gemeinde als Schächter diente. Noch 100 Jahre später ist diese Ämterverbindung in einer Person hier weiterhin üblich.[4] Für die jüdischen Gemeinden war seine Rolle von besonderer Bedeutung und er unterlag als Ortsangehöriger ihrer Sozialkontrolle, hing doch von ihm die rituelle Reinheit der Lebensmittelversorgung und die Beachtung der Kaschrutvorschriften (Speisegesetze) ab. Er musste daher ein frommer Jude sein und seine Tätigkeit und sein Handwerkszeug vor dem zuständigen Rabbiner verantworten. Der wiederum wachte darüber, dass die Weisungen der Tora eingehalten wurden.

Beim Schächten, so wie bei Auerbach geschildert, handelt es sich um ein unabänderliches Gesetz des Judentums. „… du kannst von deinen Rindern und Schafen, die der Herr dir gegeben, schlachten auf eine Weise, wie Ich dir befohlen habe". Diese Anweisung des 5. Buches Mose (12,21) wird detailliert in der nachbiblischen Tradition, im Talmud und in den rabbinischen Gesetzeskodizes beschrieben. Die heutige Fassung erfuhren die Schächtgebote im 16. Jahrhundert im Gesetzeskodex Schulchan Aruch. Das Schächten besteht in der Durchtrennung von Halsschlagader, Luft- und Speiseröhre mit einem einzigen Halsschnitt, wodurch das Tier ohne Leiden und durch rasches Ausbluten stirbt. Die Forderung nach rascher Ausblutung steht gleichfalls im Zusammenhang mit der Gesetzgebung der Tora, die den Juden an mehreren Stellen (3. Buch Mose 7,26-27 und 17,10-14) jeglichen Blutgenuss verbietet. Der Schnitt beim Schächten muss ohne die geringste Unterbrechung, in einem Zug, mit einem äußerst scharfen, absolut schartenfreien Messer ausgeführt werden. Um dies zu garantieren ist der Schochet verpflichtet, vor und nach jedem Schächten das Messer genau zu prüfen, indem er zuerst mit einem Finger und dann mit einem Fingernagel sechsmal an der Schneide entlangfährt. Der Begriff „Fingerspitzengefühl" ist wohl davon abzuleiten. Das Schächten mit einem Messer, das nicht hundertprozentig scharf ist, gilt als unerlaubte Tierquälerei; das Tier wäre somit nicht gesetzesmäßig geschlachtet und das Fleisch nicht koscher. Nach sephardischer Anschauung ist das ganze Tier nach dem Schächten koscher, wenn eine bestimmte Hüftspannader sorgfältig herauspräpariert ist, nach aschkenasischer darf nur sein Vorderteil verzehrt werden.

Noch vor dem Schächten spricht der Schochet einen Segensspruch. Danach ist er religionsgesetzlich dazu verpflichtet, das ausgeflossene Blut des Tieres, wiederum bei einem Segensspruch, mit Sand oder Asche zu bedecken. „Im Blut steckt die Seele" (eines jeden Lebewesens) lesen wir im 5. Buch Mose (12,23). Und gemäß dem Abschnitt der Tora, in dem nach der Sintflut das Töten der Tiere zwecks Nahrung erlaubt wird, bleibt die grundsätzliche Einschränkung: „Allein esset das Fleisch nicht mit seinem Blut, in dem sein Leben ist" (1. Buch Mose 1,22). Beim ersten Brudermord, den uns die Tora beschreibt, heißt es: „Gott sprach zu Kain: ... deines Bruders Blut schreit auf zu Mir." Daraus schloss man, dass vergossenes Blut stets Grausamkeit, Gewalt und Unmenschlichkeit bedeutet. Aus diesem Grund lautet das Gebot, dass sich auch der Schächter nicht zu Grausamkeit verleiten lassen und selbst das Blut der Tiere bedecken solle.

Die fünf Bücher Mose, die Tora, enthalten damit die wesentlichen Speisegesetze des jüdischen Volkes. Welche Säugetiere, welches Geflügel und welche Fische von Juden verspeist werden dürfen, ist hier festgehalten: Alle Säugetiere, die Wiederkäuer sind und gespaltene Hufe haben, ebenso wie deren Milch, sind für den Verzehr freigegeben. Vom Geflügel sind nur die domestizierten Arten wie Huhn, Gans, Ente oder Truthahn erlaubt, bei den Fischen jene, die Schuppen und Flossen haben, wie auch ihr Rogen. Verboten bleibt, wie oben gesagt, der Genuss des Blutes der Tiere und es muss deshalb aus dem Fleisch gründlich entfernt werden.

Diese Anordnungen stellen nach jüdischem Glauben den Willen Gottes dar und bedürfen daher eigentlich keiner weiteren Begründung. Der Schriftsteller und Pulitzerpreisträger Herman Wouk versucht dennoch in seinem Buch „Er ist mein Gott" eine mögliche Erklärung: „Es ist richtig, dass der Jude der Schöpfung Gottes in Ehrfurcht begegnet und gewahr wird, dass nicht die ganze Schöpfung mit all der Vielfalt der Geschöpfe zu seiner ‚freien Verfügung' erschaffen worden ist. Die Natur solle er nicht als sein exklusives ‚Lebensmittel-Reservoir' oder ‚Werkhalle' betrachten. Daher gebietet sein Schöpfer ihm sich einzuschränken und zu mäßigen, insbesondere bei der ‚Benützung' der Schöpfung, der Natur. Die ‚Beschränkungen' ergeben sich aus der besonderen Gottesweihe oder ‚Auserwähltheit' der Israeliten."[5] Dieses Auserwähltsein bedeutet aber nicht, dass die Juden besondere Privilegien oder Vorrechte genießen. Im Gegenteil: Vieles, was jeder andere mit Genuss essen darf, müssen wir von uns weisen, weil es als „unrein" gilt. Gemeint ist natürlich nicht „rein" oder „unrein" im alltäglichen Sinne. Die „Unreinheit", von der die Tora spricht, ist ausschließlich rituell gemeint und sie will auch nicht suggerieren, dass die verbotenen Speisen gesundheitliche Schäden hervorrufen könnten. Unzählige kerngesunde Feinschmecker und Genießer, die Schweinshaxe, Schinken oder Krebse essen, beweisen, dass die Tora kein Gesundheitsratgeber ist.

Die Schöpfungsgeschichte im 1. Buch Mose berichtet ausführlich über die Erschaffung des Menschen und der Tiere: „Da machte Gott der Herr den Menschen aus dem Staub der Erde und blies ihm den Odem des Lebens ein … Und Gott der Herr machte aus Erde alle die Tiere auf dem Felde und alle die Vögel unter dem Himmel" (1. Buch Mose 2,7 und 2,19). Beim Menschen wird also ausdrücklich noch hinzugefügt: „Er blies ihm den Odem des Lebens ein …" Dem Menschen wurde dadurch die göttliche Seele verliehen, den Tieren gemäß Schöpfungsbericht die animalische. Gott segnete die Tiere und führte sie zu Adam. Er „brachte sie zu dem Menschen, dass er sähe, wie er sie nennen sollte …" (1. Buch Mose 2,19). Durch diese Namensgebung, durch diese Individualisierung wurde das Tier über die Sphäre der Objekte oder die Dinge der Welt hinausgehoben. So interpretiert es der Midrasch (rabbinische Exegese).

Eine ganze Reihe von biblischen Erzählungen zeigt den richtigen Umgang mit den Tieren. Im 1. Buch Mose wird beispielsweise die Begegnung von Rebekka mit Elieser, dem Diener Abrahams, geschildert. Elieser will erkennen, wer die geeignete Lebensgefährtin für Isaak, den Sohn seines Herrn, ist, indem er ihre Zuneigung gegenüber seiner Herde prüft. „… so stehe ich hier bei dem Wasserbrunnen. Wenn nun ein Mädchen herauskommt, um zu schöpfen, und ich zu ihr spreche: Gib mir ein wenig Wasser zu trinken aus deinem Krug und sie sagen wird: Trinke du, ich will deinen Kamelen auch schöpfen –, das sei die Frau, die der Herr dem Sohn meines Herrn beschert hat" (1. Buch Mose 24,43). Dieses Mädchen, das auch den Tieren mit Fürsorge und Rücksichtnahme begegnet, ist es wert, in Abrahams Sippe aufgenommen zu werden.

Denselben Geist wie die Werke der Bibel atmen gleichfalls die Aussagen der nachbiblischen Literatur. In Talmud und Midrasch nämlich zeigen jüdische Gelehrte und Rabbiner in der Bewertung und Exegese der biblischen Geschichten neue Aspekte auf. Ein Beispiel: Der Bote Gottes stellt Bileam zur Rede, warum dieser seine Eselin grundlos geschlagen habe. In Anlehnung an Sprüche 29,7: „Der Gerechte weiß um die Sache der Armen", wird das allgemeingültige Verbot der Tierquälerei hier abgeleitet, und Maimonides, der große Meister des 12. Jahrhunderts, schreibt: „Unsere Weisen haben festgestellt, dass es in der Tora ausdrücklich verboten ist, einem Tier Schmerz zu verursachen und dass dieses Verbot auf dem Satz beruht: Warum hast du deine Eselin geschlagen?"

Dennoch sind die biblischen und talmudischen Sentenzen, die die jüdische Gesetzgebung beherrschen, nicht nur der Spiegel sentimentaler Gefühle oder allgemeiner humanitärer Gesinnung, die meist zu nichts verpflichten. Sie haben ihren Niederschlag in einem festen, gesetzlichen, die jüdischen Lebensformen bestimmenden Rahmen gefunden. Diese Gesetzgebung begnügt sich nicht mit dem Verbot der Tierquälerei. Sie fordert rücksichtsvollen Umgang mit dem Tier, weil sie darin ein Mittel zur ethischen Erziehung des Menschen und einen Prüfstein für seinen Charakter sieht. „Wenn du den Esel deines Widersachers unter seiner Last liegen siehst, so lass ihn ja nicht im Stich, sondern hilf mit ihm zusammen dem Tier auf." Dieser Satz aus dem 2. Buch Mose formuliert den Leitgedanken zur Haltung gegenüber Mensch und Tier. So ist es nicht verwunderlich, dass die Tora die Schabbatruhe auch für die Tiere vorschreibt (2. Buch Mose 20,9) und nachdrücklich das Kastrieren verbietet (3. Buch Mose 22,24). Scharf wird zudem das Zusammenspannen von Tieren unterschiedlicher Kraft oder Größe untersagt. „Du sollst nicht ackern zugleich mit einem Rind und einem Esel" (5. Buch Mose 22,10). Ebenfalls gegen Rohheit und Grausamkeit richtet sich das Gebot: „Du sollst das Böcklein nicht kochen in seiner Mutter Milch" (2. Buch Mose 23,19). Und ein Kommentator fügt hinzu, dass es ganz besonders hart erscheint, weil die Milch, in der das Böcklein gegart wird, als seine Nahrung gedacht ist.

Die Vorschriften der Tora, die zum Schutz und zur Pflege der Tiere erlassen worden sind, haben, wie ausgeführt, die jüdische Küche und Speisekultur maßgeblich beeinflusst. Sie haben sich aber auch in der Vergangenheit auf die Infrastruktur der Gemeinden mit der Berufspalette ihrer Mitglieder und damit auf die gesamte Volkskultur ausgewirkt. Nicht umsonst fand man deshalb auch in kleinen sogenannten Judendörfern des Südwestens mindestens einen jüdischen Viehhändler. Die Versorgung mit koscherem Fleisch vertraute man nämlich nur ungern auswärtigen Lieferanten an. Die Bauern, von denen er sein Schlachtvieh kaufte, kannte der eigene Viehhändler des Ortes persönlich und wusste genau, ob die jüdischen Standards bei der Tierhaltung eingehalten wurden. Er führte sorgfältig Buch über Herkunft und Abstammung des Tieres. So war sichergestellt, dass, wie es die Tora vorschreibt, nicht Muttertier und Junges an einem Tag geschlachtet werden.

Die Statistiken des 19. und frühen 20. Jahrhunderts belegen für eine ganze Reihe von südwestdeutschen Dörfern eine ausgesprochene Konzentration von jüdischen Viehhändlern. Rexingen (heute ein Stadtteil von Horb) beispielsweise galt noch um 1900 als die „Viehbörse Süddeutschlands", obwohl die Landflucht schon längst eingesetzt hatte und die ländlichen jüdischen Gemeinden im Verschwinden begriffen waren. 60 meist kleine Viehhandelsbetriebe waren dort ansässig.[6] In diesem Geschäftszweig hatten die Juden, die aus den meisten Städten und Territorien seit dem Spätmittelalter vertrieben worden waren und keine „zünftigen" Berufe ausüben durften, neben dem Hausierhandel eine Erwerbsnische gefunden. Die Jahrzehnte um 1800 waren bestimmt durch die Förderung der Landwirtschaft. Die napoleonischen Truppen hatten verwüstetes Land hinterlassen, und ein „Jahr ohne Sommer" (1816) hatte die Menschen in Württemberg an den Rand der Existenz gebracht.

Nun aber wuchs die Bevölkerung, der Fleischbedarf nahm zu, und die Viehhändler spielten in den agrarisch geprägten Regionen zwischen Rhein, Main, Donau und Neckar eine wichtige Rolle. Bemerkenswert ist, dass die württembergische Regierung bei den Einschränkungen für den jüdischen Hausierhandel den Viehhandel ausdrücklich ausnahm.

Dennoch, das Leben der Juden, die Vieh feilboten, war meist hart. Sie waren buchstäblich immer auf Achse, und die armen Schmuser (Vermittler) waren unter ihnen häufiger vertreten als die begüterten Pferdehändler. Wie elend ihre Verhältnisse sein konnten, erzählt Berthold Auerbach in seinen zitierten Kindheitserinnerungen: „Unser Nachbar des Lämmle's Eisikle kam einmal heim [gemeint ist vor Schabbat] und trat rückwärts durch die Stubentüre ein. Was ist? Fragte die Frau und Eisikle erwiderte: Ich kann mein Gesicht nicht sehen lassen; ich habe die ganze Woch' nichts gehandelt und nichts verdient."[7]

Die Viehhändler überbrückten für die Bauern die Wege zu den Märkten und gaben Kredite. Ihr Ansehen beruhte auch darauf, dass sie oft die Einzigen waren, die über die Grenzen ihres Dorfes hinausgekommen und etwas weltläufiger waren. Moses Jakob Lindauer aus Jebenhausen bei Göppingen beschreibt seine Kinderzeit in der ersten Hälfte des 19. Jahrhunderts und bemerkt über seinen Vater, er hätte einst sogar „Potsdam und Berlin gesehen".[8] Die Bauern vertrauten in der Regel „ihrem" Viehhändler und jeder Viehhändler hatte „seine" bäuerliche Kundschaft und sein „Gäu". Diese Reputation schützte die Händler allerdings in keiner Zeit vor antisemitischer Hetze, Verdächtigungen und Anfeindungen von Seiten der christlichen Bevölkerung. Die Landjuden galten ihren Nachbarn generell als „nobler", städtischer, wohlhabender, auch wenn sie arme Schlucker waren, und das machte sie immer wieder verdächtig.

Zu den Markttagen trieben die Händler das Vieh beispielsweise nach Mergentheim, Ravensburg, Ulm, Heilbronn oder Ellwangen. „Bis nach Rosche Schune!"[9] – wenn sich ein ostwürttembergischer Bauer so von seinem Geschäftspartner verabschiedet hat, dann war klar, dass man sich nach Neujahr, im Januar nach dem „Kalten Markt" von Ellwangen, wiedersehen würde. Kam der Händler aus dem mittelfränkischen Schopfloch, einem Viehhandelsort wie Rexingen, hat man sich auf Lachoudisch bzw. Lekoudesch verständigt – oder „Lekaudisch medibbert", wie man im Lautertal in Buttenhausen sagte. Der Schriftsteller Jacob Picard aus Wangen am Bodensee hat dieses sprachliche Phänomen, von dem hier die Rede ist, in einer Anekdote festgehalten: „Als ich im Jahr 1936, als ich in die Heimat zurückgekehrt war, bevor ich sie für immer verließ und eines Tages auf dem Höhenweg den Jugendgenossen Alfred Wolf traf, der noch mit seinem bejahrten Auto durch die Gegend fahren durfte, um seinen kleinen Warenhandel zu treiben, hieß er mich einsteigen, um mir folgendes lachend zu erzählen: er hatte das etwa eine Fahrstunde entfernte Worblingen besucht, wo seit zwanzig Jahren keine Juden mehr wohnten und einen bekannten Bauern begrüßt in der Hoffnung, der werde ihm etwas abkaufen, und dessen Begrüßungsworte waren: ‚Guet, Wolf, dass wieder amal aner von Eich kummt, me verlernt sei ganz Loschen Hakaudesch.' Und Alfred ist nie ein Lügner gewesen, der Arme; er wurde 1940 nach Gurs verschleppt, und ist verschollen."[10]

„Loschen Hakaudesch", „Lachoudisch", „Lekoudesch" – hinter diesen Begriffen verbirgt sich das hebräische „Laschon Hakodesch" oder auch „Loshoun Hakaudesch", das bedeutet „heilige Sprache", „heilige Zunge". Natürlich sprachen die südwestdeutschen Landjuden im Alltag nicht Hebräisch. Das beherrschten sie nur aus der Schule und benutzten es für Gebet und Gottesdienst. Ihre Umgangssprache war eine Mischung aus Hochdeutsch, Lokalmundarten und Resten von abgeschliffenem Westjiddisch (sogenanntes Judendeutsch), durchsetzt mit hebräischen Begriffen. Dabei wurden die hebräischen Wörter dekliniert und konjugiert wie das Deutsche. Natürlich verstanden und sprachen ihre nichtjüdischen Nachbarn und Geschäftspartner gleichfalls zumindest rudimentär dieses Idiom.

Da viele der Juden, wie gesagt, als Händler und Hausierer ihren Lebensunterhalt bestritten und auf den Dörfern alles feilboten und tauschten, was zum Leben nötig war, wurde das Lachoudische auch so etwas wie eine Handelssprache und für den Viehhandel fast zur Fachsprache. Gezählt wurde mit den Buchstaben des hebräischen Alphabets. Wenn man sich nach dem Preis für eine Kuh erkundigt hat, dann hieß das: „Was schukt die Poroh?" (Was bringt sein Marktwert?) Und die Antwort auf die Preisvorstellung konnte lauten: „Es ist mir zu jouker" (Es ist mir zu teuer).[11]

Lachoudisch, Lekoudesch als gesprochene Sprache ist mit der Schoah endgültig verschwunden. Als Ausdruck gelebter dörflicher Gemeinschaft ist sie Vergangenheit und nur noch – wie Synagogen und jüdische Friedhöfe – Objekt der Erinnerungskultur mit all ihrer Problematik.[12] Für immer aber bleiben als Verpflichtung die Gesetze der Tora zum Schutz und zur Pflege der Tiere. Diese Gesetze sollen verhindern, dass der Mensch von Grausamkeit beherrscht wird, dass er verrohe und sich sein Herz verhärte.

Thomas Strittmatter hat einem der Schwarzwälder Viehhändler in seinem preisgekrönten Theaterstück „Viehjud Levi", das im November 1982 im Stuttgarter Theater der Altstadt uraufgeführt und 1999 unter der Regie von Didi Danquart verfilmt wurde, ein literarisches Denkmal gesetzt. In einer Szene erklärt Levi seinem Geschäftspartner, dem „Horgenbauer", was sein Berufsethos bedeutet: „Du wirst auch ein Einsehen finden mit der lebendigen Kreatur. Selig ist, was kreucht, selig ist, was fleucht, denn da hat der Härrgott seine Griffeln im Spiel, no. Sollst ehren dein Vater und Mütterlein, sollst nicht schlagen Kind nicht Vieh. So steht nicht in der Heiligen Bibäl, aber so hats schon mein Vater selig gehalten und so sag ich auch, der Levi; und daderfür tu ich gradstehn. No."[13]

Kommen wir zum Schluss nochmals auf die Protagonisten vom Anfang zurück. Auch der kleine Berthold Auerbach hatte diese Verpflichtungen gegenüber Mensch und Tier bei seinen Eltern, Großeltern und in der jüdischen Gemeinde von Nordstetten gelernt und viele Jahre später, als er längst der gefeierte Schriftsteller war, in einer seiner Erzählungen einem Pfarrer folgendermaßen in den Mund gelegt: „Es liegt etwas Unheimliches in der Mordgier des Menschen: zuerst beginnt sie im Kleinen, dann aber steigt sie immer höher und setzt sich endlich einen Menschen zum Ziel. Ich mag nichts davon hören, wenn man von edler Waidmannslust singt und sagt: das ist nichts als aufgeputzte Sünde. Und dass es ehedem Menschen gegeben hat, die sich das Wild aus dem Walde haben in den Schlosshof treiben lassen, um es vom Fenster aus zu schießen und dabei zu lachen und zu scherzen, das war doch nichts als reine, oder eigentlich unreine Mordlust. Wer eine Freude darin findet ein Tier zu töten und es nicht aus Notwehr oder zur Nahrung tut, der ist weit niedriger als das Tier."[14]

---

* Stark veränderte und erweiterte Fassung eines Vortrags, veröffentlicht in: „Es fühlt der Rechtliche den Hunger seines Viehs, doch grausam ist der Frevler Fühlen" – Die Bedeutung des Tieres im Judentum. In: Uri R. Kaufmann und Karsten Kohlmann (Hrsg.): Jüdische Viehhändler zwischen Schwarzwald und Schwäbischer Alb. Horb-Rexingen 2008, S. 9-16.

ALLES AUS LEDER
VOM FLICKSCHUSTER ZUR SCHUHFABRIK

Der derzeitige Vorsitzende des Zentralrats der Juden trägt den Namen „Schuster". Auf den ersten Blick ist dies kein typisch jüdischer Name, aber doch einer, den auch Juden häufiger haben. Der Name erinnert an ein Handwerk, das nicht in die erste Reihe der jüdischen Berufe gehört, jedoch für fromme Juden unentbehrlich war. Es war nicht das fertige Produkt, der Stiefel oder die sonstigen Schuhe, weswegen man zu einem Schuster besonderes Vertrauen haben musste. Natürlich war die Qualität seiner Arbeit sehr wichtig, denn Schuhwerk war teuer, oft teurer als Kleidung, und es musste möglichst „generationenübergreifend" haltbar sein. Schuhmacher waren das Jahr über meist als Flickschuster mit Reparaturen von Schuhen und Lederwaren beschäftigt; Neuanfertigungen waren speziellen Gelegenheiten vorbehalten. Nur reichere Juden konnten sich vielleicht einmal im Jahr ein neues Paar Schuhe leisten. Fußbekleidung wurde in einem heute unvorstellbaren Maße immer wieder so lange geflickt, bis es wirklich nicht mehr ging. Nicht bloß ärmere Familien besaßen häufig lediglich ein oder zwei Paar Schuhe, die von dem getragen wurden, der das Haus verlassen musste. Kinder gingen in der Regel überhaupt nur barfuß „und träumten davon, einmal, ein einziges Mal ... ein Paar neue Schuhe zu bekommen – aber es geschah nur höchst selten" und ohne Flickschuster „hätten viele Kinder ... auch im Winter barfuß gehen müssen".[1] Auf dem Land war es bis nach dem Zweiten Weltkrieg ganz allgemein üblich, dass alle Kinder, solange es irgend ging, barfuß unterwegs waren. Einzig zum Gottesdienst am Sonntag bekamen christliche Kinder Schuhe angezogen. Eher umgekehrt fiel auf, dass Juden am Schabbat in besserer Kleidung und Schuhwerk zu sehen waren.

Vor allem musste man beim Schuhmacher darauf vertrauen können, dass er – wie der Schneider – die richtigen Materialien verwendet. Für gesetzestreue Leute war der Besitz von Schuhen, Taschen oder Brieftaschen aus Schweinsleder unvorstellbar. Vom Beiwerk bis zur Schuhcreme kamen nur Zutaten in Frage, die von Tieren stammten, die dem biblischen oder den rabbinischen Reinheitsgesetzen entsprachen. Schon beim Gerben des Leders achtete man darauf, dass sauber gearbeitet wurde, dass also zum Beispiel in die Lohe aus Versehen keine Innereien von Tieren gerieten. Die notwendigen Kenntnisse dafür traute man sicherheitshalber ausschließlich einem gesetzestreuen Juden zu. Natürlich waren jüdische Flickschuster immer für das ganze Dorf tätig, aber Juden konnten sich darauf verlassen, dass auch bei den Reparaturen kein unreines Material verwendet wurde. Allgemein kann man gemäß einer talmudisch-rabbinischen Aussage davon ausgehen, dass ein Meister eines Handwerks zuverlässig arbeitet, denn er bringt sein Handwerk nicht in Misskredit. „Rabbinischer Oberaufsicht" unterlag alles, was mit Lebensmitteln zu tun hat: Wein, Brot mit Mehl und Fleisch. Bei anderen Professionen wie Schneider und Schuhmacher genügte das Vertrauen in die Zuverlässigkeit eines frommen Meisters.

Man sollte nicht übersehen, dass im Orient, und damit ebenfalls in den dortigen jüdischen Gemeinden, ursprünglich das feste, geschlossene Schuhwerk unbekannt war und man Sandalen trug, die mit ihren Lederriemen schnell an- und ausgezogen werden konnten. An Feiertagen wie Jom Kippur (Versöhnungstag) und am Haupttrauertag, dem 9. des Monats Aw, hat man Wert darauf gelegt, keine Lederschuhe oder Sandalen mit Lederriemen anzuziehen, denn sie waren in jenen armen Gegenden schon Luxusgegenstände. Überdies kann man an Jom Kippur nicht vor den Thron des Allmächtigen treten und dabei ein Bekleidungsstück tragen, das der weltlichen Prachtentfaltung dient oder aus Material besteht, für das ein Tier getötet werden musste. Daher ziehen Kohanim (Nachkommen von Tempelpriestern) beim „Priestersegen" Lederschuhe aus, und für alle Juden gilt wie gesagt: kein Lederschuh an Jom Kippur oder am 9. Aw, zudem kein Lederschuh in einem Trauerhaus. Die Trauernden haben sich beim Betreten des Hauses eines Verstorbenen deswegen rasch ihres Schuhwerks entledigt.

Übernahmen bei der Entwicklung der handwerklichen zur industriellen Produktion jüdische Unternehmer eine Vorreiterrolle? Ja und nein. Der Weg führte selten direkt vom Handwerks- zum Industriebetrieb. Meist finden wir als Übergangsform einen Manufakturbetrieb, der häufig zwischen einem Verleger als Geldgeber und Vermarkter sowie einem oder mehrere Hersteller aufgeteilt war. Das hing mit dem Zunftsystem zusammen. Jüdische Schuster durften eigentlich nur für Juden tätig werden. Da sie aber günstiger als die Konkurrenz arbeiteten, hatten sie natürlich auch eine christliche Kundschaft. Das Manufaktursystem ließ den jüdischen „Unternehmer" in den Hintergrund treten, zumal wenn der produzierende Teil Nichtjude war.

Voraussetzung und Erfolg der späteren industriellen Schuhfabrikation lassen sich an der Geschichte der Firma Salamander in Kornwestheim ablesen. Innovation bei Verkauf und Marketing gingen mit industrieller Massenproduktion Hand in Hand. Der Buchauer Händler Rudolf Moos, ein Verwandter Albert Einsteins, verkaufte in Berlin Schuhe und hatte sich 1899 eine Marke Salamander als Warenzeichen schützen lassen. In einer Ausschreibung suchte er einen Lieferanten für einen Großauftrag. Ein Paar Herrenschuhe wollte er unter seiner Marke statt für die üblichen 20 Mark um 12,50 Mark verkaufen. Die Ausschreibung gewann die Kornwestheimer Firma J. Sigle & Cie., die von dem Schuhmachermeister Jakob Sigle und dem Stuttgarter Handelsreisenden Max Levi 1891 gegründet und 1898 mit dem Eintritt von Isidor Rothschild erweitert worden war. Der riesige Erfolg des billigen Angebots erzwang den raschen Ausbau eines Filialnetzes. Deshalb gründeten beide Partner 1905 eine Salamander Schuhverkaufsgesellschaft, von der Rudolf Moos dann bereits 1909 seine Hälfte an J. Sigle & Cie. verkaufte.

Nach dem Zweiten Weltkrieg haben alle, die bei Null anfangen mussten, Juden wie Nichtjuden, auf frühere Erfahrungen und Kenntnisse zurückgegriffen. Ein Onkel aus meiner Verwandtschaft hat nach seiner Rückkehr aus dem Lager mit einem Schuhhandel begonnen. Aus Ungarn als Selbständiger vertrieben, gründete er in Wien eine Schuhfabrikation. Anfang der Sechzigerjahre verdrängten Großbetriebe mit ihrer Globalisierung und der Produktion in Billiglohnländern auch seine Fabrik. Bezeichnenderweise blieben aber unsere Verwandten in dieser Branche und führen heute die Firma als Großhandel für alle Arten von Lederwaren und ihrem Zubehör. Waren früher Lederwaren insbesondere nützlich, so steht heute der modische Aspekt im Vordergrund, und der Erfolg hängt davon ab, dass neue Trends rechtzeitig und richtig erkannt werden. Flexibilität und Überlebenswille sind Tugenden, die bei Juden, aus der Not geboren, besonders ausgeprägt vorhanden und immer wieder bei jüdischen Erfolgsgeschichten zu beobachten sind. Selbst in kleinen jüdischen Gemeinden Deutschlands, die nach 1960 vielleicht 120 bis 150 Mitglieder umfassten, hatten es zwei oder drei aus dem Osten geflohene Mitglieder schon wieder zu ansehnlichen Unternehmungen gebracht.

Wenn wir von Lederwaren sprechen, so ist es ebenso naheliegend wie falsch, auch über Gürtel zu sprechen. Der Gürtel (jiddisch: Gartl) ist ein Kleidungsstück, das vornehmlich von Chassiden benutzt wird. Es ist ein aus Seide oder seidenähnlichem Stoff geflochtenes Band, das nicht etwa eine Hose zusammenhält, sondern auf dem Kaftan, einer halblangen Jacke, getragen wird. Die chassidische Deutung dazu ist zugleich auch mystisch. Der Unterkörper gilt als der Sitz niederer Bedürfnisse und Instinkte und soll deshalb vor allem beim Gebet vom Oberkörper „getrennt" sein. Der Gürtel markiert diese Trennung. So ist das Tragen dieses Gürtels eng mit der chassidischen Lebensweise verbunden und prägt sich bis in Namensformen ein, wenn zum Beispiel ein bekannter Journalist den Namen Gabor „Steingart" trägt. Ich habe es noch in Stuttgart erlebt, dass Gemeindemitglieder nicht mehr mit einem Kaftan bekleidet waren, aber im Gottesdienst einen schwarzen Seidengartl über eine normale Jacke banden, weil mit diesem kleinen Kleidungsstück auch zum Ausdruck gebracht wird, dass man mit dem Körper Gott dient.

Beim An- und Ausziehen von Schuhen halten Juden meist eine bestimmte Reihenfolge ein. Spricht man sie darauf an, werden nur wenige eine Erklärung dafür wissen; so haben sie es als kleines Kind eben gelernt. Sie ziehen auch als Erwachsene zuerst den rechten Schuh an und beginnen beim Ausziehen mit dem linken Schuh. So legt es der Gesetzeskodex Schulchan Aruch fest (Talmud, b. Schabbat 61/a; Schulchan

Aruch, Orach Chajim 2,4,5; 4, 10), da „rechts" den Vorzug vor „links" habe. Dieses Ritual ist vielfach biblisch begründet. Joseph wollte, dass sein Vater Jakob mit der Rechten den älteren Manasse segne, Jakob verhieß indes dem jüngeren Ephraim eine glänzendere Zukunft. „Da aber Joseph sah, dass sein Vater die rechte Hand auf Ephraims Haupt legte, gefiel es ihm übel, und er fasste seines Vaters Hand, dass er sie von Ephraims Haupt auf Manasses Haupt wendete, und sprach zu ihm: Nicht so, mein Vater; dieser ist der Erstgeborene, lege deine rechte Hand auf sein Haupt ..." (1. Buch Mose 48,13-19). Im Loblied, das Moses nach der Flucht aus Ägypten anstimmt, heißt es: „Herr, Deine rechte Hand tut große Wunder; Herr, Deine rechte Hand hat die Feinde zerschlagen" (2. Buch Mose 15,6), und auch in den Psalmen finden wir „Die Rechte des Herrn behält den Sieg ..." (Psalm 118,15). Nicht nur die rechten Hände werden bevorzugt, sondern generell wird es der rechte Körperteil des Menschen. Auch biblisch gilt der Platz zur Rechten als Ehrenplatz: „Und es wurde der Mutter des Königs (Salomon, Schlomo) ein Stuhl gesetzt, dass sie sich setze zu seiner Rechten" (1. Könige 2,19). Bei der Vision des Propheten Sacharja erhielt sogar der „Satan" (das heißt der Ankläger) den Platz zur rechten Seite des Kohen Gadol (Hohepriester): „Der Ankläger steht zu seiner Rechten, ihn zu verklagen" (Sacharja 3,1). Die Halacha (gesetzesmäßige rabbinische Entscheidung) begründet die Bevorzugung der rechten Hand unter anderem auch damit, dass die Tora am Sinai aus der rechten Hand Gottes empfangen wurde (Exegetische Midraschim aufgrund vom 5. Buch Mose 33,2): „Der Herr ist vom Sinai gekommen ...; zu Seiner rechten Hand ist ein feuriges Gesetz an sie." Ferner sollen die Tefillin-Gebetsriemen mit der rechten Hand an die Linke angelegt werden (b. Menachot 37/a).

Diese Aussagen der Tora und des Talmud stehen im Hintergrund, wenn der Schulchan Aruch das An- und Ausziehen der Schuhe und das Binden der Schnürsenkel kodifiziert. Als erstes wird also der rechte Schuh angezogen, dann der linke. Gebunden wird aber zuerst der linke Schuh. Beim Ausziehen soll nämlich zuerst der linke Schuh abgestreift werden, denn der rechte (bevorzugte) Fuß sollte nicht unbedeckt sein, während der linke noch bedeckt ist. Geschnürt werden sollten die Schuhe wie gesagt zuerst links, damit sie wie die Tefillin gebunden werden. Für Linkshänder gilt (ebenfalls nach b. Menachot 37/a), dass sie die Tefillin auf ihrem rechten Arm anlegen und dementsprechend auch zuerst den rechten und dann erst den linken Schuh schnüren dürfen.

Der Umgang mit Schuhwerk ist ein gutes Beispiel dafür, wie biblische Aussagen in halachisch-gesetzlichem Ritus kodifiziert wurden und heute im täglichen Brauch fortleben – ganz gleich, ob wir ihn bewusst oder unbewusst übernommen haben.

„SCHATNES GEPRÜFT"
JÜDISCHES ZUR TEXTILPRODUKTION UND GESCHICHTE DER INDUSTRIALISIERUNG WÜRTTEMBERGS

Es ist sicher richtig, wenn man die Industrialisierung Württembergs mit Maschinenbau und Elektroindustrie erst in die Zeit nach 1850 datiert, arbeiteten doch 1852 im ganzen Land nicht mehr als 25 Dampfmaschinen.[1] Neun Jahre später war ihre Zahl auf 253 angewachsen, aber noch immer erzeugte die Wasserkraft das 13-fache an Energie, und erst ab etwa 1875, die Zahl der Dampfmaschinen war auf 780 sprunghaft angestiegen, kann man von einem vollen Einsatz industrieller Produktion sprechen. Im Vergleich zu anderen Ländern hat man diese späte Entwicklung auf die Armut Württembergs zurückgeführt, denn eine Dampfmaschine kostete in der ersten Jahrhunderthälfte knapp 25 000 Gulden. Doch diese Theorie hält einer genaueren Prüfung nicht stand. Die Ablösung der Grundherrschaft hatte den führenden Adelshäusern des Landes in den ersten Dezennien des 19. Jahrhunderts rund 17 Millionen Gulden in die Kassen gespült, genug zur Finanzierung der Frühindustrialisierung. Diese Gelder legten die Familien aber fast ausschließlich wieder in Grund und Boden oder in Staatsanleihen an.[2] In erster Linie bestimmten also andere Faktoren den Weg in die neue Produktionsweise.

In der Zeit nach 1810 regten welterfahrene Zuwanderer auch in Württemberg mancherlei Unternehmungen an. Der Klavierbau zum Beispiel wuchs über die Handwerksbetriebe hinaus und sicherte sich in Deutschland eine Sonderstellung; Chemiefirmen entstanden, zogen jedoch zum großen Teil ins badische Mannheim weiter.

Von Anfang an hatte in dieser Frühphase der Textilbereich die größte Bedeutung. Der Rohstoff Wolle war im Lande ausreichend vorhanden oder konnte später günstig importiert werden. Ausgebildete Weber und Hilfskräfte waren billig und standen in großer Zahl zur Verfügung. Und selbst das kleine Württemberg bot ein genügend weites Absatzgebiet, so dass sich eine gewisse Mechanisierung und fabrikmäßige Arbeitsorganisation zu lohnen begannen. Das entsprechende Knowhow kam nicht von einheimischen Handwerkern, sondern von Kaufleuten und deren überregionalem Wissen, was Produktionsweisen und Absatzmärkte anlangt. Diese Unternehmer sammelten in ihren Familien und bei befreundeten Kollegen das Kapital für die Einrichtung sowie den Kauf der Maschinen ein, die meist aus England importiert wurden. Doch der Prozess der technischen Neuerungen vollzog sich nur langsam, denn der abgeschottete Inlandsmarkt ermöglichte auch mit den alten Verfahren noch relativ hohe Gewinne.[3] Um das Jahr 1830 erlebte das Textilgewerbe dann in Süddeutschland einen großen Schub: 1828 hob die Gewerbeordnung den Zunftzwang für Fabrikbetriebe auf, 1829 erweiterte der Süddeutsche Zollverein mit Bayern und den Hohenzollernschen Landen den Absatzmarkt dramatisch und ermöglichte Produktionen in größerem Stil. Die Organisationsform der Betriebe und damit der Bedarf an fest gebundenem Kapital blieben noch länger flexibel. In Mischformen von Verlag und Manufaktur bzw. Fabrikbetrieb waren die Übergänge nach beiden Seiten hin fließend. Heim-, Saison- und Nebenerwerb bestimmten weithin die Branche. So arbeiteten nach einer Erhebung von 1832 in der Leinenweberei gut 23 000 Meister und fast 5000 Gehilfen im Nebenerwerb, und von den rund 5500 Beschäftigten in den „Fabriken" des Textilbereichs hatte etwa die Hälfte ihren Arbeitsplatz außerhalb.

Die Wellen der Konjunkturen können wir hier übergehen und halten nur fest, dass erst 1875 die Zahl der Beschäftigten in der Textilindustrie von der in der Metallverarbeitung (einschließlich Maschinenbau) übertroffen wurde. Mit dieser Entwicklung spielte der Textilbereich für Württemberg zwar nicht die beherrschende Rolle wie beispielsweise für Sachsen, aber eine Zahl regt zum Nachdenken an: Trotz des Anwachsens des Maschinenbaus und der Elektroindustrie beschäftigte die Textilindustrie von 1875 bis 1939 in Württemberg konstant um die zehn Prozent aller gewerblich Tätigen.[4] Sie war somit die einzige Sparte, die ununterbrochen von den ersten Anfängen bis zum Zweiten Weltkrieg den Prozess der Industrialisierung wesentlich mitgestaltet hat.

Für Sozial- und Wirtschaftshistoriker ist es nicht weiter verwunderlich, dass Juden an diesem Prozess ihren Anteil hatten. Mit einer „Normalverordnung" war ihnen 1809 der Weg in das bürgerliche Gewerbe dem Grundsatz nach ermöglicht worden, noch ehe das „Erziehungsgesetz" von 1828 ein eingeschränktes Bürgerrecht gewährte. Es war eng an eine „Produktivierung" gebunden und wurde erst 1864 durch die völlige rechtliche Gleichstellung abgelöst. Kurz zuvor schon kannte die gesamtdeutsche Wechselordnung (seit 1847) und Gewerbeordnung (1861) keine Konfessionsbeschränkungen mehr.

Die beschriebenen Voraussetzungen zur Industrialisierung waren gerade bei vielen Juden vorhanden: Ein traditionell überregionales Netzwerk in Familie und Handelsberuf garantierte die Informationen über Techniken und Märkte. Der Kapitalbedarf, der sich anfangs in Grenzen hielt, konnte im Familien- und Bekanntenkreis eingesammelt werden. Zudem war das Verbot von Grundbesitz eine „Voraussetzung" für die Mobilität der jüdischen Kaufleute, die eine rasche Anpassung an neue Gegebenheiten ermöglichte. Und noch eine Besonderheit: Im Zunftwesen wurde die Ware in der Regel gegen bar verkauft. Die jüdischen Kaufleute konnten in der Anfangsphase ihren Vertrieb zusätzlich auf ein Netz von Hausierhändlern stützen, denen sie allerdings in Kommission liefern mussten.[5]

Wie und in welchem Umfang Juden am Textilbereich beteiligt waren, hat Jacob Toury, soweit das heute noch möglich ist, in umfassender Weise minutiös untersucht.[6] In die allgemeine Geschichtsschreibung sind seine Ergebnisse kaum eingegangen und auch im historischen Gedächtnis sind die Spuren allenfalls lokal vorhanden. Hier sollen nur einige Zahlen und Beispiele an die Bedeutung einzelner Betriebe und Entwicklungen erinnern, ehe wir die wichtige Frage nach dem „Warum" und ihre Begründung erörtern.

Im Jahre 1828 arbeiteten bereits rund zwölf Prozent der knapp 4000 berufstätigen Juden im Textilsektor; um 1860 gab es in Stuttgart und Cannstatt zusammen 205 jüdische Haushaltsvorstände, wovon 14,7 Prozent als Großhändler oder Fabrikanten dieser Sparte geführt wurden. Die Judengemeinde Württembergs zählte 1880 insgesamt 13 500 Seelen. An 60 Standorten hatten ihre Mitglieder 160 Großtextilfirmen gegründet.

Ein eher unscheinbares, aber vielleicht typisches Beispiel: Im heutigen Stuttgarter Stadtteil Plieningen waren 1828 etwa ein Drittel der Einwohner Weber. Die Zunftlade der Weber stand 1725 im Ort; von einer Familie Schepperle, die auch einmal den Zunftmeister stellte, sind von 1700 bis 1847 vier Generationen Weber nachgewiesen. Abgesetzt wurden ihre Waren an Kaufleute und im Direktvertrieb. Um die Mitte des 19. Jahrhunderts wurde das Gewerbe in Plieningen nur noch im Nebenerwerb betrieben, und nach und nach gaben alle Weber auf und wanderten in neue Berufe ab.[7]

Im Jahre 1845 gründete im hohenzollerischen Hechingen ein Benedikt Baruch, der zuvor als Verleger in Plieningen tätig gewesen war, eine Fabrik. Zehn Jahre später erbat und bekam er von der nunmehr preußischen Verwaltung als ältester Industriebetrieb in der neuen Provinz einen Kredit zur Anschaffung einer Dampfmaschine und nahm jüdische Sozien auf.[8] Vermutlich arbeitete das Werk in den Räumen der ehemaligen Jeschiwa (Talmudschule), denn Berthold Auerbach erinnerte sich 1873 an einen Besuch: „Es ist jetzt eine Baumwollspinnerei darin. Da, wo ich geschlafen hatte, ist jetzt eine Maschine aufgestellt, und in unserm Studirzimmer drehen sich jetzt die Spindeln."[9] Im 20. Jahrhundert hatte der mittelgroße Betrieb auf elektrische Maschinen umgestellt und existierte nach einem Verkauf an ein Göppinger jüdisches Unternehmen bis zur „Arisierung" 1938.

Eine Firma J. Heilbronner & Söhne, deren Inhaber vornehmlich als Textilgroßhändler und Verleger gearbeitet hatten, transferierte 1853 einen Fabrikbetrieb unter dem Namen „Bernheimer & Heilbronner" von Plieningen nach Hechingen und konzentrierte dort Herstellung und Verkauf.

Diese unspektakulären Beispiele zeigen deutlich: Die Kaufleute wechselten den Gewerbeort, obwohl das Bürgerrecht im hohenzollerischen Hechingen erst 1918 unbeschränkt möglich war und damit die bürgerliche Gleichstellung der Entwicklung in Württemberg hinterherhinkte. Außerdem, die Unternehmer erkannten, dass sie sich vom Verleger zum Fabrikanten weiterentwickeln müssen und sie lösten das Kapitalproblem durch einen staatlichen Kredit (damals nur im Preußischen möglich) und Assoziierungen. Zusammen mit einer später gegründeten weiteren Fabrik gaben sie den Anstoß zur städtischen Modernisierung Hechingens und beschäftigten um 1887 weit mehr als die Hälfte der Fabrikarbeiterschaft der Stadt.[10]

Der Zwang zur Mobilität traf im 19. Jahrhundert auch ganze Judengemeinden. Jebenhausen (heute ein Stadtteil von Göppingen) war eine ruhmreiche Kehillah (jüdische Gemeinde) mit zahlreichen Textilfirmen, die während der Blüte des Verlegertums in den Vierzigerjahren mehr als 3000 Webern aus der gesamten Gegend Arbeit gaben.[11] Im Jahre 1841 nahm die Kaufmannszunft des nahe gelegenen Göppingen erstmals Juden auf, 1847 wurde der Ort Station der wichtigen Eisenbahnlinie Stuttgart – Ulm, und mit der fortschreitenden Mechanisierung nahmen immer mehr Betriebe dies zum Anlass, ihren Sitz von Jebenhausen in das verkehrsgünstige Göppingen zu verlegen. Die Heimarbeit rückte in den Hintergrund. In den Fünfziger- und Sechzigerjahren existierten in der Stadt bereits 31 jüdische Textilfabriken, die dann meist schon von vier bis sieben Partnern getragen wurden, da der Kapitalbedarf für die Anschaffung von Dampfmaschinen (ab 1871) stark angestiegen war. Damit war das Ende der jüdischen Gemeinde Jebenhausen besiegelt. Am 31. Dezember 1899 wurde die Synagoge geschlossen; die Gemeinde erlosch und ging in der von Göppingen auf.

Ein weiteres Beispiel von vielen: Drei Brüder Elsas verlegten um 1850 ihre 1838 in Aldingen (Remseck) gegründete Buntweberei von dem Ort mit einer kleinen jüdischen Gemeinde in die nahe gelegene zweite Residenz- und Militärstadt Ludwigsburg, doch schon 1860 zogen sie weiter nach Cannstatt, weil dort die Wasserkraft des Neckars zur Verfügung stand. Die Entwicklung der Dampfmaschinen hob diesen Vorteil auf, und so kehrte einer der Brüder nach Ludwigsburg zurück und gründete eine eigene Firma.[12] Beide Betriebe spielten fortan eine wichtige Rolle in der Textilwirtschaft des Landes. Max Elsas war vor 1933 der hoch angesehene, ehrenamtliche Stellvertreter des Ludwigsburger Oberbürgermeisters. Seine Ludwigsburger Firma wurde 1938 „arisiert" und nach dem Krieg seinem Erben zurückgegeben. Max Elsas war in Theresienstadt umgebracht worden.

Insgesamt führt Jacob Toury die Standortwahl für Textilfabriken auf drei Faktoren zurück. Ursprünglich zog die Existenz billiger Arbeitskräfte Betriebe an, bald darauf war die Wasserkraft entscheidend und seit 1860 überwogen verkehrstechnische Überlegungen. An Orten, an denen der Maschinenbau nicht Fuß fasste, konnte die Textilindustrie das Wirtschaftsleben einer ganzen Stadt bestimmen. So brachten die sechs jüdischen Textilbetriebe Hechingens bereits 1910 rund 45 Prozent des gesamten Gewerbesteuerkapitals der Stadt auf, und in der Weimarer Republik bezahlten die etwa 100 Juden der Stadt (1,9 Prozent der Bevölkerung) regelmäßig 35 bis 40 Prozent aller Steuern.[13]

Ein weiterer Beleg für die bemerkenwerte Anpassungsfähigkeit ist die Spezialisierung: Damit gelang es einigen jüdischen Unternehmungen, sogar auf dem Weltmarkt Sonderstellungen zu erlangen. Ich erwähne nur die Korsettfabrikation in Jebenhausen-Göppingen und im Raum Cannstatt-Stuttgart[14] sowie die Firma Pausa in Mössingen. Die jüdischen Brüder Felix und Artur Löwenstein hatten in ihrem 1919 gegründeten Mössinger Unternehmen begonnen, hochwertige Dekorationsstoffe in modernem Design herzustellen. Für die Entwürfe arbeiteten sie eng mit den Münchner Werkstätten und dem Bauhaus in Dessau zusammen. Schon 1936 mussten sie die Pausa zwangsweise verkaufen und flüchten, denn sie hatten am 30. Januar 1933 ihren Arbeitern zum Mössinger Generalstreik gegen die Machtübernahme Hitlers freigegeben. Ihr Nachfolger hat aber die Firmenstrategie weiterverfolgt, für die Entwürfe erste Kräfte wie Willi Baumeister und HAP Grieshaber gewonnen und damit bis in die Sechzigerjahre des 20. Jahrhunderts weltweit Erfolg gehabt.[15]

Auf zwei andere Beispiele sei wenigstens hingewiesen, auch wenn sie nicht aus Württemberg stammen. Der Franke Löb Strauß aus Buttenheim bei Bamberg wanderte 1847 nach Amerika aus. Mit seinen Levi's Jeans wurde er Weltmarktführer. Und vom badischen Elz aus gingen Gütermanns Nähseiden seit 1867 in alle Welt.[16]

Kommen wir zur Kernfrage, warum Juden sich von Anfang an so überproportional im Textilbereich und nicht etwa im Klavierbau oder in der chemischen Industrie engagierten. In der Literatur zur Industrialisierung wird häufig unter anderem die religiöse Disposition als eine wichtige Grundlage bezeichnet. Protestantische Ethik und der Geist des

Kapitalismus werden unter Berufung auf Max Weber genannt. Für Württemberg wird der „schmale Weg" des Pietismus angeführt, dessen „mentale Eigenarten und Leitbilder sich dann in der Eigenart der württembergischen Industrie wiederfinden lassen".[17] Im jüdischen Bereich können wir die Präferenz für den Textilsektor jedoch sehr viel konkreter aus religiösen Geboten herleiten, die schon in vorindustriellen Zeiten eine intensive Kenntnis von Stoffen und Geweben verlangten. Es geht um den Begriff „Schatnes", der eine Fasermischung aus Wolle und Leinen bezeichnet, und das Verbot der Mischgewebe. Kleidung aus solch einem Mischgewebe darf ein Jude nach biblischer Verordnung (3. Buch Mose 19,19 und 5. Buch Mose 22,11) nicht tragen. Wie beide Stoffe miteinander verbunden sind, spielt keine Rolle. Solange sie nicht fest verwoben, vernäht oder befestigt sind, dürfen sie übereinander getragen werden.

Traditionell gesehen gehört Schatnes zu den Anordnungen, für die auch unsere Weisen keine rationale Begründung finden konnten, was aber für den toratreuen Juden nur heißt, dass er den verborgenen Sinn nicht zu erkennen vermag. Diesem Verbot liegt vermutlich der Gedanke der Heilighaltung einer göttlichen Schöpfung durch den Menschen zugrunde, genauso wie die der Pflanzenarten und jener Tiere, welche die Grundlage zu den Stoffen liefern. Man könnte sich allein auf den Text der zwei verbindlichen Bibelstellen und ihre nachbiblischen, talmudischen und rabbinischen Interpretationen und Niederschläge berufen, doch wäre das zu kurz gegriffen. Die Halacha (jüdisches Gesetz und Lebensform) enthält auch eine Philosophie, deren Wurzeln in der jüdischen Gedankenwelt verankert sind.

Um die Beziehungen zwischen jüdischer Gesetzgebung und Philosophie zu verstehen, muss man wissen, dass das Buch Genesis für uns Juden nicht allein den Ablauf der göttlichen Welterschaffung beinhaltet. Es geht darin nicht nur um den „alten Streit" zwischen Glauben und Wissen. Agnes Heller, die ungarisch-jüdische Philosophin und einstige Schülerin des Marxisten Georg Lukács, hat herausgearbeitet, dass im 1. Teil des Mosebuches zuerst die Grundfrage aller Philosophie aufgeworfen wurde[18]: Warum gibt es „Etwas" anstelle des „Nichts"? Oder anders formuliert, warum wird das „Sein" dem „Nichtsein" vorgezogen? Man kann das 1. Kapitel der Genesis nicht widerlegen, „weil es eben keine Glaubenslehre, sondern Philosophie ist", genauso wie die Philosophie Platons in den letzten 2500 Jahren keinen Schaden nehmen konnte. Daher benötigt das 1. Buch Mose nach den Kriterien der Wissenschaft keinen Beweis, dass es die Wahrheit beinhaltet. Weil Gott der Schöpfer ist, schuf er nach jüdischem Glauben keine Mittelwesen oder Mittler, also auch keine Engel oder Dämonen. Er schuf nichts, was in unserer Phantasie existiert, jedoch unsere Phantasie und Erfindungsgabe. Auf derselben Grundlage befürchtete schon der große mittelalterliche Philosoph und Gesetzeslehrer Maimonides, ohne das Mischgewebeverbot würden womöglich fremde Sitten und Gebräuche nachgeahmt und damit würde gleichzeitig der Weg zu Götzendiensten geebnet werden.[19]

Die jüdische Philosophie entfaltet sich parallel zu der jüdischen Gesetzgebung zur vollen Geltung als Verbindung philosophischer Studien mit Inhalten der jüdisch-religiösen Tradition. Es ist noch heute ein Teil der Lebenseinstellung, dass wir uns gemäß der biblischen und nachbiblischen Schriften bei der Nutzung von Schöpfung und Natur gesetzlich verankerte Beschränkungen auferlegen. Schöpfung und Natur sind nicht unsere unendlich gefüllten Vorratskammern, in die wir nach Belieben greifen dürfen. Wegen der besonderen Gottesweihe gibt es rituelle Speisevorschriften, die Säugetiere, Vögel und Fische betreffen. Das Verzehren des Blutes von Säugetieren und deren Talg sowie die Vermengung von Fleisch mit Milch sind untersagt. Außerdem ist das Genießen von Früchten eines jeden Baumes während der ersten drei Jahre nach der Pflanzung verboten. Aber die auferlegten Beschränkungen bei der Benutzung der Schöpfung beziehen sich nicht nur auf die Speisen, sondern auch auf verschiedene andere Gebiete. In diesem größeren Zusammenhang ist das Verbot des Mischgewebes zu verstehen.

Das Judentum kennt außerhalb der Speisegebote vier Verbote der Artenmischung aus der Tora. Das Säen verschiedener Samen auf einem Feld, das Pfropfen von Bäumen, verschiedene Gattungen von Vieh zusammenzuspannen, zum Beispiel beim Pflügen, und Stoffe im Gewebe zu mischen. Allerdings haben diese Vorschriften einen unterschiedlichen Stellenwert. Die eingangs erwähnten Torastellen lauten vollständig so:

„Meine Satzungen sollt ihr halten [das hebräische Wort heißt ‚bewahren']. Lass nicht zweierlei Art unter deinem Vieh sich paaren und besäe dein Feld nicht mit zweierlei Samen und lege kein Kleid an, das aus zweierlei Faden gewebt ist" (3. Buch Mose 19,19) und „Du sollst nicht anziehen ein Kleid, das aus Wolle und Leinen zugleich gemacht ist" (5. Buch Mose 22,11). Hier finden wir auch den „Fachausdruck" Schatnes als Mischform von zwei unterschiedlichen Stoffen. Diese Gebote sind nach Maimonides (Rambam)[20] damit zu begründen, dass die Unterscheidungen, die uns die göttliche Schöpfung vorlegt und zum Bewahren auferlegt, der Mensch nicht „verwischen" soll. Und der mittelalterliche Gelehrte Nachmanides[21] lehrte, dass die Vermengung zweier Naturstoffe die Ordnung der Schöpfung zu leugnen scheint. So als ob der Herr nicht alles auf der Welt vollkommen erschaffen hätte und der sterbliche Mensch Gottes Schöpfung ergänzen müsse. Wohlgemerkt, diese Lehren stellen den Versuch einer Erklärung dar und sind kein Dogma.

Jüdische Menschen leben mit der Unterscheidung. Die biblische Schöpfungsgeschichte differenziert zwischen Tag und Nacht, zwischen Gutem und Bösem, zwischen Wochentag und Schabattag. In diesen Rahmen ordnet sich auch das für uns verbindliche Gebot ein. In der rabbinischen Literatur hat diese Unterscheidung eine Menge Diskussionen hervorgerufen, bis sie im Schulchan Aruch (mittelalterlicher Gesetzeskodex) geregelt wurde.[22] Wenn also Flachs- und Schafwollfäden zusammen in einem Kleidungsstück aufgefunden werden, darf es nicht auf dem Körper getragen werden. Allerdings gibt es zwei Ausnahmen: Die Schaufäden am Tallit (Gebetsmantel) der gesetzestreuen Juden dürfen aus Mischgewebe bestehen, denn sie sind eine Nachahmung der Tracht, welche die Priester des Tempels als Zeichen, dass sie im Dienste Gottes stehen, im Heiligtum getragen haben.[23] Genauso verhält es sich mit den Totenkleidern (Tachrichim oder Sargenes). Denn alle Gebote (Mizwot), die für die Lebenden gelten, sind mit dem Tod aufgehoben. Obwohl Schatnes nur eines von zahlreichen Geboten ist, gehört es zur Gesamtheit der jüdischen Gedankenwelt, begründet in der Liebe zur und Ehre der göttlichen Schöpfung.

In der modernen Welt der Konfektion, vor allem in den USA, ist es üblich, dass die Hersteller die Bezeichnung „Schatnes" oder „Schatnes geprüft" auf Etiketten in Jacken und Anzügen anbringen und nicht selten sogar mit dem Namen des Prüfers versehen. Traditionelle Juden können in einer der vielen „Schatnes-Institutionen" auf der ganzen Welt ihre Kleidung überprüfen lassen.

Auf einen einmaligen Fall muss hier noch hingewiesen werden. Für Juden sind Hüte unerlässlich, und natürlich müssten auch sie auf Mischgewebe hin untersucht werden. Die piemontesische Firma Borsalino hat aber in einem Maße das Vertrauen der gesetzestreuen Juden erworben, dass ihre Hüte ungeprüft getragen werden und die Firma heute nahezu ein Monopol besitzt. Dieses Vertrauen hätte sie nicht gewinnen können, wenn sie sich nicht strikt daran gehalten hätte, ihre Hüte ausschließlich aus feinem Hasenhaar zu fertigen. Selbst in Amerika werden überwiegend Borsalinos getragen, die es in mehreren Formen gibt. Der Homburg hat sich weit verbreitet, ist selbst in Israel vorherrschend und gehört aus mir unerfindlichen Gründen heute fast als „Uniform" zu aschkenasisch-orthodoxen Rabbinern. Bei den Chassiden erkennt man an den unterschiedlichen Hutformen die jeweilige Richtung. Die Satmarer Rabbiner und Gelehrte zum Beispiel bevorzugen an Wochentagen Hüte wie die französischen Abbés, halbkreis- oder kuppelförmig mit mittelbreiter Krempe und Bordüre. Am Schabbat und an Feiertagen tragen sie auch bei größter Hitze Strejmls (Pelzmützen), die von Fuchsschwanzpelzen umrundet sind.

Was heißt das alles nun für die Textilwirtschaft? Die genaue Kenntnis von Stoffen war also schon immer eine notwendige Bedingung für jüdisches Leben in jeder Gemeinde. Nicht nur Schneider, die selten neue Kleider aus neuen Stoffen herstellten, sondern die wir uns meist als Flickschneider vorzustellen haben, mussten diese Kenntnisse besitzen und auf alle Flicken, Fäden, Zierborte, Knöpfe und anderes Zubehör anwenden können.

Nicht vergessen werden sollte, dass Juden vor 1822 vom Handwerk und von der gewerblichen Wirtschaft weitgehend ausgeschlossen waren. Ihr Dasein als Hausierer bestand zum größten Teil aus Kleinhandel mit gebrauchten Gegenständen und dem notwendigen Bedarf für die weitgehend isoliert lebende Landbevölkerung. Alles was mit Textilien im weiteren Sinne zu tun hatte, versprach Verkaufserfolg oder ließ sich eintauschen. Aus diesem reichen Erfahrungsschatz konnte man bei der bürgerlichen Gleichberechtigung schöpfen. Kein Wunder also, dass sich viele Juden diesem Erwerbszweig zuwandten, als ihnen wirtschaftliche Freizügigkeit unter der Bedingung der Nützlichkeit für den sich modernisierenden Staat gewährt wurde.

Zum Schluss möchte ich noch an zwei Entwicklungen erinnern, von denen sich die erste aus der „Vor- und Frühgeschichte" der Industrialisierung im Textilbereich ergab und an die sich die etablierten Textilfabrikanten später nicht sehr gerne erinnerten. In Stuttgart-Untertürkheim hatte sich die Baumwoll- und Putzwollfabrik W. Wolf & Söhne zu einem Millionenunternehmen entwickelt. Die vier Söhne des Gründers waren jeweils reich geworden, gewannen den „Status von Persönlichkeiten im Weltwirtschaftsformat" und waren selbstverständlich zu Kommerzienräten ernannt worden.[24] Sie verdienten im und am Ersten Weltkrieg so gut, dass sie König Wilhelm II. einen kompletten Lazarettzug schenken konnten. Vergessen war leider, dass noch ihr Vater als Lumpensammler den Grundstock zum Wohlstand gelegt hatte. Aus diesem Kleingewerbe der Lumpensammler sind öfter beachtliche Betriebe erwachsen. In den Großhandelslisten Stuttgarts wurden in den Zwanzigerjahren des 20. Jahrhunderts diese Firmen der Hadernverwertung allerdings nicht verzeichnet, obwohl sie als Abfallbetriebe wichtige Funktionen übernommen hatten. Die „ehrbaren" Großkaufleute der Hauptstadt haben offensichtlich die „Hadernbarone" nicht für voll genommen, auch wenn sie die so gewonnenen Rohstoffe in großen Produktionsstätten selbst weiterverarbeiteten. Zu ihnen gehörten mehrere Werke in Stuttgart-Zuffenhausen[25], so die Schwarzschild AG und die Firma Schwarzenberger und Horkheimer. Schief angesehen wurde auch der Millionär Moses-Moritz Horkheimer, der Vater des Philosophen Max Horkheimer, der neben der Lumpensortieranstalt eine bedeutende Kunstwollfabrikation unterhielt und zum Ehrenbürger von Zuffenhausen ernannt wurde. Lippmann Wolff & Sohn, ebenfalls in Zuffenhausen, entwickelte sich nach

1921 mit zahlreichen Niederlassungen zur größten Sortieranstalt Württembergs, und auch in Cannstatt gab es namhafte Firmen dieses leicht verachteten und doch sozial nützlichen Bereichs der Textilindustrie.

Wenn wir über Textilproduktion und ihren Vertrieb sprechen, so sollte eine zweite Entwicklung nicht übergangen werden und nicht der Eindruck entstehen, mit der „Arisierung" und den furchtbaren Geschehnissen des Holocaust sei sozusagen alles vorbei. Die Überlebenden und Flüchtlinge aus den osteuropäischen Ländern fingen wieder als Handelsreisende (Teilacher) an und organisierten nach der Schoah mit einfachsten Mitteln die Versorgung der Menschen mit dem Nötigsten. Im Zuge der Konsolidierung der Lebensverhältnisse erwuchsen aus diesen Anfängen oft beachtliche Betriebe. Michel Bergmann beschreibt in seinem Roman „Die Teilacher" die Abenteuer und den Einfallsreichtum solcher Menschen.[26] Der Titel des Buches stammt – wie so vieles – aus der hebräisch-jiddischen Umgangssprache der Ostjuden.

REICHE JUDEN – ARME JUDEN
GELD, ZINS UND WOHLTÄTIGKEIT

Zu Anfang eine Geschichte, die der Arzt Dr. Fredy Kahn auf seine unverwechselbare Art erzählte. Er praktiziert seit 1980 in Nagold als Hausarzt. Sein Großvater Friedrich war Viehhändler im nahen Baisingen. Sein Vater Harry hatte in viereinhalb Jahren elf Konzentrationslager überlebt und war einer der ganz wenigen, der nach seiner Rückkehr am alten Ort, an dem die Kahns seit zehn Generationen zu Hause waren, den traditionellen Beruf der Familie wieder aufnahm. Von einem alten Bauern, den der Arzt seit einem Jahr bei regelmäßigen Hausbesuchen versorgte, wusste Fredy Kahn, dass er Kunde seines Vaters und sogar schon seines Großvaters gewesen war. „Irgendwann ist er mal ein bisschen aus sich rausgegangen und hat gesagt: ‚Herr Doktor, ich muss Ihnen mal was ganz Persönliches sagen. Ich weiß nicht, ob Sie diese Zeitschrift ‚Der Stürmer' kennen?' Sag ich: ‚Doch, aber nicht persönlich. Das war doch eine Oberpropagandaschrift der Nazis, in der alle diese Pamphlete drin waren.' Sagt er: ‚Ja, in dieser Zeitschrift, da kam mal ein Artikel, der war ganz furchtbar, da hat es geheißen, dass die Juden den christlichen Bauern immer das Vieh halb rausstehlen. Aber Herr Doktor, das war nicht so.' Da sag ich: ‚Ja wieso, wie kommen Sie denn jetzt da drauf?' ‚Ich kann es Ihnen sogar beweisen.' Da dachte ich, was kommt denn jetzt? Da sagte er: ‚Herr Doktor, Sie sind ein Arzt. Sie wissen das nicht so richtig. Aber im Viehhandel, da wird so gemacht (er schlägt in die Hände). Der Eine macht so, und der Andere schlägt ein. Und wenn der Bauer eingeschlagen hat, dann war er damit einverstanden. Dann kann das gar nicht rausgestohlen gewesen sein.' Was ich sagen will. Nach all diesen Jahren – es hat viele Jahre in dem Mann gegärt, bis er das Mitte der 80er Jahre einmal sagte und danach hat's noch mal ein Jahr gedauert, bis er es mir gesagt hat. Das finde ich einfach schön, solche Erlebnisse von so einem alten Mann."[1]

Welche moralische Kraft spricht aus dieser Geschichte. Und umgekehrt: Wie tief verankert ist das Vorurteil vom geldgierigen Juden, dass die Diskrepanz von öffentlicher Meinung – es hat doch in der Zeitung gestanden! – und eigener Kenntnis noch nach Jahrzehnten diesen Bauern im Innersten beschäftigt und seine moralische Standhaftigkeit herausgefordert haben. Mir sagt diese Geschichte mehr als die beliebig anzuhäufenden Belege von antisemitischen Äußerungen, in denen Juden Geldgier vorgeworfen wird.[2]

Etwas vornehmer wird das anscheinend unausrottbare antisemitische Stereotyp mit den Worten formuliert, Juden hätten ein „besonderes Verhältnis" zu Geld, Geldgeschäften und den damit zusammenhängenden Unternehmungen. Richtig ist, dass Juden über viele Jahrhunderte aus zwei Gründen von ihrer Umwelt in diese Geschäftsfelder gedrängt wurden. Zum einen, weil ihnen Grundbesitz, folglich auch Landwirtschaft, und zünftiges Handwerk, verwehrt waren. Dadurch waren sie vom allergrößten Teil des vorindustriellen Erwerbslebens ausgeschlossen und auf den Handel verwiesen. Zum zweiten war ihre örtliche Duldung andauernd prekär; die häufigen Vertreibungen erforderten leicht zu transportierendes Vermögen, mithin Geld oder Schmuck. Bargeld brauchte man nach einer Vertreibung zur Ansiedlung an einem neuen Ort, die ohne Eintritts- und Bestechungsgelder meist unmöglich war.

Für Christen galt der Umgang mit Geld und Zins als unzulässig. Württemberg verbot deshalb seit der Reformation die Duldung von Juden mit genau dieser Begründung: „Nach dem ouch die juden, so gesuch und wucher nemen, Gott dem allmechtigen, der natur und Christenlicher ordnung hessig verschmecht und widerwertig, ouch dem gemeinen armmann und underthanen verderplich und unlydenlich sind [sollen] diese nagenden würm die juden in diesem fürstenthumb nit gehalten" werden.[3] Die Herrschenden brauchten aber Finanzmittel immer und zu allen Zeiten. Die Inhaber von Münzregalen bedienten sich einer der einfachsten der zahlreichen Strategien zur Umgehung des Zinsverbots: der Juden, zumal deren Leben und Existenz absolut abhängig von der jeweiligen Obrigkeit war. Auf deren Befehl mussten sie auch die ungezählten Münzverschlechterungen vornehmen. Die Bevölkerung litt bald darunter und machte dann natürlich die Juden verantwortlich. Jacques Le Goff[4] hat diese Prozesse in einem grundlegenden Buch beschrieben, und David Nirenberg[5] hat das Verhältnis von Juden und Macht im Mittelalter ausführlich analysiert.

Noch in der Neuzeit war das Finanzgebaren am Hofe des jeweiligen Regenten für die Untertanen fast immer undurchschaubar, hing aber in ihrer Wahrnehmung irgendwie mit Juden zusammen. Der Fettmilch-Aufstand in Frankfurt am Main von 1617 oder die Ermordung von Jud Süß Oppenheimer 1738 in Stuttgart sind nur zwei der bekanntesten Beispiele, wie Konflikte zwischen Handwerkern und Patriziat in Frankfurt bzw. den Landständen und dem Herzog in Württemberg auf Kosten der schwächeren Juden ausgetragen wurden. Diese jahrhundertelange Konstellation erklärt, warum sich das Klischee vom finanzerfahrenen, geldgierigen und reichen Juden gegen alle faktengesättigten Widerlegungen so hartnäckig gehalten hat und bis heute wirkmächtig geblieben ist.

Vergessen werden die Faktoren, auf die Juden lediglich geringen Einfluss hatten. Immer wieder werden hohe Zinssätze als Beweis für ihre besondere Geldgier angeführt. Dabei wird übersehen, dass hohe Zinssätze und kurze Laufzeiten in Perioden knappen Geldes – also durchgehend in Mittelalter und früher Neuzeit – allgemein üblich waren. Jüdische Geldverleiher mussten im Übrigen das höhere Risiko abdecken, da sie in der Regel keine Grundpfänder bekommen konnten. Es war nämlich Christen verboten, Haus und Grund an Juden zu verpfänden. Extrem hohe Zinssätze standen oft nur auf dem Papier und dienten der Abschreckung für den Fall, dass Schulden nicht bezahlt werden sollten. Auch in Zeiten, da die Kirchen die Juden verunglimpften, haben Magistrate und sehr vermögende Bürger stets Geschäfte mit Juden getätigt. Für den Handel im 19. Jahrhundert galt im Groß- wie im ländlichen Kleinhandel, dass mit Juden deshalb Geschäfte abgeschlossen wurden, weil diese, ganz im Gegensatz zum gängigen Vorurteil, günstiger als ihre christlichen Konkurrenten waren.

Der Buttenhausener Rabbiner Leopold Lehmann hat die Zwickmühle präzise beschrieben, in die jüdische Hausierhändler dabei zwangsläufig gerieten: „Der Landmann, so lange er nicht bemittelt ist, kauft schon aus Vorurtheil selten bei dem Juden, er nimmt sein baares Geld, und gehet damit zum christlichen Kaufmann. Ist sein Geldbeutel erschöpft, dann erst nimmt er zum Juden seine Zuflucht; warum? Weil er nichts vom Christen geborgt bekommt. Auf die Letzte fällt dem Landmann durch den Druck der Zeit der Gant anheim [das heißt er geht in Konkurs], und der Jude bekommt für seine Forderung gewöhnlich eine Nulle. Ach! Vielleicht trägt er neben seinem Verlust noch die harte Beurtheilung davon, er habe diesen Mann verarmen helfen."[6]

Das Heuchlerische besteht also darin, dass man Juden in den Handel und in Geldgeschäfte getrieben hat, ihnen Geld und Schmuck als einzig transportable Vermögensanlage gelassen und ihnen diese enge Beziehung zum Geld dann zum Vorwurf gemacht hat. Le Goff hat auch darauf hingewiesen, dass der reiche Jude nur so reich schien, weil er mit dem Geld der Herrschenden arbeitete, die hohen Summen aber ihm zugerechnet wurden. Außerdem kam von den Zinsen der größte Betrag den Geldgebern zugute und ging bloß zum Teil an den handelnden Juden.

Die wenigen sehr reichen Juden haben ihr Vermögen ursprünglich nur teilweise durch Geldgeschäfte erworben, hauptsächlich jedoch meist mit Lieferungen für den Militärbedarf oder der Nutzung verpfändeter bzw. übertragener Rechte, etwa im Bergbau. Ein Beispiel dafür ist die Familie Kaulla. Als Hoffaktor des kleinen Fürstentums Hohenzollern-Hechingen war Isak Raphael zu Vermögen gekommen. Seine tüchtige Tochter Karoline („Chaile") erwarb diese Stellung 1768 beim Fürsten zu Fürstenberg in Donaueschingen und wirkte schon 1770 als späte Nachfolgerin von Joseph Süß Oppenheimer am württembergischen Hof. Sicher hat dieser Aufstieg sie überaus wohlhabend gemacht. Sagenhaft reich wurde sie aber erst nach 1790 im Deutsch-Französischen Krieg durch Lieferungen an das kaiserliche Heer. Ihr Vorname wurde zum Familiennamen und Madame Kaulla zur Gründerin der Königlich Württembergischen Hofbank. Dieser absolute Ausnahmefall ändert nichts daran, dass die allermeisten Juden im 17. und 18. Jahrhundert arm bis bitterarm waren. Das gängige Vorurteil vom reichen Juden konnte durch die Realität nicht zurechtgerückt werden.

Wie stark dieses Vorurteil vom reichen und internationalen „Finanzjudentum" verankert war, dafür hier ein groteskes Beispiel aus der NS-Zeit in Budapest.[7] Im Sommer und Herbst 1944 „verhandelten" Joel Brand und Rudolf Kasztner auf der einen Seite mit Adolf Eichmann, Kurt Becher und anderen SS-Führern auf der anderen Seite über den Freikauf von einer Million Juden. Die SS war bereit, die Menschen gegen immens hohe Zahlungen bzw. entsprechende Warenlieferungen von der Deportation zu verschonen. Die jüdische Seite wusste, dass die geforderten Summen nie aufzutreiben waren, hielt aber, um Zeit zu gewinnen, die SS immer wieder hin. Das funktionierte eine Weile, weil die SS ihrer eigenen Propaganda vertraute und an die Existenz und Macht eines „Weltjudentums" glaubte, das, wie sie meinte, hinter den Budapester Juden stand. Kurt Becher wurde 1945 durch die Militärbehörden festgenommen, inhaftiert, dann bei den Nürnberger Prozessen allerdings nur als Zeuge vernommen, weil ihm Rudolf Kasztner einen „Persilschein" ausgestellt hatte. Dies wurde Kasztner zum Verhängnis, denn er starb 1957 in Israel an den Folgen eines Attentats. „Er habe seine Seele dem Teufel verkauft." Kurt Becher dagegen wurde ein erfolgreicher Geschäftsmann, der zu den reichsten Männern der Bundesrepublik zählte. Augenfällig war dieses Vorurteil vom „Weltjudentum" noch in den Achtzigerjahren in Deutschland, wie der Skandal von 1985 um Rainer Werner Fassbinders Theaterstück „Der Müll, die Stadt und der Tod" zeigte. Und im Nahen Osten ist es fester Bestandteil der Anti-Israel-Politik.

Im Gegensatz zum Vorurteil waren also die meisten Juden in Wirklichkeit arm. Sie waren gezwungen, mit ihrer Armut produktiv umzugehen. Und wer kein Kapital hatte, begann den Handel mit Schachern. Das hieß in der Praxis bis in die Mitte des 19. Jahrhunderts, dass der umherziehende Händler nicht nur eigene Waren mit sich trug und sie an Bauern veräußerte, sondern auch, dass er von den Bauern im Tausch gebrauchte, von ihnen nicht mehr benötigte Gegenstände erwarb. Manchmal erhielt er eine kleine Provision, wenn er den Landwirten, die Vieh kaufen oder verkaufen wollten, einen geeigneten Partner benennen konnte. Diesen „Nothandel" wollte der moderne Verwaltungsstaat am Anfang des 19. Jahrhunderts unterbinden, weil das Umherziehen seiner Räson widersprach und auch eine Besteuerung unkontrollierbar machte. Aufklärerisch wollte man durch Erziehung zugleich das damit verbundene Elend beseitigen. Mit der beginnenden Industrialisierung ist das subjektiv gesehen gelungen, objektiv betrachtet ist dabei aber die jüdische Lebensform zu großen Teilen geschwächt worden. Doch die Geschichte vergisst nicht. Wir haben diese Form des Handels nach dem Zweiten Weltkrieg wieder erlebt. Ladenlokale waren zerstört, dennoch wurde in den Ruinen der Städte alles, was irgend gehandelt werden konnte, gekauft, getauscht und verkauft. Häufig geschah das abseits von Vorschriften auf dem Schwarzmarkt. Kein Wunder, dass hierbei des Öfteren auch Juden aus den DP-Lagern beteiligt waren.

Mit der zunehmenden Kapitalisierung eröffneten sich für Juden im 19. Jahrhundert Möglichkeiten, durch akademische Bildung bürgerliche Verhältnisse zu erreichen. Doch selbst mit diesen Qualifikationen waren die Berufschancen beschränkt. Der Staatsdienst war Juden lange gänzlich verschlossen und bis ins 20. Jahrhundert hinein nur sehr erschwert möglich. Für Mediziner und Juristen boten wenigstens freie Praxen angemessene Arbeits- und Verdienstmöglichkeiten; Geisteswissenschaftler konnten einzig in jüdischen Bildungseinrichtungen oder als Schriftsteller und Journalisten ihr Auskommen suchen. Handel, Presse und Banken boten Raum für innovative Unternehmer.

Wie sehr die stereotypen Zuschreibungen von Geschäftsfeldern an Juden irren, zeigt ein Vergleich. In Deutschland und Frankreich gründeten meist bürgerliche Unternehmer moderne Industriebetriebe, an denen aber Juden nicht überproportional beteiligt waren. In Ungarn gab es eine solche bürgerliche Mittelschicht kaum. Bauern und Adlige bildeten eine agrarisch bestimmte Gesellschaft. Und auch die Hauptstadt Budapest lebte von den Gütern, die ihre Oberschicht auf dem Land besaß. Diese Lücke füllten, gewollt oder ungewollt, Juden und gründeten Unternehmen und zwar ebenfalls in solchen Sparten, in denen anderswo keine Juden tätig waren. Die bedeutende ungarische Stahl-

und Rüstungsindustrie war in der Hand der Familie Manfred Weiss und der mit ihr verschwägerten Familie Aron Chorin. Die Textilindustrie beherrschte die Firma Goldberger. Diese Familien wurden sogar geadelt. Das Eisenbahnwesen und der bedeutsame Kohlebergbau sowie die Gold- und Silberminen in der heutigen Slowakei waren oft jüdische Betriebe.

Die Folge dieser Entwicklung war die typisch ungarische Gentrifizierung. Adel und jüdisches Unternehmertum waren wechselseitig aufeinander angewiesen. Jüdisches Kapital ermöglichte dem verarmenden Landadel ein standesgemäßes Überleben; die Verbindung mit dem Adel verschaffte den jüdischen Produzenten gesellschaftliche Reputation. Es waren also nicht „typisch jüdische" Eigenschaften, sondern die jeweiligen gesellschaftlichen Verhältnisse, die den Weg der Juden in die Moderne bestimmten. Generationenübergreifend gab es überall die Wechselwirkung von Akademisierung und Kapitalisierung, denen Assimilierung und Emanzipation folgten. Dennoch ist es ein Phänomen, dass sich die Klischees und Vorurteile vom reichen Juden und von der jüdischen Weltmacht bis heute halten, obwohl die Summen, mit denen Regierungen international operieren, alle Privatvermögen lächerlich klein erscheinen lassen. Eine Voraussetzung dieses Stereotyps ist sicher, dass die meisten Menschen nie einen Juden gekannt hatten und dieser Leerraum mit antisemitischen Gerüchten gefüllt wurde.

Im jüdischen Selbstverständnis sind Geld und Reichtum mit keinem Wert an sich verbunden, beide sind weder positiv noch negativ besetzt. Wenn einer Geld besitzt, so hat er es vielleicht vom lieben Gott, vielleicht auch nicht, aber man erwartet, dass der Reichtum eines Juden gleichfalls seinen Mitmenschen zur Verfügung steht. Schon im Mittelalter und in der frühen Neuzeit war der Schtadlan Fürsprecher seiner Gemeinde, und er war dies, weil sein Reichtum ihn dazu befähigte, Einfluss auf die nichtjüdische Welt zu nehmen, um vor allem Gefahren abzuwenden. In diesem Zusammenhang ist der Begriff „Zedaka" von Wichtigkeit. Er wird meist mit Wohltätigkeit wiedergegeben, doch trifft das den Inhalt von Zedaka nicht genau.[8] Das Wort meint „Gerechtigkeit" und biblisch ist damit die Forderung an den Menschen verbunden, Ungleiches in der Gesellschaft oder Gemeinde auszugleichen, Ungerechtigkeiten zu nivellieren. Dabei ist es gleichgültig, wovon die Ungleichheiten herrühren; darauf kommt es nicht an. Es wird auch niemals gelingen, sämtliche Ungleichheiten zu beseitigen. Im 5. Buch Mose (15,11) wird ausdrücklich gesagt, dass es stets Arme geben werde, damit man nicht aufhören kann, Zedaka zu üben. Zedaka ist nicht einfach eine materielle Hilfe, sondern dahinter steht eine Gesinnung. Der Reiche gibt nicht generös von seinem Überfluss, er erfüllt eine Pflicht. Und der „Schnorrer" ist deshalb kein demütiger Bettler, sondern er ist das „Mittel", ohne das ein Reicher nicht Gerechtigkeit üben kann. Also ist eigentlich der Reiche auf diesen angewiesen und nicht umgekehrt. Der Schnorrer muss sich nicht demütig bedanken, denn er weiß, dass ihm die Gabe aufgrund der Tora zusteht.

Im Kapitel „Im Dienste der Gemeinschaft" ist bei der Tätigkeit des Gabbai (Ehrenamtlicher, der alle synagogalen Abläufe und Zeremonien ordnet) von dem Status der Schnorrer die Rede, deren Selbstbewusstsein darin begründet ist, dass sie dem Spender ermöglichen, Zedaka zu üben. Noch in den Siebziger- und Achtzigerjahren des vorigen Jahrhunderts besuchten sie zum Beispiel die Stuttgarter Gemeinde, sammelten aber meist Geld für soziale Zwecke oder religiös-soziale Projekte in Israel. Es hatte sich eingebürgert, dass sie den Sekretär der Gemeinde aufsuchten und ihr Anliegen vortrugen. Der telefonierte dann mit den Mitgliedern, von denen er wusste, dass sie für dieses oder jenes Projekt besonderes Interesse zeigten. Mit ihnen besprach er die Höhe der Spende und verauslagte das Geld.

Häufig waren die Spender Juden, die in der Gemeinde nicht hervortraten. In Stuttgart lebte Israel Weissbort s. A. (1917-2012), der aus dem polnischen Bendzin stammte, Auschwitz-Birkenau und andere Lager überlebt hatte und in Stuttgart mit einer Maschine zur Folienverpackung zu Vermögen gekommen war. In die Gottesdienste kam er in der Regel nur zu hohen Feiertagen. Er konnte von seiner etwas abgelegenen Wohnung nicht zu Fuß zur Synagoge gehen und mietete sich an diesen Tagen in einem nahen Hotel ein. Aber bei allen solchen Geldsammlungen spendete er regelmäßig und immer reichlich. Er setzte mit diesem vorwiegend innerjüdischen Engagement das Stuttgarter Vorbild von Otto Hirsch (1885-1941), Leopold Marx (1899-1983) und Karl Adler (1890-1973) fort, die mit der Gründung des „Stuttgarter Lehrhauses" ein Zentrum für jüdische Studien und christlich-jüdische Verständigung geschaffen hatten.

Die Pflicht zur Zedaka hält eine Gesellschaft zusammen, weil sie auf Ausgleich zu großer Unterschiede dringt und Existenz und Würde des Ärmsten unbedingt erhält. Manès Sperber überliefert dazu eine wichtige Legende. Ein Armer ist hungers gestorben. Für die Gemeinde ein Skandal. Der Rabbi erklärt: Das kann gar nicht sein, denn jeder hätte ihm eine Kleinigkeit gegeben. Wenn er nicht darum gebeten hat, so ist er an seinem Stolz gestorben.[9]

Häufig wird betont, es gehe bei Zedaka „nicht um Nächstenliebe und ebenso nicht um Gewinnung eines himmlischen Gegenwerts ... Zedaka vollzieht sich ganz auf das Jetzt hin".[10] Das ist nicht ganz richtig. Immerhin beten wir an Rosch Haschana (Neujahr) in dem Gebet „Unetane Tokef": „Am Neujahrstag wird es geschrieben ... wer leben wird und wer sterben. ... Aber Umkehr und Gebet und Zedaka wenden ab das Böse des Verhängnisses."

Ausfluss der Zedaka waren die reich ausgebauten jüdischen Sozialwerke wie Kranken- und Waisenhäuser, Unterstützungsvereine für allerlei Notlagen, Gastfreundschaft und Hilfe für Durchreisende usw. Die Jeschiwot (jüdische Hochschulen) in Osteuropa waren alle auf einzelne reiche Gönner angewiesen, aber sie wurden gleichermaßen von Gemeindemitgliedern nach Kräften unterstützt. Früher gab es für die Schüler keine Mensa, jedoch „Tagesessen" bei Familien reihum. Es sind viele Anekdoten im Umlauf, wie Schüler zu großzügigen oder zu schlechten „Essplätzen" kamen.

Die Zedaka endete später nicht an den Toren der jüdischen Gemeinschaft. Als sich das Ghetto auflöste und die finanziellen Mittel vorhanden waren, hat man auch viele Projekte der nichtjüdischen Umwelt mitfinanziert: Gebäude, die der Allgemeinheit dienten, Bildungseinrichtungen, kulturelle Projekte usw. Einige prominente Namen mögen für viele Beispiele stehen: In Mannheim spendete Bernhard Herschel (1837-

1921) das bekannte Herschelbad und aus dem Nachlass von Bernhard Kahn (1833-1903) wurde die „Volkslesehalle" finanziert. Eduard (von) Pfeiffer (1835-1921) war nicht nur Vorsitzender im Aufsichtsrat der Württembergischen Vereinsbank und zahlreicher Unternehmen. Seinem sozialen Engagement verdankt Stuttgart die Innenstadtsanierung von 1905 sowie die Gründung und Organisation von Konsumgenossenschaften in ganz Deutschland. Sein Verein für das Wohl der arbeitenden Klasse trug mit vier Siedlungen wesentlich zur Verbesserung der Wohnungsnot bei. Diese waren (für damalige Verhältnisse) so großzügig gebaut, dass die Siedlung Ostheim, die heute unter Denkmalschutz steht, immer noch als attraktives Wohnviertel gilt. Eng verbunden war er mit Kilian von Steiner (1823-1903), der Mitbegründer und Leiter dieser in Württemberg und weit darüber hinaus bedeutenden Vereinsbank war. Wir werden seine Familie als Förderer des jungen Moritz Henle im Kapitel „Gottes Lob oder Teufels Werk?" noch kennenlernen. Steiners literarisches Interesse schlug sich in seiner Verehrung für Friedrich Schiller nieder. Ohne sein persönliches und finanzielles Engagement sind die Gründungen von Schillerverein und Schiller-Nationalmuseum in Marbach am Neckar nicht zu denken.

Bildung, soziale Verbesserung und Gesundheitsfürsorge waren hier wie anderswo Felder der Zedaka. Als Arbeitgeber waren Juden um und nach 1900 oftmals sozial außerordentlich fortschrittlich. Begrenzung der Arbeitszeit, Kantinen, Unterstützungskassen für Alter und Krankheit und ähnliches wurden häufig zuerst in jüdischen Betrieben eingeführt.

Abgesehen von Gelehrsamkeit und Vermögen verleiht auch „Jichuss" einem Juden Ansehen und Prestige. Der Begriff meint die „Abstammung" von frommen, gelehrten oder als wohltätig bekannten Vorfahren. Diese weist darauf hin, dass vom Nachfahren erwartet wird, sich gewollt und bewusst genauso zu verhalten wie seine Vorfahren und seine Kinder in ihrem Sinne zu erziehen. Es ist der Ruf, der über Schicksalsschläge hinweg einer solchen Familie beigemessen wird. Wenn sich zum Beispiel ein berühmter chassidischer Rebbe vor dem Krieg bei Besuchen in einer Familie einquartiert hat, die als besonders fromm und wohltätig galt, so brachte man jetzt auch nach der Vertreibung der verarmten Familie spezielle Achtung in der Gemeinde entgegen. In Württemberg wie bei den dort lebenden Juden waren die Verwandtschaftsverhältnisse früher einigermaßen überschaubar, und man konnte das Ansehen einzelner Personen, besser: einer Reihe von Personen, auf eine ganze Familie projizieren.

JÜDISCHE GEMEINDEN HABEN KEINEN PFARRER
DIE AUFGABEN DES RABBINERS

„Rabbiner" heißen die Pfarrer einer jüdischen Gemeinde. Das ist eine gängige Meinung und heute vielleicht verständlich bei Menschen, die einen Pfarrer schon länger nicht mehr aus der Nähe gesehen haben. Aber bereits vor über 150 Jahren, als der Pfarrer in einem Flecken mit knapp 900 Einwohnern jedermann bekannt war, schien manchmal der Unterschied gering. Die Rede ist von Binswangen, zwischen Dillingen und Augsburg gelegen. Dort amtierte als Rabbiner – ein gutes Drittel der Bewohner waren Juden – der streng gesetzestreue Hirsch Fürth, der wegen seiner aufrechten Gesinnung und vorbildlichen Lebensführung im ganzen Ort hoch angesehen war. Während der Revolution von 1848 besuchte er gegen seine sonstige Gewohnheit das Dorfwirtshaus, um in der dort ausliegenden Zeitung die neuesten Nachrichten zu erfahren. Als er anstandshalber ein Glas Bier bestellte, „sagte der Adlerwirt, der wusste, dass Hirsch kein Biertrinker war, das habe er nicht nötig, er mache sich die größte Ehre daraus, wenn der Herr Rabbiner nur bei ihm einkehre, das wäre auch den Gästen weit lieber als der Pfarrer mitsamt seinem untertänig wedelnden Schulmeister, die gut daran täten, sich nicht sehen zu lassen". Der Pfarrer war nämlich seiner Härte und seines Geizes wegen verhasst, der Rabbiner freilich wäre ihr Mann, „es wäre schade, daß er nicht ihr Pfarrer sei".[1] Ob der Wirt mit seinem Urteil über die menschlichen Qualitäten von Rabbiner und Pfarrer recht hatte, wissen wir nicht. Wer aber damals wie heute die Ämter als vergleichbar ansieht, irrt gewaltig.

Ein Rabbiner ist kein Priester, sondern der Gelehrte, der unterrichtet, der die Schrift erklärt und in Ansprachen ihren Sinn und Gehalt erläutert. Kraft allein seiner persönlichen Autorität, die auf Gelehrsamkeit und frommer Lebensführung beruht, wird er von einem Kreis von Juden in Fragen der Halacha, der Kaschrut (Speisegesetze), der Rituale, der Gebetsordnung und bei Problemen des rechtlichen Status einer Person als Entscheider anerkannt. Er hat im althergebrachten Sinne das ius respondendi, das Recht, auf halachische religionsgesetzliche Fragestellungen eine verbindliche Antwort (hebräisch: Scheelot Uteschuwot) zu geben. Ihm wird zugetraut, bei Fragen oder Unklarheiten in diesen Bereichen für seine Gemeinde aufgrund seiner Gelehrsamkeit und Frömmigkeit die richtigen Antworten zu finden. Dieser Begrenzung auf den Kreis, die Gemeinde eines Rabbiners, steht aber die allgemeine Anerkennung überragender Gelehrsamkeit gegenüber. Selbst angesehene Rabbiner zogen zu berühmten Gelehrten, um bei ihnen zu studieren und deren Lehre weiter zu vertiefen. So fuhr Schlomo ben Jizchak (Raschi), von dem grundlegende Kommentare zu Talmud und Tannach stammen, von Troyes nach Mainz zu Gerschom ben Jehuda (auch Meor ha Gola genannt, 960-1040). Dem werden die Entscheidungen (Takkanot) zugeschrieben, in denen unter anderem die Polygamie und infolgedessen auch das Levirat (Schwager-Ehe) praktisch außer Kraft gesetzt und das Briefgeheimnis geboten wurde. Seine religiöse Autorität war so groß, dass alle aschkenasischen Gemeinden diese Entscheidungen (ursprünglich: für 1000 Jahre) übernommen haben.

Betrachtet man die Verhältnisse vom 15. bis zum 18. Jahrhundert, dann wird man sehen, dass Rabbiner – wie ihre Gemeindemitglieder – in aller Regel recht arm waren. An „Bildungsreisen" war deshalb nicht zu denken. Dennoch gab es viel Austausch zwischen den Gemeinden durch die Wanderungen der Händler, die bei ihren Nah- wie Fernreisen selbstverständlich immer wieder in jüdischen Häusern Station machten. Und diese Kaufleute brachten nicht nur Klatsch und Tratsch und mehr oder minder genaue Neuigkeiten, sondern auch Briefe und Sendschreiben zu den isolierten, meist winzigen jüdischen Siedlungen. Auf diesem Wege wurden gleichermaßen religiöse Erzählungen und jüdische Anschauungen und Gebräuche transportiert.

Im Alltag waren Entscheide über religiöse Statusfragen – wer ist Jude, wer verheiratet oder geschieden, wer das Kind von wem – gleichzeitig mit Vermögensfragen verbunden. Die eigentlich religionsgesetzlichen Entscheidungen übertrugen dem Rabbiner damit zugleich die Funktion eines „Standesbeamten" und Notars. Bis zur Zeit der Französischen Revolution war der Rabbiner oder ein rabbinischer Gerichtshof (Bet-Din) für alle Rechtsfälle zwischen Juden zuständig, und in orthodoxen Gemeinden ist es im Grunde bis zum heutigen Tage untersagt, interne Angelegenheiten vor ein nichtjüdisches Gericht zu bringen. Dem Recht des Rabbiners, in religionsgesetzlichen Fragen zu urteilen, entspricht die Pflicht, dies für seine Gemeinde auch zu tun. Wenn ein Jude dieser Autorität nicht mehr vertrauen will oder kann, so folgt er einem anderen Rabbiner und dessen Kreis oder er bildet mit einem Kreis Gleichgesinnter eine neue Gemeinde. Zahlreiche Spaltungen zeugen bis heute von diesem prinzipiellen Pluralismus.

Im frühen und hohen Mittelalter haben in Europa in den Gemeinden gesetzeskundige Mitglieder diese Funktionen wahrgenommen, wobei es bei diesen Persönlichkeiten vor allem auf die gelebte Frömmigkeit, aber auch auf ihre Gelehrsamkeit ankam. Nach der Pestkatastrophe des 14. Jahrhunderts kam es zu einem Strukturwandel. Es mangelte häufig an innergemeindlicher Kompetenz und große Talmudschulen begannen, mit Abschlussprüfungen und der Bestätigung gründlicher religiöser Kenntnisse in den „Morenu"-Zeugnissen das erforderliche Wissen und die jüdische Lebensform zu attestieren.

Auch wenn schon in dieser Zeit die ersten Belege für eine Bezahlung von Gelehrten existieren, so überwiegt doch noch lange das Vorbild des ehrenamtlichen Rabbiners, der gleichfalls Fragen entfernter Gemeinden beantwortet. Ein solches Vorbild war Scherira Gaon aus Pumbedita am Euphrat. Er verfasste im Jahre 987 n. d. Z. einen Brief an eine Gemeinde in Tunis (Iggeret Rav Scherira Gaon, kurz IRG), dem wir den frühesten und einen besonders authentischen Beleg dafür verdanken, wie der Talmud zu werten ist. Eine beachtliche kulturgeschichtliche Leistung ist mit anderen unbezahlten Rabbinern verbunden, nämlich die Fixierung der talmudischen Überlieferungen. Die mündlichen Berichte wurden von diesen Rabbinern gesammelt und geordnet, von ihren Schülern zum Teil notiert, und diese Aufschriebe wurden immer wieder neu zusammengestellt. Von einigen dieser gelehrten Männer wissen wir, dass sie unterschiedlichen Berufen nachgingen, und der oben genannte Rabbi Schlomo ben Jizchak (Raschi) besaß einen Weinberg. Solche religiösen Autoritäten lebten natürlich mit einer Gemeinde, waren jedoch nicht an sie gebunden. Große und wohlhabende Gemeinden setzten alles daran, eine Berühmtheit in ihrer Mitte zu wissen, und man lockte die Gelehrten, falls nötig, auch mit materiellen Vorteilen, wenn in der Gemeinde kein geeigneter Kandidat zu finden war. Der Stand des Rabbiners begann damals, zum bezahlten Beruf zu werden.

Wie in allen Fragen der jüdischen Geschichte muss hier aber von der Annahme einer linearen Entwicklung gewarnt werden. Noch im 19. Jahrhundert bezog Esriel Hildesheimer (1820-1899) weder als Rabbiner seiner Gemeinde „Adass Jisroel" noch als Leiter des von ihm gegründeten Rabbinerseminars in Berlin ein Gehalt. „Er betrachtete" – so Henriette Hirsch über ihren Großvater – „seine Arbeit als Beitrag zur Verbreitung, zur Vertiefung und zum Verständnis des orthodoxen Judentums und wurde in dieser Einstellung von seiner Frau und deren Familie vollständig verstanden und unterstützt." Sie erinnerte sich, „dass in der Schublade des Schreibtisches meines Großvaters immer Geld lag, das aus Halberstadt (dem Wohnort der reichen Schwiegereltern und Schwäger) geschickt wurde. War es alle, nun, so kam wieder neues. Und jeder, der etwas brauchte, nahm aus dieser unerschöpflich scheinenden Schublade Geld heraus."[2] Bei nicht so günstigen Privatverhältnissen und Apanagen amtierten zwar die höchsten Gelehrten und Leiter der Fürther Jeschiwa (Talmudschule) noch 1827 ehrenamtlich, die Studenten mussten aber aus ihren Stipendien die Lehrer bezahlen, die nicht unentgeltlich unterrichten konnten.[3]

Gemeinsames Studium religiöser Schriften war die Grundlage jedes jüdischen Gemeindelebens. Daraus entwickelten sich im 17. und 18. Jahrhundert häufig sogenannte Klausen, also Gebets- und Studiengemeinschaften. Stellte ein reicher Jude die Mittel dazu zur Verfügung, so konnten diese Gruppierungen wie eine Stiftung prinzipiell unabhängig von einer Gemeinde werden. Ihr Leiter wurde als Klausrabbiner angesehen. Des Öfteren kam es nach einiger Zeit aus finanziellen Gründen doch zu mehr oder minder engen Verflechtungen mit der örtlichen Gemeinde. In Baden beispielsweise fusionierte das Klausrabbinat von 1761 bis 1800 mit dem Oberlandesrabbinat und von 1808 bis 1824 mit dem Mannheimer Stadtrabbinat.[4]

Ein anderer Typus des Rabbiners entwickelte sich im 17. und 18. Jahrhundert in Osteuropa infolge des Chassidismus. Diese volkstümliche Bewegung, die auf dem Boden des traditionellen Judentums entstand, ist auf die allgemeine Verelendung und die Pogrome des Bogdan Chmelnyzkyj-Aufstands nach 1648 zurückzuführen. Um den Rabbiner Israel ben Elieser, später „Baal-Schem-Tow" genannt, sammelte sich in der Mitte des 18. Jahrhunderts ein Kreis von Anhängern und Jüngern, die ihn als Heiligen, als einen Gerechten, als Meister und Lehrer verehrten. Seine Weisheiten beruhten auf der Grundlage der traditionellen jüdischen Lehren, verwiesen aber die Schüler nicht nur auf das abstrakte Studium von Tora, Talmud und anderen religiösen Schriften, sondern auch darauf, den Glauben mit Fröhlichkeit, Tanz und Liedern, selbst mit Trinken, zu erleben. In Anlehnung an Psalm 100,2 „Dienet dem Herrn mit (oder: in) Freuden" zitierte schon Baal-Schem-Tow den talmudischen Satz „Der barmherzige Gott benötigt dein Herz", das heißt die Gefühle. Die Betonung des Gefühls versprach (und verspricht) in einer Welt ohne viel Wissen und Bildung einen direkteren Weg zum Glauben. Ein Rabbi, der den Unwissenden diesen Weg wies, war für die Chassiden ein „Wunderrabbi", der Zaddik (Gerechter, gerechter Lehrer). Selten wurde ein Zaddik „beamteter" Gemeinderabbiner, der die Matrikel führte. Dies blieben die Rabbiner, die als strenge Rationalisten mit den schwärmerischen Praktiken des Chassidismus nichts anfangen wollten und als Mitnagdim (Gegenüberstehende) gegen die Volksbewegung nach Kräften opponierten. Dennoch hielt und hält sich der Chassidismus bis heute und prägt viele Gebetsstuben in Amerika und auch bei uns in Europa.

Die Aufklärung und die Folgen der Französischen Revolution veränderten die Strukturen der aschkenasischen Gemeinden grundlegend.[5] In ihnen entstand das Bedürfnis, für ihren Bereich Sitte und Brauch verantwortlich zu regeln. Mit den wachsenden wirtschaftlichen und bürgerlichen Freiheiten lösten sich in Südwestdeutschland die bestehenden Landgemeinden auf, und das jüdische Leben wanderte innerhalb von ein bis zwei Generationen ab in die Städte. Die Talmudgelehrsamkeit verlor ihre dominante Rolle und Reputation; bürgerlich-weltliches Wissen wurde von vielen Juden angestrebt, jüdische Lebensformen schwanden mit diesen alten Kenntnissen, und die religiöse Unterweisung wurde auf entsprechende Funktionsträger – Lehrer, Vorbeter, Rabbiner – übertragen.

Gottesdienste veränderten sich tendenziell von einer Gemeinschaft von Betern zu einem „Predigtgottesdienst". Hinzu kam der Druck, die religiösen Verhältnisse eindeutig zu regeln, der in Deutschland meist von den Obrigkeiten ausging. Die größeren staatlichen Einheiten, die mit dem Reichsdeputationshauptschluss 1803 entstanden waren, machten es notwendig, die verschiedenen Rechts- und Organisationsverhältnisse zusammenzuführen. Davon waren auch die religiösen Verhältnisse nicht ausgenommen. Unterstützt von liberalen Reformern wurden in Württemberg in ganz extremer Weise dem Judentum kirchliche Organisationsformen übergestülpt und Rabbiner zu staatlichen Religionsbeamten verwandelt.[6] Dieser Zwang zu einem liberal geprägten, die „Kirchenähnlichkeit" betonenden Judentum erzeugte auf der konservativ-orthodoxen Seite oppositionelle Vereinigungen, die sich als Minorität halten konnten, denn auch Rabbinerkonferenzen durften – zum Beispiel im Orgelstreit[7] – nur Empfehlungen aussprechen, bindend waren ihre Beschlüsse nicht.

Trotz der staatlichen Regeln, die diese kirchenähnlichen Ordnungen erzwangen, waren aber sehr unterschiedliche Lösungen möglich. In Baden blieben die Rabbiner im 19. Jahrhundert Angestellte der Gemeinden und die Kandidaten wurden von einem Bet-Din dreier Rabbiner ernannt. Die Abspaltung einer orthodoxen Israelitischen Religionsgesellschaft nach langen Kämpfen in den Jahren 1869 bis 1875 in Karlsruhe warf deshalb keine prinzipiellen Probleme für die staatliche Verwaltung auf. In Württemberg führte ein Staatsexamen zum beamteten Staatsrabbiner und zu einer „halben" Spaltung. Ohne aus der Gemeinde auszutreten, versammelten sich in Stuttgart gesetzestreue Juden 1872 in einer Israelitischen Religionsgesellschaft, die dann im 20. Jahrhundert eigene Rabbiner anstellen konnte.[8] In der Weimarer Zeit trafen sich hier dazu noch gesetzestreue Flüchtlinge in einem kleinen Betraum in der Marienstraße. Zwar gehörten sie insgesamt zur Stuttgarter Gemeinde, aber sie lebten ihr Judentum in richtigen „Parallelwelten".

Zusammenfassend kann man zwei Faktoren benennen, die den Beruf des Rabbiners im 19. Jahrhundert grundlegend veränderten. Am wichtigsten war der Wandel von der reinen Talmudgelehrsamkeit zum sowohl jüdisch wie auch weltlich gebildeten Rabbiner. Tief verletzend waren dabei oft die Kontroversen zwischen der Orthodoxie, die in Moses Sofer und seiner Pressburger Jeschiwa ihr Zentrum hatte, und dem assimilierten Liberalismus eines Abraham Geiger in Berlin, dessen Anhänger wie „Oberkirchenrat" Dr. Joseph Maier in Stuttgart einen nichttalmudischen, traditionsablehnenden Rabbiner propagierten, der religiöser Volkserzieher sein sollte und die jüdische Lebensform nicht mehr für zentral erachtete. Nicht ohne Hochmut und Arroganz sahen die Vertreter dieser Richtung auf den traditionellen Rabbiner als bloßen „Koscherwächter" herab.

Im 19. Jahrhundert wurde der Historismus, der alle Werte, Traditionen und Gegebenheiten auf ihre historische Entwicklung hin untersuchte, zur vorherrschenden Denkweise. Sie prägte die Ausbildung der vermittelnden Hochschulen in Breslau, Budapest, Berlin und Wien. Der „Doktor-Rabbiner" vereinte jüdische und talmudische Bildung mit moderner kritischer Wissenschaft. Stillschweigend fand diese Haltung auch Eingang in die Orthodoxie. Anders kann ein gesetzestreuer Rabbiner nicht Entwicklungen der modernen Welt, die sich zum Beispiel aus den neuen Forschungen in der Medizin ergeben, nach jüdischen Kriterien beurteilen und entscheiden. Die scharfen Kontroversen haben letztlich wesentlich dazu beigetragen, dass jüdische Wissenschaftler, die wegen des herrschenden Antisemitismus an den Universitäten keinen Platz fanden, mit den eigenen Hochschulen einen hohen Standard errangen.

Der im 19. Jahrhundert wachsende Nationalismus spaltete gleichfalls die jüdische Welt. Das kleine Württemberg lockte zwar auswärtige Rabbiner durch Beamtenstellung und sichere Pension, schreckte hingegen Interessenten mit dem geforderten Tübinger Staatsexamen ab. Auch im Vielvölkerstaat Österreich-Ungarn beendete der Erlass, dass nur Bürger der Monarchie ein Rabbinerdiplom erhalten konnten, den alten jüdischen Brauch, Studenten aus aller Welt einen Meister ihrer Wahl aufsuchen zu lassen.

Zuletzt zu einer Frage, die häufig an mich gestellt wird. Wenn ein Rabbiner in Dingen des Jüdischseins der oberste Entscheider einer Gemeinde ist, wie kann es geschehen, dass die Bandbreite jüdischen Gemeindelebens von orthodox bis liberal so groß ist? Die Antwort führt uns zurück zum Ausgangspunkt dieser Betrachtung. Ein Rabbiner ist nicht Pfarrer, nicht verwaltungsmäßiger Leiter der Gemeinde. Diese ist der Souverän, verlangt aber in strittigen religiösen Angelegenheiten die Entscheidung eines Mannes, dem sie aufgrund seiner Lebensführung und Kenntnisse vertraut und von dem sie weiß, dass er ausschließlich nach bestem Wissen urteilt. Ehe eine Gemeinde sich fest an einen Rabbiner bindet, wird sie genau prüfen, ob er mit ihrer Richtung übereinstimmt. In Deutschland war die Schoah auch in dieser Hinsicht ein totaler Bruch. Die alten Gemeinden mit großer, ungebrochener Tradition gibt es nicht mehr. In Antwerpen beispielsweise und in manchen Schweizer Orten kann man sehen, wie über mehrere Generationen Geist und Stil einer Gemeinde fortleben. In früheren Zeiten wurde aus diesem Grund oftmals das Rabbinat vom Vater auf den Sohn übertragen. Große und wohlhabendere Gemeinden haben dem alt werdenden Rabbiner einen jungen Zweitrabbiner zur Seite gestellt, der so in das Amt hineingewachsen ist und es nach dem Tod des Vorgängers in der hergebrachten Form weiterführen konnte. Im Übrigen ist jeder Rabbiner gehalten, die Traditionen seiner Gemeinde aus Respekt vor den Toten, die sie begründet haben, zu erhalten und nur aus sehr triftigen Gründen im Einverständnis mit den Mitgliedern Änderungen vorzunehmen. Natürlich bemühen sich sämtliche Beteiligten, in übergemeindlichen, nicht übergeordneten, Gremien in wichtigen Fragen Konsens herzustellen. Die Vielfalt jüdischer Gemeinden und die Freiheit eines jeden, sich dieser oder jener Gemeinde und ihrem Rabbiner anzuschließen, spiegelt letztlich die einfache Wahrheit wider, dass wir zwar über die äußere Frömmigkeit, nicht aber über den Glauben eines anderen Menschen urteilen können.

GESUNGENE GEBETE
DER KANTOR ALS VORBETER
UND BERUFSMUSIKER

Auf einer Schiffsreise in der Zeit zwischen den Weltkriegen sah ein Jude einen älteren Mann in ein hebräisch geschriebenes Buch vertieft, das dieser aber verkehrt herum in der Hand hielt. Der Passagier kam mit ihm ins Gespräch und fragte ihn endlich, warum er das Buch auf den Kopf stelle. Die Antwort: „Ich stamme aus einer ganz kleinen und armen Gemeinde im Jemen, die nur ein Gebetbuch besaß. Wir Kinder standen neben dem Vorbeter um das Pult herum, sahen die Texte und haben dabei Lesen gelernt. Ich stand auf der anderen Seite des Pultes und habe das Alphabet deshalb verkehrt herum gelernt. Aus alter Erinnerung an meine Kindheit studiere ich hebräische Texte deshalb bis auf den heutigen Tag auf diese Weise."

Diese Anekdote schildert realistisch, wie wir uns über viele Jahrhunderte hinweg die „Schul" (Gottesdienst und Unterricht) in den meisten Gemeinden vorstellen müssen. Der Vorbeter (hebräisch: Chasan) steht also in der Mitte der Gläubigen und ist derjenige, der alles überblickt und leitet. Im Grunde muss ein jüdischer Gottesdienst lediglich das Psalmwort befolgen: „Lobet Gott in den Versammlungen, den Herrn, die Ihr von Israel herstammt" (Psalm 68,27). Gebete sprach man in der Vorzeit ohne Vorlage, und man hat es noch in frühtalmudischer Zeit als negativ empfunden, fertige abgefasste und genormte Texte nachzubeten. Als „Sprache des Herzens" sollte und konnte man sie nicht vorformulieren. Mit den talmudischen Festlegungen wurden die Gottesdienste länger und ihr Ablauf variierte. Die meisten Gläubigen standen dann rings um ein Gemeindemitglied, das den Ablauf auswendig kannte, und sprachen die Gebete mit ihm. Noch später existierte in jeder Synagoge ein handgeschriebenes Gebetbuch, um das sich die Gemeinschaft gruppierte, vorne die Kinder, dahinter die Erwachsenen. Diese Situation hat sich in kleinen und armen Gemeinden bis spät in das 19. Jahrhundert hinein nur dahingehend verändert, dass ein gedrucktes Gebetbuch das handgeschriebene ersetzte.

Damit war die Funktion – und noch lange nicht das Amt – des Chasan entstanden. Ihn „Kantor" zu nennen, ist eigentlich die falsche Bezeichnung. Sie ist auch bloß im europäisch-deutschen Bereich üblich geworden, denn die musikalische Kompetenz das Vorbeters war nur insofern von Bedeutung, als er den Melodienschatz der Gegend und die Tradition seiner Gemeinde kennen und die Texte so vorsingen musste, dass man ihnen folgen konnte. Bei einem guten Chasan hat die Gemeinde die richtige hebräische Aussprache, die richtige Melodie und die richtige jüdische Art des Betens gelernt. So hat der Kantor im Heimatdorf meines Vaters s. A. nicht nur die perfekte Intonation kontrolliert, sondern auch genau auf die korrekte Aussprache geachtet. Viel wichtiger als ein schöner Vortrag war bei einem Chasan allerdings, dass er sich als ethisch und moralisch einwandfreier Mann, als Schaliach Zibbur (Gesandter seiner Gemeinde), für sie an Gott wenden konnte.

Ein Chasan des Mittelalters und der frühen Neuzeit hat sein Vorbeten als Erfüllung einer Mizwa (religiöse Pflicht) empfunden und nicht als Beruf angesehen. Es ergab sich aber, dass die religiöse Unterweisung der Kinder zunehmend nötiger wurde, mehr Zeit in Anspruch nahm und darum eine Vergütung durch die Eltern oder Gemeinde selbstverständlich wurde. Im 18. Jahrhundert bahnte sich dann die Entwicklung vom Ehrenamt zum „Beruf" an. Der Chasan war jetzt der oftmals schlecht bezahlte, doch wegen seiner jüdischen Kenntnisse hoch angesehene Vorbeter. Er war in vielen Fällen gleichzeitig Melamed (gering geachteter Lehrer für jüdisches Elementarwissen) und dies meist in Personalunion für seine Gemeinde. Für die nichtjüdische Umwelt zählte sein lediglich aufs Jüdische begrenztes Wissen nicht; die Chasanim galten deshalb als ungebildet, und keiner der 67 Vorbeter in Württemberg genügte infolgedessen den Anforderungen des „Erziehungsgesetzes" von 1828.

Utz Jeggle hat ermittelt, dass ihr fixes Einkommen in dieser Zeit in Württemberg zwar nur um 100 fl betrug, das Jahresverdienst durch zahlreiche Nebeneinkünfte dennoch auf etwa 300 fl zu berechnen ist und damit vielfach höher lag als das Salär eines Rabbiners.[1] Beide verdienten dabei aber immer noch höchstens die Hälfte dessen, was ein katholischer Geistlicher in jener Zeit einnahm.

In der zweiten Hälfte des 19. Jahrhunderts sind viele Juden den Unterdrückungen in Osteuropa entflohen und kamen über Ungarn oder das Fränkische nach Süddeutschland. Vor allem aus Galizien zogen diese Flüchtlinge nach Vorderösterreich mit Hohenems und in die ehemals habsburgische Markgrafschaft Burgau. Aus Polen wanderten andere in die fränkischen Gemeinden ein und auch bis nach Rexingen in Württemberg. Sie brachten ihr reiches jüdisches Wissen mit. Dazu nur zwei bekannt gewordene Namen: Rabbiner Dr. Aron Tänzer war von der Gegend um Pressburg über Hohenems nach Jebenhausen bei Göppingen gekommen, und Laupheims Kantor Emil Elias Dworzan stammte aus Posen. In vielen Fällen wurden die jüdisch Gebildeten unter diesen Flüchtlingen außer den Rabbinern Vorbeter in den Gemeinden, arbeiteten aber hauptsächlich als Melamed. In den kleinen Gemeinschaften des 18. und 19. Jahrhunderts waren sie oft die Einzigen mit umfassenderen jüdischen Kenntnissen und damit „Mädchen für alles": Vorbeter, Leiter der Gottesdienste bis hin zum Prediger, Lehrer, auch Schächter und zuständig für alle Fragen jüdischer Lebensform im Alltag. Respektvoll wurden sie häufig – so in den Jugenderinnerungen von Berthold Auerbach[2] – „Reb" genannt. Einen „richtigen" Rabbiner haben die meisten Juden damals kaum je gesehen.

Wie Chasanim so sind auch Rabbiner für einen jüdischen Gottesdienst theoretisch nicht nötig. Rabbiner waren ja ursprünglich Gelehrte, an die man sich bei schwierigen Entscheidungen um Rat und Urteil wandte.[3] Große und reiche Gemeinden rechneten es sich zur Ehre an, für den Lebensunterhalt eines so angesehenen Mannes zu sorgen und banden ihn damit an ihren Ort. Im Gottesdienst hat ein Rabbiner eigentlich keine spezielle Funktion; die Tradition einer Gemeinde bestimmt die Gebetsordnung, die sich meist an die Regelung einer großen Synagoge der Region anlehnt und dort von einem klassisch-anerkannten Rabbiner eingerichtet war. Kommt ein Rabbiner neu in eine Gemeinde, so ist er gut beraten, nur in begründeten Fällen nach vielen Gesprächen und im Einverständnis mit dem Gemeindevorstand eine bestehende Ordnung zu ändern. Zur Festlegung vollständig neuer Riten kam es in deutschen Gemeinden nach dem Holocaust, deren örtliche Überlieferungen mit den Menschen ja meist ausgelöscht waren. Die Mitglieder stammten nun aus sehr unterschiedlichen Ländern und Traditionen, und es mussten Regelungen gefunden werden, die ihnen wenigstens religiös zur neuen Heimat werden konnten. So ist zum Beispiel in Stuttgart die liberale Praxis nicht wieder aufgenommen worden. Mit Rücksicht auf die hauptsächlich osteuropäischen neuen Gläubigen bot eine gemäßigt konservative Gebetsordnung die Grundlage für eine neue Einheitsgemeinde.

Auch wenn ein Rabbiner anwesend ist, führt in der Praxis im Gottesdienst der Chasan durch die Gebetsordnung. Allerdings ist es üblich, dass er sich etwa vor dem Hauptgebet oder dem Glaubensbekenntnis „Sch'ma Jisrael" etwas Zeit lässt und wartet, um ehrenhalber den Rabbiner dieses zentrale Bekenntnis des Judentums sprechen zu lassen. In Osteuropa ist es auch Brauch, dass man aus besonderem Anlass einem Mitglied der Gemeinde die Leitung eines Gottesdienstes überlässt, wie beispielsweise an einem Jahrzeittag, dem Tag der Wiederkehr eines für ihn bedeutsamen Todestags, damit er das Kaddisch (Totengebet) öffentlich beten kann. Das setzt voraus, dass der Betreffende gute jüdische Kenntnisse besitzt. Umso schlimmer, wenn ein hohes Amt mit Unkenntnis gepaart ist. Dazu eine charakteristische Geschichte aus Ungarn. Nach dem Aufstand 1956 wurde ein regimetreuer Schriftsteller von der Regierung als Präsident der jüdischen Gemeinden eingesetzt. Sein erstes Zusammentreffen mit der Rabbinerkonferenz endete mit einem Abendessen, und dem neuen Präsidenten kam die ehrenvolle Aufgabe zu, das Tischgebet zu sprechen. Hierfür wurde ihm ein Gebetbuch gereicht. Keiner der Anwesenden hatte den Mut, den vom Staat bestimmten Präsidenten darauf aufmerksam zu machen, dass er nicht einmal das Gebetbuch richtig in der Hand hielt; aber die Nachricht von der so belegten Unfähigkeit des neuen Präsidenten machte natürlich rasch die Runde.

Im Verlauf des 19. Jahrhunderts veränderte sich das Berufsbild des Chasan. Immer mehr wohlhabende Gemeinden konnten sich die Anstellung eines Rabbiners leisten und drängten damit die Bedeutung des Chasan für religiöse Fragen zurück. Gleichzeitig wuchs das Bedürfnis dieser Gemeinden nach durchkomponierter Musik. In den Kapiteln über „Harmonie und Dissonanz im Tabaktempel" und „Gottes Lob oder Teufels Werk?" ist davon ausführlich die Rede. Dieses Bedürfnis verlangte nach einer Professionalisierung der musikalischen Ausbildung, die allerdings nur über den säkularen Musikbetrieb möglich war. Der Beruf des Chasan stand deswegen mitten im Spannungsfeld der Modernisierung. Orthodoxe gestalteten ihre Gottesdienste weiter als Versammlung der Beter und lehnten Kunstmusik mehr oder weniger generell ab. Dagegen übernahmen vor allem großstädtische, liberale Gemeinden zunehmend Elemente des bürgerlichen Musiklebens. Ob aber Orgelmusik dazugehörte, ob sie von einem Juden gespielt werden durfte, ob Chöre von Frauen oder gemischte Chöre gestattet waren, das blieb von Gemeinde zu Gemeinde und entsprechend der jeweiligen Machtverhältnisse in der Gemeinde umstritten.

Juden, die einen Chasan in der Tradition des „Gesandten ihrer Gemeinde" sahen, konnten bei ihm das Musizieren außerhalb der Synagoge nicht akzeptieren. So wurde Salomon Sulzer, dem aus Hohenems stammenden Erneuerer der Synagogenmusik, das öffentliche Mitwirken bei weltlicher Musik untersagt, und ein Kantor, der nebenbei etwa in einem Opernchor sang, wurde in aller Regel nicht geduldet. Erst später im 20. Jahrhundert konnten Berühmtheiten wie Hermann Jadlowker, Richard Tucker, Jan Peerce, Josef Schmidt und Dezső Ernster an der Metropolitan Opera in New York und anderen internationalen Bühnen auftreten und doch in liberalen Gemeinden der USA auch als Kantoren amtieren. Josef Jossele Rosenblatt hingegen, dessen außerordentlich schöne Tenorstimme auf 130 Schallplatten erhalten ist, war trotz höchster Gagenangebote zu keinem Engagement zu bewegen, weil es für ihn mit der Würde des Kantorenamts nicht vereinbar war.

Musiker galten im 18. Jahrhundert vorwiegend als Dienstleister, und auch im 19. Jahrhundert wurden nur Spitzenkräfte von einem kleinen Kreis von Musikkennern hoch geachtet. Ein durchschnittlicher Organist oder Tuttist in einem Orchester galt sozial nicht viel. Das wirkte sich auf die Kantoren aus. Oft hat selbst in reichen Gemeinden die Verleihung eines schönen Titels – beliebt war „Oberkantor" – eine angemessene Vergütung ersetzt.

Moritz Friedmann, der erste Oberkantor in der Großen Synagoge Budapest, setzte sein Prestige dafür ein, die soziale und gesellschaftliche Anerkennung seiner Amtskollegen zu verbessern. Deshalb schuf er sich auch einen würdevollen Amtstalar. Jüdische Amtstalare ahmten immer die Formen ihrer christlichen Nachbarschaft nach, mussten sich von diesen aber dennoch deutlich unterscheiden. In liberalen Gemeinden Ungarns bestanden sie aus einer Pelerine, die vielfach aus Seide oder Brokat geschneidert war. Dazu wurden Birette aus mindestens fünf Stegen getragen; das sind Hüte mit Quasten an der Spitze. Die häufigste Kopfbedeckung war und ist eine Art Kuppel, an deren Spitze ein Bommel oder eine Quaste befestigt ist. Selbst in Israel tragen die meisten Kantoren in Synagogen Tel Avivs oder Jerusalems bei feierlichen Anlässen diese Kopfbedeckung, und sie ist zum eindeutigen Kantorenmerkmal geworden. In Deutschland ahmten die meisten jüdischen Ornate die protestantische Amtskleidung nach. Der schwarze Professorentalar des 16. Jahrhunderts wird heute aus knitterfreiem Stoff geschneidert und Beffchen markieren den „geistlichen" Stand. Mein seliger Vorgänger in Stuttgart, Dr. Fritz Bloch, hat dazu ein schwarzes Samtbarett getragen.

Von der Unterscheidung zwischen den parallel getragenen Beffchen (calvinistisch geprägte reformierte Kirchen) und den schräg getragenen (Lutheraner) hatte ich keine Ahnung. Noch viel weniger wusste ich von den subtilen Kompromissformen der Unierten (oben parallel zusammengenäht und unten schräg gestellt) oder gar der badischen Sonderform (oben breit überlappend, doch nicht zusammengenäht, unten schräg). Die Pfarrerin in Bremen, die mir diese Nuancen erklärte, versicherte mir aber, auch kein Mensch in ihrer Bremer Gemeinde kenne die Unterschiede.

In vielen Gemeinden ist das Weiß des Sterbekittels (Sargenes) an hohen Feiertagen die vorherrschende Farbe, und da sieht man dann ebenso weiße Birette mit goldenem Rand. Ich habe es in Budapest noch erlebt, dass ein orthodoxer Oberkantor am Freitagabend während eines Teils des Gottesdienstes einen Zylinder getragen hat. In der Liturgie dieses Abends zog er anfangs seinen großen Tallit (Gebetsmantel) über den Kopf, der nur mit einer kleinen Mütze bedeckt war. Auch gibt es mitten in der Feier einen Teil, der ursprünglich nicht zwingend zur Liturgie gehörte und deshalb von manchen Kantoren nicht vom Vorbeterpult, sondern von der Bima (Vorlesepult für die Tora) aus vorgetragen wird. Es ist das Lied „Lecha Dodi" (Komm mein Freund) aus dem 16. Jahrhundert, das durch die Vertonungen von Louis Lewandowski und Salomon Sulzer berühmt geworden ist. Bruno Stern erinnert sich, dass im fränkischen Niederstetten dieser Teil des Gottesdienstes besonders feierlich gestaltet wurde und der Vorbeter das Lied „auf dem Almemor" gesungen habe.[4] In Budapest schritt der Oberkantor also feierlich vom Pult an der Front der Synagoge zur Bima in der Mitte des Raums und anschließend wieder zurück. Das würdige Schreiten wirkte eindrucksvoller, wenn der Herr Oberkantor dazu nicht seine einfache Mütze trug, sondern den feierlichen Zylinder.

Wir sprechen hier aber von den wenigen Ausnahmen, in denen sich reiche liberale Gemeinden für die hohen Feiertage und die Hauptgebete „Stars" als Oberkantoren leisten konnten und daneben noch einen zweiten Kantor für den Alltag und die normale Toralesung beschäftigten. Besonders beim Oberkantor trat das Musikwissenschaftliche immer mehr in den Vordergrund und die Liturgie in den Hintergrund. In den allermeisten Gemeinden aber waren die Chasanim, wie oben ausgeführt, im Jüdischen gebildete Kenner, die im Dienste ihrer Gemeinde Vorbeter, Lehrer und Vorsänger geworden waren und die sich eher als Dienstleister denn als Künstler verstanden und auch als solche angesehen wurden.

Zwei Entwicklungen haben im 19. Jahrhundert die Funktion synagogaler Musik geprägt. Zum einen waren bis vor Kurzem die meisten Kantoren auf die Kompositionen von Louis Lewandowski (Berlin) oder Salomon Sulzer (Wien) festgelegt. Louis Lewandowski wird auch in einigen Synagogen in Israel heute hoch geschätzt, obwohl auf Juden, denen die „Lacrimae Voce" ans Herz geht, sein Gesang trocken und langweilig wirkt. Mit seinen Melodien, mit Chor und Orgel sollte ein harmonischer Gleichklang hergestellt werden. Zum zweiten hat die massenhafte Verbreitung der Gesänge auf Tonträger nur noch künstlerische

Hochleistungen gelten lassen. Die synagogale Musik verselbständigt sich in gewisser Weise. Heute strömen ebenso Nichtjuden in Synagogenkonzerte, je folkloristischer das Programm desto besser, und auch Juden werden von der damit verbundenen Säkularisation ergriffen: Text und Melodie werden nicht als Gebet verstanden; ohne Einbettung in die Liturgie und ohne Textverständnis steht das Konzerterlebnis im Vordergrund und der Zuhörer wird lediglich von einer irgendwie gearteten religiösen Stimmung erfasst. Vor einer solchen Entwicklung hat die kompromisslose Orthodoxie gewarnt und auf einer Rabbinerversammlung in Michalovce 1865 neben anderen Modernisierungen schon das Betreten einer Synagoge mit Chor oder das Anhören von Gesängen eines Synagogenchores streng untersagt.

Die Einführung von Chören hat wie alles im Leben positive und negative Seiten. Ein Positivum ist die Einbeziehung der Kinder, die durch ihre Mitwirkung die Gebete, die traditionellen Gesänge und die Gebetsordnung automatisch kennenlernen. Und Eltern, Verwandte und Freunde kommen, vielleicht seit langer Zeit, wieder in die Synagoge. Dazu muss man aber sagen, dass in Israel und aus Israel beeinflusst eher solche Gebetsteile und Gesänge verbreitet werden, die aus dem Chassidismus stammen und sehr viel stärker als früher von einem fröhlichen, volkstümlichen Stil geprägt sind. Mit der Zuwanderung kommen seit 30 Jahren Juden aus den ehemaligen GUS-Staaten zu uns, die in jüdischen Dingen noch wenig kundig sind und natürlich Hebräisch kaum verstehen. Wenn zum Beispiel in Stuttgart Woche für Woche Lewandowski gesungen wird, so behalten die neuen Mitglieder leichter die eingängigen Melodien, erkennen die Gebete wieder und verstehen die Bedeutung dieser Stelle im Gottesdienst.

IM DIENSTE DER GEMEINSCHAFT
BERUFE UND EHRENÄMTER
RUND UM DIE SYNAGOGE

Bei allen Tätigkeiten, die mit dem religiösen Leben und dem Kultus in einer jüdischen Gemeinde zusammenhängen, besteht die Tendenz, dass sich Ehrenämter zu Berufen wandeln. Nahezu alle Gemeinschaften durchlaufen diese Entwicklung. Im europäischen Judentum tritt sie aus historischen wie traditionellen Gründen erst vergleichsweise spät zu Tage. Vom Mittelalter bis in die Neuzeit waren die jüdischen Gemeinschaften überaus klein, aufgrund der Verfolgungen meist instabil und bitterarm. Stolze örtliche Gebräuche konnten sich unter diesen Umständen nicht festigen. Tradition bezog sich ausschließlich auf die Erfüllung kodifizierter biblischer Gebote und lebte im Festhalten der jüdischen Lebensform, wie man sie kannte. Tauchten Fragen auf, bat man eine gelehrte Autorität um Entscheidung. Die Befolgung der Gebote ging jeden direkt an, und es bedurfte also keiner vermittelnder Instanzen – Einrichtungen, die man sich ohnehin finanziell nicht leisten konnte.

Dienste, die man für die Gemeinde erbringt, erfüllen das Gebot der Mizwot, gute Taten zu tun. Eine Mizwa besteht aber nicht nur in der Tat selbst, sondern auch in der Gesinnung, in der die Handlung vollbracht wird. Man kann ein solches Engagement folglich auch nicht direkt vergelten. Die notwendigen Fertigkeiten sind allerdings nicht jedem gegeben, und die Arbeit kann so umfangreich und zeitaufwändig werden, dass sie das Ehrenamt überfordert. Am Ende dieses Prozesses steht demnach die materielle Vergütung; sie reicht von einer erwarteten Spende über ein Honorar bis hin zu einer Vergütungsordnung. Somit wächst aber auch der Anspruch an Qualität und Umfang der Tätigkeit. Diese Professionalisierung kennen wir aus allen Organisationen, und die jüdischen Gemeinden haben sie bei Rabbinern, Chasanim (Vorbeter) und

Lehrern gleichermaßen vollzogen. Betrachten wir diese Berufe, so gebührt es sich, mit dem zu beginnen, der den heiligen Text, die Tora, schreibt und bewahrt.

Sofer

„Versammle das Volk, die Männer, Frauen und Kinder und den Fremdling, der in deinen Städten lebt, damit sie es hören und lernen und den Herrn, euren Gott, fürchten und alle Worte dieses Gesetzes halten und tun und dass ihre Kinder, die es nicht kennen, es auch hören und lernen, den Herrn, euren Gott, zu fürchten alle Tage" (5. Buch Mose 31,12-13). Dieses biblische Gebot verpflichtet die Juden, die Tora öffentlich vorzulesen. Die fünf Bücher Mose mit ihren 613 Weisungen für Rituale, Feste, Speisen und Kleidung reichen von der Schöpfung bis zu Moses Tod. Der Schrein, in dem ihr Text auf Pergamentrollen aufbewahrt wird, ist das Zentrum und Herzstück jeder Synagoge. Die Heiligen Texte werden auf enthaarter und geglätteter Haut von rituell reinen Tieren geschrieben und die Bögen mit dünnen Därmen dieser Tiere zusammengenäht. In der Regel wurden Torarollen von vermögenden Juden in Auftrag gegeben.

Beschriftet werden sie dann von frommen Sofrim. Der Begriff „Sofer" (Schreiber) wurde wie viele Berufsbezeichnungen häufig zum Eigennamen. Der bekannteste Vertreter dieses Namens ist der aus Frankfurt am Main stammende Rabbiner Moses Sofer, Moses Schreiber, der im 19. Jahrhundert von Pressburg aus die Orthodoxie festgefügt und auf den Weg geschickt hat. Er, seine Söhne und Schüler haben in Pressburg eine angesehene Ausbildungsstätte für Rabbiner geschaffen, die sogar von der Habsburgermonarchie staatlich anerkannt wurde. Zeitweise wurde sie auch von Aron Tänzer aus Göppingen und Leopold Rosenak, dem ersten Rabbiner Bremens, besucht, die beide im Ersten Weltkrieg als Feldrabbiner der deutschen Armeen wirkten.

Der Schreiber musste wie die Vertreter der anderen jüdischen Berufe gesetzestreu, familiär gebunden und insgesamt ethisch und moralisch von unfehlbarem Ruf sein. Er hatte mit einer Vogelfeder und Tinte ohne Metallzusätze eine völlig fehlerfreie Kopie des nicht vokalisierten Textes zu fertigen, eine Arbeit, die oft Jahre in Anspruch nahm. Die letzten

Buchstaben wurden üblicherweise von den Notabilitäten der Gemeinde – oder wenigstens in ihrem Beisein – feierlich eingetragen. Zum Gebrauch in der Synagoge werden die Rollen auf zwei Holzstäbe aufgewickelt, damit der Vorleser sie nicht mit der Hand berührt. Dann werden sie in einen Toramantel aus Samt gekleidet. Diese Toramäntel sind heute noch häufig reich bestickt, hauptsächlich mit klassischen Texten biblischer Zitate, dann aber auch mit Widmungen. Der Name des Sofer wird darin nicht festgehalten, jedoch der des Mäzens und zu wessen Andenken und Ehre er sie anfertigen ließ. So spielt die menschliche Eitelkeit dabei natürlich auch eine Rolle. Das Sticken von hebräischen Buchstaben ist nicht einfach, und deshalb konnten auch nur ausgewählte Frauen, selten Männer, diese Aufgabe übernehmen. War die Torarolle dann in der Lade (Aron haKodesch) feierlich eingestellt, gehörte sie der Gemeinde. Früher konnte sie in Trauerfällen, wenn die Gottesdienste im Trauerhaus abgehalten wurden, ausgeliehen werden, im Gegensatz dazu verbleibt sie heute in aller Regel in der Synagoge. Selbst in kleinen Synagogen gibt es wenigstens zwei Torarollen, denn im Verlauf des jüdischen Jahres werden gemäß der Perikopenordnung einige Male mehrere Abschnitte aus der Bibel gelesen. Damit keine Unterbrechung und keine Unruhe durch das Umrollen entstehen, werden zwei oder drei Schriftrollen parallel benutzt. Zum Reichtum alter, großer Gemeinden gehörte ein Schatz von vielleicht 20 oder 30 Exemplaren. In Deutschland wurden die meisten von ihnen während der Schoah vernichtet. Die Rollen, die heute in den Synagogen benutzt werden, stammen in der Hauptsache aus den Sechzigerjahren und wurden zur Erinnerung an die im Holocaust ermordeten Verwandten oder im Gedenken an die zerstörten Gemeinden und Synagogen gestiftet.

Das Anfertigen einer neuen Tora war nur eine der Aufgaben des Schreibers. Allein davon hätte kaum eine Familie existieren können. Man braucht den Sofer auch, um die Toratexte für die Mesusot (Türpfostenkästchen) und die Phylakterien (Hand- und Kopftefillin) zu schreiben und diese Texte regelmäßig zu prüfen, Schäden zu beheben und sie gegebenenfalls zu ersetzen. Früher kam ein Sofer alle ein bis zwei Jahre in die Gemeinde, untersuchte die Torarollen und besserte einzelne Buchstaben, die verblasst oder abgefallen waren, sorgfältig aus. Anschließend prüfte und ersetzte er in den Häusern die Texte der Mesusot, die durch den täglichen Gebrauch oder durch Wettereinflüsse am Hauseingang beschädigt waren. Heute schickt man die Torarollen oder die anderen Texte zu einem der Soferim nach Straßburg oder Frankfurt am Main, die bei uns am bekanntesten sind. Sind Teile einer Torarolle unwiederbringlich zerstört, so wird sie nicht einfach weggeworfen, sondern in einer Genisa, einem versteckten Depot zur Aufbewahrung unbrauchbar gewordener Schriften, erhalten oder auf einem jüdischen Friedhof regelrecht beigesetzt.

Gabbai

Das Amt eines Gabbai einer Synagoge gehört streng genommen nicht in die Kategorie Beruf. Es ist ein Ehrenamt, dessen Träger alle synagogalen Abläufe und Zeremonien ordnet. Der Gabbai veranlasst, dass die Gebetbücher bereitliegen und dergleichen. Während der Toralesung hält er einen Text mit Teamim (Akzentuierungen) bereit und greift korrigierend ein, falls bei der Lesung aus der Torarolle ein Fehler oder eine Ungenauigkeit vorkommt. Vor allem verwaltet er die Spenden in der Synagoge. In manchen Gemeinden ist es heute noch üblich, dass die Männer[1], die zur Toralesung aufgerufen waren, nach dem zweiten Segensspruch eine Spende leisten.

Wen aber soll der Gabbai zur Tora aufrufen? Dazu braucht es nicht nur eine genaue Kenntnis der Gemeindemitglieder und psychologische Einfühlung, damit sich niemand zurückgesetzt fühlt, sondern auch höchstes diplomatisches Geschick. Denn die Gemeinden finanzierten sich zum größten Teil aus Spenden, und ohne die Ärmeren herabzuwürdigen, sollten die Spenden reichlich ausfallen. Also wurden bei dieser hervorgehobenen Aufgabe nicht nur die Mitglieder der Familien Kohn und Levi bevorzugt, denn als Nachkommen der Priesterschaft und der Tempeldiener werden sie aus Wertschätzung als Erste zu diesen Aufrufen in der Synagoge oder zum Sprechen des Tischgebets bei öffentlichen Mahlzeiten gebeten.

Diese Verbindung von Gottesdienst und dem Einsammeln von Spenden befremdet oft. Wie hat man sich diesen Zusammenhang vorzustellen? Als ehrenvoll gilt die öffentliche Mitwirkung am Gottesdienst. Dazu gehören das Öffnen des Toraschrankes, das Herausheben der Schriftrollen und ihr Einschließen am Ende. Besonders angesehen aber ist der erwähnte Aufruf (hebräisch: Alija), das heißt der Betreffende soll einen Abschnitt der Tora vorlesen. Doch es können immer weniger Männer den unpunktierten hebräischen Text fehlerlos vortragen, und da man niemanden beschämen will, übernimmt ein geeigneter Vorleser die Aufgabe. Der Aufgerufene steht dann neben ihm beim Vorlesepult für die Tora (Bima oder Almemor) und spricht vor und nach der Lesung eine Benediktion. Da die Gemeinden keine Steuern erheben konnten, auf Einnahmen freilich angewiesen waren, wurden diese Ehren häufig ausgelobt oder an hohen Feiertagen bevorzugt an solche Mitglieder vergeben, von denen eine hohe Spende zu erwarten war. Eine solche Funktion erwarb man selten für sich selbst; das hätte protzig gewirkt. Man bedeutete dem Schammasch (Synagogendiener), wen man beehren wollte. Das war vielleicht jemand, der eine Jahrzeit, einen Geburts- oder Hochzeitstag zu feiern hatte. Der so Beschenkte dankte und revanchierte sich bei Gelegenheit mit einer Gegengabe.

Am Schabbat oder Feiertag durfte der fromme Gabbai nicht schreiben. Deshalb steckte er zur Erinnerung ein Hölzchen mit der eingeschnitzten Summe in ein Kästchen zu dem Namen des Spenders und kassierte in der folgenden Woche den Betrag für wohltätige Zwecke, wenn der Spender ihn nicht von sich aus schon vorgelegt hatte.

An jedem Schabbat werden sieben Abschnitte gelesen und der letzte davon wird wiederholt, der eine Entsprechung in einem Prophetentext hat. Es erfolgen also acht Aufrufe.

Es war, wie gesagt, eine Kunst, sich bei der Auswahl der zu Ehrenden keine Feinde zu machen. Diskretion war unerlässlich, und damit hängt es vermutlich zusammen, dass es in geschriebenen Erinnerungen zwar Aufzeichnungen über Rabbiner, Kantoren und Lehrer gibt, aber praktisch keine über Gabbaim. Die beste mir bekannte Schilderung stammt von dem Psychologen Dr. Johannes (János) Paál s. A., der sich an seinen Großvater erinnerte. Dessen Sohn Gabor Paál hat die Darstellung aus dem Ungarischen übersetzt und im Eigenverlag veröffentlicht.[2]

Mit seiner freundlichen Erlaubnis sei das betreffende Kapitel hier abgedruckt, fast ungekürzt, auch wenn sich manches Gesagte wiederholt.

„Nicht meine Heimatstadt Budapest stellte für mich als Kind die große weite Welt dar, sondern der Wohnort meiner Großeltern. Abony liegt hundert Kilometer südöstlich von Budapest in der ungarischen Tiefebene, eine flache, ärmliche Landschaft, geprägt von Mühlen und Weingärten. Offiziell war Abony eine Großgemeinde, in Wirklichkeit ein riesiges Dorf. Zum Stolz der Bewohner hielt auch der Schnellzug an, und der Bahnhofvorsteher mit seinem Franz-Joseph-Bart war der einzige jüdische Bahnhofvorsteher Ungarns zwischen den zwei Weltkriegen. Dort verdiente sich der Vater meiner Mutter sein Geld als Klempner und Installateur. Er führte den Familienbetrieb bereits in der dritten Generation. Mein Großvater war kein schöner Mann, aber eine angenehme Erscheinung. Durch seinen Backenbart wirkte er recht klein, doch kompensierte er dies mit seinem immer gepflegten Äußeren. Seine Kleider wechselten von einem mitteldunklen Grau bis Schwarz. In meiner Erinnerung war er aber vor allem der Gabbe.

Beim Gabbe handelt es sich um eine von mehreren Personen, die neben dem Rabbiner und dem Kantor zur traditionellen jüdischen Gemeinde gehören. Manche dieser Figuren werden in der jüdischen Belletristik immer wieder beschrieben, wie der Schammes (Synagogendiener), der Schadchen (Heiratsvermittler), der Schochet (Schächter) sowie, in liberalen Gemeinden, der RascheKohl (Rosch haKahal = Gemeindevorsitzender), der als der weltliche Repräsentant des Gemeindelebens gilt. Nur der Gestalt des Gabbe bin ich in der Literatur noch nicht begegnet. Der Begriff Gabbai bedeutet Verwalter oder Geldeintreiber in Kultus- und Wohltätigkeitseinrichtungen. Hinter dieser nüchternen Bezeichnung ist der Gabbe – wie der Name häufig gesprochen wird – die graue Eminenz des sakralen Bereichs des Gemeindelebens, sein stiller Steuermann. Er achtet und sorgt für die fehlerlose Einhaltung des Gottesdienstes, damit sich alles so vollzieht, wie es die religiösen Vorschriften verlangen. Und das ist nicht einfach, denn die traditionelle jüdische Liturgie sieht viele Mizwot vor, viele gute Taten, mit denen sich die Gemeindemitglieder am Gottesdienst beteiligen können. Sie helfen mit beim Rezitieren einiger Gebete, beim Öffnen der Heiligen Lade, beim Ausheben und Herumtragen der Tora durch die Synagoge sowie im weiteren Verlauf beim Einrollen und Zurückführen der Schriftrollen. Zu den ehrenvolleren Aufgaben gehört es freilich, zur Lesung des Wochenabschnitts aufgerufen zu werden. Im Idealfall spiegelt die Zuordnung dieser Mizwot die soziale Struktur der Gemeinde. Genau dafür soll der Gabbe sorgen. Seine Aufgabe war es, all diese ehrenvollen Funktionen unter Gemeindemitgliedern so zu verteilen, dass sich niemand übergangen fühlt.

Denn diese Verteilung folgt einem ungeschriebenen Protokoll, dessen Regeln mir mein Großvater beibrachte, wenn wir auf dem Weg in die Synagoge waren. Um ein Beispiel zu nennen: Zum Wochenabschnitt der Tora werden Woche für Woche der Reihe nach sieben Männer aufgerufen. Die Tradition schreibt vor, dass die erste Person der Aufgerufenen ein Kohen (Abkömmling des Hohepriesters Aaron), der zweite ein Levit (Abkömmling Levis) sein soll. Wenn an einem Gottesdienst mehrere Kohanim oder Leviten anwesend waren, musste eine Entscheidung zugunsten des einen oder anderen fallen. In diesem Fall wurde einer aufgerufen, der schon seit längerem nicht mehr dran war. Die ehrenvollste Rolle allerdings war die des Maphtir, der als letzter vor die Tora kam. Er durfte außerdem nach Ende der Toralesung einen mit dem Wochenabschnitt inhaltlich zusammenhängenden Teil aus den Propheten vortragen. Als Maphtir wurden vorzugsweise Männer ausgewählt, die in der jeweiligen Woche einen besonderen Tag hatten – eine Geburt, eine Hochzeit, einen wichtigen Jahrestag oder ähnliches. Oft kam diese Ehre aber auch einem seltenen Gast zu. Den richtigen Mann für die Aufgaben des Kohen, des Levi und des Maphtir auszuwählen war meist nicht schwierig, weil durch die äußeren Umstände ohnehin der eine oder andere dafür prädestiniert war. Die weiteren fünf ‚Posten' zur Zufriedenheit aller zu verteilen, war eine sehr viel heiklere Aufgabe. Vermutlich aus Gründen der Zahlenmystik gilt es als wertvoller, als Dritter oder Fünfter aufgerufen zu werden denn als Vierter oder Sechster – es sei denn, die entsprechende Tora-Passage sticht inhaltlich gegenüber allen anderen heraus.

Beispielsweise gehört die wundersame Durchquerung des Roten Meeres durch das israelitische Volk zur vierten Stelle des Wochenabschnitts. Deshalb gilt es an jenem Sabbat als die ehrenvollste Aufgabe, zu diesem Passus aufgerufen zu werden. Doch wem sollte diese Ehre gebühren? Dem Rabbiner? Oder einem Geburtstagskind? Oder jemandem, dessen Sohn heiratet? Über diese Fragen hat mein Großvater manchmal eine ganze Woche lang nachgedacht, um niemanden zu verletzen oder zu benachteiligen. Ich habe in meinem Leben mit einigen Gabbaim zu tun gehabt, aber, gemessen an der Sorgfalt und Umsicht, mit der mein Großvater an das Verteilen der Aufgaben heranging, war er unübertroffen. Über Jahrzehnte war mein Großvater der Gabbe von Abony. Eigentlich hatte die Gemeinde, wie es Tradition war, zwei Gabbaim, die ihr Amt wöchentlich abwechselnd ausübten. Doch manche von ihnen waren mit der Einhaltung des Protokolls so überfordert, dass die Gemeinde sie entlassen hat oder sie von sich aus ihr Amt niederlegten. Andere starben vorzeitig. So überlebte mein Großvater eine Reihe seiner Amtskollegen. Überhaupt war er einer der wenigen Amtsträger, die dieser konservativ-aufgeklärten Gemeinde mehrere Jahrzehnte die Treue hielten [...].

Herr Schwarz, der Vorbeter, war neben meinem Großvater der einzige andere Amtsträger, der dauerhaft in Abony blieb. Er war als junger Mann aus Galizien gekommen und blieb in Abony bis zur Deportation. In einer Person war er Vorbeter, Schächter, Seelsorger und Vermittler bei zwischenmenschlichen Konflikten. Ihm verdanke ich den größten Teil meines liturgischen Wissens. Er beherrschte nicht nur musikalisch einwandfrei das Vorlesen aus der Tora, sondern auch die melodischen Variationen, die an den verschiedenen Feiertagen an die Stelle der üblichen Rezitationsmelodien treten. Sehr beeindruckend war auch seine Kavana (Inbrunst), mit der er den emotionalen Gehalt der Gebete zum Ausdruck brachte. Herr Schwarz und mein Großvater hatten einen sehr guten Draht zueinander. Ihre Kommunikation während des Gottesdienstes beschränkte sich oft auf Gesten, die von Außenstehenden kaum wahrgenommen werden konnten. Zu den Aufgaben von Herrn Schwarz gehörte es, die Entscheidungen meines Großvaters umzusetzen und die

Personen, die mein Großvater für die Ehrenämter ausgesucht hatte, davon zu informieren, bevor er sie aufrief. Er versah diese Aufgabe als Schammes (Synagogendiener) mit jenem Gemisch aus Bescheidenheit und Selbstbewusstsein, das man sich von einem Minister wünscht. Und wenn der Kantor einen kleinen Lapsus beging, kam es auch schon mal zu einem kurzen schmunzelnden Blickwechsel mit meinem Großvater. Die Kantoren kamen und gingen, Herr Schwarz blieb. Zu den Aufgaben meines Großvaters gehörte noch die soziale Betreuung der Wanderer. Heute würde man sie „Nicht-Sesshafte" nennen. Auch sie waren Teil des Alltags im jüdischen Gemeindeleben. Sie waren keine Bettler, sondern bereisten selbstbewusst das Land, jeden Tag unterwegs, meist von einer Bahnstation zur anderen; und immer in eine Stadt mit einer jüdischen Gemeinde. Sie kamen mit dem ersten Zug früh morgens und retteten durch ihre Anwesenheit gelegentlich den Minjan: Ohne sie wären die für einen Gottesdienst erforderlichen zehn Männer oft nicht zusammen gekommen. Nach dem Morgengebet lud Frau Schwarz sie zum Frühstück ein, danach erwartete sie mein Großvater in seiner kleinen Kammer hinter seiner Klempner-Werkstatt. Er plauderte eine Weile mit ihnen, sie erzählten von Ereignissen in anderen Gemeinden. Sobald der Gesprächsstoff ausging, ließ mein Großvater sich von ihnen die Spendenquittung unterschreiben, legte aus eigener Tasche noch etwas hinzu und nahm Abschied von ihnen bis zum nächsten Besuch."

Schammasch

Der Schammasch wird im Gegensatz zum Gabbai als Angestellter der Gemeinde bezahlt. Materiell gehörten die Schammaschim zu den armen, gering entlohnten Juden. Dem Berliner Bankier und Wollgroßhändler Aaron Hirsch Heymann (1802-1880) verdanken wir eine anschauliche Schilderung einer Gemeinde in Lessen, einem kleinen Ort bei Graudenz (am rechten Weichselufer, damals Provinz Westpreußen, seit 1920 polnisch Grudziadz) aus dem Jahre 1847. Die Synagoge „gibt im Inneren einem Stalle wenig nach. Der Fußboden ist weder gedielt noch gepflastert, und die Decke ist mit ungehobelten Brettern verschlagen." Der Schammasch „war allerdings nicht mit einem seinem Amt oder seine

Stellung bezeichnenden Kostüm angetan. Vielmehr war kein Knopf an seinem Rocke, die Knopflöcher ausgerissen und die Ellenbogen durchgestoßen, so dass ein Stück des Hemdärmels durchdrang. Seine Füße waren mit Pantoffeln – aber nicht etwa mit seidenen oder gestickten – bekleidet, und die durchlöcherten Hacken seiner Strümpfe gewährten einen Blick auf die zarten Hinterteile seiner Gehwerkzeuge. Indessen versah er seinen Posten mit Umsicht und Energie, und letztere war umso nötiger, als die Jugend die Synagoge zum Schauplatz eines großen Tumultes machte. Mit jugendlicher Kraft, er mochte ungefähr 19 Jahre alt sein, teilte er unter den Unruhestiftern Faustschläge und Ohrfeigen aus, unbekümmert darum, dass ihm nun von einer Seite Fußstöße und von der anderen Püffe zugingen, oder dass er gar angespien wurde."[3]

Diese Schilderung zeigt ein Extrem. Auch arme Schammaschim genossen durchaus hohes Ansehen, wenn sie in der Synagoge nicht nur für Ordnung und Sauberkeit sorgten, sondern sich gleichzeitig in Fragen des Ritus gut auskannten. Dann können, wie oben in den Erinnerungen von János Paál, Bezeichnung und Amt von Gabbai und Schammasch ineinander übergehen. Mancher von ihnen war in jüdischen Belangen so gebildet, dass sich der Kantor oder Rabbiner vor ihm in Acht nehmen musste. Unser Lehrer für synagogale Fragen hat uns ermahnt, den Ritus und die Minhagim (Bräuche) einer Gemeinde sehr gründlich zu studieren, denn wir sollten es nicht erleben, dass erfahrene Schammaschim sich über uns, die wir als junge Rabbiner mit der Autorität eines Gelehrten auftreten sollten, lustig machen.

Zu den vielfältigen Aufgaben eines Schammasch in der Gemeinde gehörte in früheren Zeiten, als Uhren noch nicht verbreitet waren, zudem das „Schulklopfen". Mit seinem Klopfen an die Fensterläden der Häuser markierte er den Beginn des Gottesdienstes bzw. des Gebets.

Die Diskrepanz zwischen mangelnder formaler Bildung und lebenspraktischer Tüchtigkeit, die viele Schammaschim auszeichnete, lebt bis heute in Wanderanekdoten eines bestimmten Typus fort. Bei meiner Vorliebe für Anekdoten kann ich nicht umhin, hierzu einen kleinen Exkurs einzufügen. Der Erzählforscher Rolf Wilhelm Brednich hat eine ungewöhnliche Geschichte so dargestellt: Ein Ausländer bewirbt sich in

Hamburg um einen Job in einem Kino. Der Besitzer entdeckt seinen Analphabetismus, lehnt ihn deshalb ab und schenkt ihm aus Mitleid zwei Apfelsinen. Traurig setzt sich der Mann an den Straßenrand und legt die beiden Früchte vor sich hin. Ein betrunkener Matrose meint, sie wären zum Verkauf angeboten und kauft sie ihm ab. Diese Begebenheit bringt den Mann auf den Obsthandel und er wird im Laufe der Zeit zum reichen Fruchtimporteur. Bei einer Verhandlung fällt einem Bankbeamten dessen Unfähigkeit zu schreiben auf und er sagt zu seinem Kollegen: „Was wäre aus ihm wohl geworden, wenn er noch schreiben hätte können?" Der Importeur hörte die Bemerkung und antwortete: „Das kann ich Ihnen sagen: Platzanweiser in einem Hamburger Kino."[4] „Ein moderner Analphabet" nennt Brednich die Geschichte und bemerkt, dass er „in deutschsprachigen Quellen" oder Parallelen „nicht fündig geworden" sei. Mein Lehrer hat entdeckt, dass es sich dabei um eine in die weite Welt hinausgetragene ungarisch-jüdische Anekdote handelt.[5]

Eine ähnliche Story erzählt man sich von einem armen Schammasch, der aus Ungarn in die USA auswandern musste, weil er, des Lesens und Schreibens unkundig, in seiner Gemeinde in Paksch die Spenden für die Synagoge nicht quittieren konnte. In Amerika zu Reichtum und Ansehen gekommen, antwortete er auf die Frage, was aus ihm geworden wäre, wenn er hätte lesen und schreiben können: „Schammasch in Paksch!" In die Literatur ist diese Version (bei der die Pointe überdies besser sitzt) zuerst von Alter Drujanow eingeführt worden.[6] Salcia Landmann hat diese Anekdote ebenfalls aufgenommen und sie nach Zablotow versetzt.[7]

Rolf Wilhelm Brednich berichtet zu Recht, dass dieses Motiv auch in der englischsprachigen Literatur zu Hause ist. W. Somerset Maugham verfasste die Kurzgeschichte „The Verger" (1927), die auf Deutsch unter dem Titel „Ein Kirchendiener" erschienen ist, weil in ihr ein Küster der Analphabet ist.[8] Wie ist Maugham auf diese ungarisch-jüdische Erzählung gekommen? Aus dem Dorf meines Vaters wanderte noch vor dem Ersten Weltkrieg ein jüdischer Junge namens Ludwig Gelb aus, der sich später „Gordon" nannte. Er war überaus sprachbegabt, bereiste als Steward auf einem Passagierschiff die ganze Welt und unterhielt seine

Gäste gerne mit Geschichten, Witzen und Anekdoten. In London kam er öfter mit W. Somerset Maugham ins Gespräch und erzählte auch ihm die Anekdote vom Schammasch aus Paksch. Bei Ausbruch des Zweiten Weltkriegs wurde Gelb aus England ausgewiesen und überlebte als einziger seiner Familie den Holocaust in Budapest. Er gab – auch mir – Englischunterricht und hat dabei gerne seine Erlebnisse geschildert. Dass die Geschichte von Maugham später verfilmt wurde, hat ihn gefreut und geärgert zugleich, denn am Autorenhonorar für Text oder Film war er nicht beteiligt.

Zurück zum Beruf des Schammasch. Auch im hohenlohischen Niederstetten muss es häufig Streit um die ehrenvollen Tätigkeiten im Gottesdienst gegeben haben. Um 1840 hat sich die Gemeinde aus diesem Grund Regeln gegeben, die bis zu deren Ende befolgt wurden, ohne jedoch jede Auseinandersetzung vermeiden zu können. Die „Aufrufe" durften im Vormittagsgottesdienst nur an Gemeindemitglieder ab dem 20. Lebensjahr vergeben werden, am Nachmittag dann an die Jugendlichen. Die so Aufgerufenen konnten auch hier die Ehre an einen Besucher oder an ein Mitglied weitergeben, in dessen Familie ein besonderes Ereignis zu begehen war. „Gerson Rosenthal dirigierte das Ganze. Er war Schammasch – kein Mitglied des Vorsteheramtes –, aber in diesen Sachen ließ er sich von den Vorstehern auch gar nichts sagen. Um dieses oft so gemütserregende ‚Geschäft' so reibungslos wie möglich abzuwickeln, hatte die Gemeinde vor Jahrzehnten eine Holztafel anfertigen lassen. Auf ihr waren die hebräischen Namen aller männlichen Mitglieder eingetragen. Neben jedem Namen befanden sich verschiedene Löcher. Je nachdem, wie weit es in der einen oder anderen Reihe ging, wurde der Holzstöpsel dann nach dem Letztaufgerufenen eingesteckt. Wenn sich der Schammasch immer an diese Ordnung gehalten hätte, wäre alles gut gewesen. Aber gar manches Mal wich er davon ab, und dann war die Aufregung groß. Die Ehre spielte bei solchen Fragen die entscheidende Rolle, und die Leute waren hier sehr empfindlich und leicht zu verletzen. Auch zu meiner Zeit gab es noch einmal einen Hafthorastreit[9], der nach dem Gottesdienst auf der Straße fortgesetzt wurde."[10]

So entstand das Bild des Schammasch, der mal dem, mal jenem dient. War der klassische Schammasch in der Regel ein einfacher Mann, muss man bei der Bewertung doch aufpassen und differenzieren. Wenn er ein wohlhabendes, einflussreiches Gemeindemitglied während des Gottesdienstes flüsternd auf einen Fehler hinwies, so deutete ein kurzes Lächeln eine Überlegenheit an, die den sozialen Status übersprang. Vielfach entpuppten sich diese nach außen so schlichten Männer als richtige Originale, und solche Menschen bereichern jede Gemeinschaft.

Parnas und Schtadlan
Wenn von Ehren-Ämtern gesprochen wird, so fallen die Begriffe „Parnas" und „Schtadlen" oder „Schtadlan", obwohl es sich eigentlich nicht um Ämter im heutigen Sprachgebrauch handelt. „Parnas" wird oft ungenau mit Gemeindevorsteher übersetzt. Die staatliche Regulierung des 19. Jahrhunderts hat in Württemberg festgelegt, dass eine Gemeinde in wirtschaftlicher, finanzieller und politischer Beziehung von einem Vorstand vertreten wird, der von allen Mitgliedern gewählt ist. Dieses Gremium bestimmt seinerseits einen Vorsteher. „Parnas" dagegen ist eine Bezeichnung, die schon aus der talmudischen Zeit herrührt und meint meist einen Vorsteher im doppelten Sinn: Er leitete einerseits seine Gemeinde und war auch deren religiöser Führer. Der Begriff setzt also eine ideelle und spirituelle Einstellung voraus, was beim nur verwaltenden Vorsteher so nicht der Fall ist. Meist sind die Parnassim Gelehrte, Mäzene ihrer Gemeinde oder einflussreiche Männer, die in ihrer Stadt und Region ein Wort für ihre Gemeinde einlegen können. Daraus abgeleitet bedeutet „Parnas" (in weiblicher Form „Parnassa" oder jiddisch „Parnose") im übertragenen Sinn das Auskommen, den materiellen Verdienst. In jüdischen Gemeinden war dies meist und über sehr lange Zeit äußerst niedrig.

Der Schtadlan ist ein Synonym für Fürsprecher. Er musste nicht Vorsitzender seiner Gemeinde sein, er musste nicht gelehrt, nicht besonders fromm sein. Er war ein Mann, der wichtige Beziehungen, vor allem zur Obrigkeit, unterhielt und diese auch für die jüdische Sache einsetzte. In der Vergangenheit war diese Eigenschaft sehr oft mit

Reichtum verbunden. Ein während der Bauernkriege und der Reformation berühmtes Beispiel ist der elsässische Rabbiner Josel von Rosheim, der als Schtadlan alle jüdischen Gemeinden des Heiligen Römischen Reichs und Polens vertrat.

Und was ist mit Parnas und Schtadlan heute? Ignatz Bubis könnte man einen „Schtadlan" nennen. Er hatte die von mir bewunderte Gabe, in aller Ruhe am richtigen Ort auf die richtige Weise einzugreifen, wenn die jüdische Sache es erforderte. Und ein Parnas unserer Zeit? Vielleicht wären hier die Rabbiner Leo Baeck oder auf orthodoxer Seite Mordechai Breuer anzuführen.

Mohel

Die Wertschätzung dieses Amtes lässt sich – buchstäblich in Stein gehauen – unter anderem an einem Grabstein in Laupheim ablesen. Der 1858 verstorbene Jakob Laupheimer wird im Text des Steins als Vorsteher und Leiter der Gemeinde gerühmt. Auf dem Sockel des Steins sind die Insignien eines Mohel (Beschneider), zwei Kelche und ein Messer, abgebildet.[11] Der Symbolgehalt ist klar: Die Werkzeuge zeigen an, dass der Verstorbene als Mohel fungierte, also die Brit Mila (männliche Beschneidung) nach jüdischer Sitte vollzog. Und wie der Sockel den Grabstein mit den im Text gerühmten weltlichen Verdiensten trägt, so hat die in den Bildzeichen angedeutete Religiosität das Leben des Verstorbenen getragen.

Die Beschneidung der Knaben selbst steht als göttliches Gebot für Juden außer Frage. Im 1. Buch Mose (17,10-11) ist eindeutig gesagt: „Das aber ist Mein Bund, den ihr halten sollt zwischen Mir und euch und deinem Geschlecht nach dir: Alles, was männlich ist unter euch, soll beschnitten werden; eure Vorhaut sollt ihr beschneiden. Das soll das Zeichen sein des Bundes zwischen Mir und euch."

Wer aber führt die Beschneidung durch? Als Mohelim finden wir noch heute Männer von frommem Lebenswandel, die sich dieser Aufgabe im Dienste der Gemeinschaft stellen. Voraussetzung war und ist eine umfassende Ausbildung in religiöser Lehre und Sitte, häufig in einer Jeschiwa (Talmudschule). Dazu kommt eine gründliche Unterrichtung durch einen Rabbiner sowie die Bestätigung sehr guter theoretischer und religiöser Kenntnisse des Kandidaten und des frommen Lebenswandels seiner Familie durch das aktuelle Rabbinat. Vor dieser Bescheinigung steht eine jahrelange Mitarbeit bei einem erfahrenen Mohel, die sich heute öfter dadurch abkürzen kann, dass die Bewerber von Beruf Ärzte sind. Nach der Approbation durch den Rabbiner arbeitet ein junger Mohel noch eine Zeitlang unter der Aufsicht eines erfahrenen „Kollegen".

Dazu verschiedene Beispiele für den Weg zu diesem „Beruf": In meiner Bremer Zeit als Rabbiner wurde meist ein Mohel aus Amsterdam gerufen, der von Beruf Buchhändler war. Mein werter Kollege Benjamin David Soussan der Ältere war früher Rabbiner in Freiburg im Breisgau und außerdem bis 2010 Landesrabbiner in Baden und Sachsen-Anhalt. Er stammt aus Marokko, also dem sephardischen Judentum. Seine Ausbildung erfuhr er im Wesentlichen im orthodoxen Rabbinat in London, wurde dort und in Jerusalem zum Rabbiner ordiniert, absolvierte noch in London Praktika bei namhaften Mohalim und erwarb dann in Jerusalem das Diplom. Heute ist er einer der bedeutendsten Mohalim in Deutschland. Alle Mohalim, die ich kennengelernt habe, waren fromme, gelehrte Männer, die diese Aufgabe als wesentliche religiöse Pflichterfüllung angesehen haben und alle Spendenbeträge, die über ihren direkten Aufwand hinausgingen, sofort für einen wohltätigen Zweck weitergeleitet haben.

In liberalen und (auch meist) amerikanischen Reformgemeinden wird zum Teil so weit von den traditionellen Regeln der Beschneidung abgewichen, dass orthodoxe Juden diese Art der Aufnahme in den Bund nicht mehr akzeptieren. So gibt es zum Beispiel in Deutschland eine Ärztin, die ebenfalls Beschneidungen durchführt; oder in den USA werden zu dieser Operation eigens dafür konstruierte Geräte eingesetzt. Einem Mohel, der die Beschneidung bei Jungen interkonfessioneller Ehen vorgenommen hatte, wurde von der deutschen Rabbinerkonferenz für längere Zeit die Lizenz entzogen, denn die Orthodoxie kennt keine interkonfessionelle Ehe. Jungen aus solchen Verbindungen können nur dann Juden sein, wenn die Mutter Jüdin ist.

Auch zur Tätigkeit eines Mohel legen die Erinnerungen von Bruno Stern ein einzigartiges detailliertes Zeugnis ab.[12] Sein Vater Max Stern hatte dieses Ehrenamt, das seit Generationen von seiner Familie bekleidet wurde, als letzter ausgeübt. Seit der Mitte des 19. Jahrhunderts war dazu in Baden und Württemberg eine Prüfung vor dem Bezirksarzt abzulegen, und bei jeder Beschneidung musste ein Arzt, häufig also ein christlicher, anwesend sein. Zum Festgottesdienst in der Synagoge, so überliefert Bruno Stern, trug der Vater als Mohel seinen dunklen Festanzug; die Beschneidung fand dann im Hause der Wöchnerin statt. „In der Nähe eines Fensters standen zwei Stühle, die mit Paradekissen belegt waren. Ein Stuhl war für den Mann bestimmt, der das Kind hielt, der andere wurde für den Propheten Elija (Eljahu Hanovi) bereitgestellt. Vor dem einen Stuhl befand sich ein kleiner Fußschemel. Dicht dabei war ein Tisch, auf dem eine Kerze brannte, die aus zwölf Dochten geflochten war; außerdem standen dort zwei mit Wein gefüllte Becher. ... Alle männlichen Mitglieder der Gemeinde, angefangen von den Schulkindern bis hin zu den Greisen, waren anwesend. Auch ein Arzt war da. Pünktlich auf die Minute wurde das Kind von der Wärterin oder der Gevatterin [enge Freundin der Familie] hereingetragen. Mit den Worten ‚Boruch Habo' [Gesegnet sei, der da kommt] wurde es von allen begrüßt. Die Gebete, die dabei zu sagen waren, wurden sehr feierlich gesungen. Das Kind wurde in einem mit Spitzen verzierten Steckkissen hereingetragen. Ein Spitzengebinde, in das Gold- und Silberstücke eingenäht waren, befand sich auch dabei. Das Gebinde wurde von den Gevattersleuten gestiftet und sollte ein Notpfennig für spätere Zeiten sein." Ein Festmahl für die Verwandten schloss sich der Zeremonie an. Diese endete, indem der „Mohel feierlich das traditionelle Brith Milah Benschen [den Segen für die Beschneidung] anstimmte".

Diese Schilderung gibt die Verhältnisse in sicher schon wohlhabenderen Familien wieder, von denen bei dieser Gelegenheit auch ansehnlich gespendet wurde; die Beträge hat Sterns Vater in der Regel dem Israelitischen Waisenhaus in Esslingen zugedacht. Wie sehr er seine Tätigkeit tatsächlich als Ehrenamt verstanden hat, geht zugleich aus der bescheiden-beiläufigen Bemerkung des Sohnes hervor: „wenn in dem betreffenden Hause Not herrschte, so brachte er oft Gaben und Geld mit".

Die Frage, welchen Schächter oder Rabbiner man für sich wählt, berührt ebenso das Chasaken (ethisch-religiös begründetes Gewohnheitsrecht im Judentum) wie die nach dem Mohel, den ich mit der Beschneidung eines Sohnes beauftrage. Eltern sind in der Entscheidung prinzipiell frei, sofern der Betreffende die notwendigen Diplome einer anerkannten Institution vorweisen kann. Wenn aber ein Gemeindevorstand Einwendungen gegen eine Person hat, tut man als Mitglied der Gemeinde gut daran, sich nicht außerhalb seiner Gemeinschaft zu stellen. Wie in vielen anderen Fällen gilt auch hier: Ist die Gemeinde aus irgendeinem Grund einem Mohel verpflichtet, so gilt es als undankbar, ihn zu einem solchen Ehrendienst nicht zu bitten. Und irgendwelche Zweifel an diesem religiösen Akt können nicht entstehen, wenn der Mohel das Vertrauen der Gemeinde und ihres Rabbiners genießt.

„... UND FEIERT NUR FEST AUF FEST ZUM SEGEN UND WOHLERGEHEN ..."
GEMEINSAMKEITEN IM JÜDISCHEN UND CHRISTLICHEN KALENDER

„Lehre unsere Tage recht zu zählen;
Dass wir ein weises Herz erbringen." (Psalm 90,12)

Die wörtliche Übersetzung, eine „rechte" Zählung unserer Tage, ist nur sinnvoll, das heißt auch für andere nachvollziehbar, wenn wir uns mit ihr auf eine gemeinsame Ordnung beziehen. Wir brauchen also einen Kalender. Weltweit hat sich allmählich (zuletzt 1949 in der Volksrepublik China) die Gregorianische Regelung von 1582 als bürgerliche Kalenderzählung durchgesetzt. Juden wie Christen feiern unabhängig davon noch nach einem synagogalen bzw. kirchlichen Jahr. Wie aber anfangen?

Das synagogale Jahr beginnt mit dem Frühlingsmonat Nissan mit der Erinnerung an die Befreiung der Kinder Israels aus Ägypten und dem Gebot aus dem 2. Buch Mose (12,2): „Dieser Monat soll bei euch der erste Monat sein, und von ihm an sollt ihr die Monate des Jahres zählen." Das „bürgerliche" jüdische Jahr wird mit Rosch Haschana (Neujahr) mit dem ersten Tag des siebten Monats Tischri eröffnet.

Komplizierter gestaltet sich die Frage nach einem Jahresanfang im Christentum. In Europa war der 25. März als erster Tag der Zählung eines Jahres bis ins hohe Mittelalter weit verbreitet, denn mit der Verkündigung, neun Monate vor der Geburt Jesu, beginnt nach christlicher Vorstellung Gott sein neues Heilswerk (Annunciationsstil). Noch heute markiert die Anglikanische Kirche den Auftakt ihres Kirchenjahres mit diesem Datum. Im hohen Mittelalter hat sich in ganz Europa dann die Weihnachtszeit als Jahresbeginn etabliert. Doch wie lange dauert Weihnachten? Zählt man bis zur Beschneidung Jesu, enden die Feiern am achten Tag, also am 1. Januar. Will man heidnische Bräuche vereinnahmen, so eröffnet der 6. Januar das neue Jahr. In der Tat war das zweite Datum bis in die frühe Neuzeit weit verbreitet und im schwäbisch-alemannischen Hochneujahr am 6. Januar von großer Bedeutung (die Feiern zu „Drei König" verbreiten sich erst später). In der schwäbisch-alemannischen Fastnacht starten Narrenzünfte, die sich auf alte Traditionen berufen, bis heute mit ihren Gebräuchen erst mit diesem Tag. Ob dabei eine schwache Erinnerung an Hochneujahr mitschwingt?

Überwiegend galt aber der Weihnachtstag, der 25. Dezember, als Tag des Jahresbeginns. Indem nun Papst Innozenz XII. im Jahre 1691 Neujahr auf den 1. Januar festsetzte, folgte er kaum einer christlichen Tradition. Die Beschneidung des Knaben Jesus war als jüdische Tradition in den Hintergrund zu rücken. Jedoch soll die Reliquie des sanctum praeputium (Vorhaut Christi) in der Papstkapelle Sancta Sanctorum (wie an einem Dutzend anderer Stellen Europas) aufbewahrt worden sein. Innozenz XII. folgte mit seiner Festlegung auf den 1. Januar eher römischer Bürokratie- und Rechtstradition als kirchlichen Begründungen. Wenn heute weltweit Neujahr mit Feuerwerk, Bleigießen und anderen Bräuchen gefeiert wird, ist dies ein Überbleibsel der griechisch-römischen Welt mit ihren Bacchanalien und Saturnalien und folgt der Idee, das ganze neue Jahr möge so verlaufen, wie man die letzten Minuten des alten und die ersten des neuen Jahres begangen hat. Der deutsche Begriff „Neujahr" ist erstmals bei einem protestantischen Pfarrer 1589 nachweisbar.

Wie an Weihnachten und Ostern erinnert der Beginn dieser Feste am Vorabend an die jüdische Zählung, die sich im jüdischen Kalender auch an Wochentagen an einen der ersten Sätze der Schöpfungsgeschichte hält: „Und es ward Abend und es ward Morgen – der erste Tag" (1. Buch Mose 1,5).

Wichtiger als die genaue Datierung ist es aber, die Festkreise nach Inhalt und Ablauf zu vergleichen. Das Kirchenjahr teilt den Kalender in drei Festkreise ein: Weihnachten, Ostern und Pfingsten, gemäß den drei biblischen, jüdischen Wallfahrtsfesten: Sukkot (Laubhüttenfest), das heißt der Festkreis von Rosch Haschana, Pessach und Schawuot (Pfingsten). Das jüdische Festjahr geht von Pessach zu Pessach, wie auch ursprünglich das christliche Kirchenjahr von Ostern zu Ostern gerechnet wurde. Um die Kürze des Mondjahres und der Monate auszugleichen werden im Jüdischen Kalender in einem 19-jährigen Zyklus sieben Schaltjahre mit einem 13. Monat eingebaut, damit Pessach immer um die Zeit der ersten Weizenernte in Israel fällt. Unter den altisraelitischen Königen brauchte man für Miet-, Pacht- und sonstige Zahlungen einen festen Termin. Das war eine Verwaltungsangelegenheit und nicht an jahreszeitliche Faktoren gebunden. Erst von rabbinischer Seite wurde ihm eine spirituelle Begründung beigemessen: Dieser Neujahrstermin wurde mit Jom Kippur (Versöhnungstag) verbunden, dem Feiertag, an dem man vor allem seine Verfehlungen bereut, Besserung gelobt und neu anfängt.

Der Festkreis beginnt mit Rosch Haschana oder mit dem ersten Tag des Monats Elul. Der letzte Tag des Sukkotfestes endete einst in Jerusalem mit dem fröhlichen Wasserschöpffest mit Fackelbeleuchtung. In der Synagoge fleht man heute noch an diesem Tag um Regen für eine reiche Ernte. Zu diesem Bereich wird noch der Fasttag nach dem Neujahrstag gerechnet, der dem Andenken an Gadalja, dem im 6. Jahrhundert v. d. Z. ermordeten Statthalter von Jerusalem, gewidmet ist. Und selbstverständlich gehört auch Jom Kippur dazu.[1]

Das Neujahrsfest gilt in der jüdischen Tradition und in der Liturgie als der Tag der „Erschaffung der Welt". (Das Christentum hat Weihnachten bekanntlich erst im 4. Jahrhundert auf den 25. Dezember terminiert und hierdurch vom jüdischen Neujahr zeitlich getrennt. Eine Spur der ursprünglichen Verbindung kann man noch im Kirchenkalender erkennen, der den Tag vor Weihnachten Adam und Eva widmet und damit an die Schöpfungsgeschichte erinnert.) Und ähnlich wie das Judentum das Gedenken an Gadalja auf den Tag nach Neujahr folgen lässt, erinnert das Christentum am Tag nach Weihnachten an das Martyrium des Stephanus, obwohl das Datum nirgends belegt ist. Wenn wir nach jüdischen Spuren im weihnachtlichen Festkreis der Christen suchen, müssen wir also nach der Zeit um Sukkot fragen.

Augenscheinlich ist die äußerliche Nähe von Adventszeit und Chanukka, weil beide zeitlich etwa zusammenfallen und das Anzünden von

Lichtern Parallelen vermuten lässt. Eine Ausstellung im Jüdischen Museum Berlin nannte sich „Weihnukka".[2] Hier waren auf vielen erhaltenen Photos Weihnachtsbäume bei jüdischen Familien zu sehen. Je assimilierter eine Familie speziell in Deutschland war, desto häufiger wurde in der Wohnung eine geschmückte Tanne aufgestellt. Traditionsbewusste Juden hätten das niemals getan.

Gemeinsam haben Chanukka und Weihnachten eigentlich bloß die Lichter. Wie am Chanukkaleuchter (hebräisch: Chanukkija) zündet man ebenfalls am Adventskranz eine steigende Zahl von Kerzen an. Dieser Leuchter ist der Form nach ähnlich wie der siebenarmige Leuchter (Menora). Die aufsteigenden Lichter am Adventskranz und Chanukkaleuchter stehen für völlig verschiedene Inhalte. Die Adventslichter weisen auf das kommende Weihnachtsgeschehen hin. Diese Symbolik, gebunden an Kranz und Weihnachtsbaum, ist ein aus Deutschland stammender Brauch, der erst am Anfang des 19. Jahrhunderts entstanden ist und sich dann über die ganze Welt verbreitet hat. Das Weihnachtsgeschehen wird nicht ohne Grund auf die Zeit der Wintersonnwende datiert. In der tiefsten Nacht soll nach christlicher Vorstellung das Licht der Welt geboren werden. Grundlage dieser christlichen Interpretation ist eine in vielen Kulturen verbreitete Verbindung von Sonnwende, tiefster Nacht und Entzündung eines Lichts. Im Talmud Jeruschalmi (Awoda Sara 39,9) wird eine Aggada (Lehrbeispiel) beschrieben, wie Adam, der erste Mensch, erschrak, als er bemerkte, dass die Nacht und damit das Dunkel mehr und mehr zunahmen. Er zündete darauf Fackeln und Sträucher an, bis die Tage immer länger und länger wurden. (In diese Zusammenhänge ist Weihnachten kulturgeschichtlich einzuordnen.)

Was wird denn nun an Chanukka gefeiert? Wie bei den meisten Festen ist das ein mehrschichtiges Thema. Es wird talmudisch gesehen an das Ölwunder erinnert, übrigens das einzige jüdische Fest, das nicht auf einer Quelle des Tanach (hebräische Bibel), sondern nur auf dem Talmud beruht. Der Tempel war 164 v. d. Z. zurückerobert worden, und es sollte der siebenarmige Tempelleuchter (Menora) wieder entzündet werden. Aber es fand sich lediglich ein einziges Krüglein Öl mit dem Siegel des Hohepriesters. Der Inhalt hätte höchstens für einen Tag gereicht.

Wie durch ein Wunder brannte das Licht mit diesem Öl ganze acht Tage. Dieses Wunder wird als Symbol dafür gefeiert, dass der Tempeldienst wieder zurückgekehrt ist.

Ein Wunder war aber auch aus politischen Gründen erforderlich. Die Priesterfamilie der Hasmonäer hatte die Guerilla- und die Freiheitskämpfer gestellt. Als Angehörige der Priesterfamilie (Kohanim) durften sie keine Herrscher sein, denn diese mussten vom Haus Davids abstammen. Dennoch rissen sie Macht an sich. Für den Talmud haben sie sich dadurch disqualifiziert. Deshalb feiert der Talmud nur das Ölwunder und nicht den Freiheitskampf, und das Buch der Makkabäer ist unter anderem aus diesem Grund nicht in die Sammlung der Bibel aufgenommen worden.

Dieses Ölwunder soll aber nicht nur intern festlich begangen, sondern auch nach außen verkündet werden. Deswegen ist es ein Gebot, die Chanukkaleuchter ins Fenster oder vor die Tür zu stellen. Dies war lange, lange Zeit nicht möglich. Früher hätten sich Juden gehütet, Chanukkaleuchter öffentlich zu zeigen und anzuzünden. Doch es ist beinahe ein Wunder, dass dies heute in Deutschland möglich ist. Dieses Anzünden in der Öffentlichkeit ist ein Verdienst der Lubawitscher Bewegung und Teil ihrer inneren Mission. Eine jüdische Gemeinde ehrt ihren in der Regel nichtjüdischen Bürgermeister, indem sie ihn diese Aufgabe übernehmen lässt, und dazu veranstaltet sie ein öffentliches „Event". Auch ein Zeichen dafür, dass sich die Lage in Deutschland verändert hat wie sonst kaum irgendwo auf der Welt. In Ungarn hat man das öffentliche Entzünden einige wenige Male versucht; häufig hat es Krawall gegeben.

Vor nicht allzu langer Zeit verfolgte ich an einem ersten Adventssonntag in Deutschlandradio Kultur eine Ratesendung mit Hörerbeteiligung. Die Moderatorin unterhielt sich mit den Hörern und fragte einen: „Zünden Sie heute Abend auch die Adventskerzen an?" Der antwortete: „Nein, wir zünden am Dienstag das erste Licht unseres Chanukkaleuchters an." Früher hätte diese Antwort vermutlich eine etwas verlegene Replik hervorgerufen, verursacht aus Unwissenheit und Unsicherheit im Umgang mit Jüdischem. Diesmal hörte ich die Journalistin ganz spontan sagen: „Ach das ist schön und ein Zeichen dafür, dass in Berlin alle Religionen gut zusammen leben. Da wünsche ich Ihnen ein schönes Chanukkafest." Für mich war dieser öffentliche Dialog ein kleines Zeichen zum einen dafür, dass wieder Kenntnisse über jüdisches Leben vorhanden sind, denn Chanukka war der Moderatorin nicht unbekannt, und zum zweiten, dass doch hierzulande eine neue Gesinnung herrscht. Einen solchen Dialog im Rundfunk zu hören, hätte ich mir in meiner Jugend nicht vorstellen können. Jahrzehntelang haben wir die Chanukkaleuchter mit ihren Lichtern auch während der kommunistischen Diktatur verstecken müssen.

Dem Ölwunder entsprechen zudem die Speisen an Chanukka. Man isst die in Öl frittierten Krapfen (Berliner) oder Latkes (Kartoffelpuffer). Dazu wird am Abend gespielt. Ich erinnere mich, dass Erwachsene bis Mitternacht Quittel gespielt haben, ein Kartenspiel, das dem deutschen Kulturkreis entnommen wurde. Mit den Kindern vergnügte man sich mit einem viereckigen Kreisel (Dreidel). Seine vier Seiten tragen die hebräische Aufschrift „Nun", „Gimel", „Heh", „Schin". Das sind die Anfangsbuchstaben für „Nes Gadol Haja Scham", auf Deutsch: Ein großes Wunder ist geschehen, dort. Mit „dort" ist Jerusalem gemeint. Beim Spiel bekommen die Kinder Spielgeld (Chanukkageld) und sie zahlen einen Teil in die „Bank" ein. Dann wird der Kreisel gedreht und auf Jiddisch gezählt: „N" bedeutet „nichts", der Spieler geht leer aus; „G" steht für „ganz", also Du bekommst alles von der „Bank"; „H" heißt „Hälfte der Bank" und „S" steht für „stell ein", gib Dein gesamtes Geld an die „Bank". Der Legende nach haben während der hellenistischen Besatzung Lehrer illegal weiter Schüler in Hebräisch und der Tora unterrichtet. Wurden sie gestört, so drehten sie die Kreisel und gaben vor, zu spielen. Heute sieht man die viereckigen Kreisel überall als Zeichen für Chanukka. Wir haben früher tagelang „gedreht". Auch Erwachsene, sogar Gelehrte, haben sich an den acht Chanukkatagen am Abend mit Karten oder Kreiseln entspannt.

Das Ölwunder, die Sehnsucht nach Freiheit und das freiheitliche Ausüben des Glaubens, das blieb in allen weit verstreuten Gemeinden unabhängig voneinander lebendig. Die große Rolle, die Chanukka heute als wohl populärstes Fest im Judentum spielt, ist ebenfalls ein kleines Wunder, denn in orthodoxen Kreisen galt es früher als nicht so wichtig, und außer einem abendlichen Gottesdienst fand eigentlich nur das Aufstellen und Entzünden des Leuchters statt. Aber der zweite Teil des Wunders, dass eine kleine Schar die übermächtigen Feinde besiegen und die Freiheit der Juden erkämpfen konnte, hat heute, zumal in Israel, die Bedeutung des Festes stark gehoben. Jeder zweite Sportverein in Israel und auch anderswo nennt sich nach den Makkabäern „Makkabi" (deutsch: Hammer). Wahrscheinlich handelt es sich beim Begriff „Makkabi" um ein Akronym des Lobgesangs in der Tora nach dem Wunder des Schilfmeeres „Mi Kamocha ba'Elim": „Wer ist unter den Göttern wie Du oh Herr" (2. Buch Mose 15,11).

Im Urtext des Talmud (Mischna) ist von Chanukka keine Rede. Man sagt, der Rabban Jehuda ha-Nasi, der die Mischna kodifiziert hat, hätte die Hasmonäer, also die Familie des Matitjahu, abgelehnt, weil sie als Priesterfamilie auch die weltliche Macht anstrebten und deshalb Chanukka weggelassen. Im Talmud hat dann jemand die Frage gestellt, „was Chanukka sei". Daraufhin hat man diese Erklärung mit dem Lichtwunder angefügt. Der politische Aspekt des Geschehens wurde, wie gesagt, weggelassen, und erst mit der jüngsten Geschichte, dem Holocaust und der Nationsbildung Israels, betont man ebenso diese Seite. Chanukka hat also einen Bedeutungswandel erlebt, wie es ja häufig bei Bräuchen vorkommt.

Eingangs haben wir auf die Spuren des Sukkot-Festkreises im Weihnachtsablauf hingewiesen. Historisch kann man noch mehr Vergleichbares erkennen. Am letzten Tag von Sukkot beging man zur Zeit des Tempels in Jerusalem das oben erwähnte fröhliche Wasserschöpffest. Auf die Zeit der Buße folgen die Tage des Laubhüttenfestes, und das Gedenken an das Wasserschöpffest erhöht und beschließt die Festtagsfreude.

Im kirchlichen Festkreis von Ostern sind die ursprünglichen jüdischen Grundzüge nicht zu verkennen. Die jüdische Gemeinschaft begeht vor dem Pessachfest vier besondere Schabbattage (Arba Paraschijot). Die katholische Kirche kennt sechs hervorgehobene Sonntage als Wegweiser der Vorbereitung zum Osterfest (von Invocabit bis Palmsonntag). Im jüdischen Bereich kann man schon den Schabbat Schira zur Vorbereitung auf Pessach rechnen, an dem in den Synagogen das Danklied der Israeliten nach der Überquerung des Schilfmeeres bei der Befreiung aus Ägypten (2. Buch Mose 15) vorgelesen wird. Auffällig ist zudem, dass die Lesungen an den sechs Sonntagen vor Ostern in der katholischen Liturgie viele Abschnitte enthalten, die den synagogalen Toravorlesungen dieser Tage entsprechen. In der 40-tägigen Fastenzeit nach Aschermittwoch nahmen früher fromme Katholiken kein Fleisch zu sich. Das erinnert an entsprechende jüdische Trauersitten. Auch das Zeichen der Asche auf dem Haupt ist nicht ohne jüdische Parallele. Die synagogale Lesung am dritten Schabbat vor Pessach enthält den Abschnitt über die Zeremonie der Sühne durch die „Rote Kuh" (4. Buch Mose 19,1-10). Die Asche jener „Roten Kuh" erwirkte, wie auch das Quellwasser, in der biblischen Zeit die Reinigung der Seele. Der katholische Priester dagegen nimmt stattdessen die Palmzweige vom Palmsonntag des vergangenen Jahres, verbrennt sie und vermischt die Asche mit Weihwasser. Während er Weihrauch verströmt, berührt er damit die Stirne derjenigen, die Sündenvergebung begehren. Wie er die Kirchgänger an die Hinfälligkeit der Sünder ermahnt („memento quod cinis es et in cinerem reverteris"), erinnert er in allen Details an die Zeremonie der Para Aduma der „Roten Kuh". Wenige wissen heute, dass Ostern nicht nur zeitlich in der Nähe des Pessachfestes begangen wird, weil sich nach der christlichen Vorstellung die Auferstehung zu Pessach ereignete, sondern auch, dass die Kirche Ostern bis zum 11. Jahrhundert acht Tage lang feierte wie die jüdische Gemeinschaft ihr Pessachfest. Erst Papst Benedikt XIV. ist es zu „verdanken", dass Ostern im Jahre 1753 endgültig auf zwei Tage reduziert wurde.

Am kürzesten ist der Festkreis von Pfingsten. Dieser begann einst mit der Weihe der nachwachsenden Feldfrüchte. Die Öschprozessionen (Bittumgänge an Himmelfahrt) sind bis heute in Oberschwaben lebendiges Brauchtum. Im Tempel zu Jerusalem wurden vom zweiten Tage Pessach an sieben Wochen lang Getreideopfer dargebracht, und am 50. Tag beging man Schawuot, das zur Erinnerung an die Offenbarung am

Berg Sinai und zum Erntedank gefeiert wurde. Aus dem „Pentekoste" (Fünfzigsten) wurde Pfingsten. In jüdischen Gemeinden pflegt man bis heute am Vorabend des Schawuotfestes „Wachnacht" zu halten, die man mit dem Studium der Heiligen Schrift verbringt.

Verlassen wir den Jahreskreis und wenden wir uns einer weiteren Zählung zu, die im Kern Judentum und Christentum gemeinsam haben: die Heiligung eines Feiertags. Im 2. Buch Mose (20,8-11) wird das Gebot der Schabbatruhe zum ersten Mal ausgesprochen und mit Hinweis auf den Ruhetag Gottes nach der Erschaffung der Welt rein religiös begründet. Bei der zweiten Anordnung im 5. Buch Mose (5,12-15) wird in Erinnerung an die Sklaverei in Ägypten der soziale Aspekt der Arbeitsruhe selbst für Knecht, Magd und Vieh in den Vordergrund gestellt.

Das Christentum ist grundsätzlich bei der biblischen Feiertagsheiligung geblieben. Die Auferstehung war aber für die Christen so zentral, dass mit der Trennung von der jüdischen Herkunft der Ruhetag vom biblischen siebten Tag weg auf den darauf folgenden Sonntag, den Tag der Auferstehung, verlegt wurde. Das konnte reibungslos geschehen, weil der postulierte neue Glaube es plausibel machte, den Tag der Auferstehung mit dem Neubeginn einer Woche zu verbinden. Trotzdem dauerte der Übergang längere Zeit. Selbst Justinus, einer der ersten Kirchenväter, der die Heiligung des Sonntags vertrat, hat nie erwähnt, dass der Sonntag an die Stelle des Schabbats treten solle. Noch die späteren Apostolischen Konstitutionen schrieben für den Samstag die gleichen feierlichen Gebote vor wie für den Sonntag. Sie forderten, dass sogar die Sklaven nur fünf Tage arbeiten dürfen (!). Am Samstag und Sonntag sollten auch sie Ruhe halten. Die Ausschließlichkeit des Sonntags als christlich geheiligter Tag hat erst Kaiser Konstantin im 4. Jahrhundert besiegelt.

Naht in unserer Zeit das Ende dieser Trennung von Samstag und Sonntag, jetzt aber auf einer rein säkularen Ebene? Nach meiner Beobachtung geht das Bewusstsein vom Sonntag als dem Beginn einer neuen Woche immer weiter zurück. Stattdessen werden Samstag und Sonntag ganz selbstverständlich als „Wochenende", das heißt als zusammenhängende Einheit, wahrgenommen. Offiziell gilt seit dem 1. Januar 1976 in der Bundesrepublik Deutschland der Montag als erster Tag der Woche. In der DDR trat diese Norm schon 1969 in Kraft.

Leicht veränderte und erweiterte Fassung des Beitrags: Theologisches und Volkstümliches aus dem Synagogalen und Kirchlichen Festkreis. In: Auf sicherem Fundament. Festschrift für Erwin Teufel. Hrsg. Hans Küng. Stuttgart 1999, S. 450-455.

TAG DER REUE, TAG DER SÜHNE
DIE BEDEUTUNG VON JOM KIPPUR

Wie wurde Jom Kippur (Versöhnungstag) gefeiert? – Emily C. Rose, eine amerikanische Historikerin, hat erforscht, woher ihre jüdischen Vorfahren kamen und wie sie wohl gelebt haben. Sie fand die Spuren ihrer Ahnen in schwäbischen Dörfern und Landstädten unter anderem in Mühlheim bei Horb. Die Feier von Jom Kippur im Hause der Familie Berlizheimer in der zweiten Hälfte des 19. Jahrhunderts schildert sie so: „Nach einem besonderen Abendessen am Vorabend des Jom Kippur begann das Fasten; Frauen und Männer fasteten einen ganzen, die Kinder einen halben Tag. Die Männer brachten ihre Filzpantoffeln, ihre Feiertagsgebetbücher und ihre weißen Totenhemden. Nur die verheirateten Männer brachten das Totenhemd, die Frauen waren wieder in Weiß gekleidet. Direkt nach dem Betreten der Synagoge legten die Männer ihre Schuhe ab und zogen die Filzpantoffeln und das Totenhemd an. Alle, die sich im vergangenen Jahr gestritten hatten, reichten sich die Hand im Geiste der guten Freundschaft und der Vergebung. So würden Probleme innerhalb der Gemeinde nicht in das neue Jahr hineingetragen. Am Jom Kippur war es Sitte, für verstorbene Angehörige Kerzen anzuzünden. Das waren ganz lange Kerzen, die in der Nähe der Kanzel des Vorsängers aufgestellt wurden. An jeder Kerze war ein kleines Stück Papier mit dem Namen des Verstorbenen befestigt. Die Männer zündeten diese Kerzen an, die dann bis zum darauffolgenden Abend brannten. Wie bei Rosch Haschanah [Neujahr] zog sich der Vorsänger seinen Gebetsmantel über den Kopf."[1]

In der Tora wird Jom Kippur „Schabbat Schabbaton" genannt: Schabbat der Schabbattage, höchster Schabbattag. Und doch ist Jom Kippur nicht einfach ein gesteigerter Schabbattag. Es lohnt sich auch hier, dem jüdischen religiösen Denken, das vor allem das Unterscheiden lehrt, zu folgen und Schabbat und Jom Kippur nebeneinanderzustellen und damit die Gewichtigkeit der beiden klar zu fassen.

Schabbat ist der allererste und sozusagen konstante Feiertag. Schabbat ist überall und selbst im Weltraum automatisch der siebte Tag. Schabbat ist nicht kalendarisch festgelegt, sondern von Gott im 2. Buch Mose (23,12) bestimmt. Schabbat ist ewig und überall, und stets ist es der siebte Tag, der am Freitagabend mit dem Sonnenuntergang beginnt und am Samstagabend endet, wenn drei Sterne am Himmel sichtbar sind. Geheiligt ist er, weil er als Tag der Ruhe dem Menschen zur imitatio dei (Nachahmung Gottes) dient.

Im Gegensatz zum Schabbat sind alle anderen Feiertage durch kalendarische Berechnung festgelegt. Sie sind nach Monat, Wochentag oder Periode im Jahreslauf zu berechnen. Die Grundlage dafür ist die Datierung des Neumondes, den der Bet Din (Gerichtshof) in der klassischen Zeit verbindlich beschlossen hat. Der Bet Din war ein rabbinisches Gericht, eine Versammlung unabhängiger Gelehrter, also eine fast „weltliche" Einrichtung, dem aber, und das ist maßgebend, keine Herrschenden angehört haben. Dieses Gericht traf seine Entscheidungen folglich völlig unabhängig. In der Tora, im 2. Buch Mose (12,2), ist nur der erste Monat des Jahres bestimmt; wann jedoch dieser Monat beginnt, das ist rabbinische Festlegung. Erst als mehrere Zeugen der gelehrten Versammlung meldeten: „Wir haben den Neumond gesehen", war mit dieser Aussage der Monatsanfang definiert, und alle anderen Termine für die Feiertage leiten sich seitdem daraus ab.

Um das zu illustrieren, will ich noch eine talmudische Episode schildern: Ein berühmter Gelehrter hatte abweichend vom Bet Din einen anderen Tag als Monatsbeginn erklärt. Es gab darüber eine große Debatte, und der Vorsitzende des Bet Din ließ diesen wissen: Also komme am zehnten Tag des Monats Tischri, dessen Beginn du festgelegt hast, mit deinem Stock und Geldbeutel zu mir. Dieser Tag wäre allerdings nach der Berechnung des Gelehrten Jom Kippur, somit ein strenger Fast- und Feiertag, gewesen und an diesem Tag einen Stock oder Geldbeutel tragen ein Ding der Unmöglichkeit. Der Gelehrte kam trotzdem und hat mit dem Brechen „seines" Feiertags die Autorität des Gerichtshofs anerkannt. Der Sprecher des Gerichts verbeugte sich vor der Gelehrsamkeit des Gastes, umarmte ihn und der Streit war beigelegt. Diese Geschichte zeigt die weltliche Komponente von Jom Kippur und damit den Unterschied zu Schabbat. Beide sind göttlichen Ursprungs, aber die Terminierung von Jom Kippur (und zugleich der anderen Feiertage) entspringt menschlicher Berechnung.

Der gewöhnliche Schabbat unterliegt vielerlei Geboten und Verboten, doch um Vergebung der Sünden wird an diesen Tagen nicht gebetet. Freude und Genuss sind am Schabbat erlaubt, ja geboten, und so sollen zum Beispiel auch die ehelichen Pflichten erfüllt werden. Er dient der schöpferischen Unterbrechung der Werktage, und mit ihm paaren sich die Freude und das Gedenken an die Schöpfung. An Jom Kippur dagegen ist Enthaltsamkeit absolute Pflicht. Am Schabbat wird im Gegensatz zu Jom Kippur festlich gegessen und getrunken. Unter chassidischem Einfluss wurde das Fasten dadurch gemildert, dass man an Quitten, die mit Gewürznelken gespickt waren, oder an Schnupftabak geschnuppert hat. Zum Fasten über mindestens 25 Stunden gehört zudem die körperliche Reinigung davor in der Mikwe (rituelles Tauchbad), vor allem aber die seelische Reinigung. Wörtlich heißt es, man solle an diesem Tag seine „Seele kasteien", nicht zum Selbstzweck, sondern um die Gedanken zur Sühne zu leiten.

Obwohl Schabbat der erste, ewige Tag ist, steht doch Jom Kippur im Judentum an erster Stelle. Jom Kippur ist der einzige Feiertag mit einem ausschließlich spirituellen Zugang, und es ist auch im Fall höherer Gewalt nicht möglich, ihn nachzufeiern. Die Spiritualität dieses Festes wird in der Gemeinschaft Gleichgesinnter erlebt. Auch wenn mich einzelne Sünden nicht betreffen, spreche ich doch in der Synagoge das Sündenbekenntnis mehrfach am Tag vollständig, weil ich Teil des Volkes Israel und somit aller seiner Sünden bin.

Die Gemeinschaft wird auch noch beim sogenannten Anbeißen beibehalten. Wenn nämlich Jom Kippur auf die Minute genau mit dem pentatonischen Gesang „Er ist einzig Gott ..." endet, befolgt man das Gebot der Lebenserhaltung zusammen mit den anderen Betern. Man isst gemeinsam eine Kleinigkeit, um nach dem langen Fasten die Zeit bis zur ersten warmen Mahlzeit zu überbrücken, denn auch das Aufwärmen einer Suppe oder dergleichen kann ja erst nach Ende des Feiertags begonnen werden. In der Regel war man sich über den Zeitpunkt des Festendes einig, doch gelegentlich konnte seine Bestimmung zum offenen Streit führen wie 1839 in Laupheim. Als nämlich der Rabbiner Jakob Kaufmann mit dem Schlussgebet gewartet hatte, bis er „vom wirklichen Nachtsein fest überzeugt war", hatte der einflussreiche Gemeindevorsteher Heinrich Steiner mit dem Ruf „Es ist Nacht! ... Wir wollen gehen!" die Synagoge verlassen, nicht ohne dem Rabbiner vor versammelter Gemeinde demonstrativ den Schlüssel zu übergeben, damit dieser die Synagoge abschließe.[2]

Die religiöse Bedeutung von Jom Kippur beruht auf zwei spirituellen Grundlagen. Das Sündenbekenntnis, die Sühne und das Flehen um göttliche Vergebung sind das Wesentliche an diesem Tag. Die Hoffnung, dass uns der Höchste aus der irdischen Hinfälligkeit und Fehlbarkeit emporheben könne in seine Allgegenwart, ist die zweite Grundlage des Feiertags. Juden knien weder vor weltlichen Herrschern noch in der Synagoge oder bei häuslichen religiösen Zeremonien. Aber einmal im Jahr, an Jom Kippur, knien sie im Gottesdienst. Mit dieser symbolischen Handlung erinnern sie an die priesterliche Zeremonie im Tempel, bei der vom Hohepriester ein einziges Mal im Jahr der Name Gottes ausgesprochen wurde, den man sonst nur in Attributen erwähnen durfte. Bei diesem Ritus warfen sich damals die Juden nieder. Heute kniet man bei dem Teil der Festtagsliturgie, bei dem man in die Allgegenwart Gottes zu schauen meint. Wenn wir um die Vergebung der Sünden flehen, stehen die Sünden des Einzelnen und der Gemeinschaft vor Gott. In der Widduj-Zeremonie bekennen wir kollektiv alle Verfehlungen in alphabetischer Reihenfolge, auch einen Totschlag, wenn wir selber keinen Totschlag begangen haben; doch als Teil Israels könnten auch wir von einer solchen Tat betroffen sein. Man pflegt bei dem Schuldbekenntnis, mit der Faust auf die eigene Brust zu schlagen, um nicht mit erhobenem Finger auf einen Schuldigen, sondern mit allen Fingern der geschlossenen Hand auf sich selbst zu zeigen.

Nicht nur an diesem Feiertag, das gesamte Jahr über soll man Unrecht anderen gegenüber bekennen und Versöhnung herbeizuführen suchen. Dies gilt ganz besonders für die Tage vor Jom Kippur, denn Jom Kippur wird auch „Jom Hadin" genannt: der Zeitpunkt des Urteils Gottes über uns. Das endzeitliche Urteil, das Jüngste Gericht, wird damit gegenwärtig. Und dieses Urteil, oder um mit Franz Kafka zu sprechen: dieser Prozess[3], wird über den Einzelnen gefällt. Der Religionswissenschaftler Karl Erich Grözinger weist wiederholt darauf hin, dass Kafkas Romane, „Der Proceß", „In der Strafkolonie" und „Das Urteil", sämtlich unter dem Eindruck der Neujahrs- und Jom-Kippur-Feiertage entstanden sind und bis in Einzelheiten Parallelen zu ihnen aufweisen. Kafka muss sie, durch kabbalistische Traditionen vermittelt, gekannt haben. Am Ende des alten, zu Beginn des neuen Jahres wird das Schicksal des Einzelnen nach seinen Handlungen gemessen. Jedes Jahr unseres Lebens gilt als eigentlicher Teil unserer „Ewigkeit", sozusagen als (Stell-)Vertreter der Ewigkeit. Mit der jährlichen Wiederkehr von Jom Kippur wird – so der große Religionsphilosoph Franz Rosenzweig – die Ewigkeit von ihrer „jenseitigen Ferne" befreit und rückt in greifbare Nähe für den Einzelnen.[4]

Wie wir eingangs gehört haben, trug ein traditioneller, verheirateter aschkenasischer Jude an diesem Tag zum Ausdruck der Buße, der Reue und der Nähe zum Gericht Gottes das Sargenes (Todeskittel), in dem er dereinst in den Sarg gelegt werden sollte. So erinnert sich Berthold Auerbach, wie er mit 13 Jahren, noch vor seiner Bar-Mizwa, diesen Feiertag erlebt hat: Ich „sprach die Gebete mit, aus denen ich keinen Sinn herausfinden konnte; es waren zwar Pijjutim [Gebetsdichtungen], die alphabetisch oder assonierend Worte zusammenstellen, offenbar nur um die Zeit auszufüllen. Mir war so bang u. schwül unter den Männern in ihren Todtenkleidern in der dumpfen stickigen Luft u. denen hunderte von hausmachenen Wachskerzen brannten u. knitternd schwehlten."[5] Ähnlich empfand Manfred Sturmann, der diese Tage um 1914 bei seinem Großvater, einem Lehrer in Ostpreußen, erlebte: „Diese Feste waren zu schwer, zu lastend für mein Kinderherz, das von Schuld und Sühne noch nichts wusste. Ich war glücklich, wenn sie vorüber waren."[6]

Ledige Männer trugen statt des Sarges meistens ihren Tallit (Gebetsmantel). Im Chassidismus legte der Mann erstmals sein Sargenes bei der Eheschließung an – häufig ein Geschenk seiner Braut – als memento mori.[7] Beide Brautleute stehen heute noch unter der Chuppa (Traubaldachin) und sollen damit auch in dieser glücklichen Stunde an die Endlichkeit menschlichen Lebens erinnert werden.

Traditionell zieht man an Jom Kippur Leinenschuhe an, weil Lederschuhe als Zeichen der Pracht an diesem Tag unangemessen sind, und der Gedanke an Versöhnung verträgt sich nicht mit einer Kleidung, die von einem getöteten Lebewesen stammt. Schon in vielen altorientalischen Kulten waren Priesterschuhe nicht aus Leder, und barfuß gehen galt als Zeichen der Ehrerbietung und Demut.

„Das ganze Dorf war ruhig, als die Stimme des Vorsängers in der Stille ertönte. Die Melodie des Gelübde Gebets (Kol Nidre) erfüllte die Nacht. Einige Männer beteten die ganze Nacht oder zumindest bis Mitternacht im Stehen, einige taten dies die ganze Nacht und den ganzen nächsten Tag. Der Synagogendiener blieb die ganze Nacht und bewachte symbolisch die Synagoge, damit durch die Gedenkkerzen kein Brand entfacht wurde. Der ganze Jom-Kippur-Tag wurde in der Synagoge verbracht. Am Nachmittag zogen sich die Kohanim ihre Gebetsmäntel über den Kopf, und mit ausgestreckten Armen sprachen sie den traditionellen Segen: ‚Möge Gott euch segnen und bewahren. Möge der Herr sein Antlitz auf euch scheinen lassen und euch gnädig sein. Möge der Herr euch schauen und euch Frieden schenken'." Soweit die Feier von Jom Kippur in der Schilderung aus Mühlheim.[8]

Wenn man heute die Liturgie eines Jom-Kippur-Gottesdienstes betrachtet, so fällt ein Widerspruch zwischen besinnlichen Teilen und fröhlichen Gesängen auf. In streng orthodoxen Gemeinden war der gesamte Tag mit ernsten Gebeten und langen Gesängen von Pijjutim-Dichtungen in der Synagoge hingegangen. Manche Beter haben sich dabei nie gesetzt. Mit dem Einfluss des Chassidismus wird heute die Zuversicht auf Gottes Gnade und seine Güte betont, die uns trotz unserer Sünden darauf bauen lässt, dass Er uns nicht verwirft. Man hört deshalb weniger oder keine Pijjutim-Vorträge, stattdessen mischen sich fröhliche Lieder in die

Melodien der Liturgie, und gleichzeitig steht man an diesem Fasttag in seinem Todeskittel und bereut seine Sünden.

Die klassische Feier von Jom Kippur hat in Deutschland auch durch den Holocaust und die Zuwanderungen Brüche erfahren. Selbst assimilierte deutsche Juden haben früher gefastet und sind zur Stunde der Seelenfeier, dem Gedenken an die Verstorbenen, in die Synagoge gekommen. Man hat nicht nur zu Hause eine Gedenkkerze für die Verwandten entzündet, sondern auch in der Synagoge mit einer zweiten Kerze anderer Verstorbener gedacht. Jede Gemeinde hatte eigene Märtyrer, eigene Heimgegangene, an die man sich an diesem Tag erinnerte, und jede Gemeinde führte ein Memorbuch mit Namen und Gedenktagen wie beispielsweise lokale Pogrome und Vertreibungen bis zurück zur Zeit der Kreuzzüge. Auch diese lebendige örtliche Erinnerungskultur ist den Verbrechen der Schoah zum Opfer gefallen.

Schon nach dem Zweiten Weltkrieg kamen in unsere Gemeinden Zuwanderer aus verschiedenen europäischen Ländern. Diese Menschen waren tief vom Holocaust geprägt und hatten so gut wie keine Verbindung zur alten Gemeinde der Zeit vor dem Holocaust. Sie kamen aus den Lagern und empfanden diese Gemeinden als neu, wenn nicht sogar als fremd. Erschwerend kam hinzu, dass viele der ehemaligen Mitglieder, die im Exil überlebten, ihren persönlichen Bruch mit Deutschland ebenfalls auf die erst jetzt hier lebenden Juden übertrugen und keinen Kontakt mit den jetzigen Gemeinden ihrer neuen Heimat pflegen wollten. Können unter diesen Umständen neue Traditionen entstehen? Ja, doch für diese Generation wären zahlreiche gute Lehrer nötig gewesen, die es freilich nicht gab. Juden in Israel und anderswo, aber auch viele Juden in Deutschland wollten nicht, dass hier wieder auf Dauer jüdisches Leben entsteht. Erst mit der Masseneinwanderung aus Russland hat sich die Situation geändert. Es gibt wieder eine Hoffnung auf Zukunft und aus ihr werden wohl frische Traditionen entstehen.

Natürlich wird Jom Kippur heutzutage auch vom Erlebnis des Jom-Kippur-Kriegs von 1973 geprägt. Der Überfall Ägyptens und Syriens traf Israel am 6. Oktober in tiefster Feiertagsruhe und es schien, als würde dieser Einmarsch rasch zur vollständigen Niederlage des Landes führen. Sirenen unterbrachen die Gottesdienste, das Oberrabbinat hob wegen der kollektiven Lebensgefahr den Feiertag auf, die wehrfähigen Männer wurden, noch in ihren rituellen Todeskitteln, aus den Synagogen heraus auf Lastwagen geladen und direkt zum Militäreinsatz gebracht. Selbst in Deutschland wurden Gemeindemitglieder aus den Gottesdiensten herausgeholt und nach Israel geflogen. Vielleicht war es eine göttliche Fügung: An anderen Feiertagen mit Ausflügen und Verwandtenbesuchen wäre es schwieriger gewesen, die Soldaten so rasch einzuberufen. Das Trauma dieses Jom-Kippur-Tags prägt bis heute diesen Feiertag, der immer noch in größter Ruhe begangen wird. Tel Aviv ist selbst am Schabbat in den meisten Vierteln eine laute, pulsierende Stadt; an Jom Kippur herrscht größte Ruhe. Es gibt kein Fernsehen, kein Radio, der öffentliche Verkehr steht still. Dieser Feiertag behält seine einzigartige Stellung, ist eine „ewige Satzung".

EIN BECHER WEIN FÜR DEN ELIJA
PESSACH UND DER SEDERABEND

Bedeutung des Festes

Pessach ist eines der schönsten und inhaltsreichsten Feiertage des jüdischen Jahres. In vielen Jugenderinnerungen wird sein Ablauf im Detail geschildert: der Sederabend beispielsweise, die Reinigung des Hauses oder die besonderen Speisen. In der meist zeitlichen Nähe von Ostern und Pessach war der Sederabend oft Anlass zu antisemitischen Aktionen. Doch warum ist Pessach für uns Juden von so großer Bedeutung?

Das Fest des „ungesäuerten Brotes" wird auf Hebräisch „Chag Ha-Matzot" genannt. Im Festtagsgebetbuch dagegen wird es als „Seman Cherutenu" (Fest der Erlangung der Freiheit) bezeichnet. Wir gedenken nämlich der Befreiung aus der Sklaverei Ägyptens in der Antike und verzehren als Mizwa (religiöse Pflichterfüllung) zur Stütze für das Gedenken die Matzot (ungesäuerte Brote). Pessach ist zudem eines der drei klassischen Wallfahrtsfeste unseres Volkes, an denen die Ahnen, Jung und Alt, nach Jerusalem pilgerten, um dort im Heiligtum die Feiertage gemeinsam zu begehen. Im 2. Buch Mose wird die göttliche Befreiung der versklavten Israeliten geschildert. Der Name „Pessach" weist darauf hin. Die Häuser unserer geknechteten Vorfahren wurden während der zehnten Plage Ägyptens, dem Tod der Erstgeborenen, vom Todesengel „überschritten", das heißt verschont, und diese „Überschreitung" heißt auf Hebräisch „Pessach". Marc Chagall, der im weißrussischen Witebsk geboren wurde, malte diese biblische Szene auf beeindruckende Weise: In einer Hütte sitzen die Mitglieder einer Großfamilie am Tisch. Männer, Frauen und Kinder. Vor ihnen auf dem Tisch liegt ein feuerrot gebratenes Lamm. Alle sind sichtlich damit beschäftigt, das Fleisch, wie verheißen, bis zum letzten Rest zu verzehren. Über dem Dach des Hauses zieht mit ausgestrecktem Schwert der Mal'ach Hamawet (Bote des Todes) vorüber. Eine plastische, farbenprächtige Darstellung der Vorstufe der Befreiung des jüdischen Volkes.

Es gehört zur Zeremonie des Sederabends, dass man die Matzot vom Tisch hebt und sagt: „Dies ist das Brot des Elends, das einst unsere Väter, Mütter und Kinder in Ägypten gegessen haben. Jeder, der Not leidet, komme und esse mit uns. ... In diesem Jahr hierzulande, im kommenden Jahr im Lande Israel, in diesem Jahr (womöglich) als Knechte, im kommenden Jahr (hoffentlich) als freie Bürger. ..." Kaum ein anderer Text – möge dieser sogar von Propheten stammen – drückt die messianischen Hoffnungen und Erwartungen des jüdischen Volkes zutreffender aus. Pessach spannt stets den Bogen der historischen Erinnerung, vom Pessach Mizrajim am Vorabend des Auszugs aus Ägypten bis zur kommenden Erlösung unserer Welt (Pessach Leatid). Das Verspeisen des ungesäuerten Brotes während der acht Tage des Festes dient der Verinnerlichung jener heilsgeschichtlichen Inhalte, und mit dem Verzehren der Matzot wird immer wieder neu an das Lechem Oni (Brot des Elends) der ägyptischen Diaspora erinnert. Zugleich ruft die Zeremonie auch ins Gedächtnis, dass dieses ungesäuerte Brot, laut Tora, in großer Hast gegessen wurde. Der Auszug aus dem Land der Sklaverei erfolgte nämlich unverzüglich und eilig, als die Stunde der Freiheit nach langer Leidenszeit und bitterem Frondienst geschlagen hatte.

Aristoteles, der die europäischen Gelehrten und Philosophen lange maßgeblich beeinflusst hat, war noch der Meinung, Sklave ist, wer als Sklave geboren wurde. Dagegen wären freie Menschen auch als solche geboren. Die Modernität des Judentums zeigt sich unter anderem im entgegengesetzten Denken. Die Würde des Menschen kann man in Freiheit, in einer Demokratie, leichter und erfolgreicher bewahren und schätzen; totalitäre Staaten und Mächte verlangen, dass man auf die eigene Meinung verzichtet. Stattdessen zwingen sie zum Dienst an ihrer Ideologie. Die Freiheit, die uns Pessach bis heute verkündet, lehrt uns, wie wichtig es ist, an positiven Veränderungen der Gemeinschaft aktiven Anteil zu nehmen, entgegen jeder Gleichgültigkeit und Passivität. Daher hat Pessach seine Bedeutung als Fest der Freiheit bis heute nicht verloren.

Ausgestaltung eines Festes

Da Juden außerhalb Israels stets in der Diaspora leben und auf minoritäre Lebensformen eingestellt sind, benutzen sie die festlichen Tage dazu, ihre Identität zu festigen. Der klassische Inhalt der Feiertage muss immer wieder aufgearbeitet, mit dem Alltag konfrontiert und den wirtschaftlichen, politischen und gesellschaftlichen Veränderungen angepasst werden. Das geht nicht ohne die Rückbesinnung auf die Bedeutung und Grundlagen, also auf das Studium, das sich an den 30 Tagen vor Pessach mit seinem Sinn, seinen Regularien und der Halacha (gesetzesmäßige rabbinische Entscheidung) befassen soll. Kein Festtag also ohne eine verbindliche Festlektüre biblischer Art. Dazu kamen in späterer Zeit noch die talmudischen Stoffe, mithin die Interpretationen, die seit dem Mittelalter mit Gebetsdichtungen (Pijjutim) in der Liturgie und den Gebetbüchern erweitert wurden. In ihrer Lyrik werden sowohl die Halacha als auch das Gefühlsleben der Menschen berücksichtigt. Im Zentrum steht aber beständig das Studium. Es soll sicherstellen, dass man den Inhalt des Festes stets für sich parat hat und während der ganzen Spanne – bei Pessach über acht Tage – von morgens bis abends in Raum und Zeit des Festes aufgehen kann. Mit diesem jährlich wiederholten Ritual, mit dem Wissen und der Erfahrung stellt man sich in den Rahmen und Geist der Tage und wird diese Bindung nicht loslassen.

Dass zu Pessach alles Gesäuerte verbannt wird und Matze ungesäuert sein muss, das ist biblisch begründet und deswegen immer gleich verbindlich. Gleichwohl kann es Unterschiede in der örtlichen Interpretation und brauchtümlichen Ausgestaltung geben, so zum Beispiel bei der Definition, was als Chamez oder Chomez (Gesäuertes) gilt und was nicht. Bei den sephardischen Juden war Reis als Speise gestattet, weil sie sonst oft gar nichts zu essen gehabt hätten, bei den aschkenasischen Juden galt und gilt auch Reis als Chamez. Und innerhalb der aschkenasischen orthodoxen Judenschaft waren Knödel aus Matze-Mehl in der Suppe als sättigende Speise erlaubt, im Chassidismus aber nicht, weil man das Gären während der Zubereitung nicht gänzlich ausschließen konnte. Deshalb wird von der Reifung des Getreides an sorgfältig darauf geachtet, dass Körner und Mehl nicht mit Nässe in Berührung kommen.

Im trockenen Klima Israels ist das kein besonderes Problem, doch ich erinnere mich aus Ungarn, dass Regen auf das stehende Getreide während der Erntezeit für die Bauern eine Katastrophe war, weil ein Großteil des Absatzes wegfiel. Da das Getreide absolut trocken bleiben muss, wird es auch in einer gesonderten Mühle oder zumindest in einer Mühle mit eigenem Mahlgang für Matze-Mehl verarbeitet. Und dieses Mehl muss innerhalb von 18 Minuten zum Teig geknetet und verbacken werden, damit es keine Gärung entwickeln kann. Für den Teig wird nur Wasser verwendet, das über Nacht ruhig gestanden ist („genächtigtes Wasser").

Zu Beginn des 20. Jahrhunderts existierte in Deutschland nur noch die Erinnerung daran, dass Matzot in der Gemeinde selbst gebacken wurden. Die Lieferung von außerhalb hatte sich eingebürgert, allerdings lehnten bedeutende Rabbiner noch lange die maschinelle Herstellung ab. Die Erklärung dafür haben sie in ihren Entscheidungen ein wenig „verschleiert". Nicht nur die Gefahr, dass bei dieser Produktionsweise eine Gärung nicht völlig auszuschließen war, machte sie besorgt. Die Furcht, dass viele arme Menschen während der Winterzeit ihre Arbeit verlieren könnten, war der eigentliche Grund. Andere Gelehrte führten noch einen weiteren Gesichtspunkt an. Solange, ihrer Meinung nach, keine verbotenen Substanzen im täglichen Brot enthalten sind, spielt die Art der Herstellung keine Rolle. Ganz anders bei der Matze. Es ist vor allem eine Mizwa gemäß der Tora, sie auf die vorgeschriebene Art und Weise zu backen. Eine Mizwa setzt aber die Kawana (Motivation) voraus, also die Intention, die Konzentration des Bewusstseins, dass man eine heilige Pflicht erfüllt. Das leistet keine Maschine. Aus diesem Grund nehmen sich die besonders gesetzestreuen Männer und Frauen am Rüsttag des Festes die Zeit, unter Psalmengesängen handgefertigte Matzot herzustellen. Nach getaner Pflichterfüllung sprechen sie, wie angeordnet, die Segenssprüche über die Matzot.

Der Matze wurden außerhalb des Judentums magische und antisemitisch interpretierte Eigenschaften zugeschrieben. In den Berichten, die vom Mittelalter bis zum 20. Jahrhundert bekannt sind, variieren Zweck, Zustand und Form. Mal seien sie mit Christenblut hergestellt, mal wurden sie beschriftet oder es handelte sich um normales Brot, in das ein Zauber, etwa ein auf Papier gezeichneter Davidstern, eingebacken sei. Nach dem Handwörterbuch des deutschen Aberglaubens war es noch am Ende des 19. und zu Anfang des 20. Jahrhunderts weit verbreitet, dass die sogenannte Judenmatze ein christliches Haus vor Blitz und Feuer bewahrt. Belege dafür gibt es im gesamten deutschen Sprachraum, zum Beispiel im schwäbischen Hettingen bei Sigmaringen, aber auch sonst in Franken, Hessen, der Pfalz und im Elsass.[1]

Nach dem Muster aller Heischebräuche trugen die jüdischen Jugendlichen die Matze aus. In den unten zitierten Erinnerungen Bruno Sterns wird betont, dass es bei dem Matzot-Austragen „sehr feierlich zuging. Allen christlichen Nachbarn und Freunden, je nach der Größe der Familie, brachten wir ein, zwei oder drei Mazzot. Die Mazzot wurden in eine Serviette eingewickelt und vorsichtig auf der flachen Hand getragen. Wenn wir dann bei den Bauersleuten, Weingärtnern, Handwerkern und Beamten waren, sagten wir ein Sprüchlein, dass unsere Eltern Mazzot oder Osterkuchen zum Versuchen schickten. Die Leute taten ganz ‚überrascht' und gingen ins Nebenzimmer, kamen dann mit einem Ei oder zwei Eiern zurück. ... Das Mazzot-Schenken sollte nur ein Zeichen der Nachbarlichkeit sein. Wir sahen immer darauf, dass niemand vergessen wurde. ... Niemand gab uns etwas anderes als ungekochte, frische Eier, da alle Leute wussten, dass wir an Ostern nichts anderes annehmen durften. Im Herbst brachten uns die Nachbarn, die einen Weinberg besaßen, Trauben, und wir schenkten ihnen dafür Schokolade."

Über dem ganzen Pessachfest steht das Gebot „du sollst deinem Sohne an jenem Tage erzählen" (2. Buch Mose 13,8). Das Bewusstsein, Jude zu sein, muss von Kindheit an gepflegt und weitergegeben werden. Und wie kann das kindgerechter geschehen als durch brauchtümliche Rituale? Sie tauchen, wie gesagt, in vielen Jugenderinnerungen auf, und Teile davon blieben auch der nichtjüdischen Umgebung im Gedächtnis. Eine der schönsten Schilderungen vom Ablauf des Pessachfestes stammt von dem Zahnarzt Bruno Stern. Er ist 1912 in Niederstetten, Kreis Mergentheim, geboren und in einem tief gläubigen Elternhaus aufgewachsen. Er konnte noch 1937 in die USA auswandern und ist 1981 in New

York gestorben.[2] Ich zitiere seine Memoiren so ausführlich, weil der Kern des Glaubens wie die Rituale und die Beziehungen zur nichtjüdischen Umwelt in ihnen deutlich zum Ausdruck kommen.

„Die ersten Vorbereitungen für das Pessachfest begannen kurz nach Chanukkah. Mutter nahm den Kalender zur Hand und machte mit dem Malermeister den Termin für die Maler- und Tapezierarbeiten aus, die jedes Jahr zu dieser Zeit vorgenommen wurden. Dann begann das Reinemachen. Vom obersten Dachboden bis zum letzten Winkel im Keller wurde alles hervorgekramt." Dieser gründliche Frühjahrsputz wird der nichtjüdischen Umgebung nicht unbemerkt geblieben sein und sicher bei den meisten Hausfrauen sachverständige Anerkennung gefunden haben. „Die Sachen, welche Chomez enthielten, wurden behutsam zur Seite gestellt. ... In der jüdischen Schule wurde ständig über die Gebräuche und Gebete gesprochen. Die Haggadah war täglicher Unterrichtsstoff. Die Manischtanoh [die vier Fragen, die die Kinder zu Beginn des Sederabends stellten] mussten von allen hebräisch und deutsch auswendig gelernt werden. Auch die althergebrachten Melodien wurden eifrig eingeübt und gesungen. Etwa eine Woche vor Pessach machte man sich an das Um- und Einräumen des Geschirrs. Eine Dachkammer war bei uns angefüllt mit österlichem Geschirr. Dieses wurde dann heruntergetragen und das Chometzige abgeteilt. Es gab eine Jontefftige und eine Chometzige Abteilung."

Ein lustiges Ritual half, den Kindern diese religiös gebotene Trennung in Erinnerung zu halten. „Am Vorabend von Erev Pessach war Chomezbattel [Durchsuchung der Wohnung nach Gesäuertem und Vertilgung des Gesäuerten], bei dem alle Familienmitglieder anwesend waren. Mutter hatte eine Tüte mit Brotstückchen in der Hand, Vater eine Tüte, in welcher sich der Aphikomen[3] vom letzten Jahr befand, und einen Federwisch. Eines der Kinder hielt eine Laterne mit brennender Kerze. Obwohl wir damals schon überall im Haus elektrisches Licht hatten, wurde die Laterne doch weiterhin benutzt. Im Wohnzimmer sprach Vater zunächst das Einleitungsgebet. Dann legte Mutter ein paar Stückchen Brot auf den Tisch und Vater fegte sie mit dem Federwisch in die Tüte. So zog man von Zimmer zu Zimmer, vom Boden bis zum

Keller durchs ganze Haus, und in jedem Raum wiederholte sich dieselbe Handlung. Alles ging mit. Der erste war der Laternenträger, hinter ihm kam Vater, dann Mutter und schließlich der Rest der Familie. Jeder schaute sich um, ob er noch etwas Chometziges entdecken könnte. Wenn man wirklich einmal etwas aufspürte, was nur sehr selten vorkam, so wurde natürlich die Hausfrau in scherzhaftem Ernst zu noch größerer Sorgfalt ermahnt. Alles in allem war es eine sehr lustige Prozession." Die Prozession wurde eigens deshalb abgehalten, damit gemäß einer Toravorschrift zum Abschluss eine entsprechende Benediktion gesprochen werden konnte.

Doch damit war der Haushalt noch lange nicht frei von Chomez. Am Erev-Pessach-Morgen durfte Chomez lediglich bis gegen halb neun Uhr gegessen werden. Da Zimmer und Küche längst jontefftig (feiertäglich) waren, frühstückte man auf dem Flur. Die Reste gab man den Putzfrauen und verbrannte das bei der Chomezbattel gesammelte Brot mit den übrigen Resten im Chomezfeuer. Dennoch „war es unmöglich, alles Chometz aus dem Haus zu schaffen. Man besaß ja immer so viele Vorräte, und man brauchte diese sehr notwendig das Jahr über, da viele Lebensmittel nur zur Zeit der Ernte erhältlich waren. Um aber an Pessach mit gutem Gewissen sagen zu können, dass man kein Chometz habe, wurde alles, was man noch davon besaß, verkauft. Gemeindediener Strecker kam regelmäßig an Erev Pessach zu uns und bot auf das Chometz. Was immer auch Vater von ihm verlangte, war ihm zu viel. Am Ende wurden sie sich aber immer einig, und Strecker leistete eine Anzahlung." Unnötig zu sagen, dass der Gemeindediener bald nach Pessach das Chomez zum „Rückkauf" anbot, da er „keine Verwendung dafür habe".

Es gibt noch eine andere elegante Umgehung von Geboten, die mit Pesssach zusammenhängen. Aus Dankbarkeit und zur Erinnerung daran, dass der Todesengel vor dem Auszug aus Ägypten jüdische Häuser überschritten hatte und die Erstgeborenen nicht gestorben sind, wird ein Tag vor Pessach gefastet. Das ist ausgesprochen anstrengend, weil Pessach ein arbeitsintensives Fest ist und am Tag zuvor noch viel erledigt werden muss. Nun steht freilich das Studium über allem und der Abschluss eines gemeinsamen Studierens, etwa eines Traktats des Talmud, soll mit einem Essen gefeiert werden. Wenn man also ein Studium so gestaltet, dass der Abschluss auf den Tag vor Pessach fällt, kann man das Fasten vermeiden.

Sederabend und Haggada
Die wiedergewonnene Freiheit soll, wie gesagt, an Pessach gefeiert werden. Aber wie könnte man dem gerecht werden, wenn man die Sklaverei, die bitteren Erlebnisse im Laufe der Jahrhunderte der Unterdrückung vergessen oder verdrängen würde? Diese Fragen und das Ringen um die Antworten sind ein Schlüssel zum Sinn des Festes. Weil die Tora uns also nahelegt, „du sollst deinem Sohne an jenem Tage erzählen" (2. Buch Mose 13,8), wird an den ersten zwei Abenden des Festes am weiß gedeckten Tisch der Auszug der Ahnen, über den Weg von der Knechtschaft in die Freiheit, beschrieben; und da der Tempel in Jerusalem im Jahre 70 n.d.Z. zerstört wurde, verlagerten sich die Szenen des Pessachfestes in den häuslichen Bereich und heutzutage in die Gemeindezentren.

Es trifft zu, was Schalom Ben-Chorin schrieb: „Dieses Erzählen ist mehr als ein Erinnern an einen Vorgang, der sich vor etwa 3500 Jahren abspielte ..."[4] Doch während eines Festmahls so zu schildern, dass alle Tischgenossen, vom Kind bis zu den Erwachsenen, die gleiche Geschichte mit ihren Untertönen richtig wahrnehmen, ist nicht einfach. Ausgehend von der Tora und den späteren talmudisch-rabbinischen narrativen Erweiterungen und rabbinischer Exegese des biblischen Stoffes wurde dieser immer weiter aktualisiert und kommentiert. Die Erzählung hätte dadurch leicht unübersichtlich werden können und damit der pädagogischen Forderung, die Tradition weiterzugeben, widersprochen. Aus diesem Bedürfnis heraus entstand die Haggada (Erzählung), die sowohl biblisch wie talmudisch ist, ein Konglomerat, ein Kompendium, das die Erkenntnisse der Tradition, die Meinungen namhafter Gelehrter und die Bedeutung der Darstellung für die spätere Zeit vergegenwärtigt. Da mit der Erzählung nicht nur an die Vergangenheit erinnert werden soll, sondern die gegenwärtigen Erfahrungen über Flucht, Auszug und Errettung mit dem geschichtlichen Wissen verknüpft werden, muss die Haggada für neue Erfahrungen offen sein.

Der Text des Büchleins wurde im Kern schon in talmudischer Zeit redigiert und ist bereits seit dem 10. Jahrhundert als ein fester Bestandteil des Sederabends bekannt.

Die Art und Weise, wie die Haggada entstand, belegt, dass es sich um ein richtiges Volksbuch handelt. Es beinhaltet Gleichnisse, Reflexionen sowie exegetische Anmerkungen zur biblischen Darstellung des Auszugs der Israeliten aus Ägypten. Neben der langen und wechselvollen Geschichte der Israeliten werden öfters kurze, charakteristische Episoden eingestreut wie beispielsweise diese: Es geschah einst, dass Rabbi Elieser und Rabbi Jehoschua, Rabbi Elasar ben Asarja, Rabbi Akiba und Rabbi Tarphon beim Pessachmahl in der Stadt Bnei Brak beisammensaßen. Sie waren allesamt Schriftgelehrte. So ist es nicht verwunderlich, dass sie während des Essens und auch nachher derart intensiv und vertieft über den einstigen Auszug aus der Sklaverei der Ahnen diskutierten, dass sie den anbrechenden Morgen nicht bemerkten – bis ihre Schüler vor ihnen standen und ihnen sagten: „Meister, es ist Zeit, die Morgenandacht zu sprechen."

Wer kann uns heute den Grund nennen, warum die Verfasser der Haggada diese Begebenheit verewigt haben? Vielleicht wegen der Zusammensetzung dieser erlauchten Tischgemeinschaft? Rabbi Elieser war eine anerkannte Autorität gegen Ende des 1. Jahrhunderts n. d. Z. Rabbi Jehoschua dagegen war ein einfacher Handwerker, ein Schmied. Er war jedoch berühmt durch vielerlei Kenntnisse, nicht nur was die Schrift anlangt, sondern auch auf dem Gebiet der Astronomie. Die historischen Quellen wissen zu berichten, dass er mehrfach Reisen nach Rom unternahm, um seinen Glaubensgenossen zu Hilfe zu eilen und ihre Sache vor den Cäsaren zu vertreten. Zweifelsohne hat Rabbi Jehoschua gleichfalls griechisch und lateinisch gesprochen – genauso wie ein anderer aus den pharisäischen Schulen, den man später anstatt Schaul „Paulus" nannte. Rabbi Elasar ben Asarja war „adliger" Abstammung. Er konnte die Linie seiner Familie bis auf Esra, dem Führer der Heimgekehrten aus dem babylonischen Exil, zurückführen (6. Jahrhundert v. d. Z.). Rabbi Tarphon, der Gelehrte mit dem griechischen Namen, war ein Nachkomme von Priestern des zerstörten Tempels in Jerusalem. Der letzte Tischgenosse Akiba, der Schafhirt, fand spät seinen Bildungsweg, wurde aber dennoch ein anerkannter und mutiger Meister.

Vielleicht wurde diese Episode auch deshalb bewahrt, weil drei der vorher Genannten keineswegs bloß Theoretiker waren, sondern etwas später als Widerstandskämpfer im Bar-Kochba-Aufstand (132-136 n. d. Z.) gegen Rom aktiv waren. Nach der Niederlage 135 n. d. Z. wurden sie von den Römern grausam hingerichtet. Es könnte also möglich sein, dass die Gelehrten an diesem Pessachabend nicht nur die einstige Erlösung aus Ägypten erörtert haben, sondern auch die zukünftige Befreiung durch den Kampf gegen die fremden Besatzer, gegen die Legionen Roms. Hatten sie selbst ihre Schüler vor dem Haus postiert, um Wache zu halten und zu melden, wenn sich ein römischer Legionär nähert? Und womöglich war der Satz „Meister, die Zeit der Andacht ist gekommen" lediglich die codierte Losung, dass eine Gefahr lauert? War es so, dass der Aufstand gegen Rom in dieser Nacht vorbereitet wurde? Wer kann dies heute noch mit Sicherheit bestätigen? Die grausame Hinrichtung Akibas auf dem Scheiterhaufen durch die Römer scheint, von heute aus gesehen, diese Ansicht zu bestärken (Talmud Berachot 62/b).

Es stellt sich somit die Frage, wie man das Bewusstsein von der Befreiung aus der Sklaverei praktisch lebendig erhält. Das Festessen findet im Familienkreis statt. Die Verbindung von Erzählung und sinnlicher Vergegenwärtigung prägen den Sederabend, öffnen ihn hiermit aber auch für volkstümliche Einflüsse und pädagogische Dramaturgie. Jede einzelne Speise vergegenwärtigt an diesem Abend die Geschichte, bildet einen Teil der gemeinsamen Erinnerung an die Vergangenheit und schafft damit seit jeher Gemeinsamkeit und Zusammengehörigkeit. Das kollektive Wissen eint das Volk: Meine Geschichte wird dadurch auch deine Geschichte. Und die Erzählung bildet nicht etwa den Rahmen, sondern das Geleit. Die Sprösslinge fragen, die Eltern und Großeltern antworten und schildern. So sieht die Rollenverteilung aus. Kein jüdisches Kind reift heran, ohne diese Geschichte der Befreiung als eigenes Pessacherlebnis mitgefühlt und mitgesprochen zu haben. Gerade darum wächst es eines Tages nahtlos in die Rolle des Erzählenden hinein und wird sich selbst den Fragen seiner Nachkommen stellen können. So begreift ein jeder das Pessachfest als Meilenstein der jüdischen Geschichte, des jüdischen Festkalenders, als ein Familienfest, bei dem die Heranwachsenden eine zentrale Rolle spielen. „Und wenn eure Kinder zu euch sagen werden: Was habt ihr da für einen Brauch, so sollt ihr sagen: Es ist das Pessachopfer für den Herrn ..." (2. Buch Mose 12,26 ff.). Dazu ein Beispiel. Ein Kernsatz der Haggada lautet: „Ein jeder solle sich betrachten, als wäre er selbst mit aus der Sklaverei in die Freiheit ausgezogen." An einer anderen Stelle der Haggada heißt es, die Tora zitierend (2. Buch Mose 13,8, 2. Teil), noch klarer: „Das geschieht um dessentwillen, was der Herr an *mir* getan hat, als ich aus Ägypten auszog." Jede Generation muss sich mit dieser Wahrheit auseinandersetzen: „Nicht nur unsere Vorfahren hat Er befreit, sondern auch uns, zugleich mit ihnen ..." Vielerorts ist es üblich, dass die Sederteilnehmer, während sie diesen Satz sprechen, aufstehen und ein Stück Matze, das in ein Tuch gewickelt ist, auf ihrem Rücken um den Tisch herumtragen. Diese Aktion unterbricht nicht allein eine lange Erzählung, sondern macht mit der „Personalisierung" des Auszugs aus Ägypten den Inhalt der Sätze sinnlich lebendig.

Gleich am Anfang wird in der Haggada den Jüngsten das Wort erteilt. Die festlich gedeckte Tafel und die symbolträchtigen Speisen auf dem Sederteller am Haupt des Tisches sollen allein dazu dienen, durch Aussehen und Zusammensetzung Begriffe wie „Bitterkeit", „Leiden", „Armut", „Fronarbeit", „Opfer" und „Befreiung" gleichsam in symbolische Speisen zu verwandeln und für Kinder fassbar zu machen. Es liegt auf der Hand, dass die Fragen der Heranwachsenden um die besonderen Speisen und ihre Bewandtnis kreisen. Das geschieht im Singsang traditioneller Melodien: Was unterscheidet diese Nacht von allen anderen Nächten? Was soll in dieser Nacht das ungesäuerte Brot? Wozu sind die bitteren Kräuter und der Meerrettich? Warum tauchen wir die Speisen in Salzwasser? Warum darf man in dieser Nacht, sogar im Gegensatz zu sonstigen Tischmanieren, angelehnt sitzen? Die Antwort des Vaters oder Großvaters ist der äußeren Form nach ein Monolog. Da sich die Erzählung aber über einen langen Abend hinzieht, sind immer wieder Unterbrechungen eingebaut, die auch die Aufmerksamkeit der Erwachsenen, vor allem jedoch der Kinder, wachhalten soll.

Auf die erste Frage, was diese Nacht von allen anderen Nächten unterscheidet, wird natürlich die Geschichte vom Auszug aus Ägypten nachgezeichnet. Aber der Auszug aus der Sklaverei wird nicht nur historisch nach der Tora referiert. Insbesondere ist es eindrucksvoll, wenn ein Teilnehmer auch aus eigener Lebenserfahrung zum Thema „Flucht und Befreiung" zu erzählen weiß. Der Holocaust steht unseren Generationen besonders deutlich vor Augen. In diesem Abschnitt der Haggada wird zudem erörtert, warum die Geschichte vom Auszug aus Ägypten wiedergegeben werden muss, auch wenn sie allen Anwesenden selbstverständlich bekannt ist. Der Herr hat uns aus Ägypten geführt und uns davor bewahrt, im Volk der Ägypter aufzugehen. Und wir wären heute auch kein Volk mehr, wenn wir uns nicht immer wieder daran erinnern würden. Zusammen mit Episoden aus anderen Zeiten wird so deutlich gemacht, dass Auszug und Befreiung eine überzeitliche Einheit darstellen.

Die weiteren Fragen werden erst im Verlauf des langen Abends beantwortet, um die Aufmerksamkeit der Kinder zu erhalten. So folgt die Antwort auf die zweite Frage, warum wir an diesem Abend Bitterkraut in (süßes) Charosset (Mischung aus geriebenen Äpfeln, Nüssen und Wein) und grüne Kräuter in Salzwasser eintunken, erst etwas später: weil wir uns an die Tränen der Versklavten erinnern und um Verbitterung und Leid zu versüßen. Warum wir nur Ungesäuertes und bitteres Kraut in dieser Nacht essen, beantwortet sich aus den Anordnungen der Tora (2. Buch Mose 12,8). Warum aber sitzen wir an diesem Abend angelehnt? Dies verweist auf einen kulturhistorischen Hintergrund. Der freie römische Bürger lag beim Festmahl auf einer Kline. Indem wir angelehnt sitzen, erinnern wir uns und andere daran, dass wir, ebenso wie einst die Römer, freie Bürger sind.

Aus einem anderen Dialog hat sich ein Begriff über die ganze Welt verbreitet. Auf die Frage, was geschehen wäre, wenn der Herr uns nur aus Ägypten herausgeführt, aber in der Wüste nicht Manna gegeben hätte, lautet die Antwort: Es wäre schon der Güte und Gnade genug gewesen, wenn Er uns nur über das Schilfmeer geführt und nicht am Berg Sinai die Zehn Gebote geschenkt hätte. Mit dieser Wendung wird eine Geschichte relativiert, damit einzelne Elemente in ihrer Bedeutung hervorgehoben und dann wieder zum Ganzen zusammengefügt werden können. Aufgrund der besonderen hebräischen Grammatik kann diese gesamte Formel in einem Wort zusammengefasst werden: „Dajjenu". „Daj" heißt „genug" und wird heute noch in der Alltagssprache etwa im Sinne von „genug der Rede", „genug getan" verwendet. „Daj" dann mit dem Personalpronomen erste Person Plural zu verbinden, ist nur im Hebräischen möglich. In seiner lakonischen Kürze hat sich dieser Begriff auch außerhalb des religiösen Bezugs unter Juden auf der ganzen Welt verbreitet. In früheren Zeiten war dieser Teil der Haggada nicht mit einer eigenen Melodie unterlegt. Der Text wurde lediglich vorgetragen, und am Ende jedes Abschnitts bekräftigten alle gemeinsam mit Nachdruck: „Dajjenu". Heute wird „Dajjenu" von der Tischgemeinschaft gesungen.

In kaum einem Erinnerungsbericht fehlt die Beschwörung der „alten Melodien". Sie mussten aber im Grunde nicht besonders alt und „geheiligt" sein. Die Offenheit der Form eines Sederabends konnte auch in einer familiären Eigenheit zum Ausdruck kommen, die zum Brauch (Minhag) dieser Familie werden konnte. So berichtet Bruno Stern: „Die Partien, die zum Singen waren, wurden gemeinsam oder im Wechselgesang gesungen. Es waren die althergebrachten Melodien, die sich von Generation zu Generation vererbt hatten. Nur eine Melodie hatte Vater geändert, nämlich die von ‚Hodu in Hallel' [Psalm 118]. Als er die Oper ‚Die Jüdin' einmal gesehen hatte, war er davon so beeindruckt, dass er die Melodie davon übernommen hatte."[5] Gemeint ist die Oper „Die Jüdin" von Jacques Fromental Halévy, die 1835 uraufgeführt wurde und bis ins 20. Jahrhundert ein Riesenerfolg war. Sie steht auch heute wieder auf den Spielplänen bedeutender Opernhäuser.

Drei Dinge sind an diesem Abend unerlässlich, und wer diese nicht betont, hat die Pflicht nicht erfüllt. Das ist zum einen Pessach, das Gedenken an den Auszug; dafür zeigt man den symbolischen Knochen, der an das Lammopfer erinnert. Dann Matze, die den eiligen Auszug symbolisiert, und zum dritten Maror (Bitterkraut), das an das bittere Leben unserer Vorfahren in Ägypten gemahnt. Diese drei wesentlichen und noch andere Symbole werden erläutert, und darauf folgt als Unterbrechung das Abendessen. Das Mahl beginnt mit einer doppelten Benediktion, die auf die besondere Verpflichtung hinweist, heute Abend Matze zu brechen und zu verzehren. Weil geschrieben steht, man solle Matze und Maror zusammen essen, gibt es eine Art Sandwich, das so scharf ist, dass einem die Tränen kommen. Nach römischer Sitte beginnt die Mahlzeit mit einem Ei.

Die Tora (2. Buch Mose 6,6 und 7) verwendet vier Ausdrücke für Freiheit und Befreiung. Zur Erinnerung daran werden im Laufe des Abends vier Gläser Wein getrunken. Über einen fünften „Ausdruck", ob dieser nämlich ein weiteres Glas Wein bescheren sollte, waren sich die Gelehrten uneinig. Da alle fraglichen Dinge bei der Ankunft des Messias geklärt sein müssen, erscheint kurz davor sein Herold Elija und entscheidet auch dies (darum heißt ein „Unentschieden" beim Fußball im Neuhebräischen „Tejku", eine Abkürzung für „Elija wird entscheiden"). Daher wird ein fünftes Glas bereitgestellt, um darauf vorbereitet zu sein, dass Elija kommt. Um wenigstens für den Sederabend koscheren Wein zu haben, wurden früher sehr große Anstrengungen unternommen. Tokajer wurde bis nach Ostpolen geliefert. Für das Fränkische gibt es Quellen, die vom Handel mit koscherem Wein für rituelle Zwecke sprechen.[6]

Man erwartet also nach der volkstümlichen Vorstellung den Einzug des Boten und öffnet deshalb an dieser Stelle der Haggada die Tür. Hinter dem Brauch steckt die für Juden oft grausame Wirklichkeit der mittelalterlichen Verfolgungen im christlichen Europa. Pessach und Ostern finden, wie gesagt, meist in zeitlicher Nähe statt, und die Osterpredigten in der Kirche peitschten damals wiederholt die Gemüter der Kirchgänger auf. Pogrome und Ritualmordanklagen waren vielfach die Folge. Heinrich Heine hat das im Fragment „Der Rabbi von Bacherach" beschrieben. Man beschuldigte die Juden der Ermordung christlicher Kinder, um mit deren Blut die Matzot backen zu können. Viele Menschen wurden wegen dieser Wahnideen lebendigen Leibes verbrannt. In Überlingen ermordete man 1333 über 300 Juden in der brennenden Synagoge und errichtete an diesem Platz eine Ulrichskapelle, die mit ihrer Wallfahrt die Erinnerung an die Tat wachhielt. In Konstanz und Ravensburg wurden 1447 bzw. 1492 ebenfalls Juden unter dem Vorwurf hingerichtet,

Ritualmorde an Kindern verübt zu haben. Wie tief dieses antisemitische Stereotyp auch in Süddeutschland verankert war, dazu genügen zwei Beispiele. Noch 1913 erschien im Schaffhauser Intelligenzblatt ein Bericht über einen angeblichen Ritualmord in Kiew, der von vielen Lesern für wahr gehalten wurde.[7] Über Raum und Zeit hinweg hielt sich die Geschichte vom kleinen „Anderl", die sich 1462 in Rinn bei Innsbruck ereignet haben soll. Die Legende erzählt, dass der zweieinhalbjährige Andreas von jüdischen Händlern aus Nürnberg verschleppt und rituell ermordet wurde. 1671 wurde an der Stelle seines angeblichen Martyriums eine Kirche gebaut. In der antisemitischen Bewegung des 19. Jahrhunderts wurde der seliggesprochene Knabe in Vorarlberg und Tirol sehr populär. Obwohl der zuständige Bischof von Innsbruck den kirchlichen Kult 1994 verboten hatte, nahmen noch 1998 bis zu 30 000 Katholiken an seinen Gedenkfeiern teil.[8] Kein Wunder, dass die Furcht in der jüdischen Bevölkerung so tief saß, dass sie Einfluss auf Riten und Liturgie gewann. Deshalb vor allem öffnete man am Pessachabend die Türe, um zu sehen, ob nicht irgendeine Gefahr vom Pöbel drohte. Diese Sitte wurde später, als der ursprüngliche Grund nicht mehr relevant war, mit messianischem Inhalt gefüllt.

Mit dem Abendessen und dem Tischgebet endete bis zum Mittelalter der Sederabend. Einen solch abrupten Schluss empfand man später als unangemessen. Der Ernst eines feierlichen Mahls sollte sich auflösen können, zumal Kinder über eine längere Zeit hinweg angespannt am Tisch sitzen mussten. Darum hat man Lieder, Spiele und kleine Darbietungen hinzugefügt, die nicht mehr ganz eng mit Pessach verbunden sind. Und mit diesen Ergänzungen wird vollends deutlich, dass die Haggada keinen festen Kanon hat. Es gibt seit dem 13. und 14. Jahrhundert rund 200 bis 300 unterschiedliche Ausgaben der Haggada, zum Teil reich illustriert.[9] Die Entwicklung ist prinzipiell nicht abgeschlossen. Eine weitere Entfaltung setzt indes – schon sprachlich – die Anknüpfung an das Vorhandene voraus.

Den letzten Zusatz bilden das Schlusslied „Adir hu" und das Kettenmärchen „Chad Gadja" (Ein Zicklein, ein Zicklein), mit dem man von zwei Groschen zum lieben Gott kommt: Der Vater kauft mir ein

Zicklein um zwei Groschen. Es wird gebissen von der Katze, die Katze vom Hund, der Hund wird geschlagen mit einem Stock, das Feuer verbrennt den Stock, das Wasser löscht das Feuer, die Kuh trinkt das Wasser, der Schächter schächtet die Kuh, dann kommt der Todesengel und reißt den Schächter mit, und ganz oben bringt der liebe Gott alles wieder in Ordnung. Diese Kette konnte vom Sänger erweitert werden, und der Spaß bestand darin, dass die Hörer die gesamte Kette nacherzählen bzw. nachsingen sollten. Dieses Lied zum Schluss des Pessachmahls haben Wormser Juden aus dem deutschen Volksliedschatz in die Haggada übernommen. Man vermutet, dass sie es als eine Allegorie zur jüdischen Geschichte aufgefasst haben: Was uns auch immer bedrohen mag, der Herrgott herrscht über alle Kräfte. Gewalt und Geschehen – nur bei Ihm herrscht Gerechtigkeit. Im allgemeinen Sprachgebrauch hat sich der Titel „Chad Gadja" als Redensart in verschiedener Weise eingebürgert etwa im Sinne von: „Er erzählt eine ganze Chad Gadja", das heißt er kommt von einer Geschichte auf die andere, ohne streng bei einer Sache zu bleiben.

Auch weitere Beispiele in der Haggada belegen den Einfluss, den die nichtjüdische Mehrheit auf die jüdische Minderheit gehabt hat. Zählverse waren in der religiösen Unterweisung immer sehr beliebt. Im katholischen Rheinland war ein Katechismuslied im Umlauf, das ging etwa so: Es gibt nur einen Gott / Zwei sind die Tafeln des Bundes / Drei sind die Väter im Glauben usw. Das haben in der engen räumlichen Umgebung natürlich auch Juden gehört, und daraus entstanden dann die dreizehn Verse des „Echad mi jodea": Eins ist ein Gott im Himmel und auf Erden / Zwei sind die Tafeln der Zehn Gebote / Drei sind die Erzväter / Vier sind die Erzmütter / Fünf die Bücher der Tora usw. bis zu: Dreizehn sind die Eigenschaften Gottes.

Gibt es auch umgekehrt solche jüdischen Einflüsse auf die nichtjüdische Umgebung? Im Wortschatz sind viele Übernahmen vom Hebräischen und Jiddischen ins Deutsche bekannt. In unserem Zusammenhang ist eine direkte Übernahme schwer nachzuweisen. Ab und zu wird das bekannte „Schickt der Herr den Jokel aus …" auf das „Chad Gadja" zurückgeführt. So sah ein Bericht 1929 in der Gemeindezeitung für die israelitischen Gemeinden Württembergs in einem Deklamationsspiel vom Jokel, das in Dörzbach im Hohenlohekreis im fränkischen Dialekt gespielt wurde, eine Nachbildung des „Chad Gadja".[10] Ob direkt oder über welche Umwege eine Verbindung besteht, wird wohl nicht präzise zu klären sein.

Die Texte der Haggada werden hebräisch gesprochen und gesungen. Die lustigen Teile, wie das Zicklein, werden auf Aramäisch gesungen, damit die heilige Sprache nicht aus Versehen missbraucht wird. Jeder am Tisch des Sederabends erhält ein Büchlein, so dass alle mitfeiern können.

Vor dem Krieg wurde der Sederabend stets ausschließlich im Familienkreis, dem natürlich gleichzeitig Freunde und Gäste angehören konnten, begangen. Aus der Nachkriegszeit stammt ein Minhag, dass Sederfeiern auch in der Gemeinde stattfinden. Das erklärt sich aus der Vereinsamung der von Krieg und Holocaust Traumatisierten, die wenigstens in diesen Sederfeiern wieder Gemeinschaft erleben konnten.

Fragen wir zum Schluss, warum Pessach heute so populär geworden ist und den religiösen Kern so einzigartig mit Brauchtum verbindet. Und das, obwohl es ursprünglich nicht zu den Hauptfesten um Rosch Haschana (Neujahr) und vor allem Jom Kippur (Versöhnungstag) gehörte, sondern zu den Pilgerfesten wie Schawuot (Pfingsten) und Sukkot (Laubhüttenfest). Vielleicht liegt es daran, dass die Menschen heute ihre Schwierigkeiten mit ernsten Festen haben. Fasten ist modern, aber die eigene Seele streng erforschen, quälen und martern, wie es Jom Kippur verlangt, das ist nicht so gefragt. Und so wurde Pessach mit dem Sederabend im Jahreslauf ein bedeutendes Fest, obwohl sein Ablauf nicht biblisch, sondern historisch begründet ist und den Kontinuitätsbruch überbrücken soll, der durch die Zerstörung des Tempels entstanden ist. Dazu dient die Ordnung (Seder), die mit der Haggada den Fahrplan für den Sederabend liefert. Während des gesamten Festes, speziell am Sederabend, werden alle Sinne angesprochen. Die Speisen mit ihren geschmacklichen Eigenarten verweisen zugleich auf die religionshistorische Symbolik, die Handlungen von der Art des Sitzens bis zu Umzügen und dem Öffnen der Türe sprechen die Körperlichkeit des Menschen an, die gemeinsamen Gebete und Gesänge vertiefen die Gruppenidentität, die inbesondere mit dem Vorstellen und der Veranschaulichung von fernen und gegenwärtigen Fluchten, Gefahren und Bewahrungen vermittelt wird. Die heitere Ernsthaftigkeit, die vom Chomezbattel bis zu den Kettenversen des Sederabends viele Elemente des Festes durchzieht, spricht nicht nur, aber auch, Kinder an, die über Geschmack, Geruch und Melodie häufig ihre erste religiöse Prägung erfahren. Dazu kommt die wichtige Funktion, die gerade Kinder als Fragende im Ablauf des Abends wahrnehmen. Dies alles trägt dazu bei, den Sinn des Festes zu erfüllen: durch Lernen, Wissen und Handeln die Identität des Jüdischseins über Generationen und Zeitalter hinweg zu erhalten. Und es ist ein vorzügliches Beispiel dafür, wie sich im Judentum Volkskultur und Religion befruchten und zu einer jüdischen Lebensform verbinden.

Der Abschnitt über die Haggada folgt im Wesentlichen dem Beitrag: Die Haggada und ihre Bezüge zur jüdischen Volkskultur. In: Jüdische Feste – gelebter Glaube. Laupheimer Gespräche 2010. Hrsg. Haus der Geschichte Baden-Württemberg. Heidelberg 2012, S. 81-93.

WAS IST EIN MINHAG?
TRADITIONSLINIEN
UND REGIONALE SITTEN

Minhag heißt „Brauch", „Sitte" und meint die Besonderheiten im religiösen Leben einer jüdischen Gemeinde, einer Region, eines Landes oder Landesteils. Das Wort leitet sich vom hebräischen Verb „nahag" ab, dessen Bedeutung „leiten, führen" darauf hinweist, dass mit dem Brauch nicht Folklore gemeint ist, sondern dass mit ihm eine (mehr oder minder starke) Verbindlichkeit für die Lebensführung vorgegeben wird. Die Festlegung gilt für den Gottesdienst und sein individuelles Gepräge, aber auch für die Familie, in der jüdisches Leben ja hauptsächlich stattfindet. Das alles ist im Begriff „Minhag" enthalten.

Ursprünglich kannte man ganz allgemein den Ritus des Heiligen Landes. Daraus entstanden dann die allumfassenden Minhagim. Zunächst der aschkenasische Ritus, von dem sich der polnische Ritus – mit der Elbe als Grenzlinie – abspaltete. Später kann man noch von einem italienischen Ritus sprechen, der sich dem vom Heiligen Land verknüpfte, und einem romanischen Ritus, der von Byzanz ausgehend den Südosten Europas noch mit Teilen Südungarns einbezog. Dazu kam der babylonische Bereich, die sogenannte sephardische Richtung, die sich von Nordafrika aus entlang der Mittelmeerküste ausbreitete.

Die wohl älteste Einrichtung, die von der Wende vom 1. zum 2. Jahrhundert zum Minhag wurde, stammt von Rabban Gamaliel II. und besagt, dass es nach der Zerstörung des Tempels bei Beerdigungen keinen Prunk, keine Blumen, keine Pracht mehr geben sollte. Das wurde allgemein akzeptiert. Noch einleuchtender ist die Einführung von Jom Tow Scheni, dem zweiten Feiertag in den Diaspora-Ländern im Zusammenhang mit den Festen Schawuot (Pfingsten), Pessach und Sukkot (Laubhüttenfest). Rosch Haschana (Neujahr) ist überall zweitägig, auch in Israel. Diese Verdoppelung der Festtage ist ursprünglich entstanden, weil man nicht sicher sein konnte, dass die Nachricht des Rabbinatsgerichts aus Jerusalem, der Neumond sei gesichtet worden und der neue Monat habe damit begonnen, rechtzeitig in weit entfernte Gemeinden gelangt war. Die Übertragung durch das Entzünden von Feuern (deswegen der Ausdruck „eine Nachricht verbreitet sich wie ein Lauffeuer") war unsicher und langwierig. Daher hat man einen zweiten Tag angehängt, um den Feiertag im jeweiligen Monat auf keinen Fall am falschen Tag zu begehen. In Israel selbst blieb es bei dem einen Festtag, da die Kommunikation in dem kleinen Gebiet garantiert werden konnte. Doch die gesamte Diaspora hat diesen Minhag des zweiten Tags angenommen. Trotz der heutigen schnellen und sicheren Kommunikationswege kam es niemandem in den Sinn, diese Tradition des zweiten Feiertags wieder aufzugeben.

Minhag heißt also auch „Tradition", und ein Minhag kann weiterentwickelt werden. So ist es talmudisch, durch rabbinische Entscheidung festgelegt, dass Verstorbene nicht am ersten, wohl aber am zweiten Feiertag bestattet werden können. Oder: Für den Sederteller können die Speisen je nach regionalen Gegebenheiten aus unterschiedlichen Zutaten zubereitet werden, weil beispielsweise der Ausdruck „Bitterkraut" deutungsfähig ist. Noch ein anderes Beispiel: In der Tora ist für den Strauß zum Laubhüttenfest eindeutig der Lulaw (Zweig der Dattelpalme) vorgeschrieben. Reiche orthodoxe Juden haben oft riesige Summen bezahlt, um auch in kriegerischen Zeiten originale Palmzweige aus Palästina zu bekommen. Heute kann man sich über das Internet diese und andere Kultgegenstände sehr einfach aus Israel schicken lassen.

Ganz allgemein kann man sagen: Die Bedeutung des Minhag folgt der allgemeinen Rechtsentwicklung, die vom römischen Recht ausgehend das Gewohnheitsrecht zu mehr oder minder allgemeinen Rechtssätzen kodifiziert. Im Spätmittelalter und in der frühen Neuzeit manifestiert sich diese Entwicklung zunehmend im Entstehen der Flächenstaaten. Die jüdische Geographie ist jedoch eine andere. Basis sind viel eher die Wanderungen und Vertreibungen, die kaum Gemeinden mit unverändertem Brauchtum zur Folge haben. Jüdisches Leben findet in erster Linie in den Familien statt und es gibt deshalb über die allgemeinen Regeln hinaus auch noch den Minhag familiärer Prägung.

Eindeutige Aussagen der Tora können selbstverständlich nicht durch einen Minhag ersetzt oder verändert werden. Sind Ausdeutungen möglich, so steht am Ursprung eines Minhag eigentlich stets die Festlegung eines anerkannten, zuständigen Gelehrten, der für diese seine Interpretation einen triftigen Grund anführen muss. Wenn mehrere Gelehrte und anerkannte Rabbiner dieser Interpretation folgen, wird der Brauch in einer oder mehreren Gemeinden zum Minhag. Solch ein Minhag konnte ab dem Mittelalter sogar eine Halacha (gesetzesmäßige rabbinische Entscheidung) beiseitedrängen. So gibt es in der Tora Bestimmungen zur Arbeitszeit. Ein Lohnarbeiter soll sieben Jahre (ausgenommen Schabbat und Feiertage) von Sonnenaufgang bis Sonnenuntergang zur Arbeit verpflichtet sein. Ist die ortsübliche Arbeitszeit kürzer, so kann sich der Arbeitgeber nicht auf die durch die Tora gestützte Halacha-Interpretation berufen, sondern es gilt der Minhag hamakom (örtlicher Minhag), wenn dieser eine kürzere Arbeitszeit vorsieht.

Ein anderes Beispiel ist die Ausfertigung eines Scheidungsbriefes (Get). Er wird immer so ausgestaltet, wie es in der Gemeinde vordem geschah. Waren dort vorher keine Scheidungen ausgeschrieben worden, so mussten die Scheidungswilligen zu einem Rabbinat einer anderen Gemeinde gehen. Früher auf jeden Fall zu einem Rabbinat in einer Stadt, die an einem Fluss lag. Warum? Weil der Ortsname oft erst zusammen mit der Flussbezeichnung die Ansiedlung eindeutig identifizierte. Der Scheidungsbrief besteht zwar nur aus zwölf Zeilen, aber er kann nie aus einem Vordruck bestehen, weil er an Ort und Stelle handschriftlich ausgefertigt sein muss. Nachdem er der Frau überreicht wurde, wird er sofort zweimal eingeschnitten, das heißt fälschungssicher gemacht. Mit dieser Vorschrift erlangte ein Minhag Gesetzeskraft.

Noch ein drittes Beispiel. Der Beginn des Schabbats wurde durch talmudische Festsetzung mit sechsmaligem Schofarblasen bestimmt. Warum die Zahl sechs? Dafür gibt es keine Erklärung; das ist einfach Minhag.

Mit dem Buchdruck ergab sich zunächst eine gewisse Vereinheitlichung der Rituale. Vorher besaß eine Gemeinde vielleicht nur ein einziges Gebetbuch und die Mitglieder beteten auswendig, standen um ihren Vorbeter herum und schauten ihm über die Schulter. Später haben sich dann größere Einheiten, größere Gemeinden, einen eigenen Ritus geleistet und ihre eigenen Gebetbücher mit ihrem Ritus auch drucken lassen, zum Teil in eigenen Druckereien. Zu diesen Orten gehörte Prag, das eine lange Kontinuität aufweist, von den Anfängen bis in die neueste Zeit, dann Posen in Polen, Worms am Rhein und Frankfurt am Main. In diesen Gebetbüchern konnte man einzelne Sitten festschreiben, dass dies dort so und anderswo anders gehandhabt wird. Und mit dem Buchdruck verbreiteten sich zugleich Schriften mit den Minhagim, die handschriftlich natürlich schon im Mittelalter entstanden waren.

So wurden auch die Responsen (Beantwortungen von religiösen, sachlichen, juristischen Fragen) des Rabbi Meir von Rothenburg 1293 von seinen Schülern zusammengestellt. Eine große Anzahl seiner Entscheidungen wurde dank seines überragenden Ansehens zu Minhagim. Sehr bedeutend war die „Minhagei Maharil", eine Aufzeichnung des berühmten, in Worms beerdigten Mainzer Rabbiners Jakob ben Moses ha-Levi Molin genannt Maharil, die seit 1450 in Abschriften verbreitet war und 1556 erstmals in Sabbioneta gedruckt wurde. Im 16. und 17. Jahrhundert sind die Niederschriften des ungarischen Rabbiners Eisik Tirnau wichtig. Später wurden auch Sammlungen von Männern wegweisend, die nicht so gelehrt waren, doch vieles kannten, erlebten und ihre Erfahrungen aufzeichneten. Mein Lehrer Ernst Roth hat über die Aufzeichnungen eines solchen einfachen Mannes, Juschpa Schamasch, gearbeitet. Verbreitet war gleichermaßen die populäre Kurzfassung der Gesetzessammlung Schulchan Aruch des Joseph Karo, die im 19. Jahrhundert entstanden war und die von Schlomo Ganzfried unter dem Titel „Kitzur Schulchan Aruch" (Der gedeckte Tisch) veröffentlicht worden ist. Das ist eine gründliche Zusammenfassung religiöser Vorschriften, die weltberühmt wurde. Viele glauben, die Zusammenstellung stamme von einem namhaften Gelehrten, das stimmt jedoch nicht. Der Autor hat einfach viel zusammengetragen und überaus sorgfältig dargestellt.

Warum hat man sich die Mühe gemacht, diese Bräuche und Gewohnheiten so detailliert festzuhalten und warum wehrte man sich meist so vehement gegen jede Veränderung? Man wollte damit Streitigkeiten vermeiden, hat aber mit der Auslegung natürlich oft das Gegenteil bewirkt. Dennoch, die einheitlichen Regeln sollten festgehalten und für die Zukunft tradiert werden. Diese Einheitlichkeit wurde auch bewahrt, indem man nach dem Tod eines Rabbiners darauf achtete, einen Nachfolger zu finden, der dieselbe Richtung wie der Verstorbene vertrat. Vielfach fand man ihn im Sohn, Schwiegersohn oder bei anderen Verwandten des Hingeschiedenen, und so gab es regelrechte Dynastien von Rabbinern.

Innerhalb dieser großen Linien bildeten sich im Laufe der Zeit regionale Minhagim heraus. In Deutschland entwickelten sie sich erst nach der frühen Neuzeit zu einem bedeutenden Element für den inneren Zusammenhalt einer Gemeinde. Mit ihnen entstand gleichzeitig das Bewusstsein einer eigenen lokalen Geschichtstradition, fassbar in den Memorbüchern, die in etlichen Gemeinden nach dem Mainzer Vorbild angelegt wurden. Handschriftlich wurden neben Martyrologien auch lokale Ereignisse und Gebetsriten festgehalten. Nach den Auseinandersetzungen des Dreißigjährigen Kriegs gewannen lokale und regionale Minhagim zunehmend an Bedeutung und damit wuchsen auch das Selbstbewusstsein und die Identität der gesamten jüdischen Gemeinschaft. Nur so ist es zu verstehen, dass im 17. und 18. Jahrhundert in vielen Gemeinden aufwändige Kultgeräte und Synagogenausstattungen angeschafft wurden, an deren typischer Vielfalt die Regionalisierung zu erkennen ist.[1] Bei Differenzierungen muss man, wie gesagt, immer mit beachten, dass jüdisches Bewusstsein in anderen geographischen Kategorien denkt als die üblichen neuzeitlichen Vorstellungen. Vertreibungen und Handelswege prägten es stärker als geographische Nachbarschaft oder die Grenzlinien moderner Territorialstaaten. Gerade die häufigen Vertreibungen führten zu Brüchen der Traditionen, bestärkten zum Teil aber auch einzelne Regeln und Bräuche, die das Bedürfnis nach Kontinuität erfüllten und deshalb weiter gepflegt wurden.

In Südwestdeutschland kreuzen sich die Einflüsse verschiedener Minhagim. Am einflussreichsten war der Fürther Minhag. Die Stadtherrschaft über Fürth teilte sich im 17. und 18. Jahrhundert in wechselnder Ausgestaltung das katholische Domstift Bamberg mit dem Fürstentum Ansbach und der Reichsstadt Nürnberg, beide protestantisch. Durch ständiges Taktieren konnte sich eine große jüdische Gemeinde bilden, die schon 1716 etwa 400 Familien umfasste. Sie unterhielt bis 1824 eine weithin berühmte Jeschiwa (Talmudschule), deren Absolventen die Gemeinden in Franken und damit ebenfalls im fränkischen Teil Württembergs bestimmten. Ihr Minhag war Vorbild auch in den Gemeinden am oberen Neckar, denn diese waren von Juden gegründet worden, die vor polnischen Pogromen im Zusammenhang mit dem Chmelnyzkyj-Aufstand nach Hohenlohe geflüchtet waren. In Mühringen und Rexingen fanden sich noch zu Beginn des 20. Jahrhunderts in Gebetsmelodien und bei der Zubereitung von Festtagsspeisen deutliche Spuren ihrer polnischen Herkunft.[2] Da sie aber über Franken in das erst später württembergische Gebiet gekommen waren, brachten sie den Fürther Minhag mit. Am Neckar und in Unterfranken sind Einflüsse aus Frankfurt am Main und Würzburg festzustellen.

In Oberschwaben war Burgau dominant. In dieser habsburgischen Markgrafschaft im heutigen Bayerisch-Schwaben lebten zwischen Iller und Lech vor allem Juden, die am Ende des 15. Jahrhunderts aus Augsburg und Ulm vertrieben worden waren. Die Fernhandelswege nach Oberitalien und die beiden Reichsstädte blieben auch von Günzburg, Pfersee (bei Augsburg) und anderen Orten aus für Geschäfte erreichbar, und diese Verbindungen wurden gerne benutzt, wenn es galt, Rabbiner aus Oberitalien zu gewinnen. Mit ihnen kam oftmals auch deren Minhag. Wie bedeutsam die Verbindung zu Oberitalien war, belegt ein Beispiel: Der Babylonische Talmud ist außer in Teilen nur in einer nahezu kompletten Fassung aus dem 14. Jahrhundert erhalten. Diese Handschrift kam 1480 in den Besitz eines deutschen Juden in Padua und von dort von 1588 bis 1800 zur Familie Ulma-Günzburg in Pfersee. Seit 1806 wird diese unschätzbare Kostbarkeit in der Bayerischen Staatsbibliothek (Cod. hebr. 95) aufbewahrt.[3]

Mit der Freizügigkeit in den Dreißigerjahren des 19. Jahrhunderts verlegten Juden aus dem abgelegenen Hohenems ihren Wohnsitz in die Städte; namentlich St. Gallen und Buchau profitierten von dem Zuzug und wurden von diesem Bodensee-Minhag geprägt.[4] Bei der Gründung der Gemeinde Jebenhausen spielte Altenstadt an der Iller eine wichtige

Rolle, und daher tendierte diese württembergische Gemeinde, die zum 1. Januar 1900 in der jüdischen Gemeinschaft von Göppingen aufging, zum Minhag Schwaben der Markgrafschaft Burgau.[5] Durch solche und ähnliche geschäftlichen oder privaten Verbindungen entstanden lokale Minhagim für eine oder wenige Gemeinden, für ein Rabbinat oder einen Rabbinatsbezirk. Das waren dann die Bräuche, von denen die Alten, also die je nach Erinnerung mehr oder minder weit zurückliegenden Vorfahren, gesagt haben, sie seien im Fall des Falles sogar den kodifizierten Gesetzen der Halacha ebenbürtig.

Der Minhag durchdringt das gesamte jüdische Leben; auch darum wird um ihn in den Gemeinden häufig gerungen. Geschichtliche Entwicklungen und Katastrophen jüdischen Lebens erzwingen bis in unsere Tage Veränderungen. In Süddeutschland bestanden beispielsweise die jüdischen Gemeinschaften nach dem Krieg vor allem aus „Ostjuden", die teils reich an Kenntnissen und Gelehrsamkeit waren. In Stuttgart haben diese neuen Gemeindemitglieder erkannt, dass hier der aschkenasische Ritus zu Hause ist, und so sind hier nur ausgesprochen wenige Elemente des polnischen Ritus eingeflossen. In München setzte sich nach harten Kämpfen der polnische Ritus durch, und in Dortmund hat der Rabbiner Emil Davidovicz den Prager Ritus eingeführt, den er als dortiger Rabbiner kennengelernt hatte. Ein anderes Beispiel für eine durch die äußeren Umstände erzwungene Veränderung: Der Sederabend (Vorabend von Pessach) war traditionell eine innerfamiliäre Feier. Nach dem Holocaust gab es intakte familiäre Verhältnisse nur noch bei wenigen. Um diesen Menschen eine neue Mitte zu geben und ihren Traumatisierungen entgegenzuwirken, führte man Sederabende in der Gemeinde ein. Ein neuer Brauch, der Not geschuldet, gehört jetzt zum Minhag aller Gemeinden.

VERSCHEIDEN UND AUFERSTEHEN
BRÄUCHE UM STERBEN UND TOD

In Dörfern und Städten, in denen ehemals eine jüdische Gemeinde beheimatet war, sind oft nur noch Friedhöfe sichtbare Zeugnisse jüdischen Lebens. Sie sind Zeugnisse im doppelten Sinn: Einerseits gemahnen sie an die Auslöschung dieser Gemeinschaften, an Tod und Vernichtung jüdischer Menschen in der Schoah. Andererseits erinnern diese Orte uns Heutige an die Verstorbenen. Um dies richtig zu verstehen und einzuordnen, darf man nicht außer Acht lassen, welches Verständnis das Judentum von Tod und Leben hat.

Gräber sind als „Häuser der Ewigkeit" unantastbar. Darauf nahmen die Pogrome der Vergangenheit keine Rücksicht. Und da auch jüdische Friedhöfe im Mittelalter und in der frühen Neuzeit nahe der Stadt lagen und große Steine lediglich mühsam in Handarbeit zu gewinnen waren, wurden die Grabsteine nach der Schändung häufig durch Nichtjuden weiterverbaut. In Straubing findet man sie als Uferbefestigung an der Donau, in Regensburg als Spolien am Evangelischen Krankenhaus und in der Neupfarrplatzkirche „ziert" ein jüdischer Grabstein (Stand 2015) eine neuerdings eingebaute Toilette. Arno Hamburger, dessen Vater in einer Friedhofskapelle überlebt hat, entdeckte bei seiner Rückkehr nach Nürnberg, dass eine Wendeltreppe in der Lorenzkirche aus Grabsteinen bestand, die man nach 1520, nach der Vertreibung der Juden, entehrt hatte. Er sorgte dafür, dass sie ausgebaut und der jüdischen Gemeinde übergeben wurden, damit das Andenken der längst Verstorbenen nicht weiter mit Füßen getreten wird.

Auch im Südwesten sind nur wenige Zeugnisse mittelalterlicher Friedhöfe zu finden. Die Anlagen von Külsheim, Neudenau und Wertheim reichen so weit zurück. Von herausragender Bedeutung ist Wertheim. „Hier haben sich allein 72 Grabsteine des 15. Jahrhunderts erhalten (ältester Stein von 1405). Etliche der Wertheimer Steine sind somit älter als die ältesten des Prager Judenfriedhofes."[1] Einzelne Steine sind aus Ehingen an der Donau und Heilbronn bekannt sowie aus dem Überlinger Friedhof, der von 1226 bis 1349 bestand und dessen Steine unter anderem am Konstanzer Münster wiederverwendet worden waren.[2]

In der Neuzeit sind im Südwesten Deutschlands Einrichtungen jüdischer Gemeinden in der Regel erst ab den ersten Jahrzehnten des 18. Jahrhunderts greifbar. Schon 1676 gründete die aus etwa zwölf Familien bestehende Gailinger Gemeinde eine Chewra Kadischa (Beerdigungsbruderschaft) und erwarb einen Platz für einen Friedhof.[3] Der letzte jüdische Lehrer von Haigerloch schrieb 1929, der älteste Grabstein (heute nicht mehr erhalten) auf dem Friedhof im Wald bei Weildorf, der seit 1884 nicht mehr belegt worden war, stamme von 1567. Im Jahre 1803 wurde für Haigerloch ein neuer Friedhof im Haag eröffnet.[4]

Jede Gemeinde bemühte sich nach ihrer Gründung, möglichst schnell einen Platz für ihre Verstorbenen zu erwerben und zu pflegen. Vorhanden sind in Baden-Württemberg heute noch 145 Friedhöfe. Wenn in früheren Zeiten der Erwerb eines Geländes gelang, dann meist nur auf weitab gelegenen, steinigen und steilen Lagen, also auf sonst nicht verwertbaren Flächen. Diesen Begräbnisplatz mussten dann auch weit entfernte Gemeinden nutzen. Die abseitigen Lagen haben dazu beigetragen, dass Friedhöfe – im Gegensatz zu den Synagogen – im Nationalsozialismus oft „nur" geschändet und nicht völlig zerstört wurden. Wie weit dabei Scheu und Pietät der Ortsansässigen oder andere Gründe eine Rolle gespielt haben, bleibt offen. Als die NS-Wissenschaft alle Grabinschriften aufnehmen wollte, um die Verbreitung des Judentums darstellen zu können, wies mit dieser Begründung das Staatsarchiv Sigmaringen im November 1943 den Hechinger Bürgermeister an, den jüdischen Friedhof vorläufig zu erhalten.[5]

Nach der Schoah wurden die Friedhöfe in das Eigentum der jüdischen Kultusvereinigungen übergeben, die mit ihrer Wiederherstellung und Pflege finanziell und materiell lange überfordert waren. In vielen Fällen mussten anfangs die Besatzungsmächte eingreifen, damit die bürgerlichen Gemeinden die dringendsten Maßnahmen zur Instandhaltung in Angriff nahmen. Aus der Zeit heraus verständlich, aber für die Arbeit nicht gerade förderlich war es, wenn dazu wie beispielsweise in Laupheim exponierte Nationalsozialisten des Ortes als Sühnemaßnahme herangezogen wurden.[6] Später waren es häufig einfache Bürger, die unter enormem persönlichen Einsatz die Friedhöfe und ihre Grabsteine reinigten und pflegten, die verblassenden Inschriften dokumentierten, mit Hilfe von Überlebenden in Publikationen zum Sprechen brachten, Gesamtpläne erstellten und Schulklassen oder auswärtige Besucher führten. Stellvertretend für andere müssen Ernst Schäll, gefolgt von Michael Schick in Laupheim und Walter Ott in Buttenhausen für ihr jahrzehntelanges, anfangs unbedanktes Engagement genannt werden.[7]

In vielen lokalen und regionalen Arbeiten sind die Ergebnisse dieser Forschungen veröffentlicht worden. Dazu gehören die Ausrichtung der Gräber nach Osten und ihre Anordnung in rein zeitlicher Reihenfolge, die Trennung nach Geschlechtern durch einen Mittelgang und die erst späte Anlage von Familiengräbern. Die Assimilation im Verlauf des 19. Jahrhunderts ist an den Formen der Grabsteine, vor allem an den Inschriften ablesbar. Die Texte waren anfangs auf Hebräisch, später manchmal auf Jiddisch mit hebräischen Buchstaben geschrieben, häufig in beiden Sprachen je auf der Vorder- und Rückseite des Steins und letztendlich ganz auf Deutsch mit wenigen hebräischen Abkürzungen. Die Bildzeichen für Abstammung (beispielsweise Krüge für Leviten, die Abkömmlinge des Stammes Levi, und segnende Hände für Kohanim, die Nachkommen von Tempelpriestern), Tugenden des Verstorbenen (Buch für Gelehrsamkeit und Studium oder deren Förderung etc.) oder Symbol eines Schicksals (gebrochene Säule oder Pflanzen für früh Verstorbene) sowie das oft formelhafte Lob einer Lebensleistung werden in diesen Publikationen erläutert.[8] Sie sind auch aus diesem Grund so verdienstvoll, weil eine große Anzahl von Inschriften schon heute kaum mehr lesbar ist und ihr weiterer Zerfall nur hinausgezögert werden kann.[9]

Es konnte nicht ausbleiben, dass bei diesen Restaurierungen – auch wenn sie von jüdischen Gemeinden veranlasst waren – aus Unkenntnis oder mangelnder Achtsamkeit Zeugnisse jüdischer Frömmigkeit verloren gegangen sind. Kohanim (dazu weiter unten mehr) dürfen einen jüdischen Friedhof nicht betreten. Deshalb baute man in vielen Fällen Fenster in die Friedhofsmauern ein, die ihnen die Sicht auf die Gräber ihrer Vorfahren ermöglichten, so auch auf dem jüdischen Teil des Steigfriedhofs in Stuttgart-Bad Cannstatt. Seit einer Renovierung der Mauer ist das Fenster nicht mehr vorhanden und nur noch auf einem alten Photo nachweisbar.[10]

Dieser Beitrag beschränkt sich darauf, an die religiösen Hintergründe und die weniger sichtbaren und daher unbekannteren Lebensformen und Gebräuche im Zusammenhang mit Sterben, Tod und Gedenken zu erinnern. Wenn Friedhöfe in der jüdischen Tradition eine besondere Bedeutung haben, so ist das im Grunde paradox, weil das jüdische Denken das Leben enorm hoch schätzt. Man sagt, dass die Tora den Juden gegeben ist, damit sie leben und nicht sterben. Doch man kann davon ausgehen, dass der Tod als Ende des menschlichen Weges und somit als zum Leben gehörend betrachtet wird. Der Psalmdichter sagt an einer Stelle: „Die Toten werden Dich, Herr, nicht loben ... aber wir loben den Herrn ... Halleluja!" (Psalm 115,17 f.) Das heißt, ein wesentlicher Gedanke und Inhalt des Judeseins, des Menschseins, ist das Lob Gottes für diese Welt. Dennoch denkt die jüdische Welt über Tod und Beerdigung sehr nüchtern-realistisch. „Du bist Staub und sollst zu Staub werden" (1. Buch Mose 3,19). Dieser Satz ist auch in die Liturgie anderer Religionen eingegangen. Jedoch, die Seele kehrt zum Herrn zurück, so Kohelet / Prediger Salomo (12,7): „Denn der Staub muss wieder zur Erde kommen, wie er gewesen ist, und der Geist wieder zu Gott, der ihn gegeben hat." Wenn das Ende des Menschen auf Erden der Tod ist, dann ist der Friedhof ein spezieller Ort. Ein Ort der Ewigkeit, Bet Olam auf Hebräisch, nicht, wie oft übersetzt wird, nur der „Gute Ort", sondern als Haus für das letzte Dasein notwendig ein Haus der Ewigkeit.

Folglich bestimmen besondere Grundsätze das Wesen eines Friedhofs. Dazu gehört vor allem die ewige Totenruhe. Jedes Grab kann ausschließlich einmal belegt werden, denn jeder Mensch, auch der Tote, hat Kibbud Hamet, ein Recht auf individuelle Ehre, Anerkennung und Wertschätzung, die dem Toten wie ehemals dem Lebenden gebühren.

Es ist eine Verpflichtung der Lebenden, diese Ehre und Wertschätzung zum Ausdruck zu bringen, zum einen in der Trauerrede (Hesped), zum anderen mit einem Grabstein und seiner Inschrift.[11] Ihn zu setzen ist seit Rachels Tod biblisch begründet (1. Buch Mose 35,20). Man kann die Bedeutung einer Gemeinde auch daran ablesen, wie die Grabinschriften formuliert wurden, mit welchen Bibelzitaten, zutreffenden Beschreibungen und klassischen Ausdrücken des Toten gedacht wird. Jüdisches Wissen und die Betrachtung jüdischer Kultur werden darin deutlich.

Welche Eigenschaften, welche Vorzüge werden dem Toten zugeschrieben? Es sind in erster Linie die traditionellen jüdischen Tugenden. Erst am Ende des 19. Jahrhunderts verbinden sie sich im Zuge der Assimilation mit den allgemein-bürgerlichen Lobpreisungen. Immer wird zuerst die Wohltätigkeit genannt, die sich in Mitmenschlichkeit, Mitarbeit in sozialen, wohltätigen Vereinen und Arbeiten für die Gemeinschaft äußert. Ein zweiter Schwerpunkt ist das Studium. Dabei zählt nicht nur die eigene Hingabe an das Studium, sondern auch die Haltung zur Gelehrsamkeit, die der Verstorbene – vielleicht durch Unterstützung von ärmeren Studenten – gefördert hat. Die Tatsache, dass dies auf Grabsteinen verewigt wird, bezeugt, dass diese Haltung einen Menschen im Hause der Ewigkeit qualifiziert. Versteckt zeigen die Hinterbliebenen gerne ihre eigene Gelehrsamkeit, wenn zum Beispiel das Sterbejahr als Chronostikon (ein punktiertes Wort, dessen Buchstaben die Jahreszahl ergeben) formuliert wird. Inschriften bedeutender rabbinischer Persönlichkeiten sind oft kleine Kunstwerke literarisch-kulturwissenschaftlichen Inhalts. Als Gedichte sind sie häufig in der Form eines Akrostichons verfasst (die Anfangsbuchstaben der einzelnen Verse ergeben zusammen ein Wort). Akrosticha sind im Judentum seit dem Mittelalter besonders beliebt, da sie biblisch belegt sind. In einigen Psalmen (Psalm 118) bilden die ersten 22 Versanfänge die Buchstaben des hebräischen Alphabets, die ersten vier Worte von Psalm 96,11 den Namen „JHWH" ab, ein Attribut auf die Ewigkeit Gottes: „Er war, Er ist und Er wird sein." Aber auch bei weniger Gelehrten hat sich diese Vorliebe erhalten, so, wenn 1884 auf dem Grabstein von Marie Löffler in Laupheim ihr Vorname als Akrostichon in einem deutschen Gedicht erscheint.[12]

Einige Besonderheiten der Friedhofskultur gehen, wie schon erwähnt, auf die Verpflichtung der Kohanim zurück. Als Nachkömmlinge der Priestersippe der Aaroniden dürfen sie nicht mit Toten und Begräbnis in Berührung kommen, denn sie sind im Gegensatz zu allen anderen Israeliten zu priesterlichen Diensten auserwählt. Die segnenden Hände auf den Grabsteinen symbolisieren dies. Die Kohanim dürfen Tote nicht berühren und Friedhöfe nicht zwischen den Grabsteinen betreten. Deswegen findet man die Gräber der Kahn, Kohn, Kogan, Cahn, Kagan und wie die Verzweigungen dieser Namen alle heißen, oft am Rand, an der Friedhofsmauer, in die ein Fenster oder eine Lücke eingebaut ist, damit andere Kohanim beim Sprechen eines Gebets das Grab wenigstens sehen können. Aus dieser Verpflichtung stammt vielerorts – ebenso wie in Stuttgart – eine Besonderheit der Leichenhalle. Auch die sollte ein Kohen eigentlich nicht betreten. Deshalb hat man das Dach in zwei Teile getrennt, als ob es sich um zwei Gebäude handelt, sodass sich kein Kohen mit dem Toten unter einem Dach aufhalten muss. Normalerweise besteht die Trennung nur zwischen einem vorderen Abschnitt, in dem der Tote ruht, und dem Eingangsbereich. In Hamburg hat man noch klassischer gebaut: Dort wird der Sarg in einem Seitenteil aufgebahrt und die Trauernden sitzen sozusagen in einem zweiten Areal.

Gut sichtbar und daher allgemein bekannt sind die losen, kleinen Steine, die häufig auf Grabsteinen liegen. Für diesen Brauch gibt es mehrere rabbinische Erklärungen. Die für mich plausibelste schließt sich an das Zitat an, nach dem für alles im Leben eine Zeit bestimmt ist. „Ein jegliches hat seine Zeit, und alles Vorhaben unter dem Himmel hat seine Stunde" (Kohelet / Prediger 3,1). In der daran anschließenden Aufzählung heißt es in Vers 5: „Steine werfen hat seine Zeit, Steine sammeln hat seine Zeit." Die Exegese deutet dies so: Zu Lebzeiten bewerfen wir uns mit vielem, was aus kleinlichem, letztlich nutzlosem, aus Eitelkeit erwachsenen Streit entstanden ist. Mit dem Tod, der großen Zäsur, werden alle diese Streitigkeiten null und nichtig, und die Steine, die man in der Hand hat, um mit ihnen auf andere zu zielen oder zu werfen, legt man nieder. Eine weitere Erklärung ist, dass die Erinnerung an den Toten von Dauer sein soll. Weit verbreitet ist auch eine historisch orientierte

Interpretation. Damit wilde Tiere den Leichnam nicht ausgraben können, hätten die Hebräer als Nomadenvolk die Totenruhe durch Aufschichten von Steinen gesichert.

Hinter allen Erklärungsversuchen steckt im jüdischen Bewusstsein der Charakter des Steins als Zeugnis. Bei der Trennung von Jakob und seinem Schwiegervater Laban wird ein Grenzstein gesetzt, der beider Lebensbereiche abgrenzt, und die zwei Männer besiegelten ihre Versöhnung mit einem Mahl auf einem eigens errichteten Steinhaufen (1. Buch Mose 31,45 und 46). Daher rührt der hebräische Ausdruck „Mazzewa" für Grabstein. Der Stein soll Zeugnis ablegen, dient so der Ehre der Verstorbenen und ist damit von großer Bedeutung zur Begründung der Unverletzlichkeit eines Friedhofs. Aus diesem Grund ist es ein halachisches Gebot, die Grabstätten unberührt zu lassen. Schändungen von Friedhöfen und Grabstätten sind überall schlimm und brutal, für Juden sind sie besonders unerträglich. Denn diejenigen, die Grabsteine umwerfen, beschädigen oder besprühen, vernichten bewusst oder unbewusst die Ehre, Würde und das Andenken an die Verstorbenen.

Neben der Ehrerbietung für die Verstorbenen dient ein Friedhof ebenso den Trauernden. Sie erfahren auf dem ungestörten Friedhof mit der in Stein gemeißelten Erinnerung an den Toten den Trost, dass sein Andenken in aller Zukunft auch von Besuchern, die ihn nicht kannten, unvergessen bleibt. Als Ort der Trauer soll man deshalb den Friedhof nicht am Schabbat oder an einem Feiertag aufsuchen – an einem Tag, der der Freude über den Bund Gottes mit seinem Volk gewidmet ist.

Dem Gedenken dient zunächst der Name auf dem Grabstein. Zur Namensgebung muss man wissen, dass ein Name vor der behördlich verordneten Fixierung in den Dreißigerjahren des 19. Jahrhunderts nur neben anderen Kriterien zur Identifikation einer Einzelperson diente. So kam es vor, dass man an bedeutsamen Schnittpunkten des eigenen Lebens, wie nach einer schweren Krankheit, seinen Namen änderte. „Nomen est omen" gilt gleichermaßen für das jüdische Leben. „Schemtow mi schemen tow" sagt auch die Bibel (Kohelet / Prediger 7,1: Ein guter Name ist besser als wohlriechendes Öl). Der gute Name ist also wertvoller als das für die Salbung verwendete Öl! Die Folge ist eine reiche Kultur der Namensgebung, deren Ergebnis meist nur noch auf dem Friedhof festgehalten ist. Mit der Namensgebung will man ein Andenken auf immer bewahren. Ein Knabe erhält meist den Namen des verstorbenen Großvaters oder Urgroßvaters. Wenn der Name aber beispielsweise „Joseph ben Joseph" lautet, so ist das ein Zeichen dafür, dass der Vater die Geburt seines Sohnes nicht mehr erlebt hat. Auch der Tod eines Angehörigen ist bei der Namensgebung entscheidend. So folgte der bereits berühmte Schriftsteller Berthold Auerbach einer alten Sitte, nahm nach dem Tod seines Großvaters dessen Namen an und nannte sich fortan „Baruch Auerbach". Solche Sitten können regional verschieden gestaltet sein.

Was ist der Grund für diesen Namenswechsel? Das ganze Judentum beruht auf Unterscheidung. Der erste Satz der Bibel unterscheidet Himmel und Erde, später Tag und Nacht, Land und Wasser, Gut und Böse, Wochentag und Schabbat, Erlaubtes und Unerlaubtes, Leben und Tod. Auf dem Grabstein erscheint meistens als Differenzierung der Verstorbenenname als Tochter bzw. Sohn der Mutter. Zu Lebzeiten wird der Name des Vaters angeführt. Er oder sie heißt zum Beispiel Lea, Tochter von Abraham, oder Abraham, Sohn von Jakob. Auf dem Grabstein stünde: Lea, Tochter von Sara, oder Abraham, Sohn von Sara. Der Unterscheidung zwischen Lebenden und Toten dient auch die Sitte, dem Namen eines Toten das Attribut „s. A." (seligen Andenkens oder Angedenkens) beizufügen. Anders als bei einem lebenden Träger des Namens wird auf diese Weise ein Verstorbener bezeichnet. Das hebräische „Sichrono liwracha", abgekürzt S.L., bedeutet umfassender: Es möge das Andenken des Gerechten zum Segen für die Lebenden werden. Die Nachwelt möge folglich daraus für sich Ehre und Würde erwerben.

Wenden wir uns noch der Frage zu: Was geschieht zwischen Tod und Grab? Der Tote wird im Sterbehaus nach Osten hin aufgebahrt, wie auch später das Grab häufig nach Osten, also nach Jerusalem, ausgerichtet ist. Schon im Mittelalter haben sich vermögende Juden bemüht, im Heiligen Land zu sterben und sich in Jerusalem, oft sogar auf dem Ölberg, bestatten zu lassen. Die Sitte, dem Verstorbenen ein Säckchen Erde aus Jerusalem bzw. aus dem Heiligen Land unter das Haupt zu legen, erinnert daran. In dieser Verbindung mit Jerusalem überschneidet sich der messianische mit dem Auferstehungsglauben, denn der Messias und damit die Auferstehung kommt von Jerusalem. Der Verstorbene soll rasch bestattet werden. Das hat mehrere Gründe. Die klimatischen Bedingungen im Heiligen Land und die Lebensweise von Nomaden sprechen dafür. Es soll aber auch die Leidenszeit der Hinterbliebenen nicht allzu lange währen. Das führte im 19. Jahrhundert zu erregten Debatten. Die Rabbiner in Altona zum Beispiel wollten unbedingt innerhalb von 24 Stunden beerdigen, die staatlichen Stellen bestanden auf einem Minimum von 48 Stunden, damit der Tod wirklich eindeutig feststeht. Diese Vorschrift ist erst im 21. Jahrhundert mit Rücksicht auf die muslimischen Bürger Deutschlands aufgehoben worden. Im Rahmen der Integration und vielleicht sogar der Assimilation haben die Juden die Beerdigung in einem hölzernen Sarg statt im Leichentuch akzeptiert. In Süddeutschland und Osteuropa war ein Kompromiss verbreitet: Man zimmerte Särge ohne Boden. Das Leichentuch wurde so befestigt, dass der Verstorbene zwar im Sarg, aber ohne Trennung zur Erde beigesetzt werden konnte. In der Regel bestehen die Särge aus rohen, ungehobelten Weichholzbrettern, die nur durch Verzapfung, also ohne metallische Teile wie Nägel, zusammengefügt sind und schnell vermodern.

Gekleidet wird der Tote in das sprichwörtlich gewordene „letzte Hemd", das keine Taschen hat. Im Jiddischen wird es daher „Sargenes" genannt. Dazu kommen das Heubel und sockenartige Fußtücher. Männer werden außerdem in ihren Gebetsmantel (Tallit) gehüllt. In vielen Gemeinden wurden die Zizit (Schaufäden am Tallit) abgeschnitten. Sie dienten dem Lebenden zur Erinnerung an die 613 Gebote und Verbote der Bibel. Der Verstorbene kann die Mizwa des Tragens von Zizit nicht mehr erfüllen, und um ihn nicht zu beschämen, schnitt man sie ab. Die religiös tiefer gehende Begründung geht davon aus, dass die Zizit mit ihrem Hinweis auf die Gebote den Lebenden stets auch an Gottes Offenbarung erinnern. Der Tote ruht jetzt im Angesicht des Ewigen und hat diese Erinnerung nicht mehr nötig. Das erwähnte letzte Hemd trägt der Tote nicht zum ersten Mal. Berthold Auerbach erinnerte sich an seinen Vater, „der sein Todeshemd über den Kleidern trug, in der Synagoge, alle verheirateten Männer trugen das Leichengewand, und mir war immer so tief bang".[13] Heute wird es im Allgemeinen am Vorabend und am Tag von Jom Kippur (Versöhnungstag) angezogen, mancherorts ebenso an Rosch Haschana (Neujahr) und am Sederabend (Vorabend von Pessach), und der Vorbeter trägt es zum Abschluss der Sukkot-Feiertage (Laubhüttenfest). Eine chassidisch-osteuropäische Sitte besteht darin, dass die Braut ihrem Bräutigam als erstes Geschenk dieses Hemd überreicht, ein memento mori: Das irdische Glück ist wie alles vergänglich auf dieser Welt. Üblicherweise trägt der Mann dieses Hemd zur Hochzeit über oder unter dem Anzug.

Die trauernden Hinterbliebenen werden vor allem in den ersten sieben Tagen nach dem Tod eines Angehörigen nicht allein gelassen. Nicht nur die Chewra Kadischa (Beerdigungsbruderschaft) kümmert sich um die Verstorbenen und ihre Hinterbliebenen. In vielen Gemeinden ist der Kondolenzbesuch stark ausgeprägt. Dabei kommt und geht man ohne Gruß. Durch das Da-Sein symbolisiert man Solidarität, Zuneigung und Trost. Man tritt herein, ohne Handreichung. Die Trauernden sitzen auf niedrigen Schemeln. Sie sollen nicht arbeiten, selbst das Studium unterbleibt. Sie sollen überdies nicht auf einem normalen Stuhl Platz nehmen und keine Lederschuhe tragen, denn die waren früher Ausdruck festlicher Pracht. Männer rasieren sich nicht. Man soll sich auch von allen angenehmen Dingen fern halten. Im christlichen Bereich kennt man den sogenannten Leichenschmaus; viele Gaststätten neben den Friedhöfen leben davon, nicht so im Judentum. Die Chewra Kadischa bringt den Trauernden die erste Mahlzeit ins Haus, meist ein mit Asche bestreutes Ei und Brot. Aber auch jeder, der zum Trauerbesuch kommt, betrachtet es als eine Pflicht, etwas zum Essen mitzubringen, weil man davon ausgeht, dass die Trauernden in dieser Zeit keine Kraft zum Kochen haben.

Die Beisetzung selbst geschieht ohne besonderen Pomp. Wenn ein Rabbiner anwesend ist, dann als ein Trauernder unter Trauernden. An dem Begräbnis nimmt nicht nur die Familie teil, denn die Begleitung des Toten gilt als Mizwa (religiöse Pflichterfüllung). Der älteste Sohn spricht das Kaddisch (Totengebet für den Verstorbenen), und beim Verlassen des Friedhofs wäscht man sich die Hände. Dabei trocknet man sie als Zeichen der Verlängerung der Trauer nicht ab. Das Kaddisch gilt gemeinhin als Gebet der Trauer. Es ist ursprünglich jedoch nicht als solches gedacht, sondern es ist ein altes aramäisches, talmudisches Gebet. „Erhaben und geheiligt werde Sein großer Name auf der Welt, die nach Seinem Willen von Ihm erschaffen wurde. Sein Reich erstehe in eurem Leben, in euren Tagen und im Leben des ganzen Hauses Israel, bald und in nächster Zeit. Sprecht: Amen. Sein großer Name sei gepriesen in Ewigkeit und Ewigkeit der Ewigkeiten. Gepriesen und gerühmt, verherrlicht, erhoben, erhöht, gefeiert, hocherhoben und gepriesen sei der Name des Heiligen, gelobt sei Er, hoch über jedem Lob und Gesang, jede Verherrlichung und Trostverheißung, die je in der Welt gesprochen wurde. Sprecht: Amen." Es ist ein Gebet zu Gott, seiner Heiligkeit und Ehre und dient in Variationen auch dazu, die Übergänge zwischen den wichtigsten Abschnitten des jüdischen Gottesdienstes zu markieren; außerdem wird es nach dem Studium eines rabbinischen Lehrstücks gesprochen. Erst infolge der Kreuzzüge wurde das Kaddisch im aschkenasischen Bereich zum Kaddisch Jatom (Gebet der Waisen und Trauernden). Im 11. und 12. Jahrhundert haben nämlich Rabbiner bestimmt, dass Waisenkinder, die Pogrome überlebt hatten, ein Jahr lang in der Synagoge gemeinsam das Kaddischgebet sprechen sollten. Diese Frist wurde dann später auf elf Monate verkürzt, und so sagt der trauernde Sohn heute noch das Kaddisch elf Monate lang bei jedem öffentlichen Gottesdienst.

Kaddisch, auf Deutsch Heiligung, kann nur in einem öffentlichen Gottesdienst, bei dem mindestens zehn Männer anwesend sein müssen, gesprochen werden. Mit diesem Gebet bekennt der Hinterbliebene, dass er mit dem Willen des Allmächtigen übereinstimmt und Gottes Weisheit lobt und ihr huldigt, obwohl er unter dem Verlust leidet. Es ist zudem üblich, dass man das Kaddisch mit geschlossenen Beinen in Richtung Osten gewandt betet und mit den letzten Worten drei Schritte rückwärts geht und dann drei nach vorn. Diese Sitte zeugt in der Form mittelalterlicher Hofkultur von der Majestät des Ewigen, denn einem Monarchen wendet man beim Verlassen des Raums nicht den Rücken zu.

Zur Würdigung von Verstorbenen durch Grabinschriften gibt es eine reiche Dokumentation. Trauerreden auf berühmte Rabbiner und Gelehrte wurden schon lange in großer Zahl schriftlich überliefert. Mit der bürgerlichen Kultur ist auch die Gewohnheit entstanden, rühmende Nachrufe im Druck zu verbreiten. In Hechingen sind 18 solcher Trauerreden aus der Zeit von 1847 bis 1916 erhalten, die vom Rabbiner, Vorbeter oder Kantor auf Verlangen zu halten waren.[14] Ein Beispiel für diese verbürgerlichte Form der Beisetzung ist die von Berthold Auerbach 1882. Zuerst hielt der Mühringer Bezirksrabbiner Dr. Michael Silberstein eine „schlichte Grabrede". Die eigentliche Trauerrede am offenen Grab sprach dann Friedrich Theodor Vischer, „einen Nachruf, wie ihn nur ein Dichter dem anderen, ein Lebensfreund dem Lebensfreund zu weihen vermag". Ihr folgten noch sechs weitere Nachrufe.[15]

Eine solche Trauerrede (Hesped)[16] ist ein wesentlicher Bestandteil der jüdischen Begräbniszeremonie. Im 1. Buch Mose (23,2) beschreibt die Tora, wie Abraham, der Stammvater des jüdischen Volkes, seine Frau Sara beweint. Im hebräischen Text heißt es wörtlich: „Wajawo Awraham lispod leSara weliwkota" (Abraham kam, um Sara zu preisen und zu beweinen). „Lispod" (preisen), dieses Verb ist die Wurzel für den Begriff „Hesped". Der zitierte Toravers enthält die zwei Elemente der Trauerrede. Das sind zum einen das Preisen und zum anderen das Beweinen des Verstorbenen. Im spätmittelalterlichen Gesetzeskodex Schulchan Aruch (Jore Dea 344,1) lesen wir: „Es ist eine große Mizwa, den Verstorbenen in angemessener Weise zu preisen." Dass der Schulchan Aruch den Hesped als eine Mizwa g'dola (große Mizwa) ansieht, ist bemerkenswert. Der Hesped wird damit auf die gleiche Stufe mit der Befreiung von Gefangenen und dem Geldverleihen an Arme gestellt. Der Talmud fragt darüber hinaus, ob die Trauerrede dem Verstorbenen oder den Lebenden zur Ehre gereicht. Die klare Antwort: Sie ist sowohl für die Lebenden als auch für den Toten gedacht. Die Lebenden sollen durch die guten Taten des Verstorbenen Erbauung finden und Teschuwa (Umkehr) tun. Außerdem gilt die Regel, dass ein Nachruf ausgewogen, jedoch nicht maßlos übertrieben sein soll. Man kann in jedem Menschen etwas Gutes finden, aber es ist verboten, den Verstorbenen für Eigenschaften zu loben, die er überhaupt nicht besaß. Dies könnte nämlich als Spott ausgelegt werden. Eine leichte Übertreibung ist zulässig, denn man kann sicher davon ausgehen, dass nicht alle Anwesenden genau wissen, was der Tote in seinem Leben geleistet hat.

Der Hesped wird in der Regel vor der eigentlichen Bestattung, entweder in der Trauerhalle oder auf dem Friedhof am offenen Grab, gehalten. Für herausragende Persönlichkeiten kann dies in der Synagoge, dem Bet Hamidrasch (Lehrhaus) oder an einem anderen Ort der Gemeindeversammlung geschehen. Wenn die Beerdigung an Rosch Chodesch (erster und zweiter Tag eines jüdischen Monats) oder an den Mittelfeiertagen von Sukkot oder Pessach stattfindet, dann entfällt der Hesped. War es nun der ausdrückliche Wunsch des Verstorbenen, dass bei seinem Begräbnis keine Würdigung stattfindet, so muss dies respektiert werden. Hat er hingegen darauf bestanden, dass über seinen Tod niemand trauern darf, so soll man dieser Bitte nicht entsprechen.

Der Brauch, die Wiederkehr des Todestags als Gedenktag zu begehen, ist eine europäische Sitte. An diesem Tag Gebete zu sprechen oder ein Licht anzuzünden ist erst von Rabbiner Isaak (oder Seckel) von (Wiener) Neustadt verbindlich gemacht worden. Seit dem 12. und 13. Jahrhundert hat sich dieser Brauch unter dem Namen „Jahrzeit", „Johrzeit" usw. in Europa verbreitet und erst neuerdings auch eine hebräische Bezeichnung „Askara" erhalten.

Bei den Ritualen zu Sterben, Tod, Beerdigung und Gedenken drängt sich in allen Religionen die Frage nach dem Jenseits auf. Ein Kernpunkt des Judeseins ist der Glaube an die Auferstehung. Wer nicht an die Möglichkeit einer göttlich bewirkten Auferstehung der Toten glaubt, ist nach jüdischer Anschauung ein Atheist. Wie und wann, auf welche Art eine Auferstehung zu denken ist, das gehört zu jenen Dingen, die nicht bei uns liegen. Die Tora sagt im 5. Buch Mose (29,28): „Was verborgen ist, ist des Herrn, unseres Gottes; was aber offenbart ist, das gilt uns und unsern Kindern ewiglich, dass wir tun sollen alle Worte dieses Gesetzes." Die Auferstehung gehört zu den verborgenen Dingen. Nur die offenbarten, uns verkündeten Dinge können wir vielleicht erfassen und als Verpflichtung begreifen.

Im Brauchtum also verdinglicht sich der Glaube. Der Wunsch nach einer Beerdigung in Jerusalem lebt von der Vorstellung, dass dort die Auferstehung spürbar, zuerst wahrhaftig wird. Die Idee der Auferstehung wird damit eng mit Israel verknüpft, mit Jerusalem und der Treue zum Heiligen Land. Die Hoffnung auf die Auferstehung steht über allem, was mit Sterben, Tod, Beerdigung und Gedenken verbunden ist und wird in einem Segenswunsch ausgedrückt. Er hat seinen Ursprung in der Frühgeschichte Israels. Die Hirten dieses Nomadenvolkes trugen für jedes Tier ihrer Herde einen kleinen Stein in einem Beutel mit sich. Geburten und Todesfälle wurden mit Steinen „notiert", und so gab der Inhalt des Beutels stets Auskunft über den Bestand der Herde. So entstand der Segenswunsch, der – häufig abgekürzt mit den Initialen T N Z B H – jeden Grabstein beschließt: Seine Seele möge eingefasst sein im Beutel des ewigen Lebens (1. Samuel 25,29).

WAS IST LEBEN – WAS IST TOD?
BIOETHIK UND JUDENTUM

Eine Formulierung wie „das Judentum sagt …" oder „über diese konkrete Angelegenheit würde die jüdische Meinung so aussehen …" ist irreführend. Warum? Das Judentum ist eine organisch und historisch gewachsene Gemeinschaft, die jedem Menschen weitgehende Autonomie bei der Auslegung und praktischen Umsetzung der Aussagen seiner Gelehrten zugesteht. Das heißt, dass es auf eine konkrete Frage keine einhellige oder einmütige Antwort geben kann. Die einzelnen Körperschaften der jüdischen Gemeinschaft sind deswegen autonom bei vielerlei Fragen zum Alltag bzw. bei religiösen Richtungsbestimmungen.

Wichtig ist auch, dass das Judentum bei vielen gesetzlichen Bestimmungen ausschließlich die Einzelfallgerechtigkeit kennt und daher in jedem konkreten Fall die historische, gesellschaftliche und politische Lage berücksichtigt werden muss, unter der eine Entscheidung früher getroffen wurde und jetzt angewandt werden soll. Aus diesem Grund kann auch für jede jüdische Gemeinde außerhalb Israels nur die religionsgesetzliche Entscheidung ihres Rabbiners gelten oder die Entscheidung eines anerkannten Gelehrten (Respons), den der Ortsrabbiner dazu aufgefordert hat. Diese Voraussetzungen dürfen aber nicht zu beliebigen Urteilen und Entscheidungen führen, denn die Grundlage, die göttliche Offenbarung, wie sie biblisch oder nachbiblisch im Talmud und in der rabbinischen Literatur (Halacha) formuliert ist, kann nicht willkürlich verändert werden. Einer jener allgemeingültigen Grundsätze ist, dass das Leben eines Menschen als Geschenk Gottes den höchsten Wert besitzt. Um dieses zu retten, können mehrere rituelle Verbote außer Kraft gesetzt werden.

Die Entwicklung der Biomedizin in den letzten Jahrzehnten wirft

Probleme auf, mit denen sich auch Juden auseinandersetzen müssen. Was bedeutet die allgemeine Aussage vom höchsten Wert des Menschen als Geschenk Gottes im Konkreten? Ich will als erstes die Organtransplantation ansprechen und denke, dass Aussagen und Grundsätze, die für sie gelten, ebenso für den gesamten Komplex der Bioethik maßgebend sind.

Im Handeln für den Mitmenschen gilt uns die Verpflichtung, das Leben als höchstes Gut der Schöpfung zu schützen und zu bewahren. Die Quelle dieser Auffassung ist die Tora (3. Buch Mose 19): „Stehe nicht still bei dem Blut deines Bruders." Eine weitere, wichtige Quelle aus dem nachbiblischen Talmud (Traktat Sanhedrin; Mischna 4,5) besagt: „Wer ein Leben gerettet hat, gilt wie jemand, der eine ganze Welt gerettet hat." Ferner führt der Talmud im gleichen Traktat aus (Sanhedrin 74/a): „Um das Leben eines Menschen zu retten, dürfen alle Verbote ... außer Acht gelassen werden." Daraus ergibt sich, dass wir in jedem Fall zum Handeln verpflichtet sind, wenn das Leben eines Menschen wirklich bedroht ist. Aus der Intention dieser Quellen folgt aber ebenso, dass unser Handeln, und das gilt insbesondere für die operativen Eingriffe der Ärzte, nicht für Experimente, nicht für die Erprobung unausgereifter medizinischer Methoden missbraucht werden darf.

Zu den fundamentalen Einstellungen der jüdischen Gelehrten gehört die Ansicht, dass die Opferung eines Menschenlebens, um ein anderes Leben zu retten, grundsätzlich ausgeschlossen werden muss. Diese Meinung ist bei Maimonides (Rambam) zu finden: „Man zerstört kein Leben, um eines anderen willen." Jeschajahu Leibowitz, der Philosoph und Denker, fasst das halachische Diktum „Das Leben für eine Stunde gilt wie das ganze Leben" noch prägnanter zusammen: Das Leben für eine Stunde ist wirkliches Leben; „dem Sterbenden muss man also nach der Halacha [verbindliche jüdische Gesetzesauslegung] in juristischer Hinsicht gegenübertreten, als ob er immer noch ein lebender Mensch ist".[1]

Die meisten rabbinischen Autoritäten sehen das Opfer des eigenen Lebens, wie im Fall einer Organspende oder -transplantation, die den Tod des Spenders voraussetzt oder nach sich zieht, als Selbstmord an, selbst wenn die Opferung freiwillig und gewollt ist. Selbstmord indessen gilt nach dem jüdischen Gesetz als verwerflich. Der Standpunkt von Maimonides lautet hier: „Das Leben des Menschen gehört Gott, und der Mensch hat kein Recht, darüber frei zu verfügen." Nichts darf demzufolge geschehen, was das Leben um eine einzige Sekunde verkürzen könnte, um dadurch das Leben eines anderen zu retten. Allgemein aber besteht im Judentum ein Konsens darüber, dass es erlaubt ist, „lebensverlängernde Maßnahmen", die das Eintreten des natürlichen Todes hinauszögern, zu beenden. Zur Frage „Wann ist der Mensch tot?" trifft die Halacha eine klare Aussage. Der Mensch gilt dann als tot, wenn sowohl Atmung wie auch Pulsschlag aufgehört haben. In der rabbinischen Tradition bestimmt sich damit der Todeszeitpunkt. Dem Gehirntod wird in der Halacha keinerlei Bedeutung zugemessen. Hingegen sind nach jüdischem Standpunkt selbst ungesteuerte Reflexe des autonomen Nervensystems als Leben zu werten.

Grundsätzlich erlaubt die Halacha Transplantationen von sich regenerierenden Substanzen lebender Menschen. Dazu gehören Blutspenden sowie Haut- und Knochenmarktransplantate, seien sie vom Kranken selbst oder von einem Spender. Bedenken haben unsere Gelehrten bei der Transplantation von sich nicht regenerierenden Organen. Die Übertragung einer Niere darf zum Beispiel nur dann vorgenommen werden, wenn die Gefahr für den Spender sehr gering und die Notwendigkeit der Transplantation für den Empfänger lebenswichtig ist. Den gleichen Eingriff lehnen die Gelehrten ab, wenn es sich lediglich um die Erhöhung der Lebensqualität des Empfängers handeln sollte. Jedoch muss jeder Fall individuell vom Arzt und vom Rabbiner entschieden werden. Organe von Verstorbenen dürfen erst nach einer Obduktion des Toten und im Einvernehmen mit den Angehörigen an Kranke weitergegeben werden und einzig und allein dann, wenn ein anderes Leben dadurch gerettet werden kann. Doch auch hier kennt das Gesetz gewisse Ausnahmen: Es gestattet zum Beispiel die Übertragung einer Augenhornhaut eines Toten, wenn sie von einem Lebenden benötigt wird. Die Transplantation von lebenswichtigen Organen wie dem Herzen ist allerdings gemäß der jüdischen Vorschrift nur dann möglich, wenn die Funktion dieser Organe beim Spender wie beim Empfänger nicht mehr gegeben ist. Denn die Spende eines Organs, das noch arbeitet, bedeutet nach jüdischer Auffassung einen doppelten Mord: Mord am Spender, weil er gemäß unserer Definition noch lebt, sowie am Empfänger, selbst wenn die noch funktionierenden Organe kurz vor dem Stillstand stünden. Töten ist verboten, auch wenn es anderes Leben rettet (im Kapitel „Wer sich selbst tötet, raubt Gottes Eigentum" gehe ich auf den Sonderfall „Opferung für andere" ein).

Kommen wir zu einem weiteren Punkt. Präimplantationsdiagnostik und In-vitro-Fertilisation und ihre Probleme werden von der Mehrheit der jüdischen Gelehrten anders beurteilt als von den Kirchen. Das liegt an der unterschiedlichen Antwort auf die Frage, wann das Leben beginnt. Gemäß einer Aussage des Talmud entscheidet Gott erst bei der Geburt über die Lebensfähigkeit eines Neugeborenen. Bei der Entscheidung der Rabbiner über den Status eines Lebewesens spielte jene Größe eine Rolle, die man mit bloßem Auge erkennen kann. Ein Embryo im Vier- oder Sechzehn-Zellen-Stadium ist mit bloßem Auge nicht wahrnehmbar. Das hat auch Folgen für die Bioethik-Diskussion. Nach jüdischem Recht dürfen Embryonen im frühen Stadium, die bei der In-vitro-Fertilisation überschüssig sind, für Forschungszwecke verwendet werden. Der Talmud nennt einen Embryo, der weniger als 40 Tage alt ist, einfach „Wasser". Demnach ist die Forschung mit Keimzellen erlaubt, sofern sie eine therapeutische Wirkung hat und zur Rettung von Menschenleben verwendet werden kann, auch dann, wenn dabei ein menschlicher Embryo zerstört wird. Embryonen in Reagenzgläsern sind nach jüdischem Recht keine Föten. Entscheidend ist, dass dieser Embryo noch nicht im Mutterleib und damit nicht Teil eines menschlichen Körpers ist.

Das jüdische Gesetz verbietet ausdrücklich, menschliche Samen zu verschütten. Dies gilt auch für die mit Samen befruchtete Eizelle. Eine Züchtung ausschließlich für Forschungszwecke ist ebenfalls nicht erlaubt. Die vorgeburtliche Diagnostik ist nach maßgeblicher jüdischer Meinung auch deshalb zugelassen, da sie es ermöglicht, Risiken rechtzeitig zu erkennen und damit das Leben von Mutter und Kind zu schützen. Eine Abtreibung ist im Judentum nur dann gestattet, wenn das Leben der Mutter bedroht ist.

Als vor Jahren mit dem Schaf Dolly das erste Säugetier geklont wurde, haben auch jüdische Ethiker und Wissenschaftler mit Entsetzen auf die Nachricht reagiert. Das war voreilig, denn im Prinzip macht das Klonen von Tieren kein Problem, wenn hierdurch die Lebensmittelversorgung von Hungernden gesichert würde. Vollkommen anders verhält es sich beim Klonen eines Menschen. Es erhebt sich dabei nämlich die Frage, in welcher Beziehung das geklonte Wesen zum Original steht. Ferner ist problematisch, dass das Wesen weder Vater noch Mutter hat. Die Mehrheit der Rabbiner beunruhigt zudem die Tatsache, dass beim Klonen nicht ein Mensch nach dem Ebenbild Gottes geschaffen würde, wie es im 1. Buch Mose steht, sondern ein Mensch nach dem Ebenbild des Menschen. Abgesehen davon, dass man solche genetischen Versuche eingedenk der verbrecherischen „wissenschaftlichen" Experimente während der Nazizeit nur ablehnen kann.

In ganz knapper Form sind das die Überlegungen und Fakten, auf die sich die Mehrzahl der Rabbiner heute verständigt hat. Aber jede konkrete Situation muss einzeln geprüft und von Fall zu Fall aufs Neue entschieden werden. Die Biomedizin wird weitere Fortschritte machen und Fragen aufwerfen, auf die dann Antworten gefunden werden müssen. Dazu ist zunächst die präzise wissenschaftliche Analyse des Sachverhalts notwendig. Ein genaues Studium dessen, was große Gelehrte der Vergangenheit zu diesem Problemfeld gedacht und entschieden haben, soll dann den berufenen Rabbinern dazu verhelfen, eine nach Tora und Halacha richtige Entscheidung zu treffen.

Der Deutsche Bundestag debattierte in seiner 183. Sitzung am 25. Juni 1997 über gesetzliche Regelungen zur Sterbehilfe und Transplantationsmedizin. Zur Vorbereitung dieser Debatte fand eine Anhörung statt, bei der dieser Text vorgetragen wurde.

WER SICH SELBST TÖTET, RAUBT GOTTES EIGENTUM
FREITOD AUS RELIGIÖSER SICHT

Einer jener fatalen Widersprüche, die uns die Geschichte unseres Volkes aufgezwungen hat, ist der zwischen der Wertschätzung des Lebens als Geschenk Gottes und der Entscheidung zum Freitod. Der talmudische Meister Rabbi Elieser Hakapar formulierte: „Wider deinen Willen lebst du ... und wider deinen Willen stirbst du" (Pirke Awot 4,29). Dieser Grundsatz soll die Menschen lehren, das Leben anzunehmen, zu bejahen und sein Ende nicht selbst bestimmen zu wollen. Bereits jene Verse nach der Schöpfungsgeschichte – „Auch Ich will euer eigen Blut, das ist das Leben eines jeden unter euch ... und will des Menschen Leben fordern von einem jeden Menschen" (1. Buch Mose 9,5) – werden dahingehend gedeutet, dass es verboten ist, „Hand an sich zu legen" und sein eigenes Blut zu vergießen.

Der Talmud untersagt jedem, seinem Körper und seiner Existenz Schaden zuzufügen. Die talmudische Rechtsprechung bemüht sich sehr, genau festzulegen, was nach dem jüdisch-mosaischen Recht als Selbstmord gilt und was nicht. Wenn jemand vor zwei Zeugen ankündigt, dass er vom Dach eines Hauses springen werde und die Zeugen ihn springen sehen, dann gilt er als Selbstmörder. Andernfalls könnte es sich um einen tragischen Unfall handeln. Diese eindeutige Definition des Suizids war wichtig, weil nach allgemeiner Haltung, die auch die kodifizierte Gesetzgebung (Rambam: Hilchot Awel 1,11) teilte, Selbstmörder nicht mit den üblichen Zeremonien bestattet werden dürfen. Diese Regel gilt nicht für geistig Unzurechnungsfähige, für Unmündige (bis zum Bar- oder Bat-Mizwa-Alter) und für Gemütskranke. Die meisten jüdischen Gemeinden betrachten heute den Selbstmord als Folge eines Tiruf Hada'at (momentane Umnachtung oder Verwirrung des

Geistes) und verzichten daher nicht auf die Zeremonien, die allen Verstorbenen gebühren.

Die biblischen Werke kennen nur vier Personen, die einst den Freitod wählten: König Saul und sein Waffenträger sowie Achitofel und Simri. Obwohl der talmudische Standpunkt in der bewussten und absichtlichen Selbstvernichtung einen klaren Verstoß gegen das Gottvertrauen sah, war die Selbsttötung während der Freiheitskriege, Aufstände und Verfolgungen der nachbiblischen Zeit oft der einzige Weg, den Entwürdigungen zu entkommen, die sich die Sieger voller Häme ausgedacht hatten.

In der talmudischen Epoche wie im gesamten Mittelalter wurde die jüdische Geschichte von den unheilvollen Ereignissen unter der Dominanz der Kirche beherrscht. Die rabbinischen Werke diskutieren daher vor allem die verschiedenen Formen von Massenselbstmorden, die man als „Kiddusch Haschem" (Heiligung des Namens Gottes) bezeichnete. Kiddusch Haschem heißt: so zu leben und zu handeln, dass dies mit der göttlichen Weltordnung der Tora in völligem Einklang steht. Sein Gegenteil heißt „Chillul Haschem" (Entweihung des Namens Gottes) und bedeutet den schlimmsten Glaubensabfall für einen Juden. Somit ist Kiddusch Haschem das Hauptanliegen eines jeden Juden, nämlich individuell und kollektiv jeden Tag das Wissen um die Existenz und die Ehre Gottes in der Welt zu festigen. Was aber wenn ein Selbstmörder seine Tat als Märtyrer begeht? Die Wandlung des Kiddusch Haschem, dieses so wesentlichen Begriffs unseres Judeseins in eine Richtung, die uns aufgezwungen wird, spielt dabei eine entscheidende Rolle. Im Talmud (Sanhedrin 74/a) lernen wir, dass man unter Zwang oder Gewalt sogar eine Sünde begehen darf, um das eigene Leben zu retten. Jedoch sind dreierlei Verfehlungen davon ausgenommen: Götzendienst, inzestuöse, unzüchtige Handlungen und Blutvergießen. Mord darf nicht einmal unter Zwang begangen werden. Sollte aber einer trotzdem dazu gezwungen werden, so müsse er sich töten lassen oder sich selbst töten. Im Laufe der Zeit wurde die Selbsttötung um des Judentums willen in der jüdischen Literatur und in Gesetzeswerken immer öfter als „Kiddusch Haschem" bezeichnet.

Für unsere Vorfahren galt während der Epoche der Kreuzzüge (11.-12. Jahrhundert) die Zwangstaufe als Götzendienst. Die Frage, ob man durch Selbsttötung den eigenen, voraussehbaren Todesqualen zuvorkommen dürfe, wenn man die Taufe verweigert, wurde gemäß der talmudischen Lehrmeinung (Awoda Zara 18/a) immer wieder verneint. Auf dem Scheiterhaufen der Römer soll Chanina ben Teradjon gesagt haben: „Besser ist es, dass derjenige die Seele nimmt, der sie gegeben hat. Sich selbst soll man keinen Schaden zufügen." Als entscheidend für die spätere Zeit gilt die Einstellung, die wir in einer anderen Talmudstelle finden (Gittin 57/b). Darin wird von 400 Mädchen und Knaben auf einem Schiff berichtet, das sie als Sklaven nach Rom bringen sollte. Sie stellten einander die Frage, ob sie wohl ihren Anteil an der kommenden Welt verlieren, wenn sie sich ins Meer stürzen und Selbstmord begehen würden. Der älteste der Gefangenen zitierte dann Psalm 68,23: „Der Herr hat gesagt ... aus der Tiefe des Meeres will Ich sie holen." Daraufhin sprangen sie in die Fluten und ertranken. So war man als Jude in dieser Epoche gezwungen, als „Ritter des Glaubens", als Märtyrer für Kiddusch Haschem, zur Heiligung des Namens Gottes sich und die Seinigen zu töten. Die gleiche Angst vor Zwangstaufen ließ eine Schar von Wiener Juden am Schabbattag des Sukkot-Laubhüttenfestes (28. September 1420) als Kiddusch Haschem den Freitod wählen, denn „die Taufe wurde nicht nur als physischer, sondern auch als geistiger Tod verstanden".[1]

Die Zeit der Schoah sollte über das jüdische Volk hereinbrechen, um die Liste der Martyrologie mit neuen Beispielen von Kiddusch Haschem und Selbsttötung zu verlängern. Gerade in jenen Jahren mussten Juden vielerorts mit qualvollen Verfolgungen rechnen, wobei Kiddusch Haschem als einzige Möglichkeit blieb, um in Würde zu sterben. Die Halacha (jüdische religiöse Gesetzgebung) konnte zu den quälenden Fragen verständlicherweise keine allseits gültige Antwort geben. Es sind einige Responsen (Beantwortungen von religiösen, sachlichen, juristischen Fragen) aus dieser Zeit überliefert, die gelehrte Rabbiner denjenigen vermittelten, die sich in ihrer Seelennot an sie wandten. Eines der erschütterndsten Dokumente für mich stammt aus dem KZ-Vernichtungslager Buchenwald. Zwei Juden sollten zu Aufsehern und Helfern der SS bestimmt werden. Sie kannten die Grausamkeit vieler „Kapos" und wussten, dass auch sie dann andere zum Tod führen müssten, während ihr Leben wenigstens zeitweilig verschont bliebe. Sie wandten sich an einen der Mithäftlinge, einen bekannten Rabbiner, mit der Frage, ob sie sich umbringen dürfen, um dieser Tätigkeit zu entgehen. Der Raw antwortete ihnen – so diese Überlieferung – unter Berufung auf die Talmudstelle (Sanhedrin 94/a): „Es darf kein Menschenleben verstoßen und vernichtet werden, um eines anderen Lebens willen, denn wer sagt denn, dass dein Blut röter ist …" Das heißt, wer kann von sich sagen, dass sein eigenes Leben wertvoller, schützenswerter sei, als das eines anderen. Aus zahlreichen Lagern wird berichtet, dass sich jüdische Häftlinge selbst getötet haben, um den unmenschlichen Qualen und erpressten Handlungen zu entgehen.[2] Vor einer ähnlichen tragischen Entscheidung, die noch nach der Schoah leidenschaftlich diskutiert wurde, standen auch die Mitglieder der Judenräte bei ihrer Tätigkeit, besonders, wenn sie „Transportlisten" erstellen mussten.

Damals dachten wir alle, dass das Schicksal uns nicht mehr vor derartig tragische Alternativen stellen würde: Nie mehr würde ein Jude aufgrund einer Bedrohung von außen, wegen seines Seins als Jude an den Suizid denken müssen. Es kam aber ganz anders. Namhafte jüdische Schriftsteller wie Jean Améry und Primo Levi wählten als Überlebende der KZs noch Jahre später den Freitod. Kann man diesen Schritt erklären? Wohl kaum. Dennoch, Imre Kertész, der ungarische Nobelpreisträger und einstige Auschwitzhäftling, fand einen möglichen Zugang: „Das Schlüsselwort ist: ‚Weltvertrauen' … Wer es einmal verloren hat, ist zu ewiger Einsamkeit unter den Menschen verurteilt. Ein solcher Mensch kann in dem anderen nie mehr den Mitmenschen, sondern immer nur den Gegenmenschen sehen."[3] Ich glaube, Imre Kertész konnte Améry wie kaum ein anderer verstehen und den Vertrauensverlust nachvollziehen – gerade weil er zwei Diktaturen überlebt hat, auch wenn die zweite keine massenmordende, sondern „nur" eine für „Klassenfeinde" lebensgefährliche, lebensbedrohende Tyrannei war. Auch sie trieb in meiner Geburtsstadt Budapest jüdische Gemeindebeamte, ehemalige Selbständige, daher Angehörige der jüdischen bürgerlichen „Klasse", in den Freitod, weil sie die von der ungarischen Stasi angeordnete Deportation im Jahre 1951/52 in die unwirtliche, öde und verlassene Puszta nicht mehr erleben wollten. Ihnen, wie all unseren in den Tod getriebenen Märtyrern des vollbrachten Kiddusch Haschem, gelten auf ihren virtuellen Gedenksteinen die drei obligaten hebräischen Buchstaben: „He", „Jud", „Daled" für „Haschem", „Jinkom", „Damam". Der gerechte Gott möge ihren Tod vergelten.

„... UND WILL EUCH ERLÖSEN DURCH AUSGERECKTEN ARM ..."
DAS JÜDISCHE VERSTÄNDNIS VON ERLÖSUNG

Geschichtlich gesehen, von der biblischen Gesetzgebung her, kennen wir zunächst die Erlösung in einem materiellen, „sachbezogenen" Sinn. Diese Form basiert auf der rechtlichen Fixierung der biblischen Gesetzgebung (3. Buch Mose 25,24 ff.): „Ihr sollt im ganzen Land, das ihr besitzt, für den Boden Erlösung fordern. Wenn dein Bruder verarmt und etwas von seinem Besitze verkauft, so soll sein nächster Verwandter kommen und erlösen, was sein Bruder verkauft hat." Das hebräische Verb „gaal" (erlöste) bzw. das Substantiv „Geula" (Erlösung) lassen sich ins Deutsche nicht adäquat übertragen. In der ursprünglichen Form aber betrachtet die Tora das Verb im Sinne der sozialen Gerechtigkeit und der Notwendigkeit, den Boden des Landes wiederzugewinnen, der vielleicht aus materieller Not von dem Besitzer veräußert werden musste. In der nachbiblischen Zeit wurde durch die Veränderungen der gesellschaftlichen und politischen Verhältnisse im Lande „Erlösung" ein politischer Begriff, der nun die Errettung des jüdischen Volkes aus nationalen Nöten und Sklaverei zum Inhalt hat. Im weiteren Verlauf der Geschichte, in der die Unterdrückung durch die jeweils fremden Besatzer härter wird, verstärken sich die eschatologische Hoffnung und damit der Glaube an den Zusammenbruch der Tyrannei und Gewaltherrschaft. Die Erlösung wird mit diesem Glaubensinhalt ein fester Bestandteil der jüdischen Frömmigkeitsvorstellungen und entwickelt sich zu einer fundamentalen Hoffnung auf die messianische Zeit.

In der rabbinischen Literatur werden die Bedeutungen und Inhalte mancher Festtage im messianischen Sinne erweitert und vertieft. An erster Stelle ist hier der Schabbat zu erwähnen, der in der rabbinischen Literatur „Meejn olam haba" (Vorwegnahme der zukünftigen Welt) bedeutet. Auf diese Weise wollte man zum Ausdruck bringen, dass die Zeit der Erlösung, die messianische Zeit, oder, wie sich aus dem hebräischen Terminus übertragen lässt, die gesamte zukünftige Welt, die Ruhe und Erholung des Schabbattags ausstrahlen wird. Neben dem Schabbat wurde das Pessachfest eindeutig mit messianischen Inhalten ergänzt und bereichert. Die ursprüngliche Geschichte von der göttlichen Befreiung aus der Knechtschaft Ägyptens wurde von den Rabbinern spiritualisiert und vertieft. Mit dieser Erweiterung wird Pessach auch ein Fest, das die Befreiung zum Dienst für den einzigen Gott verkündet und in Richtung Erlösung weist. Im Dienste dieser Auslegung stand der biblisch angeordnete Sederabend (Vorabend von Pessach), bei dem der gesetzestreue Jude neben der Erzählung des Auszugs, der göttlichen Heilstat an Israel, nach und nach vier Gläser Wein trinkt. Die vier Gläser sind, so die traditionellen Erläuterungen, gemäß der vier biblischen Ausdrücke der Befreiung bzw. Erlösung aus der Knechtschaft Ägyptens, angeordnet worden (2. Buch Mose 6,6 ff.): „... Ich bin der Herr und will euch *ausführen* von euren Lasten in Ägypten und will euch *erretten* von eurem Frönen und will euch *erlösen* durch ausgereckten Arm und große Strafgerichte und will euch *annehmen* zum *Volk* und will euer Gott sein, dass ihr's erfahren sollt, dass Ich der Herr bin, euer Gott, der euch ausführt von der Last Ägyptens."

Die rabbinische Exegese wollte damit die Grundlage für die künftige Erlösung des jüdischen Volkes und der ganzen Welt bestimmen und auf die Zukunft projizieren. Die Art und Weise, wie das bedeutende Pessachfest begangen wird, will jedem von uns deutlich machen, wie die kommende Erlösung auch heute erfahrbar ist. Daher haben die Rabbiner in der Wahl der Namen des Festes genauestens unterschieden. Wenn wir das Leiden unserer Vorfahren erwähnen und ihrer gedenken, dann gehört das zu Pessach Mizrajim, dem einstigen Leidensweg der Ahnen, der auch auf dem Sedertisch durch symbolische Speisen nachvollzogen wird. Deshalb steht auf dem Festtisch eine kleine Schale mit Salzwasser, als Erinnerung an die Tränen der Knechtschaft, und auf dem Sederteller findet sich Charosset, eine an Lehm erinnernde Mischung aus geriebenen Äpfeln, Nüssen und Wein. Und wenn wir auch heute, nach der Zerstörung des Heiligtums, das einst biblisch vorgeschriebene Lammopfer nicht mehr im Tempel von Jerusalem darbringen können, ist doch nach der biblischen Vorschrift das Bitterkraut auf dem Teller, wie es in der Tora befohlen wurde. Die weitere rabbinische Bezeichnung „Pessach Leatid" weist auf die zukünftige, vollständige Erlösung hin.

Der Grund, warum in unserer biblischen Literatur die Person des Erlösers nicht an einer irdischen Person festgemacht wurde, lässt sich anhand der Aussagen der großen Propheten Israels belegen (Jesaja 47,4): „Der Erlöser, der heißt, der Herr der Heerscharen, der Heilige Israels." Und an einer anderen Stelle sagt der Prophet (63,16): „Du aber, Herr, bist unser Vater und unser Erlöser; von alters her ist das Dein Name." Diese Aussage Jesajas wurde in der jüdischen Gemeinschaft stets als Grundlage zur Frage des Erlösers betrachtet. Das Zitat wurde immer so verstanden, dass sich Gott und Mensch in einem Verhältnis der Unmittelbarkeit befinden, das heißt, dass in dieser Beziehung kein Mittler nötig ist.

In den Tagesgebeten des jüdischen Volkes wird die Erlösung stets als das Schwinden jeglichen Unrechts im Zusammenleben der Menschen, als Zeichen des sozialen Friedens wie auch der Linderung aller Bedrängnisse zum Ausdruck gebracht. Im klassischen Amida-Achtzehn-Gebet lautet eine der Benediktionen: „Siehe unser Elend, führe unseren Streit und erlöse uns bald um Deines Namens Willen, denn ein starker Erlöser bist Du. Gelobt seiest Du, Ewiger, der Israel erlöst." Noch vor Beginn des Amida-Gebets wird andachtsvoll Folgendes vorgetragen: „Fels Israels, erhebe Dich zur Hilfe Israels und befreie gemäß Deinem Wort Jehuda und Israel. Unser Erlöser, Ewiger, der Heerscharen ist Sein Name, Heiliger Israels. Gelobt bist Du, Ewiger, der Israel erlöst." Die Vorstellungen, die auch in den Gebeten unseres Volkes gefestigt sind, stärken die Hoffnung, dass Gott den Menschen die Kraft gibt, die Welt von allen Übeln zu befreien. Eine talmudische Aussage formuliert, dass alle Frommen der Völker einen berechtigten Anteil an der zukünftigen Welt der Erlösung haben (Tossafot Sanhedrin 13,2; Maimonides: Hilchot Tschuwa 3,5).

Leo Baeck, die letzte große liberale deutsche Rabbinerpersönlichkeit vor der Schoah, befasst sich in seinem Werk „Das Wesen des Judentums" mannigfaltig mit der Erlösung und stellt Judentum und Christentum gegenüber.[1] Er betont: Wenn wir das Christentum als eine Erlösungsreligion betrachten, dann müssen wir das Judentum als eine Versöhnungsreligion ansehen. Baeck führt aus, dass der Mensch, der von Gott als freies, selbständiges Wesen erschaffen worden ist, zum sittlichen Handeln berufen wurde. Durch das verpflichtende Studium der Tora eignet er sich die Fähigkeit an, zwischen Gut und Böse zu unterscheiden und im Fall seiner Verfehlung die Reue und Umkehr zu wählen. Die Versöhnung ist nach Baeck Andacht und Aufgabe in einem. Der Glaube an die Versöhnung, an die eigene sittliche Erlösung und die der Menschheit, bildet einen wesentlichen Teil der jüdischen Glaubenswelt. Durch sie wird der Mensch erlöst und mit einem neuen Leben beschert. Dem Verweis der Theologen auf die Diesseitigkeit des Judeseins begegnet er, dass es für das Judentum „keine Glaubenslehre ohne Sittenlehre" geben könne und damit verbunden „keine Bedeutung des Jenseits, ohne die Bedeutung und das Gewicht des Diesseits".

Hermann Cohen, der frühere Marburger neukantianische Philosoph, befasst sich in seinem Werk „Die Religion der Vernunft"[2] ausführlich mit der Erlösung und stellt fest: „Die Menschheit soll zunächst erlöst werden. Dann ist für sie die Erlösung des Individuums die notwendige Folge …" Er betont ebenso, dass „Gott allein die Erlösung bringt, welche in der Versöhnung des Menschen mit Gott sich verwirklichen lässt". Cohen hebt weiter hervor, dass „die Einzigkeit Gottes für den Juden beinhaltet, dass Er allein die Erlösung bewirken kann". „Die Bedeutung Gottes, als des Erlösers von der Sünde" birgt in sich, „dass das Wesen Gottes sich nicht in Seiner Vollendung begrifflich erkennen ließe, wenn nicht die Sündenvergebung Seine eigentliche Leistung wäre."

„... UM DER ZEHN GERECHTEN WILLEN ..."
VOM „HANDELN" MIT GOTT

„Von welchem Gott reden wir?" So lautete der Titel einer Sendereihe des ehemaligen Süddeutschen Rundfunks, für die ich um diesen Beitrag gebeten wurde. Seit mir der verantwortliche Redakteur diese Frage gestellt hat, spornt sie mich an, fordert sie mich zum Widerspruch heraus. Reden *wir* denn überhaupt von irgendeinem Gott? Können *wir* es, tun *wir* es? Wann, wie und wo tun *wir* es?

Die Betonung des Personalpronomens „wir" beim Reden von Gott hat gute Gründe. Wir: hier und heute. Wir: Juden in Stuttgart, München, Berlin oder wo auch immer in Deutschland. Heute von Gott reden? Jahrzehnte nach dem Holocaust? Wobei die Kommunikation zwischen den ergrauten, zusehends ermatteten Überlebenden und den Nachgeborenen laufend schwieriger wird. Heute von Gott reden? Nach der unverhofft raschen deutschen Neuvereinigung, mit all ihren immer noch ungelösten Problemen und Konflikten? Heute von Gott reden? Da an die Stelle der kommunistischen Diktatur in den osteuropäischen Einparteienstaaten der tobende, mordende Wahn des Nationalismus und Chauvinismus getreten ist? Reden wir heute über Gott?

Ja, wir tun es. Dieser Beitrag zu der genannten Reihe wurde 1992 im SDR ausgestrahlt. Und zwar im werbefreien Kulturprogramm. Ein Umstand, der für mich auch beim Reden von Gott nicht einfach eine Nebensache ist. Ich rede auch deshalb von Gott, weil mir, wenn überhaupt, vor einem noch graut: vor dem Tag, an dem ein „ahnungsloser" Werbemensch mit den Zeichen und Symbolen der Krematorien, der Gaskammern, der Massentötung Werbung für irgendeine käufliche Ware betreibt.

Aber was sagen wir über Gott? Ungefragt sagen wir dreimal am Tag die klassischen Texte aus dem Gebetbuch auf als dem Vermächtnis der

Väter ... halt! Irrtum! Und unpassend obendrein! Die heute dreimal am Tag ungefragt die Vermächtnisse aufsagen, haben diese in den seltensten Fällen von ihren Vätern gelernt. Diese Väter sind doch ermordet worden! Zur Erinnerung: In der jüdischen Elementarschule des 5. Budapester Bezirks war ich in meiner Schulklasse, Jahrgang 1937, einer der ganz wenigen, deren Väter am Leben geblieben waren. 80 Prozent der Mitschüler wurden von alleingebliebenen Müttern oder Großmüttern erzogen. Lassen wir also die Väter – in Frieden ruhen.

Vater und Gott in Verbindung zu bringen stößt bei den fundamentalistischen Feministinnen ohnehin auf Ablehnung. Diese scheinbar einseitige Betonung der Rolle der Väter soll nicht darüber hinwegtäuschen, dass uns die zärtlichste Stelle der prophetischen Verheißungen in unserer Bibel verkündet: „Ich will euch trösten, wie einen seine Mutter tröstet" (Jesaja 66,13). Hier wird das sogenannte Vaterbild Gottes durch das Mutterbild abgelöst, da uns niemand so zu trösten vermag wie die Mutter. Der Gott, den wir dreimal am Tag – mit den klassischen Texten, aufgrund der jüdischen Lebensregeln – in den Gebeten erwähnen oder in Erinnerung rufen, wird auch der Gott Abrahams, Isaaks und Jakobs genannt. Der Glaube an einen einzigen, gerechten Gott geht auf die Erkenntnis des Erzvaters Abraham zurück. Sein unvergängliches Verdienst ist es, dass er sich als erster Mensch dafür einsetzte, alle Kinder dieses einzigen himmlischen Vaters müssten die gleichen Ansprüche auf ein menschenwürdiges Leben auf dieser Erde haben. Sein Name und guter Wille binden und verpflichten noch heute Juden, Christen und Muslime.

Dies verkündete ebenso der Rabbiner und Philosoph Abraham Jehoschua Heschel s. A. (1907-1972). Er betonte, dass – wenn es auch paradox klingt – Gott Interesse für die Menschen zeige, und das, obwohl die Menschen seit ihrer Erschaffung dem Vater im Himmel nur Enttäuschungen bereitet haben. Seit Adam und Eva, seit dem ersten Mord, verübt durch Kain an seinem Bruder Abel, erzählt die Heilige Schrift von den Enttäuschungen Gottes durch die Menschen. Trotzdem verfolgt Gott gnadenreich den Weg des Menschen und erwartet eine Generation, in der die Beziehungen der Menschen untereinander auf Güte und Liebe aufgebaut sein werden. Nach Heschel ist der Sinn des Seins, dass der

Mensch ein „Gottes-Ermahner" wird. Wer nicht überall und in allem Gott entdecke, der möge auf den Menschen blicken und sich dann auf Gott besinnen.

Das klingt schön und überzeugend. Aber kann ich denn immer die Kraft aufbringen, diesen Gott Abraham zu rühmen, wie ich es sollte? Bleibt mir denn nicht der „Lobpreis" in der Kehle stecken, wenn ich an die Massengräber der unschuldig ermordeten Märtyrer denke? Diese Frage der zweifelnden Überlebenden der Neuzeit ist so neu und ungewöhnlich nicht.

Zu den Grundsätzen (Ikkarim) des Judeseins zählen auch der gerechte Gotteslohn und die Strafe für all unsere Taten. Die Frage, ob es einen gerechten Gotteslohn gebe, ist nicht erst durch Auschwitz provoziert worden. Schon der Talmud beantwortet die Frage, wie Elischa ben Abuja, der Prototyp des jüdischen „Ketzers" im Altertum, zum Leugnen des Gotteslohnes kam, mit einer historischen Episode. Er musste bei der grausamen Folterung eines frommen, gottesfürchtigen Mannes mit zusehen. Seine im Talmud überlieferte Konsequenz: Wenn das geschehen konnte, dann gibt es keinen Gotteslohn für den Gerechten.

Die fürchterlichen Qualen, die die Überlebenden von Auschwitz, Majdanek und Treblinka bis heute nicht „bewältigen" können, übersteigen alle schrecklichen Erlebnisse eines Elischa ben Abuja. Für eine Vielzahl von uns heute erscheint nicht nur der Gotteslohn fraglich. Viele von uns haben mit den Ikkarim ihre liebe Not, mit dem gerechten Gotteslohn ebenso wie mit der Strafe. Auch die weiteren Ikkarim fordern uns täglich. Erstens: Der Herr lässt sich erkennen, er lässt sich finden von denen, die ihn suchen, nach ihm forschen. Zweitens: Seine Tora, Sein Wort ist ewig. „Denn Meine Gedanken sind nicht eure Gedanken und Meine Wege sind nicht eure Wege, spricht der Herr" (Jesaja 55,8). Demnach können wir unseren Gotteslohn nicht einfordern wie eine irdische Zuteilung, auf die wir Anspruch haben.

Was ist das: Gott? So frage ich, wie einst der chassidische Rabbi seine verdutzten Schüler. „Wie meint das der Meister?", stotterten die verunsicherten Anhänger. „Wisst ihr es nicht?", setzte der Rabbi ihnen zu. „Meint ihr, dass ich es denn weiß? Und trotzdem verkünde ich: Die

Welt ist erfüllt von Seiner Herrlichkeit ..." (Jesaja 6,3). Ich weiß, dass die Intention dieser Geschichte und des Schriftverses für viele keine befriedigende Antwort mehr ist. Dennoch versuche ich es mit den Weisen der Mischna (erster Teil des Talmud): „Wer sein Leben vier Fragen widmet, für den wäre es besser, nicht geboren zu sein: Was ist oben? Was ist unten? Was war vorher? Was wird danach sein? – Suche also nicht, und forsche nicht nach dem, was dir verborgen ist ..." (Midr. Beresch. Rabba 8,2).

Was bleibt? Am Staube kleben bleiben, aus dem wir erschaffen worden sind und wohin wir dereinst unwiderruflich zurückkehren müssen? Ja, und doch auch nein. Es gibt für Juden wie für Christen eine große Möglichkeit: „Imitatio dei" nennt es die Kirche. Die „Nachahmung der Eigenschaften unseres Herrn" betrachten wir als einen jüdischen Weg gelebter Frömmigkeit auf Erden. Zu dieser göttlichen „Imitatio" bleibt mir das Lehrbeispiel des Sassower Rabbis aus Martin Bubers „Chassidischen Geschichten" als ein besonders eindrucksvolles Zeugnis im Gedächtnis haften. Der Sassower, der selbst in tiefer Armut lebte, gab einmal einem übel beleumundeten Menschen sein letztes Geld. Seine Schüler warfen ihm daraufhin großen Leichtsinn vor. „Soll ich", fragte sie ihr Meister, „wählerischer sein als Gott, der es mir gegeben hat?"

Ich schreibe diesen Text nieder in einer Zeit, da sich in Deutschland Gewalt gegen Fremde richtet. Angesichts dieser neuerlichen Fremdenfeindlichkeit füge ich eine von Martin Bubers Geschichten hinzu; vielleicht verdeutlicht sie uns, von welchem Gott wir reden müssten: Einmal um Mitternacht, als Rabbi Mosche Löb in das Geheimnis der Lehre versunken war, klopfte es an sein Fenster. Ein betrunkener Bauer stand draußen und begehrte Einlass, womöglich auch ein Nachtquartier. Einen Augenblick lang war der Rabbi erzürnt: Was erlaubt sich dieser Trunkenbold, zu so später Stunde? Ins Haus will er, zu uns? Doch dann bereute der Rabbi rasch seinen Zornesausbruch und dachte: Wenn Gott sich mit ihm verträgt, kann ich mich ihm verweigern? Sogleich öffnete er die Tür und bereitete das Schlaflager.

Zu Recht weist Erich Fromm darauf hin[1], dass die großen Meister des Talmud von Gott nicht im Zusammenhang mit Glaubensüberzeugungen sprachen. Eben weil in der jüdischen Tradition „an Gott glauben" soviel heißt wie „seine Taten nachahmen", nicht jedoch „etwas über ihn wissen".

Ist der Gott, von dem *wir* reden, wirklich der Gott der Väter – und natürlich auch der Mütter –, ist er der Gott Abrahams? Ich meine ja. Wir Juden lernen von Abraham das Handeln. „Er handelt wie ein Jude", so lautet eine gar nicht so vorurteilsfreie Redewendung in diesem Lande. Wie aber „handelte" Abraham, der erste Jude? An dieser Stelle muss ich einen Teil des 18. Kapitels aus dem Buch Genesis (1. Buch Mose) erzählen. Die gewalttätigen, sündhaften Städte Sodom und Gomorrha sollten untergehen. So vernahm Abraham die göttliche Kunde. Er sprach zu seinem Herrn (Vers 23): „Wirst Du wohl den Unschuldigen mit den Schuldigen hinraffen?" Wir würden heute fragen: Gibt es denn bei Dir kollektive Schuld? „Vielleicht sind dort noch fünfzig Gerechte. Willst Du nicht um der fünfzig Gerechten willen den Menschen in diesen Städten vergeben?" Das kannst Du Dir doch nicht erlauben, Herr, so argumentierte Abraham. Und: „Der Richter der ganzen Welt, sollte nicht gerade Er Gerechtigkeit üben?" (Vers 25). Und der Herr, der Gott Abrahams, gibt klein bei.

Nur von Ihm, von diesem Gott, *lohnt* es sich zu reden. Auch dann, wenn kein Gotteslohn zu erwarten ist. „Wenn sich fünfzig Gerechte in der Stadt finden werden, dann soll ihnen vergeben werden." Wusste Abraham, ahnte er wenigstens, dass sich in den beiden Städten keine fünfzig Gerechten würden finden lassen? Er fing noch einmal vorsichtig an: „Vielleicht fehlen an fünfzig Unschuldigen fünf ..." – dann wären es immerhin noch fünfundvierzig gewesen, doch das sagt Abraham, unser Vater, nicht. Er versteht das „Handeln" anders: „Wirst Du wohl die ganze Stadt um der Fünf willen (die von den fünfzig fehlen) vernichten?" (Vers 28). Das wäre nämlich ungeheuerlich und ungerecht zugleich!

Keine Frage, der Herr willigt ein, Er muss es tun! Das ermutigt und berechtigt Abraham zu einem weiteren Anlauf: „Vielleicht sind es aber nur vierzig?" Vielleicht nur dreißig, oder zwanzig? Auch um ihretwegen wird dem Einwand, dem „Handeln" stattgegeben. Und so rückt Abraham die letzte errettungswürdige Zahl heraus: „Mein Herr, zürne doch nicht, wenn ich das eine Mal noch rede: Vielleicht finden sich dort" – unter den Schwerverbrechern – „zehn Gerechte". Was wird dann geschehen? Müssen zehn Gerechte, Unschuldige mit den Sündern sterben? Zehn Gerechte könnten doch noch etwas gegen eine böswillige Mehrheit bewirken. Der Herr, Gott, lässt sich auf Abrahams „Handeln" ein. „Um der zehn willen" ist Er bereit, die Stadt, mit all ihren Verbrechern, nicht zu vernichten.

So „handelte" Abraham, der erste Jude, mit seinem Gott. Und aufgrund dieser tiefsinnigen biblischen Erzählung versuchen wir unser „tägliches Handeln" mit Gott: morgens und abends beim Gemeinschaftsgottesdienst mit mindestens zehn „Gerechten", Betenden. Vielleicht lässt Er mit sich handeln „um der zehn willen" – wir wissen es nicht, aber wir versuchen es. Der Jude „handelt" halt ...

Eine Begebenheit zum Schluss, an der ich ungewollt beteiligt war – im Rahmen des viel beschworenen „christlich-jüdischen Dialogs": In einer Kirchengemeinde wurde ich gebeten, über die Inhalte unseres Judentums zu sprechen. Ich glaube, ich hatte mindestens eine volle Stunde geredet. Ich hatte den europäischen Leidensweg unseres Volkes, seine Verfolgungen nicht ausgespart, weil dieser Leidensweg die aschkenasische Frömmigkeit und Mystik maßgeblich geprägt hat. Nach dem Referat wurden, wie bei solchen Veranstaltungen allgemein üblich, Fragen gestellt. Da stand jemand auf und fragte mich. Er verstehe etwas nicht, so begann er: Im Laufe der 2000-jährigen Kirchengeschichte seien die Christen immer mehr, die Juden aber immer weniger geworden. „Hat Sie das denn überhaupt nicht beeindruckt?", wollte er von mir wissen. Bevor ich antwortete, musste ich tief Luft holen. Ich weiß noch sehr genau, dass der Pfarrer an meiner Seite wie vom Donner gerührt wirkte. Ich antwortete dem nicht gerade von einer wahren christlichen Gesinnung strotzenden „Dialogpartner": Auch wenn ich den Weltenplan Gottes nicht begreifen kann – ich bin fest davon überzeugt, dass unser Gott uns genauso braucht wie diejenigen, die zahlenmäßig die Mehrheit bilden.

Ich bin mir ganz sicher, dass der Gott, von dem wir reden, keinen Triumphalismus der „Mehrheit" benötigt. Und ich glaube, dass gerade wir, die Gezeichneten, Gebeutelten, eingedenk unseres Gottes niemals aufhören dürfen, aus unseren Zweifeln neue Kräfte für die kommenden Geschlechter zu schöpfen.

Erstabdruck: Vom „Handeln" mit Gott. In: Johannes Weiß (Hrsg.): Von welchem Gott reden wir? Gotteswahrnehmungen. Stuttgart 1993, S. 74-81.

GOTTES LOB ODER TEUFELS WERK?
MODERNISIERUNG UND
SYNAGOGALE MUSIK IM SÜDWESTEN

Die synagogale Musik ist Teil eines Modernisierungsprozesses, der durch die Aufklärung ausgelöst wurde. Bis zur Wende des 19. Jahrhunderts lebte die überwiegende Zahl der Juden in Deutschland in kleinen Landgemeinden. Kontakte zur nichtjüdischen Gesellschaft beschränkten sich ausschließlich auf das für den Lebensunterhalt absolut notwendige Maß. Staatliche Ordnungen griffen nur in das autarke Gemeindeleben ein, soweit es zum Eintreiben der Steuern und Abgaben nötig war. Fernab von Rabbinern wurden Gottesdienste und religiöse Unterweisungen der Kinder von den Gemeindemitgliedern geleitet, die dazu am besten ausgebildet waren. Hohes Ansehen war dafür Belohnung. Erst allmählich wurden Lehre und Vorbeten mit Vergütungen verbunden. Bis zur Mitte des 19. Jahrhunderts veränderten sich die Verhältnisse grundlegend, vorangetrieben durch die beginnende Industrialisierung, die Verstädterung und auch die schrittweise Milderung von Beschränkungen. Die städtischen Gemeinden wurden größer und finanziell leistungsfähiger, die intensiveren Kontakte zur Umwelt haben den Zugang zum aufklärerischen Gedankengut und zur Welt des aufstrebenden Bürgertums eröffnet. Damit drangen aber auch staatliche Ordnungen und bürgerliche Lebensformen in die zuvor geschlossene Welt der Juden ein.[1]

Dieser Vorgang ist deutlich an der Entwicklung der Gottesdienstformen und der Funktion der Musik im Gottesdienst ablesbar. Erbittert wurde das ganze 19. Jahrhundert hindurch in den jüdischen Gemeinden nicht nur über die Architektur neuer Synagogen, sondern vor allem auch über die Formen des Gottesdienstes, Liturgie, Predigt, Chor und Orgel gestritten. Die Orthodoxie verteidigte das strikte Festhalten an den halachischen Gesetzen und die Gemeinschaft der Betenden im Gottesdienst. Dagegen ging die liberale Reformbewegung in ihren Extremen bis zur fast grenzenlosen Anpassung an protestantische Rituale und versuchte mancherorts sogar – allerdings vergebens – den Schabbat auf den Sonntag zu verlegen. Zwischen diesen beiden Polen suchten die meisten Gemeinden ihren eigenen Weg. Dabei war die Frage der Musikgestaltung immer mit religiös-liturgischen Anpassungen verbunden.

In Württemberg und Baden haben sich die Gemeinden sehr früh der „modernen" Musik mit Chor und Orgel geöffnet, wenn auch die ersten Orgeln in Synagogen nicht hierzulande eingeführt worden waren. Die Diskussion entzündete sich an einer 1810 in einer kleinen Privatsynagoge in Seesen im Harz erstmals gespielten Orgel.[2] Salomon Heine, der Onkel Heinrich Heines, stiftete 1818 in Hamburg ebenfalls ein Instrument. Diese Beispiele führten ab 1819 in Wien zu entsprechenden Forderungen, die aber bis zum Ende des Jahrhunderts am Widerstand des Rabbiners Noah Mannheimer scheiterten. In Frankreich sind um 1845 in Nancy, Straßburg, Lyon, Marseille und Lille Orgeln bekannt. In Deutschland machte 1845 die zweite Versammlung deutscher Rabbiner den Weg frei und gestattete Orgelmusik im Gottesdienst. Schon 1846 folgten Berlin (Synagoge in der Georgenstraße) und die Kleinstadt Buchau mit dem Bau eines Instruments. Eine kurze Phase der Frühindustrialisierung hatte die bedeutende Gemeinde dieser oberschwäbischen ehemaligen Freien Reichsstadt erstarken lassen, und selbstbewusst setzte sie sich an die Spitze der Reformbewegung. Ihre Orgel mit 20 Registern und sogar ein Turm mit Glocke waren ein deutliches Zeichen. Finanziert wurde das Instrument durch freiwillige Spenden, die bei den Aufrufen zur Tora erwartet wurden.[3] Es folgten 1850 Hildesheim, 1853 Mainz, 1854 Berlin (Johannisstraße) und 1856 Leipzig. In Baden hatte sich Mannheim bereits 1855 von der bekannten Ludwigsburger Orgelbaufirma Walcker eine Orgel mit 22 Registern bauen lassen. In Württemberg setzte sich die Stuttgarter Gemeinde gegen die traditionelleren Landgemeinden durch und richtete in ihrer neuen Synagoge 1861 ganz selbstverständlich eine große Orgel ein. Die Orgeln in Synagogen stammten durchweg von renommierten Orgelbauern. Im Klang waren sie – wie damals üblich – romantisch ausgelegt und gestimmt. Äußerlich ahmten sie maurische Formen nach.

Einen Durchbruch löste die erste internationale Rabbinerversammlung der Liberalen 1869 in Leipzig aus, die den Gebrauch von Orgeln im Gottesdienst bestärkte. Dennoch folgten viele traditionell gesinnte Juden diesem Votum nicht. Musik und Orgel markierten den Wandel vom individuelleren Gottesdienst der Einzelbeter zum feierlichen Gemeindegottesdienst und führten auch hierzulande zu mehr oder weniger scharfen Abspaltungen der Orthodoxie. In Karlsruhe kam es mit Einführung einer Orgel 1875 zum Bruch, in Worms 1877.[4]

In Stuttgart zogen sich orthodoxe Juden, auch wegen der Musik, in eine eigene Synagoge zurück. Nachdem sich die religiösen Minderheiten seit 1872 vereinsmäßig organisieren durften, gründeten sie dann – ohne aus der Gesamtgemeinde auszutreten – 1878 eine „Orthodoxe Israelitische Religionsgesellschaft in Stuttgart". Sie bestand bis 1938/39 und hatte mit Dr. Jonas Ansbacher (1922-1925) und Dr. Simon Bamberger (1925-1939) eigene Rabbiner.

Die Ulmer zweimanualige Orgel mit 26 Registern war 1873 von der Firma Goll in Bissingen/Teck eingerichtet und 1911 von der Giengener Orgelbaufirma Link modernisiert worden. Bei der Zerstörung der Synagoge bauten die Giengener Fachleute die Orgel aus. 1946 fand sie einen neuen Platz in der evangelischen Stadtkirche in Bensheim an der Bergstraße. Leider ist sie dort nicht mehr erhalten.

In Göppingen konnte man 1881 eine neue Synagoge mit einer Orgel einweihen. Dieses Instrument wurde auch gespielt, als am 22. September 1929 zum ersten Mal im Rundfunk eine jüdische „Musikalische Morgenfeier" übertragen wurde, zu deren Leitung man den damals berühmten Kölner Oberkantor Hermann J. Fleischmann gewonnen hatte.[5] Wenn von Musik in Göppingen die Rede ist, so muss man Heinrich Sontheim (1820-1912) kurz erwähnen. Der Kritiker Eduard Hanslick sah in dem Sohn eines Händlers aus Jebenhausen, der Göppinger Muttergemeinde, das „Ideal eines Heldentenors". Vor allem in Karlsruhe und Stuttgart, aber auch auf 35 anderen Bühnen Europas trat er auf und galt als einer der bedeutenden Tenöre seiner Zeit. Seine Paraderolle des

Eléazar in Jacques Fromental Halévys Oper „La Juive" (Die Jüdin) sang er in Wien und in ganz Europa insgesamt 145 Mal. Daniel Jütte hat in einer kleinen Studie herausgearbeitet, wie Sontheimers Karriere vom Synagogengesang zum Heldentenor wiederholt als Projektionsfläche für Vorurteile diente.[6]

Religionsgesetzliche Anschauungen waren stets ausschlaggebend für das Nichtanwenden von Orgel- und instrumentaler Musik an Schabbat- und Feiertagen in der Synagoge. In Baden-Baden wirkte der Neubau der Synagoge von 1899 äußerlich zwar wie eine Kirche und demonstrierte mit diesem Baustil die offenkundige Assimilation der Gemeinde, doch verzichtete man mit Rücksicht auf strenggläubige Kurgäste auf Instrumentalmusik und Frauengesang, denn weibliche Stimmen galten im kultischen Bereich als unpassend.

Fast schon kabarettreif war der folgende Vorgang. In Niederstetten im Hohenlohischen beschwerte sich vor 1867 die Gemeinde beim Oberamtmann, weil ihr Lehrer und Kantor die Gebete an Simchas Tora (Gesetzesfreude) in den Trauermelodien des 9. Aw (Tempelzerstörung) gesungen habe. Der Lehrer, der mit der Gemeinde seit geraumer Zeit wegen seiner Vergütung im Streit lag, verteidigte sich: „Bei meiner Besoldung kann man auch am Tag der Gesetzesfreude nicht anders singen wie am Tage der Tempelzerstörung."[7] Leider auch ein trauriger Beleg für die schlechte Bezahlung der Kantoren und Lehrer zu jener Zeit.

Zurück zu den Orgeln. Selbst kleinere Gemeinden erbrachten in der Folge erhebliche finanzielle Opfer und errichteten um die Jahrhundertwende neue Synagogen. Pforzheim, eine Gemeinde mit rund 400 Mitgliedern, leistete sich 1892 eine Orgel. Konstanz erwarb 1898 ein zweimanualiges Instrument mit elf Registern, das von der Überlinger Firma Mönch geliefert wurde. Im Jahre 1925 trennte man sich zugunsten eines neuen Instruments von ihr. Die Firma Mönch verkaufte sie dann an die katholische Kirche St. Sebastian in Hubertshofen bei Donaueschingen. Deshalb blieb sie als eine der wenigen Orgeln erhalten, die für eine Synagoge gebaut wurden. In der damals selbständigen Oberamtsstadt Cannstatt gab es seit 1861 einen Betsaal, in dem auf einem Harmonium gespielt wurde. Zehn Jahre später gründete sich hier eine von Stuttgart unabhängige Gemeinde, die 1900 mit 484 Mitgliedern ihren höchsten Stand erreichte. Noch vor der Jahrhundertwende konnte durch den Umbau eines Hauses eine Synagoge errichtet werden. Für sie stiftete eine Fabrikantin ein neues Harmonium. Ein solches Instrument ist gleichfalls für etwa ein Dutzend anderer Gemeinden im heutigen Baden-Württemberg als kostengünstigere Alternative zur Orgel bezeugt. Im Jahre 1898 konnte dann Cannstatt eine Walcker-Orgel anschaffen und so mit Stuttgart gleichziehen.[8]

In Cannstatt wird auch ein anderes innerjüdisches Problem deutlich, das mit dem Orgelspiel zusammenhängt. Einem gesetzestreuen Juden ist Arbeit am Schabbat und an den Feiertagen untersagt, doch ist Orgelspiel Arbeit? Diese Frage wurde bei den genannten Rabbinerkonferenzen noch nicht entschieden. Bei einer kleineren liberalen Konferenz 1871 in Augsburg wurde das Spielen dann für zulässig erklärt. Noch bis in das 20. Jahrhundert blieb es aber weithin üblich, dass man dafür einen Nichtjuden, in der Regel einen christlichen Lehrer, engagierte. Das ist so ebenfalls in Cannstatt belegt. Man kann vermuten, dass der Mangel an guten jüdischen Organisten dabei eine Rolle spielte.

Die Biographie eines jüdischen Organisten, Moritz Henle[9], war in mehrfacher Hinsicht außergewöhnlich. Im Knabenchor der Laupheimer Gemeinde war er der vermögenden Familie Steiner aufgefallen, die ihm bereits als Zwölfjährigem 1862 den Besuch am Stuttgarter Konservatorium bezahlte. Zwei Jahre später kam er an das evangelische Lehrerseminar in Esslingen und wurde dort wie alle jüdischen Seminaristen zudem für den Religionsunterricht und als Vorsänger ausgebildet. Nach einer Station in Laupheim wurde er 1875 als erster Kantor an der neuen Synagoge in der Filialgemeinde Ulm angestellt. Diese Position ermöglichte ihm nebenbei eine weitere Ausbildung für Gesang und Komposition in Stuttgart. Schon in Laupheim hatte er einen gemischten Chor gegründet, eigene weltliche Kompositionen aufgeführt und dann in Ulm auf der erwähnten neuen Orgel gespielt. Seit 1879 unterstützte er als Kantor an der Hamburger Reformsynagoge den Wechsel vom sephardischen zum aschkenasischen Ritus. Von seinen Kompositionen, die vor allem von Salomon Sulzer und Felix Mendelssohn-Bartholdy geprägt wurden, sind heute noch 52 Werke bekannt. Sein Einfluss ist in ganz Deutschland zu spüren, dennoch machte sein Beispiel nicht Schule. Auch in Ulm waren seine Nachfolger wie Karl Beringer (1901-1910) und Adolf Kern (1906-1976) evangelische Organisten. Der spätere Kirchenmusikdirektor Beringer komponierte Musik zum jüdischen Gottesdienst; Kern, im Amt seit 1925, schied 1931 aus. Dies war die Bedingung dafür, dass er Lehrer im Staatsdienst werden konnte.[10] In Stuttgart wird als Chordirektor und Komponist der Synagogengesänge Gottlieb Friedrich Faisst genannt, der unter dem Namen „Immanuel Faisst" ein „Stuttgarter Choralbuch für die israelitische Gemeinde" bearbeitet hat, hauptsächlich aber als Organist und Chorleiter an katholischen Kirchen wirkte.[11]

Hier sei noch unbedingt auf ein sehr frühes Tondokument synagogaler Musik hingewiesen. Carl Laemmle, der Gründer der Universal Filmgesellschaft und einer der wichtigsten Filmpioniere Amerikas, blieb seiner Heimatstadt Laupheim zeitlebens eng verbunden. Bei einem Besuch fuhr er 1922 mit dem langjährigen Kantor Emil Elias Dworzan und dem Gemeindevorsteher Simon L. Steiner nach Berlin und nahm in einem dortigen Studio auf einem Edison-Phonographen Laupheimer Gemeindegesänge auf 32 Wachsmatrizen auf. Von diesen sind noch 27 erhalten, die man heute auf einer CD hören kann. Der Gemeindevorsteher und Gerbermeister begleitete seinen Kantor auf einem Harmonium, und auch Carl Laemmle ist als Gesangsbegleiter in einzelnen Passagen zu hören.[12]

Der Orgelkampf wurde in Baden und Württemberg also nicht anders als in anderen jüdischen Gemeinden geführt und allmählich setzte sich Instrumentalmusik nicht nur in liberalen, sondern auch in manchen konservativen Gemeinden durch. Der Bau von Orgeln war – außer in ausgesprochen orthodoxen (Teil-)Gemeinden – in erster Linie eine Frage der finanziellen Möglichkeiten geworden. Im Vergleich zu den genannten französischen Gemeinden und denen in Hamburg und Berlin waren die in Baden und Württemberg verhältnismäßig klein. Bemerkenswert, dass sie dennoch dieser Entwicklung nicht hinterherhinkten, sondern zeitgleich, teils sogar als Vorreiter, diese Modernisierung vollzogen. Die heutige Beurteilung sieht deutlicher als die Zeitgenossen, dass mit der Modernisierung auch die Gefahr einer Assimilierung verbunden war, die zu Austritten und Mitgliederschwund führte. Mit dieser Modernisierung war ein Verlust traditionell jüdischer Lebensformen verbunden und damit schwand die starke Identifizierung mit der Idee der jüdischen Nation, deren der bis zur Ankunft des Messias im Exil lebende Jude bedarf.[13]

HARMONIE UND DISSONANZ IM TABAKTEMPEL
DIE MUSIK IN DER BUDAPESTER HAUPTSYNAGOGE

Wenn ich, ein nicht besonders musikalischer Mensch, über Musik in der Synagoge schreiben soll, so will ich nicht von ihrer Entwicklung über die Jahrhunderte, über den Einfluss auf die Frühgregorianik, über Teamim und Neumen, über orientalische Traditionen, die Einflüsse von Sephardischem und Chassidismus und die Übernahmen aus der populären Musik aller Zeiten bis zum heutigen Pop berichten oder gar urteilen. Wenn ich Kenntnisse aus der Literatur, Erzählungen meines Vaters und eigene Erinnerungen über die Musik in der Großen Synagoge Budapests zusammentrage, so soll dieses Beispiel zeigen, dass die Entwicklung nicht geradlinig zu einer liberalen Verwendung von moderner Musik in der Synagoge verlaufen ist.

Noch heutige Besucher staunen über die Monumentalität der Großen Budapester Synagoge, die meist nur „Tabaktempel" genannt wird. Der Name sagt lediglich, dass sie in der Tabakstraße gelegen ist. Das Wort „Tempel" stand um die Mitte des 19. Jahrhunderts für die Synagoge einer liberalen Gemeinde. Das ist in unserem Fall etwas irreführend. Nach langem Streit um den Charakter des Gebäudes (und damit der Gemeinde) wurde es von 1854 bis 1859 errichtet. Es bot 3000 Menschen Platz und sollte durch Größe und Pracht Wien übertreffen und von der Bedeutung und wirtschaftlichen Kraft der ungarischen Juden Zeugnis ablegen. Im Grunde war es eine konservative Reformsynagoge, eine „neologe" Synagoge, die damals als liberal empfunden wurde, nach heutigen Maßstäben jedoch gemäßigt konservativ gewesen ist. Immer aber stand sie im Widerstreit zwischen Orthodoxie und Liberalismus.

Das aufgeklärte, liberale Judentum Budapests bestand vor allem aus eingewanderten Kaufleuten aus Böhmen und Mähren sowie aus Männern mit intellektuellen Berufen. Sie waren deutschsprachig und engagierten 1870 einen bedeutenden Rabbiner mit entsprechendem Bildungsgang. Meyer Kayserling (1829-1905) war von Leopold von Ranke in Berlin in seinen historischen Studien ermutigt worden und wurde ein anerkannter Erforscher des Sephardischen. Nach einer Anstellung in der Schweiz wurde er nach Budapest berufen, um deutsche Predigten zu halten. Der Rabbiner als Prediger und Seelsorger, das war eine vom Christentum entliehene neue Anforderung an dieses Amt. Kayserlings Tragödie aber war, dass sich in der Zeit seines Amtsantritts mit einem Generationenwechsel der Gedanke an einen magyarischen Nationalstaat entfaltet hatte und sich die ungarische Sprache auch in den Kreisen der Gemeinde ausbreitete. Einzelne Rabbiner predigten schon – damals ein absolutes Novum – auf Ungarisch. Allen voran Leopold Löw, der trotz seiner Abstammung aus Mähren ein Fanatiker des Magyarentums war. Meyer Kayserling, der nie Ungarisch erlernte, verlor den Boden unter den Füßen. Ihm wurde ein zweiter Rabbiner zur Seite gestellt, und bis heute gehören zur Ausstattung der Großen Synagoge Budapests zwei Oberrabbiner-Stühle. Nach traditionellem Amtsverständnis ist ein Rabbiner die maßgebende Autorität seiner Gemeinde, und diese Doppelspitze war sicher auch Anlass zu den nicht immer freundschaftlichen Beziehungen der beiden Amtsinhaber. Trotzdem, bis zum Holocaust wurde im Tabaktempel in regelmäßigen Abständen noch auf Deutsch gepredigt.

Die prägende Persönlichkeit für die Musik in der Großen Synagoge wurde ihr erster Oberkantor Moritz Friedmann (1827-1891).[1] Geboren als Sohn eines Kaufmannes in Hrabocz bei Gálszécs im Burgenland kam er über Pápa als zweiter Kantor und Lehrer nach Deutschkreuz. Empfohlen vom dortigen Kantor Simche Ruben Goldmark, dem Vater des bekannten Komponisten Karl Goldmark, wurde er 1850 Vorsänger bei Salomon Sulzer und 1852 Kantor am Fünfhauser Tempel. Sulzer nannte Friedmann seinen begabtesten Schüler und schickte seinen Sohn Julius zu ihm in den Unterricht. Auf seine Empfehlung hin wurde Friedmann 1858 als Oberkantor an den neuen Tempel in der Wiener Leopoldstadt berufen. Durch Vater und Sohn Sulzer muss Moritz Friedmann mit der klassischen Musikwelt Wiens in intensiven Kontakt gekommen sein. Salomon Sulzer hat unter anderem Franz Schubert zu einer Psalmenvertonung und zu verschiedenen Bearbeitungen gewonnen, außerdem selbst weltliche Lieder komponiert und vorgetragen und erst nach einer Abmahnung durch seine Gemeinde diese weltliche Seite seiner Kunst nur noch im privaten Kreis gepflegt. Friedmanns Zögling Julius wandte sich ganz der weltlichen Musik zu und wurde Kapellmeister des Burgtheater-Orchesters. Auch wenn sich Moritz Friedmann zeitlebens auf die Musik in der Synagoge beschränkte, so muss er in dieser Umgebung doch eine Unbefangenheit gegenüber der nichtsynagogalen Musik gewonnen haben. Aber noch ehe er sein Amt in der Leopoldstadt antreten konnte, erreichte ihn der Ruf an den noch im Bau befindlichen Tabaktempel, dem er – auch der viel besseren Bezahlung wegen – gerne folgte.

Salomon Sulzer war der Erneuerer der Synagogenmusik. Seine Kompositionen und Einrichtungen werden neben denen von Louis Lewandowski, der in Berlin mit Bearbeitungen Sulzers angefangen hatte, bis heute aufgeführt. Er war ein Befürworter der Orgelmusik; es gelang ihm aber nicht, seine Gemeinde in Wien für die Anschaffung eines solchen Instruments zu gewinnen. Moritz Friedmann konnte in Budapest in dieser Hinsicht Wien übertrumpfen. Zuerst führte er die Musik und Ordnung nach Sulzers „Schir Zion" ein und ergänzte diese Musik erst allmählich mit eigenen Kompositionen. Zudem besaß Budapest eine große Orgel und mit Gerhard Wöhler einen ungemein tüchtigen deutschen Organisten. Mit Stolz wurde immer wieder erwähnt, dass sogar Franz Liszt und Camille Saint-Saëns auf dieser Orgel gespielt und sie sehr gelobt hätten. Das heutige Instrument, eine viermanualige Jehmel-Orgel mit 53 Registern, wurde 1994 eingebaut und verwendet nur einige Pfeifen der Vorgängerin.

Sein bemerkenswertes Ansehen nutzte Moritz Friedmann überdies für den außermusikalischen Bereich. Obwohl persönlich nicht betroffen, setzte er sich für die soziale und gesellschaftliche Anerkennung seiner oft gering geachteten Amtskollegen ein. Der Stärkung ihres Ansehens diente vor allem ein Verein jüdischer Kultusbeamten, dessen Zeitschrift er selbst redigierte und dem er bis 1881 als Präsident vorstand. Er schuf sich einen würdevollen Amtstalar, dessen Form bis wenigstens 1931 unverändert blieb und anderen Kantoren als Vorbild diente. Bei der Gründung des Budapester Rabbinerseminars sollte er Lehrbeauftragter für die kantorale Ausbildung der Rabbiner werden. Er nahm dieses Amt nur unter der Bedingung an, dass es als volle Professur anerkannt wurde, die er dann über 20 Jahre hindurch wahrnahm. Weit über seinen Tod hinaus prägte sein Wirken den Stil der Musik in der Großen Synagoge in Budapest und in vielen anderen Gemeinden.

Wie aber wurde musiziert? Der traditionelle jüdische Gottesdienst kannte nur Gebete, die entweder wie in der Gregorianik auf einer Grundmelodie mit formaler Gliederung in Phrasen und Perioden oder in Variationen vorgetragen wurden. Reichere Gemeinden engagierten als Vorbeter Männer, die mit einer schönen Stimme und Musikalität begabt waren und eröffneten damit den Weg in die Professionalität.[2] Wichtiger als die Schönheit des Gesangs war dabei, wie rein ein Kantor die Stimmung eines Tages treffen konnte, sollte doch jeder Schabbat und jeder Feiertag schon an der Charakteristik der Grundmelodie erkennbar sein. Nun wirken die langen Gottesdienste, in denen die Grundmelodien stets im gleichförmigen klagenden Ton vorgetragen werden, häufig eintönig, und deshalb nutzten immer mehr Kantoren die Möglichkeit, an bestimmten Stellen individuelle Melodien einzuschieben. Diese Sitte verbreitete sich schnell, wobei findige Kantoren dazu populäre Lieder verwendet und sich sogar selbst bei Opern und Operetten bedient haben.

In orthodoxen Gemeinden wurden solche musikalischen Einschübe misstrauisch angehört. Die liberale Mehrheit im Tabaktempel schloss sich dieser Entwicklung jedoch an und bot mit Orgel und vielstimmigem, gemischtem Chor einen noch höheren Kunstgenuss. Hier lauschten Besucher Johann Sebastian Bachs Präludium und Fuge in d-Moll und anderen Stücken, meist ohne ihre Herkunft zu kennen. Für orthodoxe Juden war das ein Gräuel. Seit der Zerstörung des Tempels kann es für sie keinen Tempel und auch keine Tempelmusik mehr geben. Ein Gottesdienst mit Predigt, gemischtem Chor und Orgelmusik verdränge ihrer Meinung nach das persönliche Gebet und die häuslichen Feiern. Die Besucher eines solchen Gottesdienstes seien nicht mehr in erster Linie Beter, sondern stille, andächtige Zuhörer. In meiner orthodoxen Schule wurde ein Junge, der wegen der Musik die Große Synagoge besucht hatte, gescholten: „Dein Vater und Dein Großvater sind so anständige Juden und Du sollst Dich schämen, dass Du das getan hast." Für uns war diese Art Gottesdienst mit Predigt und Musik anfangs bloß eine jüdische Kuriosität. Wir besuchten ihn dennoch wegen der feurigen Predigten von Rabbiner Jozsef Katona s. A., gingen aber anschließend doch wieder zurück in unsere orthodoxe Synagoge in der Kazinczy utca zu den nachmittäglichen Lernvorträgen. Im Laufe der Zeit besuchten immer mehr Orthodoxe im Anschluss an unseren Gottesdienst, der früher begonnen hatte, der Musik wegen den Tabaktempel. Wenn sie darauf angesprochen wurden, verteidigten sie sich: „Ich habe dort doch nichts gemacht, ich habe nur zugehört."

Es wäre aber, wie gesagt, einseitig, würde man den Tabaktempel als „liberale Gemeinde" im heutigen Sinne bezeichnen. In einer liberalen Synagoge würde man sicher kein Eruw-Zeichen (ein Stück Matze, das an der Wand hängt) finden. Orgelmusik und Eruw Techumim (Mischen von Grenzen) sind eigentlich unvereinbar. Im Tabaktempel hatte beides Platz. Ein Eruw ermöglicht selbst streng Gesetzestreuen Aktivitäten, die am Schabbat verboten wären. Beim Eruw Techumim wird an einem Ort, der außerhalb des eigenen Siedlungsgebiets liegt, ein Lebensmittel hinterlegt. Auf diese Weise wird dieser Ort (hier der Tabaktempel) zum zeitweiligen Zuhause des Besuchers erklärt und damit das Verbot, zum Beispiel ein Gebetbuch zu tragen, aufgehoben.

So wie es in der Budapester Hauptsynagoge zwei Oberrabbiner gab, so gab es auch zwei Oberkantoren. Zu meiner Zeit amtierte allein der gesetzestreue Oberkantor Manuel (Mano) Abrahamson. Er trug einen prächtigen Talar und seinen Tallit wie eine Stola. Er wohnte gegenüber der Synagoge und zog sich für diesen kurzen Weg nicht eigens um. Dementsprechend bot er den nichtjüdischen Zuschauern regelmäßig ein besonderes Schauspiel, wenn er würdigen Schritts einherging, sich dabei mit Begleitern leutselig unterhielt und sein rundes Birett hocherhobenen Hauptes über die Straße trug.

Wir haben gesehen: Der Streit um Orgel und Musik in einer Synagoge ist ein sicherer Indikator für die Prägung einer Gemeinde zwischen Orthodoxie und Liberalismus. Die Gemeinde im Tabaktempel hatte ihre gemäßigt konservative Form gefunden, und Orgel, Predigt und Chormusik gehören dazu. Der heutige Oberrabbiner der Großen Synagoge, Robert Fröhlich, stammt aus einer bekannten, streng koscheren Budapester Konditorenfamilie und heiratete eine Frau aus sehr konservativem Haus. Von dieser Herkunft geprägt schaffte er das Orgelspiel im Gottesdienst ab. Die Orgel dient heute mit Konzertveranstaltungen vorwiegend touristischen Zwecken. Ich habe nicht gehört, dass durch die Abschaffung des Orgelspiels im Gottesdienst die Gemeinde religiöser geworden wäre.

EIN DENKMAL FÜR DEN MAHARAM
LEBEN UND WIRKEN DES RABBI MEIR VON ROTHENBURG OB DER TAUBER

Der jüdische Gelehrte Rabbi Meir von Rothenburg war auch bei seinen Feinden so berühmt, dass sie für ihn, als sie ihn gefangen gesetzt hatten, ein astronomisch hohes Lösegeld verlangten und selbst um seinen Leichnam 14 Jahre lang pokerten. Dennoch ist Meirs Name im nichtjüdischen Bereich höchstens noch seines Schicksals wegen bekannt; der Grund für seine nachhaltige Bedeutung und Berühmtheit ist aus dem allgemeinen Gedächtnis verschwunden.

Wer war dieser Rabbi Meir ben Baruch von Rothenburg, der auch verehrungsvoll „Maharam" genannt wird? Gesicherte Fakten zu seiner Biographie sind wenig überliefert. Die Gelehrten der zweiten Hälfte des 13. Jahrhunderts berufen sich oftmals auf die Person des Rabbi Meir, jedoch bieten sie zu seinem Leben nur geringfügige Daten und Materialien. Dazu kommt, dass spätere Chronisten die Person Rabbi Meirs von Rothenburg und seine Biographie häufig mit jener des Rabbi Meir ben Todros Halevi Abulafia verwechselt haben, der von 1180 bis 1240 in Toledo lebte. Man kennt ihn als fanatischen Gegner der philosophischen Methode des Moses ben Maimon, genannt Maimonides (1135-1204), der als Philosoph, Gesetzeslehrer und Arzt (unter anderem Leibarzt des Sultans in Ägypten) gewirkt hatte und als einer der bedeutendsten Gelehrten aller Zeiten gilt.[1]

Rabbi Meir wurde um 1220 in Worms geboren. Sein Vater Baruch ben Meir war wie andere Verwandte ebenfalls ein Talmudgelehrter. Nach Julius Wellesz[2] war sein Großvater mütterlicherseits Rabbi Eleasar ben Jehuda aus Worms, der als ein Vertreter des deutschen mystischen Chassidismus, als liturgischer Dichter und Autor des halachisch-ethischen Werkes „Rokeach" (Arzneimischer, Salbenbereiter) bekannt ist.[3]

In seiner Jugend studierte Rabbi Meir in Würzburg. Diese Stadt war damals eines der markantesten geistigen Zentren der Juden in Deutschland. Das Lehrhaus leitete eine anerkannte Autorität, der Wiener Talmudgelehrte Rabbi Jitzchak ben Moses (1180-1260), der nach seinem halachischen Hauptwerk „Or Sarua" (Licht erstrahlt ..., Psalm 57,11) genannt wird. Neben ihm wirkten zu der Zeit noch andere herausragende Rabbiner in Würzburg.

Um Rabbi Meirs Werdegang zu verstehen, muss einiges über die engen Beziehungen der jüdischen Gelehrten und ihrer Schulen in Deutschland und Frankreich gesagt werden. Die studierwillige jüdische Jugend wanderte oft und gerne nach dem Besuch der deutschen Talmudschulen zur Fortsetzung ihrer Studien nach Frankreich. Dort eignete man sich in den Lehrhäusern der Tossafisten die Kenntnisse der dialektischen Methode des Talmudstudiums an. Die Tossafisten strebten nicht danach, einen fortlaufenden, grundlegenden Kommentar zum Talmud zu erarbeiten; sie wollten lediglich Lücken und schwierige Stellen in den Kommentaren des Raschi (1040-1107, geb. in Troyes, lebte in Mainz) ausfüllen, erläutern und mit Vergleichen einzelne Widersprüche auflösen. Die Talmudschule in Paris, geleitet von Rabbi Jehuda Sir Leon[4] und anschließend von Rabbi Jechiel Sir Vives[5], hatte 300 Schüler. Die Glanzzeit dieser Schule in der ersten Hälfte des 13. Jahrhunderts wurde jäh unterbrochen, als der getaufte Jude Nicolas Donin bei Papst Gregor IX. den Talmud als christenfeindliche Schrift anprangerte. Aufgrund dieser Verleumdung wurden die Handschriften des Talmud eingezogen und 1242, zwei Jahre nach der Disputation vom Juni 1240, öffentlich verbrannt. In dieser Zeit kam Rabbi Meir nach Paris zum Studium. Jechiel ben Josef, genannt Sir Vives (um 1200-1286), war einer der vier Gelehrten, die in der Disputation den Talmud verteidigten. Rabbi Meir muss von den Vorgängen tief beeindruckt gewesen sein, denn er beklagte das Verbrennen der Handschriften in einer Kina (Trauerlied). Bis heute wird es am größten Trauertag des Jahres Tischa be'Aw, der an die Zerstörung des Tempels erinnert, als „Scha'ali serufa" in der Liturgie rezitiert.

Die Lehrjahre in den französischen Schulen beeinflussten die Richtung und die Zielsetzung im späteren Wirken des Rabbi Meir entscheidend. Wann genau er aus Frankreich nach Rothenburg ob der Tauber kam (um 1250), ist nicht bekannt, denn seine Dezisionen (Entscheidungen), aus denen man Daten erschließen könnte, tragen keine Orts- und Zeitangaben. Rothenburg lag an der Kreuzung von zwei zentralen Handelsstraßen und hatte etwa 5000 Einwohner, war in der Größe demzufolge damals mit Mainz oder Ravensburg vergleichbar.[6] Die Stadt muss bereits sehr bedeutend gewesen sein, denn zwei Jahre vor Rabbi Meirs Rückkehr in seinen Geburtsort Worms war sie 1274 zur Freien Reichsstadt erhoben worden. Die jüdische Gemeinde der Stadt zählte zu einer der ältesten Deutschlands und umfasste zu dieser Zeit rund 500 bis 600 Personen, also rund zehn Prozent der Einwohner. Sie besaß sämtliche wichtigen jüdischen Einrichtungen wie Synagoge, Mikwe (rituelles Tauchbad), Friedhof und Gemeindehaus. Eine Talmudschule (Jeschiwa) war wohl schon vorhanden, doch war es Rabbi Meirs Ruf, der bald Schüler aus ganz Europa nach Rothenburg lockte.

Man darf sich das Leben und Wirken dieses Gelehrten und seiner Schule nicht nach heutigem Wissenschaftsverständnis als vorwärtsgewandt vorstellen. Bereits die traditionelle nachbiblische Literatur lehrt uns: „Ma'asse Awot – Siman Lebanim", die Erlebnisse der Einzelnen, Väter und Mütter, bestimmen das Schicksal der späteren Geschlechter des jüdischen Volkes. Selten drang der Lärm großer Ereignisse in die Lehrhäuser der mittelalterlichen Juden. Die Meister, die über die Tradition und Lehre wachten, hüteten pietätvoll das Erbe der Ahnen in ihren Unterrichtsstätten. Alle litten unter dem Druck der Obrigkeit, unter der Wehrlosigkeit, der sie ausgeliefert waren. Und trotzdem beeindrucken Rabbi Meirs literarische Tätigkeit und Gelehrsamkeit wie auch sein Wirken als Lehrer bis heute jeden, der mit seinen Werken in Berührung kommt. Seine Schule wurde ein Wegweiser in der Geschichte und Methode des Talmudstudiums.

Worin genau lag diese herausragende Bedeutung? Gewiss, es gibt von ihm und seinen Schülern Kommentare zu einzelnen Talmudtraktaten sowie Notizen und Glossen im Stile der Tossafisten zu Werken des Maimonides[7] und des Alfasi[8]. Dennoch stellt Julius Wellesz fest, dass die Rothenburger Schule in der Halacha-Forschung (Halacha: gesetzesmäßige rabbinische Entscheidung) keine neue Richtung darstellte. Maßgeblich ist Rabbi Meir aber durch die Menge und Wirkung von über 1000 Dezisionen und Responsen (Beantwortungen von religiösen, sachlichen, juristischen Fragen) geworden, die seine Schule gesammelt und verbreitet hat. Es handelt sich bei dieser Literaturgattung um prinzipielle Entscheidungen, ausgelöst durch Anfragen rechtlicher Art an eine jüdisch-halachische Autorität mit dem Ziel eines normativen Urteils. Solche Responsen wurden verbreitet, diskutiert und ihre Ergebnisse je nach Überzeugungskraft von vielen Gemeinden übernommen. Ihre Urheber galten zu Recht als große Gelehrte, und Rabbi Meir erwarb sich damit einen legendären Ruf. Seine Festlegungen mit den entsprechenden Sitten und Bräuchen haben in den Aufzeichnungen seiner Schüler die Praxis des religiösen Lebens jahrhundertelang geprägt. Diese Responsen besitzen für die Nachwelt kulturhistorisch noch einen besonderen Wert. Die Fälle, die zur Entscheidung anstanden, überliefern uns wie keine anderen Quellen konkrete Einblicke in die Lebensbedingungen von Juden im Mittelalter.

Bis in die frühe Neuzeit kümmerte sich die jeweilige Obrigkeit nicht um die Verhältnisse der Juden untereinander. Sie alle mussten entsprechend der Gesetze und Belege der Tora und des Talmud geregelt werden. Dazu einige Beispiele: Die Festsetzung von Steuern bereitete Rabbi Meir häufig Sorgen, denn die gerechte Verteilung der Abgaben innerhalb der jüdischen Gemeinden war eine der schwierigsten Aufgaben überhaupt. Es gab vielerorts lokale Sitten, Gewohnheitsrechte und immer wieder neue Steuerlasten. So bedurfte es einer genauen Kenntnis der verzweigten Beziehungen, um für die jeweiligen Probleme und Fragen die richtigen Beschlüsse zu treffen. Wie in jedem Herrschaftsgefüge fanden sich auch innerhalb der jüdischen Gemeinschaft privilegierte Personen, die von den christlichen Machthabern von den Abgaben befreit worden waren. Andere Gemeindemitglieder wiederum wechselten ihre Wohnorte, um auf diese Weise zumindest vorübergehend den Zahlungen zu entkommen. Manche handelten mit ihrer Obrigkeit auf direktem Wege ihre Steuersätze aus – und erhielten Nachlässe. Doch die verbindlichen rabbinischen Urteile von Rabbi Meir erkannten solche außergewöhnlichen Vereinbarungen nicht an. Er verpflichtete gleichfalls die weggezogenen „Steuerflüchtlinge", ihre Schulden zu begleichen.

Rabbi Meirs Ruf muss sich rasch im ganzen deutschsprachigen Raum und darüber hinaus ausgebreitet haben, denn wir wissen, dass er schon bald nach seinem Amtsantritt in Rothenburg häufig an den rabbinischen Synodalversammlungen teilgenommen hat, die in Speyer, Worms und Mainz abgehalten und bei denen vornehmlich wichtige Entscheidungen in eherechtlichen Sachfragen getroffen wurden. Zahlreiche Dezisionen dieser Zusammenkünfte tragen seinen Namen. Es ist bekannt, dass er auch zwischen diesen Versammlungen Kontakte zu allen bekannten rabbinischen Persönlichkeiten des aschkenasischen Judentums gepflegt hat.

Reichspolitik störte mehr und mehr die Arbeit Rabbi Meirs und seiner Gemeinde. Für den geringfügigen Schutz, den König Rudolf I. von Habsburg den Juden gewähren konnte, verlangte der Herrscher übermäßig hohe Abgaben. Die wiederholten Ritualmord-Anklagen und Verfolgungen ließen die Juden trotz der gegebenen Zusicherungen schutzlos. In Mainz, Bacharach, Brückenhausen, München und Oberwesel fanden blutige Pogrome statt. Viele Juden flohen. Im Sommer 1286 beschloss auch Rabbi Meir, zusammen mit einigen Anhängern, Deutschland zu verlassen. Wohin die Reise führen sollte, das sagen die Quellen nicht. Fromme Erzähler meinen zu wissen, dass er ins Heilige Land fahren wollte.[9] Wellesz ist der Ansicht, dass eher persönliche Motive entscheidend waren. Nach der Darstellung von Gedalja ibn Jachja[10] hatte König Rudolf I. von Rabbi Meir eine große Summe Geldes verlangt. Warum? In einer ähnlichen Situation verließ zwei Jahrzehnte später Ascher ben Jechiel (genannt Rosch) Hals über Kopf sein Land. Er hatte sich in einer Zwangslage beim König für eine hohe Geldsumme verbürgt, die er dann bei seinen Glaubensgenossen nicht eintreiben konnte. Ob bei Rabbi Meir der gleiche Grund vorlag? Eine dritte Version erklärt die spätere Verhaftung aus der politischen Situation. Nach dem Interregnum suchte Rudolf I. von Habsburg die zentrale Königsgewalt zu stärken und wollte unter anderem dazu die Steuern von „seinen" Juden direkt eintreiben. Die jüdischen Gemeinden mit Rabbi Meir an der Spitze argumentierten, diese Abgaben seien schon in ihren ohnehin hohen lokalen Lasten enthalten. Um dem immer stärker werdenden königlichen Druck auszuweichen, sei die Auswanderungsbewegung entstanden.[11]

Rabbi Meir reiste durch die Schweiz in Richtung Mittelmeer. In der Lombardei kreuzte er den Weg des Bischofs von Basel, in dessen Geleit sich ein getaufter Jude namens „Knippe" befand. Der erkannte den Rabbi und verriet ihn an Meinhard II., Graf von Tirol und Herzog von Kärnten, einen Parteigänger von Rudolf von Habsburg, der ihn ergriff und an den König auslieferte. Der Schreiber der Annalen von Colmar setzt die Gefangennahme in das Jahr 1287, Wellesz nimmt als Datum der Verhaftung den 28. Juni 1286 an.[12] Rabbi Meir wurde an einem Ort eingesperrt, der mit „Wasserburg" bezeichnet wird. Dies lässt unterschiedliche Erklärungen zu, und die Lehrmeinungen gehen auseinander. Neben Wasserburg am Inn wird zum Beispiel auch ein Wasserburg genannt, das 20 Kilometer vom elsässischen Ensisheim gelegen ist.[13] Vermutlich handelt es sich um eine Festung bei Mainz, die von einem Wassergraben umgeben war. Es kann aber auch durchaus Ensisheim selbst gemeint sein, dessen habsburgische Feste in der Art einer Wasserburg angelegt war.[14]

Die namhaftesten Gelehrten der rheinischen Gemeinden kamen zu einer Synode zusammen, in der über die Summe eines Lösegeldes für Rabbi Meir diskutiert wurde. So berichtet Rabbi Jitzchak „Or Sarua", der unmittelbar zuvor aus Frankreich zurückgekehrt war, die Gefangenschaft seines Lehrers Rabbi Meir sei das Druckmittel, mit der Rudolf das uneingeschränkte Recht der direkten Steuererhebung erzwingen wolle, und er nennt die Summe von 23 000 Pfund, die dem König anzubieten sei.[15] Der Rabbi selbst erhob Einspruch gegen die extremen Pläne, nach denen sogar die Immobilien der Waisen besteuert werden sollten. Wellesz sieht es in diesem Zusammenhang als erwiesen an, dass die Mitglieder der Synode den Rabbi vorerst nicht auslösen, sondern lediglich eine bestehende Bürgschaft beim König annullieren wollten. Seine Schüler durften Rabbi Meir in der Gefangenschaft besuchen und seine Lehrvorträge verfolgen, sie durften ihm ihre Schriften zeigen und seine Entscheidungen über halachische Fragen erbitten. Rabbi Meir konnte mit dem Rosch und mit anderen gelehrten Männern korrespondieren. Er arbeitete sogar an seinen Erläuterungen zu dem Talmudtraktat „Baba Mezia".[16] Sehr bezeichnend für seine Gemütsverfassung ist ein Schreiben, welches er an den Rosch richtete: „Zu Traktat Gittin [Scheidungsrecht] besitze ich keine Tossafot-Kommentare [frühmittelalterlichen Kommentare zum Talmud], wie auch keinerlei Materialien. Ich schrieb dir, wie mir von droben offenbart wurde … Wenn jedoch die Tossafot oder die Codices gegen mich sprechen sollten, so ist meine Meinung nichtig …" Die Gemeinden bemühten sich immer weiter um die Freilassung des Gefangenen. Der untersagte dies gleichwohl mit dem Argument, man dürfe niemanden über seinen Wert auslösen, weil dies künftig ähnliche Fälle nach sich ziehen würde.

Sieben Jahre lang wartete Rabbi Meir auf seine Befreiung. Vergeblich. Die Erlösung kam erst durch seinen Tod am 27. April 1293. Noch 14 Jahre lang ließ man ihn nicht zur letzten Ruhe kommen, weil der Hof darauf spekulierte, dass die pietätvollen Juden ihren Meister doch noch teuer freikaufen würden. Erst im Jahre 1307 opferte Alexander ben Salomon genannt Süßkind Wimpfen aus Frankfurt am Main sein ganzes Vermögen und löste die sterblichen Überreste des Rabbi aus. Als einzigen Wunsch erbat er sich, nach seinem eigenen Tode zu Füßen des Rabbi begraben zu werden. Die beiden Grabsteine, der des Rabbi Meir ben Baruch von Rothenburg und der des Alexander ben Salomon Wimpfen, haben im Gegensatz zu jenem des Rabbi Baruch ben Meir (Vater des Maharam) den Zweiten Weltkrieg überstanden. Sie stehen auf dem Alten Judenfriedhof in Worms, gleich links zu Beginn des Hauptweges. Die Inschriften lauten in deutscher Übersetzung: „Maharam, unser Lehrer Meir. Dieses Denkmal steht zu Häupten unseres Meisters, des Rabbi Meir, des Sohnes des Rabbi Baruch, den der römische Kaiser am 14. Tammuz des Jahres 5046 gefangen hatte. Er starb am 19. Ijjar des Jahres 5053 im Gefängnis und wurde nicht begraben bis zum 4. Adar des Jahres 5067. Seine Seele weile bei den Seelen der Gerechten der Welt im Garten Eden. Amen, Amen, Sela" und „Dieses Grabmal wurde gesetzt zu Häupten des edlen Alexander ben Salomon. Er starb am Versöhnungstage, Donnerstag, und wurde bestattet am 11. Tischri des Jahres 5068.

Seine Sehnsucht, die Gott ihm erfüllte, war, unseren Meister auszulösen, unseren Lehrer, Rabbi Meir ben Baruch, der nach seinem Tode noch viele Jahre im Gefängnis gehalten wurde. Dieser Edle löste ihn durch Gottes Gnade. Nun ist das Glück ihm zuteil geworden, an seiner Rechten bestattet zu sein. Möge er auch im Jenseits unter den Seligen in Eden ihm zur Rechten weilen. Amen, Amen, Amen, Sela."[17] Rabbi Meir fand endlich in Worms seine letzte Ruhestätte. Im (bürgerlichen) Jahr 1307, am 11. Tischri, verstarb Wimpfen. Ihre beiden Gräber, diese stillen Denkmale der Treue und Ehre der Weisheit der Tora, legen laut und vernehmbar Zeugnis vom ewigen Schicksal des jüdischen Volkes ab.

Die Bedeutung von Rabbi Meir von Rothenburg liegt in erster Linie in der Standhaftigkeit seiner Persönlichkeit, die auf seinem harten Leidensweg keinen Einbruch erlitt. „Diejenigen, die den Namen unseres Gottes zu heiligen trachten, spüren keine Schmerzen …" So lautet ein überlieferter Ausspruch von ihm. Sein Ehrenname „Maharam" setzt sich im Hebräischen aus den Buchstaben „MHRM" zusammen, die mit verbindenden Vokalen als „Maharam" gelesen werden. Sie resultieren aus den Anfangsbuchstaben folgender Wörter: „Morenu", das heißt „unser Lehrer, unser Meister" – ein seit dem 14. Jahrhundert von Wien ausgehender Gelehrtentitel für einen Talmudbeflissenen als Voraussetzung für das Rabbineramt. „Haraw" bedeutet „Rabbiner, Oberhaupt, der Große". „Rabbi" steht für die ehrfurchtsvolle Anrede „mein Herr", und der letzte Buchstabe markiert den Eigennamen „Meir".

Als Gelehrter schließt der Maharam die Reihe der ersten Autoritäten in Deutschland.[18] Seine Rolle in der Geschichte der Halacha ist unschätzbar. Er erläuterte die ersten und letzten Ordnungen der Mischna (erste Niederschrift der mündlichen Tora), sammelte die Grundsätze der Segenssprüche, des Schächtens, der Trauerprozesse. Er verfasste Kommentare zu den Talmudtraktaten Berachot (Segnungen), Schabbat, Nedarim (Gelöbnisse, Gelübde), Baba Kamma (Erste Pforte), Baba Mezia (Mittlere Pforte), Baba Batra (Letzte Pforte; diese „3 B"-Traktate behandeln das mosaische Zivilrecht), Schwuot (Eidesleistungen), Chullin (Ritualien) und Menachot (Speiseopfer). Seine über 1000 Responsen[19] haben die kulturelle Entwicklung des aschkenasischen Judentums ganz wesentlich beeinflusst, und seine liturgischen Dichtungen und Klagelieder werden bis auf den heutigen Tag rezitiert. Vor allem jedoch hat er durch eine Vielzahl von berühmten Schülern[20] die Kontinuität des jüdischen Geisteslebens gesichert.

Sein Andenken möge den späteren Nachfahren Mut zum Studium und zum ethischen Handeln machen.

---

* *Leicht veränderte Fassung des Erstabdrucks: Zur Geschichte der mittelalterlichen jüdischen Gemeinde in Rothenburg ob der Tauber. Rabbi Meir ben Baruch von Rothenburg zum Gedenken an seinem 700. Todestag. Hrsg. Hilde Merz. Rothenburg ob der Tauber 1993.*

EIN TIER – DAS NUR IM BUCHE STEHT
DAS EINHORN UND SEINE BEDEUTUNG

Über 20 Jahre lang hatte ich als Rabbiner meinen Platz in der Stuttgarter Synagoge. In dieser Zeit habe ich zahlreiche interessierte Besucher durch das Innere geführt und ihnen die verschiedenen Embleme und Inschriften erklärt. Schon auf den ersten Blick fällt auf, dass die Brüstung der Frauenempore mit Tierdarstellungen geschmückt ist. Abgebildet sind die Symbole der zwölf Söhne des Stammvaters Jakob in der Reihenfolge ihrer Geburt, angefangen mit Ruben, Simeon, Levi, Juda usw. aus der Ehe mit Lea, und natürlich dann Josef und Benjamin aus der Ehe mit Rahel. Der Löwe beispielsweise steht für Juda und den messianischen Gedanken. Er wanderte von da aus in der Heraldik als Zeichen der Macht und des Königtums in die Wappen Bayerns, Großbritanniens und vieler anderer Länder und Staaten.

Doch der Mensch nimmt nicht alles auf, was er sieht, und so bemerkte ich lange nicht, dass ich bei meinen Erklärungen nicht genauer erläutert habe, warum für den zweitjüngsten Sohn Jakobs, für Josef, das Einhorn abgebildet ist. Bis mich eines Tages ein Besucher aus der Mannheimer Gemeinde fragte, warum denn im Judentum dieses Fabeltier für Josef stünde. Gute Frage!? Nach kurzem Nachdenken habe ich die Stellen aus der Tora und dem Midrasch zitiert, die auf Josef verweisen. Da ist zunächst Psalm 92,10-11, den wir Freitagabends singen: „Denn siehe Deine Feinde, Herr, werden umkommen; und alle Übeltäter müssen zerstreut werden. Aber mein Horn wird erhöht werden wie eines Einhorns, und ich werde gesalbt mit frischem Öl." Und weiter: Am Ende des 5. Buches Mose (33,17) resümiert Moses sein Leben und seine Erfahrungen und sagt bezogen auf Josef: „Seine Herrlichkeit ist wie eines erstgeborenen Stieres, und seine Hörner sind wie Einhörner …" Das Einhorn verweist in diesen Zitaten auf die Reinheit und Tugend, die beide Josef zugeschrieben werden.

Nach dem Novemberpogrom von 1938 wurde die alte Stuttgarter Synagoge im Hospitalviertel abgerissen. Auf einem Stich, der das Innere zeigt, ist keine Bemalung der Brüstung zu erkennen. Wer den Künstlern das Bildprogramm der neuen Synagoge 1952/53 vorgegeben hat, ob es eventuell Vorbilder dafür gab, ist nicht genau bekannt. Den Bau planten bis in die Einzelheiten des Innenraums Ernst Guggenheimer und sein Mitarbeiter Hans Jauß. Der jüdische Architekt Guggenheimer war 1938 gezwungen worden, am Abriss der ausgebrannten alten Synagoge mitzuarbeiten. Die Schoah hat er im Untergrund überlebt und er hat sich nach dem Krieg wieder in Stuttgart niedergelassen. 1946 war er auch Mitglied der verfassunggebenden Landesversammlung für Württemberg-Baden. Die künstlerische Innengestaltung der neuen Synagoge übernahm der Kunstmaler Karl Löffler; er ist also wohl der Schöpfer der Sgrafitti. Der damalige Landesrabbiner Dr. Siegbert Izchak Neufeld war in die Gestaltung vermutlich nur insoweit einbezogen, als es um die Klärung ritueller Fragen ging. Ein weiterer Einfluss von ihm sei nicht feststellbar, so jedenfalls Sonja Hosseinzadeh in einem Beitrag.[1]

Was aber haben Josef und das Einhorn miteinander zu tun? Dazu muss man zweierlei wissen: Das Horn (hebräisch: Keren) hat neben seiner figürlichen auch eine übertragene Bedeutung, nämlich die der Erhöhung der Würde, der Ehre, des Ansehens. Wir beten an Jom Kippur (Versöhnungstag) und Rosch Haschana (Neujahr) „Harem Keren Jisrael Amecha" (Erhöhe, oh Herr, die Würde Deines Volkes Israel. Erhöhe die Würde Deines Messias). Außerdem bedeutet der Name „Josef" wörtlich übersetzt „Er fügt hinzu", und die Volksetymologie weiß, dass Rahel mit der Namensnennung von Josef gesagt habe: Der Herr gebe mir noch einen Sohn. Dieser Wunsch verweist wohl auf den nachgeborenen Benjamin.

In der Bibel finden wir mehrere Zitate zu Josef. Zentral sind die Worte des Pharaos, als ihm Josef die Träume von den sieben fetten und sieben mageren Jahren gedeutet hatte: „Kann man noch einen Menschen finden, in dem so der Geist Gottes innewohnt?" (1. Buch Mose 41,38) Das heißt also: Josef ist vom Geist Gottes. Deshalb bestimmt der Vater, dass dieser Sohn den doppelten Anteil vom Erbe bekommen solle, obwohl der eigentlich dem Erstgeborenen zustand. Gerühmt wird außerdem Josefs vorbildliche Zurückhaltung. So bleibt er standhaft, als ihn die Frau des Potifar verführen will (1. Buch Mose 39,7). Im Midrasch wird gefragt, warum ein so schöner junger Mann einer so vornehmen Frau Widerstand leisten kann. Josef war sicher, so die rationale Begründung des Midrasch, dass der Gott seiner Väter Abraham, Isaak und Jakob die von ihm erwählten Menschen im Traum anzusprechen pflege. Wie könne er also, wenn ihn Gott bei Nacht rufe, bei einer fremden, verheirateten Frau liegen? Einen weiteren Hinweis auf Josefs Bedeutung haben wir in einer messianischen Lehre der nachbiblischen Zeit. Nach einem Midrasch erwartet das jüdische Volk nämlich nicht nur einen Messias, denn die Aufgabe ist zu groß und für einen Einzelnen nicht zu bewältigen. Es wird – so der Midrasch – auch einen Messias ben Josef geben: Der wird Israel aus der Diaspora befreien und jegliche materiellen Ungerechtigkeiten beseitigen. Und dann wird kommen der David-Sohn, der die geistige Erlösung bringen wird. Diese Aussage scheint ebenso auf die Erhöhung Josefs, auf Keren (Horn) hinzuweisen.

Doch zurück zum Einhorn selbst. Wir können nicht sämtliche Tiere, die in der Bibel erwähnt sind, eindeutig identifizieren, ebenso nicht alle aus den Büchern Mose. Das hebräische „Re'em" wurde im 3. Jahrhundert im Griechischen mit „monokeros" wiedergegeben und von dort im Vetus Latina mit „unicornis" übersetzt. Die Vulgata hat daraus „rhinoceros" oder „monoceros" gemacht und Martin Luther hat es mit „Einhorn" wiedergegeben. Wörtlich heißt es bei Luther: „Sein herrligkeit ist wie ein erstgeborener Ochse / und seine Hörner sind wie Einhörners Hörner ..."[2] Es liegt wohl nahe, dass das Rhinozerus als Vorbild des Einhorns dient, doch verbinden alle (späteren) Abbildungen des Tieres das gedrechselte Horn mit dem edlen Körper eines Pferdes. Die christlichen Kirchen interpretierten das Einhorn als Symbol des allein heilbringenden Glaubens. Verschiedene Autoren halten das Fabeltier für eine schlichte Fehlinterpretation. Die Begründung dafür: Auf frühen Darstellungen seien Stiere, Auerochsen und andere Hornträger immer streng im Profil abgebildet worden. Deswegen sei der Eindruck entstanden, dass die Tiere nur ein Horn haben. Auch die neueste revidierte Fassung der Lutherbibel folgt dieser Annahme. „Sein erstgeborener Stier ist voll Herrlichkeit, und seine Hörner sind wie die Hörner wilder Stiere"[3], heißt es hier in der Genesis.

Weite Verbreitung fand die Vorstellung vom Einhorn durch den „Physiologus", einem Volksbuch aus dem 2. Jahrhundert über wundersame Tiere und Pflanzen. Umso bemerkenswerter ist es, dass der Mythos weder im griechischen noch im römischen Kulturbereich auszumachen ist und zudem keine antiken Abbildungen bekannt sind. In späteren Darstellungen werden allerdings orientalische Einflüsse deutlich. In den Allegorien der „Bestiarien", einer Buchgattung, die im 12. und 13. Jahrhundert große Beachtung fand, werden Tiere mit der christlichen Heilslehre in Zusammenhang gebracht. Das Einhorn galt als besonders edel und wurde deshalb häufig mit Maria verbunden. Damit stand es für die Reinheit der Kirche und ihrer Verkündigung. Das Einhorn bettet seinen Kopf in den Schoß Marias, die es beschützt – ein Motiv auf vielen Bildern. In den späteren schon säkularisierten Erzählungen ist es ein fester Topos, dass das scheue Fabeltier nur von einer keuschen Jungfrau gefangen werden kann. Das „echte Einhorn-Horn" war im späten Mittelalter und der frühen Neuzeit sehr begehrt. Von Venedig bis nach Dänemark wurden Beispiele gezeigt, doch handelt es sich bei allen Objekten um die Eckzähne von Narwalen, die eine gedrechselte Form aufweisen.

Ein wunderbares Exempel für die lebendige Vorstellung vom Einhorn im Judentum und eine besondere Kostbarkeit jüdischer Kunst ist in Schwäbisch Hall im Hällisch-Fränkischen Museum aufbewahrt.[4] Dort wird die Vertäfelung einer Unterlimpurger Zimmersynagoge gezeigt, die 1738/39 von Elieser Sussmann ben Salomon Katz ausgemalt wurde und die Zerstörungen der NS-Zeit im Museumsdepot des Historischen Vereins für Württembergisch Franken überlebt hat. Wobei „Zimmersynagoge" für dieses Ausstellungsstück von europäischem Rang eigentlich der falsche Begriff ist, denn die Betstube war ursprünglich im Dachgeschoss eines Hauses in Unterlimpurg (heute ein Stadtteil von Schwäbisch Hall) eingerichtet – im Dachgeschoss, weil über dem sakralen Raum kein profanes Zimmer liegen durfte. Zu sehen sind ein springender Hirsch, ein Wolf und eine Gans, ein Elefant, der eine Synagoge trägt, ein Eichhörnchen, das eine Nuss knackt, und ein schwarzer Hahn; neben diesen und anderen Tierdarstellungen finden wir hier in einem Deckenmedaillon das Bild eines prächtigen Einhorns. Ornamentwände mit Schmuckelementen aus Flora und Fauna, wie wir sie von den Mosaiken sakraler und profaner Bauten der Antike kennen, umrahmen die Gebetstexte an den Wänden. Der Künstler „übersetzte religiöse Vorstellungen und Werte in eine konkrete Bildersprache, die auf den spätantiken Mustern fußt und bettet sie in die Formenwelt ein, aus der er kam, nämlich der osteuropäischen Folklore mit ihren typischen Tier- und Pflanzenornamenten. Meisterhaft kombiniert er diese mit den Elementen, die er in der landjüdischen fränkischen Kultur und Natur vorfand."[5] Und bei genauem Hinsehen wird man in den Dekors manche Verwandtschaft mit den bekannten Hohenloher Bauernmöbeln entdecken.

Elieser Sussmann, Sohn eines Kantors aus dem galizischen Brody, hatte in der Zeit zwischen 1730 und 1740 im schwäbisch-fränkischen Raum eine Reihe von Synagogen ausgemalt. Bekannt sind sechs, erhalten sind zwei: die Beträume von Horb am Main und von Unterlimpurg. Die Reste der Horber Synagoge werden seit 1968 im Israel Museum in Jerusalem präsentiert; im Hällisch-Fränkischen Museum haben zusammen mit der Unterlimpurger Synagoge auch noch Fragmente der Steinbacher Synagogenvertäfelung einen eigenen Raum.

In zwei württembergischen Städten ist das Einhorn als Wappen prominent vertreten: In Schwäbisch Gmünd taucht es auf einem Siegel erstmals 1277, in Giengen an der Brenz 1293 auf. Man kann nur vermuten, dass diese Wappenfiguren etwas mit der gemeinsamen staufischen Geschichte beider Städte zu tun haben und auf die Königsmacht verweisen. In Schwäbisch Gmünd zeigt das Wappen eine Weiterentwicklung des Motivs: Von 1414 bis 1802 wurde ihm ein Engel als Schildhalter beigesellt. Das katholisch gebliebene Gmünd bekannte sich inmitten seiner protestantischen Umgebung damit zur Reinheit seines Glaubens.

Symbole, und dazu gehören Fabeltiere, können vielfältige Inhalte ausdrücken und sich in Zeit und Raum sehr unterschiedlich ausbreiten. Sie sind für bilderreiche Darstellungen besonders geeignet. So steht die tugendhafte Reinheit für den biblischen Josef. Säkularisiert gewendet vertritt das Einhorn moralische Tugenden, und sein Horn kann sich so in Form zerriebener Eckzähne der Narwale als „Heilmittel" materialisieren. Ihre Wirkung machen sich bis heute hunderte Apotheken mit Namen „Einhorn-Apotheke" zunutze. In der Gegenwart trabt das Einhorn munter durch Science-Fiction-Geschichten jedweder Couleur, und man darf gespannt sein, in welchen Sphären es noch ankommen wird.

DER RABBI MIT DER ZITRONE
MARC CHAGALLS MALEREI UND
DIE JÜDISCHE ÜBERLIEFERUNG

Zu Ausstellungen von Werken Marc Chagalls strömen die Menschen in großer Zahl. Neben der Farbigkeit der Gemälde sprechen ihre Motive und Zeichen die Betrachter an. Viele Gegenstände und Figuren scheinen auf den ersten Blick einfach erklärbar zu sein. Das verführt häufig zu Interpretationen, die schlicht falsch sind, weil die Betrachter Ursprung, Gehalt und Zusammenhang der Welt Chagalls ungenügend kennen und berücksichtigen. Die Bildelemente können nämlich ohne tieferes biblisches Wissen und ohne gründliche Kenntnisse der ostjüdischen Lebenswelt, der jüdischen Gebets- und Lebensformen, kurz Chagalls jüdischer Bildung, oftmals nicht im Einzelnen und im Zusammenhang verstanden werden.[1]

Häufig hat man dem Künstler diese Bildung abgesprochen, weil er nicht in einer anerkannten Institution studiert hatte, aber man unterschätzt dabei, wie gründlich er die jüdische Welt in seinen prägenden Jugendjahren erfasst hatte. Das tägliche Leben in der Familie und das Lernen im Cheder (erste Grundschule) ließ ihn tief eintauchen in Geschichten, Mythen und Rituale und vermittelte ihm reiche jüdische Kenntnisse. Lebenslang erinnerte, übertrug und fasste er diese Jugenderfahrungen in einer faszinierenden Bilderwelt. Viele Selbstzeugnisse[2] belegen seine tiefe Verbundenheit mit dem Judentum und zeigen, auf welch hohem Niveau der Cheder in Witebsk seinen Schülern den Lehrstoff, inklusive dem biblischen Hebräisch, einprägte. So verwendete Chagall an mehreren Stellen ganz deutlich die Formen und Darstellungen des Midrasch (exegetische Literatur), und die Art, wie er sich den Themen näherte, ist immer von diesem Bewusstsein geprägt.

Dazu zunächst ein ausführliches Beispiel, ehe kürzere Hinweise folgen. Ein bekanntes Bild trägt den Titel „Jour de fête", „Festtag" oder „Das Fest".[3] In vielen Katalogen wird es auch „Der Rabbi mit der Zitrone" genannt. Und diese Benennung ist nicht korrekt. Die Frucht in der Hand des Juden gehört zu Sukkot (Laubhüttenfest), das fünf Tage nach dem Versöhnungsfest im Herbst gefeiert wird. Die Tora befiehlt im 3. Buch Mose (23,40): „Nehmet Euch am ersten Tag von der schönen Frucht (Etrog), von der Dattelpalme, von den Myrtenzweigen und von den Bachweidenzweigen und ihr sollt sieben Tage lang fröhlich sein vor dem Herrn, Eurem Gott." Diese Anordnung der Tora ist als Mizwat Arba'at Haminim (Gebot über die vier Pflanzenarten) bekannt. Es bestimmt, dass die vier Arten vom ersten bis zum letzten Tag des Festes im Ritus verwendet werden. Sie sind als Feststrauß oder jüdisch volkstümlich Lulaw bekannt. Ein solcher Strauß wird von dem Juden auf dem Bild in der linken Hand getragen. Der Etrog wird, das muss ich nachtragen, mit dem Apfel des Paradieses identifiziert, in den Adam gebissen hat. Er gehört zwar zu den Zitrusfrüchten, aber er darf nur von Bäumen genommen werden, die nicht veredelt, das heißt nicht aufgepfropft sind.

Die Rabbiner der talmudischen, also nachbiblischen Zeit stellten folgende Ähnlichkeiten und Unterschiede als Mittel der Exegese zwischen den einzelnen Pflanzenarten fest: 1. Der Etrog, auch „Paradiesapfel" genannt, besitzt sowohl Geschmack als auch Duft. 2. Der Lulaw (Dattelpalmzweig), nach dem der Strauß benannt ist, besitzt Geschmack, dagegen keinen Duft. 3. Die Myrte hat zwar Duft, doch keinen Geschmack. 4. Die Bachweide besitzt weder Duft noch Geschmack. Dieses „Denkmodell" der Rabbiner geht auf eine Regelaufstellung der alten griechischen und indischen Denker zurück und wird „Tetralemma" genannt. Die vier Gegenstände können nach diesem Schema aufeinander bezogen werden. Die Rabbiner wollten das Gebot der Tora mit dieser philosophischen Konstruktion weiter interpretieren, damit auf die ethisch-moralischen Inhalte des Gebots hinweisen und auch das Gefühl für die jüdische Identität stärken. So deuteten die Rabbiner das Tetralemma: Wie es Etrog mit Geschmack und Duft gibt, so gibt es bei den Israeliten Einzelne, die sowohl Toragelehrte sind, mithin theoretisches Wissen haben, und die dieses Wissen ebenso in der Praxis ausüben, also gute Taten ausführen. Entsprechend dem Lulaw, der Geschmack, aber keinen Duft besitzt, kennt man Israeliten, die das theoretische Wissen aufweisen, es jedoch nicht in die Praxis umsetzen. Der Myrte, die Duft, aber keinen Geschmack hat, gleichen Juden, die es verstehen, in der Praxis gute Taten zu tun, hilfsbereit als gute Menschen zu handeln, ohne großes theoretisches Wissen oder gar Gelehrsamkeit zu besitzen. Und wie die Bachweide weder über Duft noch Geschmack verfügt, gibt es einige, die weder gute Taten tun noch Wissen besitzen. Gottes Gebot verlangt, alle Israeliten in einen Bund zusammenzuführen wie die vier Arten des Feststraußes. Dann werden sich die einzelnen Individuen gegenseitig ausgleichen und eine gesunde Gemeinschaft bilden. Diese Erläuterung stammt aus dem exegetischen, die heilige Schrift erläuternden Sammelwerk „Midrasch Rabba".

Was bedeutet nun das „Nehmet Euch" am Anfang des Gebots? In der religiösen Praxis nimmt man den Feststrauß in die Hand, spricht eine Benediktion und bei den Anrufen „Hoschanna" (O Herr, hilf) der Lobpsalmen (113-118), schüttelt man den Strauß in die vier Himmelsrichtungen und nach oben und unten. Wie häufig bei Juden gibt es auch dabei unterschiedliche Vorgehensweisen. Im aschkenasischen Ritus schüttelt man rechtsdrehend in logischer Reihenfolge zuerst nach Osten, dann nach Süden, darauf nach Westen, zuletzt nach Norden und mit oben und unten schließt man ab. Ostjuden, Chassiden beginnen gleichfalls im Osten, drehen dann aber in die andere Richtung. Darauf folgt überall ein Umzug in der Synagoge. Diese Art Prozession wird lediglich zweimal im Jahr veranstaltet, einmal mit diesem Feststrauß, das andere Mal mit den Torarollen. Hierbei umrunden alle die Bima (Vorlesepult für die Tora) oder das Pult in der Mitte der Synagoge, und der Kantor singt dazu die Litanei „Hoschanna". Daher kommt übrigens das christliche „Hosianna", von dem nur wenige wissen, dass es die flehende Anrufung „Oh Herr, hilf doch" gegen Ende einer Litanei bedeutet. Fromme Juden, die eine eigene Laubhütte (Sukka) besitzen, feiern diese Liturgie zuerst in der eigenen Sukka und bringen ihren Feststrauß dann – außer am Schabbat – in die Synagoge mit. Außer am Schabbat deshalb, weil das Trageverbot des Schabbattags nicht verletzt werden darf.

Im Christentum wird der Einzug Jesu in Jerusalem am Sonntag vor Ostern so geschildert, dass er vom Volk mit Schwingen von Palmwedeln begrüßt worden sei. Volkstümlich werden noch heute Umzüge mit Palmwedeln veranstaltet. Besonders in Oberschwaben werden dabei mit Palmkätzchen, Ostereiern und anderem geschmückte Stangen in die Kirche getragen und dann das Jahr über vor dem Wohnhaus aufgestellt. In dieser Sitte haben sich Reste der Sukkotumzüge erhalten.

Es ist oft gefragt worden, wie man die ostjüdisch-chassidische Grundierung des Judentums Chagalls fassen kann. Der Schriftsteller Manès Sperber kann uns den Weg weisen. Seine autobiographischen Beschreibungen, vor allem im ersten Band der Trilogie „All dieses Vergangene", der unter dem Titel „Die Wasserträger Gottes" 1974 erschienen ist, illustrieren vieles im Werk Chagalls und weisen authentische Parallelen auf. Die „Luftmenschen" etwa aus dem Geburtsort Sperbers: „Die Sablotower waren wie die Bewohner der anderen Städtchen ‚Luftmenschen' oder ‚Luftexistenzen', wie sie sich selbst gerne nannten – mit jener Selbstironie, auf die sie schwerer hätten verzichten können als auf ihre kärgliche Nahrung oder ihre schäbige Kleidung."[4] Wenn man solche Luftmenschen auf den Bildern Chagalls sieht, dann muss man Sperber folgen. Das Wort von der Armseligkeit des Städtels „ist irreführend, weil durchaus unzureichend. Sich kaum jemals wirklich satt zu essen, war das Schicksal der meisten. ... Wieviele auch hungerten, niemand verhungerte. Man erzählte: Mitglieder der Gemeinde weckten den Rabbi am frühen Morgen: ‚Es ist etwas Furchtbares geschehen', klagten sie. ‚In unserer Mitte ist einer hungers gestorben' ... Darauf der Rabbi: ‚Das ist nicht wahr. Ja, es ist unmöglich. Hättest du oder du oder du ihm ein Stück Brot verweigert, wenn er es verlangt hätte'? – ‚Nein', antworteten sie, ‚aber Elieser war zu stolz, um etwas zu bitten' – ‚Also sagt nicht, dass mitten unter uns einer hungers gestorben ist, denn Elieser ist an seinem Stolze zugrunde gegangen'."[5]

Ein weiteres Beispiel, ein Vaterbild, zeigt die Korrespondenz zwischen Sperber und Chagall: Der Vater sitzt am Schabbatabend am Tisch. Sperber schreibt: „Ich fürchtete Gott, zweifellos, aber nicht anders als meinen Vater, dem ich stets zu gefallen und nie zu missfallen wünschte."

Parallelen finden wir auch zum „Hohelied", das Chagall wiederholt in besonderen Farben, vor allen Dingen in rot, dargestellt hat: „Jedes Jahr vor Ostern – also Pessach – ‚lernten', lasen und übersetzten wir das Hohe Lied. [Traditionell gesellt sich zu jedem Fest die Lektüre eines biblischen Werkes aus dem dritten Teil der Bibel, der Hagiographen.] Für die Kinder gab es nichts Anstößiges in diesem leidenschaftlichen Liebeslied, denn sie erfuhren dank der mündlichen Überlieferung, die die im Singsang vorgetragene Übersetzung begleitete, worum es da wirklich ging – natürlich nicht um die Liebe von Mann und Weib, sondern um den Zwist zwischen Gott und seinem auserwählten Volke, das, schuldig geworden, der Liebenden im Hohen Liede gleich durch die nächtlichen Straßen irrt, um den Geliebten, das heißt also Gott zu suchen. Einen Jeglichen hält die Frau an, um nach ihm zu fragen, so gerät sie bis an die geschlossenen Tore der Stadt. Und die Wächter spotten ihrer und des Geliebten, den nie jemand gesehen habe."[6]

Auffallend ist auch des Öfteren das Bild eines Pferdes bei Chagall. Dazu Sperber: In den Pferden „erkannte ich die vollkommensten Lebewesen der Erde" und ich bin „heute noch schmerzlich berührt, wenn ich an verwundete oder hungernde Pferde denke. ‚Schwer ein Jude zu sein', dieses Wort wiederholte man oft mit einem Seufzer. Manchmal fügte man hinzu: ‚Schwer, ein jüdisches Pferd zu sein'; das heißt, einem Luftmenschen zu gehören, der, wie es im Witz hieß, darauf achten musste, dass sein armes Zugtier nie erfahre, dass es den Hafer, eine so unerschwingliche Kostbarkeit gibt."[7]

Die Lebensweise des Schtetls hat Sperber und Chagall unauslöschlich geprägt, obwohl Paris beider Sehnsuchtsort wurde, wohin sie wie viele Exilanten aus ganz Europa geflohen sind. Sperber war in jungen Jahren Kommunist geworden und brach erst 1937 mit der KP. Chagall hatte schon 1922 Russland verlassen. Sperber fand seine Wurzeln nach dem Bruch wieder und hat die Welt seiner Kindheit beschreibend erinnert, sah sie aber doch dem Untergang geweiht. Chagall hat auch in der Ferne diese Welt nie verlassen. In irgendeiner Form tauchen ihre Elemente immer wieder auf und verleihen seinen Bildern etwas Mythisches. Man steht vor seinen Gemälden, erklärt sich diese und jene

Einzelheit. Gleichwohl spürt man, dass jedes mehr ist als die Summe der Einzelheiten. Jede Darstellung gleicht einem Midrasch, der Form der bedeutendsten jüdischen Exegese. Komplizierte theologische Probleme werden in dieser Bibelauslegung mit einem Gleichnis so verdeutlicht, dass sie auch weniger Gebildeten verständlich werden. Während für Sperber die Welt seiner Kindheit als Vergangenheit abgeschlossen ist, verweist die Vieldeutigkeit der Bilderzählungen Chagalls auf die Möglichkeit zukünftiger Entwicklungen.

Ein wiederkehrendes Motiv ist die Taube (hebräisch: Jona). Rätselhaft ist eine Darstellung, bei der Kopf und Schnabel zweifelsfrei zu solch einem Vogel gehören, der hintere Teil aber menschliche Gestalt trägt. Es gibt in der Midrasch einen Satz: „Nimschela Knessent Jisrael le-Jona" (Israel ist vergleichbar einer Taube). Die Taube überbrachte Noah die Botschaft vom Ende der Sintflut (1. Buch Mose 8,8-12) und sie ist ein Zeichen der Reinheit. Säkularisiert gilt sie heute als Symbol des Friedens. In Chagalls Darstellungen steht die Taube wie im Midrasch für Israel. Sperber schreibt an einer Stelle: „Ich hatte sagen hören, dass immer, wenn große Brände sich entfachen, Engel herabstiegen und sich auf Dach, First und Giebel der ‚Hohen Schul', der einzigen Synagoge des Städtels setzten, um sie zu schützen. Die Sendboten Gottes nahmen dann, hieß es, die Gestalt von weißen Tauben an."[8]

Die geflügelten Wesen, hunderte an der Zahl in den Werken Chagalls, sehen auf den ersten Blick wie christliche Engel aus, sind jedoch Boten. Was ist der Unterschied? Wörtlich eigentlich keiner, denn „Engel" (lateinisch: angelus; griechisch: angelos) heißt nichts anderes als „Bote". Mit der Divergenz Bote/Engel soll aber die unterschiedliche Qualität dieser Überbringer göttlicher Botschaften angedeutet werden. Christliche Engel leben in ewiger Seligkeit und gehören zur Sphäre des Heiligen. Deshalb schweben sie auf bildlichen Darstellungen in aller Regel von oben zu den Menschen herab. Als prinzipiell „Gute" schützen sie den Menschen auf dem rechten Weg. Im Judentum sind Boten Überbringer göttlicher Weisungen. Sie können, wie die drei Abgesandten, die zu Abraham getreten sind, ein menschliches Antlitz tragen (1. Buch Mose 18,2). Die kabbalistische Mystik beruht auf der Vorstellung einer geistigen Wechselwirkung zwischen Himmlischem und Irdischem. Bildlich ausgedrückt müssen Botschaften also nicht nur von oben nach unten, sondern auch von unten nach oben getragen werden. Genau so sind die Boten auf den Bildern Chagalls zu sehen. Die Jakobsleiter mit den geflügelten Wesen interpretiert Christoph Goldmann als ein Bildzeichen dafür, „dass die Verbindung zwischen Himmel und Erde nicht abreißt, trotz all unserer Schuld".[9] Zu der Formulierung im 1. Buch Mose (28,12), die Boten Gottes „stiegen daran auf und nieder", gibt es eine reiche Kommentierung. Die Jakobsleiter mit Chagalls empor- und herniedersteigenden geflügelten Wesen macht nur Sinn, wenn sie zusammen mit den Boten der jüdischen Tradition gedacht wird.

Die Erschaffung der Welt ist ein zentrales Motiv der Chagallschen Bilderwelt. Betrachter wundern sich immer wieder, warum auf vielen Darstellungen künftig lebende Figuren das Geschehen umkränzen. Auch das geht auf einen Midrasch zurück. Mein Lehrer Professor Alexander Scheiber, ein großer Motivforscher, hat die Quelle dieses Stoffes nachgewiesen. Der Erschaffung des Menschen („Als Gott den Menschen schuf, machte Er ihn nach dem Ebenbilde Gottes") geht in der Tora ein Satz voraus: „Das ist das Buch über die Nachkommen Adams" (1. Buch Mose 5,1). Die Beziehung auf das Zukünftige ist demnach schon in der Schöpfungsgeschichte angelegt. Wie kommt Adam, der erste Mensch, in den Besitz eines Buches? Talmud und Midrasch erläutern, dass Gott in einem Buch Adam die Leitfiguren künftiger Zeitalter zeigt. „Als Er aber an das Zeitalter Akibas im zweiten Jahrhundert n. u. Z. kam, freute er sich über seine Gesetzeskunde und war betrübt über seinen Märtyrer-Tod auf dem Scheiterhaufen" (Talmud Berachot 65). Nach einer anderen Midraschversion erblickt Adam den König David in der Reihe und erfährt von Gott, David werde lediglich kurze Zeit leben. Er bietet darauf David 70 von seinen 1000 Lebensjahren an. Adam hat also 930 Jahre gelebt, David 70. Im apokryphen Buch liest Henoch die Geschichte der kommenden Geschlechter. Laut Midrasch zeigt Gott auch Mose die Richter und Könige der späteren Geschlechter. Das heißt in der Frühzeit und später in der Aggada (erzählende Erbauungstexte) werden häufig einer biblischen Gestalt in Visionen künftige Personen und

Ereignisse vorgestellt. Diese „Vorausschauen" sind nicht auf jüdische Legenden beschränkt. Bei Vergil beispielsweise sind auf dem von Vulkan für Äneas gefertigten Schild schon die Kriege kommender Geschlechter Roms vorausschauend wiedergegeben (8. Gesang, Vers 626). Und bereits im 18. Band der Ilias beschreibt Homer den Schild des Achilles als eine Darstellung der künftigen Welt. Die Aufhebung von Zeit und Raum schon bei der Erschaffung des Menschen spricht für die Totalität des Schöpfers wie der gesamten Schöpfung. Auf sie bezieht sich Chagall in seiner Bildkomposition immer wieder.

Ein weiteres zentrales Motiv bei Chagall sind die Gesetzestafeln. Eine Hand aus den Wolken reicht sie herab wie zum Beispiel in der Farblithographie „Moses empfängt die Gesetzestafeln" von 1956.[10] Mir ist einzig von Chagall bekannt, dass die Tafeln von Hand zu Hand gegeben werden[11], und dies entspricht ebenfalls einem Midrasch. Die christliche Ikonographie kennt eine solche Darstellung meines Wissens nicht.

Eine Radierung aus den Bildern zur Bibel[12] zeigt das ägyptische Pessachmahl, das nach der Exegese vor dem Auszug aus Ägypten stattfand und „Pessach Mizrajim" genannt wird. Alle sitzen beim Pessach-Lammopfer, bereits reisefertig gegürtet, auch Frauen und Kinder. Der Todesengel, der die zehnte Plage, den Tod der Erstgeborenen, symbolisiert, schwebt über ihnen her. Jiddisch heißt er „Mal'ach Hamowes", und dieser Begriff als Bezeichnung des Todes ist auch bei heutigen Zuwanderern aus Osteuropa mit meist geringen jüdischen Kenntnissen noch bekannt. Die Figuren Chagalls werden anschließend das Land verlassen. Talmudisch folgt dann als zweite Station Pessach Ledorot (Pessach der nachfolgenden Generationen), die zeigt, wie sich spätere Generationen laut Mischna und Talmud zum Fest am Sederabend (Vorabend von Pessach) versammeln. Letztendlich kommt dann als drittes Pessach Leatid (Pessach der Hoffnung), bei dem die Hoffnung auf die messianische Erlösung gefeiert wird. Bei Chagalls Pessachdarstellungen sind alle drei mitgedacht und zum Teil bildlich angedeutet.

Die Bedeutung des „Geigers" vieler Chagallschen Bildwerke wird wieder am eindrücklichsten von Manès Sperber erklärt. Der Musiker gehört zu der „kleinen jüdischen Musikkapelle, die vor allem bei Hochzeiten spielte, sich aber oft auch bei den Festen der Landadeligen produzieren durfte. Der Flötenspieler und der Geiger hatten es nicht zu schwer, mit ihren Instrumenten übers Land zu gehen, im Schnee oder auf den aufgeweichten Pfaden oder in den lehmigen Feldern vorwärtszukommen, der Bassspieler aber musste sein Instrument auf dem Rücken schleppen. Wie er mühsam durch den Schnee stapfte, glich er mit seiner Last, die oft grösser war als er und ihn zum Teil verdeckte, einem riesigen schwarzen Tier. In der Folklore war der Bassgeiger eine merkwürdige, ja beunruhigende, weil keineswegs eindeutige Gestalt: Der im Schneesturm begrabene, verhungernde Musikant rief nicht nur Mitleid hervor, sondern auch Angst – als wäre er der geheime Sendbote einer fremden Welt, einer unsichtbaren und daher umso gefährlicheren Macht."[13]

Der Bassgeiger und ebenso der Wasserträger auf anderen Gemälden Chagalls sind Chiffren des Unglücks. Der Wasserträger schleppte an einem Joch zwei Eimer voll Wasser ins Haus. Diese Arbeit war zwar schwer, „aber so einfach, dass ein jeder, der nichts Rechtes gelernt hatte, ihn ohne weiteres ersetzen könnte. Deshalb musste der Mann vom frühen Morgen bis in die Nacht das Wasser schleppen, nur um sein tägliches Auskommen zu finden."[14] Für die Diesseitigkeit steht der Wasserträger, für die Jenseitigkeit der Bassgeiger.[15]

Betrachtet man die Radierung „Abraham beweint Sara"[16], so übersieht man leicht, dass Abraham mit seiner linken Hand an den Oberschenkel fasst. Warum? Der Schmerz großer Trauer wird dadurch bekundet, dass man mit der Hand auf den eigenen Oberschenkel schlägt. Dies ist Ausdruck der ganzheitlichen Ergriffenheit, der Emotionalität und Empathie. Genau das zeigt Chagall. Aus dem Verb, das dieses Schlagen bezeichnet, entstand später der Begriff „Hesped" für eine Trauerrede.

König David ist eine beliebte Gestalt in der jüdischen Narrative. Er gilt als Held, besiegte Goliat, war aber alles andere als ein ethisch immer vorbildlicher Mensch. Doch er war von Gott geadelt, weil der Messias aus dem Geschlecht Davids stammen sollte. Er galt als Sänger und Urheber von Psalmen und wird aus diesem Grund meist mit einer Harfe dargestellt.[17] Als Namenspatron für jüdische Wirtshäuser ging sein Bild mit Harfe in die Folklore ein. In Jebenhausen bei Göppingen war „Zum König David" die älteste jüdische Gaststätte des Ortes. Das Haus ging 1860 in christliche Hände, behielt aber seinen Namen und die dazugehörige Wirtshaustafel bis zur Schließung im Jahre 1984. Im dortigen Museum kann man das Schild mit König David und seiner Harfe heute noch betrachten.

Zwischen 1909 und seinem Tod 1985 malte Marc Chagall eine große Anzahl von Kreuzigungsbildern. Sie werden oftmals als Hinwendung des Künstlers zum Christentum gedeutet. Das ist sicher nicht richtig. Nehmen wir das symbolreiche Bild „Weiße Kreuzigung", das zwei Wochen nach den deutschen Novemberpogromen von 1938 unter diesem Eindruck und ähnlicher Pogrome während des Bürgerkriegs in Russland entstanden ist. Der Gekreuzigte ist eindeutig ein gläubiger Jude, bekleidet mit dem Tallit Katan (kleiner Gebetsmantel) und mit einer Art Mütze versehen. In der sogenannten Gelben Kreuzigung von 1943 ist er außer am Tallit Katan auch an Gebetsriemen (Tefillin) unzweifelhaft als Jude gekennzeichnet. Die „Jüdische Passion", die mit dieser und anderen Kreuzigungsszenen gezeigt wird, ist Ausdruck der grenzenlosen Auslieferung des Menschen an Gott.[18] Die „Passion" des Rabbi Akiba, wie sie im Traktat Berachot des Talmud überliefert ist, erleidet er, um das Gebot aus dem 5. Buch Mose (6,5) zu erfüllen: „Du sollst den Herrn, Deinen Gott, lieben von ganzem Herzen, von ganzer Seele …" Und Akiba betete noch auf dem Scheiterhaufen das Glaubensbekenntnis „Schma Jisrael" und hauchte bei den Worten „Haschem Echad" seine Seele aus. In Anlehnung daran beten fromme Juden in einer „imitatio Akiba" dieses Bekenntnis mit geschlossenen Augen und dehnen wie Akiba das Wort „Echad" (Einzig) lange aus. Auf dem Bild Chagalls schweben über dem Kreuz drei jüdische Figuren (nach Christoph Goldmann: Abraham, Isaak und Jakob, die in die Räume des „Drüben" eingegangen sind) und bedecken ihre Augen mit den Händen. Goldmann belegt mit vielen Einzelheiten, dass Jesus von Nazareth in Chagalls Werk „nicht als Welterlöser, sondern als Typus des jüdischen Märtyrers zu verstehen ist – und die doppelte INRI-Inschrift der Weißen Kreuzigung (in schwarzer Schrift ein Gemisch aus Aramäisch und Hebräisch und darüber in blutroter gotischer Fraktur – Typographie des ‚Völkischen Beobachters', dem Organ der neuen Imperatoren) ist Märtyrerklage und Heidenspott in eins".[19]

Die Gestalt Moses ist das biblische Bildzeichen im Werk Chagalls, das wir am häufigsten finden. Das entspricht seiner Bedeutung als die entscheidende Person der Überlieferung. Berühmt ist das Gemälde „Moses empfängt die Gesetzestafeln", das zwischen 1960 und 1966 entstanden ist und im Musée National Message Biblique Marc Chagall in Nizza hängt. Chagall trennt und verbindet in der Bildkomposition die Geschichte des jüdischen Volkes vor und nach dem Erhalt der Zehn Gebote. Moses wird als Diagonale ins Bild gesetzt und scheidet so das Volk auch zeitlich: zum einen das Volk der Offenbarung, das sich aber mit dem „Goldenen Kalb" versündigt hat, zum anderen das Volk, das dabei Hoffnung bewahrt. Symbol dafür ist ein Ehebaldachin und damit der Blick auf kommende Generationen. Ein ständiges Zeichen für Moses ist das Strahlenbündel an seiner Stirn. Im Buch Exodus (2. Buch Mose) wird berichtet, dass, als er vom Berg Sinai mit den Gesetzestafeln herabstieg, „die Haut seines Angesichts glänzte, weil er mit Gott geredet hatte" (2. Buch Mose 34,29). Aufgrund dieser Torastelle wurde noch in der frühen christlichen Kunst Moses mit dem Nimbus, dem Zeichen der Heiligen, charakterisiert. Ein Übertragungsfehler – sei es von hebräisch Karan (wörtlich: strahlte) zu Keren (Horn) oder von coronatus zu cornuatus – führte dazu, dass Moses lange Zeit in der bildenden Kunst mit zwei Hörnern wiedergegeben wurde. Die zwei Strahlenbündel, mit denen auch Chagall Moses malt, sind bibeltreu eine Kombination aus dem Nimbus und den Hörnern.[20]

Als Selbstbildnis gilt das Portrait „Rabbiner mit der Torarolle" (Gouache und Aquarell), das zwischen 1947 und 1950 entstanden ist und im Stedelijk Museum in Amsterdam aufbewahrt wird. Genauer gesagt zeigt es einen Juden beim wochentäglichen Morgengebet, denn nur dann legt man, wie auf diesem Bild zu sehen, die Gebetsriemen an. Im Hintergrund zu erkennen sind das Schtetl und verschiedene Tiere. Der Jude trägt eine Torarolle im Arm. Das widerspricht nicht der Fixierung auf einen Wochentag, da auch am Montag und Donnerstag in der Synagoge Lesungen aus der Tora stattfinden. Der Mann, der uns hier entgegenblickt, ist ein chassidischer Jude, denn die Gebetsriemen sind eindeutig in der chassidischen Form angelegt. Kann man seine Herkunft und seine Zugehörigkeit deutlicher markieren?

„IRGENDWO IM FERNEN SIEBENBÜRGEN"
DIE LEGENDE VOM GOLEM UND
DIE VERSUNKENE WELT DES OSTENS
IM WERK VON ELIE WIESEL

*„Ich habe immer daran geglaubt, dass das Gegenteil
von Liebe nicht Hass ist, sondern Gleichgültigkeit."*[1]

Mit diesen Worten umschreibt Elie Wiesel, der den Kampf gegen Gewalt, Unterdrückung und Rassismus zu seiner Lebensaufgabe gemacht hatte, einen der Grundgedanken seines Werkes und seines Lebens. „Als Botschafter der Menschheit" wurde der Hochschullehrer, Publizist und Schriftsteller 1986 mit dem Friedensnobelpreis gewürdigt. Die Opfer der Schoah sollten niemals in Vergessenheit geraten, und ein solches Verbrechen sollte nie wieder geschehen. Aber es scheint so, als hätte die Welt nichts dazugelernt.

Als die Ungarn 1940 in dem rumänischen Städtchen Sighetu Marmatiei (ungarisch: Sziget; deutsch: Sighet) einmarschierten, zerbrach für Elie Wiesel die Welt einer glücklichen Kindheit. Diese Kindheit war geprägt von der Tradition der frommen, orthodoxen Lehre. Er studierte wie seine Altersgenossen Tora und Talmud und kam früh in Kontakt mit dem Chassidismus, jener mystischen Strömung des osteuropäischen Judentums. Zusammen mit seiner Familie wurde auch Elie Wiesel in das Vernichtungslager Auschwitz deportiert. Nur er und zwei seiner Geschwister haben überlebt. Sein erstes autobiographisches und millionenfach aufgelegtes Buch „Die Nacht" – ursprünglich übrigens weit umfangreicher und in Jiddisch geschrieben – verarbeitet die Geschehnisse in diesem Grauen. Nach dem Krieg studierte Wiesel in Paris Philosophie und Literatur; er arbeitete als Journalist, zuerst in Frankreich, dann in den Vereinigten Staaten, in New York. Dort wurde er 1972 als Professor an die City University berufen, später lehrte er in

Boston jüdische Studien. Im Sommer 2016 ist diese beeindruckende Persönlichkeit gestorben.

Am 9. Mai 1995, 50 Jahre und ein Tag nach dem Ende des Kriegs, war Elie Wiesel auf Einladung der Akademie der Diözese Rottenburg in Stuttgart. Anlass war ein dreitägiges internationales Symposium zu seinem Werk. Ich war einer der Referenten und konnte ihn damals persönlich treffen und kennenlernen und war wohl nicht ganz unschuldig daran, dass er an der Tagung teilgenommen hat. Auch wenn Wiesel die Kollektivschuld stets abgelehnt hat, so fiel es ihm doch nicht leicht, nach Deutschland zu kommen. Was hat ihn umgestimmt? Eine meiner ehemaligen Schülerinnen im Religionsunterricht, die Tochter einer befreundeten Familie, war Studentin bei ihm in den USA. Sie verblüffte ihn immer wieder mit ihren Detailkenntnissen ostjüdischer Frömmigkeit und Lebensweise. Auf seine Frage, wer ihr denn dies alles vermittelt hätte, sagte sie: „Unser Rabbi in Stuttgart." „Wer ist euer Rabbi? – Wo kommt der her?" – „Aus Ihrer Gegend." Damit war das Eis gebrochen und Wiesel reiste nach Stuttgart. Verschiedene Leute wollten nach der Begegnung mit dem Gelehrten und Nobelpreisträger von mir wissen, was ich denn empfunden hätte als ich ihn sah, mit ihm sprach und ihm lauschte. „Immer wenn er spricht, meine ich, einen meiner Lehrer zu hören." Ich konnte nicht anders antworten, denn er ist, wie sie, eine jener wichtigen Stimmen traditionsgesättigter Gelehrsamkeit Osteuropas, die man nie vergessen kann.

Die Publikationsliste des Schriftstellers Elie Wiesel ist lang. Über 40 Bücher hat er geschrieben. Romane, religiöse Schriften und Essays. Er war Redner und Mahner wider das Vergessen und er war ebenso Bewahrer und Erforscher der Erzählkultur seiner ostjüdischen Heimat. Dem reichen Schatz der chassidischen Geschichten hat er mehrere Bände gewidmet, er hat Parabeln festgehalten und Legenden interpretiert. Ich erinnere mich noch heute, mit welcher Faszination wir Kinder an langen Schabbatabenden den Erzählungen über die legendäre Vorzeit lauschten.

Besonders die Legende vom Golem, den einst der „hohe Rabbi Löw" von Prag, genannt Maharal (um 1520-1609), aus Lehm geformt hatte, blieb uns unvergesslich.[2] Das Wort „Golem", das bereits im Mittelalter eingedeutscht wurde, kommt aus dem Hebräischen (golmi). In der jiddischen Volkssprache versteht man unter einem „Golem" einen einfältigen Menschen. Der Maharal hatte das Wunder vollbracht, einen künstlichen Menschen zu beleben, indem er ihm eine Zauberformel (Schem) unter die Zunge legte. Der Golem wurde zum Diener und Beschützer der jüdischen Gemeinde von Prag; nur am Schabbat wurde ihm der Schem aus dem Mund genommen. Eines Schabbats aber geriet er außer Rand und Band und lief Amok, weil der Rabbi vergessen hatte, den Zettel zu entfernen. Rabbi Löw stürzte ihm entgegen, entriss ihm das Pergament und der Golem zerfiel zu Staub. Doch es war nicht die menschliche Magie, die den Golem zum Leben erweckt hatte, sondern der geheime Name Gottes, der auf dem Schem geschrieben stand.

Elie Wiesel erzählt diese wunderbare Geschichte neu. Die amerikanische Originalausgabe ist 1983 erschienen; seit 1985 ist „Das Geheimnis des Golem" auch auf dem deutschen Büchermarkt präsent.[3] In seiner Legende bewahrt der künstliche Mensch die Menschen im Ghetto vor der Anschuldigung des Ritualmords. Er patrouilliert nachts durch die Stadt, damit den Juden keine christlichen Kinderleichen untergeschoben werden können. Und – so die Version von Wiesel – er zerfällt nicht zu Staub, sondern lebt bis heute weiter, um das jüdische Volk, wie einst in Prag, zu beschützen.

Wenn man diesen Text liest, ist man nicht nur von seinem Inhalt fasziniert. Elie Wiesel fesselt immer wieder auch durch seinen literarischen Ton. Man spürt bei der Lektüre, wie tief er in der mündlichen Erzähltradition seiner Heimat verwurzelt ist. „Hört mir also gut zu: Ich Reuven, Sohn des Jakob, erkläre unter Eid, dass ‚Jossel der Stumme' oder ‚der Golem aus Lehm', der im Jahr 1580 durch den großen und berühmten Rabbi Jehuda Löw, bekannt als der Maharal – gesegnet sei sein Andenken –, geschaffen wurde, es verdient, im Gedächtnis unseres Volkes zu bleiben, unseres verfolgten und dahingemordeten und doch unsterblichen Volkes. Wir sind es ihm schuldig, dass wir uns liebevoll und dankbar seines Schicksals erinnern."[4] Elie Wiesel spricht den Leser direkt an und nimmt ihn bei der Hand, er arbeitet mit Rückblenden und seine Satzperioden mäandern durch Raum und Zeit.

Doch erst wenn man die Welt seiner Heimatstadt Sziget[5] etwas näher betrachtet, erscheinen manche Elemente und Motive seiner Erzählungen in klarem Licht. Elie Wiesel ist im nordöstlichen Zipfel des untergegangenen ungarischen Landesteils der Donaumonarchie aufgewachsen. In seinem Buch „Gesang der Toten" widmet er Sziget das Kapitel „Die letzte Rückkehr", und über seinen Vater merkt er dort an: „In den dreißiger Jahren lehnte mein Vater sein amerikanisches Visum ab: ,Warum sollte ich Amerika in Amerika suchen, wenn es hier ist?', fragte er."[6] Die gleichen Fragen haben sich zur selben Zeit unzählige jüdische Männer und Frauen in dieser Gegend gestellt, bestärkt durch die Einwände einiger erfahrener Gemeindevorsteher und Rabbiner gegen die Emigration, die allesamt überzeugt waren, im eigenen Land „könne uns nichts passieren". „Das Land braucht uns", zitiert Elie Wiesel die Kaufleute seiner Stadt. Diese Aussage hörte man genauso etliche 100 Kilometer weiter in Budapest, 80 Kilometer südlich in Klausenburg und überall dort, wo sich jüdische Kleinbürger zum Ungarntum bekannten. Wiesel fährt fort: „1943 bestand die Möglichkeit, sich ,Zertifikate' für Palästina zu beschaffen: niemand wollte sie." – Unglaublich, aber wahr. Nicht in Sziget, nicht in Budapest und nirgendwo in diesem merkwürdigen Land und merkwürdigen Gebiet wollte man sie. Es ist bitter, wenn man nach mehr als einem halben Jahrhundert feststellen muss, dass ihre Bodenständigkeit und kurzsichtige Denkweise die Menschen daran hinderte, die Flucht zu ergreifen.

Elie Wiesel identifiziert Sziget zunächst über die Geographie: „Irgendwo im fernen Siebenbürgen, im Schatten der Karpaten, nahe der launenhaftesten Grenze des östlichen Europa, war einmal eine kleine, staubige Stadt: Sziget. Sie scheint ihren Namen im geheimen zu tragen, als fürchte sie, er könne ihr wieder genommen werden."[7] Sziget heißt auf Ungarisch „Insel". Sie war eine Insel der Seligen, im wahrsten Sinne des Wortes. Der Grund liegt in der Geschichte dieser bemerkenswerten multikulturellen Einheit zwischen Ungarn, Rumänien, der Ukraine und der Slowakei. Und „früher war in diesem typischen Schtedtl Israel König. Niemand machte ihm seine Rechte streitig. Man kann sich Sziget nicht ohne seine zehntausend Juden vorstellen, die, obwohl in der Minderheit, durch ihre Lebenskraft und Herausforderung in allem und überall den Ton angaben."[8]

Bekanntlich gibt es keine alten Anekdoten, sondern nur alte Leute. Manche Anekdoten der Alten sind imstande, eigentlich komplizierte Zusammenhänge, die langer Erklärungen bedürfen, in wenigen Sätzen aufzuhellen. Ein Einwohner von Munkács, ein Ort unweit von Sziget, hat nach dem Krieg erzählt, dass er seine Elementarschule noch in Ungarn begonnen, die Mittelschule jedoch in der Tschechoslowakei absolviert und die Hochschule in der Sowjetunion vollendet habe. Da stellte ein anderer erstaunt fest: „Sie müssen aber weit gereist sein!" Er entgegnete: „Sie irren sich, ich habe mein Leben lang Munkács nicht verlassen." Gleiches hätte er auch von Sziget sagen können. Munkács und Sziget gehörten nämlich bis zum Jahre 1918 zu Ungarn, dann zur Tschechoslowakei bzw. zu Rumänien und nach dem Zweiten Weltkrieg zur Sowjetunion bzw. zu Rumänien.[9]

Um diesen Landstrich zu verstehen, müssen wir die spezielle Situation der Judenheit in Siebenbürgen kennen. Ungarn bildete seit dem 19. Jahrhundert einen Schnittpunkt von ostjüdischer Kultur, Bildung und Frömmigkeit und westlich-aufgeklärter, weltlich wie jüdisch gebildeter „Orthodoxie". Weil die gesetzestreuen Juden mit „orthodox" einen griechischen und nicht einen jüdischen Namen als Selbstbezeichnung gewählt hatten, nannten sich die frommen Liberalen ebenfalls nicht „liberal", sondern parallel dazu „neolog". Wie kam es zu dieser spezifischen Namensgebung?

Diese Besonderheit hängt mit der Machtverschiebung in Europa zusammen. Nach der Schwächung Österreichs durch Bismarck, nach der Schlacht von Königgrätz (1866), ergab sich die bittere Notwendigkeit eines Machtausgleichs innerhalb des Reichs zwischen den Österreichern und den Magyaren. Die Österreicher sagten später mit Recht, sie hätten bei diesem Ausgleich mehr verloren als sie je hätten gewinnen können. Die Magyaren wurden zur beherrschenden Kraft. Der liberale Kulturminister Ungarns, Baron József von Eötvös, hatte die Vision, die Juden im magyarischen Landesteil zu einer einheitlichen jüdischen Gemeinschaft zu vereinen. Er lud, wie es sich für einen liberalen Staatsmann gehört, die Vertreter aller jüdischen Gemeinden 1868 zu einem Kongress nach Budapest ein. Der Minister ahnte nicht, dass daraus eine über ein Jahrhundert dauernde Kontroverse zwischen den jüdischen Gemeinden entstehen würde. Doch genau das geschah. Die eine Hälfte, die jüdischen Gemeinden im Westen, die den liberalen Flügel bildeten, haben die Einladung angenommen; die der anderen Hälfte, vornehmlich der östlichen Landesteile bis zu den Karpaten, lehnten die Einladung kategorisch ab, ebenso wie einen Zusammenschluss aller jüdischen Gemeinden zu einer gemeinsamen Landesorganisation in Ungarn. Nach einigen Jahren unternahm der Kultusminister erneut einen Versuch der Einigung. Als die Vertreter der gesetzestreuen Juden weiterhin strikt gegen ein Zusammengehen mit den „Neologen" waren, fragte sie der Minister nach den Gründen. „Wir sind eben andere Juden", erhielt er zur Antwort. „Aber entschuldigen Sie, meine Herren, ich habe bisher immer gedacht, das Judentum wäre einig und untrennbar." „Das stimmt im Grunde, aber wir sind in unserem Judentum so strenggläubig wie unsere Nachbarn." Die erwähnten Nachbarn waren griechisch-orthodoxe Christen. Und so entstand die merkwürdige Bezeichnung für eine jüdische Gemeinde, die mehr „ortho-prax" (um die richtige Praxis bemüht) war als „ortho-dox" (um die rechte Lehre besorgt). Von diesem Augenblick an nannten sie sich also „orthodox" und gründeten mit Zustimmung des Kultusministers eine eigene „autonome" Landesorganisation. Der Minister ließ dies aus Gründen der innenpolitischen Entwicklung zu.

In den Achtzigerjahren des 19. Jahrhunderts drohten im ungarischen Landesteil der k. u. k. Monarchie die Magyaren selbst zu einer Minderheit zu werden, insbesondere in der heutigen Karpato-Ukraine. Aus diesem Grund förderte man die jüdische Einwanderung aus Galizien, das nach der Teilung Polens österreichisch wurde. Die Einwanderer, die über die schnellen Flüsse der Karpaten als Flößer, Handwerker und Gewerbetreibende in die Tiefebene gekommen waren, man nannte sie volkstümlich „Wasserpollaken", deklarierten sich nach kurzer Zeit bei den Volkszählungen als Magyaren und stimmten bei Wahlen zum Landesparlament für magyarische Kandidaten. Infolgedessen waren die Zuwanderer den Magyaren „lieb und teuer", sicherten sie ihnen doch die

Mehrheit im eigenen Lande. Eine Generation später, nach dem verlorenen Ersten Weltkrieg und dem Zerfall der österreichisch-ungarischen Monarchie, sah sich die Orthodoxie in den Karpaten und in Siebenbürgen einer Art „geistigem Kulturkampf" ausgesetzt. Nicht nur die zionistische Bewegung Theodor Herzls erreichte die Karpaten, sondern auch eine andere Bewegung, die sich dort viel wirkungsvoller ausbreiten konnte als es der zionistischen Idee jemals gelang: die Idee des „Neochassidismus". Mit den Flüchtlingen des Weltkriegs aus Galizien, der Ukraine und Weißrussland kamen Menschen mit Schläfenlocken und einer etwas anderen Einstellung als die bis dahin dominierende Orthodoxie. Die Orthodoxie in Ungarn war von einem Konservativismus, von einer Gesetzestreue, aber ebenso von einer Nüchternheit gegenüber jeglicher Schwärmerei und Mystik gekennzeichnet. Nun kamen viele begeisterte Gläubige, die neue Elemente in die Region brachten: Gefühlsbetontheit, Fröhlichkeit und heitere Frömmigkeit mit melodienreichem Gesang, Tanz und „Brompfen" (Branntwein).

Wiederum eine kurze Epoche später, am Ende der Zwanzigerjahre, führten die Kinder der eingewanderten Chassidim bereits ihre Positionskämpfe innerhalb der Gemeinden. Es brachen Diskussionen, manchmal Streitigkeiten aus, wer der Rabbiner einer Gemeinde sein sollte, denn dieser bestimmte deren Ausrichtung. Gehörte er zu den Chassidim, dann gehörten auch alle Amtsträger, Lehrer und Schulen dieser Richtung an. Oder man zerstritt sich, ob man für den KKL (Keren Kajjemet Lejisrael), den Jüdischen Nationalfond der Zionisten, spenden sollte oder wer unter welchen Voraussetzungen in der Gemeinde die Matzebäckerei gründen durfte, die das traditionelle ungesäuerte Brot zum Pessachfest herstellte. Daraus wurde dann jeweils eine „weltanschauliche" Frage, die zu entscheiden allein unter Aufsicht des gesetzestreuen oder des chassidischen Rabbinats möglich war. Einig war man sich nur in der Ablehnung der maschinellen Matzebäckerei, denn die Einführung von Maschinen hätte zu einer Arbeitslosigkeit unter den Ärmsten der Armen geführt, die sich durch die Bäckerei ihr tägliches Brot für die harte und schwere Winterzeit sichern konnten. Schon an Kleinigkeiten entzündeten sich Diskussionen, und die chassidischen Kreise waren bestrebt, sich die Mehrheit in den Kultusgemeinden zu sichern. Während östlich der Karpaten – in Galizien, Polen und in der Ukraine – der Kampf zwischen der jüdischen Arbeiterbewegung (Bund) und dem Zionismus tobte, eroberte in Siebenbürgen, also in dem Gebiet, aus dem Elie Wiesel stammt, der Neochassidismus alle Burgen des Glaubens für sich. Dass er sich in dieser Weise durchsetzen konnte, hängt mit dem oben erwähnten Schisma aus dem Jahre 1868 zusammen. In den Dörfern und Städten gab es zu jener Zeit eine scharfe Trennung zwischen „konservativ-orthodoxen" und liberalen, neologen Gemeinden. Sie unterhielten jeweils eigene Synagogen, Schulen und Metzgereien, und selbst die Friedhöfe waren getrennt.

Doch eine bis anderthalb Generationen später machte der politische Liberalismus, der die Monarchie erobert hatte, auch vor den in den Achtzigerjahren gegründeten orthodoxen Gemeinden nicht halt. Die Kinder ihrer Begründer standen nicht mehr in derselben Weise auf dem Boden der Tora, der Halacha (juristischer Kodex), der das Leben bestimmte. Das erforderte eine neue inhaltliche Festlegung dessen, was „orthodox" und „gesetzestreu" hieß. Nach der neuen Definition galt eine Gemeinde dann als „orthodox", wenn alle ihre Einrichtungen – von der Synagoge bis zur Schule, von der Gemeindestruktur bis zum Ritualbad – nach gesetzestreuen Grundsätzen aufgebaut, geführt und organisiert wurden. Das bedeutete nicht, dass auch sämtliche Mitglieder sich zur orthodoxen Richtung bekennen mussten.

Die Haltung der orthodoxen Gemeinden zum Zionismus war nicht ohne Brisanz. Gerade Siebenbürgen wurde eher und aktiver zionistisch als das Mutterland Ungarn. Die „Orthodoxen" in Sziget waren sich einig, dass der Zionismus für die bereits assimilierten, neologen Juden bitter nötig sei. Für sich selbst lehnten sie den Zionismus jedoch ab. Wer braucht das hier? Ihnen genügte die Idee des Chassidismus.

In Sziget, dem Sitz des ungarischen Komitats Maramuresch (Máramaros), herrschte vom Ende des 18. Jahrhunderts bis zum 19. Jahrhundert die Dynastie der Rabbiner Teitelbaum. Selbstverständlich hieß die Familie ursprünglich nicht „Teitelbaum". Der Name ist wahrscheinlich aus dem Wort „Dattelbaum" entstanden. Das Toleranzpatent von Kaiser

Joseph II., Sohn von Kaiserin Maria Theresia und von 1780 bis 1790 ungarischer König, bestimmte nämlich, dass Juden deutsche Namen tragen mussten. Die wohlhabenden Leute erhielten klangvolle Namen wie „Goldberg", „Rosenberg", „Rosenbaum", „Mandelstamm" oder ähnliche. Die Ärmeren mussten sich mit schäbigeren Namen begnügen, weil sie die österreichischen Beamten nicht entsprechend „schmieren" konnten. Auf diese Weise kam es zu Familiennamen wie „Hasenfratz" und ähnlichen wenig ästhetisch klingenden Benennungen.

Im Komitat Máramaros lebten insgesamt mehrere tausend chassidisch geprägte Juden, die sich allesamt als „Anhänger der Wiznitzer-Chassidim" bezeichneten. Diese Gruppe kam von der nördlichen Seite der Karpaten, wo die aus der Stadt Wiznitz stammende Rabbinerdynastie der Familie Hager „regierte". Auch Elie Wiesel „war der Schüler des Wiznitzer Rebbe", doch er „ging auch regelmäßig zu anderen Rabbinern, lauschte ihren Erzählungen und behielt ihre Lieder im Gedächtnis".[10]

Die Gründung der Gemeinde Sziget lässt sich urkundlich für das Jahr 1729 belegen. Sie wuchs in der ersten Hälfte des 19. Jahrhunderts durch Einwanderer aus Galizien, die nach den niedergeschlagenen Aufständen in Polen (1830, 1863) und während der antisemitischen Pogrome in Polen und Weißrussland die Flucht ergriffen hatten. Im Jahre 1929 besaß Sziget gemäß der letzten lexikographischen Feststellung[11] fünf große Synagogen und eine Jeschiwa (Talmudschule). Allein in dieser 1850 von Salman Leib Teitelbaum gegründeten Talmudhochschule studierten im Jahre 1929 rund 160 Bachurim (Schüler). Zu dieser Jeschiwa gehörte zu jener Zeit eigentümlicherweise eine Mensa, eine Einrichtung, wie sie heute von jeder Hochschule bekannt ist, über die damals aber nur wenige Jeschiwot verfügten. In der Regel haben die Bachurim „Tage gegessen". Etliche Ba'al-haBatim, betuchtere Mitglieder der Gemeinde, zu der eine Jeschiwa gehörte, erklärten sich bereit, einen Schüler jeweils an einem Tag der Woche zu verköstigen. Es gehörte zu den Lieblingsbeschäftigungen der Bachurim, bei ihrer Ankunft vor dem Seman (Semester) erst einmal die reichsten Mitglieder der Gemeinde aufzusuchen, um einen „saftigen, fetten" Tag für sich auszumachen. Diejenigen unter ihnen, die mit diesen Gepflogenheiten nicht so vertraut waren, gingen manchmal leer aus und fanden nicht für alle sieben Tage der Woche ihre Verpflegung.

Doch zurück zu Sziget. Eine weitere Besonderheit bestand darin, dass neben der Jeschiwa eine berufsbildende Schule im Bereich der Textilverarbeitung gegründet wurde. Die Bachurim waren verpflichtet, an der Ausbildung teilzunehmen. Dass ausgerechnet das Bekleidungshandwerk gewählt wurde, erklärt sich mit Blick auf die Gesetze der Tora. Die Anzüge, die in solchen Betrieben hergestellt wurden, konnten mit einem Etikett versehen werden, das die Einhaltung des Schatnes-Gebots (Verbot von Mischgewebe) verbürgte. Ferner gehörte zur Gemeinde Sziget eine Schule von sechs Klassen, Jungen und Mädchen sorgfältig getrennt, und eine Talmudschule mit 180 Schülern in acht Klassen mit insgesamt neun Lehrern.

Erst 1883 trat die Gesamtgemeinde Sziget in die Landesorganisation der „autonomen orthodoxen" Gemeinden des ungarischen Landesteils ein. Dies ging nicht ohne Auseinandersetzungen ab. Einige Mitglieder hatten sogar Angst, dass sich selbst die orthodoxe Landesorganisation als zu liberal erweisen könnte – eine Befürchtung, die sich nicht bestätigte. Stattdessen festigten sich die orthodoxen Einrichtungen der Gemeinde: Die Chewra Kadischa (Beerdigungsbruderschaft) wurde 1898 gegründet; zur Erwachsenenbildung kam eine Talmud-Tora-Schule hinzu und der Verein Malbisch Arumim für die Versorgung, Verpflegung und Winterbekleidung der Armen, schließlich ein Selbsthilfeverein für jüdische Gewerbetreibende, vor allem für Kleingewerbetreibende. Sogar eine jüdische Druckerei existierte in Sziget, die mehrere talmudische Bücher druckte – für einen Markt von nur 12 000 Juden aus 2300 Familien. Aus diesen Zahlen lässt sich ableiten, wie kinderreich die Familien in Sziget waren.

Ich habe noch Menschen aus Sziget gekannt, die von sich erzählen konnten, dass sie sich in den Zwanzigerjahren des vorigen Jahrhunderts in ihrer Jugend, zwei Wochen vor den hohen Feiertagen im Herbst, zu Fuß mit einem Rucksack auf den Weg durch die Karpaten machten, um während der Feiertage bei ihrem Rabbiner zu sein. In den jüdischen Häusern habe ich als Kind noch schriftliche Zeugnisse dieser rabbinischen Welt gesehen, die wie Orakel vorgezeigt wurden: nicht nur die berühmten Bücher der Rabbiner, sondern auch einzelne Briefe wichtiger rabbinischer Persönlichkeiten, Flugblätter aus dem Ersten Weltkrieg, mit denen chassidische Rabbiner versuchten, die Juden Österreichs und Ungarns zu einer Offensive gegen die vorrückende russische Armee zu motivieren. Ferner Streitschriften, Schrifterklärungen und unzählige Legenden und Erzählungen über eine bereits versunkene Welt.

Diese rabbinische Welt wurde in der Schoah grausam vernichtet, die Legenden jedoch sind als Teile unserer Volkskultur erhalten geblieben, so wie auch jene Erzählung, die berichtet, wie Rabbi Mosche Teitelbaum, der Rabbiner von Ujhely, die Idee des Chassidismus annahm. Es ist interessant, wie er, eine ursprünglich gegen den Chassidismus eingestellte rabbinische Persönlichkeit, dazu kam, nach Lublin zu pilgern: Mosche Teitelbaum verheiratete seine Tochter mit einem geschiedenen Mann. Dieser hatte sich ausbedungen, anstelle der Mitgift, die der Rabbiner ohnehin nicht hätte zahlen können, zum Schabbat mit ihm zu dem berühmten Lubliner „Seher" (Jakob Jitzchak ha-Chose) zu gehen. Mosche Teitelbaum zögerte lange, doch zwang ihn sein Versprechen, die Pilgerwanderung nach Lublin anzutreten. Bei diesem Besuch, so die Legende, habe er erkannt, dass der Sinn des Lebens das Reinwerden durch das Gefühl der harmonischen Freude ist. Auch wenn für seine Entscheidung zum Chassidismus noch andere Momente ausschlaggebend gewesen sein dürften: Die Legende illustriert die Tatsache, dass durch Rabbi Mosche Teitelbaum der Chassidismus in dieser Ecke des Landes Einzug hielt und sich dort etablierte, wo er zuvor unbekannt gewesen war.

Schon zwei Jahrhunderte zuvor war die Anzahl der Juden im Komitat Máramaros durch die Flüchtlinge aus Galizien beträchtlich gewachsen. Doch die Gemeinden, die entstanden, waren von den Ideen Sabbatai Zwis infiltriert, einem selbsternannten falschen Messias, der ursprünglich aus Smyrna kam. Physisches Elend und die Sehnsucht nach einem menschenwürdigen Leben, Verunsicherung und Leichtgläubigkeit trieben die jüdischen Massen in die Hände des falschen Erlösers. Dieser versuchte in seinen Werken, die Bedeutung des Talmud herabzusetzen. Der Gruppierung des Sabbatai Zwi folgte die Bewegung der Frankisten. Jakob Frank, der 1726 im Grenzgebiet von Podolien und der Bukowina geboren wurde, gab sich ab 1755 in Polen als neuer Messias und Nachfolger Sabbatai Zwis aus. Er verkündete eine eigenartige Mischung aus Religion, Mythos und freisinniger Auffassung des Lebens. Aus der Anfangszeit der Gemeinde in Sziget sind zwei Juden bekannt, die Anhänger Franks waren. Die Frankisten haben im Jahre 1759, auf dem Höhepunkt der Bewegung, eine Delegation zu Bischof Władysław Aleksander Łubieński nach Lemberg (heute Lwiw, Ukraine) geschickt. Sie wollten offiziell in die katholische Kirche aufgenommen werden. Die Kirche betrachtete das Ansinnen als Zeichen des Jenseits und rief zu einer öffentlichen Disputation in Lemberg auf. Man stelle sich vor: eine Disputation, bei der einer der Disputanten auf Jiddisch argumentierte, was ins Lateinische, Polnische und Deutsche übersetzt werden musste. Die „polnische Inquisition" reagierte prompt: Sie sperrte Frank ins Gefängnis.

Jakob Frank führte gegen den Talmud eine Mischung aus gnostischer Kabbala und „Katholizismus" ins Feld. So ist es zu erklären, dass es im Zuge der Frankisten-Bewegung zu Taufen in Máramaros kam. Es lockte die Aussicht, als christlicher Bürger auch Immobilien erwerben zu können, denn getaufte Juden wurden von den Toleranztaxen befreit und durften freie Wohnsitze in den Städten nehmen. Der einzige Rabbiner der Stadt blieb mit einigen treuen Anhängern übrig, wie einst die Marannen in Spanien. Doch als bekannt wurde, dass die Getauften nicht wirklich Christen geworden waren – den Schabbat beachteten sie weiter, hielten sich an die Speisegebote und gingen bloß selten in die christlichen Gottesdienste –, reagierte die Kirche mit Sanktionen: Männern wurde zur Hälfte der Bart abrasiert. Damit sollte demonstriert werden, dass so dem Manne geschieht, der nur halbherzig Christ werden will. Kurz darauf kehrten die Getauften zum Judentum zurück, und zwar ohne Bußauflagen, die damals in einer anderen Gemeinde gewiss gefordert worden wären. So kam es, dass die Stadt Sziget lange Zeit ohne Rabbiner war. Das Ende der frankistischen Abenteuer besiegelte 1839 Rabbi Mosche Teitelbaum, als er seinen Sohn Eleazar Nissan als Rabbiner in die Stadt einführte.

Dass Sziget an Bedeutung gewann, ja zu einem „Klein-Jerusalem" werden konnte, hat neben der geistesgeschichtlichen Entwicklung vor allem ökonomische Gründe. Máramaros gehörte als Komitat zur magyarischen autonomen Schatzkammerverwaltung. Das Gebiet des Komitats verfügte über verschiedene Rohstoffquellen, hauptsächlich über reiche Salzminen. Regiert wurde das Komitat von einem Präfekten. Die Bevölkerung war bunt und bestimmt durch verschiedene Einwanderungsgruppen: Zipser, Rumänen, die damals „Walachen" genannt wurden, sowie Juden aus Polen und Galizien. Diese waren im Auftrag der königlichen Schatzkammer Warenlieferanten und Fuhrwerksbesitzer, vornehmlich aber Zwischenhändler und Flößer. Ihre Ansiedlung brachte wirtschaftliche Prosperität in Elie Wiesels Komitat. Sie importierten für die staatlichen Leibeigenen Getreide aus der Tiefebene, für die Herrschaft brachten sie aus der Tokajer-Gegend Wein mit – und aus Galizien ein wenig Schnaps.

Die Juden waren in diesem Land, in diesem Gebiet, zu dieser Zeit niemandes Konkurrenten. Sie fanden ein friedliches Zuhause, wenngleich auf den schlechten Straßen, wo keine Brücken existierten und das Räuberunwesen an jeder Ecke lauerte, durchaus Gefahren drohten. Wer auf Reisen ging, hinterließ daher vorsorglich seiner Frau einen Get (Scheidungsbrief). Sollte der Mann von der Reise nicht termingerecht oder überhaupt nicht zurückkehren, bliebe ihr auf diese Weise ein ungeklärter Rechtsstatus als Aguna (verlassene Ehefrau) erspart, weil sie damit bereits vom fraglichen Zeitpunkt an als geschieden galt und einer neuen Eheschließung sowie der vollen Anerkennung späterer Kinder nichts mehr entgegenstand.

20 Jahre nach seiner Deportation, nach langen inneren Kämpfen, ist Elie Wiesel zum ersten und einzigen Mal in seine verlorene Heimat Sziget zurückgekehrt: „Diese Stadt war meine Stadt, heute nicht mehr. Sie hat sich", so schreibt er in seinen Erinnerungen, „dennoch nicht verändert. Oder kaum. Ich habe die niedrigen, grauen Häuser wiedergefunden; das erstickte Murmeln ihrer Flüsse; den Widerhall der Schritte auf dem Pflaster, vor allem bei Nacht, beim Aufziehen des Morgengrauens. Noch immer liegen die Kirche und die Metzgerei einander gegenüber.

An der Ecke des engen Marktes scheint die verlassene Synagoge auf jemanden zu warten, der kommen soll und nicht kommen wird. ... Ich aber habe viel zu erzählen. Seit ich Siget verlassen habe, verbringe ich meine Zeit damit, über die Stadt zu erzählen, die mir alles gegeben und alles genommen hat. ... Von Siget bin ich nach Siget aufgebrochen."[12]

Kommen wir noch einmal zurück zu Elie Wiesel und der Legende vom Golem. Im Erzählen imaginiert Elie Wiesel für sich und die zukünftigen Generationen wieder die verlorene Welt des Ostjudentums, die sich in diesem Winkel von Sziget wie das Licht in einem Brennglas gebündelt hat. Indem er festhält und weitergibt, was an Geschichten, Bräuchen, Glaubensinhalten und Weisheiten überlebt hat, bewahrt er ein Stück der jüdischen Identität und Geschichte. Alles hängt mit allem zusammen, und so ist auch seine intensive Beschäftigung mit einem zentralen jüdischen Narrativ wie dem Golem zu verstehen.

In der Bibel findet sich das Wort „Golem" nur einmal und zwar im Buch der Psalmen. Dort lobpreist Adam den Schöpfer: „Die Urgestalt meines Körpers (golmi) sahen Deine Augen, und in Deinem Buch war schon alles verzeichnet", heißt es im Psalm 139,16. Der Wortlaut des Textes macht den Übersetzern immer wieder Probleme. Die katholische Einheitsfassung verfehlt den Sinn, wenn sie den Psalm verdeutscht mit: „Deine Augen sahen, wie ich entstand." Nicht der Entstehungsprozess nämlich ist entscheidend, sondern der Vers meint, Gott hat sich schon um die noch ungeformte, unbeseelte Masse gekümmert. Martin Buber wird dem Text eher gerecht, wenn er schreibt: „Meinen Knäuel sahen Deine Augen." In der nachbiblischen Literatur, der talmudischen Aggada (erzählende Erbauungstexte), die zusammen mit der Halacha (gesetzgebende Diskussionen der rabbinischen Gelehrten) den Talmud bilden, lesen wir in einem Traktat des Hohen Rates (Traktat Sanhedrin 38b): „Acha bar Chania hat gesagt: Zwölf Stunden hat der Tag. In der ersten Stunde wurde die Erde zusammengehäuft; in der zweiten Stunde wurde er ein Golem, eine noch ungeformte Masse ..., in der vierten wurde die Seele in ihn geworfen ..."[13] Der erste Mensch wurde also in der zweiten Stunde der Schöpfung noch „Golem" genannt, das bedeutet, er war ein Körper ohne Seele. Später, mit den Legenden, die sich herausbildeten, stand der Begriff für einen künstlichen Menschen aus Lehm.

Elie Wiesel erzählt im „Geheimnis des Golem", dass der „hohe Rabbi Löw" seine zwei Lieblingsschüler in sein Studierzimmer kommen ließ und ihnen seinen Plan eröffnete, zum Schutz der jüdischen Gemeinde einen Golem zu schaffen. „Als sie einen Schrei des Erstaunens nicht unterdrücken konnten, redete er ihnen zu: es sei nicht das erste Mal, dass ein Golem geschaffen würde, erklärte er ihnen."[14] Denn im Talmud werde berichtet, dass ein Weiser namens „Rabba", ein Amoräer der dritten Generation aus Babylonien (gestorben um 330 n. d. Z.), schon einmal einen künstlichen Menschen geformt habe. Im Traktat Sanhedrin 65b heißt es in der Tat, dass Rabba seinen Homunkulus zu einem Kollegen, dem Talmudisten Rabbi Zera, nach Palästina geschickt habe. Als der Rabbi diesen ansprach, aber der Golem nicht antworten konnte, befahl ihm Rabbi Zera, zu Staub zurückzukehren. In der Zeit der Kreuzzüge und der Judenverfolgungen des 12. und 13. Jahrhunderts entstanden unter den deutschen Chassidim verschiedene Legenden über einen Golem, vornehmlich in dem Kreis um Rabbi Elasar aus Worms. Diese „Frommen" des Mittelalters sind nicht zu verwechseln mit der osteuropäischen Bewegung des Chassidismus, die sich wie oben ausgeführt seit dem 18. Jahrhundert bis heute weltweit verbreitet hat.

Den zweiten Kristallisationspunkt dieser Legendenbildung finden wir in Ostpolen um den Rabbi Elija Baalschem, genannt Baal Schem, den 1583 verstorbenen Rabbiner von Chelm. Auch er soll einen Menschen aus Lehm gebildet haben. Während Worms sich als eine Stadt großer jüdischer Gelehrsamkeit auszeichnete, ist Chelm als eine Art „jüdisches Schilda" bekannt geworden. So wird ebenfalls von Rabbi Elija erzählt, dass er einmal seinen Golem für den Schabbat außer Betrieb setzen wollte, doch dabei ist ihm ein Fehler unterlaufen. Der Golem gab buchstäblich seinen Geist auf, und der Rabbi verschwand unter einem Haufen Lehm. Er hatte nämlich aus Versehen auf dem Schem den ersten Buchstaben des Wortes „Emet" (Wahrheit) gelöscht. So stand da nur noch „Met" und das bedeutet „Tod".

Die polnische Sage über den Chelmer Rabbi kam in der zweiten

Hälfte des 18. Jahrhunderts nach Prag und verband sich dort mit der Person des „hohen Rabbi Löw". Diese verschiedenen Traditionen nimmt nun Elie Wiesel in seine Golem-Darstellung auf, und wer die Arbeitsweise des Schriftstellers kennt, wird sich nicht wundern, wenn er auch hier auf die vielfältigsten Elemente der jüdischen Volkspoesie und Kultur stößt. „Nachts mieden wir die Synagoge", schreibt er. „Man sagt die Toten träfen sich dort, um auf ihre Weise zu beten und den Talmud zu studieren."[15] Dieser Vorstellung entspringt der vielerorts bekannte Brauch, dass der Schammasch (Synagogendiener) mit dem Schlüssel auf das Schloss der Synagogentür klopfte, bevor er sie morgens öffnete. Mit dem Lärm wollte er die Seelen der Toten verjagen, ehe die Lebenden eintreten. Bis heute ist es üblich, auf Holz zu klopfen, um Gefahren abzuwenden; ursprünglich sollten dadurch schädliche Dämonen vertrieben werden.

An anderer Stelle beschreibt Elie Wiesel, dass sich die Seele gerne in der Nähe des Körpers aufhält, den sie gerade verlassen hat, auch nach dem Tod. Dieser volkstümliche Glaube steckt hinter einem Brauch, der gerade in Wiesels Heimat verbreitet war. Dort pflegte man im Trauerhaus während der Schiwa (siebentägige Trauer) ein kleines Gefäß und ein Tüchlein bereitzuhalten, damit sich die Seele reinigen kann. Besonders am Jahrzeittag war es außerdem vielerorts üblich, dass auch Nichtjuden zum Grab eines angesehenen Gelehrten oder Wunderrabbis „wallfahrten", um in die Ritzen des Grabsteins Wunschzettel zu stecken. Das spiegelt sich gleichermaßen im „Geheimnis des Golem" wider, wo es heißt: „Nach seinem – Rabbi Löws – Tode pflegten sogar Christen sein Grab zu besuchen und schriftliche Bitten (Quittel) in die Spalten seines Grabsteines zu legen, in der Hoffnung, er werde sich im Himmel da oben für sie verwenden."[16] Wiesel hat als Kind bestimmt miterlebt, wie seine Angehörigen an den Todesgedenktagen mit der Bitte um Fürsprache zu den Gräbern der Teitelbaums gepilgert sind.

Der Weg des Golem durch die Weltliteratur ist hervorragend dokumentiert.[17] Am Beginn der Verbreitungsgeschichte vom Prager Golem in der deutschen Literatur steht Berthold Auerbach. In seinem frühen Roman „Spinoza" (1837) legt er die Legende von Rabbi Löw einer alten

Magd in den Mund: „Es lebte vorzeiten daselbst [in Prag] ein großer Kabbalist, der hohe Rabbi Löw genannt, der formte aus Lehm eine menschliche Gestalt, hinten am kleinen Gehirn ließ er eine Öffnung, in welche er ein Pergament legte, worauf der unaussprechliche Name Gottes geschrieben war."[18] Während seines Festungsarrestes auf dem Hohenasperg hatte Auerbach das Werk begonnen und mit diesem Text die Legende vom Prager Golem in die bis heute klassische Fassung gebracht. Der junge Autor wollte, trotz seines Strebens nach Emanzipation, in poetischer Form die Geschichte des jüdischen Lebens darstellen. Drei Jahrzehnte zuvor hatte schon Jakob Grimm in der Zeitung für Einsiedler, der Zeitschrift der Heidelberger Romantik, die Geschichte vom Chelmer Golem publiziert. Darüber hinaus waren andere wichtige Autoren der deutschen Romantik, darunter Achim von Arnim oder E. T. A. Hoffmann, von der Idee des Maschinenmenschen fasziniert. Ihre Geschöpfe sind allerdings in der Regel ziemlich wüste Burschen mit negativen Eigenschaften, gemäß dem Klima der Zeit, das antisemitische Tendenzen förderte. Auch der Zauberlehrling von Johann Wolfgang von Goethe und Mary Shelleys Frankenstein, all diese Homunculi sind literarische Nachfahren des Chelmer und Prager Golem.

Aber wirklich verankert im Bewusstsein der Allgemeinheit hat erst Gustav Meyrink die Legende. Von der ersten Auflage (1915) seines Romans „Der Golem" wurden fast 150 000 Exemplare verkauft[19], und bis heute ist das Buch lieferbar. Dieser Klassiker der phantastischen Literatur pendelt zwischen Traum und Wirklichkeit, allerdings weicht er grundlegend von der ursprünglichen Legende ab. In Meyrinks Variante des Stoffs tritt das künstliche Geschöpf, das in einem unzugänglichen Zimmer haust, alle 33 Jahre als eine Art Ahasver, als Doppelgänger der handelnden Personen auf.

Das Motiv vom künstlichen Menschen hat in jüngster Zeit erneut an Popularität gewonnen. Das wiedererwachte Interesse hängt zweifelsohne mit der Verbreitung von Computern und Robotern zusammen. „Die Schöpfung eines Golem bestätigt in gewisser Weise die produktive und schöpferische Kraft des Menschen. Sie wiederholt, wenn auch in kleinstem Maßstab, das Schöpfungswerk." So erklärte 1964 der berühmte

Religionshistoriker Gershom Scholem seinen Vorschlag, den ersten Großcomputer Israels „Golem I" zu nennen. Kommt der Computer mit dem binären System von 0 bis 1 aus, so benötigte der Golem zu seiner Steuerung noch die 22 Buchstaben des hebräischen Alphabets.[20] Aber fungierte etwa schon der Schem als „Steckkarte", als Chip, auf der Basis der Buchstabenmystik? Verbirgt sich darin das Geheimnis des Golem? Elie Wiesel löst das Rätsel auf seine Weise: „Es wird erzählt", so hören wir am Ende bei ihm, „daß viel später jemand die Speichertür der Synagoge des Maharals öffnete und einen Blick hineinwarf; er verlor den Verstand. Ein anderer verlor sein Leben, ein dritter seine Seele. Und mein Vater sagte nur dazu: Es ist gefährlich, das zu sehen, was man nicht sehen soll. Aber ein umherziehender Bettler, den ich kürzlich traf, gab mir unter dem Siegel der Verschwiegenheit seine eigene Erklärung: Der Maharal hat den Zugang zum Dachgeschoß verboten, weil in Wirklichkeit der Golem noch lebt. Und er wartet darauf gerufen zu werden. – Ich für meinen Teil wüßte das gerne."[21]

---

* Erweiterte Fassung eines Beitrags beim internationalen Elie-Wiesel-Symposium in Stuttgart-Hohenheim vom 7. bis 10. Mai 1995. Veröffentlicht unter dem Titel: Spuren und Elemente jüdischer Volkskultur im Werk Elie Wiesels. In: Udim. Zeitschrift der Rabbinerkonferenz in der Bundesrepublik Deutschland, Bd. 19, 1999, S. 31-41. Ebenfalls in: Reinhold Boschke und Dagmar Mensink (Hrsg.): Kultur allein ist nicht genug. Das Werk von Elie Wiesel. Herausforderungen für Religion und Gesellschaft, Bd. 10, S. 181-189. Münster 1998.

LEGENDE ODER „LÜGENDE"
ZUM VERHÄLTNIS VON HISTORIE
UND NARRATIVER KULTUR

Die Erzählungen der Chassidim erlebten im Nachkriegsdeutschland eine ungeahnte Blüte. Vor allem aber der sogenannte christlich-jüdische Dialog führte den Legenden eine breite Leserschaft zu und machte die Idee des Chassidismus in der Buberschen Prägung in breiten Kreisen populär. Auch über Martin Buber selbst erschienen zahlreiche Monographien und andere Publikationen.[1]

Eine der schönsten und beliebtesten Erzählungen ist die Geschichte „Eisik Sohn Jekels" aus Krakau. Ihm war im Traum befohlen worden, in Prag unter der Brücke, die zum Königsschloss führt, nach einem Schatz zu suchen. Als der Traum zum dritten Mal wiederkehrte, machte sich Eisik auf und wanderte nach Prag. Doch die Brücke wurde Tag und Nacht bewacht. So umkreiste er sie den ganzen Tag, bis der „Hauptmann der Wache" ihn nach dem Grund seines Treibens fragte. Eisik erzählte, „welcher Traum ihn aus fernem Land hergeführt habe". Der Hauptmann lachte ihn aus, weil Eisik „den Träumen traute". Und er fügte hinzu, dass er sich eigentlich selbst hätte, den Träumen folgend, „auf die Beine machen müssen", weil ihm befohlen wurde, „nach Krakau zu wandern und in der Stube eines Juden, Eisik Sohn Jekels solle er heißen, unterm Ofen nach einem Schatz zu graben …" Er, der Hauptmann, fände es selbstverständlich lächerlich. Er wisse: Träume wären nur Schäume … Nicht so Eisik. Bei ihm „war der Groschen gefallen". Er ging eilends nach Hause, „grub den Schatz aus und baute das Bethaus, das Reb Eisik ben Jekels Schul heißt". Soweit die Legende bei Martin Buber.[2]

Interessant ist es, dass in keiner Ausgabe der Chassidischen Geschichten ein Motiv-Index oder Quellennachweis veröffentlicht wurde. Anscheinend haben alle Leser die Legenden und Erzählungen für so einmalig gehalten, dass sie sich, was die Ursprünge und Motive der Bearbeitungen betrifft, einzig und allein auf Buber verließen. Und dieser betonte mehrfach: „Ich habe die Geschichten des Rabbi Nachman nicht übersetzt, sondern ihn nacherzählt, in aller Freiheit, aber aus seinem Geiste, wie er mir gegenwärtig ist."[3] Genauere Angaben zur Quellenforschung Bubers sind auch bei dem Buber-Biographen Gerhard Wehr sehr spärlich: Er beruft sich „auf ein schmales Büchlein, das ‚Zewaath Ribesch'", das das Vermächtnis des Baal-Schem-Tow sein soll, ferner auf die Schrift „Sippure Ma'assijot" von Rabbi Nachman von Bratzlaw.[4] Was und in welchem Umfang Buber dort vorfand und übernahm, können wir nur erahnen.

Im Talmud Traktat Berachot (Perek 9) lesen wir über die Träume und ihre nicht immer ganz ernst gemeinten Deutungen. Unter anderem sprach ein Nichtjude zu Rabbi Jischmael (2. Jahrhundert)[5] (56/b): „Ich träumte, man habe mir berichtet: ‚Dein Vater hinterließ dir Vermögenswerte in Kappadokien.' Der Rabbi fragte zurück: ‚Hast du denn Güter in Kappadokien?' Jener antwortete: ‚Nein.' Der Rabbi weiter: ‚War denn dein Vater in Kappadokien?', ‚Nein', antwortete der Nichtjude. Da sprach Rabbi Jischmael: ‚Wenn es denn so ist, dann bedeutet das Wort ‚Kappa' Balken und das Wort ‚Deka' heißt auf Griechisch zehn. Geh hin, und untersuche den ersten der zehn Balken, der voll Geldmünzen sein wird.' Darauf ging er hin und fand, dass er voll Münzen war." So der Talmud an der genannten Stelle. Ob wir in Buber auch den Autor verehren können, der aus dieser kargen Erzählung seine Geschichte weiterdichtete, wissen wir nicht mit Genauigkeit. Wahrscheinlich ist, dass der namenlose Autor der Werke von „Zewaath Ribesch" oder „Sippure Ma'assijot" den talmudischen Stoff aufnahm und bearbeitete. In diesem Fall gab Buber der Erzählung den letzten Schliff – meisterhaft … Von Martin Buber stammt auch die Feststellung, dass die „Juden … vielleicht das einzige Volk" seien, „das nie aufgehört hat, Mythos zu erzeugen".[6] Buber fügte hinzu: „Je weiter das Exil fortschritt, je grausamer es wurde, desto mehr schien die Erhaltung der Religion zur Erhaltung des Volkstums notwendig; desto stärker wurde die Position des Gesetzes. Der Mythos musste flüchten. Er flüchtete in die Kabbala und in die Volkssage."[7]

Die Legenden als Ausdruck der Volkskultur und der ethischen Weltanschauung sind sogar in die moderne Literatur der Juden und der Israelis eingegangen. An dieser Stelle möchte ich ohne Anspruch auf Vollständigkeit lediglich einige für meine Arbeit zentrale Werke nennen, bei denen die Elemente der klassischen Erzählkunst der Juden bedeutend sind: Von den Klassikern seien Martin Buber sowie die beiden Nobelpreisträger Samuel (Shai) Agnon und Isaac Bashevis Singer erwähnt, in deren Werken die jüdische Legende fast durchweg im Mittelpunkt steht. Dann folgt der Amerikaner Chaim Potok.[8] Besondere Rollen nehmen Elie Wiesel und David Weiss Halivni ein, die beide aus derselben Stadt, aus Sighetu Marmatiei (ungarisch: Sziget; deutsch: Sighet), in Rumänien stammen. Der erste greift gezielt zum jüdischen Märchenstoff, um auch auf diese Weise den Ermordeten ein Denkmal zu setzen.[9] Der zweite Sigheter, David Weiss Halivni, veröffentlichte vor einigen Jahren seine Autobiographie, in der Weisheit, Gelehrsamkeit und Pietät gegenüber der legendären Vergangenheit eine Mischung aufweisen, wie sie selten anzutreffen ist.[10] In jüngerer Zeit schöpfen sogar die Autoren des – nicht immer leichten – Unterhaltungsgenres aus den Legenden ihrer Ahnen, wie etwa Allegra Goodmann mit „Zwei Hochzeiten und ein Pessachfest"[11] oder Zachary Klein mit „Jenseits von Gut und Böse"[12]. Einen besonderen Höhepunkt setzt mit der Adaptierung des klassischen Legendenschatzes der israelische Autor Chaim Be'er.[13] Selbst der Name des Autors weckt bei hebräisch sprechenden Lesern Assoziationen: „Be'er Majim Chajim" bedeutet „fließendes, frisches Quellwasser". Dieser Ausdruck wird vielfach im Zusammenhang mit dem „Fluss der Tradition" verwendet. An den Schluss dieser Aufzählung setze ich bewusst das Werk „Liebesleben" von Zeruya Shalev.[14] Der Roman fand große Beachtung, ohne dass von den Lesern oder Kritikern der klassische Legendenstoff sowie seine Entfaltung und Bearbeitung im Roman wahrgenommen worden wären.

Die Legenden aus der nachbiblisch-talmudischen Zeit (Aggada) entwickelten sich als narratives Element der Gesetzesliteratur, stets erbauend, zu einem charakteristischen Bestandteil der jüdischen Gedankenwelt. Bezeichnend für viele jüdische Legenden ist, dass ihre volkstümlichen Phantasien häufig auf die historischen Ereignisse wirken und sie mit einer eigenen Farbe bereichern. Dennoch geht man meist davon aus, dass Geschichte und Legende einander widersprechen bzw. sich ausschließen. Die volkstümliche jüdische Legende führt nicht selten in die Welt der Wunder und Wundertaten. In dieser selbsterschaffenen Welt kennt man keine unüberwindbaren Schwierigkeiten, keine Hindernisse des nüchternen Alltags, weil die Grenzen in der Legende durch Wunder und Phantasie überwunden werden. Während in der Wirklichkeit des Alltags die Wünsche und Sehnsüchte vielerlei Hemmnisse vorfinden, führt die Legende zu den Quellen der Sehnsüchte und, wie im Traum, zu ihrer Verwirklichung.

Die Geschichte der hebräischen und arabischen Märchen hat Bernhard Heller (1871-1943) für uns bearbeitet. Der große Forscher der jüdischen Märchen, der Orientalist und Bibelwissenschaftler verglich die Legende mit dem Traum, der seine Wurzeln in der Wirklichkeit hat, dessen Zweige sich jedoch über die Grenzen der Zeit und des Raums ausdehnen können. Die Geschichte dagegen behandelt die Realität, und ihre Zielsetzung ist es, die Vergangenheit durch die Brille der Wirklichkeit zu betrachten, damit wir zu wahren Daten, Fakten und Erkenntnissen gelangen. Ihre Grenzen sind die Grenzen ihrer eigenen Quellen, vor allem der Aufzeichnungen, Urkunden und archäologischen Funde. Gegen die Historie hatte die Legende nie einen leichten Stand. Selbst Martin Luther bezeichnete sie als „Lügende", obwohl er vielleicht besser hätte wissen müssen, wie häufig Legenden die Theologie beeinflussten. Viele Philosophen fanden in der Legende nur eine Grundlage für Erläuterungen von Allegorien. Wissenschaft und Forschung heute nehmen dagegen die Legenden ernster und ergründen minutiös ihre verschiedenen Typen und Bezugspunkte. Sie behandeln die Legende in einem umfassenden erzählgeschichtlichen Zusammenhang.[15] In dieser Betrachtungsform liefert die Legende für Ethnographie und Volkskultur reiche Ergebnisse. Die Sammlungen der Märchenmotive und ihrer Parallelen gehören heute zum Allgemeingut.[16] Klare Grenzen zwischen Historie und Legende zu ziehen, ist für den Historiker eine wesentliche Aufgabe, doch auch der auf Quellenbasis Forschende kann die Legende nicht immer als „sinn- und wertlos" bezeichnen. Die Legende spiegelt die Wirkung der historischen Persönlichkeiten und mancher Ereignisse der Geschichte und übt gleichzeitig Kritik an den trockenen Fakten der Historie in einer emotionsgeladenen, poetischen Form.

Charakteristika der jüdischen Legende

Im Weiteren möchte ich die charakteristischen Besonderheiten der jüdischen Legende aufzeichnen, wie wir sie heute vorfinden. Das Ziel ist, zunächst auf die grundlegenden Unterschiede zwischen Historie und Legende hinzuweisen, jedoch auch zu zeigen, wie die Legenden zu Hütern der identitätswahrenden, historischen Erinnerungen wurden.

Wunder und Wundertaten

Das wichtigste charakteristische Merkmal der Legende ist ihr Glaube an Wunder. Als Produkt der narrativen Volkskunst bedient sie sich gerne der Wundertaten, die einem rationalen Weltbild widersprechen. Während ich diese Zeilen schreibe, leuchten gerade die Lichter des Chanukkafestes an den Fenstern unserer Häuser. Die historischen Hintergründe dieses Lichterfestes, das im Jahre 2000 und 2016 zeitlich mit Weihnachten zusammenfiel, sind in den biblischen Makkabäer-Büchern aufbewahrt. Jene Bücher freilich gelten in der jüdischen Glaubensvorstellung als nichtkanonisierte, apokryphe Schriften der jüdischen Bibel. Ihnen zufolge gründet das jüdische Lichterfest auf der Tatsache, dass der Freiheitskämpfe wegen auf die achttägige Festzeit des biblischen Laubhüttenfestes verzichtet werden musste und daher das achttägige Chanukka (Tempelweihefest) angeordnet wurde.[17] Das Buch der Makkabäer bringt uns die historische Wahrheit näher, jedoch der Talmud, das Werk der rabbinischen Traditionalisten, gibt als Begründung für diesen Feiertag ein Wunder an. Nach dem Sieg der Makkabäer wurde nämlich ein kleiner Krug Öl mit dem erforderlichen Reinheitssiegel des Hohepriesters für lediglich einen Tagesbedarf gefunden. Der Inhalt des Krügleins brannte aber wundersamerweise acht Tage lang (B. Talmud Schabbat 21/b). Hier dient das Wunder zur tieferen Begründung einer Tradition.

Anderswo ersetzen neue Legenden mit Wundertaten genauere historische Kenntnisse und Fakten. So bildet das Schicksal der zehn nördlichen Stämme der Israeliten, die im Jahre 722 v. d. Z. von den Assyrern ins Exil verschleppt worden sind, einen wichtigen Schlüsselpunkt der biblischen Erzählungen. Konkrete historische Erkenntnisse zum weiteren Schicksal dieser Stämme besitzen wir nicht. Wo aber die Kenntnisse der historischen Fakten enden, beginnt die Legende, ihre Rolle zu spielen. Die späteren Geschlechter konnten sich mit dem Verlust des biblischen Nordreichs und seiner zehn Stämme nicht abfinden. Sie entwickelten eine sagenhafte Vorstellung, um den verloren gegangenen Stämmen eine neue Heimat zu geben[18], nämlich am sagenumwobenen Sambationfluss, der, so die Legende, seinen wilden Strom sechs Tage lang vehement vorantreibt, jedoch am Schabbat ruht (Talmud J. Sanhedrin 29/c, Ber. R. 73, Echa R. 73). Noch märchenhafter scheinen die Vorstellungen zu sein, die besagen, dass die Mitglieder jener zehn Stämme unterirdisch (Pesikta 31. ed. S. Buber 147/a) oder sogar in den Wolken verborgen (Talmud J. Sanhedrin 29/c) auf die Erlösung harren, um wieder in das Heilige Land heimkehren zu dürfen.

Scheu vor Unbekanntem

Bernhard Heller wies einmal darauf hin, dass die jüdische exegetische Legende eine Scheu vor Unbekanntem zeigt und danach forscht, was die biblische Erzählung verschweigt. Jene biblischen Ereignisse in den Erzählungen, die die genauen Namen der Akteure vermeiden oder den Zeitpunkt der Geschehnisse nicht genau mitteilen, werden durch die exegetische Legende ergänzt und historisch umgeformt. So nennt beispielsweise die Aggada (erzählende Erbauungstexte) als den Erbauer des Turms von Babel den sagenhaften Jäger Nimrod.[19] Nimrod äußert den Wunsch, in den Himmel zu steigen, um Gott an der Stätte Seiner Macht zu besiegen.[20] Das „Himmelfahrts"-Motiv wird im Übrigen von der altertümlichen, exegetischen Aggada des Öfteren auch als Element der Schrifterklärung in Bezug auf andere Persönlichkeiten herangezogen wie auf Kei Kawus, Nebukadnezar und Alexander den Großen, die im Geleit von Adlern gen Himmel fuhren.[21] Als einzige jedoch setzen die Nachfahren von Mohammed die Himmelfahrt aus dem Tempelberg in Jerusalem noch heute politisch ein. Ohne diesen späteren Mythos wäre aus dem Mittelpunkt der jüdischen Welt niemals Al-Quds, das dritte Heiligtum der arabischen Welt, geworden, das im Koran keine Erwähnung findet.

In der biblischen Josefsgeschichte des 1. Buches Mose sucht der Held im Auftrag seines Vaters Jakob seine Geschwister. Er trifft einen Mann auf dem Feld, der ihm den Weg zu seinen Brüdern weist. Die jüdische Aggada weiß, dass dies kein anderer als der Erzengel Gabriel ist.[22] Als Josef sich dann den Geschwistern nähert, sagt einer zum anderen: „Siehe der Träumer kommt. Räumen wir ihn aus dem Wege" (1. Buch Mose 37,18-20). Die Aggada meint hier, dass die Bibel uns die Worte Simons an seinen Bruder Levi überliefert (Targum Jona).

Häufig berechnet die Erzähltradition, die Legende, aufgrund der Bibelverse minutiös den Zeitpunkt oder die Jahreszahl mancher biblischer Ereignisse. So erfahren wir zum Beispiel, dass Moses am siebten Tag des Monats Adar geboren und gestorben ist. Dieser Tag wird deshalb in vielen jüdischen Gemeinden als Stiftungstag der Chewra-Kadischa-Vereine, die für die soziale Wohlfahrt und das Beerdigungswesen zuständig sind, mit einer Festmahlzeit gekrönt. Ebenso behauptet die Legende, dass die Wirkungszeit folgender Propheten in der Geschichte zusammenfiel: Amos, Hosea, Jesaja und Micha. Dies könnte sogar die Bibelwissenschaft unterzeichnen (B. Talmud Baba Batra 15/b).

Bei anderen Gelegenheiten ergänzt die Aggada die wirklichen oder vermeintlichen Lücken in der biblischen Erzählung und versucht so, die Geschichte zu vervollständigen. So weiß beispielsweise die Bibel nichts über den Tod des biblischen Propheten Jesaja. Die Aggada meint, dass er von König Menasse ermordet wurde.[23] Der Prophet sei in einen hohlen Baumstamm geflüchtet, der dann im Auftrag des Königs mitsamt dem Propheten zersägt wurde. Bernhard Heller zeichnete den altpersischen Weg dieser Legende nach. Von diesen Quellen übernahm sie die jüdische Legende, welche wiederum auf den Legendenschatz des Islam einwirkte. In der modernen Literatur griff der geistreiche italienische Romanautor Italo Calvino in „Der geteilte Visconte" das Motiv wieder auf.[24]

Seit der Zerstörung des Tempels in Jerusalem (zuletzt 70 n.d.Z. durch Titus) ist die Bundeslade, jenes wichtige Zeugnis und heiligster Kultgegenstand des klassischen jüdischen Altertums, verschwunden. Verständlich, dass sich damit die Aggada nicht abfinden kann. Dies ist der Hintergrund der Legende, die erzählt, der Prophet Jeremija, der Zeuge der Zerstörung des Ersten Tempels in Jerusalem durch die Babylonier im Jahre 586 v. d. Z. war, habe die Bundeslade auf dem Berg Pisga in einer Höhle versteckt. Dieser Ort bleibe so lange verborgen, bis der Herr sich Seines Volkes endgültig erbarmt und die vollständige Rückkehr nach Zion ermöglicht.[25] Dieses Motiv hat Stefan Zweig durch sein Werk „Das ewige Licht" in die Literatur eingeführt.

Es gehört weiterhin zu den Eigenarten der jüdischen Legendenbildung, dass logisch schwer verständliche Zusammenhänge der biblischen Erzählung durch die Legende ergänzt und erläutert werden. So geschieht es auch im Fall des biblischen Jakob, der wegen des Zornes seines Bruders Esau von zu Hause flüchten muss. Es wäre für die Nachwelt unverständlich, wenn die fürsorgliche Mutter, Rebekka, ihren Lieblingssohn mittellos auf die lange Reise geschickt hätte. Daher fügt die Aggada hinzu, dass Jakob mit reichlicher Wegzehrung und Kapital ausgestattet das Haus verließ, jedoch von Elifas, einem Sohn Esaus, unterwegs ausgeplündert wurde.[26]

Die Aggada ergänzt nicht nur, sondern erweitert und vertieft sogar die biblische Erzählung an manchen Stellen, wie im Fall des Untergangs der sündhaften Städte Sodom und Gomorrha (1. Buch Mose 18,20). In der Bibel werden die konkreten Verfehlungen der Einwohner, die zum Untergang geführt haben, nicht detailliert aufgeführt. Die Aggada begnügt sich auch hier nicht mit Ungenauigkeiten, sondern dichtet konkrete Sünden der Sodomiter hinzu.[27] Lediglich eines möchte ich hier noch erwähnen: Die Grausamkeit der Sodomiter zeigt sich unter anderem darin, dass Gäste in das aus der griechischen Mythologie bekannte Prokrustes-Bett gelegt werden. In diesem wird der „Gast" so lang gewalttätig gestreckt oder verkürzt, bis er der Länge des Bettes entspricht.

Idealisierung der Ahnengeschlechter

Oft fußen Entstehung und Weiterbearbeitung einer Legende darauf, dass man in diesen Erzählungen besondere Taten, Ideale, Idole oder idealisierte Handlungsschemata der Vergangenheit hervorheben konnte. Des Öfteren werden die Verdienste der Vorfahren betont und verherrlicht; für ihre Fehler werden jedoch entlastende Motive gesucht und eingefügt. So finden wir im 2. Buch Mose, dass der erste Hohepriester der Israeliten, Aaron, obwohl er mit der Anfertigung des „Goldenen Kalbes" gegen das Götzendienstverbot verstieß, nicht bestraft wird. Die Aggada lässt die Schutzbehauptung gelten, Aaron hätte von seiner Ermordung ausgehen können, falls er sich dem Willen des Volkes nicht gefügt hätte. Somit beging er zwar eine große Sünde, hat aber immerhin sein Leben gerettet. Er meinte, mit Buße und Umkehr sein Vergehen wettmachen zu können (B. Talmud Sanhedrin 7/a). An einer anderen Stelle liefert die talmudische Aggada (B. Talmud Aboda Sara 5/b) eine fast theologisch klingende Erklärung für die Sünde des „Goldenen Kalbes": Demgemäß mussten die Israeliten die Sünde in der Wüste begehen, damit spätere Generationen in Erinnerung an dieses Beispiel auf Vergebung hoffen dürfen, wenn sie wie Aaron Buße tun und ihre Verfehlung bereuen.

Legenden als historische Quellen

Im Weiteren möchte ich auf jene Legenden eingehen, die in der biblischen Antike auch als historische Quellen betrachtet oder bezeichnet wurden. Es gehört zu den charakteristischen Eigenschaften der Legendenbildung, dass sie häufig nicht aus reiner Phantasie Dinge erfindet, sondern an wahre Begebenheiten oder lebende Persönlichkeiten anknüpft. Sie werden jedoch durch dichterische Phantasie umgestaltet und nicht selten bis zur Unkenntlichkeit übertüncht. Nicht wenige Historiker meiden daher grundsätzlich legendenumwobene Spuren bei der Aufzählung oder Sichtung ihrer Quellen. Es wird dabei außer Acht gelassen, dass die Legende sehr oft den Eindruck festhält, den die Ereignisse und die Persönlichkeiten der Geschichte zeitgenössisch hinterließen. Ebenso bewahren Legenden vielfach die Vorstellungen und Ideale der breiten Volksschichten. So wirken Legenden wie ein Rahmen für Ideen, Gedanken oder das Bild historischer Persönlichkeiten.

Spuren von historischen Ereignissen in der jüdischen Legende
Der Talmud berichtet (B. Talmud Megilla 9/a) von der ersten Bibelübersetzung in die griechische Sprache, die bis heute als „Septuaginta" bekannt ist. Während der Herrschaft von Ptolemäus II. Philadelphus wurde die Bibel laut antiker griechischer Quellen durch 72 Gelehrte innerhalb von 72 Tagen ins Griechische übertragen. Die „72" arbeiteten voneinander isoliert und dennoch deckte sich das Ergebnis bis zum letzten Komma. Eine andere Legende über diese Bibelübersetzung (Megillat Taanit) bemerkt, dass bei ihrer Entstehung eine dreitägige Finsternis über das Heilige Land kam. Der Tag ihrer Fertigstellung war so verhängnisvoll wie der Tag der Erschaffung des „Goldenen Kalbes" (Sofrim 1,8). Vermutlich entstand die erste Legende in der jüdischen Diaspora Ägyptens und gibt die Wertung der Bibelübersetzung als Zeichen der hellenistisch-jüdischen Symbiose aus der Sicht der damaligen Diasporajuden wieder. Die zweite Legende spiegelt dagegen die Sorgen der traditionsbewussten Juden des Heiligen Landes, die Verwendung der „Septuaginta" könnte die hebräische Bibel in den Hintergrund drängen und so durch die griechische Sprache und Lebensweise einer unerwünschten Ideologie zur Vorherrschaft verhelfen. Diejenigen, die diese Angst hegten, sahen in der hellenisierenden Assimilation eine Gefahr für das Fortbestehen der jüdischen Tradition und betrachteten deshalb den Tag der Fertigstellung der „Septuaginta" als folgenschwer für sich. So erweist sich diese Legende als Spiegel der damaligen historischen Lage im Heiligen Land.

Die sieben Wochen zwischen dem jüdischen Pessach, aus dem das christliche Ostern entstanden ist, und dem Schawuotfest (Pfingsten) gelten bis zum heutigen Tage in der religiösen Praxis als eine Zeit des Trauerns. In diesen Wochen finden in den Gemeinden keine Hochzeiten oder fröhliche Veranstaltungen statt. Der Talmud begründet die Trauer mit einer tödlichen „Epidemie", die unter den Schülern von Rabbi Akiba im

2. Jahrhundert n.d.Z. wütete (B. Talmud Jebamot 62/b). Am 33. Tag dieser sieben Wochen hörte die Epidemie auf. Daher wirkt dieser Tag wie eine Unterbrechung der Trauerperiode (Lag Baomer). Die historische Forschung vermutet nicht ohne Grund, dass die Schüler von Rabbi Akiba samt ihrem Meister aktiv an dem Bar-Kochba-Aufstand (132-136 n.d.Z.) gegen Rom teilgenommen haben. Die wütende „Epidemie" ist dann lediglich eine talmudische Umschreibung für verlustreiche Schlachten während des Aufstands. Am Lag Baomer hat der Aufstand vermutlich einen Erfolg zu verzeichnen gehabt.[28] An jene Kämpfe erinnert ebenso die bis heute vielerorts beheimatete Sitte, dass Schulklassen und Jugendliche an diesem Tag einen Ausflug ins Freie mit Lagerfeuern und Geländespielen unternehmen.

Kritische Einstellung in der Legende gegenüber historischen Persönlichkeiten
Im Übrigen galten die Gelehrten des Talmud als Pazifisten. Sie sahen die Zukunft des Judentums im Studium und in der Religionsausübung. Daher wurde im Talmud die Figur des Freiheitskämpfers Bar Kochba nicht positiv registriert (B. Talmud Sanhedrin 93/b; J. Talmud Taanit 4,7, 68/d). Der Held des Makkabäer-Aufstands Jehuda Hamakkabi (Judas Maccabäus) wird aus dem gleichen Grund im Talmud überhaupt nicht erwähnt. Auch dies ein starkes Indiz dafür, warum der Tod der Schüler Rabbi Akibas als Epidemie dargestellt wurde.

Die jüdische Legende räumt der Wirkung, die eine historische Persönlichkeit auf ihre Epoche ausübt, breiten Raum ein und sie bewahrt die Bewunderung oder die Verurteilung der Persönlichkeiten in ihrer Zeit. Über den vorhin schon erwähnten Rabbi Akiba sagt die Tradition aus, dass er in seiner Schule 12 000 Schüler unterrichtete. Wenn auch diese Zahl legendär übertrieben ist, drückt sie doch die große Wirkung der Gelehrsamkeit und Tätigkeit dieses wichtigen Rabbiners aus. In der deutschen Öffentlichkeit wird dieser Gelehrte „Ben Akiba" genannt und es wird ihm häufig der Ausspruch zugeschrieben, dass es „nichts Neues unter der Sonne gäbe". Diese Aussage birgt zwei Irrtümer. Erstens war sein voller Name „Akiba ben Jossef". Der hierzulande geläufigere Name „Ben Akiba" ist auf ein Drama des früher bekannten Autors Karl Ferdinand Gutzkow zurückzuführen. Das Zitat jedoch stammt ursprünglich aus dem biblischen Kohelet-Prediger-Buch (1,9). Eine andere jüdische Legende weist ebenfalls in diese Richtung. Demnach zeigte Gott dem ersten Menschen, Adam, die Gelehrten und herausragenden Persönlichkeiten der späteren Geschlechter. Als Adam Rabbi Akiba erblickte, freute er sich über dessen besondere Gelehrsamkeit, war jedoch traurig, als er vom Märtyrertod des Rabbis auf einem römischen Scheiterhaufen erfuhr (B. Talmud Aboda Sara 5/a; Sanhedrin 38/b).

Um den Welteroberer der antiken Welt, Alexander den Großen, bildeten sich ganze Legendenkreise.[29] Eine talmudische Erzählung berichtet, dass ihm, als er auf seinem siegreichen Eroberungszug das Jüdische Land erreichte, der Hohepriester Schimon HaZaddik entgegeneilte (B. Talmud Joma 69/a). Alexander stieg von seinem Wagen herab und verbeugte sich tief. Diese Legende zeigt nicht nur die Friedfertigkeit des Hohepriesters, sondern spiegelt die freundliche Einstellung des Eroberers den Juden gegenüber, die als historische Tatsache gilt. Eine ähnlich gelagerte Überlieferung ist über den legendären Hunnenkönig Attila zu lesen. Als er vor den Toren Roms stand, kam ihm Papst Leo I. in unsichtbarer Begleitung der Apostel Petrus und Paulus entgegen. Diese heilsgeschichtlich anmutende Erscheinung zwang den Hunnenkönig nach der christlichen Legende zum Rückzug aus Rom. Zweifelsohne gehören beide Erzählungen in die Welt der Legenden, jedoch bilden sie die Wirkung und Bedeutung ihrer Helden authentisch ab.

Mit diesen Hinweisen und Überlegungen sollten die Unterschiede und auch die Widersprüche zwischen Legende und Geschichte beleuchtet werden. Es liegt in der widerstreitenden Beziehung der beiden, dass die Legende häufig von der Geschichte abweichende Aussagen und Darstellungen macht. Trotz alledem kann sie oftmals als Quelle für Geschichte dienen. Sie vermag charakteristische Eigenschaften von Persönlichkeiten, Ideen und Ereignissen zu vertiefen und zu erklären. Wenn wir bereit sind zu akzeptieren, dass diese Erzählungen, ähnlich wie Träume, in der Wirklichkeit wurzeln und in der Lage sind, das Erlebte und Überlebte zu verdeutlichen, dann können wir die jüdische Legende selbst in modernen literarischen Werken als eine Ausdrucksform der moralischen Werte schätzen. Selbst dann, wenn die Legenden ihren Inhalt manchmal getreu, manchmal überzeichnet zum Ausdruck bringen.[30]

* *In vielen Beiträgen dieses Bandes ist von Legenden und Erzählungen die Rede. Theoretisch hat sich Joel Berger mit dieser Gattung in einem Aufsatz in der Festschrift für Utz Jeggle auseinandergesetzt, den wir seiner Bedeutung wegen deshalb leicht verändert abdrucken: Legende oder „Lügende" – Zum Verhältnis von Historie und narrativer Kultur im Judentum. In: Freddy Raphael (Hrsg.): „… das Flüstern eines leisen Wehens …" Beiträge zur Kultur und Lebenswelt europäischer Juden. Festschrift für Utz Jeggle. Konstanz o. J. [2001], S. 227-237.*

Die einleitenden Passagen zu der von Martin Buber überlieferten Legende von Eisik Sohn Jekels sind entnommen seinem Beitrag: Über die Quelle einer Chassidischen Erzählung in der Bearbeitung von Martin Buber. In: Udim. Zeitschrift der Rabbinerkonferenz in der Bundesrepublik Deutschland, Bd. 16, 1992, S. 117-119.

EHRET DIE QUELLEN
WAS IST ÜBERNAHME, WAS IST PLAGIAT?

Lehrern war es zuerst aufgefallen: In Schulaufsätzen fanden sich umfangreiche Texte, die von den Schülern wahrscheinlich aus dem Internet oder gedruckten Quellen übernommen worden waren. Die Pädagogen entwickelten deshalb Prüfprogramme, um das Original aufzuspüren und die Schummeleien aufzudecken. Mit diesen Programmen wurden dann auch akademische bzw. wissenschaftliche Texte überprüft. Fündig wurde man bei manchen Autoren, deren Liebe zum Doktortitel größer war als die zur Wahrheit – darunter Landes- und Bundesminister. Als erwischte Betrüger, vornehm ausgedrückt „Plagiatoren", blieb ihnen nur der Weg ins Privatleben. Das konnte auch ein Büro in den USA oder im Vatikan sein.

In meiner Jugend fragte einst ein aufgeweckter Junge unseren Lehrer in der jüdischen Elementarschule im Blick auf die Friedensmissionen der Propheten Jesaja (2,1-5) und Micha (4,1-4): Welcher Prophet hat nun von dem anderen abgeschrieben? Der Rebbe antwortete schmunzelnd: Dies war damals weder ein Thema noch ein Delikt. Eine spätere Erinnerung aus der Jeschiwa-Zeit beleuchtet treffender, wie man in diesen Kreisen geistiges Eigentum betrachtete und bewertete. Gewöhnlich pflegte der Rabbiner am Ende eines Seman (Semester) die Schüler mit folgendem Hinweis reisen zu lassen: Wenn man euch in eurer Gemeinde bittet, am Schabbatnachmittag oder am Festtag beim gedeckten Tisch eine Schrifterklärung (Drascha) zu halten, so könnt ihr all das, was ihr von mir gelernt habt, in eurem Namen, als eure Lehrsätze verkünden. Aber hütet euch davor, *eure* „Weisheiten" in meinem Namen zu tradieren.

In der Heiligen Schrift fand das Plagium in seiner ureigenen Bedeutung als Menschenraub und Entführung seinen Niederschlag (2. Buch Mose 21,16; 5. Buch Mose 24,7, in erweiterter Form Psalm 105,17).

Auch in der rabbinischen Literatur wird das Diebstahlverbot des Öfteren auf Menschenraub bezogen (so beispielsweise bei Sanhedrin 86/a, Rambam: Hilchot Genewa 9,1). Es fällt auf, dass im Talmud der Begriff „Plagium" in der üblichen Bedeutung nicht vorkommt. In einer Baraita (nicht kodifizierte talmudische Literaturstelle) lesen wir, dass derjenige wie ein Dieb zu werten ist, der von einem Schulkameraden einen Abschnitt, den jener laut rezitiert, ablauscht (Mechilta 89/b, Tosifta Baba Kama 7,8). Jedoch habe er dem Rezitierenden keinen materiellen oder geistigen Schaden zugefügt, meint der Talmud. Deshalb könne auch kein Diebstahl oder Plagiat vorliegen.

Man muss festhalten, dass die Entwendung fremden geistigen Eigentums in der Welt der klassischen jüdischen Gelehrten nicht als eine Form des Diebstahls oder als ein Delikt betrachtet wurde. Lehren und Lernen wird von jüdischen Gelehrten in einer Weise behandelt, die das Aneignen fremder intellektueller Leistungen anders beurteilt. So kann im Bet Hamidrasch (Lehrhaus) eine originelle Schöpfung in der klassischen Literatur nur dann berechtigten Anspruch auf Akzeptanz oder Würdigung erheben, wenn sie als Niederschlag der geistigen Atmosphäre vergangener, anerkannter und gelehrter Meister erscheint. Gerade deshalb schien es für so manchen noch nicht bekannten Studierenden einfacher, Aussagen, Interpretationen oder ganze Werke eines alten, anerkannten Namens „auszuborgen" und diese als eigene Werke „unter fremder Flagge" auf die hohe See der Veröffentlichungen zu schicken.

Daraus entstand im Altertum die literarische Gattung der „pseudepigraphischen Literatur". Als „Pseudepigraphie", wörtlich etwa „die Falschzuschreibung", bezeichnet man das Phänomen, dass ein Text bewusst einem bekannten Verfasser zugeordnet wird. Jedoch geschieht dies nicht zum eigenen Ruhm, sondern um einem Text eine höhere Autorität zu verleihen. Für die jüdische Gelehrtenwelt können ausschließlich die Worte oder Schriften eines Lehrers, seine Lehrsätze und deren Wirksamkeit als richtig und würdig gelten, wenn sie durch die Namen der Überlieferer beglaubigt sind. Nur solche Texte können auf Dauer bestehen. Daher war es bereits in der talmudischen Epoche eine Mizwa (religiöse Pflicht), den Namen des Urhebers wie die aller späteren Übermittler auf dem Weg des Tradierens ausdrücklich anzuführen (Talmud Jer. Schabbat 1,1; Talmud Jer. Kidduschim 1,7).

Ein Wandel der Zeiten und die Veränderung der Sitten sind auch in der rabbinischen Tradition wahrzunehmen. (Die talmudischen Ausdrücke „wehaidna" und „wehaschta", die „heute, in unserer Zeit" bedeuten, leiten oft die notwendig gewordenen Änderungen ein). Es ist nicht erlaubt, mündlich oder anders überlieferte Lehrsätze anonym weiterzugeben oder gar in eigene Werke ohne Angabe des Tradenten einzufügen. Hier gilt der talmudische Lehrsatz vom „Kal Wachomer": Wenn schon die anonyme Weitergabe, ein weniger wichtiger Tatbestand, untersagt ist, gilt umso strenger das Verbot der Überlieferung unter eigenem Namen, denn das ist die schwerwiegendere Tat.

MIT SCHULD BELADEN
DAS BILD VOM SÜNDENBOCK

Für das Judentum ist das Bild vom Sündenbock von ganz zentraler Bedeutung, nicht nur weil es als Volk der Diaspora seiner Umwelt immer wieder und auf grauenhafte Weise als Zielscheibe gedient hat, sondern weil es auch so eng mit Jom Kippur (Versöhnungstag), dem höchsten jüdischen Feiertag, verbunden ist. Der heute säkularisiert gebrauchte Begriff des „Sündenbocks" meint, dass sich eine Gesellschaft frei von Schuld oder Verantwortung macht, indem sie ihre Spannungen einer Minorität zuschreibt und auf diese die Schuld überträgt.

Ein geradezu klassisches Beispiel dafür liefert Württemberg mit der Behandlung von Joseph Ben Issachar Süßkind Oppenheimer, der unter der Bezeichnung „Jud Süß" in kaum einer antisemitischen Hetzschrift fehlt. Als Hoffaktor hatte er seinem Herzog Karl Alexander merkantile Maßnahmen empfohlen, mit denen sich die Einnahmen wesentlich steigern ließen und die zugleich auf eine Modernisierung des Staates hinausliefen. Der katholische Herzog setzte diese Vorschläge mit absolutistischer Brutalität durch und nahm auf die Mitwirkungsrechte seiner protestantischen Landstände keine Rücksicht. Nach dem plötzlichen Tod seines herzoglichen Schutzherrn im Jahre 1737 wurde der jüdische Hoffaktor für dessen absolutistische Handlungen haftbar gemacht und nach einem Scheinprozess im darauffolgenden Jahr in einer spektakulären Massenveranstaltung ermordet. Dieses Ereignis ist durch viele Veröffentlichungen im allgemeinen Bewusstsein lebendig geblieben. Die Novelle von Wilhelm Hauff und Lion Feuchtwangers Roman werden bis heute gelesen. Die antisemitische Tradition dieser Geschichte diente noch den Nationalsozialisten. Unter ständiger Kontrolle von Joseph Goebbels drehte Veit Harlan mit großem Aufwand einen Hetzfilm, der die Schoah ideologisch untermauerte.[1]

Woher rührt nun der Begriff vom „Sündenbock"? Der wohl älteste Hinweis auf das Bild und die Funktion eines Sündenbocks stammt aus der Tora, genauer dem 3. Buch Mose im 16. Kapitel. Darin wird der klassische, altertümliche Tempelgottesdienst zum Jom Kippur (Versöhnungstag) geschildert. Die Grundidee dieses Versöhnungstags ist, dass die Gemeinschaft durch den Priester Sühne erfährt. Mit welchem Ritual? In Vers 7 wird erstmals erwähnt: Der Priester nahm zwei Böcke und stellte sie vor dem Ewigen hin, das heißt vor den Altar und zwar an den Eingang des „Stiftzeltes". Während der Wüstenwanderung wurde es als zentraler Ort der Begegnung des Menschen mit Gott mitgeführt, gleichsam als Symbol der Heiligkeit Gottes. Der Platz der Handlung lag also vor dem eigentlichen Tempel. Der Hohepriester Aaron warf über die beiden Böcke ein Los, ein Los für den Herrn und eines für Azazel. Noch heute debattiert man, wer oder was Azazel ist. Die Bibel gibt keine Auskunft über sein Wesen. Im Apokryphenbuch Henoch aber wird er mit den gefallenen Engeln in Verbindung gebracht und dämonisiert. Im modernen Hebräisch sagt man umgangssprachlich „geh zum Azazel" und meint damit dasselbe wie die deutsche Redewendung „geh zum Teufel", wobei das Judentum einen Teufel im Sinne der Verkörperung des absolut Bösen nicht kennt. Azazel ist ein Dämon der Wüste, weder gut noch schlecht. Doch dieses Wesen steht nicht allein; die Bibel kennt noch mehr Dämonisches, das wir in unserer heutigen Rationalität nicht unterschlagen sollten, so zum Beispiel bei Jesaja (14,12), wenn im Spottgedicht auf den König von Babel das Totenreich heraufbeschworen wird.

In Vers 9 bei Mose wird dann geschildert, wie der Bock, auf den das Los des Herrn traf, als Sühneopfer dargebracht wurde. Auf dem anderen Bock wurde die Sünde des Volkes abgeladen; er wurde nicht geopfert, sondern lebend in die Wüste gejagt. Die Juden in der Vorhalle des Tempels sahen, wie durch diese symbolische Handlung des Priesters ihre Sünden hinweggetragen wurden. Bei der Betrachtung dieses Rituals muss man bedenken: Wir befinden uns noch während der Wüstenwanderung, in der Zeit vor der Errichtung des Tempels in Jerusalem. Den Zusammenhang von Buße und nachfolgender Versöhnung konnte das Volk, das gerade der Sklaverei entronnen war, nicht nachvollziehen. Die

Trennung von Dingen und geistiger Substanz war den Menschen noch nicht möglich. Die Gemeinschaft hat sich wegen der bewusst oder unbewusst, gewollt oder ungewollt begangenen Sünden schuldig gefühlt und diese abstrakte Tat als reale Befreiung von den Sünden empfunden.

Der liberale amerikanische Rabbiner Jakob J. Petuchowski hat sehr klar den folgenden grundlegenden religionsgeschichtlichen Wandel beschrieben. Ursprünglich hat der Hohepriester die Entsühnung durch diesen Akt bei Gott erwirkt. Nach der Zerstörung des Tempels im Jahre 70 n. d. Z. konnte dieses Ritual nicht mehr vollzogen werden. So wurde es zum „Drehbuch" für einen Teil der synagogalen Liturgie. Das Tempelritual wird von den Betenden nur noch nacherzählt. Eine Entsühnung, wie sie vom Hohepriester nach dem 3. Buch Mose (16,30) an Jom Kippur erwirkt wurde, konnte in dieser Form nicht mehr stattfinden. Wörtlich heißt es: „Denn an diesem Tage erwirkt Er euch Sühne, um euch zu reinigen." Durch rabbinische Handlung hat die Zeit nach der Zerstörung des Tempels das „Er" des Textes nicht mehr auf den Priester, sondern auf Gott bezogen. Die Entsühnung wird also nicht mehr vom Priester bei Gott, sondern von Gott erwirkt. In diesen religionsgeschichtlich höchst modernen Ansatz mündet die Geschichte vom Sündenbock.

Im Bild vom Sündenbock manifestiert sich auch die Austauschbarkeit von Mensch und Tier, die nach René Girard „die wichtigste Modalität des Monströsen in der Mythologie"[2] darstellt. Ein ähnliches Bespiel dafür finden wir im 5. Buch Mose. Unvermittelt beginnt Kapitel 21 mit der Schilderung, auf welche Weise die Sühne eines Mordes von unbekannter Hand vollzogen werden soll. Die Ältesten des nächstgelegenen Ortes mussten ein Kalb in den unbebauten Grund eines Tales bringen und ihm dort das Genick brechen. Mit dieser Handlung und den dazugehörigen Reinigungen sollte das Volk entsühnt werden, das dem Ermordeten nicht den notwendigen Schutz hatte zukommen lassen. Da der Mord und die Verantwortlichkeiten nicht geklärt werden können, wird die notwendige Sühne auf das Tier geladen. Talmudisch wurde dann ergänzt, dass diese Regelung nicht für Jerusalem angewandt werden darf, da es in Jerusalem keine ungeklärten Dinge geben kann.

Die neuere Forschung hat Parallelen in anderen Kulturen mit dualistischem Gottesverständnis entdeckt. Im jüdischen und christlichen Abendland lebt das Bild vom Sündenbock auch dann als religiös geprägt weiter, wenn die Vorstellung von der Entsündigung in den Hintergrund getreten ist. So beispielsweise in den Sagen, in denen der Teufel nach Vollendung einer ungeheuren Leistung um seinen Lohn geprellt wird, wenn ihm ein Tier statt des versprochenen Menschen geopfert wird.

Im deutschen Sprachgebrauch ist der Begriff „Sündenbock" nach dem Grimmschen Wörterbuch in religiösem Zusammenhang seit dem 17. Jahrhundert belegt, außerreligiöse Nachweise tauchen erst im 18. Jahrhundert auf. Angesichts der Dominanz der christlich-jüdischen Bibeltradition in Europa kann der Hinweis auf das römische Recht – nach dem „Zwölftafelgesetz" muss bei einer unbeabsichtigten Tötung als Sühne ein Widder übergeben werden – wohl auch nur als zufällige Parallele gewertet werden. Sicher ist der Einfluss des römischen Rechts auf die europäische Rechtsentwicklung nicht zu unterschätzen. Trotzdem muss man wohl davon ausgehen, dass der biblische Hintergrund der ursprüngliche war.

Heute gibt es umfangreiche Literatur zu den religiösen, psychologischen und soziologischen Aspekten des Bildes vom Sündenbock. Das oben erwähnte Buch von Girard und Gordon W. Allports „The nature of prejudice" von 1954 zähle ich zu den wichtigsten Veröffentlichungen zu diesem Thema.

Im modernen, säkularen Zusammenhang beschreibt das Bild vom Sündenbock ein sozial-psychologisches Phänomen. Immer geht es um eine verunsicherte Gesellschaft, die ihre Zerrissenheit zu heilen sucht, indem sie eine vermeintliche Ursache auf eine Minorität ablädt und diese als Fremde aus der Gemeinschaft ausschließt. Ein Verhalten, das ohne mitgedachte Versöhnung stets Gewalt gebiert.

Das erleben wir jeden Tag.

DER EWIGE JUDE
WEG UND WIRKUNG EINER LEGENDE

Im Jahre 1267 wurde er in Forli gesehen, 1542 in Hamburg, 1599 in Wien, dann in Danzig, Prag und Bern. 1642 besuchte er Leipzig, danach Paris, Stanford, München und New York. In Jerusalem verliert sich 2008 seine Spur. Er soll den Königen aus dem Morgenland den Weg gewiesen haben, er hat Mohammed kennengelernt und Kolumbus, und er war bei allen wichtigen Ereignissen der Weltgeschichte dabei. Die Rede ist von Ahasver, dem „ewigen Juden", jenem sagenumwobenen Wanderer, der in ganz Europa, angeblich, von Augenzeugen gesehen wurde.

Der Legende nach war Ahasver ein Schuhmacher aus Jerusalem. Als Jesus sein Kreuz nach Golgatha trug, wollte er sich vor dem Haus des Handwerkers ein wenig ausruhen, doch Ahasver verspottete, beschimpfte und vertrieb ihn. Jesus antwortete: „Ich will stehen und ruhen, du aber sollst immer gehen." Seitdem wandert der Schuster, zur Unsterblichkeit verdammt, barfuß durch die Welt.

Auch hierzulande soll er zu verschiedenen Zeiten aufgetaucht sein. In Ulm hat er seine Siebenmeilenstiefel hinterlassen, die man bis in die Dreißigerjahre im Stadtmuseum besichtigen konnte.[1] Erstaunlich nur, dass er ja eigentlich keine Schuhe getragen hat – und er „soll so dicke Fußsohlen haben, daß mans gemessen zweyer zwerch Finger so dick gewesen, gleich wie ein Horn so hart ..."[2] In Wilhelm Hauffs „Memoiren des Satan" erzählt Ahasver selbst von einem Lieblingsplätzchen „im königlichen Hofgarten in S.", sprich in Stuttgart[3], und in Altbach bei Esslingen hat er zweimal in einem Schafstall übernachtet. „Ich Ahasverus von Jerusalem bin schon das zweitemal gut in diesem Schafstall beherbergt worden, das Gott vergelte. Den 1. Jan. 1766." Verschiedene Autoren des 19. Jahrhunderts bezeugen, dass diese Inschrift an der Wand des Stalles mehrere Leute mit eigenen Augen gesehen haben.[4] Der Schafstall wurde später zu einer Schmiedewerkstatt umgebaut. Seit einigen Jahren ist in dem kleinen Häuschen mitten im Ort ein Schmiedemuseum untergebracht.

Die Geschichten, Sagen und Legenden um den Schuster, der den kreuztragenden Jesus von der Schwelle wies, sind Legion, und die Erzählung über ihn wanderte so lange wie Ahasver selbst.[5] Am Beispiel der Legende vom „ewigen Juden" lässt sich deutlich zeigen, wie sich auch diese Art der Volksliteratur durch den Zeitgeist der jeweiligen Epoche und den Einfluss unterschiedlicher Autoren verändern kann, wie aus religiösen Stoffen und frommen Inhalten letztendlich sogar Hasspredigten werden konnten.[6] Einer ihrer traurigen Höhepunkte: die zwei NS-Propagandafilme „Der ewige Jude" von Fritz Hippler und „Jud Süß" von Veit Harlan, beide aus dem Jahre 1940.[7]

Im Mittelmeerraum, insbesondere in dessen östlicher Hälfte, verbreiteten sich mehrere Legenden, die dazu berufen waren, den Menschen die Heilswahrheiten zu bestätigen und den Glauben an das Christentum zu festigen. Sie waren indirekt an biblische Aussagen und Erzählungen gebunden, und wo die Texte lückenhaft überliefert waren, sprang die Legende ein, um diese Leerstelle zu füllen und die Glaubensinhalte auch für Nichttheologen verständlich zu machen. Und so geht es in der Legende vom „ewigen Juden" um das Zentrum des christlichen Bekenntnisses, um die Leidensgeschichte Jesu, und es geht um seine Wiederkehr (Parusie). „Ich werde gehen, aber du wirst warten und keine Ruhe finden, bis ich wiederkommen werde." In einer Variante der Legende fiel die Antwort Jesu mahnend und zukunftsweisend aus. Diese Aussage verheißt dem Schuhmacher ein langes Leben, freilich nicht zum Segen, im Gegenteil: ein rastloses Warten auf die angedeutete Wiederkunft. Andere Quellen und Textvariationen verkünden dem Handwerker darüber hinaus eine unendliche Wanderung über die ganze Welt.

Die Schriften des Neuen Testaments geben keine direkten Hinweise auf die Geschichte vom „ewigen Juden". Die Anfänge der Legende liegen wohl im frühen Mittelalter und im christlichen Orient, darin sind sich alle Forscher einig. Ohne Namen, ohne Profession und Religion findet sich Ahasver in verschiedenen Mönchschroniken des 6. Jahrhunderts. Hier ist die Erzählung auch zum ersten Mal schriftlich fixiert. Doch bietet das Neue Testament zwei grundlegende Gedanken und Elemente: Im Johannesevangelium wird berichtet, dass Jesus nach der Auferstehung seinen Jüngern dreimal erschienen ist. Beim dritten Mal fragt Petrus Jesus nach dem weiteren Schicksal des Lieblingsjüngers Johannes: „Was wird mit diesem?" Jesus antwortete: „Wenn ich will, dass er bleibt, bis ich komme, was geht es dich an? Folge du mir nach. Da verbreitete sich diese Rede unter die Brüder, dass jener Jünger nicht sterbe. Aber Jesus hatte zu ihm nicht gesagt, dass er nicht sterbe, sondern: Wenn ich will, dass er bleibt, bis ich komme, was geht es dich an?" (Joh. 21,20 ff.) Der Evangelist weist also das Gerücht, dass Johannes die Wiederkunft Jesu erleben würde, selbst zurück, trotzdem lässt sich seit dem 2. Jahrhundert eine Erzählung verfolgen, nach der Jesu Lieblingsjünger bis zur Parusie nicht sterben würde. Wenn wir den Johannestext der christlichen Legende gegenüberstellen, fällt sofort auf, dass das ewig lange Leben hier ein Privileg, ein Zeichen göttlicher Gnade und Liebe ist; in der Legende dagegen ist es eine Strafe und Verwünschung ob der Hartherzigkeit und Gnadenlosigkeit gegenüber Jesus.

Ein weiterer biblischer Hinweis verbindet sich mit der Erzählung über Malchus. In den Evangelien wird berichtet, dass Petrus einem Mitglied der Tempelwache während der Festnahme von Jesus mit dem Schwert ein Ohr abgehauen habe (Mark. 26,50). Verschiedene Autoren halten diesen Soldaten, der bei Johannes „Malchus" genannt wird (Joh. 18,10), für dieselbe Person wie den Diener, der beim Verhör Jesus geschlagen hat. „Aber der Hohepriester fragte Jesum um seine Jünger und seine Lehre. Jesus antwortete ihm: Ich habe frei öffentlich geredet vor der Welt; ich habe allzeit gelehrt in der Schule und in dem Tempel, da alle Juden zusammenkommen, und habe nichts im Verborgenen geredet. Was fragst du mich darum? Frage die darum, die gehört haben, was ich geredet habe, siehe, diese wissen, was ich gesagt habe. Als er aber solches redete, gab der Diener einer, die dabeistanden, Jesu einen Backenstreich und sprach: sollst du dem Hohepriester also antworten?" (Joh. 18,19-22). Eine frühchristliche Legende überliefert, dass dieser Malchus weiterlebe und schweren Strafen unterworfen wäre. In der späteren literarischen Verarbeitung der Erzählung vom „ewigen Juden" taucht Malchus immer wieder als Folie auf, dann nämlich, wenn Ahasver mit abgetrenntem Ohr dargestellt wird. Eine andere biblische Reminiszenz ist das Kainsmal auf seiner Stirn. Auch Kain, so die christliche Interpretation, war nach dem Mord an seinem Bruder zur ruhelosen Wanderschaft verdammt worden (Gen. 4,8 f.).

Überhaupt weist der Topos vom „ewigen Wanderer" Parallelen in die verschiedensten Richtungen auf. Ein Exempel ist die jüdische Legende von den 36 Gerechten, die unabhängig voneinander die Last der Welt tragen. Solange wenigstens einer von ihnen auf Erden weilt, lässt Gott die Welt nicht untergehen, heißt es hier. In der griechischen Mythologie erzählt die Sage von dem trojanischen Königssohn Tithonos, in den sich die Göttin Eos unsterblich verliebt hat. Sie bat Zeus um ewiges Leben für den Prinzen; der Göttervater stimmte zu, gab Tithonos aber nicht die ewige Jugend, sondern ließ ihn altern, bis er zu einer Zikade geschrumpft war und nur noch als Stimme existierte.

Den ersten schriftlichen Beleg der Legende von Ahasverus haben wir, wie gesagt, im 6. Jahrhundert.[8] Hier heißt es, dass ein zerlumpter Äthiopier auf Zypern erschienen sei und behauptet habe: „Ich bin derjenige, der den Schöpfer der Welt, unseren Herrn Jesus Christus, auf seinem Leidensweg ins Gesicht geschlagen hat." Bei diesem Chronikeintrag hat sicherlich die Geschichte von Malchus Pate gestanden. In einer anderen lateinischen Chronik aus Bologna aus dem 13. Jahrhundert bezeugt der unbekannte Autor, ein Zisterziensermönch, dass einige Pilger im Jahre 1223 einen Juden aus Armenien getroffen haben sollen, der bei der Passion Jesu anwesend war, der ihn beschimpft hat und mit den Worten antrieb: „Geh nur, du Verführer, damit du deine gebührende Strafe bekommst. Darauf erwiderte Jesus: Ich gehe, aber du wirst auf mich warten bis zu meiner Wiederkunft." Und weiter wird an dieser Stelle erzählt, dass dieser Mann alle 100 Jahre wieder 30 wird. Auf diese Weise wird deutlich, dass es sich in diesem Fall nicht um den Segen der ewigen Jugend handelt, sondern um eine Strafe.[9]

Diese Geschichte wird schon fünf Jahre später von dem englischen

Benediktinermönch Roger von Wendover vom Kloster St. Albans in seiner Weltchronik „Flores Historiarum"[10] übernommen. Er berichtet über den Besuch des Erzbischofs von Armenien in St. Albans, der in seinem Land öfter einen gewissen Josef getroffen habe, der die Passion Jesu miterlebt haben will. Dieser teilte ihm mit: Als die Juden Jesus aus dem Palast hinausführten, schlug ihn der Türsteher, ein Knecht von Pilatus, mit der Faust in den Rücken und sprach höhnisch: „Beeile dich, und zögere nicht." Jesus erwiderte ihm mit abweisender Geste: „Ich gehe, aber du wirst bleiben und warten, bis ich wiederkomme." Und gemäß diesen Worten wartet „Cartaphilos", so hieß der Diener, auf die Wiederkehr des Erlösers. Der Chronist berichtet weiter, dass Cartaphilos zur Zeit der Leiden Christi 30 Jahre alt war. Und wären 100 Jahre erreicht, würde er wieder 30 Jahre jung werden. Hinter dem griechischen Namen dieses Dieners, der als Christ „Josef" genannt wurde, verbirgt sich möglicherweise eine Anspielung auf Johannes, den Lieblingsjünger Jesu (kataphilós: gänzlich geliebt).[11]

Der Nachfolger von Wendover, Mönch Matthew (Matthäus) Paris, erweitert in seiner „Chronica Maiora" (1243; 1586 in Zürich auf Deutsch erschienen) den Stoff durch verschiedene andere Quellen. Alle drei Quellen bezeichnen „Armenien" als Ausgangsort für die Legende, und in jeder der Fassungen sind mit dem ewigen Wanderer verschiedene Merkmale verbunden, eben ein Name oder die Verjüngung nach 30 Jahren. Allein die Version des unbekannten Zisterziensers aus Bologna bezeichnet ihn als „Juden". Bemerkenswert ist allerdings, dass sowohl Wendover wie auch Paris an mehreren Stellen das jüdische Volk für den Martertod Jesu verantwortlich machen. In der „Chronica Maiora" wird ausdrücklich betont, dass es nicht die Römer waren, die Christus ans Kreuz geschlagen haben, sondern die Juden.

Die Geschichten um den „wegen menschlicher Anmaßung von Gott zum Leben Verdammten"[12], die sich im Laufe der Jahrhunderte in ganz Europa verbreiteten, stammten wohl von den Kreuzfahrern, die sie aus dem Vorderen Orient mitgebracht haben. Diese glühenden Verfechter des christlichen Glaubens förderten die Verbreitung solcher Legenden und damit die Verbreitung ihrer Heilsgeschichte, nicht zu vergessen der historische Kontext des Vierten Laterankonzils (1215), das das Christentum als einzig wahre Religion festigen sollte. Den Juden gegenüber bekräftigte Papst Innozenz III., dass sie zwar als Mörder des Herrn gelten, aber in ihrem niederen Stand geduldet werden, weil sie durch ihr Dasein die Überlegenheit der glorreichen Kirche unter Beweis stellen.

Eine ganze Reihe von diskriminierenden Vorschriften des Konzils regelten die Ausgrenzung und Sonderstellung. So mussten die Juden an ihrer Kleidung zu erkennen sein. Ihnen wurde vorgeschrieben, dass sie einen gelben hohen Hut tragen müssen, der an der Spitze gekrümmt und mit einem Knauf versehen ist. „Schwerer und unmäßiger Wucher" war ihnen verboten, ebenso die Übernahme öffentlicher Ämter. Getauften Juden war es untersagt, ihre gewohnten Bräuche auszuüben.

Die Chroniken, von denen bislang die Rede war, sind von Mönchen in lateinischer Sprache und handschriftlich verfasst; sie waren deshalb für die Normalsterblichen der Zeit kaum einsehbar und lesbar. Und die Geschichte vom ewig Wandernden wird nur nebenbei, zusammen mit anderen erwähnt. Verbreitet haben sich die Kodizes jeweils nur regional, durch mündliche Erzählung so wie Märchen oder Sagen. Das verändert sich mit dem Jahre 1602. Jetzt erscheint zum ersten Mal eine gesonderte gedruckte Schrift in Deutsch mit dem (gekürzten) Titel: „Kurtze Beschreibung und Erzehlung von einem Juden mit Namen Ahasverus ..." Dieses Volksbuch wird ein absoluter Bestseller seiner Zeit. Es bildet die Zäsur in der Überlieferungsgeschichte des Stoffs, denn in dieser Publikation werden beinahe sämtliche vorhergehenden Quellen zusammengefasst und die Grundlagen für alle weiteren Veröffentlichungen des Motivs gelegt. Noch im Jahr der Ersterscheinung kamen mindestens 20 Ausgaben heraus. Allein für den deutschen Sprachraum sind wenigstens 70 Drucke bekannt.[13] Der farbig und spannend geschriebene Text findet bald in ganz Europa ein begeistertes Lesepublikum und ist genauso populär wie der „Dr. Faustus". Die Erfindung des Buchdrucks hat dies möglich gemacht.

Aber was ist das für ein Text? Unser Protagonist bekommt einen neuen Namen und eine andere Identität. Er heißt jetzt „Ahasverus" und er wird der jüdische Schuster aus Jerusalem, der Jesus die Ruhepause verweigert und deswegen mit der Last ewiger Wanderschaft bestraft wird. Der Beruf des Schusters, der an der Via Dolorosa arbeitet, ist nicht verwunderlich, aber warum Ahasver? Das bleibt wohl ungeklärt. Der Name ist biblisch, doch keineswegs jüdisch. Im Buch Esther wird beschrieben, wie unter der Regentschaft des Königs Ahasverosch die Juden des gesamten antiken Perserreichs von einem Pogrom bedroht waren. Allein dank seiner Gemahlin, der Jüdin Esther, wurde dies abgewendet und das Purimfest gestiftet, das bis heute in jedem Jahr am 14. und 15. Tag des Monats Adar die Errettung des jüdischen Volkes in Persien feiert. Der König ist wohl gleichzusetzen mit Xerxes I., dem Vater des Dareios, oder auch mit Artaxerxes; die Hinweise sind nicht ganz klar. Wie der Verfasser auf den Namen kommt? Darüber kann man nur spekulieren. Avram Andrei Baleanú vermutet, dass der Autor vielleicht von den lustigen Purim- oder Ahasverusspielen gehört hat, die an den Feiertagen aufgeführt wurden.[14] Möglich, dass der Name so schön exotisch in seinen Ohren klang, dass er ihn für jüdisch hielt und aus diesem Grund verwendete.

Was nun Ahasvers Zugehörigkeit zum jüdischen Volk betrifft, dazu müssen wir etwas ausholen. Die „Kurtze Beschreibung" steht in der jungen Tradition der reformatorischen Schriften und beruft sich deshalb als Zeugen für die Wahrheit der Erzählung auf den Schleswiger Bischof, Paulus von Eitzen. Dieser lutherische Theologe berichtet nach der Legende von dem Zusammentreffen mit einem alten Juden in Hamburg im Jahre 1542, der bekannte, dass er Jesus auf seinem Leidensweg verspottet und angetrieben habe. Der Gedanke, die Juden zur christlichen Religion zu bekehren, war eine Idee, die alle Glaubensrichtungen jener Zeit erfasst hatte. Sowohl der Papst als auch Luther förderten diese Vorstellungen in jeder Hinsicht, wenn es sein musste mit Gewalt. So kamen Erzählungen wie die von Ahasver gerade recht, der vom Gegner Jesu zum reuigen Sünder und frommen christlichen Büßer wurde. Die „Begleitmusik" ist eine reformatorische Endzeitberechnung, die auf das Jahr 1600 datiert wird. Die Juden, so die allgemeine Vorstellung, würden den Antichristen unterstützen und die Christen vernichten wollen. Dieses und andere Gerüchte, zum Beispiel dass die Juden an der Pest schuld wären, förderten den Judenhass in breiten Bevölkerungsschichten. Martin Luther, der sich in seiner Schrift von 1523 „Dass Jesus ein Jude sei" noch empört über den katholischen Klerus zeigte, weil er die Juden wie Hunde behandle, schwenkte 20 Jahre später um; 1543 erschien sein Buch „Von den Juden und ihren Lügen". Wollte er die Juden ursprünglich noch bekehren, so wollte er sie jetzt aus allen evangelischen Gebieten vertreiben.[15]

Wir sollten uns nicht dazu verführen lassen, die „Kurtze Beschreibung" als antijüdische Schrift abzutun, auch wenn das Klima des frühen 17. Jahrhunderts nicht weniger judenfeindlich war als zur Zeit der Kreuzzüge. Die neuere Forschung hat nämlich sehr sauber herausgearbeitet, dass es sich bei den Ausgaben aus dem Jahre 1602 um zwei Gruppen handelt. Die ersten elf Ausgaben tragen keinen Verfassernamen, aber sie verzeichnen wie die folgenden unterschiedliche Druckorte: Bautzen, Leiden, Schleswig, Danzig etc. Diese sind sicher so fiktiv wie der Name des Druckers, der sich „Christoff Creutzer" nennt. Ein in jener Zeit durchaus übliches Verfahren, um der örtlichen und regionalen Zensur zu entgehen. Manche Interpreten halten Basel als Druckort für wahrscheinlich.

Mit der zwölften Variante firmiert nun plötzlich ein Chrysostomus Dudalaeus Westphalus als Autor des Textes; bei genauerem Hinsehen wird eine neue Handschrift deutlich. Der Titel verändert sich („Wunderbarlicher Bericht von einem Jüden aus Jerusalem bürtig …"), und nach und nach, von Neudruck zu Neudruck, werden Ergänzungen und Uminterpretationen eingefügt. Die Haltung den Juden gegenüber wandelt sich ins Negative, ja Judenfeindliche. In der ersten Fassung begründet Ahasver seine Grobheit gegenüber Christus mit Unwissenheit und Gutgläubigkeit den Schriftgelehrten gegenüber: „… auch Jhme dem Herrn Christo, welchen er für ein Ketzer und Verführer gehalten, weil er nichts gewußt auch vor den hohen Priestern vnd Schriftgelehrten, denen er zugethan gewesen, anders nit gelehret gehabt …" Er fügt hinzu, dass ihn wohl Gott „biß am Jüngsten tag, als ein lebendigen Zeugen des Leyden Christi zu mehrer vberzeigung der Gottlosen vnd vngläubigen also erhalten wolle …" Im „Wunderbarlichen Bericht" dagegen erzählt Ahasver, dass er aus Eifer und Zorn gehandelt habe und Ansehen bei den anderen Juden erwerben wollte. Die individuelle Schuld hat sich in Richtung Kollektivschuld verschoben; das gesamte jüdische Volk wird nun für den Tod Jesu in Haftung genommen. Eine Generation später verstärkt eine weitere Version die antijüdische Tendenz mit einer Reimfassung der Legende und einem theologischen Anhang („Erinnerung an den Christlichen Leser, von diesem Jüden ..."), in dem der Verfasser gegen die „verstockten und verblendeten Juden" zu Felde zieht. „Ihr Mund ist voll Fluchens und Bitterkeit", weshalb sie „zur ewigen Verdamniss wandern".[16] 1634 verschärft sich in der 22. Ausgabe der Ton nochmals durch einen „Bericht von den zwölff Jüdischen Stämmen was ein jeder Stam dem Herrn Christo zu Schmach gethan und biß auf den heutigen Tag leiden müssen".

Am Ende des 17. Jahrhunderts erhält Ahasver seinen endgültigen Beinamen, der „ewige Jude", ein Prädikat, das sehr doppeldeutig ist. In den späteren Interpretationen des Motivs finden wir dann zwei Erzählstränge. Einerseits dient der „ewige Jude" als Sündenbock für die Kollektivschuld aller Juden und andererseits gilt er als Symbolfigur für das ewig in der Diaspora umhergetriebene jüdische Volk. Eine Veröffentlichung des Historikers Johann Jacob Schudt vom Beginn des 18. Jahrhunderts belegt diese Meinung: „... dieser umlaufende Jude seye nicht eine einzelne Person, sondern das gantze Jüdische, nach der Creutzigung Christi in alle Welt zerstreuete, umherschweifende und, nach Christi Zeugniß, biß an den jüngsten Tag bleibende Volk".[17] Sein „tragisches Geschick" wird stattdessen „vielfach zum Paradigma für die Schicksale seines Volkes, wie auch umgekehrt die Rastlosigkeit des Ewigen Juden schließlich nicht mehr als Ergebnis einer göttlichen Strafe, sondern als Ausdruck einer ‚Nationaleigenschaft' der Juden verstanden wird".[18] Ahasver wird zum Archetyp des jüdischen Volkes.

An der Entwicklung dieser 100 Jahre lässt sich ablesen, wie sich die schlichte Erzählung in eine ideologisch-theologische Propagandaschrift wandelt. Immer mehr Stereotype und Klischees setzen sich durch und geistern in den folgenden Jahrhunderten durch die Welt wie die Fratze des Kaftanjuden mit der Hakennase. Es ist unschwer zu ergründen, warum sich nach der Reformation diese Legende veränderte. Der „Judaismus" erschien im Wortschatz der Erneuerung der protestantischen Theologie als eine pejorative Bezeichnung. Insbesondere in der späteren Zeit, als die Emanzipation von immer breiteren Schichten angestrebt wurde, hielten ihr die Gegner der bürgerlichen Gleichberechtigung oft auch diese Legende entgegen. Obgleich der Jude als Bürger später Rechtsschutz erhielt und sogar die jüdische Gemeinde ein religionsgesetzlich ebenbürtiger Verein wurde, boten der „Judaismus" bzw. „der jüdische Geist" die Argumente, die gerne gegen die Assimilation und die von manchen erwünschte Anpassung der Juden an die Gesellschaft benutzt wurden.

In einem Pamphlet des Publizisten Constantin Frantz wird die Ahasver-Legende Mitte des 19. Jahrhunderts neu entdeckt und so formuliert: „In jedem Juden sehen wir den Antreiber des in Richtung Golgatha wandernden Jesus."[19] Das jüdische Volk selbst ist seiner Meinung nach der „ewige Jude". Es hat den Erlöser nicht angenommen. Deshalb wurde es zerstreut und kann sich nirgendwo anpassen und integrieren. Aber Taufe und Konversion ändern nichts für ihn am Judesein. Jude bleibt Jude. Hier bewegt sich Frantz auf eindeutig rassistischem Terrain. Der Mythos von Ahasverus bedeutet ihm „die verfluchte Unsterblichkeit" im Gegensatz zum christlichen Weltgeist. Ein Motiv, das nach Meinung mancher „Wagnerianer" im zweiten Akt des Parzival auftaucht. Herzlich wenig hat dagegen die nüchterne Stimme des Literaturwissenschaftlers Hans Mayer bewirkt, der immer wieder betonte, dass der „ewige Jude" eine durchaus unjüdische Figur sei. „Dieser Jude ist Jude am wenigsten. Unsterblichkeit als Fluch: in diesem Schicksal hat er Gefährten, ohne dass sie Juden wären."[20]

Wie nachhaltig die Ressentiments gegen Juden auch noch im kirchlichen Bereich wirkten, beschreibt Heinz G. Huber in einer Untersuchung über Antisemitismus in einem badischen Dorf: „Überraschend für mich war, dass ich in einem aus dem Jahr 1874 stammenden Familienkatechismus (Rolfus/Brändle: ‚Die Glaubens- und Sittenlehre der katholischen Kirche'), der in unserem Dorf weit verbreitet war, auf einen ganzseitigen Holzschnitt stieß, mit ‚Der ewige Jude' betitelt. Eine flüchtende, bärtige Gestalt mit einem halbzerissenen Gewand wird von drei Racheengeln gehetzt, die mit Schlangen werfen ...; im Hintergrund sind die Ruinen des zerstörten Tempels von Jerusalem als Symbol der geschichtlichen Katastrophe des Judentums zu erkennen."[21]

Die Aufklärung hatte als Gegenentwurf zu den genannten judenfeindlichen Äußerungen das Bild des „edlen Juden" entdeckt, doch Karl Gutzkow, in der zweiten Hälfte des 19. Jahrhunderts ein angesehener Journalist und Schriftsteller, betont wiederholt, dass Ahasver alles Schlechte und Zersetzende am Judentum verkörpere, und er verspottet die Mode der Ahasver-Dichtung als billige „Variante des Weltschmerzes". Er zielte damit natürlich auf den Kreis der Romantiker, auf Dichter wie Hauff, Lenau, Brentano, Schlegel, Chamisso und Müller, die in ihren Gedichten, Epen und Dramen Ahasver in die Reihe der großen, tragischen Gestalten der Menschheitsgeschichte einordneten. Scharf antijüdische Tendenzen sind nur bei Achim von Arnim in dem Drama „Halle und Jerusalem" auszumachen, aber negative Stereotype laufen überall mit. Ein Beispiel: Von Wilhelm Hauff wird 1827 in seinem zweiten Märchenalmanach „Abner der Jude, der nichts gesehen hat" so beschrieben: „Juden, wie du weißt, gibt es überall, sie sind überall Juden: pfiffig, mit Falkenaugen für den kleinsten Vortheil begabt, verschlagen ..."[22]

Der Mythos des Ahasver ist ein unendlicher Stoff, der immer wieder aufs Neue und auf andere Weise interpretiert wird. Im Laufe der langen Zeit sind hunderte von literarischen Texten dazu entstanden, antisemitisch, philosemitisch, mehrdeutig: Ahasver der Weltenwanderer, der Fremde, der Geschundene, Vertriebene und Todessehnsüchtige. Ahasver hat weder Vergangenheit noch Zukunft, er ist ein Vagabund mit tausend Gesichtern und mit tausenden von Biographien. Von Stifter („Abdias") bis Fruttero/Lucentini („Der Liebhaber ohne festen Wohnsitz") nimmt Ahasver vielfache Gestalt an. Sue („Le Juif errant"), Andersen („Ahasverus"), Nestroy („Zwei ewige Juden und keiner"), Werfel („Stern der Ungeborenen"), Perutz („Der Marques de Bolibar"), Borges („Der Unsterbliche"), Márquez („Hundert Jahre Einsamkeit") und Jens („Ahasver") geben ihm ein Schicksal und eine Geschichte.

In einem der wichtigen jüngeren Werke, in Stefan Heyms Roman „Ahasver"[23], wandert der Protagonist durch ein dreifaches Leben: einmal als gestürzter Engel, der mit Christus über den richtigen Weg der Erlösung streitet, dann als Schuster von der Via Dolorosa und als Studiosus Paul von Eitzen. Verbunden wird dies alles durch einen ironischen Briefwechsel zwischen einem DDR-Professor vom (fiktiven) Institut für wissenschaftlichen Atheismus mit einem Jerusalemer Gelehrten, wobei es um die Frage der Existenz des „ewigen Juden" geht.

„Aus einem finstern Geklüfte Karmels
Kroch Ahasver. Bald sind's zweitausend Jahre,
Seit Unruh' ihn durch alle Länder peitschte.
Als Jesus einst die Last des Kreuzes trug,
und rasten wollt' vor Ahasveros' Thür;
Ach! Da versagt' ihm Ahasver die Rast, …"

Mit dieser „Lyrischen Rhapsodie" von Christian Friedrich Daniel Schubart wandert „Der ewige Jude" endgültig aus der Sagenwelt in die deutsche Literaturgeschichte.[24] Der Dichter, Journalist und Komponist schrieb dieses Gedicht 1783 in seinem Kerker auf dem Hohenasperg. Zehn Jahre war er dort auf Geheiß von Herzog Karl Eugen von Württemberg eingesperrt. Es ist möglich, dass Schubart durch den Prozess und die Hinrichtung von Joseph Süß Oppenheimer, dem eingangs erwähnten Hoffaktor des württembergischen Herzogs Karl Alexander, angeregt wurde. Sicher kannte er Wilhelm Hauffs Novelle „Jud Süß". Den Ahasver-Stoff hatte einige Jahre vorher schon der junge Goethe verarbeitet. Richtiger wäre: Er hat es versucht und er ist ebenso daran gescheitert wie Schubart. Dessen Sohn Ludwig berichtet nämlich, dass der Vater eine gigantische Idee gehabt hätte und dass „der ewige Jude blos Bruchstück eines größeren und vielleicht des originellsten Plans, den er je in seinem Leben entwarf", gewesen sei.[25]

Johann Wolfgang von Goethe hinterließ das Fragment eines Epos in Knittelversen. Im Tagebuch seiner ersten Italienreise notierte er am 22. Oktober 1787: „Heute früh saß ich ganz still im Wagen und habe den

Plan zu einem großen Gedicht über die Ankunft des Herrn, oder dem ewigen Juden recht ausgedacht." Das Projekt ging ihm viele Jahrzehnte nicht aus dem Kopf, denn noch in seinem Alterswerk „Dichtung und Wahrheit" spricht er im 15. Kapitel von dem „wunderlichen Einfall, die Geschichte des ewigen Juden, die sich schon früh durch die Volksbücher bei mir eingedrückt, energisch zu behandeln, um an diesem Leitfaden die hervorstehenden Punkte der Religions- und Kirchengeschichte nach Belieben darzustellen".[26] Der Plan zu dem „großen Gedicht" blieb aber mehr oder weniger in der Schublade liegen, denn Goethe wandte sich bald einem anderen Volksbuch und einem anderen Stoff zu: der „Historia von D. Johann Fausten", die 1587 in Frankfurt am Main veröffentlicht worden war und in der Popularität der Legende vom ewigen Juden nicht nachstand. Unter dem Titel „Des ewigen Juden, erster Fetzen" wurde das Fragment posthum veröffentlicht.[27] Teile des Anfangs und des Endes, insgesamt 289 Verse, sind überliefert, doch der Text bricht ab, bevor Jesus überhaupt Ahasver begegnet. Bemerkenswert ist, dass Goethe nicht die Juden kritisiert, sondern die christlichen Kirchen und den Klerus ins Visier nimmt: „Waren wie sie immer waren / Und ein ieder wird zuletzt / Wenn man ihn hat in ein Amt gesetzt"[28], so sein Kommentar zu den Priestern. Bemerkenswert deshalb, weil sich der Geheime Rat nicht konsequent judenfreundlich und ohne Vorbehalte und Vorurteile der jüdischen Bevölkerung gegenüber verhielt. Er übte beispielsweise massive Kritik an einer Weimarer Judenverordnung von 1823, in der den Juden freie Berufswahl und Zugang zu den Universitäten etc. gestattet wurde.

Doch kehren wir zur Legende selbst zurück. Es gibt kaum ein Land in Europa, von Skandinavien über Russland[29], den Beneluxstaaten bis Frankreich[30], in dem wir nicht Elemente und Motive dieser alten Geschichte finden können. Im Vergleich zu den westeuropäischen Ländern haben sich in Ungarn die Erscheinungsformen und Bearbeitungen im 19. Jahrhundert anders entwickelt. Der Grund dafür liegt vermutlich in der unterschiedlichen sozialpolitischen Situation hier und dort. Als Folge der ersten großen Finanzkrise und Rezession traf die Erzählung in Ungarn bei der Landbevölkerung auf ein Publikum, für das die üblichen Volksbücher im Billigdruck aufgelegt wurden. Diese Schriften zielten auf eine theologisch nicht gebildete Leserschaft, der eine verfälschte Version des biblischen Leidens präsentiert wurde. Ihre Botschaft: Der Jude wandelt und handelt unter Fluch und Strafe und kann nie ein wirklicher Ungar werden, so heimat- und vaterlandslos wie er ist. Dagegen stand das Beispiel der beträchtlichen Zahl integrationswilliger Juden im Lande.[31] Auf der politischen Ebene benutzten die adligen Reformer der ersten Hälfte des 19. Jahrhunderts, die für die Integration der Juden in die ungarische Gesellschaft plädierten, die Quintessenz der Legende des „ewig wandernden und heimatlosen Juden" für ihre Beweisführung. Andererseits argumentierten der verarmte Landadel und die städtischen Bürger mit Hilfe gerade dieser Legende gegen die Emanzipation und Einbürgerung, indem sie die Juden als „Störfaktor für die soziale Entwicklung" bezeichneten. Für den reformwilligen Adel steht Baron József Eötvös, der in seiner Landtagsrede im Jahre 1840, in der Debatte über die Emanzipation der Juden, eben auch die Erzählung von Ahasver eingeflochten hat. Für die andere Seite sprechen unzählige Pamphlete und Parodien, die sich über die „wandernden Kaftanjuden" als künftige ungarische Adlige lustig machen.[32] Später, in den Jahren zwischen den beiden Weltkriegen, als Pressburg gar nicht mehr zu Ungarn gehörte, findet man den Bericht vom „ewigen Juden" in einem nostalgischen Werk, das die ehemalige „liberale ungarische Herrschaft in Preßburg" zu idealisieren scheint. Es will den Eindruck erwecken, dass die orthodoxen Juden mit ihrer „schönen Synagoge" im „morgenländischen Stil" wie die benachbarte Gaststätte integrativer Teil der Stadt gewesen wären. Die Darstellung der Geschichte wird daher ohne die krassen judenfeindlichen Aussagen auf Deutsch veröffentlicht.[33]

Der „Reichspropagandaminister" Joseph Goebbels benutzte in seiner antijüdischen Hasspropaganda auch Elemente und Motive der Legende, spätestens 1937 bei der Titelwahl der Ausstellung „Der ewige Jude" im Deutschen Museum in München. Der gleichnamige berüchtigte Film des Propaganda-Apparates verwendet dieselben Elemente der Denunziation. Hier steigerte Goebbels seinen abgrundtiefen Hass nochmals und übertrifft sämtliche Antisemiten vergangener Epochen. Er ließ bewusst ekelerregende, abstoßende Szenen einbauen, in denen Juden als Schädlinge und Parasiten dargestellt werden. Aus dem namenlosen reuigen Sünder des frühen Mittelalters war der Träger allen menschlichen Übels geworden. Die Bilder des Films nahmen vielen die letzten Skrupel den Juden gegenüber, die Ungeziefer gleichgesetzt und damit für den Betrachter aus der menschlichen Gesellschaft ausgeschlossen waren. Die Diskriminierung fand aber nicht nur im Film, sondern auch in der Realität statt. Der Hohenemser Ivan Landauer war zu seiner Familie nach Heerbrugg in die Schweiz geflüchtet. Am 15. Oktober 1939 schrieb er seinem Freund Harry Weil in die USA: „Nachdem mein Aufenthalt hier in der Schweiz nur befristet ist, muss ich trachten, in ein anderes Land auszuwandern. Nach Hause kommt ja vorläufig nicht in Frage, und so möchte ich Dich bitten Dich umzusehen, ob Du mir nicht könntest behilflich sein, auch in das Land zu gelangen, wo der Mensch noch als Mensch behandelt wird. Ich habe mal ein Buch gelesen, ‚Der ewige Jude', und es kommt mir vor, mir geht es bald auch so. Man wird von einem Land ins andere gejagt und was hat man verbrochen?? Die Eltern waren halt ‚Juden', dies Wort sagt genug."[34]

Die Nachkriegsgesellschaft hat das Naziregime und seine Täter weitgehend ignoriert oder totgeschwiegen. Der Schweizer Friedrich Dürrenmatt machte diesen Umstand in seinem Werk wiederholt zum Thema. In seinem Roman „Der Verdacht" wird Ahasver in dem Gewand des Riesen Gulliver zur fleischgewordenen Erinnerung an die Schoah. Er hat zahlreiche Konzentrationslager und medizinische Experimente überlebt. Auf dem Todesmarsch nach Buchenwald gelang ihm die Flucht. Seither lebt er als Schattengestalt, ein „riesenhafter Jude", der sich geschworen hat, den Kaftan, „das Nationalkostüm seines Volkes", niemals abzulegen. So gibt die Poesie der Nachkriegszeit Ahasver wieder ein Gesicht, das schon früher manche jüdische Dichter gezeichnet hatten. Ahasvers Antlitz trägt endgültig und für immer die Züge des geschundenen jüdischen Volkes:

„Zittrig Schleichen
Um die Menschenstimme, die mich schmäht.
Ach, das Zeichen, gelbes Zeichen,
Das ihr Blick auf meine Lumpen näht.

…

Ruft die Hunde.
Ach, ich bin ein alter, alter Mann …
Schlagt die Wunde, Todeswunde,
Ewig dem, der niemals sterben kann!"[35]

Die Berliner Lyrikerin Gertrud Kolmar, die diese Zeilen in dem Gedicht „Ewiger Jude" geschrieben hat, wurde am 2. März 1943 nach Auschwitz deportiert und dort ermordet.

BLEIBEN, GEHEN ODER WIEDERKOMMEN?
NEUBEGINN DER JÜDISCHEN
GEMEINDE IN STUTTGART

Wer hätte sich im Sommer 1945 vorstellen können, dass 70 Jahre später hier in Stuttgart eine jüdische Gemeinde blüht, die mit ihren rund 3000 Mitgliedern alle Grundlagen (mehr oder minder vollkommen) für ein funktionierendes Gemeindeleben besitzt? Dazu gehören der Kultus, die Tora und das Studium ebenso wie die Pietät der Chewra Kadischa (Beerdigungsbruderschaft), die dafür Sorge trägt, dass wir unsere Toten nicht aus unseren Händen geben müssen und sie rituell bestatten können. Gemäß dem Grundsatz, dass das Studium der Tora und der jüdischen Tradition über allem steht, benötigt die Gemeinde eine Schule, in der regelmäßiger, didaktisch fixierter Religionsunterricht stattfindet. Ebenso unerlässlich sind die Wohlfahrt, die Wohltätigkeit sozial Schwächeren gegenüber und die Pflege der jüdischen Kultur.

Nichts von alledem gab es damals nach Kriegsende – und sollte es auch nicht geben. Schon im Jahre 1944 hatte ein Komitee einstiger deutscher Juden in New York beschlossen, es „sollte kein Jude ... gezwungen sein, weder durch legale Mittel noch durch irgendwelchen moralischen oder materiellen Druck zurückzukehren, und kein früherer jüdischer Bürger Deutschlands sollte je wieder die deutsche Nationalität erwerben".[1] Dieses Leitbild wurde in zahllosen Resolutionen wiederholt. So sehr es verständlich war und ist, dass viele Juden jeden Kontakt zu Deutschland und seinen Menschen, auch zu seiner Sprache und Kultur, abbrachen, so wenig konnte sich diese Maxime als Allgemeinforderung durchsetzen. Materielle Fragen konnte man teilweise kollektiv lösen, doch wie mit dem moralischen Bruch durch die Schoah umzugehen ist, das musste jeder für sich selbst entscheiden. Aus welchen Gründen auch immer Juden in Deutschland leben wollten – alters- und krankheitsbedingte Unmöglichkeit einer Auswanderung, materielle Fragen etc. –, sie mussten sich wieder in Gemeinden organisieren, wollten sie ihr Judentum leben und bewahren. Vom Ausland aus ließ sich die Forderung nach einem totalen Bruch mit Deutschland leichter erheben; die Konsequenzen daraus – Missachtung und mangelnde Hilfe für die kleinen deutschen Gemeinden – lasteten als schwere Hypothek bis in die Achtzigerjahre auf ihrer Entwicklung.

Von diesen Problemen ahnte Joseph Warscher s. A. nichts, als er am 25. Mai 1945 nach fünfeinhalb Jahren KZ in Riga und Buchenwald nach Stuttgart zurückkehrte.[2] Ohne Familie und ohne Zuhause suchte er wie alle in ähnlicher Situation Anschluss an ehemals Bekanntes. Das war für ihn die jüdische Gemeinde. Mit seinen Eltern war er als Kind während des Ersten Weltkriegs aus Galizien nach Stuttgart geflohen. Sein früh verstorbener Vater war eine Zeitlang hier Vorbeter und Kantor gewesen und sämtliche Fragen der Synagoge waren Joseph Warscher von Jugend auf vertraut. Die Folgen von Flucht und die Verhältnisse einer Gemeinde – beides war ihm nicht fremd.

Der amerikanische Militärrabbiner Herbert S. Eskin kümmerte sich noch unter der französischen Militärverwaltung um die 24 Juden, die in Stuttgart überlebt hatten oder aus vielerlei Lagern eintrafen. Er beschlagnahmte ein „arisiertes" Haus in der Reinsburgstraße 26 und richtete eine „jüdische Religionszentrale und soziale Hilfsstelle" ein. Am 2. Juni leitete er dort den ersten jüdischen Gottesdienst.

Unter diesen Männern der ersten Stunde war also auch Joseph Warscher, der schon am 9. Juni 1945 in der ersten Sitzung des Vorstands der neuen Gemeinde zum geschäftsführenden Vorstand bestellt wurde.[3] Das dringendste und mühsamste Problem war die Rückkehr der befreiten Juden aus den Konzentrationslagern. Noch war Stuttgart französisch besetzt, die Übernahme durch die Amerikaner (sie erfolgte am 8. Juli) indes absehbar. Damit war auch die Fortdauer der provisorischen Stadtverwaltung mit Oberbürgermeister Arnulf Klett an der Spitze unsicher. In dieser chaotischen Situation bewährte sich zum ersten Mal das Organisationstalent des früheren Bankbeamten Warscher. Noch im Juni wurden 180 Überlebende aus Theresienstadt und anderen Lagern nach

Stuttgart zurückgeholt und die 48 besonders Erschöpften und Kranken in einem Heim in Degerloch betreut.

Die Sozialarbeit stand der Situation gemäß im Mittelpunkt der Gemeindearbeit. Es ging um Verteilung von Bezugsscheinen für Kleider, Schuhe und Kochtöpfe, Hilfe bei der Suche nach Verwandten, Befürwortungen für Gesuche, Stellungnahmen zu Spruchkammerverfahren, Beratung bei geplanten Auswanderungen, Regelung von Grundstücks- und Vermögensangelegenheiten, Erstellung unzähliger Listen und, und, und. Ebenso gut wie die Stuttgarter Gemeindeangehörigen mussten die auswärtigen Mitglieder betreut werden, trotz der schlechten Post- und Verkehrsverbindungen. Dazu wurden vier Geschäftsstellen in Württemberg eingerichtet. Bis zu seinem Ausscheiden im Jahre 1960 hat Joseph Warscher so zahllose verschiedene Aufgaben geschultert, wie das nur in der noch nicht so durch und durch verwalteten Nachkriegszeit möglich gewesen ist. Für die Gemeinde machte sich eine seiner Begabungen besonders segensreich bemerkbar, die nicht vielen Juden eigen ist: Er hatte den Sinn dafür, wie wichtig eine aktive und funktionierende Administration für eine Gemeinde ist und was sie leisten muss. Dazu kam sein Talent, Menschen am richtigen Platz einzusetzen. So schuf er eine Organisation, die eine gefestigte, konstruktive Gemeinschaft ermöglichte.

Was war das für eine Gemeinschaft, diese neue württembergische Gemeinde? Lesen wir die deutschen Namen der ersten Aktiven, so gewinnen wir ein falsches Bild. Die überlebenden Deutschen – meist aus interkonfessionellen Ehen stammend – bildeten nur einen kleinen Teil. Die überwiegende Mehrheit bestand aus Ostjuden, die in KZs und Arbeitslagern überlebt hatten oder in der unmittelbaren Nachkriegszeit vor der Roten Armee und Pogromen in die amerikanische Zone geflohen waren. Mitgliedszahlen für die Nachkriegszeit sind reine Schätzungen, auch weil das jüdische DP-Lager mit seinen anfangs rund 1400 und mit den Nachkriegsflüchtlingen im Sommer 1946 etwa 2000 Bewohnern zeitweise mitgezählt wurde. „Displaced Persons" wurden von den Alliierten in Lagern zusammengefasst, die nach dem Herkunftsgebiet gegliedert waren. Jüdische Betroffene bestanden aber auf eigenen, weitgehend selbstverwalteten Lagern, die Juden ohne Rücksicht auf ihre frühere Nationalität aufnahmen. Diese Lager existierten länger als alle anderen, weil für die meisten Juden eine Rückkehr in die Geburtsländer nicht mehr in Frage kam und die erstrebte Ausreise nach den USA oder Palästina bis zur Gründung Israels nur wenigen gelang. Die Unterkünfte lagen zum größten Teil in der amerikanischen Besatzungszone, weil Frankreich keine Juden aufnahm und Großbritannien wegen seiner Mandatsverwaltung in Palästina lediglich wenige. In Stuttgart gab es in der oberen Reinsburgstraße (Hausnummern über 200) eine solche nicht umzäunte Siedlung. Die jüdische Gemeinde und das DP-Lager hatten wenig miteinander zu tun, vermutlich in erster Linie deshalb, weil beide materiell (Lebensmittel und Kleidung) von unterschiedlichen Institutionen (Armee bzw. jüdische Hilfseinrichtungen) abhingen. Zur Gemeinde stießen vor allem solche Ostjuden, die dem ewigen Lagerleben entkommen wollten und irgendwo Unterkunft und Verdienstmöglichkeit in der zerstörten Stadt oder im Lande gefunden hatten.

1946 stammten etwa 40 Prozent der Gemeindemitglieder aus dem Osten, 1949 waren es schon über 80 Prozent. Während zum Beispiel die Gemeinde in Hannover keine Ostjuden aufnahm, begrenzte in Stuttgart das Statut von 1946 das Stimmrecht auf Mitglieder mit mindestens dreijähriger Zugehörigkeit. Dieser Kompromiss zielte auf eine Dauerhaftigkeit der Gemeinde und richtete sich gegen Sonderinteressen jener Mitglieder, die Stuttgart nur als kurzfristige, hilfreiche Durchgangsstation nutzen wollten, schloss aber zugleich die Integration der Ostjuden nicht aus.

Trotzdem galt für viele von ihnen die Stuttgarter Gemeinde als Zwischenstation. Auf Dauer hierbleiben wollten anfangs die wenigsten, und ihre Integration war nicht nur ein religiöses Problem. Die ständige Fluktuation erschwerte jede kontinuierliche Arbeit. Die Ostjuden gründeten Initiativkomitees, doch von einer klar organisierten Gemeinde, die auf Dauer angelegt war, hatten sie weder eine präzise Vorstellung noch sahen sie darin ihre Aufgabe. Das war nur zu verständlich. Für sie hatte jüdisches Leben und auch normales Leben am 1. September 1939 geendet. Im Krieg war ihre Heimat zerstört worden, sie selbst wurden in Konzentrationslager gesteckt und sahen ihre Eltern und Verwandten meist nie wieder. Das schiere Überleben war über Jahre hin Tag für Tag ihr einziges Ziel. So waren sie nach der Befreiung oft orientierungslos und es gelang ihnen selten, zum alten jüdischen Leben zurückzukehren.

In dieser Situation konnte es nicht ohne schwere Differenzen abgehen. Für die notwendigen Verhandlungen mit deutschen und amerikanischen Stellen war die Gemeinde schon aus sprachlichen Gründen auf ihre deutsche Leitung angewiesen. Deren Mitglieder stammten aus einer liberalen Tradition und betrachteten die Ostjuden oftmals als religiös rückständig und „orthodox". Entscheidend für die Situation in Stuttgart war, dass mit Joseph Warscher und Dr. Alfred Marx s. A. Männer prägend agierten, die von der jüdischen Einheit überzeugt waren und alle Mitglieder gleich behandelten, ohne zwischen den verschiedenen gesellschaftlichen, religiösen oder gar politischen Zugehörigkeiten zu unterscheiden. Diese beiden Persönlichkeiten traten mit ganzer Kraft für diese Grundsätze ein. Religiös bestanden sie nicht auf einer Erneuerung der liberalen Richtung der ehemaligen Gemeinde, sondern gaben den Weg zu einer konservativen Grundlage frei, die keiner Richtung voll entsprach, allen Mitgliedern aber genug Heimat bot.

Auch nach seinem Ausscheiden als Geschäftsführer 1960 arbeitete Joseph Warscher weiter für die jüdische Sache. Er war 23 Jahre lang ihr Vertreter im Rundfunkrat des SDR sowie Mitbegründer, Geschäftsführer und Schatzmeister der Gesellschaft für christlich-jüdische Zusammenarbeit. Bis zu seinem Tod im Jahre 2001 erzählte er in vielen Schulen als Zeitzeuge von seinen Erlebnissen, obwohl ihn diese schmerzlichen Erinnerungen im Alter immer heftiger quälten.

Einen starken Mitstreiter fand er in Dr. Alfred Marx. In eine alteingesessene Cannstatter Fabrikantenfamilie 1899 hineingeboren, hatte er als Jurist schon eine beachtliche Laufbahn hinter sich, bis er 1935 als Landgerichtsrat in Waiblingen seines Amtes enthoben und entlassen wurde. Als Leiter der jüdischen Auswanderungsstelle wurde er zuerst nach Dachau und im Februar 1945 dann noch nach Theresienstadt verschleppt. Im September dieses Jahres zurückgekehrt, übernahm er im Justizdienst des Landes arbeitsreiche und verantwortungsvolle Positionen bis hin zum ständigen Vertreter des Landesgerichtspräsidenten. Bei seiner Pensionierung galt er als der Jurist, dem ein wesentlicher Anteil am Aufbau eines demokratischen Rechtsstaates des Landes zu verdanken ist. Dazu kümmerte er sich als ehrenamtliches Vorstandsmitglied bis zu seinem Ausscheiden zu Beginn der Sechzigerjahre vor allem um die juristischen Belange der Gemeinde. Die Satzungen waren wohl im Wesentlichen sein Werk.

Auch ohne gewähltes Amt gelang es Dr. Alfred Marx durch seine geschickte Verhandlungsführung, dass die Gemeinde 1966 den Status einer Körperschaft des öffentlichen Rechts erhielt und damit zugleich finanziell auf eine dauerhafte Basis gestellt wurde. Eine Herzensangelegenheit war ihm bis zu seinem Tod im Jahre 1988 die Unterstützung Israels und besonders der Gemeinde Shavei Zion, einer Gründung Rexinger und anderer Juden aus Schwaben, zu denen gleichfalls sein Bruder, der Schriftsteller Leopold Marx, gehörte.[4] Die anfangs rein privaten Beziehungen zwischen Stuttgart und Shavei Zion spielten bei der problembeladenen Annäherung Deutschlands zu Israel keine unwesentliche Rolle.

Nach den turbulenten ersten Jahren umfasste die Gemeinde von 1950 bis 1992 zwischen 500 und 800 Mitglieder. Immer mehr von ihnen stellten die zur Weiterreise gepackten Koffer beiseite. Junge Mitglieder gab es kaum[5], und die Frauen und Männer in den mittleren und älteren Jahren lebten nicht mehr ungebunden. Man hatte eine Familie gegründet, beruflich Fuß gefasst oder Geschäfte aufgebaut, die man nicht einfach verlassen konnte. Auch die überaus bürokratischen Hürden zur Rückgewinnung alten Besitzes oder Anerkennung von Renten fesselten an Deutschland; und wenn die Bemühungen wenigstens teilweise erfolgreich waren, so boten sie der Existenz eine materielle Grundlage. Der demographischen Struktur entsprechend starben viele Alte. Neue Mitglieder trafen schubweise aus Polen ein, nach der Revolution von 1956 aus Ungarn; ferner kamen sie aus der Tschechoslowakei – und als Rückwanderer aus Israel.

„Rückkehr aus Israel" war seinerzeit – und ist unter veränderten Umständen teilweise heute noch – ein heißes Thema. Deutschland sollte damals wie gesagt für Juden tabu sein. Geschäftsleute aus Stuttgart legten sich deshalb häufig einen zweiten Wohnsitz im Ausland zu und gaben im Geschäftsverkehr diesen als ihre eigentliche Adresse an. Aus Israel nach Deutschland auszuwandern galt weithin schlicht als Verrat am Judentum. Dennoch kam dies nicht selten vor. Die Gründe dazu waren so vielfältig wie das Leben. Ökonomische Schwierigkeiten erzwangen die persönliche Anwesenheit, Alters- und Gesundheitsgründe sprachen gegen die schwierige Existenz in Israel, die Sprach- und Integrationsprobleme waren für viele zu groß.

Einer dieser Rückwanderer war Herman Zvi Wollach s. A., der von 1960 an 20 Jahre lang Geschäftsführer der Gemeinde war. Über ihn kann ich nicht ohne innere Erregung und subjektive Gefühle sprechen und schreiben. Er war Bankdirektor in Sarajewo gewesen, verlor in Auschwitz seine gesamte Familie und hatte in Israel eine neue Familie gegründet. Von seinen zwei wunderbaren Kindern wurde seine Tochter die Frau unseres zu früh verstorbenen Geschäftsführers Arno Fern. Was zeichnete Herman Wollach aus? Wenn irgendein Mitglied der Gemeinde mit einem Problem zu ihm kam, sei es ein persönliches oder familiäres, ein bürokratisches oder wirtschaftliches, immer war er zur Stelle. Unsere Familie ist ihm so gleich doppelt verbunden. Mein Schwiegervater s. A. floh während des Weltkriegs zusammen mit seinem Bruder aus Ungarn nach Sarajewo. Herman Wollach hat den beiden damals geholfen und ihnen Arbeit beschafft. Als ich in Ungarn eine schwierige Zeit durchlebte, weil die ungarische „Stasi" die jüdischen Gemeinden unterwandert hatte, kam Herman Wollach nach Budapest und legte eine „gute Hand" für mich ein, damit mich diese Diktatur frei und ausreisen lassen sollte. So wie ich haben viele sein Geschick, seine Güte und seine Bescheidenheit erlebt und denken an ihn mit großer Dankbarkeit.

Sicher, Organisation und Verwaltung sind wichtig, doch eine Gemeinde lebt auch von Persönlichkeiten, die nach innen wirken. Zu ihnen gehörte Jakob Fern s. A., der Vater unseres späteren Geschäftsführers. Er war über einen langen Zeitraum der Gabbai (Ehrenamtlicher, der alle synagogalen Abläufe und Zeremonien ordnet) und agierte in der Gemeinde neben Vorsitzendem, Geschäftsführer und Rabbiner.[6] Jakob Fern war ein Kaufmann aus Stanislau in Galizien. Die tiefe Verbundenheit mit der jüdischen Frömmigkeit hat er von dort mitgebracht, aber er hatte auch ein Gefühl für das Leben, für Fröhlichkeit. Seine Arbeit als Gabbai nahm er stets mit besonderem Pflichtgefühl wahr. Solange er gehen konnte, gab es keinen Gottesdienst ohne Jakob Fern. Sein Tun hat wesentlich dazu beigetragen, dass die Gemeinschaft tagein, tagaus und jahrein, jahraus die traditionelle Linie beibehielt.

Lange Zeit und immer wieder mussten viele Gemeinden ohne eigenen Rabbiner auskommen. Armee-Rabbiner aus den USA, eigentlich ausschließlich für die amerikanischen Soldaten zuständig, halfen in den ersten Jahren nach besten Kräften. Stuttgart verdankt Herbert S. Eskin seit den Anfängen im Juni 1945 nicht nur religiös entscheidende Unterstützung. Er ebnete überdies den Weg zu Ressourcen der Armee und gewann amerikanische Soldaten zur aktiven Hilfe. Bei seinem Weggang benannte die Gemeinde ihr Haus ihm zu Ehren „Eskin-Haus".

Zum ersten von der Gemeinde fest angestellten Rabbiner wurde 1947 Professor Dr. Heinrich Guttmann s. A. gewählt. Auch wenn ich über ihn schreibe, bin ich sehr berührt. Er wurde 1905 in dem kleinen ungarischen Ort Csongrad als Sohn des Rabbiners Dr. Michael Guttmann s. A. geboren. Etwa in dieser Zeit starben die großen alten Gelehrten des Budapester Rabbinerseminars, Ludwig Blau, Wilhelm Bacher und andere. Michael Guttmann wurde als Talmudprofessor an das Seminar berufen. Wenn man heute die frühen Bände der führenden wissenschaftlichen Zeitschrift dieser Zeit, die Monatsschrift für die Geschichte und Wissenschaft des Judentums, aufschlägt, so wird man feststellen, dass moderne Talmudwissenschaft, moderne Erklärung ohne Michael Guttmann nicht vorstellbar ist. Zu seinen Schülern in Deutschland gehörten der frühere hessische Landesrabbiner Prof. Ernst Roth s. A. und der ehemalige Berliner Rabbiner Prof. Manfred Lubliner s. A. Im Jahre 1920 wurde Michael Guttmann als Professor zum Rabbinerseminar nach Breslau berufen. Er sorgte dafür, dass sein Sohn Heinrich an diesem Seminar seine jüdischen Studien abschloss und anschließend in Gießen studierte. Noch vor 1933 wurde Heinrich Guttmann Rabbiner in Bingen am Rhein und weit östlich davon in Landsberg an der Warthe. Nur um Haaresbreite ist er der nationalsozialistischen Verfolgung entkommen. Sein Vater musste Breslau verlassen, ist nach Budapest zurückgekehrt und dort 1942 gestorben.

Heinrich Guttmann kam 1948 als erster Landesrabbiner nach Stuttgart und hat hier Wichtiges angestoßen. In diesen wirren Zeiten war häufig zu klären, wer Jude ist, ob ein Ehepartner zu Tode gekommen war oder nicht. Wer gilt als geschieden, wenn der Ehepartner nicht mehr aufzufinden ist? Und wie sind Schicksale zu beurteilen, wenn zum Beispiel vor 1933 zum Judentum Konvertierte ihren Widerruf allein auf Druck der Nazis geleistet haben und dadurch vielleicht ihrem Partner zum Überleben in einer „privilegierten Mischehe" verholfen hatten? Was sollte gelten? Dazu schrieb Guttmann zahlreiche familienrechtliche Gutachten. Außerdem gab er maßgebliche Impulse zur Gründung einer neuen Chewra Kadischa in Stuttgart. Ein liberaler Rabbiner, wie in der Literatur zu lesen, war er nicht.[7] Wenn man seine Richtung beschreiben will, so kann man vielleicht sagen, er wurzelte im Vorfeld der Orthodoxie. Zudem war er ein Gelehrter, der viele geschichtswissenschaftliche Publikationen veröffentlicht hat. Sicher hat er sich in Stuttgart in den Querelen zwischen Ost- und Westjuden allein gelassen gefühlt, und auch die Behörden haben ihm übel mitgespielt. In der zerbombten Stadt wurde ihm keine Wohnung zugeteilt und für seine dienstlichen Fahrten in das Umland erhielt er kaum Treibstoff.

Entscheidend dafür, dass er bereits 1949 Stuttgart wieder verließ, war sicher der Umstand, dass sein Bruder Alexander in New York am Jewish Theological Seminary tätig war und ihn nachholen konnte. Trotzdem warne ich davor, seine Bedeutung für die junge Gemeinde wegen der Kürze seiner Amtszeit gering zu achten. Weil sie Deutsch sprachen und sich in den deutschen Verhältnissen auskannten, standen an der Spitze der Gemeinde westlich orientierte Mitglieder. Aber für die Assimilierung des größeren Teils der Mitglieder, die aus dem Osten geflüchtet und noch weitgehend orientierungslos waren, war es von besonderer Bedeutung, dass der erste Rabbiner streng konservativ geprägt war. Mit ihm konnten sie ein ähnliches Judentum wie Zuhause erleben und an seiner festen Ordnung Halt finden. Ein traditionell-liberaler deutscher Rabbiner hätte sie verwirrt, abgeschreckt und die ohnehin angespannten Beziehungen zwischen Ost- und Westjuden zum Zerreißen gebracht.

Statt der verdienten ausführlichen Würdigung kann ich nur noch einige Worte zu einer der größten rabbinischen Persönlichkeiten Deutschlands in der Nachkriegszeit, zu Dr. Fritz Elieser Bloch s. A., sagen, der 1953 nach Stuttgart kam. Er wurde 1903 in München geboren, und obwohl seine Eltern im unterfränkischen Aschaffenburg Weinhändler waren, haben sie ihn jahrelang zum Studium in die Mirer Jeschiwa, eine konservative, orthodoxe Talmudschule in Litauen, geschickt. Dann ging er nach Breslau an das dortige Rabbinerseminar und später nach Berlin. Von 1932 an amtierte er als Rabbiner in Aschaffenburg und konnte noch 1938 nach Palästina emigrieren, wo er es schon materiell sehr schwer hatte. Zufällig wissen wir von der Familie meiner Frau, dass er in einer kleinen Synagoge in Talpiot in Jerusalem betete, wo damals unter anderem Professor Joseph Klausner[8] und der spätere Nobelpreisträger Samuel (Shai) Agnon lebten und wie der Großvater meiner Frau dort ebenfalls die Synagoge besuchten. Es war ein kleiner intellektueller Zirkel. Ich besitze die Korrespondenz, in der Dr. Bloch den Dichter Agnon, einen frommen Juden, um Rat fragte, ob er die Stelle in Stuttgart annehmen solle.

Dr. Bloch hat als Erster zusammen mit mehreren qualifizierten Religionslehrern in Stuttgart systematischen Religionsunterricht eingeführt und in den ersten zwei Jahren selbst alle Klassen unterwiesen. Viel seiner Zeit und Kraft forderte auch die Proselytenfrage. In den Zwisten der Gemeinde vermittelte er mit wechselndem Erfolg. Die dabei erforderliche Überparteilichkeit trug dazu bei, dass er in der Gemeinde verhältnismäßig isoliert lebte. Ein Grund dafür war vielleicht auch, dass seine Frau, Ärztin in Israel, nicht mit nach Stuttgart übersiedelte. Nur mit wenigen Menschen in der Gemeinde pflegte er engeren Kontakt.

Zu ihnen gehörte der polnische Jude Jehuda Joine Zytenfeld. Dieser hat, um die Mitglieder zu rituellem Leben zurückzuführen, die amerikanische Militärverwaltung so lange bekniet, bis Margarine oder ein anderes koscheres Fett geliefert werden konnte. Joine Zytenfeld hat später überdies die koschere Metzgerei überwacht, also dafür gesorgt, dass dieser Teil jüdischen Lebens nicht im Argen liegt. Vor allem aber war er ein Gelehrter. In Lodz geboren hat er tagein, tagaus den Talmud studiert. Er war mit einer deutschen Jüdin aus Leipzig verheiratet. Sie sprach Hochdeutsch, er Jiddisch. Doch sie haben sich gut verstanden. Verständnis sorgt für Harmonie.

Große Verdienste und Anerkennung hat sich Dr. Bloch durch seine Arbeit nach außen erworben. Seine süddeutsche Herkunft erleichterte es ihm, hier Kenntnisse über das Judentum zu vermitteln und damit verbindend in das christliche Umfeld zu wirken. Radioansprachen, Vorträge vor christlichem Publikum im ganzen Land und darüber hinaus machten ihn bekannt und einer breiteren Öffentlichkeit bewusst, dass es hierzulande wieder jüdisches Leben gab. An der Tübinger Universität lehrte er am Institutum Judaicum und erlebte mit Freude den Erfolg seiner Bemühungen, die Kenntnis des Jiddischen zu verbreiten. Denn „mittels des Jiddischen kann man ohne gründliche Spezialstudien ... tief in die Schächte der gelebten Jüdischkeit hinabfahren und alle Schätze fördern, nach denen man begehrt".[9] Mit 67 Jahren wollte Dr. Bloch in den Ruhestand treten. Ein geeigneter Nachfolger wurde nicht gefunden und so ließ er sich dazu überreden, trotz gesundheitlicher Probleme, noch bis nach seinem 75. Geburtstag im Jahre 1978 auf dem Posten zu bleiben. Mit zunehmendem Alter wuchs seine Müdigkeit im Amt. Dies hat seine früheren Leistungen im Bewusstsein ein wenig verdeckt. Schon ein Jahr nach seiner Pensionierung ist er in Israel verstorben.

Wenn ich diese Persönlichkeiten wegen ihrer umfassenden Bedeutung für die wesentlichen Bereiche einer Gemeinde würdige, so vergesse ich nicht die Leistungen derjenigen, die ich noch aktiv erlebt habe wie Henry Ehrenberg s. A. und Meinhard Tenné s. A. Mir ist bewusst, dass meine wie jede Auswahl nur subjektiv sein kann. Dazu sollen aber auch die Namen genannt werden, deren Beiträge in der offiziellen Darstellung der Gemeinde von Sonja Hosseinzadeh hervorgehoben werden. Das sind neben Rabbiner Dr. Siegbert Izchack Neufeld die Gemeindemitglieder Willy Colm, Ernst Guggenheimer, Jenny Heymann, Alfred Korn, Hans Leus, Norbert Moyschytz, Benno Ostertag und Robert Perlen. Sie und viele andere, ob mit oder ohne offizielles Amt, haben an einzelnen Stellen die fünf wesentlichen Aufgaben ihrer Gemeinde initiiert und gefördert: Tora und Studium, die Pietät der Chewra Kadischa, Schule und Unterricht, Wohltätigkeit und soziale Hilfe, Pflege jüdischer Kultur und Lebensform. Mögen sie immer würdige Nachfolgerinnen und Nachfolger finden.

WAS UNS EINT – WAS UNS TRENNT
DER CHRISTLICH-JÜDISCHE DIALOG

Das Gespräch zwischen Juden und Christen ist eine Errungenschaft unserer Zeit. Wir kommen aber nicht umhin, diesen Dialog auch historisch zu untermauern. Ich rufe mir dabei die Worte des verstorbenen Rabbiners aus St. Gallen, Lothar Rothschild s. A., in Erinnerung, dass dieses Gespräch nicht den Sinn hat, einander bekehren zu wollen, sondern eher, einander zu belehren.

Die Geschichte der Juden und Christen in Europa ist eine lange Geschichte der Entzweiung. Wir haben uns im Laufe dieser 2000 Jahre trotz gemeinsamer Wurzeln sehr auseinandergelebt. Es ist auch eine Chronik von Neid, Hass und unzähligen Pogromen. Selbst die Gespräche zwischen Juden und Christen im Laufe der Jahrhunderte sind keine Neuigkeiten. Die mittelalterlichen Disputationen waren aufgezwungen. Die jüdische Partei nahm keineswegs freiwillig teil, sondern wurde sehr häufig von der Geistlichkeit, den Dominikanern und Franziskanern, dazu gezwungen. Die Gespräche sind in der jüdischen Geschichte mit sehr dunklen Farben umrahmt worden. Die Disputation von Paris 1240 zum Beispiel endete mit der Verbrennung aller damals in diesem Lande auffindbaren Manuskripte, Handschriften und Bücher des Talmud wie auch der gesamten rabbinischen Literatur. Für uns bedeutete diese Disputation neben den anschließenden Vertreibungen und Pogromen einen enormen Verlust der Kultur des jüdischen Schrifttums. Erwähnt sei auch die Disputation von Barcelona 1263, nach der die Juden vertrieben worden sind; die Disputation von Tortosa im 15. Jahrhundert endete sogar mit dem Verbot des Talmudstudiums für Juden. Auf diese Weise wollte die Kirche das rabbinische Judentum eindämmen und auslöschen.

An diesen historischen Daten sehen wir, dass der Dialog zwischen Christen und Juden auf eine schwierige und keineswegs leicht zu bewältigende Vergangenheit zurückblickt. Umso dringender sollten wir herauskristallisieren, was uns, Juden und Christen, über die Zeiten hinweg verbindet: vor allem ein ethischer Monotheismus. Das heißt, dass die gesellschaftliche Moral aus dem Glauben an den einzigen Gott abzuleiten ist, dass unser Handeln, unser Leben auf den Glauben an den einzigen Gott zurückgeht. Wenn auch die Kirche stets theologisch eine Trinität kennt, die wir Juden, weil wir Juden sind, in dieser Form ablehnen müssen, stelle ich dennoch eine „jüdische Trinität" entgegen, die eigentlich Christen und Juden verbinden müsste: zunächst der Glaube an den einen, einzigen, menschlich gesehen zeitlosen Gott, dann der von Gott geschenkte Ruhetag, der Schabbat, woraus dann der Sonntag wurde, und drittens die Nächstenliebe, deren Ursprünge nicht in der Bergpredigt liegen, sondern dort aus dem 3. Buch Mose (19,18) zitiert werden. Dies sind die Grundsätze, die uns Juden und Christen, soweit wir aktive Vertreter unseres Glaubens sind, verbinden.

Wenn ich in der Bundesrepublik über dieses Thema spreche, bringe ich meine Ängste über die drohende Gefahr zum Ausdruck, dass die offiziellen Vertreter der großen Kirchen eine Entwicklung verschlafen: In vielen Teilen der deutschen Industrie glauben Manager, die zweitägige Unterbrechung der Wochenarbeitsperiode schade der Innovation und der Wettbewerbsfähigkeit; sie rühren daher die Trommeln für die Sonntagsarbeit. So droht die zweite unchristliche Tat in der Bundesrepublik, nachdem eine stille „kalendarische Reform" den Sonntag vom ersten auf den siebten Tag der Woche „verdrängt" hat. Errungenschaften der menschlichen Zivilisation und der gläubigen Menschen wie der regelmäßige freie Wochentag sind in Gefahr geraten, ein Rückfall in eine Art von „Sklavenhaltergesellschaft" droht.

Was verbindet uns weiterhin? Abraham als große Persönlichkeit der Bibel erkennen wir beide als Vater an: wir Juden als seine leiblichen Söhne und Töchter, Christen als die angestammten Söhne oder Töchter Abrahams. Doch die Bedeutung von Moses als Befreier eines versklavten Volkes und als Lehrer der Freiheitsrechte in der Tora wird christlicherseits häufig unterschätzt. Die Bindung der Christen zum Dekalog erscheint oft unscharf, formal. Wir versäumen nicht, immer wieder darauf hinzuweisen, dass die Zehn Gebote oder Zehn Worte die Grundlage jedes gesellschaftlichen Lebens sind, dass die weltanschaulichen Umwälzungen in unserer Zeit nie diese Grundsätze der Zehn Worte, schon wegen ihrer ewigen humanistischen Maßstäbe, ins Wanken bringen dürfen. Wir in Deutschland sollten es am deutlichsten wissen, dass ein Regime, welches sich bewusst von den Zehn Geboten losgesagt hat – unter Duldung der Kirchen –, das Land, Europa und sogar die ganze Welt an den Rand eines Abgrundes geführt hat.

Mit Befremden bemerke ich, wie selten Priester oder Pastoren über das vierte Gebot „Ehre Vater und Mutter" in der Predigt sprechen. Ich finde es erschreckend, dass wir uns im Generationenkonflikt oft scheuen, ein klares Wort der Zugehörigkeit zu den Vätern oder zu den Prinzipien des Dekalogs zu äußern. Von jüdischer Seite wäre zu ergänzen, dass es bloß zwei Gebote in der ganzen Tora gibt, bei denen eine Belohnung eindeutig formuliert wird: „die Länge der Tage des Menschen auf dieser Welt". Die eine Stelle ist das vierte Gebot, die andere seltsamerweise das Vogelnestgebot (5. Buch Mose 22,6-7): Es besagt, dass der Mensch, in Not geraten, auf dem Feld ein Vogelnest nicht ausrauben soll, dass er wohl Küken und Eier nehmen darf, aber die Mutter, die Umwelt, die Vielfalt der Arten verschonen soll. Die Verbindung der menschlichen Generationen einerseits und der Fortpflanzung der Umwelt andererseits durch diese Belohnung scheint ewige, jüdische wie christliche Grundsätze auf eine Weise in unsere Herzen pflanzen zu wollen, die wir nicht außer Acht lassen dürfen.

Ich habe nur das Wesentliche dessen, was uns verbindet, herausgestellt. Ich hätte die Bibel, den Festkalender aufzählen müssen, auch die Idee der Auferstehung erwähnen sollen, die ohne jüdische Mitwirkung in der christlichen Theologie unvorstellbar wäre. Wären die Jünger Jesu nicht so gute Pharisäer, das heißt so gute Schüler der rabbinischen Lehre gewesen, so wären sie nie auf die Idee gekommen, dass ihr Lehrer, ihr Meister, ihr Rabbi auferstehen könnte.

Das Christentum ist keine autarke, vom Judentum unabhängige Gemeinschaft mit Jesus als Stifter und einer eigenen Heiligen Schrift. Es genügt ein Hinweis auf das Werk der zwei christlichen Gelehrten Hermann Leberecht Strack und Paul Billerbeck, den „Kommentar zum Neuen Testament aus Talmud und Midrasch"[1], die alle Ausdrücke des Neuen Testaments auf Talmud und Midrasch und die rabbinische Literatur zurückführen konnten.

Es verbindet uns überdies die Feststellung, dass es ohne die älteren jüdischen Überlieferungen keine Möglichkeit gibt, sachkritisch zu verifizieren, was die unbestreitbar älteste literarische Formel des Urchristentums aussagt: dass Gott Jesus von den Toten auferweckt hat. Weiter können wir ohne die frühjüdischen Überlieferungen weder die christologischen Bekenntnisse der Urkirche noch die Gottheit Gottes im Credo der Urkirche verstehen. Aus diesen Thesen und Bruchstücken ergibt sich ein breiter Pfad der Gemeinsamkeit und Verbindung zwischen Juden und Christen.

Aber nicht weniger scharf und eindeutig möchte ich darauf hinweisen, was uns, Juden und Christen, voneinander trennt. Der Jude kann Jesus nicht als den Christus, als den Gesalbten Gottes, als den Messias annehmen, weil er jeden Erlösungsanspruch an der Wirklichkeit der unerlösten Welt misst. Man erzählt, dass ein chassidischer Rabbi in Jerusalem, dem Ölberg nahe, eines frühen Morgens den Ruf des großen Schofars (Widderhorn) vernehmen konnte, das das Kommen des Messias einleiten sollte. Der Rabbi hegte die große Hoffnung, die Zeit erleben zu können, für die Tausende gebetet, gehofft und geweint haben. Wie er das Fenster öffnete und in die Welt hinausblickte, da bemerkte er, dass sich im Übrigen nichts verändert hatte, die Welt noch beim Alten war, und da sagte er: „Schade, ich habe doch nicht richtig gehört. Wenn die Welt da draußen sich nicht verändert hat, dann war das nicht das Schofar des Herolds, des Messias." So sagen wir ein Nein zur Erlösungsbotschaft des Christentums hier und heute, in dieser Welt, in der unserer Meinung nach diese umwälzenden Änderungen nicht eingetreten sind.

Aber ich will keineswegs verbergen, dass diese Ankunft des Messias, den wir täglich erwarten und erhoffen, auch an uns liegt. Man erzählt sich eine jüdische Anekdote, dass der Messias schon unterwegs war und die Juden in Chelm einen Mann angestellt haben, der am Kreuzweg stehen und melden sollte, wenn der Messias eintrifft. Der Jude stand fleißig, Monat für Monat, und hat sein gutes Auskommen gehabt. Eines Tages merkt er, dass der Messias kommt. Da sagt er zu ihm: „Geht, macht mich nicht unglücklich, Ihr wollt wirklich nach Chelm kommen?" Der Messias antwortete: „Ja, das habe ich fest vor. Chelm ist eine fromme Stadt geworden, ich will sie erlösen." Darauf der Mann: „Ihr macht mich erwerbslos. Wollt Ihr, dass ich mein Auskommen verliere? Das könnt Ihr nicht tun!" Der Messias antwortet: „Ihr habt wirklich recht. Wenn ich wirklich der Messias bin, kann ich doch einen anderen Juden nicht erwerbslos machen." So machte er kehrt.

Diese kleine Geschichte beweist uns, wie unreif wir sind, auch außerhalb all des Elends dieser Welt, den Messias der Juden zu empfangen. Wir sagen also ein Nein zur Erlösungsbotschaft des Christentums. Der Jude stellt die Erlösung, die die ganze Menschheit, das ganze Sein des Menschen zum Ziel hat, über die individuelle Erlösung. Martin Buber schrieb: „Die Erlösung des Einzelnen ist im Judentum nur die Folge der Erlösung des Ganzen." Dahinter verbirgt sich ein großes Ja, eine Hoffnung, aus der man Kräfte schöpfen kann, eine Hoffnung aus unserer Zeit, dass die endgültige Herrschaft Gottes uns beide braucht, uns Juden, die aus der Skepsis Kräfte ziehen und auf das Kommen des Messias täglich und niemals tatenlos warten, und sie braucht die Christen, die durch ihr individuelles Erlöstsein die Normen zum rechten Handeln finden.

Zweitens trennt uns die Tatsache, dass man ein Christ wird, aber ein Jude ist, von der Geburt bis zum Tod. Ein Christ wird man durch den Glauben, die Sakramente. Ein Jude ist, wer eine jüdische Mutter hat – nach dem Vater wird niemals gefragt – oder wer vor einem Rabbinatsgericht konvertiert. Er bleibt es bis zum Tod, auch wenn er in die katholische Kirche konvertiert. So mag uns auch trennen, dass das Judentum für Christen sich nicht immer einfach erschließt. Christlich gesehen stellt es eine Religion ebenso wie eine Nation dar, es ist Glaube und Volkstum in einem. Das Judentum hat einen Doppelcharakter und niemand kann sagen, wo das Judentum als Religion beginnt und wo als nationales Merkmal. Selbst Atheisten sind Juden und können sogar führende Gemeindemitglieder werden.

Nun noch etwas, was uns nicht nur voneinander trennt, sondern auch ein aufrichtiges und offenes Gespräch von Juden und Christen verhindern könnte: die Judenmission, die Vorstellung, dass Christen den Juden gegenüber ein Zeugnis ablegen müssen, um sie zum christlichen Glauben zu bekehren. Dahinter steht die Vorstellung, dass das Judentum eine vorübergehende Erscheinung ist und seine Stelle an das Neue Israel, an die Kirche, zu übergeben habe. Ich darf im Hinblick auf die Unhaltbarkeit dieser Gedanken nur eine einzige Frage stellen: Können sich Christen heute wirklich vorstellen, dass unser Gott, der Gott der Christen wie der Juden, die Schließung jeder Synagoge will, dass unser Gott nach Auschwitz, Majdanek, Treblinka den völligen Untergang der jüdischen Menschen gutheißen kann? So meine ich, dass die Kirche, wenn sie sich weiterhin um einen offenen Dialog mit uns bemühen will, von der Vorstellung der Judenmission Abschied nehmen muss. Wir sollten davon ausgehen, dass die endgültige Herrschaft Gottes uns Juden und Christen braucht. Juden und Christen sind durch das, was ihnen durch Gott widerfahren ist, in unserer Welt zu einem gemeinsamen Zeugnis füreinander, und nicht gegeneinander, aufgefordert. Nicht nur uns, so glauben wir, sondern allen Völkern gilt der einladende Ruf, im Jerusalem des lebendig machenden Gottes Leben, Heimat und Frieden zu finden, wie in Jesaja (2,1-5 und 60) beschrieben, indem wir uns auf den Weg machen zu diesem Jerusalem als einer Stätte von Gerechtigkeit und Treue.

Es gibt noch mehr Einzelheiten in unseren Glaubensthesen, die uns voneinander trennen. Das Judentum lehnt den Gedanken einer schicksalhaften Vererbung der Sünde ab, die These der Erbsünde. Die eingeborene Kraft des Menschen muss ihm die Fähigkeit verleihen, von sich aus das Gute zu tun. Der Talmud fragt an einer Stelle, wo es um die Entscheidung geht, ob man einer menschlichen Verführung Folge oder Widerstand leisten solle: Wenn vor dir die Worte des Allmächtigen in den Zehn Geboten vorliegen oder ein Verführer, ein Träumer, ein fremder Prophet dich verführt, wem hast du zu folgen? Dem Meister, und nicht dem Lehrling ist zu folgen. So hat der Mensch in jüdischer Vorstellung die Kraft, das Gute von sich aus zu tun. Dafür ermahnten uns die Propheten. Und so besitzt der Mensch auch die Stärke, der Sünde aus eigener Entscheidung auszuweichen. Wir gehen von der unbefleckten Reinheit jedes Neugeborenen aus. Der Mensch kann Herr über den Trieb und die Neigung zum Bösen bleiben. Der „böse Trieb" besitzt keine Selbständigkeit und keine eigene Macht über uns, und ein jeder muss die Fähigkeit, die Kraft aufbringen, ihm Widerstand zu leisten. Der Kampf um das Gute und Böse ist in den Menschen verlegt worden. Die eigene sittliche Selbständigkeit des Menschen, die persönliche Verantwortung des Einzelnen, selbständige Suche, Forschen und Lehren ermöglichen den Weg zum Guten.

Ich bin in Verlegenheit, wenn ich über die Propheten spreche. Wenn wir uns die persönliche Gott-Ergriffenheit dieser großen Männer der jüdischen Geschichte vor Augen führen, entsteht der Eindruck, dass sie uns voneinander trennen könnten. Andererseits sind für die Christen das Leben, das Werk und die Gleichnisse Jesu ohne die Propheten unvorstellbar.

Abschließend sei angemerkt, dass Juden und Christen einer Menschheit, deren Überleben in Menschlichkeit in unserer Zeit auf dem Spiel steht, trotz Trennendem ein gemeinsames Zeugnis zu geben haben, ein konkretes Zeugnis konkreter Wege der Gerechtigkeit und des Heils. Wenn sie miteinander auf diesem Weg gehen, dann mögen die Disputationen des Mittelalters ewiglich nicht vergessen werden, aber ewiglich verschwinden, damit Juden und Christen einander stets nur belehren, doch niemals bekehren wollen. Wenn wir mit diesem Gespräch auch nur einen winzigen Schritt nähergekommen sind, dann, vielleicht, werden wir eines Tages die große Posaune hören können.

---

* Leicht veränderte Fassung eines Referats im Rahmen der Salzburger Sommertagung des Katholischen Akademikerverbandes Österreich am 14. August 1988. Erstabdruck in: Acta catholica 2, 1988.

HEIDI-BARBARA KLOOS
UND GUNTER BERG
NACHWORT

Erinnern ist der erste Schritt zur historischen Reflexion. Utz Jeggle, einer der Wegbereiter der modernen Forschung zur jüdischen Geschichte und Alltagskultur in Württemberg, begann seine Arbeit daher mit der Frage nach noch greifbaren Zeugnissen jüdischen Lebens in ehemals jüdischen Gemeinden. Er entdeckte dabei die Geschichte des Landjudentums, das mit dem Holocaust vollständig vernichtet worden ist.

Für das Gedankengut des Antisemitismus, ohne das die Schoah nicht denkbar ist, gab es nach Kriegsende keine Stunde Null; selbst in der höheren Verwaltung und Justiz beherrschten diese unseligen Vorstellungen immer noch mehr oder weniger offen das Denken und Handeln.[1] Kein Wunder, dass die wenigen jüdischen Rückkehrer meist die Nähe zur alten Umgebung mieden oder ihre Nachbarn nur durch Verdrängung der Erinnerung ertragen konnten. Die Mitwisser, Mitläufer, Mittäter beschwiegen die Vergangenheit aus Schuld- oder Schamgefühlen. In den Sechzigerjahren haben zuerst Privatpersonen örtliche Überreste – Friedhöfe, Synagogen, Akten oder Erinnerungsstücke – gerettet, in Publikationen bekannt und ihren Wert der Öffentlichkeit verständlich gemacht. Es waren häufig Zugezogene wie Walter Ott in Buttenhausen oder Ernst Schäll und Michael Schick in Laupheim. Sie waren nicht in die lokalen Nachwirkungen der NS-Zeit eingebunden und haben diese Arbeit zuerst sehr einsam geleistet. Zu ihnen konnten auch Überlebende, die sich aus der Distanz der Emigration meldeten, einigermaßen unbefangen Kontakt aufnehmen und die Erinnerungsarbeit aus eigenem Erleben unterstützen. Etwa zur selben Zeit begann Pfarrer Joachim Hahn, das Wissen um jüdische Friedhöfe und Synagogen in Baden und Württemberg systematisch zu dokumentieren. Eine Herkulesaufgabe. Aus diesem Engagement sind neben vielen Einzelveröffentlichungen Standardwerke entstanden, in denen er auch die Publikationen von anderen Autoren zu lokalen Überresten umfassend nachgewiesen hat. Auf Seiten des Staates hat Paul Sauer Darstellungen vorgelegt, die weit über die Dokumentationsarbeit der Archivverwaltung hinausgehen und in ihrer Akribie Grundlagenwerke bleiben werden. Eine Vielzahl von regionalen Quellen wurde von den nichtstaatlichen Archiven gründlich erschlossen. Vielfach wurde auch von Kommunen das Schicksal ihrer vertriebenen Mitglieder dokumentiert, aber in der Regel ging diese Forschung nicht vor 1933 zurück und stellte verständlicherweise den Antisemitismus, die Verfolgung und Vernichtung in den Vordergrund. Untrennbar mit der Geschichte Hohenlohes ist der Name von Gerhard Taddey verbunden. Seine Untersuchungen haben das reiche jüdische Erbe dieser Landschaft zwischen Kocher, Jagst und Tauber wieder ins Bewusstsein gehoben.

Das Europäische Denkmalschutzjahr 1975 brachte ein Umdenken im Blick auf die Geschichte. „Eine Zukunft für die Vergangenheit", dieses Motto setzte sich im Süden zuerst in Bayern, dann auch in Baden-Württemberg durch. In einem Denkmal sah man nicht mehr nur das Alte, Wahre und Schöne, sondern sprach jedem Objekt von historischer Bedeutung die Schutzwürdigkeit zu. Die Dokumentation aller jüdischen Grabinschriften ist dem Landesdenkmalamt Baden-Württemberg zu verdanken. Insbesondere der Konservator Hubert Krins hat sich schon früh vehement für den Denkmalwert von Synagogen eingesetzt – unabhängig von ihrer kunsthistorischen Bedeutung.[2] Nachdem das Land 1952 alle diese Gebäude im Paket erworben hatte, waren sie einzeln weiterverkauft und sehr unterschiedlich genutzt worden. Aber bei immer mehr Bauten stellte sich heraus, dass sie den Ansprüchen der neuen Nutzung letztlich nicht genügten und dass ihre Substanz stark gelitten hatte und litt. Verkauf oder Abbruch standen vielfach zur Diskussion. In diesen Jahren begannen sich lokale Gruppen für einen respektvollen Umgang mit den früheren Synagogen einzusetzen, und dank der günstigen Finanzsituation des Landes konnten Institutionen und regionale Körperschaften in einigen Fällen die Gebäude als Gedenkstätten oder für kulturell-gesellschaftliche Zwecke herrichten. In diesem Zusammenhang haben örtliche

Trägervereine viel dazu beigetragen, die Geschichte ihrer jüdischen Gemeinden zu erforschen und bekannt zu machen. Man wollte wissen, wer die ehemaligen jüdischen Nachbarn waren, wie sie lebten und welches Schicksal sie erlitten haben. Dieses Engagement trug dazu bei, dass Kontakte zu Überlebenden möglich wurden. Mit Rat und Tat unterstützt werden diese Institutionen seitdem vom Haus der Geschichte Baden-Württemberg, das mit dem Museum zur Geschichte von Christen und Juden in Schloss Großlaupheim und der Synagoge in Haigerloch selbst solche Erinnerungsstätten unterhält. Ausgehend von regionalen Treffen in Freiburg im Breisgau haben sich im Jahre 1992 in Hohenems solche Trägervereine und interessierte Privatleute zur Arbeitsgemeinschaft Alemannia Judaica zusammengeschlossen, die als Netzwerk für die Erforschung und Erschließung jüdischen Lebens in Süddeutschland, im Elsass, in Vorarlberg und in der deutschen Schweiz dient.

Dingliche Überreste zu erhalten und zum Sprechen zu bringen, ist das eine. Als schwieriger erwies es sich, den jüdischen Anteil in der regionalen Geschichte aufzuarbeiten. Zwar wurden Erinnerungen von Überlebenden systematisch vom Leo Baeck Institut in New York und von der Gedenkstätte Yad Vashem gesammelt, aber sie sind bisher nur punktuell ausgewertet. Für israelische Historiker galt zudem lange das Verdikt, jüdisches Leben habe in Deutschland nicht mehr zu existieren. Das hatte zur Folge, dass schriftliche und gegenständliche Zeugnisse nach Israel verbracht wurden, weil man sie so zu retten gedachte. Quellenbasierte Forschungen wie die von Jacob Toury waren selten. Von deutscher Seite wirkte die Arbeit von Utz Jeggle als Augenöffner. Im Ansatz landesgeschichtlich, tendierte Jeggles Interesse in der Folge weiter zu sozialpsychologischen Fragen der Alltagskultur. Als Professor regte er eine ganze Reihe von Dissertationen im Tübinger Ludwig-Uhland-Institut für Empirische Kulturwissenschaft (LUI) an, die Aspekte des jüdisch-deutschen Verhältnisses in der Vergangenheit behandeln.

Verglichen mit Forschungsarbeiten an bayerischen Universitäten wie Augsburg, München, Bamberg und Würzburg zur Regionalgeschichte mit jüdischem Bezug sind von den landeshistorischen Instituten in Stuttgart und Tübingen weniger wichtige Impulse ausgegangen. Zumindest scheint das kulturelle Erbe der schwäbischen bzw. fränkischen Juden hier kein zentrales Problem gewesen zu sein, und der Blick ging kaum über die Geschichte des Holocaust zurück. In den knapp 80 Bänden der Schriftenreihe des Tübinger Instituts für Geschichtliche Landeskunde ist nämlich nur eine umfassende Publikation zu diesen Themen erschienen.[3] Wenn man die Holocaustforschung ausnimmt, findet sich in den über 200 Bänden der Kommission für geschichtliche Landeskunde – mit einer Heidelberger Dissertation – lediglich eine einschlägige Darstellung. Die Arbeit entstand aus der Kooperation der Universität und der Hochschule für Jüdische Studien.[4] Man kann nur wünschen, dass diese Zusammenarbeit über die Lehre hinaus fruchtbar bleibt, so wie auch die Forschungsarbeit an den anderen badischen Universitäten.

Was kann und was soll die Beschäftigung mit jüdisch-deutscher Geschichte in Südwestdeutschland leisten und was können die vorliegenden Texte von Joel Berger zu ihrem Verständnis beitragen? Es wurde immer wieder darauf hingewiesen, dass die deskriptiven Einzeldarstellungen und Sammelbände zwar Quellenmaterial erschließen, aber wenig über die konkreten jüdischen Lebenswelten aussagen. Zumal sie fast ausschließlich auf deutschsprachigen, offiziellen, meist staatlichen Quellen beruhen, deren Perspektive sie nicht ausblenden können. Monika Richarz hat in einem Forschungsbericht ausführlich darauf hingewiesen, wie komplex eine sachgerechte Bearbeitung sein müsse.[5] Ihre Forderung nach genauer Analyse der Religiosität, der Lebensformen, der Mobilität, der demographischen Entwicklung und von quantifizierten Wirtschaftsverhältnissen in den einzelnen Gemeinden ist wissenschaftstheoretisch richtig. Sie wird aber angesichts der Quellenlage nur schwer möglich sein und der personellen Ausstattung wegen wohl auf lange Zeit unerfüllt bleiben. Stefan Rohrbacher plädiert ferner dafür, nicht ohne die Binnenperspektive an das Thema heranzugehen. Auch wenn ihr Material „wieder nur punktuelle Aufschlüsse gibt", so gehe es darum, „beide Blickwinkel einzunehmen und stärker als bisher dem Umstand Rechnung zu tragen, dass die Geschicke der jüdischen Minderheit in Deutschland gleichermaßen in die deutsche wie in die jüdische Geschichte eingebunden waren".[6] Wenn wir zu unserem Erbe stehen, dürfen wir nicht vergessen, dass es auch in der Regionalgeschichte aus der Summe einzelner Teile besteht, und wir müssen wahrnehmen, wie die verschiedenen Gruppen dazu beitragen und beigetragen haben.

Dieser Perspektive sind die Beiträge von Rabbiner Joel Berger verpflichtet. Sie können das Ideal einer umfassenden Geschichtsschreibung nicht ersetzen, aber sie wollen den Blick auf die Formen jüdischen Lebens in unserem Lande schärfen. Jüdisches Leben soll nicht nur, wie bislang meist geschehen, additiv zur allgemeinen Entwicklung dargestellt werden, sondern – wie im Alltag, im Großen und Kleinen – als Teil der gemeinsamen spannungs- und konfliktreichen Geschichte. Der Blick auf die Lebensformen hinterfragt so die gängige Meinung, nach der die (besonders rabiate) Emanzipationspolitik hierzulande eine einzige Erfolgsgeschichte gewesen sei. Deshalb sind in diesen Band auch Texte eingeflossen, die in unserem Zusammenhang als Fremdkörper erscheinen könnten, jedoch als Hintergrund und Variationen wichtig sind.

Wie sind diese Beiträge entstanden? Thomas Schnabel beschreibt in seinem Vorwort die Arbeit von Joel Berger im Rahmen des herausgebenden Hauses. Um ein gewisses Fazit zu ziehen, begann man vor Jahren, verstreut publizierte Aufsätze und Vorträge zu sichten. Wir plädierten dafür, es nicht bei ihrer Neuedition zu belassen. Rabbiner Berger hat sich darauf eingelassen, und wer ihn kennt, erahnt die Folgen. In vielen intensiven und lebhaften Gesprächen hat er die einzelnen Themen vertieft und ergänzt. In der jetzt vorliegenden Fassung ist kaum ein Text unverändert geblieben[7], die meisten sind wesentlich erweitert und viele zudem in Interviews neu entstanden. Seine markante Sprache ist im Duktus teilweise erhalten geblieben; die Leser erleben dies sicherlich als Bereicherung.

Die Arbeit an den Texten hat uns nicht nur an Wissen und Verständnis enorm bereichert. Bei der genossenen Gastfreundschaft im Hause Berger darf der kundige und gewichtige Beitrag (auch in Gestalt von Gewicht erzeugenden, köstlichen Kuchen) von Frau Berger nicht vergessen werden. Für das Vertrauen und die menschliche und freundschaftliche Zuwendung, die wir in den vergangenen Jahren erfahren haben, danken wir von ganzem Herzen. Wir verbinden mit diesem Dank unsere nachträglichen Glückwünsche zum 80. Geburtstag, zu dem der Jubilar uns, seine Leser, mit diesem Werk beschenkt hat.

Heidi-Barbara Kloos und Gunter Berg

ANHANG

BIOGRAPHIE VON
LANDESRABBINER A. D. DR. JOEL BERGER

ANMERKUNGEN

LITERATUR

ORTS- UND PERSONENREGISTER

**BIOGRAPHIE VON
LANDESRABBINER A. D. DR. JOEL BERGER**

Geboren 1937 in Budapest. 1944 Internationales Ghetto, gerettet von Raoul Wallenberg. 1955 Abitur.

1956 bis 1957 Verhaftung nach dem Ungarnaufstand, Gefängnisstrafe.

1957 bis 1963 Studium am Rabbinerseminar in Budapest und an der Universität (Geschichte und Pädagogik) in Debreczin. Abschlüsse: Rabbinerdiplom, Lehrerdiplom für Gymnasien.

1968 Emigration nach Deutschland, seither als Rabbiner tätig, unter anderem in Düsseldorf, Göteborg (Schweden), Bremen und Stuttgart. Seit 1986 Dozent am Ludwig-Uhland-Institut der Universität Tübingen.

Seit 2002 Forschungsauftrag des Hauses der Geschichte Baden-Württemberg, Stuttgart.

Bis 2003 Sprecher der Rabbinerkonferenz Deutschland.

Bis 2008 Mitglied im Schiedsgericht des Zentralrats der Juden in Deutschland.

Herausgeber von UDIM, Zeitschrift der Rabbinerkonferenz.

Mitglied im Rundfunkrat von Radio Bremen sowie SDR und SWR (von 1974 bis 2003 und ab 2008).

Titel: Landesrabbiner a. D. (seit 1. Oktober 2002) Dr. h. c. Joel Berger.

Neueste Publikationen:
Mit Rabbiner Joel Berger durch das jüdische Jahr.
Hg. Haus der Geschichte Baden-Württemberg, Ostfildern 2013.

Der Mann mit dem Hut – Geschichten meines Lebens,
Tübingen 2013 (aufgezeichnet von Heidi-Barbara Kloos).

Auszeichnungen:
1998 Verleihung des Doktor honoris causa (Dr. h. c.)
der Universität Tübingen.

2001 Verleihung der Verdienstmedaille des Landes
Baden-Württemberg.

Oktober 2017 Verleihung der Bürgermedaille der
Landeshauptstadt Stuttgart.

ANMERKUNGEN

Das Judentum sagt ...

1 Jacob Picard: Werke. Hrsg. Manfred Bosch, Bd. 2. Lengwil am Bodensee 1996, S. 251.
2 Israel Davidson: Parody in Jewish Literature. New York 1907 und David Weiss Halivni: Breaking the tablets. Jewish theology after the Shoah. Lanham, Md., 2007 (soll unter dem Titel „Zerstörung der Tafel" demnächst auf Deutsch erscheinen).
3 Dazu ausführlicher das Kapitel „... und will euch erlösen durch ausgereckten Arm ..." in diesem Band.
4 Schalom Ben-Chorin: Jüdischer Glaube. Tübingen 1975.
5 Dazu ausführlicher das Kapitel „Ein Denkmal für den Maharam" in diesem Band.

Das Abc als Honigkuchen

1 Erich Kästner: Als ich ein kleiner Junge war. Berlin o. J., S. 78 f.
2 Vgl. Hermann Bausinger: Volkskunde. Von der Altertumsforschung zur Kulturanalyse. Darmstadt 1977, erw. Auflage, S. 136 ff.
3 Bruno Stern: Meine Jugenderinnerungen an eine württembergische Kleinstadt und ihre Jüdische Gemeinde. Stuttgart 1968, S. 75.
4 Ivan G. Marcus: Rituals of Childhood. Jewish Culture and Acculturation in the Middle Ages. New Haven, Connecticut, 1996, S. 51.
5 Alexander Scheiber: Essays on Jewish Folklore and Comparative Literature. Budapest 1985.
6 Titus Lucretius Carus: De rerum natura. Welt aus Atomen. Übersetzt und mit einem Nachwort herausgegeben von Karl Büchner. Stuttgart 1973, S. 70 ff. (1. Buch, Vers 933-938).
7 Rokeach – Erstveröffentlichung 1505 in Fano.

Vom Lernen und Lehren

1 Joachim Hahn: Die Freudentaler Rabbiner. In: Alemannia Judaica, Bd. 2, S. 5-8 (http://www.alemannia-judaica.de/freudental_synagoge.htm); auch abgedruckt in: Freudentaler Blätter 1, November 2004. Michael Brocke und Julius Carlebach (Hrsg.): Die Rabbiner der Emanzipationszeit in den deutschen, böhmischen und großpolnischen Ländern 1781-1871. Berlin 2004 (E-Book), Nr. 1599, S. 792 f. Utz Jeggle:

Schwäbische Rabbiner – Fünf Lebensschicksale. In: Udim. Zeitschrift der Rabbinerkonferenz in der Bundesrepublik Deutschland, Bd. 19, 1999, S. 97-108.
Allgemein zur Wirkungsgeschichte der Kabbala: Werner C. Cahnman: Friedrich Wilhelm Schelling and The New Thinking of Judaism. In: Eveline Goodman-Thau, Gert Mattenklott und Christoph Schulte (Hrsg.): Kabbala und Romantik. Die jüdische Mystik in der romantischen Geistesgeschichte. Berlin 1994 (E-Book 2011).

2 Stefan Rohrbacher: Die jüdische Landgemeinde im Umbruch der Zeit. Traditionelle Lebensform, Wandel und Kontinuität im 19. Jahrhundert. Göppingen 2000, S. 19 f. [Veröffentlichung des Jüdischen Museums der Stadt Göppingen].

3 Schass ist die Abkürzung von Schischa Sidre Mischna, die sechs Abteilungen der Mischna.

4 Manuel Werner: Die Juden in Hechingen, Teil 2. In: Zeitschrift für Hohenzollerische Geschichte, Bd. 21, 1985, S. 124.

5 Stefan Rohrbacher (Anm. 2), S. 15.

6 Dazu gibt es ein Fachwörterbuch: Chaim M. Weiser: Frumspeak. The First Dictionary of Yeshivish. Northvale, NJ, 1995.

7 David Weiss Halivni: Mit Schwert und Buch. Leben und Lernen im Schatten der Zerstörung. Gerlingen 2000, S. 65-79, Zitat S. 75.

8 Peter Eitel: Geschichte Oberschwabens im 19. und 20. Jahrhundert, Bd. 1: Der Weg ins Königreich Württemberg (1800-1870). Ostfildern 2010, S. 261-282.

9 Über diesen ebenso bedeutenden wie umstrittenen Reformrabbiner gibt es keine umfassende Monographie. Einen ausgezeichneten Überblick zum Gesamtzusammenhang bei Abraham Peter Kustermann: „Zur Anstellung als Rabbine … wird erfordert …" Württemberg und der Umbruch von Rabbinat und Rabbinerausbildung im 19. Jahrhundert. In: Abraham P. Kustermann und Dieter R. Bauer (Hrsg.): Jüdisches Leben im Bodenseeraum – Zur Geschichte des alemannischen Judentums mit Thesen zum christlich-jüdischen Gespräch. Ostfildern 1994, S. 133-155, die Lebensdaten Maiers S. 141. Am ausführlichsten Siegfried Däschler-Seiler: Auf dem Weg in die bürgerliche Gesellschaft. Joseph Maier und die jüdische Volksschule im Königreich Württemberg. Stuttgart 1997.

10 Die Studienzeit Maiers aus den Universitätsarchiven erforscht bei Siegfried Däschler-Seiler (Anm. 9), S. 153-156.

11 Dazu Utz Jeggle: Judendörfer in Württemberg. Tübingen 1999, 2. erw. Auflage, S. 109-112.
Eine Gegenüberstellung von 29 früheren und neuen Familiennamen aus Affaltrach findet sich in: Museum zur Geschichte der Juden in Kreis und Stadt Heilbronn. Katalog: Synagoge Affaltrach. Hrsg. Landkreis Heilbronn. Konzeption und Bearb. Wolfram Angerbauer. Heilbronn 1989, S. 11.
Auf dem Affaltracher Friedhof tragen viele Juden ihren Herkunftsort Talheim als Familienname. Siehe dazu und zu anderen Folgen des Erziehungsgesetzes Theobald

Nebel und Siegfried Däschler-Seiler: Die Geschichte der jüdischen Gemeinde in Talheim. Talheim 1990, 2. neu bearb. Auflage, S. 39 f.

12 Dazu die in Anm. 1 genannten Werke.
13 Carsten Wilke: „Den Talmud und den Kant". Rabbinerausbildung an der Schwelle zur Moderne. Hildesheim 2003, S. 441-444.
14 Uri R. Kaufmann: Emanzipation und jüdisches Selbstverständnis im 19. Jahrhundert. In: Nebeneinander – Miteinander – Gegeneinander? Zur Koexistenz von Juden und Katholiken in Süddeutschland im 19. und 20. Jahrhundert. Laupheimer Gespräche 2000. Hrsg. Haus der Geschichte Baden-Württemberg. Gerlingen 2002, S. 21-33. Kaufmann spricht von sieben Christen, denen lediglich ein Jude gegenübersaß, der auch nur für den Bereich jüdisches Recht Fragekompetenz hatte. Diese Regelung galt in großen Zügen bis 1924, doch durfte der jüdische Vertreter seit 1905 auch Fragen zur hebräischen Bibel stellen. „Man stelle sich vor, bei einer katholischen Priesterprüfung in Bibelexegese würden sieben Juden und ein Katholik prüfen!" (S. 27 f.). Dazu auch Abraham P. Kustermann (Anm. 9). Zur Entstehungsgeschichte der Prüfungsordnung und der Prüfungspraxis Carsten Wilke (Anm. 13), S. 464-471.
15 Joachim Hahn (Anm. 1).
16 Carsten Wilke (Anm. 13), S. 487 f.
17 Die Namen bei Aaron Tänzer: Die Geschichte der Juden in Württemberg. Frankfurt am Main 1937, S. 71.
18 Carsten Wilke (Anm. 13), S. 489.
19 Aaron Tänzer (Anm. 17), S. 76. Ohne Rechtsanspruch, also gnadenhalber, erhielten drei der nicht eingestellten Rabbiner nach 1836 eine jährliche Unterstützung zwischen 130 und 250 fl und 25 Vorsänger eine solche zwischen 15 und 80 fl, ebd. S. 76 f.
20 Bruno Stern: Meine Jugenderinnerungen an eine württembergische Kleinstadt und ihre jüdische Gemeinde. Mit einer Chronik der Juden in Niederstetten und Hohenlohe vom Mittelalter bis zum Ende des Zweiten Weltkriegs. Stuttgart 1968, S. 46 berichtet, dass die Juden Süddeutschlands unter dem Einfluss der Kabbalisten 1840 und 1860 mit der Ankunft des Messias gerechnet und den Tod Joseph Schnaittach(er)s in Freudental weithin betrauert hätten.
21 Zum Widerstand gegen Maier, der nicht nur Streitschriften umfasste, sondern bis zu schriftlichen Morddrohungen ging, ausführlich Siegfried Däschler-Seiler (Anm. 9), S. 309-329.
22 Paul Sauer und Sonja Hosseinzadeh (Hrsg.): Jüdisches Leben im Wandel der Zeit. 170 Jahre Israelitische Religionsgemeinschaft, 50 Jahre neue Synagoge in Stuttgart. Gerlingen 2002, S. 54: Erst mit dem Dissidenten-Gesetz von 1872 konnten religiöse Minderheiten sich als Vereine außerhalb der öffentlichen Körperschaften organisieren. Auf dieser Basis gründete sich 1878 in Stuttgart eine Israelitische Religionsgesellschaft traditionell gesetzestreuer Juden, eine sogenannte Austrittsgemeinde.

23 Gerne wird die Aussage Joseph Maiers bei ihrer Einweihung zitiert: „Ja, dir, geliebtes Stuttgart, unserem Jerusalem, wünschen wir Heil!" Zitat ebd. (Anm. 22), S. 47. Dabei handelt es sich aber nicht um eine besonders hybride Aussage. Ähnliches findet man in dieser Zeit auch von anderen Rabbinern an vielen anderen Orten.
24 Abraham P. Kustermann (Anm. 9), S. 138.
25 Mit Hinweisen auch auf andere Gemeinden sehr ausführlich die Entwicklung des Schulwesens in Talheim bei Theobald Nebel und Siegfried Däschler-Seiler (Anm. 11), S. 304-374. Im Großen und Ganzen wird man die Talheimer Entwicklung für Württemberg verallgemeinern können.
26 Paul Sauer: Die Judengemeinden im nördlichen Bodenseeraum. In: Abraham P. Kustermann und Dieter R. Bauer (Hrsg.): Jüdisches Leben im Bodenseeraum – Zur Geschichte des alemannischen Judentums mit Thesen zum christlich-jüdischen Gespräch. Ostfildern 1994, S. 37-58, hier S. 52 f.
27 Utz Jeggle (Anm. 11), S. 39-44, S. 112-120, S. 245-247.
28 Dazu wie im Folgenden Gisela Roming: Religiosität und Bildung in jüdischen Landgemeinden. In: Abraham P. Kustermann und Dieter R. Bauer (Hrsg.): Jüdisches Leben im Bodenseeraum – Zur Geschichte des alemannischen Judentums mit Thesen zum christlich-jüdischen Gespräch. Ostfildern 1994, S. 91-108, hier S. 100 ff.
29 Manuel Werner (Anm. 4) zitiert S. 102 das Gesuch um Befreiung eines Dienstmädchens aus dem Jahre 1835, das wegen ihrer dadurch bedingten Abwesenheit vom Dienst von der Entlassung bedroht war. Das Gesuch wurde abgelehnt, unter anderem weil sie noch nicht einmal ihr Glaubensbekenntnis kenne. Aber der Unterricht wurde von nun an auf eine Stunde Dauer reduziert.
30 Utz Jeggle (Anm. 11), S. 119.
31 Eine gute Zusammenfassung bei Karl Erich Grözinger: „Schaddaj" – Hüter der Türen Israels. Jüdische Frömmigkeit in Alltag und Schabbat im 19. Jahrhundert. In: Nebeneinander – Miteinander – Gegeneinander? Zur Koexistenz von Juden und Katholiken in Süddeutschland im 19. und 20. Jahrhundert. Laupheimer Gespräche 2000. Hrsg. Haus der Geschichte Baden-Württemberg. Gerlingen 2002, S. 63-79.
32 Dieser räumlich und zeitlich sehr unterschiedlichen Entwicklung geht Carsten Wilke (Anm. 13) im gesamten aschkenasischen Bereich im Detail nach.
33 Dazu grundlegend Monika Richarz: Der Eintritt der Juden in die akademischen Berufe. Jüdische Studenten und Akademiker in Deutschland 1678-1848. Tübingen 1974.
34 Carsten Wilke (Anm. 13), S. 617 und S. 619, Anm. 249 betont, dass der Einstieg von Juden in die moderne Universität vor allem über die orientalische Philologie führte. Von 1821 bis 1935 bearbeiteten ca. 800 Dissertationen jüdische Themen im Rahmen dieser Disziplin. Der Deutschen Morgenländischen Gesellschaft traten von 1845 bis 1870 insgesamt 758 Mitglieder bei; davon waren mehr als 40 Rabbiner!
35 Dazu Monika Richarz: Deutsche Universitäten und jüdische Studenten und Professo-

ren im 19. Jahrhundert. In: Jahrbuch des Instituts für deutsche Geschichte, Beiheft 4, Universität Tel Aviv 1982 und Monika Richarz (Anm. 33).
36 David Weiss Halivni (Anm. 7), S. 175 f.

Ghetto und andere Grenzen

1 Salcia Landmann: Jiddisch. Das Abenteuer einer Sprache. Neuausgabe Frankfurt am Main, Berlin 1986, S. 42 ff.
2 Jacob Toury: Die Sprache als Problem der jüdischen Einordnung im deutschen Kulturraum. In: Jahrbuch des Instituts für Deutsche Geschichte, Universität Tel Aviv, Beiheft 4. Tel Aviv 1982, S. 78-91. Yaron Matras: Zur Rekonstruktion des jüdischdeutschen Wortschatzes in den Mundarten ehemaliger „Judendörfer" in Südwestdeutschland. In: Zeitschrift für Dialektologie und Linguistik 58, 1991, S. 268-293. Dazu auch weitere Erläuterungen im Kapitel „Das liebe Vieh" in diesem Band.
3 Manès Sperber: Die Wasserträger Gottes. Wien 1974, S. 25.
4 Umfassend zum Leben im Schtetl das im Original schon 1952 auf Englisch erschienene Buch von Mark Zborowski und Elisabeth Herzog: Das Schtetl. Die untergegangene Welt der osteuropäischen Juden. München 1991.
5 Zu Parnas und Gabbai siehe das Kapitel „Im Dienste der Gemeinschaft" in diesem Band.
6 Jacob Katz: Tradition und Krise. Der Weg der jüdischen Gesellschaft in die Moderne. München 2002 (ursprünglich unter dem Titel „Masoret u-Maschber" schon 1958 auf Hebräisch erschienen).
7 Siehe dazu Stefan Lang: Ausgrenzung und Koexistenz. Judenpolitik und jüdisches Leben in Württemberg und im „Land zu Schwaben" (1492-1650). Ostfildern 2008, S. 142 ff.
8 Joachim Schlör: Religiöse Praxis als räumliche Ordnung der Stadt: Die jüdische „Sabbatgrenze" (eruv). In: Cornelia Jöchner (Hrsg.): Räume der Stadt: Von der Antike bis heute. Berlin 2008, S. 241-252.
9 Gerhard Renda: Fürth, das „bayerische Jerusalem". In: Manfred Treml und Josef Kirmeir (Hrsg.): Geschichte und Kultur der Juden in Bayern. Aufsätze. München 1988, S. 225-236, hier S. 230.
10 Für Jebenhausen belegt bei Stefan Rohrbacher: Die jüdische Landgemeinde im Umbruch der Zeit. Traditionelle Lebensform, Wandel und Kontinuität im 19. Jahrhundert. Göppingen 2000, S. 9 [Veröffentlichung des Jüdischen Museums der Stadt Göppingen].
11 Utz Jeggle: Judendörfer in Württemberg. Tübingen 1999, 2. erw. Auflage, S. 132.
12 Heinz Högerle, Carsten Kohlmann und Barbara Staudacher (Hrsg.): Ort der Zuflucht und Verheißung. Shavei Zion 1938-2008. Stuttgart 2008 (Katalog zur Ausstellung, durchweg zweisprachig), S. 12 f.

13 Margarete Kollmar: Jüdisches Vereinsleben. In: Utz Jeggle (Hrsg.): Erinnerungen an die Haigerlocher Juden – ein Mosaik. Tübingen 2000, S. 135-155 (Untersuchungen des Ludwig-Uhland-Instituts der Universität Tübingen, 92).

Dies ist ein jüdisches Haus

1 Jacob Picard: Werke. Hrsg. Manfred Bosch. Lengwil am Bodensee 1996, Bd. 2, S. 193.
2 Eine dieser Familien war Familie Wolf, die über ein gutes Jahrhundert in Wangen lebte. Der Arzt Nathan Wolf kehrte nach Kriegsende in sein Heimatdorf auf der Höri zurück. Seine Tochter, Oberstaatsanwältin Hannelore König, erzählt zusammen mit Anne Overlack in einem umfangreichen, eindrucksvollen Band die Familiengeschichte und die Geschichte der Juden auf der Höri. In: Anne Overlack: „In der Heimat eine Fremde". Das Leben einer deutschen jüdischen Familie im 20. Jahrhundert. Tübingen 2016.
3 Zitiert nach Karl Erich Grözinger: „Schaddaj" – Hüter der Türen Israels. Jüdische Frömmigkeit in Alltag und Schabbat im 19. Jahrhundert. In: Nebeneinander – Miteinander – Gegeneinander? Zur Koexistenz von Juden und Katholiken in Süddeutschland im 19. und 20. Jahrhundert. Laupheimer Gespräche 2000. Hrsg. Haus der Geschichte Baden-Württemberg. Gerlingen 2002, S. 63-79, Zitat S. 65.

Von Hand zu Hand

1 Vgl. Siddur Sefat emet, übersetzt von Selig Bamberger. Basel 1982, S. 5.
2 Viktor Kurrein: Die Symbolik des Körpers in den rituellen Bräuchen, Teil 1. In: Monatsschrift zur Geschichte und Wissenschaft des Judentums (MGWJ), Jg. 70 (N. F. 34), 1926, S. 41-50, hier S. 41.
3 Arik Brauer: Die Pessach-Haggada. München, Zürich 1979, S. 31.
4 Über die Gründe, warum Ausdrücke aus dem Lateinischen in die jiddische Sprache eingeflossen sind, hat meines Wissens noch niemand geschrieben. Meiner Meinung nach liegt die Erklärung in der örtlichen Nähe der katholischen Kirche in Osteuropa. Mir ist noch die „Übernahme" des lateinischen Verbs „orare" (beten) bekannt. Vielerorts in osteuropäischen Gemeinden ist der Ausdruck geläufig: „Es wird geohrt um Sieben a Zeiger", das heißt: Es wird gebetet, wenn die Uhr (der Zeiger) Sieben zeigt. Die „Volkskultur in der Moderne" und damit Sprüche über Uhren mit Digitalanzeige sind mir noch nicht bekannt. Man müsste in Brooklyn über das Weiterleben der jiddischen Sprache nachforschen.
Noch ein nicht positiv gesinnter Ausdruck mit „orare": Vielerorts betrachtete man kritisch die Medizin und ihre Therapien. Man sagte, „es nützt so viel wie a Apre Novis". Dahinter steckt der Beginn des Mariengebets „Ora pro Nobis".
5 Babylonischer Talmud, Traktat Sota 38/a.
6 Hohelied 2:9: „… Er späht durch die Gitter …" wird gedeutet, als ob die „Herrlichkeit

Gottes durch die Zwischenräume der Finger blicken würde", während die Kohanim den Segen erteilen. Midrasch „Jalkut Schimoni", Bd. 3. Warschau 1877, und in vielen anderen exegetischen Werken ebenso.
7   Das Bild der Lichter „benschenden" Frau ist sowohl in der Literatur wie auch in der Malerei oft behandelt worden. Ich möchte nur den ersten modernen hebräischen Dichter Chaim Nahman Bialik (1873-1934) erwähnen, der in seinem Gedicht „Meine Mutter, ihr Andenken sei gesegnet" der jüdischen Frau ein Denkmal setzt.
8   Siehe Viktor Kurrein (Anm. 2), S. 42.
9   Ebd.
10 Alexander Scheiber: The Role of the Tzitzit in the Agreements. In: Paul Hirschler Memorial Book. Budapest 1949.
11 Joel Berger: Der Mann mit dem Hut. Tübingen 2014, S. 357-361.
12 Wolfgang Alber (Hrsg.) u. a.: Übriges: kopflose Beiträge zu einer volkskundlichen Anatomie. Utz Jeggle zum 22. Juni 1991. Tübingen 1991.

Drüber und Drunter

1   Christoph Daxelmüller: Jüdische Kultur in Franken. Würzburg 1988, S. 82-89, Zitat S. 82. Im Anhang auch gute Literaturangaben.
2   Ausführlich dazu das Kapitel „Umhüllt von Gottes Gebot" in diesem Band.
3   Utz Jeggle: Judendörfer in Württemberg. Tübingen 1999, 2. erw. Auflage, S. 44 f.
4   Sol Finesinger: The Custom of Looking at the Fingernails at the outgoing of the Sabbath, in: Hebrew Union College Annual, Bd. 12/13, 1937-1938, S. 347-365.
5   Bruno Stern: Meine Jugenderinnerungen an eine württembergische Kleinstadt und ihre jüdische Gemeinde. Stuttgart 1968, S. 104 f.
6   Manès Sperber: Die Wasserträger Gottes. Wien 1974, S. 20.
7   Ebd. S. 20.
8   Utz Jeggle (Anm. 3), S. 51 f.
9   Bruno Stern (Anm. 5), S. 127.
10 Andrea Hoffmann: Schnittmengen und Scheidelinien. Juden und Christen in Oberschwaben. Tübingen 2011, S. 117.

Umhüllt von Gottes Gebot

1   Berthold Kohlbach: Gebetstracht bei den Juden. In: Zeitschrift des Vereins für Volkskunde, Bd. 35/36, 1925/26, S. 14-25, hier S. 14.
2   Der Text „Verschollene Heimat" wurde 1945/46 in Natanja (Palästina) verfasst. Ein Teil wurde zuerst veröffentlicht in: Schwäbische Heimat, Jg. 28, 1977, S. 42-51. Erweitert abgedruckt bei Monika Richarz (Hrsg.): Jüdisches Leben in Deutschland, Bd. 2: Selbstzeugnisse zur Sozialgeschichte im Kaiserreich. Stuttgart 1979, S. 169-180, Zitat S. 174 (Veröffentlichungen des Leo Baeck Instituts). Eine vollständige

Edition (mit leicht verändertem Text) neuerdings in Fritz Frank: Verschollene Heimat (Werkausgabe, Bd. 2). Horb am Neckar 2017, Zitat S. 38.
3   Von „ora et labora" (lateinisch orare: beten).
4   Schulchan Aruch, Orach Chajim, § 19,1.
5   Vgl. dazu Alexander Scheiber: The Role of the Tzitzit in the Agreements. In: Paul Hirschler Memorial Book. Budapest 1949.
6   Wie Anm. 2, S. 179, in der Buchausgabe S. 50.

Der gedeckte Tisch

1   Salcia Landmann: Koschere Kostproben. Zürich 1964, S. 8.
2   Zitiert nach Utz Jeggle: Judendörfer in Württemberg. Tübingen 1999, 2. erw. Auflage, S. 149.
3   Bruno Stern: Meine Jugenderinnerungen an eine württembergische Kleinstadt und ihre jüdische Gemeinde. Stuttgart 1968, S. 97.
4   Zu den Wohnverhältnissen im Einzelnen siehe Marion Kaplan (Hrsg.): Geschichte des jüdischen Alltags in Deutschland. Vom 17. Jahrhundert bis 1945. München 2003.
5   In anderen Kapiteln dieses Bandes sind wir dieser Fragestellung genauer nachgegangen. Siehe zum Beispiel das Kapitel „Das liebe Vieh".
6   Beate Bechtold-Comforty: Spätzle und Tscholent. Aspekte schwäbisch-jüdischer Eßkultur. In: Menora. Jahrbuch für deutsch-jüdische Geschichte III. 1992, S. 121-142, hier S. 121 ff. Jörg Armbruster: Willkommen im Gelobten Land. Deutschstämmige Juden in Israel. Hamburg 2016, S. 51.
7   Zitiert nach Beate Bechtold-Comforty (Anm. 6), S. 138.
8   Siehe dazu das Kapitel „Vom Lernen und Lehren" in diesem Band.
9   Berthold Auerbach 1812-1882. Bearb. Thomas Scheuffelen. Marbacher Magazin 36, 1985, S. 11.
10 Bachja ben Ascher: Kommentar zur Tora, Paraschat Teruma. Zitiert nach Joseph Perles: Die Leichenfeierlichkeiten im nachbiblischen Judentum. In: Monatsschrift für die Geschichte und Wissenschaft des Judentums, 2. Teil, Bd. 10, Heft 10, 1861, S. 376-394, hier S. 378.
    Ähnlich und doch anders: „Im Osten ließen Gelehrte, die jahrzentelang an ihrem Tisch die Schrift studiert hatten, aus seiner Platte ihren Sarg zimmern." Jan Jakubowski: Jüdisches Leben heute am Beispiel der „Israelitischen Religionsgemeinschaft Württembergs". In: Manfred Bosch (Hrsg.): Alemannisches Judentum. Spuren einer verlorenen Kultur. Eggingen 2001, S. 562-568, hier S. 568.
11 Bruno Stern (Anm. 3), S. 93.
12 Berthold Auerbach (Anm. 9), S. 13.
13 Heinrich Heine: Prinzessin Sabbat. Romanzero VI. Hamburg 1851.
14 Bruno Stern (Anm. 3), S. 9.

15 Jacob Picard: Werke. Hrsg. Manfred Bosch, Bd. 1. Lengwil am Bodensee 1996, S. 58 f. In der jüdischen Küche versteht man unter „Kren" eine Mischung aus Roten Beten und Meerrettich im Verhältnis 1:1.
16 Artur Linksz: Fighting in the third death. New York 1986, S. 28 (die ungarische Originalausgabe erschien in Budapest 1977 unter dem Titel „Visszanézek").
17 Bruno Stern (Anm. 3), S. 91 f.
18 Jonathan D. Sarna: Wie die Mazze quadratisch wurde. In: Michael Friedlander und Cilly Kugelmann (Hrsg.): Koscher & Co. Über Essen und Religion. Jüdisches Museum. Berlin 2009, S. 58-65. Dort auch Abbildungen zur Bäckerei um 1900 und von frühen Matze-Maschinen.
19 Dazu Jacob Katz: Tradition und Krise. Der Weg der jüdischen Gesellschaft in die Moderne. München 2002, S. 36-39.
20 Eleutherius Stellwag: Das Ende des alten Münsterschwarzach. Bearb. und Hrsg. Basilius Doppelfeld. Münsterschwarzach 1980, S. 81-88.
21 Erika Bosl: Die Familie von Hirsch-Gereuth im 18. und 19. Jahrhundert, Bankiers. In: Geschichte und Kultur der Juden in Bayern. Lebensläufe. München 1988, S. 63-69.
22 Die folgende Darstellung fußt auf Kevin D. Goldberg: Wie der Wein in Mitteleuropa jüdisch wurde. In: Andreas Lehnardt (Hrsg.): Wein und Judentum. Berlin 2014, S. 229-246. Dieser Sammelband enthält Beiträge vor allem zur Antike, zum Mittelalter und zur frühen Neuzeit und eine nützliche Auswahlbibliographie zum Thema „Wein und Judentum".
23 Elmar Schwinger: Die jüdische Gemeinde in Kitzingen (1865-1942) – Leben zwischen Erfolg und Katastrophe, darin das online-Kapitel: Die Erfolgsgeschichte der jüdischen Weinhändler (http://www.kitzingen.info/fileadmin/files_bildung_soziales/juedische_geschichte_deu.pdf).
24 Bruno Stern (Anm. 3), S. 68.

Das liebe Vieh

1 Berthold Auerbach 1812-1882. Bearb. Thomas Scheuffelen. Marbacher Magazin 36, 1985, S. 9 f.
2 Utz Jeggle: Judendörfer in Württemberg. Tübingen 1999, 2. erw. Auflage, S. 17.
3 Berthold Auerbach. Bearb. Thomas Scheuffelen (Anm. 1), S. 16 f. „Selband" leitet sich von „Selbende" ab. Das ist das feste Ende eines Gewebes (Kette und Schuss). Schwäbisches Handwörterbuch. Bearb. Hermann Fischer und Hermann Taigele. Tübingen 1986, S. 373: „Das wirkliche, nicht durch Abschneiden entstandene Ende eines Stücks Tuch. Der Bauer macht Hosenträger daraus. Selb-end-schuh: warmer, aus Selbenden geflochtener Schuh."
4 Juden in Buttenhausen. Katalog der ständigen Ausstellung in der Bernheimer'schen Realschule. Bearb. Roland Deigendesch. Münsingen 2004, 2. überarb. Auflage, S. 55 f.

(Schriftenreihe des Stadtarchivs Münsingen, Bd. 3). Martin Ritter: Die Synagoge in Affaltrach. Obersulm 2001 (Freundeskreis ehemalige Synagoge Affaltrach e. V., Bd. 4), S. 56.
5 Herman Wouk: Er ist mein Gott. Hamburg 1961, S. 82.
6 Carsten Kohlmann: „Die Viehbörse Süddeutschlands" – Jüdische Vieh- und Pferdehändler im Raum Horb. In: Uri R. Kaufmann und Carsten Kohlmann (Hrsg.): Jüdische Viehhändler zwischen Schwarzwald und Schwäbischer Alb. Horb-Rexingen 2008, S. 42-69, hier S. 42 ff. Siehe auch ebd. Uri R. Kaufmann: Zum Viehhandel der Juden in Deutschland und der Schweiz – bisherige Ergebnisse und offene Fragen, S. 17-41. Uri R. Kaufmann hat zu diesem Thema eine Vielzahl von Publikationen vorgelegt. Darunter auch: Jüdische Viehhändler in Württembergisch Franken. In: Gerhard Taddey (Hrsg.): „... geschützt, geduldet, gleichberechtigt" – die Juden im baden-württembergischen Franken vom 17. Jahrhundert bis zum Ende des Kaiserreichs (1918). Ostfildern 2005, S. 77-85 (Forschungen aus Württembergisch Franken 52). Hier auch reiche weiterführende Literatur.
Einzelheiten zu Rexingen siehe auch: Barbara Staudacher: Rexingen. In: Heinz Högerle, Carsten Kohlmann und Barbara Staudacher (Hrsg.): Ort der Zuflucht und Verheißung. Shavei Zion 1938-2008. Stuttgart 2008 (Katalog zur Ausstellung), S. 5-20, hier S. 14 ff.
7 Berthold Auerbach. Bearb. Thomas Scheuffelen (Anm. 1), S. 13.
8 Zitiert nach Stefan Rohrbacher: Die jüdische Landgemeinde im Umbruch der Zeit. Traditionelle Lebensform, Wandel und Kontinuität im 19. Jahrhundert. Göppingen 2000, S. 21 [Veröffentlichung des Jüdischen Museums der Stadt Göppingen].
9 Gemeint ist Rosch Haschana (Neujahr).
10 Jacob Picard: Werke. Hrsg. Manfred Bosch, Bd. 2. Lengwil am Bodensee 1996, S. 181.
11 Untersuchungen und Erläuterungen in: Heinz Högerle, Carsten Kohlmann und Barbara Staudacher (Anm. 6), S. 14 f. Wolfgang Oswald: „Lekaudisch medibbere". In: Roland Deigendesch (Anm. 4), S. 46 ff. Hans-Rainer Hofmann: Lachoudisch sprechen. Sprache zwischen Gegenwart und Vergangenheit. Dinkelsbühl 1998. Yaron Matras: Zur Rekonstruktion des jüdischdeutschen Wortschatzes in den Mundarten ehemaliger „Judendörfer" in Südwestdeutschland. In: Zeitschrift für Dialektologie und Linguistik 58, 1991, S. 268-293; ders.: „Lekoudesch". Integration jiddischer Wörter in die Mundart von Rexingen bei Horb. Mit vergleichbarem Material aus Buttenhausen und Münsingen. Hamburg 1989 (Arbeiten zur Mehrsprachigkeit 33).
12 Utz Jeggle: Nachrede: Erinnerungen an die Dorfjuden heute. In: Monika Richarz und Reinhard Rürup (Hrsg.): Jüdisches Leben auf dem Lande. Studien zur deutsch-jüdischen Geschichte. Tübingen 1997, S. 399-411; ders.: Was bleibt? Die Erbschaft der Dorfjuden und der „Judendörfer". In: Manfred Bosch (Hrsg.): Alemannisches Judentum. Eggingen 2001, S. 489-496 (teilweise textgleich).

13 Thomas Strittmatter: Viehjud Levi. Zürich 2000.
14 Berthold Auerbach: Die begrabene Flinte. In: Schatzkästlein des Gevattersmanns. Stuttgart 1856, S. 20-25, Zitat S. 23.

Alles aus Leder
1 Manès Sperber: Die Wasserträger Gottes. Wien 1974, S. 20.

„Schatnes geprüft"
1 Klaus Megerle: Württemberg im Industrialisierungsprozeß Deutschlands. Stuttgart 1982, S. 115.
2 Dazu Harald Winkel: Kapitalquellen und Industrialisierungsprozeß. In: Otto Borst (Hrsg.): Wege in die Welt. Die Industrie im deutschen Südwesten seit Ausgang des 18. Jahrhunderts. Stuttgart 1989, S. 110-122.
3 Darauf verweist gerade in Bezug auf die Textilwirtschaft Peter Borscheid: Unternehmer, Arbeiter, Industrie und Kultur. In: Otto Borst (Hrsg.): Wege in die Welt. Die Industrie im deutschen Südwesten seit Ausgang des 18. Jahrhunderts. Stuttgart 1989, S. 175-194, hier S. 181.
4 Die Zahlen bei Klaus Megerle (Anm. 1), S. 94, S. 97 und S. 138.
5 Jacob Toury: Jüdische Textilunternehmer in Baden-Württemberg 1683-1938. Tübingen 1984, S. 82.
6 Jacob Toury (Anm. 5), passim.
7 So die Angaben im Heimatmuseum Plieningen, eine Zweigstelle des Stadtmuseums Stuttgart.
8 Casimir Bumiller: Juden in Hechingen. Katalog zur Dokumentation in der Alten Synagoge Hechingen. Hechingen o. J. [ca. 1990], S. 47.
9 Berthold Auerbach: Briefe an seinen Freund Jakob Auerbach, Bd. 2. Frankfurt am Main 1884, S. 170 (Brief vom 21.8.1873).
10 Jacob Toury (Anm. 5), S. 49-52.
11 Ebd. S. 62-66. Zur Gemeinde immer noch grundlegend Aron Tänzer: Die Geschichte der Juden in Jebenhausen und Göppingen. Weißenhorn 1988 (neu herausgegeben und ergänzt; Erstausgabe 1927).
12 Moses und Benedikt Elsas. In: Monika Richarz (Hrsg.): Jüdisches Leben in Deutschland, Bd. 1: Selbstzeugnisse zur Sozialgeschichte 1780-1871. Stuttgart 1976, S. 302-305 (Veröffentlichungen des Leo Baeck Instituts).
13 Jacob Toury (Anm. 5), S. 163 f. Dazu auch Doris Astrid Muth: Die jüdische Textilindustrie in Hechingen und Hohenzollern. In: Karl-Hermann Blickle und Heinz Högerle (Hrsg.): Juden in der Textilindustrie. Horb-Rexingen 2013, S. 47-64.
14 Jacob Toury (Anm. 5), S. 91: Sie wuchs „zwischen 1851 und 1890 zu einem Exportfaktor ersten Ranges empor".

15 Irene Scherer und Welf Schröter: Jüdisches Weltbürgertum – die Pausa in Mössingen und das Bauhaus. In: Karl-Hermann Blickle und Heinz Högerle (Hrsg.): Juden in der Textilindustrie. Horb-Rexingen 2013, S. 65-93. Auf fast 400 Seiten informiert umfassend folgender Katalog: Stoffe ohne Ende. Die Sammlungen der ehemaligen Textildruckfirma Pausa in Mössingen, Hrsg. Landesamt für Denkmalpflege Baden-Württemberg und Wüstenrot Stiftung. Darmstadt 2015.
16 Alexandra Gütermann: Die Gütermanns. Eine Familiengeschichte. Gutach 2010.
17 Otto Borst: Leitbilder und geistige Antriebskräfte. In: Otto Borst (Hrsg.): Wege in die Welt. Die Industrie im deutschen Südwesten seit Ausgang des 18. Jahrhunderts. Stuttgart 1989, S. 24 ff.
18 Agnes Heller: Imhol vagyok. A Genézis könyvének filozófiai értelmezései. Budapest 2006. Agnes Heller wurde am 12.5.1929 in Budapest geboren. Ihr Vater wurde in Auschwitz ermordet, sie selbst konnte mit ihrer Mutter der Schoah knapp entkommen. Sie studierte Philosophie bei Georg Lukács, dessen Assistentin sie wurde. In den Sechzigerjahren gehörte sie zu den Köpfen der kritischen „Budapester Schule" und geriet immer wieder in Konflikte mit den regierenden Kommunisten. 1977 musste sie emigrieren und lehrte in Australien und den USA. Sie wurde in Deutschland unter anderem mit der Goethe-Medaille und dem Bremer Hannah-Arendt-Preis geehrt. Ihre Autobiographie ist unter dem Titel „Der Affe auf dem Fahrrad". Berlin, Wien 1999 auch auf Deutsch erschienen.
19 Moses ben Maimon (Maimonides): More newuchim (Führer der Schwankenden) III, § 37.
20 Moses Maimonides (1135-1204); Akronym RaMBaM.
21 Moses ben Nachman (1194-circa 1270); Akronym RaMBaN.
22 Josef Karo (1488-1575; eigentlich Joseph ben Ephraim Karo), Rabbiner in Safed, stellte in seinem Werk Schulchan Aruch (Der gedeckte Tisch) in vier Bänden alle religiösen Vorschriften zusammen, wie er sie aus seiner sephardischen Umwelt kannte. Mosche Isserles (ca. 1520-1572; Moses ben Israel Isserles, Akronym Rema) aus Krakau ergänzte mit Ha Mapa (Das Tafeltuch) dieses Werk mit den aschkenasischen Vorschriften. Die Kodizes, immer wieder ergänzt, gelten bis heute als verbindlich.
23 Siehe dazu das Kapitel „Umhüllt von Gottes Gebot" in diesem Band.
24 Jacob Toury (Anm. 5), S. 201.
25 Zum Ortsnamen „Zuffenhausen" ein Aperçu: Zuffenhausen liegt nördlich von Stuttgart. Volkstümlich leiteten Juden den Ortsnamen deshalb von „Zofen" (hebräisch: Zafon) für Nord(en) ab.
26 Michel Bergmann: Die Teilacher. Zürich 2010.

Reiche Juden – arme Juden

1 Gespräch mit Dr. Fredy Kahn, Nagold. Kahn, Fredy: Erinnerungen an Harry Kahn, Viehhändler in Baisingen. In: Uri R. Kaufmann und Carsten Kohlmann (Hrsg.): Jüdische Viehhändler zwischen Schwarzwald und Schwäbischer Alb. Horb-Rexingen 2008, S. 170-188, hier S. 187 f.

2 Zusammenfassend dazu: Stefan Rohrbacher und Michael Schmidt: Judenbilder. Kulturgeschichte antijüdischer Mythen und antisemitischer Vorurteile. Reinbek bei Hamburg 1991. Freddy Raphael: Sechstes Bild: Der Wucherer, und Avraham Barkai: Einundzwanzigstes Bild: Der Kapitalist, beide in: Julius H. Schoeps und Joachim Schlör (Hrsg.): Bilder der Judenfeindschaft. Antisemitismus. Vorurteile und Mythen. München, Zürich 1995, S. 103-118 und S. 265-272.

Speziell für Württemberg in der Neuzeit grundlegend Martin Ulmer: Antisemitismus in Stuttgart 1871-1933 – Studien zum öffentlichen Diskurs und Alltag. Berlin 2011 und ders.: „Zuerst die Kuh, dann Hab und Gut. Erpreßt der Advokat und Jud." Agrarantisemitismus in Württemberg im 19. und 20. Jahrhundert. In: Uri R. Kaufmann und Carsten Kohlmann (Hrsg.): Jüdische Viehhändler zwischen Schwarzwald und Schwäbischer Alb. Horb-Rexingen 2008, S. 131-155.

3 So der Wortlaut in der Zweiten Regiments-Ordnung in Württemberg von 1498. Teilabdruck in: Museum zur Geschichte der Juden in Kreis und Stadt Heilbronn. Katalog: Synagoge Affaltrach. Hrsg. Landkreis Heilbronn. Konzeption und Bearb. Wolfram Angerbauer. Heilbronn 1989, S. 38.

4 Jacques Le Goff: Kaufleute und Bankiers im Mittelalter. Frankfurt am Main 1989; ders.: Wucherzins und Höllenqualen. Ökonomie und Religion im Mittelalter. Stuttgart 1988.

5 David Nirenberg: Anti-Judaismus. Eine andere Geschichte westlichen Denkens. München 2015, S. 191-224.

6 L. [Leopold] Lehmann: Ein Wort über Humanität. Reutlingen 1828, S. 7 f. Zitiert nach Juden in Buttenhausen. Katalog der ständigen Ausstellung in der Bernheimer'schen Realschule. Bearb. Roland Deigendesch. Münsingen 2004, 2. überarb. Auflage, S. 15 f. (Schriftenreihe des Stadtarchivs Münsingen, Bd. 3).

In moderner Terminologie ausgedrückt: „Als Vollstrecker der Gesetze der Kapitalwirtschaft erschienen die Juden jetzt als die eigentlichen Verursacher der bäuerlichen Not." So Monika Richarz: Die Entdeckung der Landjuden. Stand und Probleme ihrer Erforschung am Beispiel Südwestdeutschlands. In: Landjudentum im Süddeutschen- und Bodenseeraum – Forschungen zur Geschichte Vorarlbergs. Hrsg. Karl Heinz Burmeister, Vorarlberger Landesarchiv. Dornbirn 1992, S. 10-21, hier S. 17.

7 Götz Aly und Christian Gerlach: Das letzte Kapitel. Der Mord an den ungarischen Juden 1944-1945. Frankfurt am Main 2004. Randolph L. Braham: The politics of

genocide. The Holocaust in Hungary. Zwei Bände. New York 1994, 3. erw. Auflage.
8   Ausführlich dazu Johannes Heil: „Zedaka" – Mehr als nur Geben. In: Fritz Backhaus u. a. (Hrsg.): Juden. Geld. Eine Vorstellung. Katalog zur Ausstellung des Jüdischen Museums Frankfurt am Main 2013, 25.4. bis 6.10.2013. Frankfurt am Main, New York 2013, S. 232-240.
9   Manès Sperber: Die Wasserträger Gottes. Wien 1974, S. 21 f.
10 Johannes Heil (Anm. 8), S. 234.

Jüdische Gemeinden haben keinen Pfarrer

1   Aus einem Manuskript, verfasst vermutlich am Ende des 19. Jahrhunderts von einem Sohn Hirsch Fürths. Gedr. in: Monika Richarz (Hrsg.): Jüdisches Leben in Deutschland, Bd. 1: Selbstzeugnisse zur Sozialgeschichte 1780-1871. Stuttgart 1976, S. 36 (Veröffentlichungen des Leo Baeck Instituts).
2   Henriette Hirsch, geb. Hildesheimer: Erinnerungen an meine Jugend. Manuskript vom Oktober 1953. Abgedruckt in: Monika Richarz (Hrsg.): Jüdisches Leben in Deutschland, Bd. 2: Selbstzeugnisse zur Sozialgeschichte im Kaiserreich. Stuttgart 1979, S. 77-86, hier S. 79 (Veröffentlichungen des Leo Baeck Instituts).
3   Carsten Wilke: „Den Talmud und den Kant". Rabbinerausbildung an der Schwelle zur Moderne. Hildesheim 2003, S. 82 f.
4   Ebd. S. 81, Anm. 242.
5   Jacob Katz: Aus dem Ghetto in die bürgerliche Gesellschaft. Jüdische Emanzipation 1770-1870. Frankfurt am Main 1986.
6   Siehe dazu das Kapitel „Vom Lernen und Lehren" in diesem Band.
7   Siehe dazu das Kapitel „Gottes Lob oder Teufels Werk?" in diesem Band.
8   In einem „vollständigen Überblick … aller württembergischen Rabbiner 1832-1936" bei Aaron Tänzer: Die Geschichte der Juden in Württemberg. Frankfurt am Main 1937, S. 71 ff. fehlen ihre Namen!

Gesungene Gebete

1   Utz Jeggle: Judendörfer in Württemberg. Tübingen 1999, 2. erw. Auflage, S. 37 f. Dort auch Angaben zur separaten Vergütung von Leistungen für Rabbiner und Vorsänger.
2   Zitiert bei Anton Bettelheim: Berthold Auerbach. Stuttgart, Berlin 1907, S. 32.
3   Siehe dazu auch das Kapitel „Jüdische Gemeinden haben keinen Pfarrer" in diesem Band.
4   Bruno Stern: Meine Jugenderinnerungen an eine württembergische Kleinstadt und ihre jüdische Gemeinde. Stuttgart 1968, S. 92.

Im Dienste der Gemeinschaft

1 Jugendliche nach der Bar-Mizwa, die im Alter von 13 Jahren erfolgt.
2 János Paál: Von Kobolden gejagt. Vierzig ungarische Jahre 1916-1956. Hrsg. Gábor Paál. Books on Demand. Bühl 2005.
3 Abgedruckt in: Monika Richarz (Hrsg.): Jüdisches Leben in Deutschland, Bd. 1: Selbstzeugnisse zur Sozialgeschichte 1780-1871. Stuttgart 1976, S. 232 (Veröffentlichungen des Leo Baeck Instituts).
4 Rolf Wilhelm Brednich: Die Ratte am Strohhalm. München 1996.
5 Alexander Scheiber: Alte Geschichten in neuem Gewand. In: Fabula 10, 1/3, 1969, S. 212-215. Tibor Benczés: Wenn er hätte schreiben können. Budapest 1941. Sandor Scheiber: Folklór és tárgytörténet, Bd. II. Budapest 1974.
6 Alter Drujanow: Sefer habedicha wehachibbud, Bd. 2. Tel Aviv 1956.
7 Salcia Landmann: Der jüdische Witz. Olten, Freiburg im Breisgau 1960, S. 318.
8 W. Somerset Maugham: Der Rest der Welt. Gesammelte Erzählungen, Bd. 2. Zürich 2005.
9 Haftora: Bezeichnung der Abschnitte aus den prophetischen Büchern, die zum Abschluss der Toravorlesung am Schabbat nach dem jeweiligen Wochenabschnitt mit besonderer Melodie gesungen werden.
10 Bruno Stern: Meine Jugenderinnerungen an eine württembergische Kleinstadt und ihre jüdische Gemeinde. Stuttgart 1968, S. 94.
11 Nathanja Hüttenmeister: Der jüdische Friedhof in Laupheim. Eine Dokumentation. Hrsg. Stadt Laupheim. Laupheim 1998, S. 187.
12 Bruno Stern (Anm. 10), S. 116-118. Im Anhang eine Abbildung des Mohelbuches und der Instrumente aus dem Familienbesitz (Nr. 36-41).

„... und feiert nur Fest auf Fest zum Segen und Wohlergehen ..."

1 Ausführlich dazu das Kapitel „Tag der Reue, Tag der Sühne" in diesem Band.
2 Siehe dazu den Katalog zur Ausstellung: Weihnukka. Geschichten von Weihnachten und Chanukka. Hrsg. Cilly Kugelmann, 28.10.2005 bis 29.1.2006. Berlin 2005.

Tag der Reue, Tag der Sühne

1 Emily C. Rose: Als Moises Kaz seine Stadt vor Napoleon rettete. Meiner jüdischen Geschichte auf der Spur. Stuttgart 1999, S. 404 f.
2 Benigna Schönhagen: Der Fall des Laupheimer Rabbiners Jakob Kaufmann. Eine jüdische Landgemeinde im Wandel. In: Freddy Raphael (Hrsg.): „... und das Flüstern eines leisen Wehens ..." Beiträge zur Kultur und Lebenswelt europäischer Juden. Festschrift für Utz Jeggle. Konstanz 2001, S. 55-70, hier S. 64.
3 Karl Erich Grözinger: Kafka und die Kabbala. Frankfurt am Main 2014, zuletzt 5. Auflage.

4   Franz Rosenzweig: Der Stern der Erlösung. [1921] 3. Teil, Buch 1, S. 247 (in der Ausgabe Frankfurt am Main 1988, S. 360): „Das Jahr wird ganz und gar zum vollgültigen Stellvertreter der Ewigkeit. In der jährlichen Wiederkehr dieses, des ‚jüngsten' Gerichts ist die Ewigkeit von aller jenseitigen Ferne befreit; sie ist nun wirklich da, greifbar, faßbar dem Einzelnen und den Einzelnen mit starker Hand greifend und fassend."
5   Berthold Auerbach: Der Knabe vom Dorfe. Kindheitserinnerungen aus Nordstetten. In: Berthold Auerbach 1812-1882. Bearb. Thomas Scheuffelen. Marbacher Magazin 36, 1985, S. 4-27, hier S. 19.
6   In: Monika Richarz (Hrsg.): Jüdisches Leben in Deutschland, Bd. 2: Selbstzeugnisse zur Sozialgeschichte im Kaiserreich. Stuttgart 1979, S. 210 (Veröffentlichungen des Leo Baeck Instituts).
7   Siehe dazu das Kapitel „Verscheiden und Auferstehen" in diesem Band.
8   Emily C. Rose (Anm. 1), S. 405.

Ein Becher Wein für den Elija

1   Eva Kreissl (Hrsg.): Kulturtechnik Aberglaube. o. O. 2014, S. 426-429.
2   Bruno Stern: Meine Jugenderinnerungen an eine württembergische Kleinstadt und ihre jüdische Gemeinde. Stuttgart 1968; das Kapitel „Pessach" S. 96-102.
3   Afikoman ist ein Stück Matze, das während des Mahls beiseitegeschafft und versteckt wird, um als Nachtisch vor dem Dankgebet gegessen zu werden. Die Prozedur des „Wiederauffindens" ist ein Spaß für die Kinder.
4   Schalom Ben-Chorin: Narrative Theologie des Judentums anhand der Pessach-Haggada. Jerusalemer Vorträge. Tübingen 1985, S. 16.
5   Bruno Stern (Anm. 2), S. 101.
6   Dazu ausführlicher das Kapitel „Der gedeckte Tisch" in diesem Band.
7   Helmut Fidler: Jüdisches Leben am Bodensee. Frauenfeld 2011, S. 43-59.
8   Hanno Loewy (Hrsg.): Heimat Diaspora. Das jüdische Museum Hohenems. Hohenems 2008, S. 121 und S. 196.
9   Die umfassendste Bibliograpie aller Haggada-Ausgaben enthält 2717 Titel: Abraham Yaari: Bibliografyah shel Haggadot Pesah. Jerusalem 1960. Die englische Ausgabe erschien unter dem Titel: Bibliography of the Passover Haggadah: from the earliest printed edition to 1960; with 25 reproductions from rare editions and a facsimile of a unique copy of the first printed Haggadah in the Jewish National and University Library. Jerusalem 1960.
10 Oberlehrer Wallrauch: Die Juden in Dörzbach. In: Gemeinde-Zeitung für die israelitischen Gemeinden Württembergs vom 1.11.1929, zitiert nach http://www.alemannia-judaica.de/doerzbach_synagoge.htm

Was ist ein Minhag?

1 Anette Weber: Jüdische Sachkultur in burgauischen Landgemeinden bis zur Emanzipation. In: Rolf Kießling und Sabine Ullmann (Hrsg.): Landjudentum im deutschen Südwesten während der frühen Neuzeit. Berlin 1999, S. 235-245, hier S. 240 f.
2 Stefan Rohrbacher: Die jüdische Landgemeinde im Umbruch der Zeit. Traditionelle Lebensform, Wandel und Kontinuität im 19. Jahrhundert. Göppingen 2000, S. 8 [Veröffentlichung des Jüdischen Museums der Stadt Göppingen].
3 Dazu Stefan Rohrbacher: Medinat Schwaben. Jüdisches Leben in einer süddeutschen Landschaft in der Frühneuzeit. In: Rolf Kießling (Hrsg.): Judengemeinden in Schwaben im Kontext des Alten Reiches. Berlin 1995, S. 80-109.
4 Zu diesen wechselhaften Beziehungen siehe die Übersicht bei Esther Graf: Die jüdischen Gemeinden Hohenems und Sulz und der Minhag Schwaben. In: Manfred Bosch (Hrsg.): Alemannisches Judentum. Spuren einer verlorenen Kultur. Eggingen 2001, S. 12-17.
5 Stefan Rohrbacher (Anm. 2), S. 9.

Verscheiden und Auferstehen

1 Eine umfassende Übersicht aller Friedhöfe Südwestdeutschlands, ihrer Anlage, ihres Schicksals und ihrer Grabsteinkultur findet man bei Joachim Hahn: Erinnerungen und Zeugnisse jüdischer Geschichte in Baden-Württemberg. Stuttgart 1988, S. 59-85, Zitat S. 59.
2 Joachim Hahn: „Schweigend spricht der Stein". Jüdische Architektur und Baukunst in der Bodensee-Region und in Oberschwaben. In: Abraham P. Kustermann und Dieter R. Bauer (Hrsg.): Jüdisches Leben im Bodenseeraum – Zur Geschichte des alemannischen Judentums mit Thesen zum christlich-jüdischen Gespräch. Ostfildern 1994, S. 193-209, hier S. 195. Karl Heinz Burmeister: Juden im Bodenseeraum bis 1349, ebd. S. 19-36, hier S. 19.
3 Paul Sauer: Die Judengemeinden im nördlichen Bodenseeraum, ebd. S. 43 f.
4 Erwähnt bei Helmut Gabeli: „Synagogengebäude als Turnhalle wünschenswert". Die Einrichtungen der Jüdischen Gemeinde Haigerloch. In: Utz Jeggle (Hrsg.): Erinnerungen an die Haigerlocher Juden – ein Mosaik. Tübingen 2000, S. 279-298, hier S. 291 f. (Untersuchungen des Ludwig-Uhland-Instituts der Universität Tübingen, 92).
5 Joachim Hahn (Anm. 1), S. 67.
6 Ernst Schäll: Laupheim – einst eine große und angesehene Judengemeinde. In: Abraham P. Kustermann und Dieter R. Bauer (Hrsg.): Jüdisches Leben im Bodenseeraum – Zur Geschichte des alemannischen Judentums mit Thesen zum christlich-jüdischen Gespräch. Ostfildern 1994, S. 59-89, hier S. 85.
7 Laupheim: Siehe die vom Haus der Geschichte Baden-Württemberg verfassten Exponattexte im Haus am Jüdischen Friedhof, dem ehemaligen Leichenhaus der jüdischen

Gemeinde: Obergeschoss Leichenhaus Nr. 5.01 bis 5.14, 5.20 bis 5.22.
Buttenhausen: Juden in Buttenhausen. Katalog der ständigen Ausstellung in der Bernheimer'schen Realschule. Bearb. Roland Deigendesch. Münsingen 2004, 2. überarb. Auflage, S. 9-11 (Schriftenreihe des Stadtarchivs Münsingen, Bd. 3).

8   Außer den angeführten Publikationen nenne ich: Karlheinz Fuchs (und Manfred Steck): Häuser der Ewigkeit. Jüdische Friedhöfe im südlichen Württemberg. Darmstadt 2014.

9   Eine Aufzählung solcher Dokumentationen und zum Problem der Restaurierungen Joachim Hahn (Anm. 1), S. 84. Siehe auch unten Anm. 11.

10 Joachim Hahn: Friedhöfe in Stuttgart. Steigfriedhof Bad Cannstatt, Israelitischer Teil. Stuttgart 1995, S. 48 f. Dass dieser Brauch noch lange eingehalten wurde, bezeugte ein älterer Nachbar, der bei Beerdigungen häufig seine kleine Gartenleiter den Kohanim ausgeliehen hat.

11 Das Landesdenkmalamt Baden-Württemberg hat von 1989 bis 2003 eine Dokumentation von ca. 55 000 Grabsteinen der 145 jüdischen Friedhöfe des Landes erarbeitet, die heute im Staatsarchiv Ludwigsburg niedergelegt ist (Findbuch zu Bestand EL 228b: https://www.landesarchiv-bw.de/web/42000). Das Buch von Nathanja Hüttenmeister über den jüdischen Friedhof in Laupheim ist aus diesem Projekt entstanden: Der jüdische Friedhof in Laupheim. Eine Dokumentation. Hrsg. Stadt Laupheim. Laupheim 1998.
Das Salomon Ludwig Steinheim-Institut an der Universität Duisburg-Essen (www.steinheim-institut.de) gibt unter anderem die Datenbank epidat (epigraphische Datenbank zur jüdischen Grabsteinepigraphik) heraus, die mehr als 33 500 Inschriften aus über 65 000 Bilddateien erfasst (Stand: März 2018). Eine pädagogisch aufbereitete elektronische Publikation des Instituts ist „Spurensuche. Jüdische Friedhöfe in Deutschland. Eine Einführung für Lehrer und Schüler" (http://spurensuche.steinheim-institut.org/index2.html). Auch hier hat Nathanja Hüttenmeister die Abschnitte über die Grabsteine, ihre Symbolik und Inschriften verfasst.
Eine Aufzählung der rund 20 Friedhöfe (vor allem Süddeutschlands), die Naftali Bar-Giora Bamberger dokumentiert hat, findet sich online: http://www.uni-heidelberg.de/institute/sonst/aj/FRIEDHOF/ALLGEM/p-bund.htm

12 Zitiert bei Nathanja Hüttenmeister (Anm. 11, Spurensuche). Dort auch der Hinweis auf fünf Chronostika auf dem Laupheimer Friedhof.

13 Berthold Auerbach: Briefe an seinen Freund Jakob Auerbach, Bd. 2. Frankfurt am Main 1884, S. 326.

14 Manuel Werner: Die Juden in Hechingen, Teil. 2. In: Zeitschrift für Hohenzollerische Geschichte, Bd. 21, 1985, S. 49-169, hier S. 90 ff. In Stuttgart gibt es zwei Sammlungen von insgesamt knapp 30 000 Trauerreden (für die Zeit von 1870 bis 1920 großen-

teils gedruckt: Landesbibliothek und Verein für Familien- und Wappenkunde). Aus ihnen die jüdischen auszuwerten wäre sehr mühsam, aber im Einzelfall lohnend. Andrea Hoffmann: Schnittmengen und Scheidelinien. Juden und Christen in Oberschwaben. Tübingen 2011, S. 116 f. hat für Buchau aus dieser Quelle geschöpft.
15 Anton Bettelheim: Berthold Auerbach. Stuttgart, Berlin 1907, S. 383 ff. Dort auch der Text Vischers.
16 Siehe dazu auch Noemi Berger: Hesped. In: Jüdische Allgemeine, 27.2.2014.

Was ist Leben – was ist Tod?
1 Jeschajahu Leibowitz: Gespräche über Gott und die Welt. Frankfurt am Main 1990, S. 239.

Wer sich selbst tötet, raubt Gottes Eigentum
1 Kurt Schubert: Die Wiener Gesera und der Freitod von Wiener Juden zur Heiligung Gottes. In: Memoria. Wege jüdischen Erinnerns. Festschrift für Michael Brocke zum 65. Geburtstag, in Verbindung mit dem Vorstand des Salomon Ludwig Steinheim-Instituts für deutsch-jüdische Geschichte herausgegeben von Birgit E. Klein und Christiane E. Müller. Berlin 2005, S. 541-551, Zitat S. 544.
2 So zum Beispiel bei Gideon Greif: „Wir weinten tränenlos …" Augenzeugenberichte des jüdischen „Sonderkommandos" in Auschwitz. Frankfurt am Main 1999, passim.
3 Imre Kertész: Dossier K.: eine Ermittlung. Reinbek bei Hamburg 2006, S. 17.

„… und will euch erlösen durch ausgereckten Arm …"
1 Leo Baeck: Das Wesen des Judentums. Berlin 1905, 1960, 6. Auflage.
2 Hermann Cohen: Die Religion der Vernunft aus den Quellen des Judentums. Leipzig 1919. Neuausgabe: Religion der Vernunft aus den Quellen des Judentums, Hrsg. Bruno Strauß. Wiesbaden 2008, S. 219 ff. und S. 269.

„… um der zehn Gerechten willen …"
1 Erich Fromm: Ihr werdet sein wie Gott. Stuttgart 1982, S. 34.

Gottes Lob oder Teufels Werk?
1 Dazu grundlegend Jacob Katz: Aus dem Ghetto in die bürgerliche Gesellschaft. Jüdische Emanzipation 1770-1870. Frankfurt am Main 1986.
2 Zu den früheren Beispielen aus Prag (ab 1594) und Böhmen siehe Tina Frühauf: Orgel und Orgelmusik in deutsch-jüdischer Kultur. Hildesheim 2005, S. 35 ff. Sie spielen in den Diskussionen des 19. Jahrhunderts aber keine Rolle.
3 In Baden und Württemberg haben wir das Glück, dass es seit 2007 von Joachim Hahn

und Jürgen Krüger ein zweibändiges Werk über die Synagogen in Baden-Württemberg gibt, das mustergültig das heutige Wissen zusammenfasst und erschließt. Zu Buchau auch Andrea Hoffmann: Schnittmengen und Scheidelinien. Juden und Christen in Oberschwaben. Tübingen 2011, S. 74 ff. Der Aufruf zur Finanzierung zitiert bei Tina Frühauf (Anm. 2), S. 48.

4 Achim Seip: Synagogenorgeln in Worms und Umgebung. Broschüre zur Ausstellung im Jüdischen Museum (Raschi-Haus). Worms 26.5. bis 5.9.2010, Worms 2010.
5 Jüdisches Museum Göppingen. Hrsg. Karl-Heinz Rueß. Weißenhorn 1992, S. 66 (Veröffentlichung des Stadtarchivs Göppingen, Bd. 29).
6 Daniel Jütte: Der jüdische Tenor Heinrich Sontheim. Aufstiegschancen und Antisemitismus in der bürgerlichen Musikkultur des 19. Jahrhunderts. Göppingen 2006.
7 Bruno Stern: Meine Jugenderinnerungen an eine württembergische Kleinstadt und ihre jüdische Gemeinde. Stuttgart 1968, S. 49.
8 Rachel Dror, Alfred Hagemann und Joachim Hahn (Hrsg.): Jüdisches Leben in Stuttgart-Bad Cannstatt. [Essen] 2006. Eine Abbildung des Prospekts dieser Orgel auch bei Ulmer Orgeln (Anm. 10).
9 Siehe Karl Heinz Burmeister: Moritz Henle. In: Württembergische Biographien, Bd. 1, S. 104-106. Zitiert nach https://www.leo-bw.de/web/guest/detail/-/Detail/details/PERSON/kgl_biographien/136137458/Henle+Moritz
10 http://www.ulmer-orgeln.de/orgeln/synagoge/synagoge.htm
11 Tina Frühauf (Anm. 2), S. 110.
12 Synagogen-Gesänge aus Laupheim. Historische Aufnahmen des Jahres 1922, Hrsg. Haus der Geschichte Baden-Württemberg. Stuttgart 2011 (Doppel-CD mit 40-seitigem Booklet).
13 Dazu Jacob Katz (Anm. 1), S. 33 ff.

Harmonie und Dissonanz im Tabaktempel

1 Die ausführlichste Darstellung seines Lebens verfasste zum 40. Todestag Heinrich Fischer, Oberkantor im Stadttempel der Israelitischen Kultusgemeinde Wien, in der Jüdischen Wochenschrift Die Wahrheit: Heinrich Fischer: Oberkantor Moritz Friedmann. In: Die Wahrheit, 23.1.1931 (http://sammlungen.ub.uni-frankfurt.de/cm/id/3062972).
2 Siehe auch das Kapitel „Gesungene Gebete" in diesem Band.

Ein Denkmal für den Maharam

1 Als ehemaliger Schüler des Rabbinerseminars in Budapest gedenke ich in tiefer Verehrung Maimonides, vornehmlich seiner rationalen Methode der Schriftdeutung wegen, sowie des ersten Rektors (ab 1877) meiner Alma Mater, Moses A. Bloch s. A. (1815-1909), der sich durch die 1891 im Berliner Mekize Nirdamim-Verlag erfolgte

Veröffentlichung der Responsen um Rabbi Meir verdient gemacht hat. Sefer Sha'are Teshuvot MaHaRa"M b[en] R[abbī] Barukh = Rabbi Meir's von Rothenburg bisher unedirte Responsen nach Handschriften [herausgegeben und mit kritischen Noten versehen von Moses Arye Bloch], Berlin 1891 [Selbstverlag des Vereins M'kize Nirdamim (Dr. A. Berliner)].

2   Julius Wellesz: Meir ben Baruch de Rothenbourg. In: Revue des Etudes Juives 58, 1909, S. 226-240; 59, 1910, S. 42-58; 60, 1910, S. 53-72; 61, 1911, S. 44-59.

3   Zwei Onkel und zwölf weitere Verwandte von Rabbi Meir werden mit dem Titel eines „Talmudgelehrten" erwähnt; vgl. hierzu Irving A. Agus: Rabbi Meir of Rothenburg – His Life and his Works as Sources for the Religious, Legal and Social History of the Jews of Germany in the Thirteenth Century. Zwei Bände in einem. New York 1970, 2. Auflage, S. 3 f. und Anm. 1.

Sein Bruder Abraham ben Baruch, der vermutlich ebenfalls in Frankreich studiert hat, fiel nebst Frau und zwei Töchtern in Rothenburg dem Pogrom im Sommer 1298 zum Opfer; vgl. Ernst D. Goldschmidt u. a.: Rothenburg ob der Tauber. In: Germania Judaica II: Von 1238 bis zur Mitte des 14. Jahrhunderts. Tübingen 1968, S. 707-718, hier S. 712.

4   Juda ben Isaak, genannt Sir Leon aus Paris (1166-1224). Zunächst aus Paris vertrieben, durfte er 1198 zurückkehren und das verfallene Lehrhaus wieder herstellen.

5   Jechiel ben Josef, genannt Sir Vives (um 1200-1286). Er war ein Lehrer des Rabbi Meir und einer der vier Gelehrten, die anlässlich der Disputation 1240 in Paris den Talmud verteidigten.

6   Jacques Rossiaud spricht für die Zeit um 1250 von 60 bis 70 Städten mit mehr als 10 000 und ein paar 100 mit mehr als 1000 Einwohnern in ganz Europa. In: Jacques Le Goff (Hrsg.): Der Mensch des Mittelalters. Frankfurt am Main 1996, S. 157.

7   Moses ben Maimon, genannt Maimonides (1135-1204), Philosoph, Gesetzeslehrer und Arzt (Leibarzt des Sultans in Ägypten), Religionsphilosoph.

8   Jizchak ben Jakob Alfasi (aus Fes, Nordafrika), auch „Rif" genannt (1013-1103). Mittelalterlicher Talmudgelehrter. Sein Werk „Halachot" enthält die praxisbezogene Zusammenfassung der Halacha (Gesetzesentwicklung).

9   Eli Rotschild: König Davids Kinder: eine Heimkehr-Chronik der Juden. Mainz 1979, S. 49 ff. Ephraim E. Urbach: Ba'alei Hatossafot (hebräisch). Jerusalem 1980, 2. Auflage, S. 521-564.

10   Gedalja ibn Jachja (1515-1587), Chronist in Italien. Verfasser von Schalschelet ha-Kabbala (Kette der Tradition), das ist eine legendäre Chronik von Adam bis zum 16. Jahrhundert.

11   Hans Georg von Mutius: Meir von Baruch. In: Neue Deutsche Biographie 16, 1990, S. 681 f.

12   Dazu Irving A. Agus (Anm. 3), S. 125 ff.

13   Ernst D. Goldschmidt u. a. (Anm. 3), S. 711, Anm. 74.

14 Hilde Merz u. a.: Zur Geschichte der mittelalterlichen Jüdischen Gemeinde in Rothenburg ob der Tauber. Katalog. In: Rabbi Meir ben Baruch von Rothenburg zum Gedenken an seinem 700. Todestag. Rothenburg ob der Tauber 1993, S. 5-180, hier Katalogteil S. 272, Nr. 4.
15 Rabbi Chajim ben Jechiel Or Sarua von Köln (erwähnt 1266-1292). Irving A. Agus (Anm. 3), S. 130 zitiert ein Respons und den Chronist von Colmar (1288), der von 20 000 Mark Silber berichtet (ebd. S. 129).
16 Baba Mezia (Mittlere Pforte) ist ein Traktat, der das Zivilrecht behandelt.
17 Zitiert nach Otto Böcher: Der Alte Judenfriedhof zu Worms, Rheinische Kunststätten, Heft 148. Neuss 1987, 6. Auflage, S. 7 f.
18 Die wichtigsten Ausgaben der Werke Rabbi Meirs zu den Responsen sind gesammelt in: Responsa. Cremona 1557; Prag 1608 (korrigiert von Moshe A. Bloch, Preßburg 1895; Budapest 1896, 2. Auflage); Lemberg 1860 (Hrsg. Raphael N. Rabinowicz); Berlin 1891/92 (Hrsg. Moshe A. Bloch) und zu den Bräuchen: Minhagim debei Maharam ben R. Baruch Mi-Rothenburg. Hrsg. Israel S. Elfenbein. New York 1935.
19 Irving A. Agus (Anm. 3), S. XXIII-XXXIII.
20 Israel Jacob Yuval: Meir ben Baruch aus Rothenburg (um 1220-1293), „supremus Magister". In: Manfred Treml und Wolf Weigand (Hrsg.): Geschichte und Kultur der Juden in Bayern – Lebensläufe. München 1988, S. 21-24.

Ein Tier – das nur im Buche steht

1 Paul Sauer und Sonja Hosseinzadeh: Jüdisches Leben im Wandel der Zeit. 170 Jahre Israelitische Religionsgemeinschaft, 50 Jahre neue Synagoge in Stuttgart. Gerlingen 2002, S. 254-259.
2 D. Martin Luther: Die gantze Heilige Schrift Deutsch. Wittenberg 1545. Letzte zu Luthers Lebzeiten erschienene Ausgabe. Hrsg. Hans Volz unter Mitwirkung von Heinz Blanke. Textredaktion Friedrich Kur. München 1972, S. 401.
3 Die Bibel. Nach Martin Luthers Übersetzung. Lutherbibel. Stuttgart 2016, revidiert 2017.
4 Armin Panter: Die Haller Synagoge des Elieser Sussmann im Kontext der Sammlung des Hällisch-Fränkischen Museums. Künzelsau 2015; sowie ders.: Bemerkungen zur Geschichte und zur musealen Präsentation der Unterlimpurger Synagogenvertäfelung. In: Gerhard Taddey (Hrsg.): „… geschützt, geduldet, gleichberechtigt" – die Juden im baden-württembergischen Franken vom 17. Jahrhundert bis zum Ende des Kaiserreichs (1918). Ostfildern 2005, S. 135-146, hier S. 139-145 (Forschungen aus Württembergisch Franken 52). Im selben Sammelband findet sich von Felicitas Heimann-Jelinek eine genaue Beschreibung und Einordnung der Malerei: Die Unterlimpurger Synagoge in der Tradition jüdischer Kunst, S. 147-154.
5 Felicitas Heimann-Jelinek (Anm. 4), S. 150 f.

Der Rabbi mit der Zitrone

1 Die gründlichste Untersuchung dazu stammt von Christoph Goldmann: Bild-Zeichen bei Chagall. Zwei Bände. Göttingen 1995. Bd. 1 enthält eine alphabetische Enzyklopädie der Bildzeichen, Bd. 2 eine Interpretation zu den Bildern der „Biblischen Botschaft". Wie unerschöpflich Chagalls Zeichen sind, mag man auch daran ersehen, dass mein erstes Beispiel und andere meiner Hinweise selbst in diesem Werk nicht enthalten sind.
2 Die autobiographische Aufzeichnung „Mein Leben" ist 1931 in Paris erschienen, die deutsche Übersetzung aber erst 1957.
3 Kunstsammlung Nordrhein-Westfalen, Düsseldorf. Inv. Nr. 107.
4 Manès Sperber: Die Wasserträger Gottes. Wien 1974, S. 20 f. Dazu S. 24: „Sie lebten am äußersten Rand der Welt, das wussten sie, doch hinderte sie es nicht, vehement Stellung zu nehmen und sich zumindest während der endlosen Debatten einzubilden, dass es auch auf ihre Meinung ankäme. Diese Luftmenschen lebten im Bereiche eines alles metamorphosierenden ‚als ob'."
5 Ebd. S. 21.
6 Ebd. S. 46.
7 Ebd. S. 50 f.
8 Ebd. S. 27.
9 Christoph Goldmann (Anm. 1), Bd. 1, S. 75.
10 Revue Verve Nr. 33/34, Galerie Mourlot 123.
11 Ausführlich dazu Christoph Goldmann (Anm. 1), Bd. 2, S. 174-186.
12 Marc Chagall: La Bible. Paris 1956, Blatt 32.
13 Manès Sperber (Anm. 4), S. 61. Christoph Goldmann (Anm. 1), Bd. 1, S. 63 f. verweist auf autobiographische Bezüge Chagalls und interpretiert sie „ikonographisch weithin als ein Bildzeichen seiner Künstleridentifikation".
14 Manès Sperber (Anm. 4), S. 60. Ein Beispiel die Radierung „Gogol und Chagall", Blatt 48 aus Nikolai W. Gogol: Die toten Seelen. Paris 1948.
15 Manès Sperber (Anm. 4), S. 61.
16 La Bible (Anm. 12), Blatt 11.
17 Nachweise der Darstellungen bei Chagall siehe Christoph Goldmann (Anm. 1), Bd. 1, S. 49 ff.
18 Dazu ausführlich Andreas Nissen: Gott und der Nächste im antiken Judentum. Tübingen 1974.
19 Christoph Goldmann (Anm. 1), Bd. 1, S. 67-71.
20 Ebd. Bd. 1, S. 123 f.

„Irgendwo im fernen Siebenbürgen"

1 Erinnerung als Gegenwart. Elie Wiesel in Loccum. Loccumer Protokolle 25, 1986, S. 157.
2 Vgl. dazu etwa: Gershom Scholem: Judaica, Bd. 2. Frankfurt am Main 1992, S. 257 f.
3 Elie Wiesel: Das Geheimnis des Golem. Freiburg im Breisgau 1985.
4 Ebd. S. 11.
5 Bei meinen Ausführungen über Sziget und Maramuresch beziehe ich mich auf Deszö Schön: Istenkeresök a Karpatok allat. Kolozsvar 1935.
6 Elie Wiesel: Gesang der Toten. Erzählungen. München und Esslingen 1968, S. 119 ff.
7 Ebd. S. 119.
8 Ebd. S. 135.
9 Wie man zu jener Zeit in dieser „Ecke" lebte, im Alltag und an den Feiertagen, können wir in dem lebendigen Erinnerungsbuch von Judith Schneiderman nachlesen. Ihr Gesangstalent und ihr Mut haben ihr in Auschwitz das Leben gerettet. Ihre Tochter Helen, eine internationale Berühmtheit, wirkt als Kammersängerin an der Staatsoper in Stuttgart und gedenkt in besonderen Konzerten ihrer Mutter. Judith Schneiderman mit Jennifer Schneiderman: Ich sang um mein Leben. Erinnerungen an Rachov, Auschwitz und den Neubeginn in Amerika. Die deutsche Übersetzung des englischen Privatdrucks erschien 2013 bei der Stiftung Denkmal für die ermordeten Juden Europas.
10 Elie Wiesel (Anm. 6), S. 123.
11 Magyar Zsidó Lexikon. Budapest 1929. Stichwort: Sziget.
12 Elie Wiesel (Anm. 6), S. 119 ff.
13 Ebd. S. 123.
14 Elie Wiesel (Anm. 3), S. 44.
15 Ebd. S. 22.
16 Ebd. S. 35.
17 Vgl. ausführlich Elisabeth Frenzel: Stoffe der Weltliteratur. Stuttgart 1976. Moshe Idel: Golem. Jewish Magical and Mystical Traditions on the Artificial Anthropoid. New York 1990. Alexander Scheiber: Der Weg des Golem. In: Orbis Litterarum 38, 1983, S. 87-91. Wenig beachtet erschien als „DDR-Lizenzausgabe" Eduard Petiska: Der Golem. Jüdische Märchen und Legenden aus dem alten Prag. Berlin 1972.
18 Berthold Auerbach: Spinoza. Stuttgart 1837, S. 18 ff.
19 Gustav Meyrink: Der Golem. Leipzig 1915.
20 Zu dieser ganzen Entwicklung siehe den Katalog der Ausstellung GOLEM im Jüdischen Museum Berlin, 23.9.2016 bis 29.1.2017: Emily D. Bilski und Martina Lüdicke (Hrsg.): GOLEM. Leipzig 2016.
21 Elie Wiesel (Anm. 3), S. 89.

Legende oder „Lügende"

1 Zum Beispiel Gerhard Wehr: Der deutsche Jude – Martin Buber. München 1977.
2 Erzählt in: Martin Buber: Der Weg des Menschen nach der chassidischen Lehre. Heidelberg 1972, 6. Auflage, Kapitel 6: „Hier, wo man steht", S. 43 f.
3 Martin Buber: Die Geschichten des Rabbi Nachman. Frankfurt am Main 1955, S. 3.
4 Gerhard Wehr (Anm. 1), S. 62.
5 R. Jischmael ben Elischa. Günter Stemberger: Einleitung in Talmud und Midrasch. München 1992, 8. neu bearb. Auflage, S. 31 f. vermutet in ihm den Schüler von Nechonja b. Hakana.
6 Martin Buber: Die Legende des Baalschem. Frankfurt am Main 1920, S. VIII.
7 Ebd. S. X.
8 Chaim Potok: Mein Name ist Asher Lev. Reinbek bei Hamburg 1976; ders.: Wanderungen. Geschichte des jüdischen Volkes. Tübingen 1980.
9 Elie Wiesel: Von Gott gepackt. Prophetische Gestalten. Freiburg im Breisgau 1983; ders.: Geschichten gegen die Melancholie. Die Weisheiten der chassidischen Meister. Freiburg im Breisgau 1984; ders.: Das Geheimnis des Golem. Freiburg im Breisgau 1985; ders.: Macht Gebete aus meinen Geschichten. Essays eines Betroffenen. Freiburg im Breisgau 1986.
10 David Weiss Halivni: Mit Schwert und Buch. Leben und Lernen im Schatten der Zerstörung. Gerlingen 2000.
11 Allegra Goodmann: Zwei Hochzeiten und ein Pessachfest. München 1999.
12 Zachary Klein: Jenseits von Gut und Böse. München 2000.
13 Chaim Be'er: Stricke. München 2000.
14 Zeruya Shalev: Liebesleben. Berlin 2000.
15 Antti Aarne: Verzeichnis der Märchentypen. Helsinki 1910. Victor Chauvin: Bibliographie des ouvrages arabes ou relatifs aux arabes. Liège, Leipzig 1903 ff.
16 Stith Thomson: Motif-Index of Folk-Literature. A Classification of Narrative Elements in Folktales, Ballads, Myths, Fables, Medieval Romances, Exempla, Fabliaux, Jest-Books and Local Legends. Sechs Bände. Kopenhagen 1955-1958. Johannes Bolte und Georg Polivka: Anmerkungen zu den Kinder- und Hausmärchen der Brüder Grimm, Bd. 1-3. Leipzig 1913-1918. Vgl. Bernhard Heller: Das Hebräische und Arabische Märchen. In: Johannes Bolte und Georg Polivka: Anmerkungen zu den Kinder- und Hausmärchen der Brüder Grimm, Bd. 4. Leipzig 1930.
17 I. Makk. 4,56; II. Makk. 1,9; II. Makk. 10, 6-7. Joseph Klausner: Hasefarim Hachizonim, Bd. 1. Tel Aviv 1937, S. 118 (hebräisch).
18 Flavius Josephus: Bell. Jud. 7.5.1. Hermann Leberecht Strack und Paul Billerbeck: Kommentar zum Neuen Testament aus Talmud und Midrasch. Vier Bände. München 1922-1928; München 1994, 10. unveränderte Auflage, S. 682 ff.
19 Ber. R. 22,7; B. Talmud Chullin 89/a; Josephus: Antiqu. I. 4.2.

20 Solomon Schechter: Midras Hagadol 'al hamischa chumsche Tora. Cambridge 1902, S. 184; Pesikta R. E. 24.
21 Bernhard Heller: Die Begegnung des arabischen Antar-Romans für die vergleichende Literaturkunde. Leipzig 1931.
22 Ganz im Zeichen seiner mythologischen Vorstellungen deutet Thomas Mann in seinem Josephsroman die Person dieses Mannes etwas anders. Vgl. Käthe Hamburger: Thomas Manns biblisches Werk. Der Joseph-Roman. Die Moses-Erzählung: „Das Gesetz". München 1981.
23 Die Grundlage der Aggada bildet aus der Bibel: 2. Kön. 2116; Talmud B. Jebamot 49/b; Pesikta Rab. IV ed. Friedmann. Vgl. Bernhard Heller: Zersägte Menschen. In: Beiträge zur vergleichenden Sagen- und Märchenkunde. Monatsschrift für Geschichte und Wissenschaft des Judentums, Jg. 80, 1936, S. 40-45, hier S. 43 f.
24 Italo Calvino: Der geteilte Visconte. Frankfurt am Main 1957.
25 II. Makk. 2,4-8; Baruch: Apokal. 6,7-9 und Vitae prophetarum.
26 Micha Josef Bin Gorion: Sagen der Juden zur Bibel. Frankfurt am Main 1980.
27 Die Zusammenstellung siehe Louis Ginzberg: The Legends of the Jews, Bd. I-VIII. Philadelphia 1903 ff.; hier Bd. I, S. 245 ff. und Bd. V, Notiz S. 155.
28 Moritz Rosenfeld: Oberrabbiner Hirsch Perez Chajes. Sein Leben und Werk. Wien 1933, S. 254.
29 I. L. Rapoport: Erech Millin. Prag 1852 (hebräisch). Michael Guttmann: Mafteach HaTalmud Clanis Talmudis, Bd. III/a. Bratislava 1930, S. 67 (hebräisch).
30 Mit meinem bescheidenen Aufsatz möchte ich Prof. Dr. Utz Jeggle innigst zu seinem 60. Geburtstag ehren. Von ihm lernte ich, der uns hierzulande noch entgegengebrachten Traum-„Legende" vom sorglosen, „friedlichen Zusammenleben der Deutschen und Juden" kritisch zu entgegnen.

Mit Schuld beladen
1 Ausführlich dazu der Katalog zur Ausstellung „Jud Süß" – Propagandafilm im NS-Staat. Hrsg. Haus der Geschichte Baden-Württemberg, 14.12.2007 bis 3.8.2008. Stuttgart 2007.
2 René Girard: Ausstoßung und Verfolgung. Frankfurt am Main 1992, S. 74.

Der ewige Jude
1 Mona Körte: Die Uneinholbarkeit des Verfolgten. Der Ewige Jude in der literarischen Phantastik. Frankfurt am Main 2000, S. 34.
2 Kurtze Beschreibung und Erzehlung von einem Juden mit Namen Ahaßverus. Zitiert nach Mona Körte und Robert Stockhammer (Hrsg.): Ahasvers Spur. Dichtungen und Dokumente vom Ewigen Juden. Leipzig 1995, S. 14.
3 Wilhelm Hauff: Mittheilungen aus den Memoiren des Satan. Erstdruck Stuttgart 1826/27.

4   Zitiert nach Klaus Graf: Sagen rund um Stuttgart. Karlsruhe 1995, S. 115. Hier auch genaue Hinweise auf die verschiedenen Quellen.
5   Eine umfassende und gründliche Sammlung findet sich bei George K. Anderson: The Legend of the Wandering Jew. Providence 1965.
6   Dazu auch Leander Petzoldt: Märchen – Mythos – Sage. Beiträge zur Literatur und Volksdichtung. Marburg 1989, S. 35 ff.
7   Zu dieser Thematik ausführlich: „Jud Süß". Propagandafilm im NS-Staat. Katalog zur Ausstellung im Haus der Geschichte Baden-Württemberg (Hrsg.), 14.12.2007 bis 3.8.2008. Stuttgart 2007.
8   Siehe dazu Avram Andrei Baleanú: Die Geburt des Ahasver. In: Menora. Jahrbuch für deutsch-jüdische Geschichte, Bd. 2. München, Zürich 1991, S. 15-43.
9   Ignoti Monachi Cisteriensis S. Mariae de Feraria chronica et Ryccardi de Santo Germano Chronica priora. Neapel 1888.
10 Roger von Wendover, gest. 1236, verfasste die Weltchronik bis 1234. Vgl. hierzu Karl Schnith: England in einer sich wandelnden Welt (1189-1250). Studien zu Roger von Wendover und Matthäus Paris. Stuttgart 1974. Zum folgenden Zitat vgl. Eszter Losonczi: A bolygó zsidó legendajának eredete és 13. szadad forrasai. In: 2000 Irodalmi és Társadalmi havi lapa (Literarisches und soziales Monatsmagazin. Budapest 2006, Heft 6, 13 Seiten: www.ketezer.hu).
11 Andere Forscher halten die Ableitung von „kárta philós" (Liebhaber der Gewalt) für wahrscheinlicher. Die Verbform „karterein" bedeutet allerdings auch „standhaft sein", „über sich gewinnen".
12 Mona Körte (Anm. 1), S. 28.
13 Siehe dazu Stefan Rohrbacher und Michael Schmidt: Judenbilder. Kulturgeschichte antijüdischer Mythen und antisemitischer Vorurteile. Reinbek bei Hamburg 1991.
14 Avram Andrei Baleanú (Anm. 8), S. 30.
15 Thomas Kaufmann: Luthers Juden. Stuttgart 2014, 2. Auflage.
16 Zitiert nach Avram Andrei Baleanú: Fünftes Bild: Der ewige Jude. Kurze Geschichte der Manipulation eines Mythos. In: Julius H. Schoeps und Joachim Schlör (Hrsg.): Bilder der Judenfeindschaft. Antisemitismus – Vorurteile und Mythen. München, Zürich 1995, S. 96-102, Zitat S. 98; ders.: Ahasver. Geschichte einer Legende. Sifra – Wissenschaftliche Bibliothek, Bd. IX. Berlin 2011.
17 Johann Jacob Schudt: Von dem in aller Welt vermeynten Juden Ahasverus. In: Jüdische Merckwürdigkeiten. Berlin, Leipzig 1714-1718, S. 488-512.
18 Stefan Rohrbacher und Michael Schmidt (Anm. 13), S. 249.
19 Constantin Frantz: Ahasverus, oder die Judenfrage. Berlin 1844.
20 Hans Mayer: Außenseiter. Frankfurt am Main 1981, S. 313 f.
21 Heinz G. Huber: Vom Umgang mit Vorurteilen und Erinnerungen in einem Ortenauer Dorf. In: Manfred Bosch (Hrsg.): Alemannisches Judentum. Spuren einer verlorenen Kultur. Eggingen 2001, S. 517-527, hier S. 520 f.

22 Wilhelm Hauff: Abner der Jude, der nichts gesehen hat. In: Sämtliche Werke, Bd. 5. Stuttgart 1840, S. 194-209.
23 Stefan Heym: Ahasver. München 1981.
24 Christian Friedrich Daniel Schubart: Der ewige Jude. Eine lyrische Rhapsodie. Erstdruck in: Sämtliche Gedichte. Stuttgart 1785-1786. Zitiert nach Mona Körte und Robert Stockhammer (Anm. 2), S. 28 ff. und S. 218.
25 In: Schubart's Karakter von seinem Sohne Ludwig Schubart. Erlangen 1798.
26 Zitiert nach Avram Andrei Baleanú: Ahasver. Geschichte einer Legende (Anm. 16), S. 152.
27 Erstdruck in: Goethes poetische und prosaische Werke in zwei Bänden. Stuttgart, Tübingen 1836.
28 Zitiert nach Avram Andrei Baleanú: Ahasver. Geschichte einer Legende (Anm. 16), S. 154.
29 Manuskript aus dem 17. Jahrhundert in der Petersburger Bibliothek. Pogodin Coll. Otscherki poeticheskovo stilia Drevnei Rusii. Moskau, Leningrad 1947. Zitiert nach Eszter Losonczi (Anm. 10).
30 Eugene Sue: Le Juif errant. Paris 1844/45, 10. Auflage.
31 Ludwig von Gogolak: Zum Problem der Assimilierung in Ungarn in der Zeit von 1790-1918. In: Südostdeutsches Archiv 9, 1966, S. 1-44. Vgl. auch Tamas Ungvari: Ahasverus és Shylok. A „zsidókérdés" Magyaroszágon. Budapest 1990.
32 Alexander Scheiber: The Legend of the Wandering Jew in Hungary. In: Midwest Folklore, Vol. 4, No. 4, 1954, S. 221-235.
33 Karl Benyovszky: Sagenhaftes aus Alt-Preßburg. Bratislava-Preßburg 1932. Zitiert nach The Legend of the Wandering Jew in Hungary: Two German Texts. In: Alexander Scheiber (Hrsg.): Essays on Jewish Folklore and Comparative Literature. Budapest 1985, S. 277-395, Zitat S. 285.
34 Hanno Loewy (Hrsg.): Heimat Diaspora. Das jüdische Museum Hohenems. Hohenems 2008, S. 165.
35 Ewiger Jude. In: Gertrud Kolmar: Das lyrische Werk. Hrsg. Regina Nörtemann. Drei Bände. Göttingen 2003. Zitiert nach Mona Körte und Robert Stockhammer (Anm. 2), S. 156.

Bleiben, gehen oder wiederkommen?

1 Zitiert bei Harry Maor: Über den Wiederaufbau der jüdischen Gemeinden in Deutschland seit 1945. Phil. Diss. Johannes Gutenberg-Universität Mainz 1961, S. 33.
2 Sein eigener Bericht dazu im grundlegenden Buch von Michael Brenner: Nach dem Holocaust. Juden in Deutschland 1945-1950. München 1995, S. 161-165.
3 Zur Stuttgarter Entwicklung vgl. Sonja Hosseinzadeh: Die jüdische Gemeinde in Württemberg seit 1945. In: Paul Sauer und Sonja Hosseinzadeh: Jüdisches Leben im

Wandel der Zeit. 170 Jahre Israelitische Religionsgemeinschaft, 50 Jahre neue Synagoge in Stuttgart. Gerlingen 2002, S. 155-280.
Edgar Lersch, Heinz P. Poker und Paul Sauer (Hrsg.): Stuttgart in den ersten Nachkriegsjahren. Stuttgart 1995, S. 314-322 (DP-Lager in Stuttgart). Susanne Dietrich und Julia Schulze Wessel: Zwischen Selbstorganisation und Stigmatisierung. Die Lebenswirklichkeit jüdischer Displaced Persons und die neue Gestalt des Antisemitismus in der deutschen Nachkriegsgesellschaft. Stuttgart 1998.
Untergang und Neubeginn. Jüdische Gemeinden nach 1945 in Südwestdeutschland. Hrsg. Haus der Geschichte Baden-Württemberg. Heidelberg 2009; darin Joel Berger: Untergang und Neubeginn, S. 17-39 und Meinhard Tenné: Die Entwicklung der jüdischen Gemeinde in Württemberg, S. 71-83.

4   Heinz Högerle, Carsten Kohlmann und Barbara Staudacher (Hrsg.): Ort der Zuflucht und Verheißung. Shavei Zion 1938-2008. Stuttgart 2008 (Katalog zur Ausstellung). Hans Bloch, der langjährige Bürgermeister des Ortes, war ein Vetter des späteren Landesrabbiners Dr. Fritz Elieser Bloch.

5   Nach einer erstmals für 1955 erfassten Altersstatistik gab es keine zehn Mitglieder im Alter zwischen 16 und 20 und keine 60 zwischen 21 und 30 Jahren (Sonja Hosseinzadeh, Anm. 3, S. 216).

6   Zu den Aufgaben des Gabbai siehe das Kapitel „Im Dienste der Gemeinschaft" in diesem Band.

7   So aber Sonja Hosseinzadeh (Anm. 3), S. 246. Dieses Missverständnis beruht vermutlich auf dem damals virulenten Sprachenproblem. Die deutsche Gemeindeleitung wollte auch deutsche Ansprachen im Gottesdienst, die Majorität der Gemeinde empfand dies als Bevormundung. Deutsch im Gottesdienst galt automatisch als liberal und ein Rabbiner, der diesem Wunsch entgegenkam, galt dann eben auch religiös als liberal.

8   Im autobiographischen Roman „Eine Geschichte von Liebe und Finsternis" seines Großneffen Amos Oz sind drei Kapitel dem Zionisten und bedeutenden Kenner der hebräischen Literatur gewidmet.

9   Zitiert nach Sonja Hosseinzadeh (Anm. 3), S. 278.

Was uns eint – was uns trennt

1   Hermann Leberecht Strack und Paul Billerbeck: Kommentar zum Neuen Testament aus Talmud und Midrasch. Vier Bände. München 1922-1928. München 1994, 10. unveränderte Auflage.

Heidi-Barbara Kloos und Gunter Berg
Nachwort

1 Schlagende Beispiele dafür bei Michael Brenner: Nach dem Holocaust. Juden in Deutschland 1945-1950. München 1995, S. 81 f.
2 Hubert Krins: Zum Denkmalwert und zur Denkmalpflege der Synagogen. In: Joachim Hahn: Synagogen in Baden-Württemberg. Stuttgart 1987, S. 64-67.
3 Stefan Lang: Ausgrenzung und Koexistenz. Judenpolitik und jüdisches Leben in Württemberg und im „Land zu Schwaben" (1492-1650). Ostfildern 2008. Die Arbeit, mit der Martin Ulmer 2008 in Tübingen promoviert wurde, ist nicht in der Reihe des Instituts erschienen. Martin Ulmer: Antisemitismus in Stuttgart 1871-1933. Berlin 2011.
4 Bd. 160: Monika Preuß: „,... aber die Krone des guten Namens überragt sie". Jüdische Ehrvorstellungen im 18. Jahrhundert im Kraichgau. Stuttgart 2005. Nicht vergessen sei die Mitherausgabe der Kommission bei der Dokumentation von Joachim Hahn: Erinnerungen und Zeugnisse jüdischer Geschichte in Baden-Württemberg. Stuttgart 1988.
5 Monika Richarz: Die Entdeckung der Landjuden. Stand und Probleme ihrer Erforschung am Beispiel Südwestdeutschlands. In: Landjudentum im Süddeutschen- und Bodenseeraum – Forschungen zur Geschichte Vorarlbergs. Hrsg. Karl Heinz Burmeister, Vorarlberger Landesarchiv. Dornbirn 1992, S. 10-21.
6 Stefan Rohrbacher: Medinat Schwaben. Jüdisches Leben in einer süddeutschen Landschaft in der Frühneuzeit. In: Rolf Kießling (Hrsg.): Judengemeinden in Schwaben im Kontext des Alten Reiches. Berlin 1995, S. 80-109, hier S. 81.
7 Die ursprüngliche Veröffentlichung ist jeweils am Ende nachgewiesen.

LITERATUR

Aarne, Antti: Verzeichnis der Märchentypen. Helsinki 1910.

Agus, Irving A.: Rabbi Meir of Rothenburg – His Life and his Works as Sources for the Religious, Legal, and Social History of the Jews of Germany in the Thirteenth Century. Zwei Bände in einem. New York 1970, 2. Auflage.

Alber, Wolfgang (Hrsg.) u. a.: Übriges: kopflose Beiträge zu einer volkskundlichen Anatomie. Utz Jeggle zum 22. Juni 1991. Tübingen 1991.

Allport, Gordon W.: The nature of prejudice. Reading (Mass.) 1954.

Aly, Götz und Christian Gerlach: Das letzte Kapitel. Der Mord an den ungarischen Juden 1944-1945. Frankfurt am Main 2004.

Anderson, George K.: The Legend of the Wandering Jew. Providence 1965.

Armbruster, Jörg: Willkommen im Gelobten Land. Deutschstämmige Juden in Israel. Hamburg 2016.

Auerbach, Berthold: Der Knabe vom Dorfe. Kindheitserinnerungen aus Nordstetten. In: Berthold Auerbach 1812-1882. Bearb. Thomas Scheuffelen. Marbacher Magazin 36, 1985, S. 4-27.

Auerbach, Berthold: Briefe an seinen Freund Jakob Auerbach, Bd. 2. Frankfurt am Main 1884.

Auerbach, Berthold: Die begrabene Flinte. In: Schatzkästlein des Gevattersmanns. Stuttgart 1856, S. 20-25.

Auerbach, Berthold: Spinoza. Stuttgart 1837.

Baeck, Leo: Das Wesen des Judentums. Berlin 1905, 1960, 6. Auflage.

Baleanú, Avram Andrei: Ahasver. Geschichte einer Legende. Sifra – Wissenschaftliche Bibliothek, Bd. IX. Berlin 2011.

Baleanú, Avram Andrei: Fünftes Bild: Der ewige Jude. Kurze Geschichte der Manipulation eines Mythos. In: Julius H. Schoeps und Joachim Schlör (Hrsg.): Bilder der Judenfeindschaft. Antisemitismus – Vorurteile und Mythen. München, Zürich 1995, S. 96-102.

Baleanú, Avram Andrei: Die Geburt des Ahasver. In: Menora. Jahrbuch für deutsch-jüdische Geschichte, Bd. 2. München, Zürich 1991, S. 15-43.

Barkai, Avraham: Einundzwanzigstes Bild: Der Kapitalist. In: Julius H. Schoeps und Joachim Schlör (Hrsg.): Bilder der Judenfeindschaft. Antisemitismus. Vorurteile und Mythen. München, Zürich 1995, S. 265-272.

Bausinger, Hermann: Volkskunde. Von der Altertumsforschung zur Kulturanalyse. Darmstadt 1977, erw. Auflage.

Bechtold-Comforty, Beate: Spätzle und Tscholent. Aspekte schwäbisch-jüdischer Eßkultur. In: Menora. Jahrbuch für deutsch-jüdische Geschichte III. 1992, S. 121-142.
Be'er, Chaim: Stricke. München 2000.
Ben-Chorin, Schalom: Narrative Theologie des Judentums anhand der Pessach-Haggada. Jerusalemer Vorträge. Tübingen 1985.
Ben-Chorin, Schalom: Jüdischer Glaube. Tübingen 1975.
Benczés, Tibor: Wenn er hätte schreiben können. Budapest 1941.
Benyovszky, Karl: Sagenhaftes aus Alt-Preßburg. Bratislava-Preßburg 1932 [zitiert nach The Legend of the Wandering Jew in Hungary: Two German Texts. In: Alexander Scheiber (Hrsg.): Essays on Jewish Folklore and Comparative Literature. Budapest 1985, S. 277-395].
Berger, Joel: Der Mann mit dem Hut. Tübingen 2014.
Berger, Joel: Untergang und Neubeginn, in: Untergang und Neubeginn. Jüdische Gemeinden nach 1945 in Südwestdeutschland. Hrsg. Haus der Geschichte Baden-Württemberg. Heidelberg 2009, S. 17-39.
Berger, Noemi: Hesped. In: Jüdische Allgemeine, 27.2.2014.
Bergmann, Michel: Die Teilacher. Zürich 2010.
Berthold Auerbach 1812-1882. Bearb. Thomas Scheuffelen. Marbacher Magazin 36, 1985.
Bettelheim, Anton: Berthold Auerbach. Stuttgart, Berlin 1907.
Bilski, Emily D. und Martina Lüdicke (Hrsg.): GOLEM. Leipzig 2016. Katalog zur Ausstellung GOLEM, 23.9.2016 bis 29.1.2017 im Jüdischen Museum Berlin.
Böcher, Otto: Der Alte Judenfriedhof zu Worms. Rheinische Kunststätten, Heft 148. Neuss 1987, 6. Auflage.
Böhmer, Johann Friedrich: Fontes rerum Germanicarum. Geschichtsquellen Deutschlands, Bd. 1-4. Berlin 1843-1868.
Bolte, Johannes und Georg Polifka: Anmerkungen zu den Kinder- und Hausmärchen der Brüder Grimm, Bd. 1-4. Leipzig 1913-1930.
Borscheid, Peter: Unternehmer, Arbeiter, Industrie und Kultur. In: Otto Borst (Hrsg.): Wege in die Welt. Die Industrie im deutschen Südwesten seit Ausgang des 18. Jahrhunderts. Stuttgart 1989, S. 175-194.
Borst, Otto: Leitbilder und geistige Antriebskräfte. In: Otto Borst (Hrsg.): Wege in die Welt. Die Industrie im deutschen Südwesten seit Ausgang des 18. Jahrhunderts. Stuttgart 1989, S. 24 ff.
Bosl, Erika: Die Familie von Hirsch-Gereuth im 18. und 19. Jahrhundert, Bankiers. In: Geschichte und Kultur der Juden in Bayern. Lebensläufe. München 1988, S. 63-69.
Braham, Randolph L.: The politics of genocide. The Holocaust in Hungary. Zwei Bände. New York 1994, 3. erw. Auflage.
Brauer, Arik: Die Pessach-Haggada. München, Zürich 1979.
Brednich, Rolf Wilhelm: Die Ratte am Strohhalm. München 1996.
Brenner, Michael: Nach dem Holocaust. Juden in Deutschland 1945-1950. München 1995.

Brocke, Michael und Julius Carlebach (Hrsg.): Die Rabbiner der Emanzipationszeit in den deutschen, böhmischen und großpolnischen Ländern 1781-1871. Berlin 2004 (E-Book).

Buber, Martin: Der Weg des Menschen nach der chassidischen Lehre. Heidelberg 1972, 6. Auflage.

Buber, Martin: Die Geschichten des Rabbi Nachman. Frankfurt am Main 1955.

Buber, Martin: Die Legende des Baalschem. Frankfurt am Main 1920.

Bumiller, Casimir: Juden in Hechingen. Katalog zur Dokumentation in der Alten Synagoge Hechingen. Hechingen o. J. [circa 1990].

Burmeister, Karl Heinz: Juden im Bodenseeraum bis 1349. In: Abraham P. Kustermann und Dieter R. Bauer (Hrsg.): Jüdisches Leben im Bodenseeraum – Zur Geschichte des alemannischen Judentums mit Thesen zum christlich-jüdischen Gespräch. Ostfildern 1994, S. 19-36.

Burmeister, Karl Heinz: Moritz Henle. In: Württembergische Biographien, Bd. 1, S. 104-106 (https://www.leo-bw.de/web/guest/detail/-/Detail/details/PERSON/kgl_biographien/136137458/Henle+Moritz).

Cahana, Isak Z. (Hrsg.): Teshuvot Pessakim Uminhagim (hebräisch). Drei Bände. Jerusalem 1957-1963.

Cahnman, Werner C.: Friedrich Wilhelm Schelling and The New Thinking of Judaism. In: Eveline Goodman-Thau, Gert Mattenklott und Christoph Schulte (Hrsg.): Kabbala und Romantik. Die jüdische Mystik in der romantischen Geistesgeschichte. Berlin 1994 (E-Book 2011).

Calvino, Italo: Der geteilte Visconte. Frankfurt am Main 1957.

Chagall, Marc: La Bible. Paris 1956.

Chagall, Marc: Mein Leben. Paris 1931 (deutsche Übersetzung 1957).

Chauvin, Victor: Bibliographie des ouvrages arabes ou relatifs aux arabes. Liège, Leipzig 1903 ff.

Cohen, Hermann: Die Religion der Vernunft aus den Quellen des Judentums. Leipzig 1919. Neuausgabe: Religion der Vernunft aus den Quellen des Judentums. Hrsg. Bruno Strauß. Wiesbaden 2008.

Däschler-Seiler, Siegfried: Auf dem Weg in die bürgerliche Gesellschaft. Joseph Maier und die jüdische Volksschule im Königreich Württemberg. Stuttgart 1997.

Davidson, Israel: Parody in Jewish Literature. New York 1907.

Daxelmüller, Christoph: Jüdische Kultur in Franken. Würzburg 1988.

Die Bibel. Nach Martin Luthers Übersetzung. Lutherbibel. Stuttgart 2016, revidiert 2017.

Dietrich, Susanne und Julia Schulze Wessel: Zwischen Selbstorganisation und Stigmatisierung. Die Lebenswirklichkeit jüdischer Displaced Persons und die neue Gestalt des Antisemitismus in der deutschen Nachkriegsgesellschaft. Stuttgart 1998.

Doering-Manteuffel, Sabine: Das Einhorn. Von der Arche Noah zum Fantasy-Roman. In:

Volker Dotterweich (Hrsg.): Mythen und Legenden in der Geschichte. München 2004, S. 77-91.

Dror, Rachel, Alfred Hagemann und Joachim Hahn (Hrsg.): Jüdisches Leben in Stuttgart-Bad Cannstatt. [Essen] 2006.

Drujanow, Alter: Sefer habedicha wehachibbud, Bd. 2. Tel Aviv 1956.

Ehrenburg, Ilja: Das bewegte Leben des Lasik Roitschwantz. Berlin 2016.

Eitel, Peter: Geschichte Oberschwabens im 19. und 20. Jahrhundert, Bd. 1: Der Weg ins Königreich Württemberg (1800-1870). Ostfildern 2010.

Erinnerung als Gegenwart. Elie Wiesel in Loccum. Loccumer Protokolle 25, 1986.

Fidler, Helmut: Jüdisches Leben am Bodensee. Frauenfeld 2011.

Finesinger, Sol: The Custom of Looking at the Fingernails at the outgoing of the Sabbath, in: Hebrew Union College Annual, Bd. 12/13, 1937-1938, S. 347-365.

Fischer, Heinrich: Oberkantor Moritz Friedmann. In: Die Wahrheit, 23.1.1931 (http://sammlungen.ub.uni-frankfurt.de/cm/id/3062972).

Fischer, Hermann und Taigel, Hermann (Bearb.): Schwäbisches Handwörterbuch. Tübingen 1986.

Frank, Fritz: Verschollene Heimat (Werkausgabe, Bd. 2). Horb am Neckar 2017.

Frank, Fritz: Verschollene Heimat. In: Monika Richarz (Hrsg.): Jüdisches Leben in Deutschland, Bd. 3. Stuttgart 1979, S. 169-180 (Veröffentlichungen des Leo Baeck Instituts).

Frantz, Constantin: Ahasverus, oder die Judenfrage. Berlin 1844.

Frenzel, Elisabeth: Stoffe der Weltliteratur. Stuttgart 1976.

Fromm, Erich: Ihr werdet sein wie Gott. Stuttgart 1982.

Frühauf, Tina: Orgel und Orgelmusik in deutsch-jüdischer Kultur. Hildesheim 2005.

Fuchs, Karlheinz [und Manfred Steck]: Häuser der Ewigkeit. Jüdische Friedhöfe im südlichen Württemberg. Darmstadt 2014.

Gabeli, Helmut: „Synagogengebäude als Turnhalle wünschenswert". Die Einrichtungen der Jüdischen Gemeinde Haigerloch. In: Utz Jeggle (Hrsg.): Erinnerungen an die Haigerlocher Juden – ein Mosaik. Tübingen 2000, S. 279-298 (Untersuchungen des Ludwig-Uhland-Instituts der Universität Tübingen, 92).

Ginzberg, Louis: The Legends of the Jews, Bd. I-VIII. Philadelphia 1903 ff.

Girard, René: Ausstoßung und Verfolgung. Frankfurt am Main 1992.

Goethes poetische und prosaische Werke in zwei Bänden. Stuttgart, Tübingen 1836 (Erstdruck).

Gogol, Nikolai W.: Die toten Seelen. Paris 1948.

Gogolak, Ludwig von: Zum Problem der Assimilierung in Ungarn in der Zeit von 1790-1918. In: Südostdeutsches Archiv 9, 1966, S. 1-44.

Goldberg, Kevin D.: Wie der Wein in Mitteleuropa jüdisch wurde. In: Andreas Lehnardt (Hrsg.): Wein und Judentum. Berlin 2014, S. 229-246.

Goldmann, Christoph: Bild-Zeichen bei Chagall. Zwei Bände. Göttingen 1995.

Goldschmidt, Ernst D. u. a.: Rothenburg ob der Tauber. In: Germania Judaica II: Von 1238 bis zur Mitte des 14. Jahrhunderts. Tübingen 1968, S. 707-718.

Goodmann, Allegra: Zwei Hochzeiten und ein Pessachfest. München 1999.

Gorion, Micha Josef Bin: Sagen der Juden zur Bibel. Frankfurt am Main 1980.

Graf, Esther: Die jüdischen Gemeinden Hohenems und Sulz und der Minhag Schwaben. In: Manfred Bosch (Hrsg.): Alemannisches Judentum. Spuren einer verlorenen Kultur. Eggingen 2001, S. 12-17.

Graf, Klaus: Sagen rund um Stuttgart. Karlsruhe 1995.

Greif, Gideon: „Wir weinten tränenlos ..." Augenzeugenberichte des jüdischen „Sonderkommandos" in Auschwitz. Frankfurt am Main 1999.

Grözinger, Karl Erich: Kafka und die Kabbala. Frankfurt am Main 2014.

Grözinger, Karl Erich: „Schaddaj" – Hüter der Türen Israels. Jüdische Frömmigkeit in Alltag und Schabbat im 19. Jahrhundert. In: Nebeneinander – Miteinander – Gegeneinander? Zur Koexistenz von Juden und Katholiken in Süddeutschland im 19. und 20. Jahrhundert. Laupheimer Gespräche 2000. Hrsg. Haus der Geschichte Baden-Württemberg. Gerlingen 2002, S. 63-79.

Gütermann, Alexandra: Die Gütermanns. Eine Familiengeschichte. Gutach 2010.

Guttmann, Michael: Mafteach HaTalmud Clanis Talmudis, Bd. III/a. Bratislava 1930 (hebräisch).

Handwörterbuch des deutschen Aberglaubens. Hrsg. Eduard Hoffmann-Krayer und Hanns Bächtold-Stäubli. Zehn Bände. Berlin 1927-1942 (mehrfach neu aufgelegt).

Hahn, Joachim und Jürgen Krüger: Synagogen in Baden-Württemberg. Zwei Bände. Stuttgart 2007.

Hahn, Joachim: Die Freudentaler Rabbiner. In: Alemannia Judaica, Bd. 2, S. 5-8 (http://www.alemannia-judaica.de/freudental_synagoge.htm); auch abgedruckt in: Freudentaler Blätter 1, November 2004.

Hahn, Joachim: Friedhöfe in Stuttgart. Steigfriedhof Bad Cannstatt, Israelitischer Teil. Stuttgart 1995.

Hahn, Joachim: „Schweigend spricht der Stein". Jüdische Architektur und Baukunst in der Bodensee-Region und in Oberschwaben. In: Abraham P. Kustermann und Dieter R. Bauer (Hrsg.): Jüdisches Leben im Bodenseeraum – Zur Geschichte des alemannischen Judentums mit Thesen zum christlich-jüdischen Gespräch. Ostfildern 1994, S. 193-209.

Hahn, Joachim: Erinnerungen und Zeugnisse jüdischer Geschichte in Baden-Württemberg. Stuttgart 1988.

Hamburger, Käthe: Thomas Manns biblisches Werk. Der Joseph-Roman. Die Moses-Erzählung: „Das Gesetz". München 1981.

Hauff, Wilhelm: Abner der Jude, der nichts gesehen hat. In: Sämtliche Werke, Bd. 5. Stuttgart 1840, S. 194-209.

Hauff, Wilhelm: Mittheilungen aus den Memoiren des Satan. Erstdruck Stuttgart 1826/27.

Heil, Johannes: „Zedaka" – Mehr als nur Geben. In: Fritz Backhaus u. a. (Hrsg.): Juden. Geld. Eine Vorstellung. Katalog zur Ausstellung des Jüdischen Museums Frankfurt am Main 2013, 25.4. bis 6.10.2013. Frankfurt am Main, New York 2013, S. 232-240.

Heimann-Jelinek, Felicitas: Die Unterlimpurger Synagoge in der Tradition jüdischer Kunst. In: Gerhard Taddey (Hrsg.): „… geschützt, geduldet, gleichberechtigt" – die Juden im baden-württembergischen Franken vom 17. Jahrhundert bis zum Ende des Kaiserreichs (1918). Ostfildern 2005, S. 147-154 (Forschungen aus Württembergisch Franken 52).

Heine, Heinrich: Prinzessin Sabbat. Romanzero VI, Hamburg 1851.

Heller, Agnes: Imhol vagyok. A Genézis könyvének filozófiai értelmezései. Budapest 2006.

Heller, Agnes: Der Affe auf dem Fahrrad. Berlin, Wien 1999.

Heller, Bernhard: Zersägte Menschen. In: Beiträge zur vergleichenden Sagen- und Märchenkunde. Monatsschrift für Geschichte und Wissenschaft des Judentums, Jg. 80, 1936, S. 40-45.

Heller, Bernhard: Die Begegnung des arabischen Antar-Romans für die vergleichende Literaturkunde. Leipzig 1931.

Heller, Bernhard: Das Hebräische und Arabische Märchen. In: Johannes Bolte und Georg Polivka: Anmerkungen zu den Kinder- und Hausmärchen der Brüder Grimm, Bd. 4. Leipzig 1930.

Heym, Stefan: Ahasver. München 1981.

Hirsch, Henriette, geb. Hildesheimer: Erinnerungen an meine Jugend. Manuskript vom Oktober 1953. Abgedruckt in: Monika Richarz (Hrsg.): Jüdisches Leben in Deutschland, Bd. 2: Selbstzeugnisse zur Sozialgeschichte im Kaiserreich. Stuttgart 1979, S. 77-86 (Veröffentlichungen des Leo Baeck Instituts).

Högerle, Heinz, Carsten Kohlmann und Barbara Staudacher (Hrsg.): Ort der Zuflucht und Verheißung. Shavei Zion 1938-2008. Stuttgart 2008 (Katalog zur Ausstellung, durchweg zweisprachig).

Hoffmann, Andrea: Schnittmengen und Scheidelinien. Juden und Christen in Oberschwaben. Tübingen 2011.

Hofmann, Hans-Rainer: Lachoudisch sprechen. Sprache zwischen Gegenwart und Vergangenheit. Dinkelsbühl 1998.

Hosseinzadeh, Sonja: Die jüdische Gemeinde in Württemberg seit 1945. In: Paul Sauer und Sonja Hosseinzadeh: Jüdisches Leben im Wandel der Zeit. 170 Jahre Israelitische Religionsgemeinschaft, 50 Jahre neue Synagoge in Stuttgart. Gerlingen 2002, S. 155-280.

Huber, Heinz G.: Vom Umgang mit Vorurteilen und Erinnerungen in einem Ortenauer Dorf. In: Manfred Bosch (Hrsg.): Alemannisches Judentum. Spuren einer verlorenen Kultur. Eggingen 2001, S. 517-527.

Hüttenmeister, Nathanja: Der jüdische Friedhof in Laupheim. Eine Dokumentation. Hrsg. Stadt Laupheim. Laupheim 1998.

Idel, Moshe: Golem. Jewish Magical and Mystical Traditions on the Artificial Anthropoid. New York 1990.

Ignoti Monachi Cistersiensis S. Mariae de Feraria chronica et Ryccardi de Santo Germano Chronica priora. Neapel 1888.

Immanuel, Simcha: Kovzei Teshuvot Maharam Me-Rothenburg (hebräisch), Magisterarbeit, Jerusalem 1987.

Jakubowski, Jan: Jüdisches Leben heute am Beispiel der „Israelitischen Religionsgemeinschaft Württembergs". In: Manfred Bosch (Hrsg.): Alemannisches Judentum. Spuren einer verlorenen Kultur. Eggingen 2001, S. 562-568.

Jeggle, Utz: Was bleibt? Die Erbschaft der Dorfjuden und der „Judendörfer". In: Manfred Bosch (Hrsg.): Alemannisches Judentum. Eggingen 2001, S. 489-496.

Jeggle, Utz: Schwäbische Rabbiner – Fünf Lebensschicksale. In: Udim. Zeitschrift der Rabbinerkonferenz in der Bundesrepublik Deutschland, Bd. 19, 1999, S. 97-108.

Jeggle, Utz: Judendörfer in Württemberg. Tübingen 1999, 2. erw. Auflage.

Jeggle, Utz: Nachrede: Erinnerungen an die Dorfjuden heute. In: Monika Richarz und Reinhard Rürup (Hrsg.): Jüdisches Leben auf dem Lande. Studien zur deutsch-jüdischen Geschichte. Tübingen 1997, S. 399-411.

„Jud Süß". Propagandafilm im NS-Staat. Katalog zur Ausstellung im Haus der Geschichte Baden-Württemberg (Hrsg.), 14.12.2007 bis 3.8.2008. Stuttgart 2007.

Juden in Buttenhausen. Katalog der ständigen Ausstellung in der Bernheimer'schen Realschule. Bearb. Roland Deigendesch. Münsingen 2004, 2. überarb. Auflage (Schriftenreihe des Stadtarchivs Münsingen, Bd. 3).

Jüdisches Museum Göppingen. Hrsg. Karl-Heinz Rueß. Weißenhorn 1992 (Veröffentlichung des Stadtarchivs Göppingen, Bd. 29).

Jütte, Daniel: Der jüdische Tenor Heinrich Sontheim. Aufstiegschancen und Antisemitismus in der bürgerlichen Musikkultur des 19. Jahrhunderts. Göppingen 2006.

Kästner, Erich: Als ich ein kleiner Junge war. Berlin o. J.

Kahn, Fredy: Erinnerungen an Harry Kahn, Viehhändler in Baisingen. In: Uri R. Kaufmann und Carsten Kohlmann (Hrsg.): Jüdische Viehhändler zwischen Schwarzwald und Schwäbischer Alb. Horb-Rexingen 2008, S. 170-188.

Kaplan, Marion (Hrsg.): Geschichte des jüdischen Alltags in Deutschland. Vom 17. Jahrhundert bis 1945. München 2003.

Karo, Yosef: Der Schulchan aruch oder Die vier jüdischen Gesetzbücher, Wien 1896.

Katz, Jacob: Tradition und Krise. Der Weg der jüdischen Gesellschaft in die Moderne. München 2002 (ursprünglich unter dem Titel „Masoret u-Maschber" schon 1958 auf Hebräisch erschienen).

Katz, Jacob: Aus dem Ghetto in die bürgerliche Gesellschaft. Jüdische Emanzipation 1770-1870. Frankfurt am Main 1986.

Kaufmann, Thomas: Luthers Juden. Stuttgart 2014, 2. Auflage.
Kaufmann, Uri R.und Carsten Kohlmann (Hrsg.): Jüdische Viehhändler zwischen Schwarzwald und Schwäbischer Alb. Horb-Rexingen 2008 und 2. Auflage 2013.
Kaufmann, Uri R.: Zum Viehhandel der Juden in Deutschland und der Schweiz – bisherige Ergebnisse und offene Fragen. In: Uri R. Kaufmann und Carsten Kohlmann (Hrsg.): Jüdische Viehhändler zwischen Schwarzwald und Schwäbischer Alb. Horb-Rexingen 2008, S. 17-41. Kaufmann, Uri R.: Jüdische Viehhändler in Württembergisch Franken. In: Gerhard Taddey (Hrsg.): „… geschützt, geduldet, gleichberechtigt" – die Juden im baden-württembergischen Franken vom 17. Jahrhundert bis zum Ende des Kaiserreichs (1918). Ostfildern 2005, S. 77-85 (Forschungen aus Württembergisch Franken 52).
Kaufmann, Uri R.: Emanzipation und jüdisches Selbstverständnis im 19. Jahrhundert. In: Nebeneinander – Miteinander – Gegeneinander? Zur Koexistenz von Juden und Katholiken in Süddeutschland im 19. und 20. Jahrhundert. Laupheimer Gespräche 2000. Hrsg. Haus der Geschichte Baden-Württemberg. Gerlingen 2002, S. 21-33.
Kertész, Imre: Dossier K.: eine Ermittlung. Reinbek bei Hamburg 2006.
Klausner, Joseph: Hasefarim Hachizonim, Bd. 1. Tel Aviv 1937 (hebräisch).
Klein, Zachary: Jenseits von Gut und Böse. München 2000.
Körte, Mona: Die Uneinholbarkeit des Verfolgten. Der Ewige Jude in der literarischen Phantastik. Frankfurt am Main 2000.
Körte, Mona und Robert Stockhammer (Hrsg.): Ahasvers Spur. Dichtungen und Dokumente vom Ewigen Juden. Leipzig 1995.
Kohlbach, Berthold: Gebetstracht bei den Juden. In: Zeitschrift des Vereins für Volkskunde, Bd. 35/36, 1925/26, S. 14-25.
Kohlmann, Carsten: „Die Viehbörse Süddeutschlands" – Jüdische Vieh- und Pferdehändler im Raum Horb. In: Uri R. Kaufmann und Carsten Kohlmann (Hrsg.): Jüdische Viehhändler zwischen Schwarzwald und Schwäbischer Alb. Horb-Rexingen 2008, S. 42-69.
Kollmar, Margarete: Jüdisches Vereinsleben. In: Utz Jeggle (Hrsg.): Erinnerungen an die Haigerlocher Juden – ein Mosaik. Tübingen 2000, S. 135-155 (Untersuchungen des Ludwig-Uhland-Instituts der Universität Tübingen, 92).
Kolmar, Gertrud: Das lyrische Werk. Hrsg. Regina Nörtemann. Drei Bände. Göttingen 2003.
Kreissl, Eva (Hrsg.): Kulturtechnik Aberglaube. o. O. 2014 (Matze: S. 426-429).
Krins, Hubert: Zum Denkmalwert und zur Denkmalpflege der Synagogen. In: Joachim Hahn: Synagogen in Baden-Württemberg. Stuttgart 1987, S. 64-67.
Kugelman, Cilly (Hrsg.): Weihnukka. Geschichten von Weihnachten und Chanukka. Berlin 2005. Katalog zur Ausstellung, Jüdisches Museum Berlin, 28.10.2005 bis 29.1.2006. Berlin 2005.
Kurrein, Viktor: Die Symbolik des Körpers in den rituellen Bräuchen, Teil 2. In: Mitteilungen zur jüdischen Volkskunde, Jg. 31/32, 1929, S. 20-39.

Kurrein, Viktor: Die Symbolik des Körpers in den rituellen Bräuchen, Teil 1. In: Monatsschrift zur Geschichte und Wissenschaft des Judentums (MGWJ), Jg. 70 (N. F. 34), 1926, S. 41-50.

Kustermann, Abraham Peter: „Zur Anstellung als Rabbine ... wird erfordert ..." Württemberg und der Umbruch von Rabbinat und Rabbinerausbildung im 19. Jahrhundert. In: Abraham P. Kustermann und Dieter R. Bauer (Hrsg.): Jüdisches Leben im Bodenseeraum – Zur Geschichte des alemannischen Judentums mit Thesen zum christlich-jüdischen Gespräch. Ostfildern 1994, S. 133-155.

Landkreis Heilbronn (Hrsg.): Museum zur Geschichte der Juden in Stadt und Kreis Heilbronn, Katalog. Heilbronn 1989.

Landmann, Salcia: Jiddisch. Das Abenteuer einer Sprache. Neuausgabe Frankfurt am Main, Berlin 1986.

Landmann, Salcia: Koschere Kostproben. Zürich 1964.

Landmann, Salcia: Der jüdische Witz. Olten, Freiburg im Breisgau 1960.

Lang, Stefan: Ausgrenzung und Koexistenz. Judenpolitik und jüdisches Leben in Württemberg und im „Land zu Schwaben" (1492-1650). Ostfildern 2008.

Le Goff, Jacques (Hrsg.): Der Mensch des Mittelalters. Frankfurt am Main 1996.

Le Goff, Jacques: Kaufleute und Bankiers im Mittelalter. Frankfurt am Main 1989.

Le Goff, Jacques: Wucherzins und Höllenqualen. Ökonomie und Religion im Mittelalter. Stuttgart 1988.

Lehmann, L. [Leopold]: Ein Wort über Humanität. Reutlingen 1828.

Leibowitz, Jeschajahu: Gespräche über Gott und die Welt. Frankfurt am Main 1990.

Lersch, Edgar, Heinz P. Poker und Paul Sauer (Hrsg.): Stuttgart in den ersten Nachkriegsjahren. Stuttgart 1995.

Lexikon für Theologie und Kirche, Bd. 9. Hrsg. Michael Buchberger. Freiburg im Breisgau 1937.

Linksz, Artur: Fighting in the third death. New York 1986 (die ungarische Originalausgabe erschien in Budapest 1977 unter dem Titel „Visszanézek").

Loewy, Hanno (Hrsg.): Heimat Diaspora. Das jüdische Museum Hohenems. Hohenems 2008.

Losonczi, Eszter: A bolygó zsidó legendajanak eredete és 13. szadad forrasai. In: 2000 Irodalmi és Társadalmi havi lapa (Literarisches und soziales Monatsmagazin. Budapest 2006, Heft 6, 13 Seiten: www.ketezer.hu).

Lukrez [Titus Lucretius Carus]: De rerum natura. Welt aus Atomen. Übersetzt und mit einem Nachwort herausgegeben von Karl Büchner. Stuttgart 1973.

Luther, D. Martin: Die gantze Heilige Schrift Deutsch. Wittenberg 1545. Letzte zu Luthers Lebzeiten erschienene Ausgabe. Hrsg. Hans Volz unter Mitwirkung von Heinz Blanke. Textredaktion Friedrich Kur. München 1972.

Magyar Zsidó Lexikon. Budapest 1929.

Maor, Harry: Über den Wiederaufbau der jüdischen Gemeinden in Deutschland seit 1945. Phil. Diss. Johannes Gutenberg-Universität Mainz 1961.

Marcus, Ivan G.: Rituals of Childhood. Jewish Culture and Acculturation in the Middle Ages. New Haven, Connecticut, 1996.

Matras, Yaron: Zur Rekonstruktion des jüdischdeutschen Wortschatzes in den Mundarten ehemaliger „Judendörfer" in Südwestdeutschland. In: Zeitschrift für Dialektologie und Linguistik 58, 1991, S. 268-293.

Matras, Yaron: „Lekoudesch". Integration jiddischer Wörter in die Mundart von Rexingen bei Horb. Mit vergleichbarem Material aus Buttenhausen und Münsingen. Hamburg 1989 (Arbeiten zur Mehrsprachigkeit 33).

Maugham, W. Somerset: Der Rest der Welt. Gesammelte Erzählungen, Bd. 2. Zürich 2005.

Mayer, Hans: Außenseiter. Frankfurt am Main 1981.

Megerle, Klaus: Württemberg im Industrialisierungsprozeß Deutschlands. Stuttgart 1982.

Meir von Rothenburg, Rabbi: Minhagim debei Maharam ben R. Baruch Mi-Rothenburg. Hrsg. Israel S. Elfenbein. New York 1935.

Meir von Rothenburg, Rabbi: Responsa. Cremona 1557; Prag 1608 (korrigiert von Moshe A. Bloch, Preßburg 1895; Budapest 1896, 2. Auflage); Lemberg 1860 (Hrsg. Raphael N. Rabinowicz); Berlin 1891/92 (Hrsg. Moshe A. Bloch).

Merz, Hilde u. a.: Zur Geschichte der mittelalterlichen Jüdischen Gemeinde in Rothenburg ob der Tauber. Katalog. In: Rabbi Meir ben Baruch von Rothenburg zum Gedenken an seinem 700. Todestag. Rothenburg ob der Tauber 1993, S. 5-180 und Katalogteil, S. 265-334.

Meyrink, Gustav: Der Golem. Leipzig 1915.

Moses und Benedikt Elsas. In: Monika Richarz (Hrsg): Jüdisches Leben in Deutschland, Bd. 1: Selbstzeugnisse zur Sozialgeschichte 1780-1871. Stuttgart 1976, S. 302-305 (Veröffentlichungen des Leo Baeck Instituts).

Museum zur Geschichte der Juden in Kreis und Stadt Heilbronn. Katalog: Synagoge Affaltrach. Hrsg. Landkreis Heilbronn. Konzeption u. Bearb. Wolfram Angerbauer. Heilbronn 1989.

Muth, Doris Astrid: Die jüdische Textilindustrie in Hechingen und Hohenzollern. In: Karl-Hermann Blickle und Heinz Högerle (Hrsg.): Juden in der Textilindustrie. Horb-Rexingen 2013, S. 47-64.

Mutius, Hans Georg von: Meir von Baruch. In: Neue Deutsche Biographie 16, 1990, S. 681 f.

Nebel, Theobald und Siegfried Däschler-Seiler: Die Geschichte der jüdischen Gemeinde in Talheim. Talheim 1990, 2. neu bearb. Auflage.

Nirenberg, David: Anti-Judaismus. Eine andere Geschichte westlichen Denkens. München 2015.

Nissen, Andreas: Gott und der Nächste im antiken Judentum. Tübingen 1974.
Oswald, Wolfgang: „Lekaudisch medibbere". In: Juden in Buttenhausen. Katalog der ständigen Ausstellung in der Bernheimer'schen Realschule. Bearb. Roland Deigendesch. Münsingen 2004, 2. überarb. Auflage, S. 46 ff. (Schriftenreihe des Stadtarchivs Münsingen, Bd. 3).
Overlack, Anne: „In der Heimat eine Fremde". Das Leben einer deutschen jüdischen Familie im 20. Jahrhundert. Tübingen 2016.
Oz, Amos: Eine Geschichte von Liebe und Finsternis. Frankfurt am Main 2004.
Paál, János: Von Kobolden gejagt. Vierzig ungarische Jahre 1916-1956. Hrsg. Gábor Paál. Bühl 2005 [digitale Veröffentlichung].
Panter, Armin: Die Haller Synagoge des Elieser Sussmann im Kontext der Sammlung des Hällisch-Fränkischen Museums. Künzelsau 2015.
Panter, Armin: Bemerkungen zur Geschichte und zur musealen Präsentation der Unterlimpurger Synagogenvertäfelung. In: Gerhard Taddey (Hrsg.): „… geschützt, geduldet, gleichberechtigt" – die Juden im baden-württembergischen Franken vom 17. Jahrhundert bis zum Ende des Kaiserreichs (1918). Ostfildern 2005, S. 135-146 (Forschungen aus Württembergisch Franken 52).
Perles, Joseph: Die Leichenfeierlichkeiten im nachbiblischen Judentum. In: Monatsschrift für die Geschichte und Wissenschaft des Judentums, 1. Teil, Bd. 10, Heft 9, 1861, S. 345-355 und 2. Teil, Bd. 10, Heft 10, 1861, S. 376-394.
Petiska, Eduard: Der Golem. Jüdische Märchen und Legenden aus dem alten Prag. Berlin 1972.
Petzoldt, Leander: Märchen – Mythos – Sage. Beiträge zur Literatur und Volksdichtung. Marburg 1989.
Picard, Jacob: Werke. Hrsg. Manfred Bosch. Zwei Bände. Konstanz und Lengwil am Bodensee 1991 und 1996.
Pogodin Coll. Otscherki poeticheskovo stilia Drevnei Rusii. Moskau, Leningrad 1947 [zitiert nach Losonczi, Eszter: A bolygó zsidó legendajanak eredete és 13. szadad forrasai. In: 2000 Irodalmi és Társadalmi havi lapa (Literarisches und soziales Monatsmagazin. Budapest 2006, Heft 6, 13 Seiten: www.ketezer.hu)].
Potok, Chaim: Wanderungen. Geschichte des jüdischen Volkes. Tübingen 1980.
Potok, Chaim: Mein Name ist Asher Lev. Reinbek bei Hamburg 1976.
Preuß, Monika: „… aber die Krone des guten Namens überragt sie". Jüdische Ehrvorstellungen im 18. Jahrhundert im Kraichgau. Stuttgart 2005.
Raphael, Freddy (Hrsg.): „… das Flüstern eines leisen Wehens …" Beiträge zur Kultur und Lebenswelt europäischer Juden. Festschrift Utz Jeggle. Konstanz o. J. [2001].
Raphael, Freddy: Sechstes Bild: Der Wucherer. In: Julius H. Schoeps und Joachim Schlör (Hrsg.): Bilder der Judenfeindschaft. Antisemitismus. Vorurteile und Mythen. München, Zürich 1995, S. 103-118.

Rapoport, I. L.: Erech Millin. Prag 1852 (hebräisch).
Renda, Gerhard: Fürth, das „bayerische Jerusalem". In: Manfred Treml und Josef Kirmeir (Hrsg.): Geschichte und Kultur der Juden in Bayern. Aufsätze. München 1988, S. 225-236.
Richarz, Monika: Die Entdeckung der Landjuden. Stand und Probleme ihrer Erforschung am Beispiel Südwestdeutschlands. In: Landjudentum im Süddeutschen- und Bodenseeraum – Forschungen zur Geschichte Vorarlbergs. Hrsg. Karl Heinz Burmeister, Vorarlberger Landesarchiv. Dornbirn 1992, S. 10-21.
Richarz, Monika: Deutsche Universitäten und jüdische Studenten und Professoren im 19. Jahrhundert. In: Jahrbuch des Instituts für deutsche Geschichte, Beiheft 4, Universität Tel Aviv 1982.
Richarz, Monika (Hrsg.): Jüdisches Leben in Deutschland, Bd. 1: Selbstzeugnisse zur Sozialgeschichte 1780-1871. Stuttgart 1976 und Bd. 2: Selbstzeugnisse zur Sozialgeschichte im Kaiserreich. Stuttgart 1979 (Veröffentlichungen des Leo Baeck Instituts).
Richarz, Monika: Der Eintritt der Juden in die akademischen Berufe. Jüdische Studenten und Akademiker in Deutschland 1678-1848. Tübingen 1974.
Ritter, Martin: Die Synagoge in Affaltrach. Obersulm 2001 (Freundeskreis ehemalige Synagoge Affaltrach e. V., Bd. 4).
Rohrbacher, Stefan: Die jüdische Landgemeinde im Umbruch der Zeit. Traditionelle Lebensform, Wandel und Kontinuität im 19. Jahrhundert. Göppingen 2000 [Veröffentlichung des Jüdischen Museums der Stadt Göppingen].
Rohrbacher, Stefan: Medinat Schwaben. Jüdisches Leben in einer süddeutschen Landschaft in der Frühneuzeit. In: Rolf Kießling (Hrsg.): Judengemeinden in Schwaben im Kontext des Alten Reiches. Berlin 1995, S. 80-109.
Rohrbacher, Stefan und Michael Schmidt: Judenbilder. Kulturgeschichte antijüdischer Mythen und antisemitischer Vorurteile. Reinbek bei Hamburg 1991.
Roming, Gisela: Religiosität und Bildung in jüdischen Landgemeinden. In: Abraham P. Kustermann und Dieter R. Bauer (Hrsg.): Jüdisches Leben im Bodenseeraum – Zur Geschichte des alemannischen Judentums mit Thesen zum christlich-jüdischen Gespräch. Ostfildern 1994, S. 91-108.
Rose, Emily: Als Moises Kaz seine Stadt vor Napoleon rettete. Meiner jüdischen Geschichte auf der Spur. Stuttgart 1999.
Rosenfeld, Moritz: Oberrabbiner Hirsch Perez Chajes. Sein Leben und Werk. Wien 1933.
Rosenzweig, Franz: Der Stern der Erlösung. [1921] 3. Teil, Buch 1 (Ausgabe Frankfurt am Main 1988).
Rotschild, Eli: König Davids Kinder: eine Heimkehr-Chronik der Juden. Mainz 1979.
Sarna, Jonathan D.: Wie die Mazze quadratisch wurde. In: Michael Friedlander und Cilly Kugelmann (Hrsg.): Koscher & Co. Über Essen und Religion. Jüdisches Museum. Berlin 2009, S. 58-65.

Sauer, Paul und Sonja Hosseinzadeh (Hrsg.): Jüdisches Leben im Wandel der Zeit. 170 Jahre Israelitische Religionsgemeinschaft, 50 Jahre neue Synagoge in Stuttgart. Gerlingen 2002.

Sauer, Paul: Die Judengemeinden im nördlichen Bodenseeraum. In: Abraham P. Kustermann und Dieter R. Bauer (Hrsg.): Jüdisches Leben im Bodenseeraum – Zur Geschichte des alemannischen Judentums mit Thesen zum christlich-jüdischen Gespräch. Ostfildern 1994, S. 37-58.

Sauer, Paul (Hrsg.): Die Schicksale der jüdischen Bürger Baden-Württembergs während der nationalsozialistischen Verfolgungszeit 1933-1945. Stuttgart 1969.

Sauer, Paul (Hrsg.): Dokumente über die Verfolgung der jüdischen Bürger in Baden-Württemberg durch das nationalsozialistische Regime 1933-1945. Zwei Bände. Stuttgart 1966.

Sauer, Paul: Die jüdischen Gemeinden in Württemberg und Hohenzollern. Denkmale – Geschichte – Schicksale. Stuttgart 1966.

Schäll, Ernst: Laupheim – einst eine große und angesehene Judengemeinde. In: Abraham P. Kustermann und Dieter R. Bauer (Hrsg.): Jüdisches Leben im Bodenseeraum – Zur Geschichte des alemannischen Judentums mit Thesen zum christlich-jüdischen Gespräch. Ostfildern 1994, S. 59-89.

Schechter, Solomon: Midras Hagadol 'al hamischa chumsche Tora. Cambridge 1902.

Scheiber, Alexander: Essays on Jewish Folklore and Comparative Literature. Budapest 1985.

Scheiber, Alexander: Der Weg des Golem. In: Orbis Litterarum 38, 1983, S. 87-91.

Scheiber, Alexander: Alte Geschichten in neuem Gewand. In: Fabula 10, 1/3, 1969, S. 212-215.

Scheiber, Alexander: The Legend of the Wandering Jew in Hungary. In: Midwest Folklore, Vol. 4, No. 4, 1954, S. 221-235.

Scheiber, Alexander: The Role of the Tzitzit in the Agreements. In: Paul Hirschler Memorial Book. Budapest 1949.

Scheiber, Sandor: Folklór és tárgytörténet, Bd. II. Budapest 1974.

Scherer, Irene und Welf Schröter: Jüdisches Weltbürgertum – die Pausa in Mössingen und das Bauhaus. In: Karl-Hermann Blickle und Heinz Högerle (Hrsg.): Juden in der Textilindustrie. Horb-Rexingen 2013, S. 65-93.

Scheuffelen, Thomas (Bearb.): Berthold Auerbach 1812-1882. Marbacher Magazin 36, 1985.

Schlör, Joachim: Religiöse Praxis als räumliche Ordnung der Stadt: Die jüdische „Sabbatgrenze" (eruv). In: Cornelia Jöchner (Hrsg.): Räume der Stadt: Von der Antike bis heute. Berlin 2008, S. 241-252.

Schneiderman, Judith mit Jennifer Schneiderman: Ich sang um mein Leben. Erinnerungen an Rachov, Auschwitz und den Neubeginn in Amerika (die deutsche Übersetzung des englischen Privatdrucks erschien 2013 bei der Stiftung Denkmal für die ermordeten Juden Europas).

Schnith, Karl: England in einer sich wandelnden Welt (1189-1250). Studien zu Roger von Wendover und Matthäus Paris. Stuttgart 1974.

Schön, Deszö: Istenkeresök a Karpatok allat. Kolozsvar 1935.

Schönhagen, Benigna: Der Fall des Laupheimer Rabbiners Jakob Kaufmann. Eine jüdische Landgemeinde im Wandel. In: Freddy Raphael (Hrsg.): „… und das Flüstern eines leisen Wehens …" Beiträge zur Kultur und Lebenswelt europäischer Juden. Festschrift für Utz Jeggle. Konstanz 2001, S. 55-70.

Scholem, Gershom: Judaica, Bd. 2. Frankfurt am Main 1992.

Schubart, Christian Friedrich Daniel: Der ewige Jude. Eine lyrische Rhapsodie. Erstdruck in: Sämtliche Gedichte, Stuttgart 1785-1786.

Schubart's Karakter von seinem Sohne Ludwig Schubart. Erlangen 1798.

Schubert, Kurt: Die Wiener Gesera und der Freitod von Wiener Juden zur Heiligung Gottes. In: Memoria. Wege jüdischen Erinnerns. Festschrift für Michael Brocke zum 65. Geburtstag, in Verbindung mit dem Vorstand des Salomon Ludwig Steinheim-Instituts für deutsch-jüdische Geschichte herausgegeben von Birgit E. Klein und Christiane E. Müller. Berlin 2005, S. 541-551.

Schudt, Johann Jacob: Von dem in aller Welt vermeynten Juden Ahasverus. In: Jüdische Merckwürdigkeiten. Berlin, Leipzig 1714-1718, S. 488-512.

Schwäbisches Handwörterbuch, Bearb. Hermann Fischer und Hermann Taigele, Tübingen 1986.

Schwinger, Elmar: Die jüdische Gemeinde in Kitzingen (1865-1942) – Leben zwischen Erfolg und Katastrophe, darin das online-Kapitel: Die Erfolgsgeschichte der jüdischen Weinhändler (http://www.kitzingen.info/fileadmin/files_bildung_soziales/juedische_geschichte_deu.pdf).

Sefer Sha'are Teshuvot MaHaRa"M b[en] R[abbī] Barukh = Rabbi Meir's von Rothenburg bisher unedirte Responsen nach Handschriften [herausgegeben und mit kritischen Noten versehen von Moses Arye Bloch], Berlin 1891 [Selbstverlag des Vereins M'kize Nirdamim (Dr. A. Berliner)].

Seip, Achim: Synagogenorgeln in Worms und Umgebung. Broschüre zur Ausstellung im Jüdischen Museum (Raschi-Haus). Worms 26.5. bis 5.9.2010, Worms 2010.

Shalev, Zeruya: Liebesleben. Berlin 2000.

Siddur Sefat emet, übersetzt von Selig Bamberger. Basel 1982.

Sperber, Manès: Die Wasserträger Gottes. Wien 1974.

Staudacher, Barbara: Rexingen. In: Heinz Högerle, Carsten Kohlmann und Barbara Staudacher (Hrsg.): Ort der Zuflucht und Verheißung. Shavei Zion 1938-2008. Stuttgart 2008, S. 5-20.

Stellwag, Eleutherius: Das Ende des alten Münsterschwarzach. Bearb. und Hrsg. Basilius Doppelfeld. Münsterschwarzach 1980.

Stemberger, Günter: Einleitung in Talmud und Midrasch. München 1992, 8. neu bearb. Auflage.

Stern, Bruno: Meine Jugenderinnerungen an eine württembergische Kleinstadt und ihre jüdische Gemeinde. Mit einer Chronik der Juden in Niederstetten und Hohenlohe vom Mittelalter bis zum Ende des Zweiten Weltkriegs. Stuttgart 1968.

Stoffe ohne Ende. Die Sammlungen der ehemaligen Textildruckfirma Pausa in Mössingen, Hrsg. Landesamt für Denkmalpflege Baden-Württemberg und Wüstenrot Stiftung. Darmstadt 2015.

Strack, Hermann Leberecht und Paul Billerbeck: Kommentar zum Neuen Testament aus Talmud und Midrasch. Vier Bände. München 1922-1928; München 1994, 10. unveränderte Auflage.

Strittmatter, Thomas: Viehjud Levi. Zürich 2000.

Sue, Eugene: Le Juif errant. Paris 1844/45, 10. Auflage.

Synagogen-Gesänge aus Laupheim. Historische Aufnahmen des Jahres 1922, Hrsg. Haus der Geschichte Baden-Württemberg, Stuttgart 2011 (Doppel-CD mit 40-seitigem Booklet).

Tänzer, Aron: Die Geschichte der Juden in Jebenhausen und Göppingen. Weißenhorn 1988 (neu herausgegeben und ergänzt; Erstausgabe 1927).

Tänzer, Aaron [Aron]: Die Geschichte der Juden in Württemberg. Frankfurt am Main 1937.

Tenné, Meinhard: Die Entwicklung der jüdischen Gemeinde in Württemberg, in: Untergang und Neubeginn. Jüdische Gemeinden nach 1945 in Südwestdeutschland. Hrsg. Haus der Geschichte Baden-Württemberg. Heidelberg 2009, S. 71-83.

The Legend of the Wandering Jew in Hungary: Two German Texts. In: Alexander Scheiber (Hrsg.): Essays on Jewish Folklore and Comparative Literature. Budapest 1985, S. 277-395.

Thomson, Stith: Motif-Index of Folk-Literature. A Classification of Narrative Elements in Folktales, Ballads, Myths, Fables, Medieval Romances, Exempla, Fabliaux, Jest-Books and Local Legends. Sechs Bände. Kopenhagen 1955-1958.

Toury, Jacob: Jüdische Textilunternehmer in Baden-Württemberg 1683-1938. Tübingen 1984.

Toury, Jacob: Die Sprache als Problem der jüdischen Einordnung im deutschen Kulturraum. In: Jahrbuch des Instituts für Deutsche Geschichte, Universität Tel Aviv, Beiheft 4. Tel Aviv 1982, S. 78-91.

Ulmer, Martin: Antisemitismus in Stuttgart 1871-1933 – Studien zum öffentlichen Diskurs und Alltag. Berlin 2011.

Ulmer, Martin: „Zuerst die Kuh, dann Hab und Gut. Erpreßt der Advokat und Jud." Agrarantisemitismus in Württemberg im 19. und 20. Jahrhundert. In: Uri R. Kaufmann und Carsten Kohlmann (Hrsg.): Jüdische Viehhändler zwischen Schwarzwald und Schwäbischer Alb. Horb-Rexingen 2008, S. 131-155.

Ungvari, Tamas: Ahasverus és Shylok. A „zsidókérdés" Magyaroszágon. Budapest 1990.

Untergang und Neubeginn. Jüdische Gemeinden nach 1945 in Südwestdeutschland. Hrsg. Haus der Geschichte Baden-Württemberg. Heidelberg 2009.

Urbach, Ephraim E.: Ba'alei Hatossafot (hebräisch). Jerusalem 1980, 2. Auflage.

Wallrauch [Oberlehrer]: Die Juden in Dörzbach. In: Gemeinde-Zeitung für die israelitischen Gemeinden Württembergs vom 1.11.1929 (http://www.alemannia-judaica.de/doerzbach_synagoge.htm).

Weber, Anette: Jüdische Sachkultur in burgauischen Landgemeinden bis zur Emanzipation. In: Rolf Kießling und Sabine Ullmann (Hrsg.): Landjudentum im deutschen Südwesten während der frühen Neuzeit. Berlin 1999, S. 235-245.

Wehr, Gerhard: Der deutsche Jude – Martin Buber. München 1977.

Weiser, Chaim M.: Frumspeak. The First Dictionary of Yeshivish. Northvale, NJ, 1995.

Weiss Halivni, David: Breaking the tablets. Jewish theology after the Shoah. Lanham, Md., 2007 (soll unter dem Titel „Zerstörung der Tafel" demnächst auf Deutsch erscheinen).

Weiss Halivni, David: Mit Schwert und Buch. Leben und Lernen im Schatten der Zerstörung. Gerlingen 2000.

Wellesz, Julius: Meir ben Baruch de Rothenbourg. In: Revue des Etudes Juives 58, 1909, S. 226-240; 59, 1910, S. 42-48; 60, 1910, S. 53-72; 61, 1911, S. 44-59.

Werner, Manuel: Die Juden in Hechingen, Teil 2. In: Zeitschrift für Hohenzollerische Geschichte, Bd. 21, 1985, S. 49-169.

Wiesel, Elie: Macht Gebete aus meinen Geschichten. Essays eines Betroffenen. Freiburg im Breisgau 1986.

Wiesel, Elie: Das Geheimnis des Golem. Freiburg im Breisgau 1985.

Wiesel, Elie: Geschichten gegen die Melancholie. Die Weisheiten der chassidischen Meister. Freiburg im Breisgau 1984.

Wiesel, Elie: Von Gott gepackt. Prophetische Gestalten. Freiburg im Breisgau 1983.

Wiesel, Elie: Gesang der Toten. Erzählungen. München und Esslingen 1968.

Wilke, Carsten: „Den Talmud und den Kant". Rabbinerausbildung an der Schwelle zur Moderne. Hildesheim 2003.

Winkel, Harald: Kapitalquellen und Industrialisierungsprozeß. In: Otto Borst (Hrsg.): Wege in die Welt. Die Industrie im deutschen Südwesten seit Ausgang des 18. Jahrhunderts. Stuttgart 1989, S. 110-122.

Wouk, Herman: Er ist mein Gott. Hamburg 1961.

Yari, Abraham: Bibliografyah shel Haggadot Pesah. Jerusalem 1960.

Yari, Abraham: Bibliography of the Passover Haggadah: from the earliest printed edition to 1960; with 25 reproductions from rare editions and a facsimile of a unique copy of the first printed Haggadah in the Jewish National and University Library, Jerusalem 1960.

Yuval, Israel Jacob: Meir ben Baruch aus Rothenburg (um 1220-1293), „supremus Magister". In: Manfred Treml und Wolf Weigand (Hrsg.): Geschichte und Kultur der Juden in Bayern – Lebensläufe. München 1988, S. 21-24.

Zborowski, Mark und Elisabeth Herzog: Das Schtetl. Die untergegangene Welt der osteuropäischen Juden. München 1991 (englische Originalausgabe 1952).

ORTSREGISTER

Abony 174, 176
Affaltrach 115, 387
Aldingen 134
Al Quds (Jerusalem) 15, 24, 77, 91, 95, 166, 183, 188, 191-193, 204, 211-212, 223, 236-237, 242, 255, 290, 295, 316, 328-329, 339-340, 342, 347, 349, 352-353, 367, 372, 374, 389
Altbach 342
Altenstadt an der Iller 227
Altona 33, 67, 237
Amsterdam 183, 302
Ansbach 67, 226
Aschaffenburg 367
Aufhausen 68
Augsburg 153, 227, 268, 379
Auschwitz 21, 112, 149, 251, 259, 304, 357, 364, 374, 397, 409
Auschwitz-Birkenau 149
Bacharach 217, 281
Bad Buchau 88, 126, 227, 265, 404-405
Bad Cannstatt 67, 132, 134-135, 141, 232, 267-268, 362
Bad Mergentheim 39, 41, 72, 120, 208
Baden-Baden 267
Baisingen 142
Bamberg 135, 226, 379
Barcelona 369
Basel 282, 349
Bautzen 349

Bendzin 149
Bensheim an der Bergstraße 266
Berditschew 58-59
Berlichingen 68
Berlin 32-33, 43, 50-51, 120, 126, 156, 159, 167, 177, 189, 191, 257, 265, 269, 272-273, 357, 365, 367, 405
Bern 342
Bingen am Rhein 110, 365
Binswangen 153
Birkenau 149
Bissingen an der Teck 266
Bnei Brak 212
Bologna 345-346
Bordeaux 111
Boston 305
Bratzlaw (Brazlaw) 323
Bremen 166, 170, 183, 384, 397
Breslau 50-51, 159, 365, 367
Brody 290
Brückenhausen 281
Buchau 88, 126, 227, 265, 404-405
Buchenwald 251, 356, 359
Budapest 11, 42, 51, 75, 102, 146-147, 159, 166-167, 174, 180, 251, 258, 271-276, 307, 309, 364-365, 384, 397, 405
Burgau 163, 227-228
Buttenhausen 61, 115, 121, 145, 231, 377, 403

Buttenheim 135
Cannstatt 67, 132, 134-135, 141, 232, 267-268, 362
Chelm 318, 320, 373
Colmar 282, 407
Csongrad 365
Dachau 362
Danzig 342, 349
Debreczin 384
Degerloch 360
Dessau 135
Deutschkreuz 272
Dillingen an der Donau 153
Dörzbach 220
Donaueschingen 145, 267
Dortmund 228
Dresden 27
Düsseldorf 384
Duisburg 403
Ebensee 35
Ehingen 230
Eisenstadt 111
Ellwangen 38, 120
Elz 135
Ensisheim 282
Ernsbach 45
Essen 403
Esslingen 184, 268, 342
Fano 386
Fes 406
Forli 342
Frankfurt am Main 32, 50, 63, 144, 170, 172, 225, 227, 283, 354
Freiburg im Breisgau 70, 183, 379
Freudental 33, 42-43, 97, 388
Fünfhaus 272
Fürth 39, 50, 67, 156, 226-227
Gailingen 46, 70, 230
Gálszécs 272
Gaukönigshofen 110
Gereuth 110
Giengen an der Brenz 266, 290
Gießen 365
Göppingen 33-34, 42, 45, 83, 120, 133-135, 163, 170, 227-228, 266, 301, 390
Göppingen-Jebenhausen 33-34, 45, 83, 120, 134-135, 163, 227, 266, 301, 390
Göteborg 384
Graudenz (Grudziadz) 177
Großlaupheim 379
Grudziadz (Graudenz) 177
Günzburg 227
Gurs 121
Haigerloch 70, 230, 379
Halberstadt 156
Halle 352
Hamburg 33, 67, 179, 234, 237, 265, 268-269, 342, 348
Hamburg-Altona 33, 67, 237
Hannover 361
Hechingen 31, 34, 36, 133-135, 145, 230, 240
Heerbrugg 356
Heidelberg 39, 320, 380
Heilbronn 115, 120, 230
Hettingen bei Sigmaringen 208
Hildesheim 265
Höri 391
Hohebach 68
Hohenasperg 320, 353
Hohenems 42, 163, 165, 227, 356, 379
Hohenheim 321
Horb am Main 290
Horb am Neckar 61, 68, 70, 90, 93, 97-99, 113, 119-120, 163, 196, 227, 363, 395
Horb-Rexingen 61, 68, 70, 93, 97, 119-120, 163, 227, 363, 395
Hrabocz 272

ORTSREGISTER

Hubertshofen 267
Ihlingen 68
Innsbruck 218
Jebenhausen 33-34, 45, 83, 120, 134-135, 163, 227, 266, 301, 390
Jerusalem (Al Quds) 15, 24, 77, 91, 95, 166, 183, 188, 191-193, 204, 211-212, 223, 236-237, 242, 255, 290, 295, 316, 328-329, 339-340, 342, 347, 349, 352-353, 367, 372, 374, 389
Jerusalem-Talpiot 367
Karlsruhe 44, 158, 266
Kiew 218
Kitzingen 111
Klausenburg 307
Köln 266, 407
Königgrätz 308
Konstanz 37, 217, 230, 267
Kornwestheim 126
Krakau 108, 322, 397
Külsheim 229
Landau 111
Landsberg an der Warthe 365
Laupheim 24, 163, 182, 199, 231, 233, 268-269, 377, 379, 402-403
Leiden 349
Leipzig 30, 265-266, 342, 367
Lemberg (Lwiw) 60, 315
Lessen 177
Lille 265
Lodz 60, 367
London 180, 183
Los Angeles 25
Lublin 314
Ludwigsburg 134, 265, 403
Lwiw (Lemberg) 60, 315
Lyon 265
Magdeburg 62

Mainz 39, 80, 154, 225-226, 265, 278-279, 281-282
Majdanek 259, 374
Mannheim 130, 150, 157, 265, 286
Máramaros (Maramuresch) 311-312, 314-316, 409
Marbach am Neckar 113, 151
Marburg 256
Marmoutier 106
Marseille 265
Mergentheim 39, 41, 72, 120, 208
Miami Beach 54
Michalovce 168
Mössingen 135
Mühlheim 196, 201
Mühringen 227, 240
München 24, 110, 135, 228, 257, 281, 342, 355, 367, 379
Münsingen 115
Münsingen-Buttenhausen 61, 115, 121, 145, 231, 377, 403
Münsterschwarzach 110
Munkács 308
Nagold 142, 398
Nancy 265
Narbonne 100
Neudenau 229
Neudörfl 111
New York 29, 165, 208-209, 304, 342, 358, 366, 379
Niederstetten 27, 87, 104-105, 167, 180, 208, 267
Nizza 302
Nordstetten 98-99, 113-114, 122
Nürnberg 146, 218, 226, 229
Oberwesel 281
Ochsenfurt 110
Ostheim 151

Padua 227
Paksch 179-180
Pápa 272
Paris 24, 102, 278, 296, 304, 342, 346, 369, 406, 408
Petersburg 413
Pfersee 227
Pforzheim 267
Planegg 110
Plieningen 133, 396
Posen 163, 225
Potsdam 120
Prag 108, 225, 228, 230, 305-306, 319-320, 322, 342, 404
Pressburg 42, 50, 52, 159, 163, 170, 355
Pumbedita 155
Randegg 44-46
Ravensburg 120, 217, 279
Regensburg 31, 66, 229
Remseck 134
Rexingen 61, 68, 70, 93, 97, 119-120, 163, 227, 363, 395
Riga 60, 359
Rinn 218
Rom 212-213, 250, 299, 332-333
Rosheim 182
Rothenburg ob der Tauber 24, 57, 72, 74, 225, 277, 279, 281, 283-284, 406
Rottenburg 38, 305
Sablotow 295
Safed 397
Saint Albans 346
Salzburg 375
Sankt Gallen 228, 369
Sarajewo 364
Sassow 260
Schaffhausen 218
Schleswig 348-349
Schopfloch 61, 120
Schwäbisch Gmünd 290
Schwäbisch Hall 289
Seesen im Harz 265
Shavei Zion 97, 363
Sighet (Sighetu Marmatiei / Sziget) 53, 304, 307-308, 311-313, 315-317, 324, 409
Sigmaringen 208, 230
Smyrna 314
Speyer 62, 281
St. Albans 346
St. Gallen 228, 369
Stanford 342
Stanislau 364
Steinbach 290
Straßburg 102, 172, 265
Straubing 229
Stuttgart 11, 25, 38-39, 41, 43, 48, 66-67, 88, 122, 126-127, 132-135, 140-141, 144, 149-151, 158-159, 164, 166, 168, 228, 232, 234, 257, 265-269, 286-287, 305, 321, 343, 358-363, 365-367, 379, 384-385, 388-389, 396-397, 403, 409, 413-414
Stuttgart-Bad Cannstatt 67, 132, 134-135, 141, 232, 267-268, 362
Stuttgart-Degerloch 360
Stuttgart-Hohenheim 321
Stuttgart-Ostheim 151
Stuttgart-Plieningen 133, 396
Stuttgart-Untertürkheim 140
Stuttgart-Zuffenhausen 140, 397
Szegedin 51
Sziget (Sighetu Marmatiei / Sighet) 53, 304, 307-308, 311-313, 315-317, 324, 409
Talheim 45, 47, 387, 389

Talpiot 367
Tel Aviv 166, 203
Theresienstadt 60, 134, 359, 362
Tiberias 54-55
Toledo 277
Tortosa 369
Treblinka 259, 374
Troyes 109, 154, 278
Tübingen 11, 38-39, 81, 159, 368, 379-380, 384-385, 415
Tunis 155
Überlingen 217, 230, 267
Ujhely 314
Ulm 120, 134, 227, 266, 268-269, 342
Unterlimpurg 289-290
Untertürkheim 140
Venedig 61, 289
Venedig-Cannaregio 61
Waiblingen 362
Wangen im Allgäu 46, 72, 121, 391

Warschau 60
Wasserburg 282
Wasserburg am Inn 282
Weildorf 230
Weimar 135, 158, 354
Wendover (Buckinghamshire) 346, 412
Wertheim 229-230
Wien 51, 78, 126, 159, 167, 250, 265, 267, 271-273, 278, 284, 342, 405
Wiener Neustadt 241
Wiesbaden 111
Witebsk 204, 292
Wiznitz 312
Worblingen 121
Worms 29, 219, 225, 266, 277, 279, 281, 283-284, 318
Würzburg 110, 227, 278, 379
Yad Vashem 79, 379
Zablotow 86, 179
Zürich 346
Zuffenhausen 140, 397

PERSONENREGISTER

Abraham ben Baruch 406
Abrahamson, Manuel (Mano) 275
Acha bar Chania 317
Adler, Karl 150
Adler, Nathan ha-Kohen 33
Agnon, Samuel (Shai) 324, 367
Akiba (Akiba ben Jossef / Ben Akiba) 212-213, 298, 301, 331-333
Alexander ben Salomon Wimpfen (Süßkind Wimpfen) 283-284
Alexander (der Große) III., König von Makedonien 327, 333
Alfasi (Jizchak ben Jakob Alfasi / Rif) 279, 406
Allport, Gordon W. 341
Améry, Jean 251
Amos 328
Andersen, Hans Christian 352
Ansbacher, Jonas 266
Arendt, Hannah 397
Aristoteles 205
Arnim, Achim von 320, 352
Artaxerxes I., persischer König 348
Ascher ben Jechiel (Rosch) 57, 281, 283
Attila 333
Auerbach (Familie) 114
Auerbach, Berthold (Großvater von Berthold Auerbach) 40, 114
Auerbach, Berthold (Moses Baruch) 36, 40, 98-99, 113-115, 120, 122, 133, 163, 200, 236-237, 240, 319-320

Auerbach, Jacob 114, 237
Auerbach, Kieve (Akiba) 31
Baal Schem (Baalschem, Elija) 318
Baal-Schem-Tow (Israel ben Elieser) 29, 157, 323
Bach, Johann Sebastian 273
Bacher, Wilhelm 365
Baeck, Leo 182, 255-256, 379
Baleanú, Avram Andrei 348
Bamberger, Simon 266
Bar-Kochba, Simon 213, 332
Baruch, Benedikt 133
Baruch ben Meir 57, 277, 283
Batseba 128
Baumeister, Willi 135
Bausinger, Hermann 81
Becher, Kurt 146
Be'er, Chaim 324
Ben Akiba (Akiba / Akiba ben Jossef) 212-213, 298, 301, 331-333
Benedikt XIV., Papst 193
Berg, Gunter 12
Berger (Familie) 12, 364
Berger, Eugen 93, 162, 179, 271
Berger, Joel 11-12, 30, 334, 380-381, 384-385
Berger, Noemi 12, 381
Bergmann, Michel 141
Beringer, Karl 269
Berlizheimer (Familie) 196
Bernheim, Sigmund 133

PERSONENREGISTER 439

Bialik, Chaim Nahman 392
Bialik, Dinah-Priveh 392
Billerbeck, Paul 372
Bismarck, Otto von 308
Blacher, Wilhelm 51
Blau, Ludwig 51, 365
Bloch, Fritz Elieser 166, 367-368, 414
Bloch, Hans 414
Bloch, Moses Ayre 51, 405
Borges, Jorge Luis 352
Borsalino, Giuseppe 139
Brand, Joel 146
Brauer, Arik 78
Brednich, Rolf Wilhelm 178-179
Brentano, Clemens 352
Breuer, Mordechai 182
Buber, Martin 260, 317, 322-324, 334, 373
Buber, Salomon 327
Bubis, Ignatz 182
Cahn (Familie) 234
Calvin, Johannes 166
Calvino, Italo 328
Carlebach, Joseph Hirsch 67
Carus, Titus Lucretius (Lukrez) 28-29
Chagall, Marc 12, 204, 292, 295-302, 408
Chajim ben Jechiel Or Sarua 407
Chamisso, Adelbert von 352
Chanina ben Teradjon 250
Chmelnyzkyj, Bogdan 63, 157, 227
Chorin (Familie) 148
Chorin, Aron 148
Christus (Jesus von Nazareth) 19, 186-187, 295, 301, 342-351, 353-354, 371-372, 375
Cohen, Hermann 256
Colm, Willy 368
Danquart, Didi 122
Dareios I., persischer König 348
David, König von Israel 16, 190, 288, 298, 300-301

Davidovicz, Emil 228
Daxelmüller, Christoph 82
Donin, Nicolas 278
Drujanow, Alter 179
Dürrenmatt, Friedrich 356
Dworzan, Emil Elias 163, 269
Ehrenberg, Henry 368
Ehrenburg, Ilja 58
Eichmann, Adolf 146
Einstein, Albert 126
Eitzen, Paul(us) von 348, 353
Elasar ben Asarja 212, 318
Elbogen, Ismael 51
Eleasar ben Jehuda 29, 277
Elieser ben Hyrkanos 212
Elieser ben Nathan 80
Elieser Hakapar 248
Elieser Sussmann ben Salomon Katz (Sussmann, Eliser) 289-290
Elija 16, 105, 184, 217
Elischa ben Abuja 259
Elsas, Adolf 134
Elsas, Ludwig 134
Elsas, Max 134
Elsas, Oskar 134
Eötvös, József von 308, 355
Ernster, Dezsö 165
Eskin, Herbert S. 359, 365
Esra 80, 212
Ezekiel 80
Faisst, Gottlieb Friedrich (Immanuel) 269
Fassbinder, Rainer Werner 146
Fern, Arno 364-365
Feuchtwanger, Lion 338
Finkelstein, Mosche 35
Fischer, Heinrich 405
Fleischmann, Hermann J. 266
Fraenckel, Jonas 50
Frank, Fritz 90, 93
Frank, Hugo 90

Frank, Jakob 315
Frank, Samuel 114
Frantz, Constantin 351
Franz Josef I., Kaiser von Österreich 174
Friedmann, Moritz 166, 272-273, 405
Friedrich, Kurfürst von Württemberg 37
Friedrich I., König von Württemberg 37
Friedrich II., Herzog von Württemberg 37
Fröhlich, Robert 276
Fromm, Erich 260
Fromm, Nathan 111
Fruttero, Carlo 352
Fürstenberg, zu (Familie) 31
Fürstenberg, Josef Wenzel zu 145
Fürth (Familie) 399
Fürth, Hirsch 153, 399
Fürther, Israel 115
Gadalja 188
Gamaliel II. 222
Ganzfried, Schlomo 225
Gaon, Scherira 155
Gedalja ibn Jachja 281, 406
Geiger, Abraham 43, 50, 159
Gelb (Familie) 180
Gelb, Ludwig (Gordon) 179-180
Gerschom ben Jehuda (Meor ha Gola) 154
Gidion, Moses 113-114
Girard, René 340-341
Goebbels, Joseph 338, 355
Goethe, Johann Wolfgang von 320, 353-354, 397
Goldberger (Familie) 148
Goldmann, Christoph 298, 301
Goldmark, Karl 272
Goldmark, Simche Ruben 272
Goll, Christoph Ludwig 266
Goll, Friedrich 266
Goodmann, Allegra 324
Graetz, Heinrich 51
Gregor IX., Papst 278

Gregor XIII., Papst 186
Grieshaber, HAP (Helmut Andreas Paul) 135
Grimm, Jakob 320, 341
Grimm, Wilhelm 341
Groeneveld, Mandy 13
Grözinger, Karl Erich 200
Grünbaum, Jankel 59
Gütermann, Max 135
Guggenheim, Leopold Hirsch 70
Guggenheimer, Ernst 287, 368
Guttmann, Alexander 366
Guttmann, Heinrich 365-366
Guttmann, Michael 51, 365
Gutzkow, Karl Ferdinand 332-333, 352
Hadrian, römischer Kaiser 54-55
Hager (Familie) 312
Hahn, Joachim 377, 404-405
Halévy, Jacques Fromental 216, 267
Hamburger, Adolf 229
Hamburger, Arno 229
Hanslick, Eduard 266
Harlan, Veit 338, 343
Harms, Anja 12
Harnack, Adolf von 19
Hartenstein, Gustav 134
Hauff, Wilhelm 338, 342, 352-353
HaZaddik, Schimon 333
Heilbronner, Heinrich 133
Heilbronner, Jakob 133
Heilbronner, Simon 133
Heine, Heinrich 85, 100, 217, 265
Heine, Salomon 265
Heinrich III. von Neuenburg 282
Heller, Agnes 136, 397
Heller, Angyalka 397
Heller, Bernhard 325, 327-328
Heller, Pál 397
Henle, Moritz 151, 268
Herschel, Bernhard 150-151

Herz, Henriette 32
Herzl, Theodor 310
Heschel, Abraham Jehoschua 248
Heß, Isak 87
Heversi, Simon 42
Heym, Stefan 353
Heymann, Aaron Hirsch 177
Heymann, Jenny 368
Hildesheimer (Familie) 156
Hildesheimer, Esriel 50, 156
Hildesheimer, Henriette 156
Hippler, Fritz 343
Hirsch, Henrietta 156
Hirsch, Henriette 156
Hirsch, Jakob 110
Hirsch, Otto 150
Hitler, Adolf 135
Hoffmann, Ernst Theodor Amadeus 320
Homer 299
Horkheimer, Max 140
Horkheimer, Moses-Joseph 140
Hosea 328
Hosseinzadeh, Sonja 287, 368
Huber, Heinz G. 351
Innozenz III., Papst 347
Innozenz XII., Papst 187
Isaak (Schalom ben Isaak von Neustadt) 241
Israel ben Elieser (Baal Schem Tow) 29, 157, 323
Isserles, Mosche (Moses ben Israel Isserles / Rema) 397
Issi ben Jehuda 56
Jadlowker, Hermann 165
Jakob ben Moses haLevi Molin (Maharil) 225
Jauß, Hans 287
Jechiel ben Josef (Jechiel Sir Vives / Sir Vives) 278, 406
Jechiel Sir Vives (Jechiel ben Josef / Sir Vives) 278, 406
Jeggle, Utz 49, 77, 81, 83, 87, 162, 334, 377, 379, 411
Jehoschua 212
Jehuda Hamakkabi (Judas Maccabäus) 332
Jehuda ha-Nasi 192
Jehuda Sir Leon (Juda ben Isaak / Sir Leon aus Paris) 278, 406
Jens, Walter 352
Jeremija 329
Jesaja 21, 29, 77, 79, 255, 258-260, 328, 335, 339, 374
Jesus von Nazareth (Christus / Jesus Christus) 19, 186-187, 295, 301, 342-351, 353-354, 371-372, 375
Jischmael ben Elischa 323
Jitzchak ben Moses (Jitzchak Or Sarua) 278, 282
Jitzchak ha-Chose, Jakob 314
Jitzchak Or Sarua (Jitzchak ben Moses) 278, 282
Jizchak, Levi 58
Jizchak ben Jakob Alfasi (Alfasi / Rif) 279, 406
Johannes 344, 346
Josel von Rosheim 182
Joseph ben Ephraim Karo (Karo, Joseph) 225, 397
Joseph ben Meir (Maier, Joseph / Mayer, Joseph / Ribam / Schnaittach(er), Joseph) 33, 42, 388
Joseph II., römisch-deutscher Kaiser 311-312
Jud Süß (Oppenheimer, Joseph Ben Issachar Süßkind) 31, 66, 144-145, 338, 343, 353
Juda ben Isaak (Sir Leon aus Paris) 278, 406

Judas Maccabäus (Jehuda Hamakkabi) 332
Jütte, Daniel 267
Justinus 194
Kärcher, Thomas 13
Kästner, Erich 27
Kafka, Franz 200
Kagan (Familie) 234
Kahn (Familie) 142, 234
Kahn, Bernhard 151
Kahn, Fredy 142, 398
Kahn, Friedrich 142
Kahn, Harry 142
Karl Alexander, Herzog von Württemberg 338, 353
Karl Eugen, Herzog von Württemberg 353
Karo, Joseph (Joseph ben Ephraim Karo) 225, 397
Kasztner, Rudolf 146
Katona, Jozsef 275
Katz, Jacob 64
Katz, Schlomo 289-290
Kaufmann, David 51
Kaufmann, Jakob 199
Kaufmann, Uri R. 388, 395
Kaulla (Familie) 36, 39, 43, 145
Kaulla, Karoline (Raphael, Karoline) 31, 34, 40, 145
Kayserling, Meyer 272
Kern, Adolf 269
Kertész, Imre 251
Klausner, Joseph 367
Klein, Zachary 324
Klett, Arnulf 359
Kloos, Heidi-Barbara 12
König, Hannelore 391
Kogan (Familie) 234
Kohen (Familie) 65
Kohlbach, Berthold 89
Kohn (Familie) 65, 172, 234
Kolmar, Gertrud 357

Kolumbus, Christoph 342
Konstantin I., römischer Kaiser 194
Korda, Alexander 25
Korda, Vincent 25
Korda, Zoltan 25
Korn, Alfred 368
Kraus, Naftali 75
Krins, Hubert 378
Krüger, Jürgen 405
Kurrein, Viktor 79
Kustermann, Abraham P. 44
Laemmle, Carl 24, 269
Lämmle, Eisikle 120
Landauer (Familie) 356
Landauer, Ivan 356
Landmann, Salcia 61, 94, 179
Laupheimer, Jakob 182
Le Goff, Jacques 144-145
Lehmann, Leopold 145
Leibowitz, Jeschajahu 244
Lenau, Nikolaus 352
Leni, Paul (Levi, Paul) 25
Leo I., Papst 333
Leus, Hans 368
Levi (Familie) 172
Levi Jizchak von Berditschew 58
Levi, Max 126
Levi, Paul (Leni, Paul) 25
Levi, Primo 251
Levitta, Ludwig 111-112
Lewandowski, Louis 167-168, 273
Lieberman, Saul 29
Lindauer, Mayer Hirsch 120
Lindauer, Moses Jakob 120
Link, Johann 266
Link, Paul 266
Liszt, Franz 273
Löb, Mosche 260
Löffler, Karl 287
Löffler, Marie 233

Löw, Immanuel 51
Löw, Judah (Löw, Jehuda / Maharal)
    108, 305-306, 318-320
Löw, Leopold 272
Löwengart, Arthur 70
Löwenstein, Artur 135
Löwenstein, Felix 135
Łubieński, Władysław Aleksander 315
Lubliner, Manfred 365
Lucentini, Franco 352
Lukács, Georg 24, 136, 397
Lukrez (Carus, Titus Lucretius) 28-29
Luria, Jitzchak 91
Luther, Martin 17, 80, 166, 288-289,
    325, 348-349, 407
Maharal (Löw, Judah) 108, 305-306,
    318-320
Maharil (Jakob ben Moses haLevi Molin)
    225
Maier, Joseph 38-41, 43-44, 47-49, 159,
    387-389
Maier, Joseph (Joseph ben Meir / Mayer,
    Joseph / Ribam / Schnaittach(er),
    Joseph) 33, 42, 388
Maimonides (Moses ben Maimon /
    Rambam) 19-21, 118, 137-138, 244-
    245, 255, 277, 279, 397, 405-406
Manasse (Menasse), König von Juda 328
Manischewitz, Dov Behr 107
Mann, Thomas 411
Mannheim, Karl 24
Mannheimer, Noah 265
Marcus, Ivan G. 27-28
Maria Theresia, römisch-deutsche Kaiserin
    312
Maria von Nazareth 19, 289
Márquez, Gabriel García 352
Marx, Alfred 362-363
Marx, Julius 97
Marx, Karl 136

Marx, Leopold 150, 363
Maugham, William Somerset 179-180
Mayer, Hans 351
Mayer, Joseph (Joseph ben Meir / Maier,
    Joseph / Ribam / Schnaittach(er), Joseph)
    33, 42, 388
Meinhard II., Graf von Tirol, Herzog
    von Kärnten 282
Meir ben Baruch (Meir von Rothenburg)
    24, 57, 74, 225, 277-284, 406-407
Meir ben Todros Halevi Abulafia 277
Meir von Rothenburg (Meir ben Baruch)
    24, 57, 74, 225, 277-284, 406-407
Menasse (Manasse), König von Juda 328
Mendelssohn-Bartholdy, Felix 268
Meor ha Gola (Gerschom ben Jehuda) 154
Meyrink, Gustav 320
Micha 328, 335
Mönch, Xaver 267
Mohammed 328, 342
Moos, Hermann 88
Moos, Rudolf 126
Moser, Rudolf 94
Mose(s) 16, 18, 20, 23, 31, 36, 54-58, 73,
    77-80, 83, 88-89, 91, 93, 96, 103-104,
    107-109, 115-119, 128, 136-138, 149,
    170, 182, 186-187, 193-194, 197, 204,
    208, 211, 214-215, 217, 232-233, 235,
    240-241, 244, 247-248, 253-254, 261,
    286-288, 293, 297-299, 301-302, 328-
    330, 335, 339-340, 370-371
Moses ben Israel Isserles (Isserles,
    Mosche / Rema) 397
Moses ben Maimon (Maimonides /
    Rambam) 19-21, 118, 137-138, 244-
    245, 255, 277, 279, 397, 405-406
Moses ben Nachman (Nachmanides /
    Ramban) 56, 138, 323, 397
Moses Isserles 108
Moyschytz, Norbert 368

Müller, Adam 352
Nachman (Moses ben Nachman / Nachmanides) 56, 138, 323, 397
Nachmanides (Moses ben Nachman / Nachman) 56, 138, 323, 397
Napoleon Bonaparte (Napoleon I.) 31, 37, 52, 119
Napoleon I., Kaiser der Franzosen (Napoleon Bonaparte) 31, 37, 52, 119
Nebukadnezar I., König von Babylonien 327
Nechonja ben Hakana 410
Nestroy, Johann 352
Neufeld, Siegbert Izchak 287, 368
Neumann, John von 24
Nirenberg, David 144
Nissan, Eleazar 315
Oppenheimer, Joseph Ben Issachar Süßkind („Jud Süß") 31, 66, 144-145, 338, 343, 353
Ostertag, Benno 368
Ott, Walter 231, 377
Overlack, Anne 391
Oz, Amos 414
Paál, Gabor 173
Paál, Johannes (János) 173, 178
Paris, Matthew (Matthäus) 346
Paul III., Papst 348
Paulus von Tarsos 333
Peerce, Jan 165
Perlen, Robert 368
Perutz, Leo 352
Petrus 333, 344
Petuchowski, Jakob J. 340
Pfeiffer, Eduard von 151
Picard, Jacob 16, 72, 101, 121
Pilatus, Pontius 346
Pill, Irene 12
Platon 56, 137
Potol, Chaim 324

Ptolemäus II. Philadelphus, Pharao von Ägypten 331
Quintilianus, Marcus Fabius (Quintilian) 28
Raba bar Josef bar Chama (Rabba) 318
Rabba (Raba bar Josef bar Chama) 318
Rambam (Maimonides / Moses ben Maimon) 19-21, 118, 137-138, 244-245, 255, 277, 279, 397, 405-406
Ramban (Moses ben Nachman) 56, 323, 397
Ranke, Leopold von 272
Raphael, Isak 31, 145
Raphael, Jakob 34
Raphael, Karoline (Kaulla, Karoline) 31, 34, 40, 145
Raschi (Schlomo ben Jitzchak) 56, 58, 80, 109, 128, 154, 156, 278
Rav Zeira (Zera) 318
Rema (Isserles, Mosche / Moses ben Israel Isserles) 397
Ribam (Joseph ben Meir / Maier, Joseph / Mayer, Joseph / Schnaittach(er), Joseph) 33, 42, 388
Richarz, Monika 380
Rif (Alfasi / Jizchak ben Jakob Alfasi) 279, 406
Roger von Wendover 346, 412
Rohrbacher, Stefan 380
Rosch (Ascher ben Jechiel) 57, 281, 283
Rose, Emily C. 196
Rosenak, Leopold 170
Rosenblatt, Josef Jossele 165
Rosenthal, Gerson 180
Rosenzweig, Franz 200
Rossiaud, Jacques 406
Roth, Ernst 225, 365
Rothschild (Familie) 64
Rothschild, Isidor 126
Rothschild, Lothar 369

Rothschild, Walter 19
Rudolf I., römisch-deutscher König 281-282
Rudolf von Habsburg 281-282
Sacharja (Sacharia) 18, 128
Saint-Saëns, Camille 273
Salomon (Salomo), König von Israel 56, 80, 128, 232
Samuel 242
Sauer, Paul 378
Schäll, Ernst 231, 377
Schalom Ben-Chorin 211
Schalom ben Isaak von Neustadt (Seckel) 241
Schamasch, Juschpa 225
Scheiber, Alexander 11, 28, 80, 298
Schepperle (Familie) 133
Schick, Michael 231, 377
Schiller, Friedrich von 113, 151
Schimon HaZaddik 333
Schlegel, Friedrich 352
Schlesinger (Familie) 364, 367
Schlomo ben Jitzchak (Raschi) 56, 58, 80, 109, 128, 154, 156, 278
Schmidt, Josef 165
Schnabel, Thomas 381
Schnaittach(er), Joseph (Joseph ben Meir / Maier, Joseph / Mayer, Joseph / Ribam) 33, 42, 388
Schneiderman, Helen 409
Schneiderman, Jennifer 409
Schneiderman, Judith 409
Scholem, Gershom 321
Schubart, Christian Friedrich Daniel 353
Schubart, Ludwig 353
Schubert, Franz 273
Schudt, Johann Jakob 350
Schuster, Josef Fritz 124
Schwab, Gustav 83
Schwarz (Familie) 176-177

Schwarzenberger, Siegfried 140
Schwarzschild, S. 140
Seckel (Schalom ben Isaak von Neustadt) 241
Shalev, Zeruya 324
Shelley, Mary 320
Sigle, Jakob 126
Silberstein, Michael 240
Singer, Isaac 106
Singer, Isaac Bashevis 32, 324
Sir Leon aus Paris (Jehuda Sir Leon / Juda ben Isaak) 278, 406
Sir Vives (Jechiel ben Josef / Jechiel Sir Vives) 278, 406
Sofer, Abraham Samuel Benjamin 170
Sofer, Moses 52, 159, 170
Sofer, Simon 170
Sontheim, Heinrich 266-267
Sontheimer, Moses Löb 266
Soussan, Benjamin David 183
Sperber, David Mechel 295
Sperber, Manès 62, 86-87, 150, 295-297, 299
Sprandl, Eberhard 267
Stalin, Josef 25-26
Steiner (Familie) 151, 268
Steiner, Heinrich 199
Steiner, Kilian von 113, 151
Steiner, Simon L. 269
Steingart, Gabor 127
Steinheim, Salomon Ludwig 403
Stephanus 188
Stern (Familie) 99
Stern, Bruno 27, 85, 87, 95, 99-100, 104, 167, 184, 208, 216
Stern, Max 184, 209-210
Stern, Rosa 104, 209-210
Stifter, Adalbert 352
Strack, Hermann Leberecht 372
Strauß, Löb 135

Strittmatter, Thomas 122
Sturmann, Manfred 200
Sue, Eugene 352
Süß, Jud (Oppenheimer, Joseph Ben Issachar Süßkind) 31, 66, 144-145, 338, 353
Süßkind Wimpfen (Alexander ben Salomon Wimpfen) 283-284
Sulzer, Julius 272-273
Sulzer, Salomon 165, 167, 268, 272-273
Sussmann, Elieser (Elieser Sussmann ben Salomon Katz) 289-290
Szilárd, Leó 24
Taddey, Gerhard 378
Tänzer, Aron (Aaron) 42, 163, 170
Tarphon 212
Tasso, Torquato 28
Teitelbaum (Familie) 311, 319
Teitelbaum, Mosche 314-315
Teitelbaum, Salman Leib 312
Teller, Edward 24
Tenné, Meinhard 368
Tirnau, Eisik 225
Titus, römischer Kaiser 329
Toury, Jacob 132, 134, 379
Tucker, Richard 165
Uhland, Ludwig 11, 81, 379, 384
Ulma-Günzburg (Familie) 227
Ulmer, Martin 415
Varnhagen, Rahel von 32
Vergil 299
Vischer, Friedrich Theodor 240, 404
Walcker, Eberhard Friedrich 265, 268
Warscher, Joseph 359, 362
Warscher, Mendel 359
Weber, Max 136
Wehr, Gerhard 323
Weil, Harry 356

Weiss (Familie) 148
Weiss, David Halivni 35, 53, 324
Weiss, Manfred 148
Weissbort, Israel 149
Wellesz, Julius 277, 279, 281-282
Werfel, Franz 352
Wiesel (Familie) 304
Wiesel, Beatrice 304
Wiesel, Elie 12, 304-307, 311-312, 316-319, 321, 324
Wiesel, Hilda 304
Wiesel, Shlomo 307, 321
Wilhelm II., König von Württemberg 140
Wilke, Carsten 43, 389
Wimpfen, Süßkind (Alexander ben Salomon Wimpfen) 283-284
Wöhler, Gerhard 273
Wolf (Familie) 391
Wolf, Adolf 140
Wolf, Alfred 121
Wolf, Aron 111
Wolf, Isidor 140
Wolf, Max 140
Wolf, Moritz 140
Wolf, Nathan 391
Wolf, Sigmund 111
Wolf, Wilhelm 140
Wolff, Lippmann 140
Wollach (Familie) 364
Wollach, Hermann Zvi 364
Wouk, Herman 116
Xerxes I., persischer König 348
Zera (Rav Zeira) 318
Zunz, Leopold 51
Zweig, Stefan 329
Zwi, Sabbatai 314-315
Zytenfeld, Jehuda Joine 367